KB110391

다산
정약용
평전

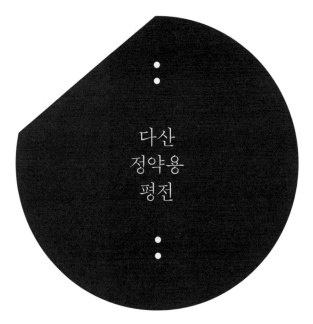

다산
정약용
평전

조선 후기 민족 최고의 실천적 학자

박석무

민음사

차례

2부 학문과 정치의 바탕을 다지다

3부 정조를 보필하여 정치의 일선에 서다

4부 유배지의 저술 생활

5부 학문과 인생을 정리하다

일러두기

1 본문에 실린 다산의 가서와 가계 및 형님과 제자들에게 보낸 편지는 필자의
졸역 『유배지에서 보낸 편지』(창비, 2009)에서 재인용하였으며, 다산이 쓴 묘
지명은 졸역 『다산 산문선』(창비, 2013)에서 재인용하였다.

2 맞춤법과 띄어쓰기는 한글 맞춤법과 외래어 표기법을 따랐다.

3 단행본은 『 』로 표시했고, 개별 작품은 「 」, 정기 간행물은 《 》로 표시했다.

　　다산 정약용의 평전 쓰기, 쉬운 작업이 아닌, 지난한 일이다. '평전(評傳)'의 사전적 의미는 '평론을 곁들인 전기(傳記)'이다. 어떤 인물의 인생과 학문에 대한 일대기인 전기에 가치 판단인 '평론'을 곁들이는 일은 누구의 경우에도 어려운 일이다. 더구나 다산 정약용은 뛰어난 인물이고 탁월한 학자인 데다 삶 또한 파란만장하고 드라마틱하여 그 일생을 정리해 내고 평가를 내리는 일은 더욱 쉽지 않은 일이어서 '지난(至難)'한 일이라고 했다.

　　다산은 1762년(영조 38년)에 태어나 1836년(헌종 2년)에 세상을 떠나 75세의 인생을 살았다. 그 당시로서는 상당히 수(壽)를 누린 셈이었다. 글을 배우고 학문을 연구했던 수학기(修學期)는 물론 벼슬하던 사환기(仕宦期)에도 많은 저술을 남겼지만, 특히 18년의 유배기(流配期)·저술기(著述期)에는 저술 작업에 집중하여 엄청난 분량의 저서를 남겼으며, 해배 뒤 생을 마칠 때까지인 18년 동안의 정리기(整理期)에도 새로운 저술 작업과 더불어 유배기의 저서들을 수정 가필하고 보완하면서 독실한 연구 활동을 계속했다. 또한 다산의 학문 영역은 육경사서(六經四書)을 연구하는 경학(經學)으로부터 세상을 경륜(經綸)하는 경세학(經世學, 『경세유표』·『목민심서』·『흠흠신서』)에 이르기까지 본말(本末)을 갖춘 데다, 역사·지리·문학·과학·건축 공학·의학·약학·천문학·음악 등 미치지 않은 분야가 없을 정도로 백과전서적 경지에 이르렀다.

다산은 학문 분야가 넓고 광범위했을 뿐만 아니라 해박하고 정밀하며 전문성이 높고 치밀하여 그에 대해 정확하게 정리하고 분석하여 평가를 내리는 일은 누구에게나 어려운 일이다. 그렇지만 누군가가 하지 않으면 안 될 일인 것도 사실이다. 다산 서세 178년이 지났고, 『여유당전서(與猶堂全書)』가 간행된 지 76년이 되었는데, 본격적인 다산의 평전이 출간되지 못했음은 역시 이 나라 학계가 지적받을 사안의 하나다. 그러나 위에서 언급한 대로 어느 누구도 선뜻 착수하기는 어려운 일이었기에 그럴 수밖에 없었다는 것 또한 인정해야 한다.

필자는 지금부터 10여 년 전인 2003년 10월, 출판사의 강고한 요구로, 감히 '평전'이라는 이름은 붙이지 못하고, 다산의 일대기 성격의 책인 『다산 정약용 유배지에서 만나다』를 출간했다. 출간하던 때의 이야기를 되새겨 본다.

"1972년 초봄 다산 관계 논문으로 대학원을 졸업하면서부터 나는 다산학을 통한 사회와 역사의 변혁, 나라와 민중의 한 단계 높은 삶을 염원해 왔다. 벌써 30년이 넘는 세월이다. 유신 정권의 거부로 대학에 자리 잡지 못하고 중·고등학교에서 수업에 매달리는 한편 민주화 운동에 가담하느라 늘 바빠 본격적인 연구는 못했지만, 나는 『유배지에서 보낸 편지』·『애절양(시선집)』·『다산 산문선』·『다산 논설 선집』·『다산 문학 선집』·『역주 흠흠신서』 3권·『다산 시정선』 2권 등의 번역서를 단독으로 또는 공역으로 간행했고 『다산 기행』·『다산의 생애와 사상』 등의 저서도 간행하여 이런 책을 통해 나름대로 다산의 사상과 철학, 삶의 가치관과 변혁 사상들이 우리 모두의 가슴에 번지기를 바랐다. 그런 반면, 「다산 정약용의 법사상」·「다산학의 시대적 배경 고찰」·「다산학의 화이론 고찰」·「다산학의 연원과 시대적 배경」·「다산학의 민중성 고찰」·「정약용 그 시대와 사상」·「다산의 법률관」·「다산의 흠휼 정신과 법의식」 등의 논문도 발표했다. 이런 일련의 작업들을 종합하여 다산의 일대기를 정리할 단계에 이르렀다고 생각하게 되었다. 더구나 출판사의 요구도 강고했다. 다산학의 보금자리이던 다산초당에 갈 때마다 유배의 서러움이 떠올랐다. 그 이미지를 잊을 수 없어 책 제목을 『다산 정약용 유배지에서 만나다』라고 했다. 그런데 막상 글을 마치고 다시 읽어 보니 참으로 빈약하다는 부끄러움을 감출 수가 없다. 거대한 다산을 제대로 설명해 내기가 어디 그리 쉬운 일인가. 그의 삶 일부분이라도 조명해 보자는 소박한 마음으로 시작했을 뿐이다. 더구나 사상이나 철학에 대한 부분은 다음 책으로 미루었기 때문에 더욱 아쉽다. 다만 이 책을 시작으로 다산학의 전모를 밝히려고 작업을 계속한다는 의지를 나는 놓지 않고 있다.”(『다산 정약용 유배지에서 만나다』 서문)

사실 그때의 책은 부끄러움과 아쉬움을 안고서 출간하였고, 다산학의 전모를 밝히는 일도 계속하고 다산의 사상이나 철학에 대한 책은 다시 쓰겠노라고까지 약속을 했던 터였다. 그로부터 10여 년의 세월이 흘렀다. 나는 그다음 해인 2004년 사단법인 다산연구소를 개설하여 10년째에 이른 오늘까지 '풀어쓰는 다산 이야기'라는 글을 써 연구소 홈페이지에 올리고 36만여 명의 독자들에게 메일링하는 작업을 계속해 왔다. 800회가 넘게 글을 쓰고 보내면서 『여유당전서』를 펴 보지 않는 날이 없을 정도로 다산 글을 읽어 왔다. 다산의 지혜와 사상을 오늘의 현실에 접목시켜 우리 사회의 난제를 해결하는 데 일말의 도움이라도 제공하고 싶은 뜻에서 해 오는 일이다. 그 결과 『풀어쓰는 다산 이야기』라는 이름으로 두 권, 『다산 정약용 일일 수행』이라는 이름의 책 두 권, 도합 네 권의 책을 출간하기도 했다.

이와 함께 대학 강단에서 다산학 전반에 대한 강의를 2004년부터 지금껏 10년이 넘도록 해 오고 있다. 성균관대학교 교양학부 학생들과 함께 토론하는 강의여서 강의 준비를 위해서도 다산을 더 넓고 깊게 검토하는 생활에서 벗어날 수 없었다. 한편 젊은 학생들의 의견을 수렴하는 일도 미룰 수 없는 형편이었다.

이런 작업의 결과 『다산 정약용 유배지에서 만나다』에 대한 부끄러움과 아쉬움을 그냥 두고 있을 수 없어, 다산 삶의 역사적 사실인 팩트(fact)는 그대로 살리고, 인용했던 시나 글도 대체로 그대로 실으면서 그 사건이나 시문에 대한 당대와 사후의 평설(評說)을 추가하여 평전으로서의 체제를 갖추도록 노력하였다. 수준 높은 다산의 사상이나 철학을 후세의 누가 감히 평가할 수 있겠는가. 모을 수 있는 모든 자료를 모아 다산 당대에 학문과 시문으로 교류했던 학자들의 평설을 통해 다산 학문의 수준을 알아볼 수밖에 없었다. 다만 다산 사후의 평가로서는 조선 왕조의 명맥이 있던 1910년 이전 학자들의 평설을 주로 채택했을 뿐, 그 이후의 평가는 가능한 줄여서 다루었다. 다산도 옛사람이기에 옛사람들의 평가가 귀중하지 동시대에 살지 않았던 후인들의 평가는 아무래도 정확한 것이라 보기 어렵다고 여겼기 때문이었다.

그런데 여기에서 문제가 생긴다. 다산에 대한 당대의 평가이건 먼 뒷날의 평가이건, 대체로 다산의 사람됨과 학문에 대해서는 훌륭하다는 칭찬의 평가가 주를 이루고 잘못되었다거나 좋지 않다는 평가는 많지 않았기 때문에, 그러한 평에 따른 이 책 또한 찬양 위주의 평전이 된 것이다. 이 점에 대해서는 필자의 역량 부족으로 여겨 또다시 부끄러움을 면할 길이 없다. 조선 선비들의 공통적인 자세이기도 하지만, 학자들이 다른 학자를 평가할 때는 대체로 후한 점수를 주지 야박한 점수를 주는 경우는 많지 않았던 것이 역사적 사실이었다. 다산의 경우도 어쩔 수 없이, 잘했다는 평가가 많았고 잘못했다는 평가는 많지 않았다.

우선 다산 학문에 대한 대표적인 평가를 보자. 조선 최고의 학자 군주인 정조가 다산과 함께 18년을 접촉하며 평가한 내용이 있다. "백가(百家)의 말을 두루 인증하여 그 출처가 무궁하니, 진실로 평소의 온축(蘊蓄)이 깊고 넓지 않았다면 어찌 이와 같이 대답할 수 있겠는가."(다산의 『시경』 연구서, 『시경강의(詩經講義)』 서문) 국왕 정조의 평을 다산이 직접 인용한 글이다. 젊은 학자에 대한 평으로는 정말로 후하다. 위당 정인보는 다산에 대해서는 가장 제대로 평가할 수 있을 만큼 학식이 높던 학자였다. 그의 평은 이렇다. "다산의 평생 저서는 다산의 일생 정력(精力)이 담겨 있어서 귀할 뿐 아니라, 그때 조선의 안과 밖이 다산의 눈을 통해 비로소 그 진짜 모습이 나타난 것이니 근세 조선을 알려고 하는 사람은 다산의 유저(遺著)를 통하여 찾아보아야 한다."(『담원국학산고』) 조선이라는 나라는 다산을 통해서만 알아볼 수 있다고 했으니 그 학문이 어떤 수준인가를 짐작하게 해 주는 평이었다. 그러나 칭찬의 평가만 많아 비판한 내용을 많이 찾지 못하는 아쉬움을 고백하지 않을 수 없다.

○○ 다산 일생의 네 시기

이 책은 다산의 일생을 네 시기로 나누어 설명했다. 먼저 유년 시절에서 28세에 문과에 합격하던 때까지의 배우고 공부한 수학기(修學期)를 첫 번째 기간으로 설정했다. 다산은 네 살에 가정에서 『천자문』을 배우기 시작했다. 7세에는 시를 지어 주변 사람들을 깜짝 놀라게 하는 천재성을 발휘했다. 아버지는 안목이 높은 분이었는데, 다산의 시를 보고 분수(分數)와 소장(消長)에 밝고 역법(曆法)이나 산수(算數)에 능통하리라는 예언을 하면서 어린 다산에게 높은 평가를 해 주었다. 다산에 대한 최초의 평가가 그랬다.

21세의 다산, '내 의지를 밝히다'라는 뜻의 「술지(述志)」라는 시에서는 그가 일생 동안 매달렸던 경학 공부인 공맹(孔孟)의 학문, 즉 수사학(洙泗學)으로 돌아가 본질적 유학을 연구하여 중세의 관념론적인 주자학에서 벗어나겠다고 확실하게 선언했다. 뜻을 세워 세상에 공표한 다음 해인 22세에 진사과에 합격하여 성균관에 들어간 다산은 그때 벌써 정조와의 만남으로 경학 공부의 수준이 타의 추종을 불허하는 경지에 이른다. 다산의 평생 공부에는 성균관 생활 6년이 결정적인 역할을 했다고 볼 수 있다.

두 번째 기간은 사환기(仕宦期), 벼슬하던 시기인데, 28세에 문과에 급제하던 때로부터 38세 형조 참의를 사직할 때까지이다. 다만 이번 책에서는 사환기에 해당하는 암행어사 시절을 책의 맨 앞에 하나의 부(部)로 실어 서술했다. 다산의 공직 생활의 참모습을 먼저 소개하려는 뜻이다. 다산 일생에서 어쩌면 제일 중요한 벼슬로 가장 혁혁한 업적을 세웠던 때가 암행어사 시절이라고 여겼기 때문이다.

문과 합격과 동시에 합격의 감회를 읊은 다산의 시 한 수는 바로 다산 평생을 끌고 왔던 인생의 신념이자 핵심적 이념을 잘 보여준다. 다산은 그런 신념과 이념으로 벼슬을 살고 학문을 연구하고 학설과 이론을 세웠다.

> 둔하고 졸렬해 임무 수행 어렵겠지만 　　　　　　　鈍拙難充使
> 공정과 청렴으로 정성 바치기 원하옵니다 　　　　　公廉願效誠
> 　「문과 급제하고 나서(正月卄七日賜第 熙政堂上謁 退而有作)」

여기서의 공(公)은 그 개념을 명확히 규정하기가 쉽지 않다. 공이라 하면 공정(公正)·공평(公平)의 개념이 먼저 떠오른다. 공정에는 정의(正義)의 의미가, 공평에는 평등(平等)의 의미가 내포되어 있다. 공에는 또 사(私)와는 반대되는 개념이 있고 주관적이기보다는 객관적이어야 한다는 의미도 있다. 염(廉)이야 당연히 청렴의 의미다. 다산은 일생 동안 벼슬살이나 학문을 닦고 연구하는 전 과정에서 '공렴'의 모든 개념을 포함한 의미의 생활을 했다고 판단된다. 다산이 추구했던 학문의 궁극적 목적이나 실현하고 싶던 국가에 대한 목표는 바로 공정하고 공평한 세상의 실현이었다. 불공정하고 불공평한 세상을 고치고 바꾸자는 개혁 의지, 그것을 실현키 위해 마련한 500여 권의 저서를 읽다 보면 그러한 의지가 관통하고 있음을 발견하게 된다. 공정한 수사와 재판, 인재 등용의 공정성, 문벌 타파, 신분제 타파, 지역 차별 타파, 빈부의 불균등 해소 등 다산이 그렇게 간절히 바라던 평등사상과 같은 모든 것은 공정과 공평으로 축약할 수 있다.

염은 공직자의 본무(本務)라고 다산은 선언했다. 『목민심서』 「율기(律己)」편 '청심(淸心)'에 염, 즉 청렴이 없는 공직 생활은 나라를 망하게 할 뿐 발전하게 할 가망성은 절대로 없다고 믿었던 사람이 다산이었다. 그래서 "청렴이란 목민관의 근본 되는 임무이며, 만 가지 착함의 원천이고, 모든 덕의 뿌리이다.(廉者牧之本務 萬善之源 諸德之根)"라고 밝혔다. 그는 공직자는 도덕적이지 않고는 공무 수행이 불가능하다고 여겼으며, 기본적으로 염을 통해서만 나라가 유지되고 역사가 발전된다는 믿음으로 『목민심서』라는 대저를 썼다. 공과 염, 그 두 축이 바로 다산의 삶과 사상을 관통하는 절대적 가치였음을 다산의 일생은 보여 줄 것이다.

공렴으로 공직 생활을 하겠다는 뜻, 여기서 탁월한 경세가로서의 다산은 책임을 감당할 자질을 갖추게 되었다. 학문사변(學問思辨)에도 감공형평(鑑空衡平)의 마음을 지니지 않으면 안 된다고 했을 때, 감공형평은 티 없는 거울, 균형 잡힌 저울이니, 바로 공정하고 공평한 마음을 뜻한다.(이재의에게 보낸 편지) 다산의 그 많은 경전 연구는 바로 공평으로부터 시작되었고, 그의 뛰어난 관직 생활은 초지일관 청렴에 바탕을 두었다. 곡산 부사 시절의 획기적인 선정(善政), 이계심 사건의 공정한 재판 모두가 '공렴' 두 글자에서 연유하였다. 곡산 부사 시절이나 형조 참의 시절의 재판 모두 공렴 두 글자가 삶의 기준이요 버팀목이었다. 그래서 공정하고 정확한 수사와 재판을 할 수 있었다.

40세에서 57세까지의 세 번째 시기인 유배기는 바로 저술기(著述期)였다. 그 많은 경서 연구는 물론 일표이서(一表二書)의 경세학 저술은 공렴을 실현하려는 제도적 장치로서 법제의 개혁안을 마련하고자 하는 의지가 밑바탕이 되었다. 착취와 토색에 신음하던 농민들의 참상을 목격하고는 유배살이의 설움도 잊고 핍박받는 농민들을 대변하는 시를 지었는데, 그런 비판 시도 공렴치 못한 세상에 대한 분개였으며, 신분제의 굳은 틀에 한없는 비판을 가한 시나 글에서도 문제는 모두 공렴을 실현하지 못한 불합리한 세태의 잘못에서 연유했다고 여겼다. 특히 유배 시절 대표작의 하나인 『목민심서』는 그 골격이 바로 공렴에 있었으니, 지도자나 목민관이 공렴할 때 세상은 요순시대를 맞을 수 있다고 여겼다.

마지막 네 번째의 시기는 해배 뒤의 고향 생활에 해당한다. 수많은 저서를 정리하고 삶을 마무리하던 정리기(整理期)였다. 학자들의 비판을 참고하여 저서들을 제대로 바로잡아 완성하고, 못다 이룬 저서들을 마무리하여 학문적 업적을 완성하였다. 삶의 만년에는 그의 학문과 문학에 매력을 느껴 서울이나 서울 근교에서 찾아온 많은 선비와 학자들을 맞아 학문을 논하고 시를 지으며 넉넉함과 여유로움으로 생의 마지막을 유쾌하게 지냈다. 글 잘하고 행실 바른 아들 손자들과 함께 불평불만 없이 눈 감을 수 있는 최후의 행복을 누렸던 이가 바로 정리기의 다산이었다.

위와 같은 네 시기의 다산에게서 배울 점은 무엇인가. 이 책이 노리는 최후의 목표는 무엇인가. 마음을 가라앉히고 곰곰이 생각해 보자. 다산은 자신이 살아가던 세상을 온통 부패한 시대라고 규정했다. 어느 것 하나 병들지 않은 분야가 없다고 탄식했다.(一毛一髮 無非病耳) 세상은 썩어 버린 지 이미 오래며(天下腐已久), 썩어 문드러졌다(腐爛)고 거듭 개탄했다. 그래서 지금 당장 개혁하지 않으면 나라는 반드시 망한다고까지 엄중한 경고를 내렸다.(『경세유표』 서문) 다산은 전 생애를 통해서 이 병들고 썩은 세상을 치유하기 위한 온갖 방책을 강구하는 500여 권의 방대한 저술을 남겼다. 현실에 활용하면 부패와 타락을 막을 수 있다고 생각되는 개혁안을 마련해 두었으니, 그게 바로 다산의 개혁 사상이요 실학사상이다. 공렴한 공직자들이라면 바로 그 일을 해낼 수 있다고 믿었다.

200년이 지난 오늘의 세상은 어떤가. 썩고 병들지 않은 분야를 어디에서 찾을 수 있는가. 더러운 소리와 고약한 냄새가 들리지 않고 풍기지 않는 분야를 어디에서 찾을 수 있는가. 어떻게 해야 이 세상을 새롭게 개혁하여 올바른 나라로 만들 수 있을까. 길이 막히면 돌아가야 한다. 길이 막히면 뒤에 길이 있는지 찾아야 한다. 당대의 시대정신으로 세상을 구할 길이 없다면, 옛 선현들의 정신을 돌아보고

성현의 말씀을 다시 생각해 내야 한다.

　서양의 르네상스는 훌륭한 역사의 거울이다. 중세의 암담한 세상에서 고대 그리스로 돌아가 당대의 시대정신과 사상을 새롭게 찾아냈다. 옛날로 회귀하는 것은 과거로 복귀하는 것이 아니라 현실을 타개할 수 있는 가장 훌륭한 진보와 통하는 것이다. 청나라 말엽의 타락한 세상을 구하기 위해 『예기』의 대동(大同) 사상을 되새겼던 일은 고대로 후퇴한 것이 아니라 당시로서는 가장 앞서가던 진보 논리가 아니었던가. 온고지신이자 법고창신이 바로 그런 의미였다.

　다산도 마찬가지였다. 성리학(性理學)이 세상을 구제할 논리 구실을 못하며 오히려 부패와 타락을 가속시키는 당론과 결합되었을 때, 다산을 비롯한 일련의 실학자들은 공자학, 즉 수사학의 본원으로 돌아가는 경학 연구에 생애를 바치지 않았던가. 이론이 아닌 실천 가능한 행위 개념으로 경전을 새롭게 해석한 다산 경학을, 위당 정인보는 '민중적 경학(民衆的經學)'이라고 불렀다. 다산은 공맹의 사상과 철학을 민중의 논리로 재해석하여 선구적이고 진보적인 다산 경학으로 새롭게 연구해 냈는데, 다산의 실학 사상은 사실 고경(古經)을 새롭게 다시 해석해 내는 경학 연구에 그 본질적인 목표를 두고 있었다.

　국가의 행정 제도, 문물제도를 통째로 바꾸고 고치자는 『경세유표(經世遺表)』에서 오늘의 개혁 논리도 찾아보고, 고관대작에서 하급 관리에 이르기까지 모든 공직자들이 청렴한 공직 윤리를 회복하고 공정한 행정을 펴야 한다는 『목민심서(牧民心書)』에서 오늘의 부정과 비리, 부패와 타락을 방지할 논리를 찾아야 한다. 다산은 또한 형사 재판에서는 실체적 진실만을 발견한 수사와 재판이 이루어지기를 염원하여 그 과정에서 절대로 억울한 사람이 있어서는 안 된다는 목적에서 『흠흠신서(欽欽新書)』를 저작했는데, 공정한 수사와 재판은 그 점을 본보기로 삼아야 할 것이다.

인간 다산에게서 우리가 배워야 할 점도 많다. 그처럼 뛰어난 재주, 그만한 능력, 그만한 학식과 깊은 사상을 지녔음에도 다산은 얼마나 억울한 삶을 보냈고, 얼마나 기막힌 세월을 살았던가. 그래도 그는 끝끝내 좌절하지 않았고 실의에 빠지거나 낙망하지도 않았다. 오히려 힘들고 고단한 귀양살이에도 언제나 자신을 채찍질하며 학문을 연구하는 데 온갖 정성을 다 바쳤다. 낮을 짧다 여기고 밤을 새우며 공부에 생을 걸었던 그 정신을 이어 가야 한다. 벼슬길을 차단당하고 온갖 수모와 고난을 무릅쓰고도 "이제야 겨를을 얻었다.(今得暇矣)"라고 흔연스럽게 스스로 기뻐하면서 학문에 몰두하던 그의 생활철학을 배워야 한다. 아들에게 보낸 편지와 가계(家誡)에서 부모님은 어떻게 섬기며, 어른들은 어떻게 모시며, 형제·친구들과는 어떻게 지내야 한다던 그의 가르침도 새겨야 할 대목이다.

참으로 인간적인 다산이었다. 어린 막내 아들의 죽음을 귀양지에서 듣고, 한없는 눈물을 흘리며 목메어 울던 아버지 다산. 자신보다 더 훌륭한 학식과 인품을 지니고도 더 외롭고 쓸쓸하게 귀양 살다가 세상을 떠난 둘째 형의 부음에 통곡하며 그리워하던 아우 다산. 병들어 죽어 가거나 굶어서 죽어 가는 백성들의 참담한 모습에 살고 싶은 의욕마저 상실할 지경이라고 애태우던 다산. 그의 뜨거운 인간애에 마음을 기울여야 한다. 학자, 사상가, 선각자라는 위치에서 현자(賢者), '시성(詩聖)'의 지위까지 오른 다산이라는 큰 인물을 통해 자신의 삶을 되돌아보는 기회도 가져야 한다. 명문 집안 출신으로 먼 먼 바닷가 낯선 타향에서 불쌍한 시골의 백성들과 스스럼없이 어울려 지내며 그들의 아픔을 위로해 주고, 그들이 당하는 질곡의 삶을 해방시키기 위해 한없는 애정으로 지혜를 짜내던 대승적인 다산의 실천 정신을 배울 기회를 가져야 한다.

누가 성호 선생을
저 깊이 묻힌 땅속에서 일으켜 세울 수 있어
끝내 억센 물결을 밀쳐 버리고
수사(洙泗)의 물줄기로 돌려보낼 것인가
슬픈지고

「성호 이익의 화상찬(星翁畵像贊)」

이 마지막 구절에 다산의 꿈과 희망이 서려 있다. 성호를 일으켜 세워, 그분을 앞장세우고 성리학의 도도한 물결을 밀쳐, 공맹의 본원 유교로 돌려보내기를 애원했던 다산. 이제 우리는 땅속 깊이 묻혀 있는 다산을 일으켜 앞장세우고, 타락하고 부패한 세상을 밀쳐 버리고 공렴한 다산의 세상을 이룩해야 한다. 그래서 다산이 무덤 밖으로 나와 활동하는 모습을 평전이라는 이름으로 보여 드리고 싶다. 그가 고뇌했던 유배지나 여유당에 가서 그와 함께 세상을 논해 보고 싶은 마음에서다.

1부

·

암행어사 출두요!

1 슬픔을 이기자 득의(得意)의 때가 오다

슬픔과 기쁨은 별개의 일로 볼 수 없을 때가 많다. 슬프다 보면 기쁜 일이 찾아오기도 하고, 기쁘다 보면 뜻밖의 슬픈 일이 찾아와 비탄에 빠지기도 한다. 그래서 옛날부터 슬픔은 기쁨의 씨앗이요, 기쁨은 슬픔의 모태라 했다. 다산 정약용의 생애야말로 기쁨과 슬픔이 연속적으로 교차된 삶이었지만, 기쁘고 즐겁던 시절보다는 슬프고 괴롭던 때가 더 많았던 것으로 특징지어진다. 임금의 칭찬을 받으며 학식과 재능을 제대로 발휘하여 펄펄 날던 벼슬아치의 시절도 있었지만, 감옥에 갇히고 국문을 받느라 목숨이 경각에 달렸던 위험천만의 괴로운 시절도, 긴긴 유배 생활에 폐족의 신분으로 살아야 했던 처참한 비운의 세월도 많았다.

1792년은 정조 재위 16년으로 다산의 나이 31세였다. 신진 관료라면 누구나 꿈에도 그리던 일은 옥당(玉堂)이라 일컬어지던 홍문관에 들어가는 것이었다. 그 절차는 매우 까다롭다. 첫째는 홍문관록(弘

文館錄)에 뽑혀야 한다. 홍문관의 벼슬인 교리(校理)나 수찬(修撰)의 후보자에 들어가는 일을 말한다. 다음은 후보자들 중에서 추천해 주는 사람이 많아 도당회권(都堂會圈)에 뽑히는 일이다. 이러한 절차를 거쳐 마침내 임금이 교지(敎旨, 임명장)를 내려 임명해 주어야 벼슬에 오른다. 다산은 그해 3월 20일 홍문관록에 뽑혔으며, 28일 도당회권에까지 뽑혀 29일자로 홍문관의 학사(學士) 벼슬인 수찬에 제수(除授)되었다.

다산의 집안은 '옥당집'이라는 명예로운 호칭을 듣던 집안이었다. 다산의 12대 할아버지 때부터 5대조이던 정시윤(丁時潤, 1646~1713년)에 이르기까지 연달아 8대가 옥당에 들어간 명문이었다. 정시윤의 둘째 아들인 정도복(丁道復)이 또 옥당에 들어갔으니 어떤 곳에서는 그래서 9대 옥당집이라 했지만 다산은 정시윤의 큰아들 후손이었으므로 직계로 보면 8대로 끝났다. 정시윤 이후 거의 100년이 되어서야 다산에 이르러 그 가문에 옥당에 들어가는 영광을 안게 된 셈이었다.

다산의 연보인 『사암선생연보(俟菴先生年譜)』에 기록된 대로 비록 정조 대왕의 정권 아래였지만 남인의 가계에서 옥당에 들어가기란 쉽지 않았다. 당시 조정에는 다산이 홍문관록에 오르는 것을 저지하려는 세력이 많았다. 이러한 기미를 알아차린 정조가 바로 하명을 내렸다. "옥당은 정씨(丁氏) 가문에서 대대로 물려온 곳이니, 정약용도 관록에서 뺄 수가 없지 않느냐."라고 해서 마침내 이의를 제기하지 못해 관록에 뽑힐 수 있었다고 기록되어 있다. 다산은 홍문관의 수찬에 임명되자 당당한 홍문관 학사로서 수시로 경연(經筵, 임금과 신하들이 함께 앉아 정치와 학문을 토론하던 자리)에 드나들며 임금을 보필하는 요직의 신하로 자리 잡게 되었다.

그러나 기쁨과 즐거움도 잠깐, 그해 4월 9일 진주 목사(晉州牧使)로 재직하던 아버지가 세상을 떠나는 비운을 당하고 말았다. 아버지 정재원(丁載遠, 1730~1792년)은 진사과(進士科)에 급제했을 뿐 문과(文科)에는 오르지 않았으나 경사(經史, 경학과 역사학)에 밝아 다산의 큰 스승이었으며, 목민관으로서 뛰어난 자질이 있어 여러 지방에서 큰 치적을 남긴 벼슬아치였다. 63세의 나이로 세상을 뜨자 다산 형제들의 슬픔은 매우 컸다. 같은 해 5월 충주의 하담(荷潭)에 아버지를 장사 지내고 다산은 형제들과 함께 고향 마재에 여막을 지어 집상(執喪)을 했다. 집상 기간에 수원 화성의 성제(城制)를 설계한 이야기는 다음에 더 상세히 이야기할 것이다. 예(禮)에 따라 33세이던 1794년 6월 삼년상을 마치고 슬픔을 참으며 7월 23일 성균관 직강(直講, 정5품)이라는 벼슬에 임명되었다.

○○ 암행어사 정약용

상을 당한 슬픔에서 벼슬하는 기쁨을 또 맞았다. 다산은 그해 10월 27일 홍문관 교리에 제수되고 다음 날인 28일에는 수찬에 다시 제수되었다. 옥당의 귀한 벼슬에 있어야만 더 귀한 요직에 오를 수 있던 것이 조선의 관제였다. 홍문관 수찬의 지위에 있던 다산, 33세라는 장년의 나이에 임금의 권한을 대신하는 암행어사 임명장을 내려받았다. 사나이라면 벼슬에 오르고 싶기 마련이고, 벼슬에 오른 사나이라면 한 번쯤 해 보고 싶은 벼슬이 암행어사였다. 암행어사는 명칭 그대로 '암행', 극비에 임무를 수행하는 자리이기 때문에 임명부터 비밀리에 이루어진다. 28일 저녁 홍문관에서 숙직을 하던 때에 어명으로 노량의 별장(別將)으로 제수하고는 29일 임금의 어전에 나아가 암행어사의 명을 받았고 다음 달인 11월 15일 복명(復命)하라는 엄명이 내려졌다.

바로 이와 같은 점이 인간의 삶이다. 한 집안의 기둥이요 인생과 학문의 스승이던 아버지의 별세는 세상에 없는 슬픔이자 큰 화란의 하나다. 그래서 아버지를 잃으면 하늘이 무너졌다고 통곡하는 것 아니겠는가. 그러나 불행한 일 다음에는 모두가 부러워하는 행운이 찾아왔으니 암행어사라는 좋은 벼슬에 임명된 것이다. 이 점에 대해 다산은 귀양살이를 하던 시절에 논리 정연하게 글을 지은 바 있다. "즐거움은 괴로움에서 나오니, 괴로움이란 즐거움의 뿌리이다. 괴로움은 즐거움에서 나오니, 즐거움은 괴로움의 씨앗이다."라고 말하여 『노자』 58장에 나오는 "화는 복에 의지해 있는 곳이고, 복은 화가 숨어 있는 곳이다."라는 내용에 일치하는 견해를 표명하였다.(「증별이중협우후시첩서(贈別李重協虞候詩帖序)」) 이렇듯 영고성쇠(榮枯盛衰)하며 돌고 도는 인간의 운명에 대해 훌륭한 예견의 지혜를 지녔던 다산이었지만, 그 또한 화(禍)와 복(福), 고(苦)와 낙(樂)의 틀에서 벗어나지 못하고, 파란만장한 75세의 생애를 살아야 했다.

그런 그의 일생 중에서 가장 복되고 즐거운 시절이라고 할 수 있는 암행어사 시기로부터 그의 삶을 조명해 보려고 한다. 말할 것도 없이 그 복된 시절에 서용보(徐龍輔, 1757~1824년)라는 경기 관찰사의 비행을 고발한 것이 화란의 뿌리가 되어 18년이라는 긴긴 유배 생활이 계속되었던 점도 잊어서는 안 된다.

기본 자료는 다산 자신이 직접 자신의 일생을 연대순으로 기록한 『다산연보』와 뒷날 다산이 세상을 뜬 뒤 그 연보에 첨삭을 가해 현손(玄孫) 정규영(丁奎英, 1872~1927년)이 완성한 『사암선생연보』가 중심이다. 자세한 암행어사의 활동 내용은 암행을 마친 뒤 다산이 임금에게 올렸던 「경기 암행어사로서 목민관의 잘잘못을 논하여 올린 보고서(京畿暗行御史論守令臧否啓)」라는 글을 기초로 해서 기술한다. 때는 1794년, 다산은 33세의 혈기 왕성한 장년이었다. 그해 6월 아버지의 삼년상을 마치고 마침내 7월 23일자로 다산에게 성균관 직강이라는 벼슬이 내려졌다.

게으른 천성대로 놀면서 지내렸더니　　　　　　　　　放棄從吾懶

기대 밖의 벼슬에 임명되었네　　　　　　　　　　　甄收異所期

갈수록 거미줄에 친친 얽히어　　　　　　　　　　　故多蛛布網

재갈 물린 말 신세 면치 못하리　　　　　　　　　　未免馬銜羈

친하던 벗들 뒤얽혀 멀어만 가고　　　　　　　　　　錯落親交遠

세상살이 구불구불 위험해지네　　　　　　　　　　迂回世道危

힘없는 새처럼 성분대로 따르며 살지　　　　　　　　肖翹共順性

억지로 힘쓴다고 무엇이 될 것인가　　　　　　　　　黽勉竟何爲

　　　　　　　　　　　　「성균관 직강으로 부임하며(除國子直講赴館)」

아버지 상을 당해 휴직했다가 다시 새로운 벼슬에 임명은 되었지만, 유쾌하고 즐거운 기분이 나지를 않았나 보다. 벼슬살이야 시작은 되었지만, 가깝던 친구들이 등을 돌려 이런 일 저런 일로 트집을 잡았다. 천주교 문제가 밑바탕에 깔려 앞길에 위험한 징조가 드리워져 있었다. 시파와 벽파의 싸움도 좀처럼 가라앉지 않아 그때부터 화색(禍色)이 감돌고 있었다. 정5품의 낮지 않은 벼슬에 오르고도 무엇인가 불안한 속내를 떨치지 못한 다산의 마음이 엿보인다. 며칠 뒤인 8월 초10일에는 비변랑(備邊郎)에 임명되었으며 10월 27일에는 홍문관 교리에 제수되고 이튿날인 28일에는 수찬으로 바뀌었다. 이날 홍문관에서 숙직을 하였는데, 밤 2경에 승정원의 하예(下隸)가 큰 소리로 홍문관 서리(胥吏)를 불러, "옥당에 숙직하는데 지각했으므로 정 아무개를 노량의 별장으로 제수하니, 곧바로 사은(謝恩)하도록 하라."라는 임금 명령을 전했다. 임금을 배알하는 절차를 마치고 29일에 임금이 계시는 성정각(誠正閣)에 들어가 임금을 뵈니 경기 암행어사의 명령이 내려졌다.

이해에는 심한 흉년이 들어 백성들의 생활이 매우 어려웠다. 정조는 경기도의 각 읍에 암행어사 열 명을 파견하고 적간(摘奸) 사관(史官)까지 여러 명을 보내 수령들의 잘잘못을 규찰하고 백성들의 괴로움을 살피게 했다. 그 열 명 가운데 한 사람으로 다산은 경기도 북부지방의 네 고을을 염찰하라는 밀명을 받았다. 들어갈 때는 양주 고을을 거치고 나올 때는 파주군을 지나도록 명령이 났는데, 담당 고을은 적성(積城, 지금의 파주시 지역), 마전(麻田, 지금의 이북 땅), 연천(漣川, 연천군), 삭녕(朔寧, 이북 땅) 등 네 지역이었다.

암행어사는 권세와 위엄이 크고 높아 산천초목도 벌벌 떤다는 무서운 벼슬이다. 마패 하나 들고 나아가 "어사 출두!"라고 외치면 세상이 움츠러든다. 사나이라면 한 번쯤 그런 지위에 올라 임금의 권한을 대신해 세상을 바로잡아 보겠다는 소망을 갖게 마련이다. 임금이 암행을 떠나는 어사들에게 내린 지시문과 다산이 암행을 마치고 돌아와 임금에게 올린 보고문이 전해진다. 임금은 암행어사들에게 간곡한 당부를 했다.

"수령의 잘잘못을 조사하고 민간인의 고통을 찾아내는 것이 암행어사의 직책이다. 수의(繡衣)를 입도록 한 것은 총애를 나타낸 것이며 부절(斧節)을 들린 것은 위엄을 높여 준 것인데, 요즈음 간혹 각 도를 암행하는 인물 가운데 직위에 적합하지 못한 사람이 있다. 이것을 어찌 그 인물에게만 책임 지우겠는가. 조정에서 인재를 잘 가려내지 못한 책임이 있다. 그렇다고 직위에 적합하지 못하다 하여 이들을 파견하지 않는다면, 구중궁궐에 있는 내가 무슨 수로 살펴보겠는가. 더구나 지금 서울을 중심으로 천 리 지역에 흉년이 들었음에랴. 국가의 혜택이 아래까지 미치지 못하고 민폐가 상부에 알려지지 않아, 마을의 개조차 길들여지지 않고 산이나 물가에 기러기들이 모여들 지경이면 백성들이 간절히 바라는 것은 오직 어사이며, 나라에서 권선징악 하는 데에도 역시 오직 어사의 말만 신임하고 따르게 마련이다. 이 때문에 너희들을 각 고을에 나누어 임명하는 조치를 내렸다. 너희들은 직책을 신중히 수행하되 관청, 시장, 촌락 사이에 출몰하면서 세밀하게 민정(民情)을 주워 모아 조정으로 돌아올 때 하나하나 조목별로 열거해 아뢰어라."

암행어사에 적합한 인물이 제대로 선발되어 임금이 당부하고 지시한 대로 업무를 수행한다면 백성들의 고통이 상당히 줄어들고 흉년을 극복할 길이 열릴 수도 있건만, 그렇지 못한 경우가 더 많아 백성들은 언제나 고달프고 배고팠다. 다산은 임명장을 받은 다음 날 곧바로 현장으로 들어가 민정을 제대로 살피고, 보고 기일인 11월 15일에 임금에게 복명서를 올린다.

○○ 수령의 잘잘못을 정확히 평가하다

「경기 암행어사로서 목민관의 잘잘못을 논하여 올린 보고서」라는 글을 읽어 보자.

신(臣) 정약용은 10월 29일 임금께서 내리신 지시대로 경기도 암행어사의 임무를 수행하였습니다. 임금께서 친히 주신 봉한 서류에 든 암행해야 할 내용과 불쌍한 사람 구호 대책에 대한 한 통씩의 글을 두 손으로 받잡고 놀란 마음을 어쩌지 못했습니다. 엎드려 삼가 생각건대, 신은 본디 재주와 식견이 없는 데다 경력마저 모자라는 사람으로, 외람되게도 무거운 임무를 맡아 일을 그르칠까 겁이 난 나머지, 앞에 놓인 일의 평안함과 험난함을 가리지 않고 오직 변변치 못한 충성을 다하는 것으로써 만분의 하나나마 임금님의 은혜에 보답하고자 즉시 강촌(江村)으로 나왔습니다. 그리고 다음 날 길을 떠났는데, 신이 명령을 받은 것은 몇 개 고을에 지나지 않았으므로, 마땅히 정신을 쏟아 잘 살펴서 지극하신 뜻을 저버리지 않으려고 했습니다. 먼저 적성에서 삭녕에 이르기까지 마을 구석구석을 드나들며 천민들 사이에서 신분을 감추고 각별히 염탐하여 확실한 사실을 얻어 내서는 혹 출두하여 샅샅이 조사하기도 하고, 혹 자취를 숨기고 다시 살펴본 다음에 해당 고을 수령의 옳고 그른 일에 대해 소상하게 열거해서 논했고, 지나가는 각 고을의 실태에 대해서도 빠짐없이 들어서 논했으며, 암행 조건 가운데 연천의 민폐에 관한 일은 별도로 원단(原單) 이외의 별지에 기록하여 임금님이 읽으시도록 대비했습니다.

다산은 이러한 설명서를 첨부하여 각 고을의 수령의 잘잘못을 자세히 보고했다. 사리에 밝고, 압제에 시달리던 백성들의 처지에 무한한 동정심을 지녔던 다산인지라 백성의 입장이 되어 시비를 따지는 암행어사의 근본 임무를 훌륭하게 수행하였다. 먼저 적성 현감 이세윤(李世胤)에 대하여 논했다.

이세윤은 다스리는 일을 순후하고 신중하게 하였습니다. 몸가짐은 간편 검약하였으며, 소송 사건을 처리하는 재판에서는 결단을 내려야 할 일에 강직한 면이 부족했으나 백성들을 어루만져 보살펴 주는 일에는 부지런했습니다. 가정의 형편을 조사하는 호구조사에서는 규정 외로 한 차례 더 조사하는 수고를 꺼리지 않음으로써 처음에는 착오가 있더라도 끝에 가서는 바로잡았으며, 흉년에 조세를 감면해 주는 일로 말하면 자신의 재량으로 결(結)에 대한 조세를 삭감하고, 많이 주는 곳에서 덜어 내 적게 주는 곳에 보탰습니다. 환곡을 받으면서 잉여분을 사사로이 취했다는 것에 대해서는 사용처가 사사롭지 않아 용서하였습니다.

이처럼 적성 현감은 큰 잘못이 없는 수령으로 평가했다. 잘못한 수령의 적발에 앞서 잘하는 수령에게 아낌없는 찬사를 보낼 줄 아는 평가 역시 다산의 사람됨을 보여 준다. 마전 군수에게는 더 후한 평가와 찬사를 보냈다.

마전 군수 남이범(南履範)은 송사의 재판에서 강직하고 명백한 판단을 내렸으며, 일 처리는 근본과 지엽을 종합하여 면밀하게 합니다. 간사한 무리들을 죄주고 도태시키니 백성들이 통쾌하다 일컫고, 창고지기를 곤장으로 다스렸으니 되(升)와 말(斗)을 간혹 함부로 했던 것을 먼저 간파했던 것이며, 납세를 거부하는 부잣집들에게는 조세의 상납을 독촉하여 흉년이 들어도 두렵지 않게 되고, 피폐하고 가난한 백성들을 제대로 조사하여 실상에 합치되도록 조치했습니다. 징병의 인원수가 자주 주민 수보다 과다하므로 그러한 묵은 폐단을 제거하고 환곡해 줄 곡식도 쭉정이가 없도록 제대로 저장하여 춘궁기의 식량에 미리 대비하기도 했습니다. 부임한 지 2년째인데 정치가 제대로 이룩되고 법이 정착되었으니 이런 유능한 솜씨는 이렇게 말(斗)만큼 작은 고을에서 일하고 있는 것이 아까울 뿐입니다.

앞의 두 수령과 마찬가지로 연천 현감 이가운(李可運)과 삭녕 군수 박종주(朴宗柱)도 열심히 일하는 수령으로 평가하여 큰 잘못 없이 백성들의 신임이 두텁다는 결론을 내렸다.

이렇게 담당 고을의 수령에 대한 암행 결과를 보고하고는 덧붙여 통과 지역이나 인근 지역의 수령에 대해서도 듣고 보았던 대로 간략히 보고하였다. 양주 목사 한광근(韓光近)을 비롯한 수령들의 잘잘못을 가린 보고이다.

도적을 잡는 일에는 허술했지만 아전에 대한 단속은 매우 엄중하게 하는 사람으로서, 환곡을 징수할 때 되(升)를 고르게 했다는 칭송이 있었고, 병정을 점고(點考)할 때 비용을 절감하는 방안을 알아내어, 길가에 전하는 말들이 칭찬하는 말만 있었고, 헐뜯는 말은 없었습니다. 파주 목사 조택진(趙宅鎭)은 하려고 하는 뜻은 스스로 가다듬고 있었지만 사무 처리는 대체로 부진한 자로서 구황(救荒) 정책이란 지금까지 들어 본 적이 없고, 인척 관계가 있는 상부의 무신(武臣)이 이따금 정사에 간섭하는 경우도 있었으니, 만일 백성에게 무휼(撫恤)하기를 원하신다면 힘써 그를 단속해야 합니다. 고양 군수 왕도상(王道常)은 아랫사람 다스림에 기력이 있어 정사(政事)가 정비되고 이룩된 일이 많으므로 아전들은 꺼려하고 백성들은 사모하여, 모든 사람이 칭송하니 흉년에 큰 고을에서 백성을 사람으로 보살피는 정도(正道)를 열었습니다.

다음은 현직 수령들이 아닌 바로 직전의 연천 현감 김양직(金養直)과 삭녕의 전 군수 강명길(康命吉)의 문제점을 밝혀내어 탐관오리의 탐학상과 백성들의 질곡에 대한 명확한 실체를 염찰한 내용이다. 강직하고 민완하게 암행어사로서의 본분을 제대로 지킨 민정 파악이었다.

전 현감 김양직은 5년 동안 재직하면서 온갖 나쁜 짓을 다한 자로서, 정신 상태가 흐리멍덩한 데다 술이나 마시며 탐관오리 짓을 일삼고 첩까지 거느리는 등 허다한 범법 사실은 끝이 없어서 열 사람이 지적하는 것을 한 입으로 말하기 어려우며, 환곡 3500석에 대한 모조(耗條)를 제멋대로 나누어 모두 사용(私用)으로 돌리고 재해를 당한 전답 51결에 대한 실혜(實惠)를 훔쳐 먹어서, 아래 백성에게는 그 실혜가 미치지 못하게 하였습니다. 어떤 곡식인지도 알 수 없는 551석은 남겨 두고 모곡은 너무 과다하게 걷었으며, 걷지 못한 곡식 2100여 석을 허위로 올려 두고 탈 없는 것으로 속여서 보고하였습니다. 또 직임을 팔아 자기 배만 채우느라 신역(身役)을 수없이 면제해 주었고, 노비를 풀어 주는 조건으로 돈을 요구하는 등 남긴 악명이 끝이 없었습니다.

이렇게 죄상을 알린 뒤, 조치 사항까지 자세히 보고하였다.

이런 사람을 엄중히 징계하지 않는다면 백성을 보호할 수 없기 때문에 그 죄상을 담당 부서에 알려서 조치하도록 하였습니다. 앞뒤의 관찰사들이 만약 수시로 살피고 파악했거나, 일찍 파직시켰더라면 어찌 이 지경에 이르렀겠습니까. 이 점 또한 경계가 없어서는 안 됩니다.

김양직이라는 연천의 전 현감 못지않게 삭녕의 전 군수 강명길 또한 탐학의 정도를 말로 다 할 수 없었다. 그의 잘못 또한 상세히 보고하여 탐학한 관리를 혹독하게 비판하였다.

전 군수 강명길은 늘그막의 탐욕이 끝이 없고 야비하고 인색함이 너무 극심한 사람으로, 백성들의 송사나 관가의 사무에는 머리를 저으며 관여하지 않고, 식비(食費)나 봉록을 후려쳐서 차지하고 함부로 거두어들이며 표절사(表節祠)라는 군내의 사당에 회계 처리해야 할 곡물을 고액으로 부자들에게서 강제로 징수하고, 산화전(山火田)에 높은 세율을 매겨 흉년인데도 더 가중시키고, 향임(鄕任)들은 뇌물 들어오는 문을 언제나 열어 두었습니다. 임기를 마치고 돌아갈 때의 짐 꾸러미는 너무나 많아 흙을 실어 나르는 배가 그 짐 꾸러미 실어 나르느라 흙을 실어 나르지 못할 정도여서 아전들의 원망과 백성들의 한탄이 지금도 끊이지 않고 있으니, 체임된 지 오래되었으나 죄를 묻지 않을 수 없습니다.

그리고 암행 조건으로 임금이 특별히 지시했던 4개 조항도 면밀히 염찰하여 각 조목마다 확실한 처리 사항을 보고하였으니, 첫째로 산화전에 과도한 세금을 물리는 문제, 둘째는 각 지방의 유기아(遺棄兒) 보호 사항, 셋째는 정대(停代), 즉 흉년에 가난한 민가에게 환곡과 관련된 혜택을 베푸는 일이었으며, 넷째는 흉년의 피해가 가장 심한 연천 고을 문제의 해결이었다. 이 네 가지 항목에 대해서도 면밀히 조사하여 그 해결의 대안까지 자세히 보고한 기록이 남아 있다.

마지막으로 보고서의 말미에는 각 지역에 공통적인 백성들의 고달픔과 탐관오리의 부패 소지를 밝혀 그 해결책을 국가적으로 마련해야 한다는 건의 사항을 올렸다.

한 사람이 향임에 오르면 그 집안 전체가 신역을 면제받기 때문에 향임을 재물로 교환하기 시작한 이래, 넉넉하고 부유한 백성은 유자(儒者)의 옷을 입고 군적(軍籍)에서 이름을 제거하지만, 가난한 사람은 굶어 죽어 땅속에 묻히지도 못하는 폐단이 온 고을에 가득 찼습니다. 이 점은 어느 지역이나 공통된 폐해로서 큰 고을은 그런대로 변통하는 일이 있으나 작은 고을은 더욱 꼼짝할 수가 없었습니다. 그래서 신이 출도한 날 즉시 본관(本官)으로 하여금 부동산에 관해 처분한 증명서를 작성해 내도록 하여, 뇌물을 바치고 하리(下吏)에 임명된 자는 모조리 임명장을 거두어 불에 태워 버리고 그 본인 및 친족을 막론하고 결원이 생기는 대로 병정에 뽑도록 하였습니다. 한편으로는 부자가 뇌물로 벼슬하는 교활한 풍습을 징계하고, 한편으로는 황구첨정(黃口簽丁)과 백골징포(白骨徵布)의 고질적인 폐단을 제거하였으되, 환곡 사항에 이르러서는 신이 감히 독단할 문제가 아니었으므로, 백성들이 호소하며 길을 막고서 간청했으나, 신이 돌아가서 임금께 아뢰어 국가적으로 해결책을 강구하게 하겠노라고 답변했습니다.

○○ 일생의 경세 철학을 확립하다

젊은 시절 한 차례의 암행어사 경험은 다산의 일생에 매우 중요한 영향을 미친 귀중한 기회였다. 삼정(三政, 전정, 군정, 환곡)이 문란해진 조선 후기 사회에 만연해 있던 목민관들의 부정부패와 탐관오리들의 등쌀에 고통을 당하던 백성들의 참모습과 실상을 파악할 수 있는 기회이자, 가난하고 천한 백성들의 권익과 자유 확보를 위해 생애를 바쳐야겠다는 굳은 신념을 갖게 되는 계기가 되기도 했다. 임금의 무거운 은혜를 잊을 수 없었을 뿐 아니라 백성들의 참혹한 실상을 파악하자 젊은 신하 다산은 의리에 분노하고 강직한 성격을 억누르지 못해 사실대로 상부에 보고서를 올렸건만, 궁중의 태의(太醫)인 강명길과 사도 세자의 묘소를 수원으로 옮기는 데 지관(地官)으로 일했던 김양직은 임금의 최측근이었으므로 대신들도 함부로 처벌하자는 건의를 하기 어려웠다. 이 같은 저간의 소식을 알아낸 다산은 그냥 둘 수가 없었다. 임금에게 직접 상소를 올려 그들에게 무거운 벌을 내려야 한다는 강력한 주장을 폈다.

엎드려 생각하건대, 신은 세상 물정에 어두운 일개 서생으로 정치를 펴는 직책을 경험하지 못하여 민간의 괴로움을 알지 못하면서, 외람되게 암행어사의 명령을 받고서 어사로서의 책무를 제대로 이행하지 못하였습니다. 더구나 기일까지 촉박하여 두루 염찰하지 못하여 잘하고 못한 점을 평가함이 소략한 데다 보고서로서의 내용도 제대로 갖추지도 못했습니다. 그래서 신은 부끄럽고 황공하며 임금님의 뜻에 부응하지 못함을 근심으로 여겼습니다. 그런데 대신(大臣, 정승)이 전 삭녕 군수 강명길과 전 연천 군수 김양직은 법률에 적합하도록 취조하거나 처벌해서는 안 된다고 올려바친 바 있습니다. 신은 이에 실로 지극히 의아스러움을 금치 못했습니다. 알고 있는 대로 강명길은 궁중의 어의였고 김양직은 사도 세자 묘소 옮길 때의 지사(地師)였습니다.

신이 논한 바처럼 그가 범했던 것이 부정한 재물을 탐하고 가혹하게 세금을 많이 징수함이 아니었다면 왕실에 대한 그들의 공을 생각하여 죄를 용서함이 불가하다고 말할 수 없으나, 지금 이두 사람의 죄는 목민관이라는 제도가 생긴 이래로 아직 들어 본 적이 없는 짓이었습니다. 그러니 백성을 무겁게 여기고 법을 지켜야 한다는 도리(重民守法)로 보더라도, 본래의 법대로 적용하면서도 다음 단계의 낮은 죄로 시행한다거나 중벌에서 약간 경하게 해 주며 멀리 보낼 귀양살이도 조금 가까운 곳으로 보내는 것이어야 오히려 가한 일입니다. 그러나 전혀 죄주지 않고 그냥 용서해 주거나 일체의 손해 보는 일이 없게 한다면, 형정(刑政)의 집행 원칙에 해가 되지 않겠습니까.

그들이 참으로 옳은 일을 했다면 전하께서 무엇 때문에 신을 보내셨겠습니까. 이들이 임금의 총애와 비호함을 빙자하여 그처럼 방자했으니, 탄로되기 전이라면 조금이라도 의심스러움과 두려운 마음을 가질 수 있으나, 이미 탄로되어 암행어사의 장계(보고서)에 올랐는데도 끝내 아무 일이 없다면, 장차 날개를 펴고 꼬리를 치며 의기양양하여 다시는 자중함이 없을 것입니다. 더구나 강명길은 본디 의술에 정통한 사람도 아니었고, 김양직 또한 묘소 옮기는 일에 큰 공이 있는 것도 아닙니다. 그들에게 목민관의 직책을 내려 주었던 것만으로도 그들은 은혜롭게 여겨야 할 일이건만 백성의 재물을 빼앗고 탐관오리로서 엄연히 법을 범했는데 그대로 놓아주고 죄를 묻지 않으신다니, 어리석은 신의 소견으로는 이해가 되지 않습니다. 대체로 법을 적용할 때는 마땅히 임금의 최측근으로부터 시작해야 합니다.(用法宜自近習始) 신의 생각으로는 이 두 사람을 속히 의금부로 하여금 면밀히 취조하고 법에 따라 처벌하여 민생을 소중하게 여기고 국법을 존엄하게 해 준다면(以重民生 以尊國法), 못내 다행스럽겠습니다.

「경기 암행어사 복명 후의 일을 논하여 올리는 소

(京圻御史復命後論事疏)」

28세에 문과에 급제하여 벼슬살이를 시작했던 다산, 암행어사라는 막중한 책임의 벼슬에 올랐다. 33세라는 한창의 나이, 초계문신(抄啓文臣) 등 중앙의 벼슬살이로 4~5년 지낸 뒤 최초로 피폐한 농촌을 돌아보며 농민들의 처참한 삶을 목격하고서 암행어사의 직분을 120퍼센트 수행하였다. 샅샅이 살펴 면밀하게 보고서를 올렸지만, 의법 처리는 그렇게 쉽지 않았다. 왕가의 질병을 돌보는 어의이고 궁중의 묏자리를 잡아 주는 지관의 직분에 있었던 그들이어서 누구도 그들의 비행을 들춰내 처벌을 요구하기가 쉽지 않은 처지였다. 예상했던 대로 대신이 가로막으며 처벌하지 못하게 되었다. 이에 격분한 다산은 위에서 확인했던 대로 강력한 상소로 임금을 설득하였다. 목민관이라는 제도가 생긴 이래 들어 본 적이 없을 만큼의 큰 죄를 지은 사람을 임금의 측근이었다고 처벌하지 않는다면 '중민수법(重民守法)', 즉 백성을 중히 여기고 법을 지킨다는 통치 원리가 어떻게 되겠느냐고 따지면서, 다산이 일생 동안 추구했던 통치술의 대명제인 자신의 경세 철학(經世哲學)으로 임금을 압박하기에 이르렀다.

2 민생도 중하게 국법도 존엄하게

1794년 음력 10월 말에서 11월 15일까지 보름 동안의 암행어사 임무를 통해 다산은 많은 것을 배우고 경험했다. 어려서부터 벼슬하는 아버지 덕택으로 큰 어려움 없이 사또 자제로, 귀공자로 생활했던 다산, 네 개 고을의 피폐한 농촌을 샅샅이 살펴보면서 눈앞에는 새로운 세계가 전개되었다. '이런 상태로 두어서야 나라가 되겠는가.' '이러다가는 나라가 결국 망할 수밖에 없는 것 아닌가.'라는 무거운 마음이 가슴을 내리치면서 그는 새로운 소명감에 사로잡혀 두 손을 불끈 쥐지 않을 수 없었다. 강명길과 김양직이라는 전대미문의 탐학한 수령의 진상을 밝혀냈지만, 임금의 최측근이라는 이유로 불문에 부쳐진다는 소식을 듣고는 견딜 수 없는 의분심에 떨면서 올린 상소문. 그 짤막한 상소문의 내용을 통해 파란만장한 다산의 생애 속에서 가장 핵심적인 역할을 했던 통치 철학과 경세 논리를 얻어 낼 수 있다.

법의 적용에 해당되지 않는 특권층이 존재하는 한 세상은 바르게 갈 수 없다는 원리, 법은 모두에게 평등히 적용되어야 한다는 만고불변의 진리를 다산은 깨달았고, 그런 논리는 그의 일생 동안의 원칙이 되었다. 그의 최대·최고의 저서인 일표이서(一表二書, 『경세유표』, 『목민심서』, 『흠흠신서』)는 그러한 통치 철학과 경세 논리의 구현을 위해서 저작된 책이었다. 또한 언제나 충돌의 가능성을 지닌 민생(民生)과 국법(國法)의 문제에 대해서도 통쾌한 결론을 내렸는데, 그 내용이 바로 이 짧막한 상소에 들어 있다. 민생만 한없이 중요하게 여기다 보면 법의 권위가 약화될 수 있고, 국법만 한없이 높이다 보면 법대로 처리하느라 민생이 파탄의 지경에 이를 수도 있다. 따라서 탐학한 관리들 때문에 파탄난 민생도 살려 내고 국법의 존엄한 권위도 살려 내기 위하여 탐학한 관리들을 의법 처리하고 그들의 재산을 환수해서 민생에 도움도 주고 법의 권위도 세워야 한다. 이러한 주장은 다산의 정치·경제 철학과 애민 사상을 꿰뚫는 최고 원칙 중의 하나였다.

○○ 왕의 측근도 예외 없는 엄격한 국법 적용

지금까지 거론한 경기 암행어사 직무 수행에 대한 자초지종은 다산이 남긴 세 가지 기록에서 파악한 내용들이다. 첫째는 「경기 암행어사로서 목민관의 잘잘못을 논하여 올린 보고서」이고 두 번째는 임금의 특별 지시에 대한 염찰의 결과를 보고한 「별단(別單)」이라는 보고서이다. 세 번째는 위에서 언급했던 「경기 암행어사 복명 후의 일을 논하여 올리는 소」로서 어의 출신 강명길과 지사 출신 김양직의 처리에 대한 건의 사항을 올린 상소문이다. 그런데 이 세 종류의 글에는 언급되지 않았으나 『사암선생연보』라는 책에 암행어사 시절에 처리했던 문제 하나가 따로 기록되어 있으며, 다산 자신의 자서전 격인 「자찬묘지명(自撰墓誌銘)」이라는 글의 집중본(集中本)에만 기록되어 있는 내용이 있다. 다산의 평생 동안 대표적인 악연의 하나였던 정승 서용보의 잘못에 대한 보고였다.

> 이때 정승 서용보의 집안사람으로 마전(麻田)에 살던 사람이 있었는데, 향교의 터를 정승의 집에 바쳐 묏자리를 삼고자 하여 "터가 좋지 않다."라고 하고는, 고을의 선비들을 협박하여 학궁(學宮, 향교 대성전)을 옮기고 명륜당(明倫堂)은 헐어 버렸다. 다산은 암행어사로 활동하면서 그런 사실을 알아내서 관계자를 체포해다가 징계하였다.(『사암선생연보』33세 조항)

이렇듯 당대 세력가의 비행을 어떤 고려도 없이 통쾌하게 처벌한 부분을 언급하였다. 이 사건 이외에 또 다른 사건의 하나로 「자찬묘지명」 집중본의 기록에만 언급된 내용은 다름 아닌 서용보가 범한 또 다른 비행의 내용이다.

> 또 경기도 관찰사 서용보가 강가에 인접한 7개 읍에서 관청 곡식을 팔아서 돈으로 만드는데, 너무나 비싸게 팔고 있었다. 그러면서 말하기를 "이 돈은 금천(衿川)의 도로를 보수할 비용이다. 싼 값으로 얻을 수 있겠는가."라고 했다. 이에 힘없는 백성들이 원망하

면서 말하기를 "괴롭구나, 화성이라는 곳이여! 과천으로도 가는 길이 있는데 왜 하필이면 금천으로 지나가야 하는고."라고 하였으니, 이는 임금이 자주 아버지의 묘소를 다니기 때문에 번거로운 비용까지 물게 된다는 말이었다. 그래서 나는 암행을 마치고 돌아와 이 사실을 올려바쳤다.

이와 같이 서용보와 관계되는 내용에 대하여는 부연 설명이 필요하다. 다산이 암행어사로 활동하던 당시 세력가로서 경기 관찰사를 맡고 있던 서용보는 수원 화성의 능행길에 임금은 주로 과천을 통과해 지나갔음에도 금천을 통과하는 길을 보수한다는 명목으로 백성들에게 큰 부담을 주는 비행을 저지르고 있었다. 다산은 이 점을 보고하여 징계받도록 조치했다는 것이다. 마전 향교 터 문제에서는 서용보가 뒷날 정승의 지위에 오른 사람이었기 때문에 '서 정승네 집안사람'이라는 표현을 사용했으리라 여겨지는데, 조금 불분명하지만 『사암선생연보』에는 분명하게 '서용보 정승의 집안사람'이라고 명기하고 있다. 다산의 암행어사 시절에 이러한 점을 지적받았던 서용보는 뒤에 일어나는 모든 사건에서 다산을 끝까지 불행하게 만드는 일에 앞장서는 훼방꾼의 역할을 하고 말았다.

1801년 다산이 신유옥사(辛酉獄事)로 구속되고 국문을 받아 비참한 불행을 겪던 때에, 재판 결과 큰 잘못이 없다고 판명되어 재판 관계자 모두가 그를 석방하자고 의견을 모았으나 당시 우의정이라는 고관으로 위관(委官, 재판관)의 한 사람이던 서용보의 반대로 석방될 기회를 놓치고 먼먼 귀양 길을 떠나야만 했던 것이다. 또한 귀양살이를 시작한 때로부터 오래지 않은 1803년 왕실의 최고 어른 정순 대비(貞純大妃)가 다산을 유배에서 풀어 주라는 명령을 내렸으나 정승이던 서용보가 다시 가로막아 풀려나지 못했다. 때문에 다산은 18년의 긴긴 유배 생활을 겪어야 했으며, 57세이던 1818년 가을에 이르러서야 마침내 귀양살이를 마치고 귀향할 수 있었다. 돌아온 이듬해인 1819년 겨울에 조정의 의논으로 다산을 다시 등용하여 백성들에게 도움을 줄 수 있도록 하자는 결론이 났으나 서용보가 또 저지해 출사(出仕)할 기회를 영원히 놓치고 말았다. 암행어사라는 복(福)과 낙(樂)에는 화(禍)와 고(苦)라는 씨앗도 안기어 있었음을 거기서 또 알게 된다.

○○ 비통한 농민의 삶을 시로 읊다

18세기 후반의 조선 농촌은 너무나 가난했다. 가난한 것만으로도 백성들의 삶은 고달프기 그지없었지만, 탐관오리들의 포악한 착취 때문에 더더욱 살기가 힘든 참담한 실정이었다. 갓 태어난 유아에게도 군포(軍布)를 매기는 황구첨정과 이미 세상을 떠나 무덤 속에 뼈만 남아 있는 부재자에게도 세금을 물리는 백골징포의 기막힌 제도가 살아 있던 때가 바로 그 시절이었다. 이런 농촌을 돌아본 다산, 개선책을 임금에게 조목조목 자세하게 보고했지만 그것만으로는 정의감에 불타는 마음을 삭이지 못해 눈물 없이는 읽을 수 없는 비통한 농민 시 한 편을 읊었다.

시냇가 허물어진 집 뚝배기처럼 누웠는데   臨溪破屋如瓷鉢

겨울바람에 이엉 걷혀 서까래만 들쭉날쭉   北風捲茅榱齾齾

묵은 재에 눈 덮여 아궁이는 썰렁하고   舊灰和雪竈口冷

어레미처럼 뚫린 벽에 별빛이 비쳐 든다   壞壁透星篩眼豁

집 안에 있는 물건 몹시도 쓸쓸하니   室中所有太蕭條

모두 팔아도 칠팔 푼이 안 되겠네   變賣不抵錢七八

개 꼬리 같은 조 이삭 세 줄기 걸려 있고   尨尾三條山粟穎

닭 창자 같은 마른 고추 한 꿰미 놓여 있다   鷄心一串番椒辣

깨진 항아리 뚫려 새는 곳 헝겊으로 발라 막고   破甖布糊穿漏

떨어져 나간 시렁대는 새끼줄로 얽어맸다   庋架索縛防墜脫

놋수저는 지난번에 이장에게 빼앗기고   銅匙舊遭里正攘

무쇠솥은 엊그제 옆집 부자가 앗아 갔다   鐵鍋新被隣豪奪

검푸른 무명 이불 한 채뿐이라서   青錦敝衾只一領

부부유별 따지는 건 마땅치도 않구나   夫婦有別論非達

어린것들 입힌 적삼 어깨 팔뚝 나왔으니   兒稚穿襦露肩肘

태어나서 바지 버선 입어 보지 못했으리   生來不著袴與襪

큰아이는 다섯 살에 기병으로 올라 있고   大兒五歲騎兵簽

작은애도 세 살에 군적에 묶여 있다   小兒三歲軍官括

두 아들 군포세로 오백 푼 바치고 나니   兩兒歲貢錢五百

죽음이나 재촉할 판에 옷이 다 무엇이랴   願渠速死況衣褐

갓 낳은 강아지 세 마리 애들 함께 자는데   狗生三子兒共宿

호랑이는 밤마다 울 밖에서 으르렁댄다   豹虎夜夜籬邊喝

남편은 산에 가 나무하고 아내는 방아 품팔이   郞去山樵婦傭舂

대낮에도 사립 닫혀 분위기 슬프구나	白晝掩門氣慘怛
아침 점심 거르고는 밤에사 밥을 짓고	晝闕再食夜還炊
여름에는 솜 누더기 겨울에는 삼베 적삼 걸치네	夏每一裘冬必葛
들냉이 싹마저 깊어서 땅 녹기 기다리고	野薺苗沈待地融
이웃집 술 익어야 지게미나 얻어먹네	村篘槽出須酒釀
지난봄에 꾸어 먹은 환자가 닷 말이라	餉米前春食五斗
이 때문에 금년은 참으로 못 살겠네	此事今年定未活
나졸들 문밖에 들이닥칠까 겁날 뿐	只怕邏卒到門扉
관청에 가서 매 맞을 일 걱정도 많네	不愁縣閣受笞撻
아아! 이런 집이 온 천지에 가득한데	嗚呼此屋滿天地
구중궁궐 깊고 깊어 어찌 모두 살피랴	九重如海那盡察
직지사란 암행 벼슬은 한(漢)나라 때 벼슬인데	直指使者漢時官
고을 목민관도 마음대로 처벌했네	吏二千石專黜殺
폐단의 근원 난맥상이라 바로잡지 않고는	弊源亂本梦未正
공수(龔遂)·황패(黃霸) 다시 나도 뿌리 뽑기 어려우리	龔黃復起難自拔
먼 옛날 정협(鄭俠)의 「유민도」를 본받아	遠摹鄭俠流民圖
그냥 시 한 편 지어서 궁궐로 돌아가려네	聊寫新詩歸紫闥

「암행어사로 임명되어 적성의 시골집에서 짓다

(奉旨廉察到積城村舍作)」

신하가 임금께 올리는 글이란 격식이 까다롭고 복잡하다. 보고 들었던 농촌의 피폐한 모습과 농민들의 기막힌 사연을 어떻게 빠짐 없이 모두 아뢸 수 있었으랴. 그래서 못다 올린 사연들을 그림을 그리듯 장편 칠언 고시(古詩)로 읊었다. 저 옛날 중국 송나라 때는 직신(直臣) 정협이라는 사람이 큰 가뭄으로 흉년에 허덕이던 농민들의 참상을 글로는 쓸 방법이 없자 떠도는 백성들의 모습을 그림으로 그려 '유민도(流民圖)'라는 이름으로 임금께 올려바친 일이 있었다. 그림을 본 임금이 느낀 바가 커서 구민(救民) 대책을 세우자 하늘도 무심하지 않아 큰비가 내려서 가뭄도 해소되고 백성들도 한시름 놓았다는 이 고사(故事)를 인용하여 다산도 자신의 시가 그런 구실을 해 주기를 바라며 그림 그리듯이 시를 읊은 것이리라.

섬세하고 치밀한 묘사력도 뛰어나지만, 부패한 세상을 바라보는 눈이 예리하고 가난한 농민들을 생각하는 마음이 너무나 애절하다. 농촌의 실상을 알아보는 데 큰 도움이 되는 사실적 묘사와 더불어, 한편으로는 '근원적으로 폐란(弊亂)해진 정치와 사회의 어지러움을 바르게 바로잡지 못하는 한', 한나라 때의 유명한 목민관이던 공수와 황패 같은 어진 관료가 나와도 해결의 가망이 없다는 부분에 다산의 실망과 희망이 겹쳐 있다. 정치와 경제의 근본적인 개혁에 대한 꿈이 그때 이미 익어 가고 있음을 암시해 준다.

시를 저작한 연대는 암행어사의 임무를 마친 다음 해인 1795년으로, 같은 해 기록된 또 다른 농민 시 한 편도 바로 암행어사 시절에 목격한 농촌의 실상을 시라는 예술로 형상화한 작품이다. 이름하여 「굶주리는 백성의 노래(飢民詩)」이다. 제목부터 거리낌 없이 직설적으로 표현했으니 내용을 미리 알 만하다. 3부작으로 앞의 시보다 세 배나 더 길고 더 직핍한 농민의 실상을 드러낸 시다.

사람은 풀이나 나무처럼	人生若草木
물과 흙이 사지(四枝)를 지탱해 주네	水土延其支
힘껏 일하여 땅의 풀 먹고 사나니	俛焉食地毛
콩과 조가 바로 식량이라네	菽粟乃其宜
콩과 조 귀하기 보배 같으니	菽粟如珠玉
몸의 근력이 어디서 나오랴	榮衛何由滋
야윈 목 구부러져 따오기 모습	槁項頻鵠形
병든 살결 주름져 닭 껍질이네	病肉縐鷄皮
우물 있어도 새벽 물 긷지를 않고	有井不晨汲
땔감 있어도 저녁밥 짓지 못해	有薪不夜炊
팔다리 그런대로 움직일 때인데	四肢雖得運
걸음걸이 마음대로 못하는구려	行步不自持
너른 들판에 서러운 바람 불어오는데	曠野多悲風
슬피 우는 기러기 어디로 가나	哀鴻暮何之
고을 사또 어진 정사 편다면서	縣官行仁政
사재 털어 구제해 준다는 말이 들리네	賑恤云捐私
엉금엉금 고을 문에 다다라	行行至縣門
입을 열고 죽 가마 앞으로 가네	喁喁就湯糜
개나 돼지도 버리고 거들떠보지 않을 걸	狗彘棄不顧
사람 되어 엿처럼 달게 먹는다네	乃人甘如飴
인정(仁政) 베풀기야 바라지 않았으나	亦不願行仁
사재 털어 건져 줌도 어림없다네	亦不願捐貲
관청의 재산 누가 엿볼까 꺼리니	官篋惡人窺

우리 어찌 굶주리지 않으리오	豈非我所羸
관청의 마구간에 살찌어 아끼는 말	官廄愛馬肥
진실로 우리들의 살과 피라네	實爲我膚肌
슬프게 울음 울며 관청 문 나서니	哀號出縣門
빈혈기에 흔들려 돌아갈 길 까마득	眩旋迷路岐
잔디 누런 언덕에 잠깐 나아가	暫就黃莎岸
무릎 펴고 보채는 아이 달랜다	舒膝挽啼兒
고개 숙여 서캐를 잡아 주고 있노라니	低頭捕蟣蝨
두 눈에선 눈물 울컥 쏟아지누나	汪然雙淚垂

5언 고시로 장문의 시 제1부다. 빼앗기고 수탈당해 입에 풀칠도 못하는 굶주린 백성의 모습을 사실적으로 묘사한 시다.

봄바람이 단비를 이끌어 오면	春風引好雨
온갖 초목 꽃 피고 잎이 돋아나	艸木發榮滋
생기가 천지를 뒤덮으리니	生意藹天地
빈민을 구제하기 좋은 때라오	賑貸此其時
위엄 있고 점잖은 조정의 고관들	肅肅廊廟賢
경제 정책에 나라 안위 달려 있다오	經濟仗安危
도탄에 빠져 있는 백성들은	生靈在塗炭
건져 낼 사람, 그대들 아니고 누구이겠소	拯拔非公誰

2부 시의 마지막 부분이다. 나라의 안위가 국가의 경제 정책에

달려 있으니 고관대작들, 당신들만이 국민을 건져 낼 책임이 있지 않느냐고 다그치는 내용에 가슴이 저려 오는 대목이다. 제3부의 시는 풍자와 해학으로 더욱 가슴 아프게 하는 내용이다.

오곡이 풍성하여 지천인데도	五穀且如土
농사에 게으르니 굶을 게 당연하고	惰農自乏貲
총총한 숲같이 그 많은 백성은	林蔥何其繁
요임금 순임금도 모두를 구제치 못한다네	堯舜病博施
하늘에서 곡식 비나 내리면 모를까	不有天雨粟
무슨 수로 이 흉년 구제하겠나	何以救歲飢
두어라 술이나 한 병 마시자	且復倒一壺
펄럭이는 깃발이 봄바람에 춤추는구나	曲旆春迷離
골짝에는 묻힐 땅 남아 있겠지	溝壑有餘地
사람이면 누구나 죽음이 정해졌으니	一死人所期
오매초 있다 한들	雖有烏昧草
대궐에 바친다고 무슨 소용 있으랴	不必獻丹墀
형제간에도 서로를 아낄 줄 모르는데	兄長不相憐
부모인들 자애로움 베풀겠는가	父母安施慈

배고픔에 지쳐서 이성을 상실해 버렸으니, 형제의 윤리도 부모 자식 간의 인정까지도 메말라 버렸다는 비통함을 읊고 있다. 굶주린 세상에 대한 고발로서 이 이상의 시가 어디에 있겠는가. 다산이 한창 잘나가던 시절, 궁중에서 정조 임금을 모시고 국사를 논의할 때,

임금은 수시로 시제(詩題)를 내려 신하들에게 시를 짓도록 명하였다. 그때마다 정조는 다산의 시를 읽고 '기재(奇才)'라며 높은 평점을 주지 않은 적이 없었다. 다산의 시재는 그만큼 뛰어났다. 이 「굶주리는 백성의 노래」 또한 당대의 문인들 사이에 크게 화제가 되었다.

다산의 선배로 그 시절 천재적인 학자이자 문인이었던 이가환(李家煥, 1742~1801년)이나 외가 친척으로 다산과 매우 가까이 지냈던 당대의 사백(詞伯) 윤지범(尹持範, 1752~1821년) 등이 「굶주리는 백성의 노래」에 대해 내린 평가를 다산은 시의 말미에 기록으로 남겼다.

1부의 시에 대한 이가환의 평은 이러했다. "찬란할사 원결(元結)의 시처럼 문장 기운 드넓고 거침이 없도다." 당나라의 유명한 시인 원도주(元道州)에 빗대어 호기 어린 시라고 했다. 2부의 시에 대하여 이가환은 "어조가 격렬하다가 갑자기 가라앉았다가 하며 종횡무진으로 억양 반복을 거듭했는데, 마지막 맺는말은 완곡하면서 엄숙하다. 몽둥이로 때리고 욕설로 꾸짖는 것보다 아프고 쓰라리다. 말하는 사람에게는 죄가 없고 듣는 사람은 경계해야 할 것이다."라고 했다. 한편 윤지범은 "정협이 그려 바친 「유민도」와 견줄 수 있다."라고 평했다. 이가환과 윤지범에게서 극찬을 받았다는 것은 고발 시로서의 우수함을 인정받은 면도 있지만, 시의 예술성이나 문학성까지 높은 수준으로 평가받은 것으로 여겨진다.

생애 최초이자 마지막이던 암행어사 역할을 다산은 나라와 백성을 사랑하는 마음과 그런 영광스러운 임무를 맡겨 준 임금의 은혜에 보답하려는 뜻에서라도 온 정성과 지혜를 다 바쳐 수행하였다. 규정대로 보고서도 올리고 별단의 처리 사항도 함께 올렸다. 마지막에는 의법 처리가 어렵다는 소식을 듣고 특별 상소까지 올려 민생과 국법 간의 문제가 해결되기를 기도했다. 전제 군주제의 조선이라는 나라에서는 아무리 신하가 잘해도, 최고 통치자인 임금이 잘하지 못한다면 민생도 안정시키고 국법의 권위도 보존하는 일은 조화롭게 해결될 수가 없었다. 얼마나 다행한 일인가. 다산 못지않게 나라와 백성을 사랑하고 뛰어난 지혜를 지녔던 정조는 마침내 다산의 요구대로 강명길과 김양직을 엄벌에 처하여 다산의 어사 업무는 유종의 미를 거둘 수 있었다. 기록에는 분명하지 않지만 아마 서용보도 적의하게 징계받았을 것이다. 가뭄이 극심한 데다 김양직의 탐학까지 극악하여 고통 받던 연천 군민에게는 다산의 건의에 따라 사과하는 일까지 실행되었으니 다산의 염찰로 해당 지역의 백성들은 그나마 마음의 위로라도 받았음이 분명하다. 힘이 있는 암행어사, 다산은 굳게 약속했던 대로 '공렴'을 제대로 실천하여 암행어사의 책무를 유감없이 마쳤다.

○○ 요직에 올라 정조의 총애를 받다

임금 정조의 기대에 부응하여 암행어사의 임무를 훌륭하게 수행한 다산에게 벼슬이 오르고 요직에 임명되는 기회가 찾아왔다. 11월 중순에 임무가 끝났으니 그해 12월 7일자로 경모궁(景慕宮, 사도 세자의 사당)에 존호(尊號)를 올리는 도감(都監)의 도청(都廳, 도감에 딸린 벼슬로 낭관(郎官)의 우두머리)으로 임금의 재가가 내렸다. 재가를 하면서 정조가

한 말에는 큰 의미가 있다. "정약용은 본래 한림(翰林) 출신으로 응당 규장각에 들어갔어야 했는데 불행히 일이 어긋나 신해옥사(1791년의 진산 사건) 이래로 시일을 끌다가 오늘에 이르렀다. 도청을 지내고 품계를 올려 성균관 대사성이나 홍문관 부제학을 거친다면 규장각의 제학(提學)으로도 키울 수 있을 것이다." 정조 시대에 문신으로서 최고 명예로운 벼슬은 규장각 제학이었다. 이 지위에 오르려면 낭관 시절에 규장각의 대교(待敎)나 직각(直閣)을 거쳐야 하는데 다산은 그런 기회를 갖지 못했다. 그 사실을 못내 아쉽게 여긴 정조가 이번 기회에 '도청'의 벼슬을 거쳐 끝내는 규장각으로 옮길 수 있는 절차를 밟겠다는 의지를 표명한 것이다. 그런 뜻이 대신에게 전달되어 다산은 요직에 오를 수 있었다.

1795년은 다산 34세의 해였다. 이해는 이미 세상을 떠난 사도 세자가 살아 있다면 회갑을 맞는 해요, 세자비 혜경궁 홍씨가 회갑이 되는 해였다. 여러 가지 기념행사가 열리게 되었다. 그래서 그 전해 연말에 임시 기구인 도감을 설치하여 궁중 어른들에게 존호를 올리는 작업을 시작했다. 도감의 도제조(都提調)는 채제공(蔡濟恭, 1720~1799년)이었고 다산은 도청랑으로 일하게 되어 함께 손을 맞잡고 중요한 문제들을 무리 없이 해결해 냈다. 특히 사도 세자에게 휘호(徽號)를 올리는 일이 개재되어 있어 반대파인 벽파들에게 책잡히는 일이 없도록 해야 했는데 다산의 뛰어난 지혜가 발휘되어 탈 없이 처리되었다. 세자에게 올리는 휘호 여덟 자에 세자의 훌륭한 효성에 대한 내용이 빠져 옥책문(玉冊文)을 새로 다시 짓는 문제와 혜경궁에게 '신(臣)'이라는 표현을 쓸 것인가 쓰지 말 것인가의 문제로 논란이 일어났을 때 다산은 명확한 사리 판단으로 대안을 제시하여 문제를 해결하는 역량을 발휘했다.

12월 13일에는 다산이 홍문관 부교리(副校理)에 제수되었다. 또한 해가 바뀐 1795년 1월 17일 사간원 사간(司諫)에 제수되고 마침내 품계가 통정대부에 올라 정3품 당상관인 동부승지(同副承旨)에 제수되기에 이르렀다. 한 달 뒤인 2월 17일에는 같은 품계인 병조 참의(兵曹參議)에 제수되어 혜경궁을 모시고 화성으로 행차하는 정조의 시위(侍衛)를 맡게 되었다. 군대를 인솔하여 임금의 호위병으로 가장 가까이에서 임금을 보호하는 임무였다. 사도 세자의 묘소인 현륭원(顯隆園)을 배알하는 임금 곁을 따랐고 수원에 돌아와 봉수당에서 잔치를 베풀 때에도 가장 가까이 모셨다. 이런 행사를 치르며 정조는 신하들에게 칭송을 올리는 시를 짓게 했는데, 그때마다 다산의 시는 최고 수준으로 평가받아 임금의 신임이 높아만 갔다. 또 장대(將臺)에서 군대를 사열하고 낙남헌(洛南軒)에서 양로 잔치를 베풀 때에도 시를 지었다.

그런 큰 행사를 마친 뒤인 2월 하순 임금이 경모궁에 행차하여 강신례를 친히 모셨는데, 병조에서 숙직하던 다산에게 군호(軍號, 부대의 구호)를 정하라 했으나 그 과정에서 차질이 생겼다. 올리는 군호마다 임금의 마음에 흡족하지 않다가 마침내 '만세(萬歲)'라는 군호로 확정되자, 만세에 적합한 7언 배율(七言排律) 100운(韻)을 지어 올리라는 분부를 내린 것이다. 군호를 제대로 정하지 못한 벌로 시를 지으라는 명령이었지만, 실제로는 임금이 다산의 글재주를 시험해 보려는 의도가 분명했다. 『사암선생연보』의 기록에 "이때 임금이 다산에게 관각(館閣, 홍문관·규장각)의 일을 맡기려고 일부러 먼저 그렇게 하여 뜻을 나타내 보인 것이다."라고 적혀 있다. 규장각 제학 등에 임명하려 했던 것으로 보인다. 7언 100운이라면 운자 하나에 7언 두 구로 14자이니 몇 시간 안에 지어 올린다는 것은 천재가 아니고서야 어떻게 가능한 일이겠는가. 이미 지어 놓은 시를 1400자 쓰는 데에도 몇 시간이 걸리지 않겠는가. 2500수가 넘는 그 많은 다산의 시 중에서 가장 긴 시가 바로 이때 지은 「기성응교부득왕길석오사일백운(騎省應敎賦得王吉射烏詞一百韻)」이라는 희한한 시였다.

저녁 3경 1점에 시의 제목을 받아 새벽 5경 3점 시축에 지은 시의 필사를 마쳤다고 했으니 지금 시간으로 겨우 6시간 몇십 분 사이에 그 장대한 시를 격(格)과 율(律)에 맞도록 지어낸 것으로, 과연 시의 '기재(奇才)'임을 만천하에 드러낸 일이었다. 시의 제목은 '병조(兵曹)에서 임금의 분부를 받고 왕길 석오사 일백 운을 짓다'라는 뜻인데 중국 한나라 때의 고사로 점철된 내용이어서 현대인은 이해하기 어려운 시다. 그러나 그 시가 임금께 올라가자, 대문호였던 임금 정조는 면밀히 읽어 보고 탁월하다는 평가를 내렸다. "문장이 원만하고 구절이 매끄러운 데다 경구(警句)도 아주 많았다. 이서구(李書九)·신기(申耆)·한만유(韓晩裕) 등이 충분한 시간을 가지고 지은 시에 못지않고 황기천(黃基天)이나 윤행임(尹行恁)의 글에도 견줄 만하다. 오늘 이 사람의 작품은 신속한 점으로는 시부(詩賦)보다 낫고 법도에 맞는 점으로는 표책(表策)보다 못하지 않으니 이런 사람은 참으로 알찬 재주꾼으로서 보기 드문 경우라 할 만하다."라는 칭찬이었다. 정조는 또 후한 상으로 대록피(大鹿皮, 큰 사슴 가죽) 한 벌을 하사하면서 현직의 글 잘하는 문임(文任, 홍문관·규장각·예문관의 제학)들에게 평을 올리라고 분부하였다.

그 당시 최고로 글 잘하던 세 제학의 평가는 더 높았다. 규장각 제학이던 심환지(沈煥之, 1730~1802년)의 평이다. "꾸불꾸불 뻗어 나간 것은 구름이 퍼지고 강물이 흐르는 듯하며 깔끔하고 치밀하기는 옥을 다듬고 비단을 짜는 듯하니, 이것이 이른바 문원(文苑)의 기재라는 것이 아니겠습니까." 이어 예문관 제학 이병정(李秉鼎, 1742~1804년)의 평이다. "한밤중 짧은 시간에 지어낸 100구의 배율이 구상 면에서 깊은 맛이 있고 운자를 단 것도 구차하지 않으니, 어려운 일이라 하겠습니다." 홍문관 제학이던 민종현(閔鐘顯, 1735~1798년)의 평은 이렇다. "아름다움이 넘쳐흐르고 어감이 맑고 깨끗하니, 진정 온종일 애써 생각하여 지었더라도 훌륭한 작품이라 할 것인데 더구나 두세 경(更) 동안에 지은 것이겠습니까." 정조라는 우문(右文)의 치세에서 기라성 같은 대문호들이 젊은 중급 관료의 글을 그만한 찬사로 평한 것은 그때 벌써 다산의 시문(詩文) 수준이 어느 정도였는가를 설명해 주기에 충분하였다.

○○ 반대파의 모함으로 권력에서 멀어지다

다산이 한창 궁중에서 글재주를 날리며 임금의 극진한 칭찬을 받을 때, 불행의 씨앗처럼 반대파들의 질시는 더욱 심해졌다. 1795년 당시 조정의 판세와 당쟁 및 정치 사회의 분위기를 돌아보자.

1795년 을묘년 봄은 우리 정조 대왕께서 임금에 오르신 19년째였다. 그 무렵 간신을 주멸(誅滅)하고 왕실의 기강을 다시 정돈하였다. 임금이 인정문(仁政門)에 납시어 모든 신하들의 하례(賀禮)를 받으셨는데, 말소리가 홍종(洪鐘)과 같고, 노여움은 천둥 번개와 같이 말씀하시기를, "너희들 조정에서 벼슬하는 백관(百官)은 나의 고유(誥諭)를 들으라. 내 오늘 소인을 물리치고 군자를 나오게 하여, 황천 조종(皇天祖宗)의 돌봐 주심을 이어가게 하련다. 나는 오늘 좋아하는 부류와 싫어하는 부류를 명확히 보여서 백성들의 뜻을 크게 안정시키련다."라고 말하자, 모든 신하들이 두려워 엄숙하게 엎드려 입을 닫고 큰 호령을 공손히 들었다. 이러면서 판중추부사 신(臣) 채제공을 기용하여 좌의정으로 삼고 동부승지 신 정약용으로 하여 앞으로 나와 받아쓰도록 명하시고는 전 대사성 신 이가환을 발탁하여 공조 판서로 삼으니 이에 안팎의 분위기가 흡족하여 훌륭한 인재들이 모두 진출하는 것으로 생각하였다.

「정헌이가환묘지명(貞軒李家煥墓誌銘)」

그동안 압박과 서러움으로 짓눌려 지내던 남인(南人) 시파(時派)의 당파에도 볕이 들어 정승·판서·승지의 대단한 세력으로 형성되기에 이르렀다. 이른바 신서파(信西派)라는 남인 시파의 일부가 권력의 핵심으로 들어오자 벽파들은 사뭇 긴장하기 시작하고 남인 시파에서 갈려 나간 공서파(攻西派)들은 길길이 뛰면서 천주교도인 사교도(邪敎徒)들이 요직에 오른다고 헐뜯고 비방하는 공세를 멈추지 않았다. 숫자와 세력에서 이들에게 대적하기 어려웠던 신서파는 오래지 않아 지위를 유지하지 못하고 요직에서 물러나야 했다. 행운에서 불행의 씨앗이 자라는 것처럼 모진 고난의 앞날이 배태되고 있었다. 그러나 채제공·이가환·정약용 등은 정월부터 4월까지는 정조의 무한한 신임을 받으면서 일생 동안 누리기 어려운 온갖 중요한 나랏일에 참여하고 훨훨 나는 듯한 영화를 누렸다. 과거 시험의 동고관(同考官)이나 대독관(對讀官)이 되어 합격자의 선발에 중요한 역할을 하기도 하고, 궁중의 화려한 잔치에 초대되어 꽃놀이·낚시질·활쏘기 등을 임금과 함께 즐겼으니 세상에 그런 영화가 쉽게 있는 일이겠는가.

그러나 오래지 않아 4월에 중국의 소주(蘇州) 사람 주문모(周文謨, 1752~1801년)라는 천주교 신부가 밀입국한 사실이 발각되면서 신서파의 천주교 문제는 정치의 전면에 부상하여 일대 파란을 일으키고 말았다. 다산 일파의 영화로움은 사실상 여기에서 끝났다 해도 과언이 아닐 정도로 불행한 결과만 초래한 사건이었다.

암행어사의 직분을 충실하게 수행한 뒤의 12월에서 그다음 해인 1795년의 4월, 불과 다섯 달 사이에 정치적 상황이 크게 바뀌어 남인의 시파이자 신서파인 채제공·이가환·정약용 이들이 정조의 각별한 신임을 받으면서 정승·판서·승지의 요직에 오른 일은 그 반대파들에게는 그냥 두고 보기만 할 일이 아니었다. 이들은 크게 위기를 느끼면서 어떤 방법으로라도 세력 판도를 반전시킬 궁리에 빠져 있었다. 그런 분위기 속에서도 임금은 하는 일마다 다산에게 최대의 관심과 신임을 주면서 모두가 부러워하고 선망의 눈길을 보내게 하였다. 그 무렵 수원의 화성 성역(城役)이 끝나자 『화성정리통고(華城整理通攷)』라는 책을 편찬하도록 몇몇 신하들에게 임금이 명령하였다. 이 책의 일부인 「식목연표(植木年表)」의 편집은 다산이 도맡았는데 요령 있게 정리하자 정조가 "책 한 권 정도의 분량이 아니면 자세히 기록할 수 없으리라고 생각했는데 네가 한 장의 송이에다 한 마리 소가 땀을 흘리며 끌 정도로 많은 분량의 내용을 일목요연하게 정리해 놓았으니 잘했다고 말할 만하다."라고 하며 오랫동안 칭찬을 아끼지 않았다는 기록이 있다.

하루는 상원(上苑, 창덕궁)에 꽃이 활짝 피어 임금이 구경 가자 20여 명이 호종했는데 다산도 초청되었다. 이 연회에 참석한 뒤 다산이 지은 「부용정시연기(芙蓉亭侍宴記)」라는 글에서 임금으로부터 대접받고 칭찬받은 세세한 이야기를 읽어 보면 남들이 시기할 만하기도 했다. 임금이 신하들을 집안사람이나 부자(父子)처럼 여기면서 함께 꽃구경에 낚시질에 활쏘기에 술자리를 즐겼다는 내용이었다. 며칠 뒤에는 세심대(洗心臺)로 임금이 꽃구경을 가자 다산도 따라갔다고 한다. 술이 이미 몇 순배 돌고 활쏘기도 끝난 때, 임금이 시를 짓고 여러 신하들로 하여금 화답의 시를 짓도록 하였다. 내시가 채색한 종이 한 축을 가져왔다. 임금이 "여러분 가운데 누가 가장 속필이오?"라고 물으니 모두가 "정약용보다 나은 사람은 없습니다."라고 답했다. 임금이 다산에게 명하여 어막(御幕) 안에 들어와 시를 옮겨 쓰라고 하였다. 다산이 어탑(御榻) 앞에서 붓을 뽑아 쓰려고 하니 임금이 "장막 안의 땅이 고르지 못하니 어탑 위에다 시축(詩軸)을 편안하게 올려놓고 너는 어탑 아래에 앉아 쓰는 것이 좋겠다."라고 하였다. 임금이 어탑 위에 앉으니 임금의 위엄이 지척에 있는지라 다산이 머뭇거리며 감히 앞으로 나아가지 못하자 임금이 빨리 하라고 명하여 할 수 없이 시키는 대로 하였다. 붓을 놀리자 임금이 내려다보고 잠시 후 웃으면서 "과연 속서(速書)로구나."라 하였다. "임금의 대우를 받음이 이와 같았다."라고 다산은 기록했다. 아들처럼 아우처럼 대하는 임금의 은총에 반대파들은 시기심에서 불편한 마음을 참지 못할 때였다.

3월 20일에 다시 승정원 우부승지에 제수되니 다산은 매일 임금과 머리를 맞대고 국사를 논의하였다. 암행어사의 직책을 빈틈없이 수행한 실무 능력, 몇 시간 안에 1400자의 장시를 거뜬히 지어 올린 시작 능력, 임금의 머리맡에서 나는 듯이 써 내려가는 속필 능력, 이 모든 시험에 만족스럽게 합격한 다산은 이제 곧 규장각 제학에 오르고 재상의 지위에 오르는 일만 남았다. 그러던 어느 날 주문모라는 중국인 신부의 밀입국과 포교 활동이 알려졌으니 4월의 일이었다. 1801년 신유교옥이 일어난 해 다음으로 다산에게 가장 힘들던 때가 바로 그 무렵이었다. 그렇지 않아도 다산 일파의 세력 확대를 막으려고 온갖 음모와 비계를 꾸미던 공서파들인데 주문모 사건은 얼마나 확실한 공격의 구실이던가. 반대파들은 공격의 활줄을 강하게 당기기 시작했다.

주문모 신부가 조선으로 들어오기까지는 이승훈(李承薰, 1756~1801년. 다산의 자형), 정약종(丁若鍾, 1760~1801년. 다산의 셋째 형) 등의 계획적인 노력이 있었다. 1789년 밀사로 윤유일(尹有一)이 동지사(冬至使)를 따라 북경에 들어가 고베아(Gouvea) 신부에게 교리를 문의하는 서한을 전달하고, 1793년 지황(池潢)과 함께 3차로 북경에 들어가 신부 파견을 요청한 이듬해에 주문모 신부를 영입하는 데 성공했다. 주 신부는 고베아 신부의 명으로 사도직을 수행하기 위해 조선에 온다. 중국과 조선의 국경 지역인 변문(邊門)에는 그를 영접할 신도 지황과 윤유일이 대기하고 있었다. 주 신부는 처음에는 압록강의 얼음이 녹아 건너지 못하고 만주 일대에서 전교하고 다니다가 12월이 되어 압록상이 얼어붙자 입국할 수 있었다. 그는 지황과 윤유일의 안내에 따라 한국 옷으로 갈아입고 머리를 조선식으로 꾸몄다. 성을 이씨로 고치고 역부(役夫) 차림새로 1794년 12월 23일 의주의 관문을 넘었다. 그 후 12일 만인 1795년 1월 초에 서울에 무사히 도착하였다. 당국의 천주교 탄압이 혹독했지만 신도들의 도움으로 주 신부는 서울의 북촌(지금의 가회동 지역)에 살던 역관 최인길(崔仁吉)의 집에 머무르면서 조선말을 배우는 한편, 그해 4월(양력으로는 6월)까지 열심히 전교 활동을 했다.

그러던 중 입교한 지 얼마 되지 않은 진사 한영익(韓永益)의 밀고로 주 신부 입국과 전교 활동이 탄로 나는 바람에 여신도 강완숙(姜完淑)의 집으로 피신하였다. 주 신부 대신 신부로 변장한 최인길이 지황, 윤유일과 함께 체포되어 순교한다. 주 신부는 열성 신자 강완숙의 도움으로 5년이 넘도록 조선 땅의 곳곳에서 전교 활동을 펼칠 수 있었다. 주 신부는 평신도인 정약종, 황사영(黃嗣永), 홍익만(洪翼萬) 등의 집을 여러 차례 방문했고, 강완숙의 기지로 왕손 은언군(恩彦君, 영조의 손자이자 사도 세자의 아들인 정조의 서제(庶弟))의 부인 송씨와 며느리 신씨 등을 경희궁으로 몰래 찾아가 입교시키고 세례까지 해 주었다. 주 신부는 충청도와 전라도 전주까지 밀행하면서 복음을 전파했다. 천주교 쪽의 기록에 따르면 주 신부가 입국할 무렵에 겨우 3000여 명에 지나지 않았던 신도가 5년 후에는 1만여 명으로 늘어났다고 한다. 이렇게 교세가 늘어 가던 때인 1801년 신유교옥 사건이 일어나 천주교는 철퇴를 맞게 되고 그해 4월 주 신부는 자수하여 순교에 이르고 말았다.

주문모 신부의 입국 문제에 대한 다산의 기록을 보자. "여름 4월에 중국의 소주 사람 주문모 신부가 변복을 하고 들어와 북악산 아래 숨어 살면서 서교를 몰래 전파하였다.(그래서 주문모 입국이 발각된 일을 북산사(北山事)라고도 했다.) 진사 한영익이 그걸 알아내 이석(李晳, 이벽의 형)에게 말하여 나도 그 이야기를 들었다. 이석이 채제공에게 알리자 채제공이 임금에게 은밀히 아뢰고는 포도대장 조규진(趙奎鎭)에게 체포하라고 명령하였다. 주문모는 놓쳐 버리고 최인길, 윤유일 등 세 사람을 붙잡아다가 장살해 버렸다."(당시 천주교 쪽의 기록에는 최인길은 주문모 신부의 소재를 알면서도 끝까지 불지 않고 죽음을 택했다고 되어 있다.)

이에 공서파 목만중(睦萬中, 1727년~?) 등이 선동을 하고 뜬소문을 퍼뜨려서 이 사건을 트집 잡아 착한 무리들을 완전히 구렁텅이에 빠뜨리려 하고는 음험하게 같은 파 박장설(朴長卨)을 사주하여 상소를 올리게 하였다. 상소문에서 이가환을 무고했으니, 내용인즉 "정약전(丁若銓, 다산의 중형)이 경술년 회시(會試)에서 지은 책문(策文, 정책 보고서)의 답변에 5행을 4행으로 했는데도 이가환이 뽑아서 회원(會元, 회시의 수석)으로 했다."라는 것이다. 임금이 대책문을 읽어 보고 무고임을 알아낸 뒤 박장설을 육지의 변두리로 유배시켰다. 그러나 공서파 악당들이 유언비어를 날마다 퍼뜨리니 당시의 재상이나 세력 있는 집안에서 이를 귀에 익게 듣고 "주문모 사건에는 이가환 등이 진짜 밑바탕이니 죄를 주지 않으면 안 된다."라고들 했다. 임금이 괴로워하다 가을에는 이가환을 충주(忠州) 목사로, 다산은 종6품 금정(金井) 찰방

(察訪)으로 좌천시키고 이승훈을 예산현(禮山縣)에 유배시켰다.

1795년 초여름인 4월 무렵의 사정을 짐작하게 해 주는 다산의 「자찬묘지명」(집중본)에 나오는 기록이다. 이가환을 공조 판서라는 정2품 정경(正卿)의 지위에서 종4품 충주 목사로, 정약용은 정3품 당상관인 우부승지에서 종6품 금정도 찰방으로 떨어트리는 턱없는 좌천이니 유배형이나 다름없는 발령이었다. 금정도는 본디 충청도 홍주목 소속의 역원(驛院)이 있던 곳으로, 홍주읍에서 40리 지점에 있다. 현재는 충청도 청양군 지역이다. 금정이란 샘의 이름으로 옛날 백제의 왕이 그 샘물을 먹었다는 전설이 전해지는 곳이다. 찰방이란 종6품에 해당하는 지방관으로 정해진 지역을 다스리고 역원을 관리 감독하던 직책이다. 이번 발령이 나기 몇 개월 전 다산이 당상관에 올랐을 때는 임금의 사랑이야 넓고도 깊었건만 몇몇 악인 악당들의 중상과 모략, 비방과 헐뜯음은 임금의 권력으로도 어찌하지 못해 다산은 임금과 함께 국가를 다스리는 일에서 배제되어 먼먼 시골의 하급 관리로 낙천되고 말았다. 이는 다산 개인의 불행이기 이전에 정조의 개혁 정치에 큰 차질이 생긴 국가적 불행이기도 했다. 진즉 천주교에서 마음을 끊고 세상을 한번 개혁해 보고 백성들의 삶을 안정시켜 부국강병의 나라를 만들어 보자던 다산의 꿈은 접을 수밖에 없었다. 벽파와 시파, 공서파와 신서파가 대결하는 당파 싸움이 가열되면서 국왕이 그렇게 좋아하고 마음에 들어 해서 함께 손잡고 국가 개혁을 이루려 했던 신서파들은 다시 권력에서 멀어지고 말았다.

2부

·

학문과 정치의 바탕을 다지다

3 영특하고 글을 잘 아는 소년

　우리는 그동안 다산의 벼슬살이 절정기를 전후한 몇 개월 사이의 일들을 살펴보았다. 때는 1794년의 앞뒤요 다산의 나이로는 33세 전후의 이야기였다. 옥당이라는 홍문관의 수찬과 교리라는 학사의 직위에 올라 고관대작이 되는 발판을 밟는 기쁨도 누렸지만, 천륜(天倫)이자 스승이던 아버지의 상을 당하는 아픔도 겪었다. 아버지의 삼년상을 마치고 암행어사에 올라 세상을 호령하는 권력의 자리도 경험했다. 그러나 이 길지 않은 기간 동안에 드러난 다산의 면모는 역시 대단했다. 그의 75년 생애를 관통하는 모든 면, 즉 능력이 뛰어나고 강직한 관료임을 역력히 보여 주었으며, 이론만이 아니라 행정의 실무에서도 당시의 어떤 관료와도 다르게 명쾌하고 빈틈없는 업무 처리 능력을 유감없이 발휘했다.

　더구나 이 기간에 다산은 시를 짓고 글을 짓는 탁월한 문학가로서 기량을 충분하게 보여 주어 임금이나 선배 관료들에게 극찬을 받았으며 그의 문학 정신이 그의 사상 철학과 함께 특별한 수준에 이르러 있음을 나타냈다. 암행어사로서 피폐한 농촌 현장을 직접 목격하고서 농민들의 참상을 사실주의 수법으로 그려 낸 「암행어사로 임명되어 적성의 시골집에서 짓다」와 「굶주리는 백성의 노래」라는 장편의 시는 다산 문학을 꿰뚫는 본보기이다. 그 시들은 다산의 시 맛을 제대로 보여 주는데, 18세기 말엽 조선 농촌의 참담한 실정이 생생하게 묘사되어 있다. 불쌍한 백성들에 대한 다산의 애정이 무럭무럭 솟아나는 시 작품이었다.

경기도 북부 6개 고을을 암행한 경험은 다산에게 큰 충격을 주었다. 이전에 풍광을 읊고 자연을 관조하던 다산의 시는 면모를 일신하여 사회의 비리와 구조악에 눈을 뜬 투철한 문제의식을 보여 주는 사회 시의 성격을 띠게 되었다. 중국 역사상 훌륭한 목민관의 대표적 예인 한나라의 공수나 황패 같은 사람이 나와도 치유할 방법이 없다고 낙담하는 내용에는 구조적 개혁이 없는 한 문제를 해결할 수 없다는 인식이 반영되어 있다. 집을 떠나 유랑하는 백성들의 처참한 실상을 글로는 아뢸 길이 없어 그림으로 그려 임금에게 바친 송나라의 정협의 고사를 인용한 부분에 이르면 탄식과 낙망이 너무 컸다. 이때에 얻어진 느낌은 다산 평생의 의무감으로 자리 잡았다. 백성의 실상을 나라에 제대로 알려 그들의 문제를 해결할 방법을 강구해야 한다는 마음이 다산의 가슴에 일생 동안 도사리고 있었다.

때문에 다산의 시관(詩觀)은 그 무렵에 대부분 정립되었다. 시는 「유민도」의 성격을 지녀야 참다운 시라고 여겼기에 대체로 그의 시 중에는 그러한 경향의 사회 시, 비판 시가 많다. 여느 사람들은 낙척

되거나 실세(失勢)의 지위로 떨어져야만 남의 아픔과 비애에 동정심을 발휘하게 되건만 다산은 암행어사로 한창 잘나가던 시절에 약자의 편에 서서 그들의 처지로 마음을 돌렸으니 다산의 문학 정신은 그래서 어느 누구보다도 탁월하다는 이야기를 듣게 되었다. 다산은 후일 감옥이나 유배지에서도 수많은 시를 지었는데 역시 그의 작가 정신은 그전의 사실주의 문학, 현실 고발 문학에서 크게 벗어나지 않았다. 다산이 암행어사 임무를 수행하던 무렵은 정치적으로도 여러 가지 복잡한 사건들이 일어나 정국이 혼란했는데, 다산은 사회 전체의 구조 악에 관심을 기울였다. 신하 몇몇, 수령 몇몇 혹은 임금이 조금 잘한다고 해서 해결될 문제가 아니며 근본적이고 구조적인 변화와 개혁이 필요함을 느끼게 되었다.

○○ 요동치는 세상, 다산의 탄생

한 사람의 생애에는 그가 태어난 시대, 고을, 가문 및 신분이 영향을 미친다. 조선 왕조 후기인 영조 재위 38년은 1762년인데, 그해 6월 16일(양력으로는 8월 5일) 사시(巳時, 오전 11시경)에 다산은 태어난다. 이해는 과연 어떤 해였는가? 바로 영조의 둘째 아들로 세자에 책봉되어 한때 대리청정까지 했던 사도 세자(1735~1762년)가 뒤주에 갇힌 지 8일 만에 운명했던 그해였다. 사도 세자는 영조의 큰아들 효장 세자가 일찍 죽자 바로 세자가 되어 영조의 뒤를 이어 임금의 지위에 오를 신분이었으나 영조와의 갈등과 그런 갈등을 부추긴 당파 세력의 모함이 겹쳐 불행한 일생을 마친 비운의 왕세자였다. 1762년 음력 윤5월 13일 사도 세자는 폐세자가 되어 뒤주에 갇히고 8일 뒤인 윤5월 21일 갈증과 기아로 운명했으니 그때 왕세손으로 있던 세자의 아들, 뒤의 정조는 겨우 11세의 어린 나이였다.

사도 세자의 비참한 죽음은 조선 후기의 정치사를 요동치게 만든 대형 사건이었다. 이 사건에서 이른바 시파(時派)와 벽파(僻派)라는 당파 싸움이 배태되어 혈투가 계속되었고 이 혈투의 연장선상에 다산 일생의 행복과 불행 또한 연계되어 있었다. 사도 세자의 행위에 잘못이 많았으니 죽임을 당한 일은 정당하다고 여긴 파당이 벽파였다면, 죽을 만한 이유가 없었는데도 세자와 견해가 다르던 이들이 권력 유지를 위해 세자를 비방하고 모함하여 죽음에 이르게 했다고 여긴 파당이 바로 시파였다.

다산이 태어난 6월은 세자가 죽은 지 채 한 달도 되지 않아 세상이 참으로 흉흉하고 민심이 안정되지 않은 때였다. 그해 초봄 진사과에 33세의 나이로 합격하여 신방(新榜) 진사로 이름을 날렸던 다산의 아버지 정재원은 하급직 벼슬에 임명되어 서울에서 생활하고 있었다. 아버지 임금이 아들 세자를 죽인 끔찍한 사건에 넋을 잃고 있던 정재원은 벼슬할 뜻을 버리고 고향에 돌아가 농사를 짓기로 마음을 굳히고는 하향하고 말았다. 바로 그런 때에 다산이 태어나자 아버지는 다산의 아명(兒名)을 귀농(歸農)이라고 지었다. 농사짓는 일로 돌아가겠다는 뜻이자, 패악한 시대에 벼슬을 단념하고 살아가자는 결의이기도 했다. 더구나 정재원의 가계인 나주 정씨 집안은 당색으로는 본디 남인이었고, 또 시파의 중심인물이던 채제공과 가까운 사이여서 세자의 죽음에 한없는 슬픔을 느끼던 시파에 속한 처지였다. 18세기 후반, 비록 영조의 탕평책으로 남인들이 미관말직에라도 오르던 때였으나, 역시 권력의 중심은 노론과 소론에 있었고 남인은 소외된 세력임에 분명했다. 이런 시대적 상황이 다산의 일생과 어떤 관계를 맺어 가는지는 앞으로 전개될 내용에서 밝혀질 것이다.

○○ 아름다운 고향, 한강 상류 마재 마을

다산이 태어난 마을인 마재(馬峴)는 당시 행정상의 명칭으로 광주군(廣州郡) 초부면(草阜面) 마현리(馬峴里)였다. 그곳의 현재 행정 구역 명칭은 경기도 남양주시 조안면(鳥安面) 능내리(陵內里) 마현 마을이다. 현(峴)이라는 글자의 뜻이 '재'이기 때문에 그곳에 사는 사람들은 보통 마현을 '마재'라고 부른다. 그런데 다산 정약용이 세상에서 유명하기 때문인지, 마을의 이름도 매우 다양하다. 가장 많이 부르고 있는 이름만도 네댓 개가 넘는다. 공식 이름은 마현리이니 마재가 가장 널리 쓰이고, 능내리에 속하므로 '능안'이나 '능내'라고 부르는 것도 통상적이다. 다산 자신이 자기 마을을 칭할 때 많이 사용한 이름은 세 가지가 넘는다. 본디 그 일대의 이름이 우천(牛川)이어서 '소내'라는 순우리말을 사용하였는데 다산이 시문에서 가장 많이 인용한 이름은 '소천(苕川)'이었다. '초(苕)'라는 글자는 초와 소로 발음 나기에 소내라는 우리말을 한자로 표기하면서 다소 우아한 글자인 소(苕) 자를 사용하였으리라. 소내 다음으로 많이 사용한 이름은 '열상(洌上)'이라는 이름이다. 다산은 한강의 옛 이름이 '열수(洌水)'라고 믿었기 때문에(그렇지 않다고 여기는 기록도 있음) 열수의 상류라는 의미로 자신의 마을을 열상으로 표기했다. 특히 노년에는 자신을 일컬어 열수, 혹은 열상 노인이라거나 열수에서 풀 나무나 베고 살아가는 '열초(洌樵)'라고 쓸 때가 많았다.

나열한 호칭 이외에도 마을을 부르는 이름은 참으로 많았다. 그런 많은 호칭으로 불려도 누구인들 다산의 마을임을 모르는 사람이 없었으니 대단한 일이었다. 마을 곁의 산자락이 두척(斗尺)이고 호수 같은 강이 두호(斗湖)여서 능내와 합해진 이름이 두릉(斗陵)이니 외부에서는 대부분 두릉으로 부르거나 '두릉(杜陵)'으로 쓰기도 했다. 다산이 오랜 귀양살이 뒤 고향에 돌아와 많은 학자들과 교유하면서 주고받은 편지를 보면 대체로 다산의 마을 이름은 소내, 두릉, 열상, 능내로 사용하는 경우가 많다. 마재, 마현 등도 통상으로 사용되었다. 두강(斗江)이라고 사용한 곳도 많이 발견된다.

세상에 널리 알려진 유명한 이 마을, 그렇다면 마을의 유래는 어떠했는가. 춘천 쪽에서 흘러오는 북한강과 충주 쪽에서 흘러오는 남한강이 합해지는 양수리(兩水里, 두물머리) 일대의 풍광은 매우 아름답다. 예전에는 광주군의 지역이었지만 지금은 남양주시의 지역이다. 다산의 말대로 수향(水鄕, 물 마을)인 소내는 풍수지리설에서도 빼놓지 않고 거론하는 명당 마을이다. 다산 집안이 그곳에 터를 잡고 대대로 살게 되는 경위를 다산의 기록으로 알아보자.

○○ 8대 옥당 가문

다산의 5대조인 정시윤은 인조 말엽에 태어나 숙종 말엽까지 생존했던 인물이다. 숙종 시대는 당쟁이 격화되던 때인데 백성들을 위하다가 임금의 뜻에 거슬려 벼슬을 버리고 노후를 보낼 땅을 찾던 중, 소내를 점지했다고 한다. 번암 채제공이 지은 「통훈대부진주목사 정공묘갈명(通訓大夫晉州牧使丁公墓碣銘)」(『번암집』)에 정시윤이 혁혁한 명문가의 후계임을 칭찬한 내용이 있다.

조선 왕조의 이름 있는 집안에서는 홍문관의 벼슬아치로 선발되는 것을 지극히 명예롭게 여겼다. 그런데 연달아 8대에 이어져 그 집안의 전유물처럼 여겼음은 오직 공의 집안뿐이다.

다산 집안이 8대 옥당 가문임을 영의정을 지낸 채제공이 공식적으로 인정해 준 대목이다. 다산 자신은 집안 자랑을 할 때 언제나 '8대 옥당' 집안이라고 일컬었다. 조선 왕조에 들어와 최초로 벼슬하여 승문원(承文院) 교리를 역임한 정자급(丁子伋)부터 참판 정수강, 판서 정옥형, 좌찬성 정응두, 대사헌 정윤복, 관찰사 정호선, 교리 정언벽, 참의 정시윤에 이르기까지는 모두 홍문관에 들어간 다산의 직계 선조였다.

정시윤은 당대의 학자이자 산림(山林)이던 육촌 형님 정시한(丁時翰, 1625~1707년)에게 수학하여 글 잘한다는 명성이 높았다. 그는 진사과에 급제하자 바로 벼슬길에 올라 금정 찰방·감찰(監察)·현감 등의 벼슬을 지내다가 문과에 급제하여 요직에 오른다. 옥당을 거쳐 순천 부사, 길주 목사, 병조 참의, 영월 부사를 역임하고, 벼슬을 그만두고 는 소내 마을 귀퉁이 물가의 두호정사(斗湖精舍)에서 한가롭게 세월을 보냈다고 한다. 그런데 두호정사는 다산의 마을에 있는 정자이니, 다 산의 글 「임청정기(臨淸亭記)」의 임청정과 같은 건물이다. 두호강 기슭 에 있었기에 두호정사이고, 다른 이름이 임청정이었다. 임청정에 대 한 다산의 이 글에 마을의 내력이 자세하다.

100년 전만 해도 소양강(춘천에서 흘러나온다.)은 고랑(皐狼) 아래 에 이르러 동쪽의 남주(藍洲) 북쪽을 지나 남강(南江)으로 들어갔 다. 그러므로 남강은 물살이 빠르고 거세어 곧장 서쪽으로 흘러 반 고(盤皐, 오늘날의 둔치) 아래서 합쳐졌다. 따라서 홍수만 나면 반고는 물에 잠겨 사람들이 그곳에서 살지 못했다. 그 뒤에는 소양강이 아 래로 부암(鳧巖)의 남쪽에 이르러 비로소 남강과 만나, 남강의 거센 물살을 밀어내 물리쳤다. 물은 귀음(歸陰, 소내의 강 건너 마을)의 강기 슭을 지나 석호(石湖)의 동쪽에 이르러서야 꺾여 서쪽을 향하게 되 므로 이때 반고가 우뚝 솟아 촌락이 형성되었다. 이러한 연유가 소 내라는 마을이 생긴 역사다. 숙종 만년에 우리 5대조 병조 참의 정 시윤 공께서 양곡 방출을 강력히 권하는 상소를 올렸는데, 이 때문 에 임금의 노여움을 사서 벼슬에서 물러나야 했다. 이때 한강의 물 줄기를 따라 노년에 지낼 만한 곳을 구하다가 거기서 반고를 발견 했다. …… 땅의 형세를 보니 동쪽에는 두 물이 새로 모여서 여울물 이 잔잔하지 않으며, 서쪽에는 골짜기 입구가 새로 갈려져서 바람이 모이지 않았다. 이에 반고의 지면을 셋으로 나누니, 그 가운데 3분의 2는 서쪽이어서 거기에 정자를 짓고 임청정이라고 써서 달았다. 이는 아마 도연명(陶淵明)의 「귀거래사(歸去來辭)」의 뜻을 취한 것으로 보인다. 정자 앞에 괴송을 많이 심었으니 나무가 늙어서 마치 용이 도사리고 호랑이가 쭈그리고 앉은 것과 같으며 거북이가 움츠리고 학이 목을 길게 뺀 것같이 아주 기이한 모습이었다. 공께서는 세 아들이 있었으니 동쪽에는 큰아들이, 서쪽에는 둘째 아들이 살고 막내아들에게는 이 정자를 주었으며 마을 뒷산인 유산(酉山) 아래에는 조그마한 집을 지어서 서자(庶子)가 살게 했다.

뒷날의 기록을 보면 그때의 서자 집이었던 곳이 다산이 살았던 집으로 오늘의 다산 유적지 일대가 되었다. 그런 연유로 마재 또는 소내라는 마을이 생겨서 위대한 다산의 탄생지가 된 것이다. 다산의 5대조 정시윤은 정도태(丁道泰)·정도복(丁道復)·정도제(丁道濟) 3형제를 두었는데 정도복은 또 문과에 급제하여 옥당에 들어가고 더 높은 벼슬에도 올랐다. 다산은 큰아들 정도태의 후손이지만 정도복 때문에 어떤 경우 자신의 집안을 자랑하며 9대 옥당 집안이라 말하기도 했다. 다산의 고조부 정도태는 아들 형제를 두었다. 큰아들 정항신(丁恒愼, 1691~1733년)이 다산의 증조부이고, 정항신은 아들 4형제를 두었는데 큰아들 정지해(丁志諧, 1712~1756년)가 곧 다산의 할아버지다. 증조할아버지 정항신은 젊어서 진사과에 급제했지만 남인들이 세를 펴지 못하던 때여서 벼슬길에 오르지 못하고 마흔세 살에 일찍 타계했으며, 할아버지 정지해도 벼슬에 오르지 못하고 마흔다섯의 나이로 세상을 떠났다.

　다산의 조부 정지해의 묘소가 있던 충주의 중앙탑면 하담(荷潭)이 다산 집안의 선영으로 부모님 묘소도 그곳에 있었다. 성시해는 아들 3형제를 두었는데, 큰아들 정재원이 다산의 아버지였다. 5대조 정시윤과 증조부 정도복 이후로는 벼슬에 오르지 못하다가 영조 말년에야 정재원이 벼슬길에 오른다. 다산이 태어난 해인 1762년 서른셋의 정재원은 생원과(生員科)에 합격하였고, 같은 시파로 높은 벼슬에 있던 채제공의 추천으로 미관말직의 벼슬을 시작했다. 영조가 죽고 정조가 왕위에 오르자 시파에게도 볕이 들면서 정재원은 여러 고을의 원님을 역임한다. 경기도 연천 현감, 전라도의 화순 현감, 경상도의 예천 군수, 울산 도호부사, 진주 목사 등을 지내고 진주의 임소에서 예순세 살에 세상을 떠났다. 다산의 중부(仲父) 정재운(丁載運, 1739~1816년)은 자신의 중부에게 입양되었는데, 진사과에 장원하여 여러 고을의 원님을 지내고 교하(交河) 군수에 이른다. 세월이 그 집안에 벼슬할 기회를 주었다. 그러나 소내에서 문과 급제는 정도복 이후, 다산과 그의 중형 정약전(丁若銓, 1758~1816년)에 이르러서야 이루어졌다.

　경기도 광주의 소내라는 마을은 다산의 아버지 3형제가 목마 타고 뛰놀던 곳이자 다산 5형제가 대를 이어 꿈과 희망을 키웠던 마을이며 또한 다산 큰형수의 남동생인 이벽(李蘗, 1754~1786년)이 누나 집을 찾아오느라 발걸음이 잦았던 곳이요, 다산의 자형 이승훈이 처갓집으로 자주 찾았던 곳이며, 다산 큰형의 사위이자 다산의 조카사위였던 황사영(黃嗣永, 1775~1801년)이 처갓집으로 찾아오던 곳이었다. 소내는 이렇게 조선 천주교 초창기 거물들이 모여들던 곳이요, 거기서 태어나고 자란 희대의 신앙인 다산의 손위 형 정약종이 초기 천주교 명도회장(明道會長)으로 열렬히 활동하던 곳이며, 다산의 장형인 정약현(丁若鉉, 1751~1821년)과는 친사돈 간인 순교자 홍낙민(洪樂敏)이 사돈집을 찾아오던 곳이니, 이곳이야말로 서설(西說)·서교(西敎)·서서(西書)·천주교·천주학·사교(邪敎)라고 일컬어지던 가톨릭으로 인해 피어린 역사가 진행된 현장이 되었다.

한강 상류 둔치에 이룩된 유서 깊은 마을인 마재는 다산 5대조부터의 역사가 이어졌고, 한국 천주교 초창기의 거물들이 모여들었던 장소이며, 사도 세자의 죽음으로 시·벽의 당파 싸움이 벌어지던 시대 상황이 다산의 삶과 함께 얽혀 있던 곳이었다. 자란 시대와 생활한 환경은 한 인간의 운명을 크게 좌우한다. 서교와 끈끈한 인연을 맺었던 광주군 능내리 마재에서 남인 시파의 가계로 다산이 태어난 것은 그 자체가 예사로운 일이 아니었다.

한 인간의 운명은 역시 자신의 뜻이나 의지만으로는 움직일 수 없는 일인가. 다산 같은 불후의 대철인도 그것만은 마음대로 할 수가 없어서 시파와 벽파의 싸움에 늘 시달려야 했고, 서교·서설이라는 천주교 문제 때문에 파란만장한 일생을 살아갈 수밖에 없었다. 시파였기 때문에 그는 아버지의 죽음을 한없이 애달파하던 정조의 지우(知遇)를 입어 승승장구 벼슬길이 트이기도 했지만, 숱한 고초를 겪지 않을 수도 없었다. 천주학으로 인해 서양 과학 사상까지 섭렵하여 사상의 폭이 넓어진 긍정적인 측면도 있었지만, 반대로 쓰라린 유배 생활을 감내해야만 했다. 고난의 생활이 계속되어 불행하기도 했지만, 벼슬을 차단당하고 긴긴 세월 동안 학문 연구에 몰두할 수 있어 위대한 업적을 이룩해 내기도 하였다. 이것이야말로 인생의 비태(否泰)다. 인생의 행과 불행, 한 인간의 운명, 화와 복, 즐거움과 괴로움은 물고 물리면서 순환하는데, 누가 작위적으로 움직일 수 있단 말인가.

○○ 남다른 시재를 보인 다산의 유년 시절

친가의 가계는 대강 살폈다. 8대 옥당 나주 정씨 집안은 남인의 당색에 시파에 속했다. 같은 남인에 시파이던 다산의 외가 또한 만만한 집안이 아니었다. 어머니 윤씨 부인은 해남 윤씨 사람으로 고산(孤山) 윤선도(尹善道)의 후손이자 공재(恭齋) 윤두서(尹斗緖)의 손녀였다. 윤선도는 예학(禮學)의 대가인 데다 투사 정치인이었으며 시조 시인으로도 큰 이름을 얻었고, 윤두서는 고산의 증손자로 뛰어난 학자이면서 삼재(三齋) 화가로서 조선을 대표하는 화가 중의 한 사람이었다. 아버지와 어머니 두 집안의 핏줄로 태어난 다산은 양가의 출중함을 이어받아서인지 "어려서부터 영특했고 글에도 뛰어났다."(「자찬묘지명」 집중본) 또 다른 묘지명에서 다산은 자신이 "어린 시절에는 영특하였고 어른이 되어서는 학문을 좋아했다."(「자찬묘지명」 광중본(壙中本))라고 해서 총명한 천재 소년이었음을 숨기지 않았다. 1765년에 다산은 세는나이로 네 살 때 아버지로부터 『천자문』을 배우기 시작하자 바로 글자를 알았다고 한다. 여섯 살에는 경기도 연천의 현감으로 부임하는 아버지를 따라가 그곳에서 아버지에게 교육을 제대로 받았다.

진주 목사 벼슬을 끝으로 세상을 떠난 다산의 아버지는 여러 기록으로 볼 때 대단한 목민관이자 학문에도 돈독한 학자였다. 다산이 기록으로 남긴 「선인유사(先人遺事)」라는 글에 쓴 아버지의 인품과 덕행에 대한 기술로 보거나, 번암 채제공이 지은 정재원의 일대기인 「통훈대부진주목사정공묘갈명」이라는 자료에 의하더라도 정재원은 여러 가지 면에서 아들들을 훌륭하게 키워 낼 인품과 능력을 갖춘 인물이었다. 『사암선생연보』에도 이에 관한 기록이 있으니 "다산 공의 덕기(德器)가 관후(寬厚)하고 경학(經學)이 정미(精微)했던 것은 전적으로 가정에서 아버지의 양육을 제대로 받았기 때문이었다."라고 했다.

다산의 나이 7세, 아버지의 훈육을 잘 받은 다산은 처음으로 한시를 지었다.

작은 산이 큰 산을 가렸네 小山蔽大山
멀고 가까움의 지세가 다른 탓이지 遠近地不同

「산(山)」이라는 제목의 첫 시는 주위 사람을 깜짝 놀라게 하였다. 특히 아버지가 크게 기뻐하고 기특하게 여기면서, "분수(分數)와 소장(消長)에 밝으니 산수(算數) 같은 분야의 학문에 통달할 것이다."라고 하였다. 아버지의 판단은 정확했다. 뒷날 다산은 분수에 밝았던 이유로 수리학(數理學)에 뛰어났을 뿐 아니라 과학적 사고가 탁월해 기중기·거중기 등의 기계를 제작해 냈으며 수원의 화성과 한강의 배다리 등 공학적 기능이 높은 큰 역사(役事)를 제대로 이룩할 수 있었다. 소장의 원리에 밝았기 때문에 역사와 사회의 변동성인 침체와 성장의 논리를 꿰뚫었음은 뒷날 그의 학문적 업적에서 잘 드러나고 있다.

이 무렵부터 다산의 천재성은 크게 발휘되어 10세 이전에 지은 시를 모두 시집으로 정리해 놓았으니 그의 재주를 인정하기에 충분하다. 그때 다산은 자신의 호를 삼미자(三眉子)라고 부르면서 지은 시를 모두 모아 『삼미자집(三眉子集)』이라고 불렀다. 삼미의 사연은 이렇다. 어린 시절에 천연두를 앓았으나 순조롭게 나아서 흉터가 거의 없었는데 오직 오른쪽 눈썹 위에 흉터가 약간 남아 눈썹이 세 갈래로 나뉘었으므로 눈썹이 셋이라는 '삼미'의 호칭이 나오게 되었다는 것이다. 당시의 글 잘하는 학자나 선비들 중에서 이 시집을 보고는 감탄하고 칭찬하지 않는 사람이 없을 정도였고, 모두가 뒷날 반드시 대성(大成)할 사람으로 여겼다고 한다. 시를 잘 짓는 꼬마 시인 시절, 그때가 다산 일생에서 가장 행복하고 즐겁던 시절이었다. 아버지가 한 고을의 원님이었던 덕에 온 가족들이 관아로 이사 가 살면서 매우 단란한 가정생활을 했다. "약용이 어렸을 때 부모님을 따라 연천현으로 간 적이 있는데, 그때 일 중 아직도 기억나는 것이 있다. 지금은 돌아가셨지만 그때는 살아 계셨던 어머니께서 술 담그고 장 달이던 여가에 큰형수와 저포(樗蒲, 옛날 놀이의 하나로 나뭇가지로 하는 일종의 내기 놀이) 놀이를 하느라 3이야 6이야 하며, 즐겁고 기뻐서 화락하기만 하였다."(「구수공인이씨묘지명(丘嫂恭人李氏墓誌銘)」)

그러나 기쁨도 잠시, 생애에 큰 슬픔을 맞았으니 겨우 아홉 살이던 1770년 11월 9일 어머니 윤씨 부인이 세상을 뜨고 말았다. 어머니를 여읜 9세의 어린이, 세상에 이런 불행이 어디 또 있겠는가. 더구나 어머니는 경제 실용(經濟實用)의 책으로 가득 싸인 집안, 박학한 학자이자 호고(好古)했던 화가 공재 윤두서의 손녀였으니 외가만 생각하면 자부심과 큰 긍지를 느꼈던 다산인데 그러한 어머니가 갑자기 별세했으니 상심이 얼마나 컸겠는가. 다산의 집안에는 외증조부 공재의 조그마한 초상화가 보관되어 있었는데, 다산의 얼굴 모습과 수염이 공재를 많이 닮았다고 한다. 그래서 어머니에게 의지함이 더욱 남달랐던 다산은 뒷날 문인들에게 "나의 정분(精分, 정신이나 성품)은 대부분 외가에서 받았다."라고 말했다. 어머니의 핏줄에서 자신의 형성됨이 컸다는 말이었으니, 어머니에 대한 사모의 마음이 크지 않을 수 없었다.

비록 어머니는 세상을 떠났으나 어린 다산을 돌봐 줄 어진 부인 큰형수가 있었다. 어머니를 잃은 슬픔을 이기고 아버지의 가르침을 받아 본격적으로 경서(經書)와 사서(史書)를 공부하던 때가 그 무렵이었다. 영리하고 부지런했던 다산이라 해도 아홉 살의 어린아이가 아닌가. 개구쟁이 시절이 왜 다산에게는 없었겠는가.

어머니를 잃은 그때 겨우 아홉 살이었다. 머리에 이와 서캐가 득실거리고 때가 얼굴에 더덕더덕 붙어 있었다. 형수가 날마다 힘들게 씻기고 벗겨 주었다. 그러나 약용은 늘 흔들어 대며 벗어나려고만 하면서 형수에게로 가려 하지 않았다. 형수는 빗과 세숫대야를 들고 따라나서 어루만져 주며 씻으라고 사정하곤 했다. 달아나면 붙잡기도 하고 울면 조롱하기도 했다. 꾸짖고 놀려 대는 소리가 뒤섞여 떠들썩하니 온 집안이 한바탕 웃고 식구들 모두가 약용을 밉살스럽게 여겼다.

「구수공인이씨묘지명」

어머니 없는 개구쟁이 어린 시동생을 보살펴 주던 형수의 옛일을 회상하면서 자신의 유년 시절도 알려 주는 기록이다. 비록 먼 뒷날의 이야기이지만, 이런 형수를 잊지 못하던 다산은 아깝게 일찍 세상을 떠난 형수의 일대기를 「구수공인이씨묘지명」이라는 글로 정리했다. "형수는 태도와 성품이 헌걸차서 우뚝하기가 장부와 같았고, 시시하고 자잘한 일에는 관심도 없었다. 그러나 어머니께서 돌아가시고 아버지께서 벼슬살이를 하지 못해 집안 살림은 더욱 쓸쓸해지고 제사 지낼 제수나 고기, 곡식 따위를 대기도 어려운 형편이었다. 그런 살림을 형수가 혼자서 꾸려 가자니 얼마나 힘들었겠는가. 팔찌나 비녀 등의 패물을 모두 팔아서 사용하고, 홑옷으로 겨울을 지내기도 했으나 가족들은 잘 알지도 못했다."라고 어려운 시절 가족을 챙기며 궁핍한 살림을 꾸려 나간 형수의 덕을 칭송했다. 이어 "차츰 집안 형편이 나아져 끼니를 이어 나갈 만한데 형수가 미처 누리지 못하니 슬픈 일이다."라며 애석한 마음을 토로했다. 그러면서 참으로 아름다운 명(銘)으로 형수의 일생을 찬양했다.

시어머니 섬기기 쉽지 않나니	事姑未易
계모인 시어머니는 더욱 어렵네	姑而繼母則難
시아버지 섬기기 쉽지 않나니	事舅未易
아내 없는 시아버지는 더욱 어렵네	舅而無妻則難
시동생 보살피기 쉽지 않나니	遇叔未易
어머니 없는 시동생은 더욱 어렵네	叔而無母則難
이런 모든 일 유감없이 잘했으니	能於是無憾

이게 바로 형수의 너그러움일세　　　　　是惟丘嫂之寬
「구수공인이씨묘지명」

　　집안에 글 잘하는 선비가 있다는 게 얼마나 큰 복인가. 서른한 살(1750~1780년)의 젊디젊은 나이에 세상을 떠난 이름 없는 한 아낙네의 일생을 이렇게 멋있게 표현할 수 있는 시동생을 두었으니, 이 또한 얼마나 큰 복인가. 다산의 어머니 윤씨 부인은 다산의 아버지에게는 재취 부인이었다. 초취 부인 의령 남씨가 큰아들 정약현을 낳고 일찍 세상을 뜨자, 두 번째로 장가들어 맞은 아내가 바로 다산 어머니였다. 형수 이씨는 정약현의 부인으로 실제로는 다산의 이복형의 아내이자 이복 형수였다. 그래서 계모를 모셔야 했던 며느리였고, 또 그 계모가 세상을 먼저 떠나 홀아비인 시아버지를 모셔야 했고, 어머니 없는 시동생 네 명을 보살펴야 했으니 얼마나 힘든 시집 생활이었겠는가. 그럼에도 어느 것 하나 유감없이 잘 처리했다니 얼마나 훌륭한 여인이었는가. 그분의 친정 아우가 바로 이벽이었고 사위가 황사영이었다.

　　형수의 이야기를 마무리하자. 형수는 경주 이씨로, 이조 참판을 지내고 문학으로 명성이 높았던 이정형(李廷馨)의 후손이다. 할아버지는 무과 출신으로 병마절도사를 지낸 이달(李達)이라는 기골이 장대한 인물이었고, 아버지는 큰 선비이던 이보만(李溥萬)이었다. 형수의 아우 이격(李格)은 무과 출신으로 병마절도사를 지냈고 이석(李晳) 또한 아우였다. 사돈으로 만난 이벽을 통해 천주교와 관계를 맺었던 점으로 보면 형수와 다산의 인연은 매우 복잡했다.

1771년 다산의 나이 열 살, 다산의 아버지는 연천 현감의 임기를 마치고 집에 돌아와 오랫동안 한가한 세월을 보내면서 본격적으로 다산을 가르쳤다. 영리하고 근면했던 다산은 이 무렵에 기본 소양을 갖추게 된다. 아버지의 독책 없이도 자발적으로 공부하면서 경사(經史)의 책들을 본받아 글을 지었는데, 글체가 원전과 비슷할 정도였고, 한 해 동안 지은 글을 쌓아 놓으니 자신의 키만큼 높았다니 얼마나 많은 작문을 했었나 알아볼 만하다. 1774년 13세 때에는 두시(杜詩, 두보의 시)를 뽑아 베껴 놓고 그것을 모방하여 원운(原韻)에 따라 화답(和答)하는 운을 붙여 시를 지었는데 두시의 뜻을 깊이 체득하였으며 모두 수백 수(首)나 되었다. 아버지 친구들이 시를 읽고는 칭찬이 자자했다. 10대 초에 시문으로 높은 평가를 받는 수준에 이르렀다.

한편 다산 아버지 정재원의 삶도 기구하기 짝이 없었다. 첫째 부인 의령 남씨와 사별하고 재취 부인 해남 윤씨와 재혼하여 1녀 3남을 낳고는 1770년 윤씨와 또 사별했다. 1771년 처녀 황씨(黃氏)를 맞아다가 측실로 삼았으나 오래지 않아 요절하자 1773년 서울에 사는 처녀 김씨를 맞아 측실로 삼았으니 그녀 나이 겨우 20세였다. 이 서모가 바로 다산의 형수를 이어 또 다산의 어린 시절을 돌봐 준 분이다. 9세에서 10세 전후에 형수가 돌봐 주었다면 12세에서 결혼한 15세 전까지는 서모가 돌봐 준 것이다. 12세의 다산을 20세의 서모가 정성스럽게 보살펴 주었다.

처음 우리 집에 올 때 내 나이 12세, 머리에 서캐와 이가 많고 또 부스럼이 잘 났다. 서모는 손수 빗질해 주고 또 그 고름과 피를 씻어 주었다. 그리고 바지·적삼·버선을 빨래하고 꿰매며 바느질하는 수고도 또한 서모가 담당하다가 장가를 든 뒤에야 그만두었다. 그러므로 나의 형제자매 중에서 특히 나와 정이 두터웠다.

「서모김씨묘지명」

다산이 귀양지에서 돌아왔을 때에는 서모가 60세의 나이로 세상을 떠난 지 5년째였다. 어린 시절 어머니 없이 서모에게 신세를 톡톡히 졌기 때문에, 다산은 그 공을 갚느라 묘소를 이장하여 새로 단장해 주고 또 위와 같은 비문을 지어 그의 일생을 찬양하였다. 세 번째 부인까지 잃고 혼자 지내던 정재원에게 시집와 그가 63세로 세상을 떠날 때까지 꼬박 20년을 수발해 준 서모. 그래서 아버지도 편안한 노후를 보냈고 다산도 결혼 전까지 별 탈 없이 어린 시절을 끝마칠 수 있었으니, 모두 서모의 공덕이라고 극구 칭찬을 아끼지 않았다.

○○ 서울의 명문가와 혼인하여 상경하다

20세의 처녀로 44세 정재원의 네 번째 부인으로 들어온 서모 김씨의 보살핌을 받던 10대의 소년은 15세의 성년이 되자 마침내 장가를 든다. 요즘의 성년식인 관례(冠禮)를 치르며 소년 시절을 끝맺고 땋은 총각머리를 풀어 상투를 꽂고 갓을 쓰면서 관명(冠名)을 받았다. 아명이던 '귀농'을 대신해서 약용(若鏞)이라는 어른의 이름으로 바꾸었다. 광주군의 한강변 마재 마을 시골 청년이 서울의 한복판인 회현동(會賢洞) 풍산 홍씨(豊山洪氏) 가문의 규수에게 장가를 든다. 조선 왕조 후기, 영조·정조 연간에 가장 잘나가던 대표적인 성씨는 '풍홍달서(豊洪達徐)'라는 성어가 있듯 풍산 홍씨와 날성 서씨로, 고관내직과 학자 들이 많이 배출된 성씨로 유명했다. 다산의 처가인 회현동 홍씨도 명문이었다. 대대로 벼슬이 이어진 집안인데, 장인 되는 홍화보(洪和輔, 1726~1791년)는 넉넉한 가세(家勢)에 인물까지 잘나서 명성이 높았다.

홍화보는 문(文)을 뒤로하고 무과에 급제하여 높은 벼슬인 병마절도사를 여러 곳에서 지냈지만, 글을 잘하던 솜씨로 문과 출신이 주를 이루던 승지의 벼슬도 역임한 사람이었다. 장인 홍 공이 세상을 떠난 뒤 다산이 기술한 「함경북도병마절도사홍공묘갈명」이라는 홍화보의 일대기에 의하면, 그는 무인으로 뛰어난 장수여서 지략과 용맹이 있었고 병법에도 밝았다. 기개가 높아 세도가인 홍국영에게도 굽히지 않아 귀양살이까지 떠났다고 했다. 외동딸의 사위로 맞은 다산을 무척 아끼고 사람됨을 인정해 주어 둘 사이가 화락한 관계였음도 밝히고 있다. 요즘의 세상과는 다르게 조선 시대의 한 인간은 그가 태어난 본가, 어머니의 친정인 외가, 처가인 아내의 집안, 이 세 가지 환경이 고루 갖춰져야만 살아가는 데 편하고 출셋길이 열리기도 쉬웠다. 성씨를 따지고 가문을 따지는 신분 사회의 질서가 강건했던 시대, 다산은 기본적으로 그런 조건에서는 유리한 입장에 있었음이 분명했다. 친가·외가·처가가 모두 명문의 집안이었으니 말이다. 15세인 1776년 2월 15일 관례를 치르고, 16일 상경하여 복사꽃이 활짝 핀 2월 22일 혼례를 올리고 서울 생활을 시작했다.

한적한 시골에서 한가롭게 학문 연마에 여념이 없던 시골 소년의 서울 생활은 모든 면에서 큰 변화를 일으켜 주었다. 시골 생활과 도시 생활의 차이에 대해 다산은 자신의 견해가 있었다. 이는 유배지에서 아들들에게 준 교훈적인 글에서 자세히 말했다.

중국의 개명된 문화는 보편화되어 아무리 궁벽한 시골이나 먼 변두리 마을에 살더라도 성인이나 현인이 되는 데 방해받는 일이 없으나, 우리나라는 그렇지 못해서 서울 문밖에서 몇십 리만 떨어져도 태곳적처럼 원시 사회인데 하물며 멀고 먼 산골임에랴. 무릇 사대부 집안의 법도는 벼슬길에 높이 올라 권세를 날릴 때에는 급히 산비탈에 셋집을 내어 살면서라도 처사(處士)의 본색을 잃지 말아야 한다. 그러나 만약 벼슬길이 끊어지면 빨리 서울 가까이 살면서 문화(文華)의 안목을 잃지 않도록 해야 한다. 형편이 조금만 나아지면 도시 한복판으로 들어가도록 하라.

「두 아들에게 일러 주는 가계(示二兒家誡)」

도시와 시골은 현격한 문화의 차이가 있으니 가능한 한 서울 가까이 또는 서울 한복판에서 살아야 한다고 아들들을 훈계했던 점으로 보면, 그의 열다섯 살 초봄부터 시작된 서울 출입과 서울 생활은 다산의 안목과 식견을 넓히는 데 큰 도움이 되었을 것이 분명하다. 더구나 다산의 처가가 있는 회현동, 글자 그대로 어진 이들이 모여 살던 동네이니, 소내의 시골 마을과는 이웃부터가 달랐다. 결혼 다음 날인 2월 23일에 처가 쪽의 젊은이들과 어울리면서 술을 마시고 시를 지은 기록이 있다. 장인 홍화보의 사촌 형제에는 판서를 지낸 홍수보(洪秀輔)가 있고 그 아들로 홍인호(洪仁浩, 1753~1799년)와 홍의호(洪義浩, 1758~1826년)가 있다. 홍인호는 다산보다 9세, 홍의호는 나산보나 4세 위의 육촌 처남으로 함께 어울려 지냈다. 홍인호는 그때 이미 진사과에 급제하여 이름을 날리고 있었고, 뒷날 고관대작이 되어 공서파에 가담한 홍의호도 그때는 처남 매부 사이로 가깝게 지내며 다산에게 서울 생활을 익히게 해 준 사람들이었다.

부인 홍씨는 시집올 때 다산보다 한 살 위인 16세였다. 그 무렵에 연천 현감 직을 그만둔 뒤 오랫동안 집에 있던 아버지 정재원도 다시 벼슬길에 올라 호조 좌랑(戶曹佐郞)으로 서울에 집을 세내어 살았다. 다산은 아버지의 거처와 처가를 드나들며 서울의 이모저모를 익히는 행복한 신혼 생활을 보냈다. 그때 서울에는 20대 초반의 패기만만한 젊은 선비들인 이승훈과 이벽 등이 남인계 소장 학자들로 이름을 펄펄 날리고 있었다. 더구나 세상이 바뀌고 정권이 바뀐 해였다. 여든이 넘어서까지 52년 동안이나 지루하게 집권한 영조가 세상을 떠나고 25세의 젊은 정조가 왕위에 등극하여 뭔가 변화가 예견되고, 남인에게도 볕이 들리라는 일루의 희망이 있던 때였다.

○○ 성호의 실학에 마음 기울이다

자형 이승훈, 큰형수의 친정 아우 이벽 등 남인계 선배나 동료들과 어울리던 다산도 꿈을 키우고 마음을 가다듬으면서 희망에 부풀어 있었다. 자형 이승훈의 외숙이 당대의 문사이던 이가환이었다. 자형을 통해 자연스럽게 만나게 된 이가환은 다산보다 20세 위의 대선배로 한창 장안에서 문명을 드날리고 있었다. 이가환은 일세의 대학자 성호(星湖) 이익(李瀷, 1681~1763년)의 종손(從孫)으로 어린 시절부터 종조할아버지 성호 선생의 슬하에서 학문을 익혔다. 이런 이가환을 접촉하면서 본격적으로 성호의 실학 사상에 마음의 문을 열게 된다. 서울에 올라온 다음 해인 1777년, 다산은 생애 최초로 성호의 학문이 정리된 그의 유저들을 읽었다는 기록이 있다. 16세 때의 일이다.

> 성호 이익 선생의 유고를 처음으로 보았다. 당시 온 세상의 후학들이 성호 선생의 학문을 이어 가려고 하지 않은 사람이 없었다. 그래서 다산도 성호의 학문을 준칙으로 삼았다. 자식들이나 조카들에게 항상 말하기를 "나의 미래에 대한 큰 꿈의 대부분은 성호 선생을 따라 사숙했던 데서 깨달음을 얻었다."라고 했다.
>
> 『사암선생연보』

조선의 실학사에서 다산에 앞서 실학의 학문과 사상을 제대로 체계화했던 학자는 반계(磻溪) 유형원(柳馨遠, 1622~1673년)과 성호 이익이었다. 성호는 반계 유형원의 학문을 이어받아 반계의 학문을 확대 개편한 실학의 대학자였다. 열여섯 살의 재기발랄한 시절에 성호의 학문을 접할 수 있었던 것은 대단한 충격이자 큰 자극이었다고 다산은 술회한 적이 있다. "이때 서울에는 이가환이 문학으로 일세에 이름을 떨치고 있었고, 자형인 이승훈도 역시 몸을 가다듬고 학문에 힘쓰고 있었다. 그런데 이들은 성호 이익 선생의 학문을 이어받아 진작시키고 있었다. 약용도 성호의 유저를 읽어 보고는 흔연히 학문을 해야겠다고 마음먹었다.〃(「자찬묘지명」) 이런 기술은 성호와 같은 실학자가 되기로 각오를 세웠다는 것이며 다산의 그런 각오는 변치 않아, 성호라는 큰 호수를 다산이라는 거대한 산이 둘러싸게 되었다. 성호 학문을 통째로 품에 안아 실학을 집대성한 큰 학자로 우뚝 선 사람이 정약용이었다.

이 시절에 쓰인 다산의 시는 그가 얼마나 청순한 마음의 소유자였는가를 여실히 보여 준다.

아침 햇살에 산은 맑고도 멀어	旭日山晴遠
봄바람에 강물이 일렁이네	春風水動搖
회전할 기슭 만나 맨 처음 키를 굴리나	岸廻初轉柁
여울 빨라 노 소리 들리지 않네	湍駛不鳴橈
옅게 푸른 물 위에 사촛잎 떠 있고	淺碧浮莎葉
노오란 버들가지 햇빛에 비친다	微黃着柳條
차츰차츰 서울이 가까워지니	漸看京闕近
삼각산 높고 크게 우뚝 서 있네	三角鬱岧嶢

「춘일배계부승주부한양(春日陪季父乘舟赴漢陽)」

장가가기 위해 '봄날 막내 숙부를 모시고 배를 타고 서울로 오며'라는 제목의 시 한 편이다. 맑은 봄날의 경치에 한강물은 출렁이고, 서울이 가까워지자 눈에 들어오는 삼각산이 너무 높아 겁먹은 시골 소년의 모습이 보이고 있다. 이렇게 완숙한 경지에 이른 것이 그 때 다산 시의 수준이다. "어려서는 영특했고 글을 잘 알았다."라고 했고, "커서는 학문하기를 좋아했다."라는 자신의 평가처럼, 어른이 된 다산은 서울에 올라와 그 좋아하던 학문 연구에 젊음을 바치기 시작했다.

4 아름다운 남도에서
시를 짓고 학문을 닦다

○○ 아버지를 따라 전라도 화순(和順)에 머무르다

열여섯 살의 가을이 되었다. 서울 생활이 1년 반을 넘었다. 만나볼 만한 사람도 대강 만났고, 읽어 볼 책들도 대체로 읽었다. 지난해 등극했던 정조 임금도 재위 1년째를 맞아 정치의 판도도 조금씩 변해 갔다. 호조 좌랑에서 제용감 판관으로 옮겼던 아버지 정재원에게 고을 원님의 자리가 또 제수되었다. 전라도 화순 현감으로 발령이 났다. 경기도 연천 현감을 지낸 지 10년 만의 고을살이 벼슬이다. 다산의 가족들은 아버지의 임소인 화순으로 내려갔다. 현감의 벼슬은 요즘으로는 시장이나 군수의 직책으로, 예나 지금이나 관리라면 원하는 자리다. 그러나 지금과는 다르게 그 시절은 권한이 막강했으니, 해당 고을의 입법·사법·행정의 삼권을 쥐고 있어 조그만 나라의 군주와 같은 직위였다.

다산은 『목민심서』에서 한 나라의 임금 역할과 한 고을의 수령 역할은 같다고 했다. "수령은 제후(諸候)와 같다. 만백성을 주재하니, 하루에 만기(萬機)를 처리한다. 그 정도야 약할 뿐 본질은 다름이 없어 천하 국가를 다스리는 자와 비록 크고 작음이야 다르지만 처지는 실제로 같은 것이다."(「제배(除拜)」) 이런 막중한 임무를 맡아 임지로 떠나는 아버지와 함께 전해에 결혼한 아내를 데리고 떠나게 되었다.

서울에서 아버지를 모시고 우선 고향 마을부터 찾았다. 고향의 친척, 가족들과 이별을 고하기 위해서였다. 화순으로 떠나던 때는 초겨울 10월이었다. 신관 사또의 부임 행차는 간단하지 않다. 말을 타고 가마를 탄 화려한 행렬이 이어진다. 정확한 경로는 기록에 보이지 않지만 그 무렵 다산이 지었던 시를 읽어 보면, 곧바로 화순으로 떠난 것이 아니라 경기도 광주의 소내에서 출발하여 강원도 원주(原州) 쪽으로 향하는 남한강 뱃길을 이용한 것으로 보인다. 이는 원주를 거치며 법천(法泉)에 들러 집안 아저씨 해좌(海左) 정범조(丁範祖, 1723~1801년)를 만난 기록으로 알 수 있고, 선조의 묘소와 어머니 묘소가 있는 충주의 하담(荷潭)을 찾아가 지은 시에서 확인할 수 있다.

서글퍼라 서쪽으로 돌아온 배	惆悵西歸櫂
어느새 칠 년 세월 까마득해라	微茫已七年
이제는 검은 관을 드높이 쓰고	緇冠今突爾
화려한 일산까지 펄펄 날리네	華蓋獨翩然
세월이 지난 풀 위엔 첫눈이 얹혔고	宿草纏初雪
저녁 연기는 삼나무 감싸고 있네	高楸冪暮煙

둥지에 새들이 쩩쩩거리니　　　　　　　　啁啾有棲雀

흐르는 눈물방울 어찌 거두리　　　　　　　那禁涕漣漣

「하담에 묵다(宿荷潭)」

아홉 살 어린 나이에 어머니를 여읜 뒤, 그로부터 7년이 지난 열여섯 살에 장가든 어른이 되어 양반의 갓을 높이 쓰고 묘소를 찾은 광경을 제대로 그려 냈다. 아버지도 먼 시골로 가는 행차여서 성묘를 해야 하고, 자식들도 그곳을 방문해야 할 처지여서 그곳을 경유지로 삼았던 모양이다. 신관 사또로 부임하는 행차이니 화려한 일산은 당연한 치장이다. 둥지에 깃든 새들의 쩩쩩거리는 울음소리를 듣고, 어머니 품 안에 안기지 못하는 서러움에 젖어 그리운 사모(思母)의 정에 눈물 흘리는 다산의 애틋한 마음이 따사롭다.

어머니 묘소를 성묘하고 충주에서 청주를 거쳐 공주에 이른다. 거기서 전주와 담양을 거쳐 목적지 화순에 도착한다. 비록 결혼한 성인이지만 아직 열여섯 살에 이른 소년 정약용이다. 그러나 그는 이미 성호 이익의 유고까지 읽어 학문의 방향과 기초를 다졌다. 마음껏 공부를 하려고 가족들과 함께 화순에 왔다. 특히 다산은 언제나 형제지기(兄弟知己)였던 둘째 형 정약전과 동행한 것이 즐거웠으니 함께 학문을 토론하고 과거 공부에도 마음을 기울이게 된 것이 매우 흡족한 일이었다. 신관 사또의 자제로 글 잘하고 시 잘 짓던 소장 문사는 아름다운 남도의 경관에 마음을 기울이며 그곳의 선비들과도 어울리고 명승지도 관람하는 한편 학문 연구, 시 짓고 글 쓰는 일에도 전혀 게으름 피우지 않았다.

쓸쓸하고 고요한 대숲의 집에	蕭寥竹裏館
시골 사람 찾아오니 너무나 기뻐	頗喜野人來
쾌활한 선비 이제야 만났으니	快士如今見
이제부터 관가 문 열어 두련다	官門自此開
진지하게 육경(六經)을 토론하면서	淋漓譚六籍
때때로 석 잔 술 기울인다오	牢落倒三杯
기쁘게 망년우(忘年友)를 맺고	好結忘年契
더욱 넓게 흉금 털고 지내리라	襟期賴漸恢

「금소당에서 조익현 진사와 함께(琴嘯堂同曺進士)」

금소당은 화순현 동헌(東軒) 본체에 딸린 자제들의 처소라고 설명되어 있다. 그때 화순에는 글 잘하고 호걸스러운 진사 조익현(曺翊鉉)이라는 선비가 있었다. 진사과에 장원하여 이름을 날린 인물인데, 연령이야 다산이 훨씬 아래였지만 서로 만나 흉금을 털어놓고 시와 글을 토론하면서 두 사람은 나이를 잊은 친구 사이가 되었다. 함께 무등산에도 오르고 명승지도 구경하면서 즐겁게 지낸 그들은 먼 훗날에도 인연을 끊지 않고 편지를 주고받으며 우정을 잊지 않았다. 먼저 세상을 떠난 조 진사의 일대기를 다산은 「조태서묘표(曺台瑞墓表)」를 써 남기기도 하였다. 조익현의 자는 태서(台瑞)였고 호는 만계(蔓溪)였는데 1737년에 태어나 1800년에 세상을 떠났으니 64세를 일기로 생을 마친 것으로 되어 있다.

○○ 경서 주석을 고치기 시작하다

다산 10대의 화순 생활에서 가장 뜻깊었던 일은 화순읍에서 북쪽으로 5리쯤 떨어져 있는 사찰 동림사(東林寺)에서 둘째 형과 함께 독서하던 일이었다. 화순으로 내려온 이듬해의 겨울이라 했으니 다산의 나이 열일곱, 정약전의 나이 스물하나의 젊고 젊은 시절이었다. 그때 다산은 『맹자(孟子)』를 읽고 형은 『서경(書經)』을 읽으며 40일 동안 학문에 몰두하였다.

서석산 남쪽에 절도 많은데	瑞陽多修院
그중에 동림사가 가장 그윽하고 아담해	東林特幽爽
산골짜기 이 흥취 사랑스러워	愛此林壑趣
잠시나마 조석 문안 멈춰 두었네	暫辭晨昏養
좌우 둘러보니 세상 번뇌 사라지고	顧眄散塵煩
절문에 들자 맑은 생각 일어나네	入門發淸想
젊은 시절 재주만 믿고 있다간	英年恃才氣
나이 들면 대부분 멍청이 된다네	及老多鹵莽
이를 경계해 느리거나 소홀히 말자꾸나	戒之勿虛徐
가는 세월 참으로 허무하다네	逝景眞一妄

「독서동림사(讀書東林寺)」

사또 자제로 한가한 놀이나 즐기다가 세월 허송하는 것을 경계해 아버지 봉양하는 일을 잠시 멈추고 산속 절간으로 들어와 열심히 독서하던 시절의 이야기를 시로 읊었다. 다산은 산문인 「동림사독서기(東林寺讀書記)」를 지어 40일간의 독서 생활을 자세히 설명하기도 했다. 그 내용은 시와 큰 차이가 없다. 17세 소년의 시나 문장으로서는 매우 격조가 높다. 40년이 훨씬 지난 1822년 다산이 회갑을 맞은 해에는 형님 정약전의 일대기를 「선중씨묘지명(先仲氏墓誌銘)」으로 기술했다. 그 글에 동림사 독서 시절을 회상한 내용이 있다.

옛날 무술년(1778년) 겨울 아버지께서 화순 현감으로 계셨는데, 나와 둘째 형은 동림사에서 독서를 했다. 40일 동안 나는 『맹자』 한 질을 모두 읽었다. 미묘한 말과 뜻에 허락해 주심이 많기도 했다. 얼음물로 세수를 하고 이를 닦으며 눈 내리는 밤에 잠을 이루지 못하고 토론을 계속했는데 요순시대의 이상 사회를 이룩하는 데 대한 이야기들이었다.

꿈 많은 두 형제가 산사의 깊은 밤에 잠을 이루지 못하고 이상 사회 건설에 대해 끝없이 토론을 벌이던 모습이 생생하게 떠오르는 대목이다. 뒷날 탁월한 경학자로 경서 연구에 힘을 기울여 독창적인 경학 이론을 피력하며 230여 권이 넘는 방대한 연구서를 저술한 다산은 10대이던 그때 탁견을 내놓았음을 알 수 있다. "미묘한 말과 뜻에 허락해 주심이 많기도 했다."라는 부분에 특히 주목해야 한다. 다산은 『맹자』의 「양혜왕 하(梁惠王下)」편 제4장을 해석하면서 조기(趙岐)의 구주(舊註)나 주자(朱子)의 신주(新註) 모두에 동의하지 않고 새로운 해석을 내렸다. 자신의 창안에 대해 형에게 의견을 물었더니 정약전은 동생 다산의 탁견에 즉시 동의하면서 무릎을 치며 칭찬해 마지 않았다는 것이다. 다산의 『맹자』에 대한 경학 연구서 『맹자요의(孟子要義)』라는 책에 그때의 견해대로 새로운 주석을 달면서 함께 기술해 놓은 내용이다. 창의적인 관점으로 육경사서(六經四書)를 통째로 다시 해석하여 '다산 경학(茶山經學)'을 이룩한 발단의 한 대목을 여기서 발견하게 된다. 얼마나 조숙했던 학자의 모습인가.

어려운 경학이지만 「양혜왕 하」편 제4장의 의미를 간단히 살펴보자. 맹자와 제(齊)나라 선왕(宣王)이 설궁(雪宮)에서 만나 나눈 대화의 기록인데, 선왕이 맹자에게 관광이나 수렵의 재미를 임금이 즐겨도 되느냐고 묻자, 그런 재미를 일반 백성과 더불어 즐긴다면 탓할 일이 아니라고 답변해 주었다. 그러면서 맹자는 예전 제나라 경공(景公)과 안자(晏子)의 대화를 언급했다. 경공이 안자에게 임금의 관광에 대해 묻자 안자는 옛날 하(夏)나라 때의 속담을 인용하여 답했다. 그 속담의 내용이 어디부터 어디까지인가에 따라 논점이 달라졌는데 다산이 이 부분을 새로이 본 것이다. 조기나 주자는 앞부분만 속담으로 여겼으나 그렇게 해석해서는 앞뒤의 논리가 맞지 않으며 의미 자체가 판연히 달라져 버린다는 것이 다산의 견해였다. 다산은 앞부분과 뒷부분 모두를 속담으로 보아야 모순도 없고 논리가 정연한 글이 된다고 여겼다. 『안자춘추(晏子春秋)』·『관자(管子)』 등의 기록을 고증하고 증명하여 새로운 학설로 확정해 놓았다. 얼마나 좋았으면 큰 학자 정약전이 무릎을 치면서 찬성했겠는가.

동림사 독서기비

현재 전라남도 화순군 화순읍의 북쪽으로 5리 지점에 만연사(萬淵寺)라는 절이 있고 그 동쪽 곁에 동림사가 있는데, 만연사는 그런 대로 현재에도 있으나 동림사는 폐사가 된 지 오래다. 터만 남아 있으니 다산의 흔적을 찾을 단서도 없다. 까맣게 잊힌 채, 세월만 흐르고 말았다. 나의 친구 중에 화순 출신으로 광주에 거주하는 강동원(姜東元)이라는 분이 있다. 어느 날 다산과 동림사에 얽힌 이야기를 듣더니, "세상을 경륜할 다산의 꿈이 싹튼 곳이 동림사인데, 비록 절은 없어졌지만 기념이 될 흔적이라도 남겨야 한다."라고 하면서 기념비를 세우겠다고 제안하였다. 그분이 거금을 희사해서 동림사 터 입구에 '다산 정약용 선생 동림사 독서기비'라는 커다란 비를 세웠다. 다산이 직접 지은 「동림사독서기」의 원문을 비면에 새기고, 그 번역문과 간단한 해설을 함께 새겼다. 번역과 해설은 내가 도움을 주었다. 그리하여 이제 동림사 터에는 훌륭한 기념비가 서 있다. 아마 다산이 머물렀던 곳으로 다산초당을 제외하고는 최초로 세워진 기념물이다. 강동원 씨의 선현 숭모 정신에 감사의 뜻을 전하고 싶다.

○○ 학승 연담 유일과 만나다

화순에서 지낼 때의 이야깃거리는 매우 많다. 몇 가지만 더 기록하련다. 동림사 독서 시절에 곁의 사찰인 만연사에 머물던 당대의 학승이자 선승 연담(蓮潭) 유일(有一, 1720~1799년) 대사를 만난 일이다. 다산은 뒷날 강진에서 유배 살며 많은 승려들과 어울려 차를 마시고 시를 짓고 불경과 유교 경전을 토론했는데, 그중에서도 가장 절친했던 스님은 아암(兒菴) 혜장(惠藏, 1772~1811년)이었다. 그런데 나중에 알고 보니 유일 스님은 바로 혜장 스님의 스승이었다. 그런 우연한 인연이 또 어디에 있겠는가. 유일 스님은 본디 화순 출신으로 여러 곳에서 도를 닦고 제자들에게 강설했는데 본사(本寺)는 해남의 대흥사(大興寺)였다. 그 무렵 모처럼 고향에 찾아와 있을 때 다산과의 상면이 이뤄진 것이다. 다산은 훌륭한 도승의 높은 덕에 감복했다. 33년 동안 산문(山門) 밖을 나오지 않고 불도만 닦았다는 그의 탁월한 법력(法歷)에 놀라 큰 학승과의 만남을 매우 기쁘게 여기고 시 한 편을 증정했다. 다산은 유일 스님을 초야에 묻힌 영웅호걸로 여기면서,

물아(物我)를 벗어나면 천도를 얻지　　　　　物淨斯得天
유가(儒家) 묵가(墨家) 다툴 게 뭐가 있나　　　儒墨何須爭
　　　　　　　　　「유일 스님께 바침(贈有一上人)」

라고 읊었다. 그러고는 「지리산승가(智異山僧歌)」라는 장문의 고시 한 편을 유일 스님께 보여 주기도 했다. 33년 동안 산문 밖을 한 번도 나오지 않고 도만 닦았던 연담 유일의 수도 생활에 높은 찬사를 담은 내용이었다.

서른세 해에 산을 내려오지 않았으니　　　　三十三年不下山
세상 사람 그 누가 그 얼굴 기억하리　　　　世人那得識容顔

106

피고 지는 꽃잎일랑 전혀 보지 않고	花開花落了不省
가고 오는 구름처럼 한가롭기만	雲來雲去只同閑

「지리산승가를 지어 유일에게 보이다(智異山僧歌示有一)」

　그때 스님은 59세, 다산은 겨우 17세였다. 큰 스님을 뵙고 주고받은 대화가 많았는데, 하필이면 다산이 강진으로 귀양살이 왔을 때는 2~3년 전에 스님은 대흥사에서 입적하고 세상에 있지 않았다. 뒷날 가까이 사귀었던 혜장 선사를 통해 유일 스님에 대한 자세한 이야기를 들었다. 혜장은 어떤 노승들이 설법을 해도 귀담아듣지 않았지만, 유일 스님의 설법만은 열심히 귀를 기울였다고 했다. 그러니 그때 유일 스님을 알아본 다산이나, 뒷날 유일 스님의 높은 불법을 알아본 혜장의 안목이 일치했다고 말할 수 있다. 그래서 그들은 더욱 가깝게 지내며 그 많은 시를 짓고 술과 차를 마시며 불경과 유교에 대한 대화를 나눌 수 있었으리라.

○○ 남도의 풍광을 시로 읊고 글로 쓰다

소태동 골짜기 어귀 작은 시내 흐르니	蘇台谷口小溪長
희디흰 은어 떼들 두세 치가 넘는구나	白白銀魚數寸强
삼태기 통발 종다래끼 그물 쳐서	雜取簣翼與筓箸
아전들과 어부 되어 잡아 봐도 좋겠네	好教椽吏作漁郎

「봄날 오성에서 지은 잡시(春日烏城雜詩)」

오성(烏城)은 화순의 옛날 이름이다. 17세 소년의 눈에 비친 그 시절 화순의 풍광을 7수의 시로 읊었다. 그중의 하나가 소태동 이야기다. 소태동은 화순군과 광주광역시의 경계를 이루는 곳으로 현재 행정 구역상 광주광역시에 속한다. 지금도 소태동이라 부른다. 그 골짜기를 흐르는 시내에 두세 치 만한 은어가 뛰논다고 읊었다. 지금은 상상도 할 수 없는 일이니, 은어가 뛰놀던 그때를 그리워하지 않을 수 없다.

다산은 또 친구들과 어울려서 화순의 이웃 고을 동복현(同福縣)의 명승지를 찾는다. 세상에 이름난 적벽강(赤壁江)의 적벽과 물렴정(勿染亭)이라는 아름다운 정자를 관람했다.

가을 모래 위 오솔길이 또렷이 나 있는데	歷歷秋沙細逕分
동구 밖엔 푸르스름히 구름이 피어날 듯	洞門靑翠欲生雲
강물은 새벽이 잠겨 연지 빛인데	溪潭曉浸臙脂色
비 갠 돌벼랑엔 비단 무늬 흔들린다	石壁晴搖錦繡文
원님의 한가한 놀이에 누가 흥취 느끼랴	刺史燕游誰得趣
시골 사람 무리 지어 밭 갈고 낚시하네	野人耕釣自成群
특별히 사랑스러운 산수가 외진 곳에 있어	獨憐山水安孤僻
명성이 퍼져 세상에 알려지지 않았네	不放名聲與世聞

「적벽 물렴정에 노닐다(遊赤壁亭子)」

붉은 병풍바위가 '적벽'이고 그 아래 흐르는 강이 적벽강이다. 아름다운 적벽강 상류에 조선 시대의 선비 송정순(宋庭筍, 1521~1584년)

이 물렴정을 지었다. 다산은 물렴정에서 노닐던 기억으로 기행문도 지었는데, 그 글 역시 문장 솜씨를 자랑하는 아름다운 글이다. 다산의 글솜씨는 그때부터 완숙하게 농익어 갔다.

최근에 국립 공원으로 승격된 광주의 주산이자 진산(鎭山)은 무등산이다. 그 시절에는 서석산(瑞石山)이라고 불렀다. 다산은 무등산에 올라 시도 짓고 기행문도 썼다. 무등산의 동쪽은 동복, 남쪽은 화순, 서남쪽이 광주이다. 시가 더욱 좋다.

무등산은 모두가 우러러보는 곳	瑞石衆所仰
산꼭대기 험준한 곳엔 해묵은 눈이 있다	厜㕒有古雪
태곳적의 모습을 고치지 않아	不改渾沌形
본모습으로 쌓여 있어 의연하구나	眞積致峻巘
여러 산들 모두 섬세하고 정교하여	諸山騁纖巧
깎고 새긴 듯 뼈마디 드러났네	刻削露骨節
오르려 할 때는 길도 없어 멀고 멀더니	將登邈無階
멀리 걸어오니 낮게 느껴지네	及遠知卑列
모난 행실 쉽게 노출되지만	僻行嚮易顯
지극한 덕 덮이어 분별하기 어렵네	至德闇難別

「무등산에 올라(登瑞石山)」

기기묘묘한 산들이야 많아서 겉모습은 멋지게 보이지만, 따지고 보면 큰 느낌을 지니기 어려운데, 무등산은 너무 지극한 덕을 지닌 산이기에, 쉽게 분별해 산의 비중을 설명하기 어렵다는 것을 발견한 다산의 지혜가 훌륭하다. '무등(無等)'이라는 산의 이름 자체가 그렇다. 너무 높은 경지의 산이라서 어떻게 등급을 매길 수 없으며 함부로 표현할 수 없다는 뜻의 이름인데, 젊은 다산의 안목에도 그렇게 보인 점이 바로 무등산이 지닌 후덕함이리라.

광주를 포함해 7개 군(광주·화순·동복·창평·담양·능주·남평)에 걸쳐 있는 무등산, 그 산은 의기(義氣)로 뭉쳐 있는 산이기도 하다.

> 우뚝한 모습은 마치 거인(巨人)과 위사(衛士)가 말하지도 웃지도 않고 조정에 앉아 비록 움직이는 자취는 볼 수 없으나 그의 공화(功化)는 사물에 널리 미치는 것과 같다.
>
> 「무등산에서 노닐다(遊瑞石山記)」

윗글에서 보이는 것과 같이 말 없는 무등산은 얼마나 훌륭한 역사를 태동시켰던가. 지역 이름보다도 사회 과학적 의미를 지닌 광주, 민중 주체의 역사 발전을 위해 얼마나 큰 희생을 치렀으며 수난과 고난의 아픔을 안아야 했던가. 동학 혁명이 그랬고 광주 학생 항일 운동이 그랬고 5·18 민주화 운동이 그랬지 않은가. 무등산이 낳은 역사의 큰 아들 때문에 민주주의의 가치가 살아나지 않았는가. 무등산의 공화로 역사는 바른 방향으로 흐르게 된다는 뛰어난 다산의 관찰력 같은 것을 어렴풋이 느끼게 해 준다.

아버지의 화순 임기가 끝나 경상도 예천 군수로 발령이 나자, 다산 형제들의 화순 생활은 끝이 났다. 다산은 16~17세의 세월을 꼬박 화순에서 보내고 광주를 거쳐 고향으로 향했다. 과거 공부에 힘을 기울이려는 뜻도 있었다. 광주를 지나면서 그냥 땅만 밟고 가지 않았다. 광주 시청의 청사 건물 자리에 있던(지금은 그 시청 청사도 옮겼다.) 경양지(景陽池, 경양 방죽)를 구경하며 시를 지었다. 그 크고 넓은 저수지 덕택에 광주의 들판에 물을 보급해 농사를 차질 없이 지었다는 내용이 재미있다. 경양 방죽의 시만이 아니라 광주 출신 인물에 대한 시도 있다.

광주를 지날 때마다	每過光山府
오래도록 생각케 하는 정충신(鄭忠信) 장군	長懷鄭錦南
신분이야 구종직(丘從直)처럼 미천했으나	地如從直劣
재주는 이순신과도 견줄 만했네	才比舜臣堪
웅장한 무등산이여	雄哉瑞石鎭
정기 모아 기특한 사나이 탄생시켰네	亭毒出奇男

「또다시 광주를 지나며(重過光州)」

세종 대왕 때 낮은 신분 출신으로 무과에 올라 공조 판서, 좌찬성이라는 고관대작에 올랐던 당대의 위인(偉人) 구종직처럼 낮은 신분 출신의 정충신 장군. 그는 뛰어난 지략으로 행주산성 싸움에서 권율 장군을 도왔고, 무과에 급제한 뒤 인조 때에는 이괄(李适)의 난(1624년)에 혁혁한 전공을 세워 일등 공신에 오르고 금남군(錦南君)에 군봉되었으며, 죽은 뒤에는 충무공(忠武公)이라는 시호를 하사받은 광주 출신의 위인이었다. 그는 광주목의 통인(通引)이라는 낮은 신분이었으나 무등산의 정기를 받아 그런 훌륭한 인물이 되었다는 것이 이

시의 내용이다. 오늘날 광주를 관통하는 '금남로'가 그의 군봉인 금남군에서 나온 이름이라는 사실은 다산의 높은 안목을 다시금 확인해 준다.

○○ 진주 남강에서 배를 띄워 논개를 기리다

1780년은 다산의 아버지 정재원이 화순 현감으로 근무한 지 3년째 되는 해이다. 임기가 끝나기 얼마 전 다산은 아내를 대동하고 화순에서 멀지 않은 경남의 진주(晉州)를 찾는다. 그때 다산의 장인 홍화보가 경상우도 병마절도사로서 진주 병영에서 근무하고 있었기에 근친(覲親)의 예(禮)로 방문하게 되었다. 서울에서야 진주는 천 리 길이지만 화순에서는 가깝다. 푸른 물 남강이 흐르고 헌걸찬 촉석루가 우람하게 서 있는 유서 깊은 도시인 진주에 화순에서 동복, 동복에서 광양(光陽), 거기서 하동(河東)의 두치진(豆厄津)을 거쳐 이른다. 진주는 임진왜란 때 군·관·민이 진주성을 지키다 성이 무너지면서 장렬하게 산화한 역사를 안고 있는 의로운 고장이다. 김천일·최경회·고종후 등 세 장수가 조국을 위해 초개처럼 목숨을 던진 곳이면서, 의로운 여인 논개(論介)가 왜장을 껴안고 남강에 투신했던, 강낭콩보다 더 푸르고 진한 의혼과 '의암(義巖)'이 있는 곳이다.

홍화보는 새로 병마절도사에 부임하여 퇴락한 논개의 사당인 '의기사(義妓祠)'를 중수(重修)하고, 글 잘하는 사위 다산에게 기(記)를 짓게 했다. 다산은 유려한 문장으로 「진주의기사기(晉州義妓祠記)」를 지었으니, 자신의 시문 실력을 마음껏 자랑할 수 있는 기회였다. 지금 도 의기사에는 그 기가 걸려 있다.

임진왜란이 일어나 왜병들이 진주성을 침략했을 때 '의랑(義娘)'이라는 기생이 있었으니, 왜놈의 대장에게 끌려서 강 한가운데 바위 위에서 마주 잡고 춤을 추었다. 춤이 한창 어우러지자 왜장을 껴안고 강물에 투신하여 죽었다. 이곳이 바로 그의 사당이다. 아아! 얼마나 열렬하고 어진 부인이냐.

이어 한 사람의 왜장을 섬멸함으로써 촉석루 세 장수의 치욕을 다 씻을 수야 없겠지만, 그 일이라도 없었다면 어찌 분을 삭일 수 있 겠느냐는 대목에서, 논개의 장함이 살아난다. 뒷날 다산은 『목민심서』「병전(兵典)」'어구(禦寇)'에도 세 장수가 읊었던 "물결이 마르지 않으니 혼도 죽지 않으리(波不渴兮魂不死)"라는 시구를 인용하여, 세 장수와 논개의 불멸의 의혼을 다시 한 번 칭송했다. 다산은 장인의 배려로 배 위에서 선유를 즐기기도 하고 아름다운 강산을 구경했다. 특히 의기사 중수를 마친 낙성식 잔치에서 기생들의 검무를 구경하면서 지은 장편의 7언 고시 「진주 기생의 칼춤(舞劍篇贈美人)」은 그의 빛나는 걸작 중의 하나였다.

너 이제 젊은 나이로 기예 절묘하니	汝今靑年技絶妙
옛날 일컫던 여중 호걸 이제야 보았노라	古稱女俠今乃覩
몇 사람이나 너 때문에 애간장 녹였을까	幾人由汝枉斷腸

미칠 것 같은 분위기 벌써 장막 안에 차누나　　已道狂風吹幕府

칼춤 추는 기생의 아름다운 몸매와 동작까지를 그림처럼 그렸다. 이때 벌써 그의 시재(詩才)는 한껏 최고의 수준에 올랐다는 전문가들의 평이 있다.

느린 박자에 따라 사뿐사뿐 종종걸음　　　纖纖細步應疏節

처연히 가다가는 기쁜 듯 돌아오네　　　　去如怊悵來如喜

나는 선녀처럼 살짝 내려앉으니　　　　　翩然下坐若飛仙

발밑에선 번쩍번쩍 가을 연꽃 피어난다　　脚底閃閃生秋蓮

한시의 멋진 표현을 달리 번역할 방법도 없게 아름다운 묘사들이 문학적 긴장을 고조시키니 대단한 작품임이 분명하다. 다산의 시를 전공한 송재소는 "젊을 때부터 사물을 보는 눈이 정확하고 날카로웠음을 알 수 있다."(『다산 시 연구』)라면서 이 시를 예로 들었다. 사물의 현상과 물태를 그림처럼 묘사하는 기법이 완숙한 수준이었다. 지금도 진주의 의기사에는 다산의 「진주의기사기」가 현판에 새겨져 걸려 있으며, 진주의 칼춤은 중요 무형 문화재로 전수되고 있으니 다산의 예술적 감각이 높았음을 알려 주는 또 하나의 예다.

진주를 다녀온 뒤 다산은 아버지의 명으로 서울로 올라와 과거 공부에 힘쓴다. 1780년 다산 19세, 그해 봄에 아버지는 화순 현감에서 경상도 예천 군수로 옮겼다. 서울에 있던 다산은 다시 예천으로 내려와 아버지를 봉양하면서 '반학정(伴鶴亭)'이라는 정자에서 공부하

며 글을 지었다. 그해가 가기 전에 아버지는 암행어사의 탄핵으로 벼
슬을 그만두고 고향으로 돌아왔다. 아버지 일행보다 먼저 고향으로
오면서 다산은 아내와 함께 또 충주 하담의 선산에 성묘를 한다.

남쪽 고을 아름다운 산천 즐겼더니　　　　　　南郡山川美

동쪽의 산소에는 계절이 바뀌었네　　　　　　東阡歲月移

예고 없이 새 며느리 데리고 오니　　　　　　却將新婦至

마을 사람조차 슬퍼하였네　　　　　　　　　空慈里人悲

……

흩날리는 눈송이 옷을 적시니　　　　　　　飛飛點衣雪

어머니 돌아가신 그해 같아 슬퍼만지네　　　悽愴似庚寅

「하담에 도착하여(到荷潭)」

어린 시절에 어머니를 여윈 다산, 기회만 있으면 산소를 찾은 효
심이 따뜻하다. 고향으로 돌아온 1781년 20세의 다산은 고향과 서울
에서 과거 공부에 힘쓰며 지냈다. 이때는 아버지가 벼슬을 그만두고
고향에 거처했기에 다산은 고향에도 자주 들러야 했다.

5 자신의 의지와 학문의 방향을 밝히다

1782년은 다산의 나이 21세, 이해 봄인 2월에 처음으로 서울에 집을 장만했다. 시골 청년이 서울집을 마련했으니 이제 서울 사람이 됐다. 다산의 설명에 따르면, 선혜창(宣惠倉)이 숭례문(남대문) 안에 있으므로 그곳을 창동(倉洞)이라 불렀고, 그곳에 우물 두 개가 나란히 있어 형제샘(兄弟泉)이라 불렀다. 집은 남쪽에 있고 사립문은 북쪽으로 향해 있었다. 그곳에 살게 되면서 집의 이름을 '체천정사(棣泉精舍)'라고 부르기도 했다. '체(棣)'라는 글자가 형과 아우를 상징하므로 그렇게 붙였을 것이다. 다산은 10대 말에 호남·영남의 강산을 유람하였고 충청도도 오가며 여러 곳을 들렀다. 그렇다면 삼남과 고향인 경기도, 집이 있는 서울을 합해 북 3도를 제외하고는 대부분의 국토를 살펴보았다. 이제 나이도 소년기를 넘긴 20대 초반, 서울에 집까지 마련하여 삶의 방식에 변화가 요구되던 때였다. 그래서 새로운 마음과 자세로 출발하는 자신의 입장을 발표하기로 마음먹었다. 때는 2월, 온갖 꽃이 만발하던 때였다.

一

소년 시절 서울에서 노닐 때	弱歲游王京
교제하는 수준이 낮지 않았네	結交不自卑
속기 벗은 운치가 있기만 하면	但有拔俗韻
충분히 속마음을 통했네	斯足通心期
힘껏 공자 맹자의 학문으로 돌아와	戮力返洙泗
두 번 다시 시속에 맞음 묻지 않았네	不復問時宜
예의는 잠시나마 새로워졌으나	禮義雖暫新
탓 듣고 후회할 일 이로부터 나왔네	尤悔亦由玆
지닌 뜻 확고하지 않다면	秉志不堅確
가는 이 길 그 어찌 순탄하리오	此路寧坦夷
중도에 가는 길 바뀌어 버려	常恐中途改
길이 뭇사람의 비웃음 받을까 걱정이네	永爲衆所嗤

二

슬프다 우리나라 사람들	嗟哉我邦人
주머니 속에 갇혀 사는 듯	辟如處囊中
삼면은 바다로 에워싸였고	三方繞圓海
북방은 높고 큰 산이 굽이쳐 있네	北方繚高崧
사지 삭신 언제나 움츠려서	四體常拳曲
기상과 큰 뜻 어떻게 채워 보리	氣志何由充

성현(공자와 맹자)은 만 리 밖에 있는데   聖賢在萬里

누가 이 용맹함 열어 줄까   誰能豁此蒙

머리 늘어 인간 세상 바라보아도   舉頭望人間

보이는 사람 없고 정신은 흐리멍텅   見鮮情瞳曨

남의 것 모방하기 급급해   汲汲爲慕倣

정밀하게 숙달함을 가릴 겨를 없구나   未暇揀精工

뭇 바보들 바보 같은 한 사람 받들면서   衆愚捧一癡

왁자지껄 모두 함께 받들게 하네   嗒嗒令共崇

순박한 옛 풍속을 지녔던   未若檀君世

단군 세상만도 못한 것 같네   質朴有古風

「술지(述志)」

　　자신의 입장 표명이자 앞으로의 학문 방향에 대한 대선언이다.
한편으로는 기존의 사회 현상과 학문 경향을 깡그리 무시하면서 자
만심에 빠져 있는 것으로 보이는 것도 사실이다. 두 수로 된 긴 시는
한 줄 한 줄 정확히 음미할 필요가 있다. 이 시는 75년 평생을 살면
서 일생 동안 끌고 갔던 삶의 의지를 담고 있고, 당시의 사회 풍토와
학문 경향에 대해 단호한 거부를 선언하는 일대의 성명서이기도 하
다. 성호 학파의 좌파(좌파·우파의 분리는 이우성 교수의 학설)에 속하는 진
보주의자 다산의 모습과 그의 사상 경향이 고스란히 드러난다. 일생
을 어떻게 살아가고 어떤 방향으로 학문의 물줄기를 돌려야 하는가
를 명확하게 표현하고 있다.
　　먼저 이가환·이벽·이승훈·권철신(權哲身) 등 당대의 진보적 인사

들과 서울에서 교제하면서 속마음을 털어놓고 어울려 지냈다는 이야기부터 시작한다. 당파나 따지고 주자학에 얽매이고 가문이나 신분을 말하는 세속의 사람과는 어울릴 수 없다는 마음을 표명하였다. 그의 평생에 걸친 경학 연구는 주자학에서 벗어나려는 노력인데, 그런 의지가 벌써 이 시절의 마음속에 자리 잡았음을 보여 준다.

○○ 학풍(學風)은 살기(殺機)였네

다산은 예견했다. 주자학에서 벗어나 새로운 경학 체계로 학문의 방향을 잡고 실질적인 학문인 실학으로 학풍을 일으켜 정립하면 후회할 일이 생길 것이라는 것을. 그러나 절대로 중도에 바꾸지 않고 끝까지 가겠다는 약속을 든든하게 천명하였다. 주자학을 공자처럼 받들던 노론 주도의 세상에서 새로운 학풍을 일으켜 온전하리라는 생각이 정답이 아님은 분명했다. 그래서 위당(爲堂) 정인보(鄭寅普, 1893~1950년)는 "학풍(學風)은 살기(殺機)"였노라고 다산 앞에 상징적인 말을 내렸다. 기존의 학문 논리에 반대하는 경향만으로도 큰 모험일수 있었는데 뒤이어 '서설(西說)'이라는 천주학까지 보태지면서 죽음의 위험에 빠질 수밖에 없지 않았을까 하고 생각된다.

두 번째 시는 더욱 가혹한 표현이다. 주머니 속에 갇힌 듯 무지몽매한 조선 사람들이 기상과 뜻을 펴지 못하고 움츠린 모습이 너무나 불쌍했다. 진짜 성현인 공자나 맹자는 저 먼 만 리 밖에 있는데, 보통 수준의 시시한 학자를 최고라고 존경하고 받들면서 패거리 학파나 만들어 당파로 갈려 싸움질이나 하는 꼴들이 너무나 미웠다. 그저 중국 문물만 턱없이 숭상하면서 자신의 주체성을 상실한 채 살아가는 모습도 처량했다. 순박했던 단군 시대의 미풍양속도 모두 사라져 야박하기 그지없는 세상에 바보 같은 스승 하나 종주로 모시고 떠드는 세인들의 모습을 불쌍하게 여기는 심정을 그대로 표현했다.

다산은 위의 시에서 조선 사회가 안고 있는 병폐와 학계에 노출된 폐단을 정확하게 파악했다. 그 문제들을 그대로 두어서는 안 된다는 강한 개혁 의지가 시에 분명히 드러나 있다. 고치고 바꾸자던 그의 평생 목표가 이미 그때 확실하게 세워졌음을 말해 준다. 고치고 바꾸기 위해서는 알아야 하고 힘이 있어야 한다. 그래서 다산은 열심히 공부하고 연구하면서 광범위한 독서도 게을리하지 않았다. 높은 지위에 오르고 높은 수준의 학문에 이르러야 자신의 야망인 개혁 임무를 실행할 수 있다고 믿었기 때문에 과거 공부에 매달리는 한편 고관대작들과 사귀는 일도 소홀히 하지 않았다. 그래서 한때는 형제들이나 친한 친구들에게서 출세욕에 너무 빠졌다는 비난도 받아야 했다.

다산은 자신의 출세욕에 대한 비난의 정황을 「사헌부지평윤무구묘지명(司憲府持平尹无咎墓誌銘)」이라는 글에 다음과 같이 기록했다. "정약전이 전에 말하기를 '너(다산)는 모 판서, 모 참판과 가까이 지내지만, 나는 술꾼 몇 사람과 구애됨 없이 큰소리치고 이렇게 살아간다. 그렇지만 바람이 일어나고 물이 치솟으면 어느 쪽이 서로를 배신해 버릴지는 알 수 없다.'라고 했다. 신유년에 화란이 일어나자 정약전과 함께 술 마시던 무리들은 서로 돌보고 보살피기를 평상시처럼 했다. 그런데 지위 높고 훌륭했던 여러 대부들은 바로 곧장 연명(聯

名) 상소를 올려 나를 공격해 댔다." 그러나 다산의 출세욕은 단지 출세만을 위한 것이 아니었으며, 세상을 개혁하고 싶은 간절한 욕구가 있었기 때문에 다산은 높은 지위에 오르는 데 게으름을 피울 수가 없었다.

진보 노선을 따르고 변혁의 방향을 설정하고자 하는 세속적인 요구와는 다른 한 단계 높은 것에 대한 추구는 다른 새로운 논리에도 마음을 기울이게 만들었다. 낯선 것을 알아내고, 색다른 것을 얻어 내려는 욕구의 강렬함으로부터 다산은 서교에 깊이 빠지는 때도 있었다.

○○ 진사과에 합격하고 정조와 처음 만나다

1783년 2월, 다산은 22세로 마침내 출세의 첫 단계인 진사과에 합격한다. 욕구가 충족되기에는 턱없이 부족한 지위이지만 진사과 합격은 그래도 명예가 대단하다. 옛날부터 전해지는 말이 있다. 시골 백성으로 양반 행세를 하려면 세 가지를 갖춰야 하는데 첫째는 진사 합격증(백패) 하나, 둘째는 벼 100석의 수확, 셋째는 아들 둘 딸 하나의 자녀를 두어야 한다는 것이다. 소과(小科)인 진사과는 문과인 대과(大科)와는 달라서 합격한다고 벼슬이 주어지는 것도 아니었으니 어찌 보면 명예직일 뿐이나 그것은 가문의 큰 영광이자 출셋길이 열리는 단초였다. 명예, 재산, 후손의 세 가지가 양반의 조건이니 진사야말로 얼마나 명예로운 자격증인가.

젊은 나이에 높은 성적으로 진사과에 합격한 다산은 합격자를 위한 사은 잔치에서 정조 대왕을 알현했다. 학자 군주 정조는 합격자들의 답안지를 모두 읽어 보고 마음에 쏙 드는 다산의 답안지를 기억했다가, 합격자를 대면하는 자리에서 다산의 차례가 오자, "고개를 들라. 나이가 몇 살인가?"라고 질문해서 앞으로 크게 등용할 신하 한 사람을 점지하는 모습을 보였다. 『사암선생연보』에는 그런 영광스러운 광경을 성군과 현신의 대면을 일컫는 "풍운지회(風雲之會)"라는 말로 표현하였다. 이제부터는 성균관에 입학하여 궁중의 도서도 열람할 기회가 생기고 전국에서 모여든 성균관 생도들과 교제하면서 마음껏 시를 짓고 글재주를 자랑할 수 있게 되었다.

그 무렵 다산은 많은 시를 지었다. 진사과 합격 소식을 듣고 지은 시, 임금을 알현하고 지은 시 들이 전해진다. 기쁨과 자랑스러움을 숨기지 않고 그대로 읊은 시였다. 또한 합격 잔치를 고향에서 베풀었다. 아버지를 모시고 가던 길에서 좌랑 목만중 선배를 만나 고향 집에 함께 가서 잔치를 열었다.(뒤에 목만중은 천주교 문제에서 다산의 저격수가 되었다.) 잔치 소식을 들은 광주군의 원님이 악대(樂隊)까지 보내 흥겨운 잔치가 더 거창해졌다는 기록도 있다.

마을에서는 칭찬하는 떠들썩한 소리　　　　　村巷傳呼數

안방에서도 얼굴빛 환해졌네　　　　　　　　閨門動色新

　　「진사과에 합격한 날의 기쁨(國子監試放榜日志喜)」

마을 사람들이 칭찬하는 소리도 높았지만, 오랫동안 과거 공부에 뒷바라지하느라 묵묵히 일만 하던 아내가 기쁨을 감추지 못했다는 대목이 한껏 마음에 와 닿는다. 신방 진사로 고향 집에서 잔치를 마친 다산은 고향 마을 인근의 강산을 구경하며 즐거운 한때를 한가롭게 보냈다. 마을에서 가까운 운길산(雲吉山)에 올라가 시를 지었고, 산속의 수종사(水鐘寺)에서 잠을 자면서 절간의 고요한 정경에 편안한 마음으로 시를 지었다. 「숙수종사(宿水鐘寺)」 등이 그때의 시이다. 수종사 기행문도 썼다.

즐거운 유람이 끝나자 합격의 기쁜 소식을 전해 드릴 어머니 생각에 곧바로 하담의 성묫길에 오른다.

슬프고도 애처로운 하담의 나무들이여	棲愴荷潭樹
봄바람에 저절로 꽃이 피었구나	春風自放花
땅은 외져도 길은 나 있어	地偏猶有路
발길이 닿으니 집에 온 듯하여라	人到每如家
전에는 죽마 타고 놀던 이곳에	竹馬他年戲
남포 입은 오늘은 화려하답니다	藍袍此日華
묘 둘레 방황하나 누가 나 반겨 주리	彷徨竟誰愛
우뚝 서서 눈물만 뺨으로 흐르네	佇立涕橫斜

「하담에 도착하여(到荷潭)」

남빛 도포를 입은 22세의 청년, 어머니께 진사과 합격 소식을 전하고 싶지만 반겨 줄 어머니는 말이 없으니 우뚝 서서 눈물만 흘린다는 대목에서 어머니 생각이 간절한 다산의 모습이 그려진다. 오

랜 뒤에 귀양길에 찾았던 때와는 사뭇 다르다. 남색 도포는 생원 진
사과에 합격한 선비들이 성균관에서 공부할 때 입는 옷으로, 그들의
신분을 나타냈다.

○○ 그리운 성호 선생의 옛집을 찾다

이 여행길에는 아버지가 함께 갔는데, 충주 하담에서 성묘를 마
치고, 진천(鎭川)을 거쳐 안산(安山)의 선산에 이르면서 도중에 친척이
나 친지 들을 찾아뵙고 인사를 올리기도 했다. 경기도 안산에는 하
담에 모신 선조의 윗대 선조의 묘소가 있는 큰 문중의 선산이 있었
다. 선산의 묘소를 성묘한 뒤, 다산은 모처럼 큰 소원 하나를 이룬다.
학문의 큰 스승으로 모시고 사숙(私淑)하면서 마음으로 숭앙해 마지
않던 성호 이익의 옛집을 들르고 묘소를 참배한 것이다. 자신의 선산
과 멀지 않은 곳이어서 좋은 기회를 만났다.

도맥(道脈)이 뒤늦게 우리나라에서 시작되니	道脈晚始東
설총이 맨 먼저 그 길을 열었다	薛聰啓其先
면면이 이어져 포은, 목은에 이르러서	傳流逮圃牧
충의(忠義)의 정신까지 부족함 없이 발휘했네	忠義濟孤偏
퇴계 나오셔 주자의 오묘함까지 펴 보이고	退翁發閩奧
천 년 만에 그 도통 크게 이었네	千載得宗傳
육경에도 다른 해석 없게 되자	六經無異訓

모두가 다 함께 어진 이로 받들었다네   百家共推賢

맑은 기운이 모두 동관(潼關)으로 모여들어   淑氣聚潼關

활짝 핀 문운(文運)이 섬천(剡川)에 빛났네   昭文耀剡川

지향하는 뜻 공맹(孔孟)에 가까웠고   指趣近鄒阜

주내고 해석함은 마융·정현 이었어라   箋釋接融玄

어리석고 가리운 것들 한가닥 활짝 벗겨   蒙蔀豁一線

깊이 잠긴 자물쇠를 열어젖혔네   扃鑰抽深堅

어리석은 우리네 지극한 뜻 헤아리지 못하나   至意愚莫測

미묘하고 깊게 도체(道體)는 움직인다네   運動微且淵

「성호 선생의 옛집을 지나며(過剡村李先生舊宅)」

성호 선생은 다산이 사숙하며 평생을 보낸 스승이다. 성호는 숙종 때 높은 벼슬을 지낸 매산(梅山) 이하진(李夏鎭)의 막내아들이다. 이하진이 당쟁에 밀려 평안도 벽동군(碧潼郡)에서 귀양 살 때 성호가 태어났다. 이하진은 유배가 풀리지 못한 채 성호가 태어난 지 오래지 않아 사약을 받고 그곳에서 세상을 떠났다. 시에서 벽동군은 동관으로 표시했으며, 섬촌·섬천·섬계 등의 이름은 성호장(星湖莊)이 있던 고향 마을을 가리킨다. 노학자가 여든이 넘도록 학문 연구에만 정열을 바치다 세상을 떠난 지 20년이 넘어서 성호장을 찾은 다산의 감회는 매우 깊었다. 아직 성호 학문의 깊은 의미는 이해하지 못한다는 겸손의 뜻도 담겨 있지만, 미묘하고 깊은 도체의 진면목을 제대로 탐색해 내겠다는 의지를 넌지시 표명한 것도 보인다.

다산은 이해 회현동의 재산루(在山樓) 밑으로 집을 옮기고 누산

정사(樓山精舍)라는 이름을 지었다. 이곳에서 큰아들 학연(學淵, 1783~
1859년)을 낳았다. 날짜는 9월 12일이다. 아들의 백일을 맞아 다산은
아버지가 된 뿌듯한 마음으로 시를 읊었다. 그는 이 시에서 우연의 일
치에 대해 감탄의 뜻을 감추지 못했다. 다산의 아버지 정재원이 33세
의 나이로 진사과에 합격했는데, 바로 그해에 다산이 태어났다. 그런
데 공교롭게도 다산이 진사과에 합격한 해에 큰아들이 태어난 것이
다. 다산은 길한 조짐이라고 아주 기뻐하며 선대의 아름다운 가풍을
이어 가라는 뜻으로 아이 때 이름을 무장(武牂)이라 짓고 애칭으로
무아(武兒)라고 불렀다. 학연 이전에는 학가(學稼)라고도 불렸으며 호
는 집의 뒷산 이름인 유산(酉山)이었다.

○○ 『천주실의』를 읽다

진사과에 합격하여 성호 선생의 옛집과 묘소를 찾고, 득남까지
해서 선비의 자격이 구비된 1783년 한 해는 기쁨이 넘치던 해였다.
그러나 해가 바뀐 스물세 살의 갑진년(1784년)은 다산의 일생에 가장
큰 사단(事端)이 있던 해였다. 임금 정조가 등극한 지 7년이 되어 정
치적 안정기가 오고 오랫동안 권력에서 소외당한 남인 세력들이 기
지개를 펴면서 선비들의 집단적 행동도 시작되던 무렵이다. 이해 봄
에 이승훈 등 남인계 선비들이 주관한 향사례(鄕射禮, 시골의 선비들이 모
여 서로 편을 갈라 활쏘기의 재주를 겨루던 일)에 다산도 참여했다. 이 대회는
서대문 밖의 교외인 서교(西郊)에서 열렸는데 모인 사람이 100여 명이

었다 하니 대단한 규모였다. 신진 사류들이 꿈과 희망을 지니고 변화를 추구했으리라 믿어지는데, 뒷날 위당 정인보는 당시 모임을 남인계의 선비들이 신흥 단체를 결성하면서 세력을 과시한 것으로 평하였다. 이가환, 이승훈, 정약용 등 남인 계열 선비들이 상당한 세력을 규합할 수 있는 정치 풍토가 조성되어 감을 시사한다고 여겨진다.

문제의 날짜는 그해 음력 4월 15일이다. 이야기는 그 전해로 넘어간다. 천주교에 깊은 관심을 지니고 백방으로 연구 자료를 모으고 있던 다산 형수의 친정 아우인 이벽은 친구 이승훈에게 부탁하여 중국 북경에 가서 천주교 관계 서적이나 자료를 구해 오도록 했다. 때마침 이승훈의 아버지 이동욱(李東郁, 1739년~?)이 북경으로 가는 동지사(冬至使)의 서장관(書狀官)으로 선발되자 기회가 왔다. 이승훈은 아버지를 따라 1783년 10월 14일 서울을 떠났다. 그해 12월 21일 북경에 도착한 이승훈은 이벽의 부탁대로 북경의 북당(北堂)을 찾아가 신부를 만나며 천주교에 입교한다. 그때 북경에는 동서남북 네 곳에 하나씩 성당이 있었다. 그 가운데 동당·남당은 포르투갈계의 예수회, 서당은 로마 교황청 파견 선교회였고, 북당은 프랑스계의 예수회가 관할하였다.

이승훈은 필담(筆談)으로 천주교 교리를 가르쳐 주기를 청했고, 열심히 배웠다고 한다. 40여 일 동안 북경에 머물며 북당의 그라몽(중국 이름 양동재(梁棟材)) 신부의 인정을 받아 베드로라는 세례명으로 세례를 받았다. 그리고 귀국했다. 서울에 도착한 날이 1784년 3월 24일이다. 이승훈은 이벽과 함께 북경에서 구입해 온 천주교 관계 서적들을 연구하고, 이벽은 이승훈의 영세를 받아 천주교에 입교했다. 경기도 광주 출신으로 대대로 무반(武班)으로 이름이 높던 이벽의 집안이었으나, 이벽은 무반으로 출세하기를 포기하고 천주교 연구에 전념하고 그 전교에 모든 노력을 경주했다. 서울의 수표교에 집을 마련해 본격적으로 전교 활동에 나섰다는 내용이 다산의 기록에 있다. 이 무렵, 이벽은 누님의 시댁인 다산 집안에 전교할 노력을 기울였다. 이승훈이 귀국한 지 20여 일이 지난 1784년 4월 14일, 이벽은 네 번째 맞는 누님의 제사를 지낸다는 명목으로 다산의 집인 마재를 찾아갔다. 제사를 마치고 4월 15일 마재에서 서울로 배를 타고 오는데, 지금의 팔당댐 근방인 두미협(斗尾峽)이라는 협곡을 지나오는 배 안에서 약전·약용 형제는 이벽이 보여 주는 천주교 관계 서적을 최초로 읽어 본다. 다산 자신의 기록에 자세하다.

갑진년 4월 15일 큰형수의 제사를 지내고 우리 형제(약전·약용)와 이벽이 함께 배를 타고 물결을 따라 천천히 내려오는 배 안에서 천지조화의 시초, 사람과 신, 삶과 죽음의 이치를 듣고 황홀함과 놀라움과 의아심을 이기지 못했는데, 마치 『장자(莊子)』에 나오는 하늘의 강이 멀고 멀어 끝이 없다는 것과 비슷했다. 서울에 온 뒤로 이벽을 따라다니며 『실의(實義, 천주실의)』와 『칠극(七克)』 등 여러 권의 책을 읽고 흔연하게 그쪽으로 기울기 시작했다. 그러나 그때는 제사를 지내지 말아야 한다는 말이 없었으며, 신해년 겨울(1791년 진산 사건을 가리킴) 이후로 나라에서 금하는 일이 더욱 엄중해지자 입장의 차이가 마침내 구별되었다.

「선중씨묘지명」

이벽에게서 천주교 관계 서적을 받아 읽고 천주교에 대한 이야기를 들었던 일, 뒷날 이벽과 상종하면서 더 많은 책을 읽고 천주교에 마음을 기울인 일, 이런 일들이야말로 다산 일생에서 맞이한 가장 큰 사건 가운데 하나였다. 더 부연한 자신의 기록에 의하더라도 그때부터 다산은 천주교에 깊이 빠졌던 것이 사실이다. "일찍이 마음속으로 좋아하여 사모하였고, 내용을 거론하며 남들에게 자랑하였습니다."(「변방사동부승지소」)라고 말했다. 1801년 신유옥사 때 수사 기록인 「신유추안급국안(辛酉推案及鞫案)」에 이승훈이 다산에게 세례를 해 주었다고 답변한 내용으로 보면 세례명이 있었던 것도 사실일 것이다. 그러나 1822년 회갑의 해를 맞아 자신의 일대기인 「자찬묘지명」과 중형 정약전의 일대기인 「선중씨묘지명」을 기술하면서, 애초에 천주교에 빠졌던 것은 사실이지만 1791년 진산 사건으로 제사 문제가 확대되어 나라에서 천주교를 엄중히 금지하자 "입장의 차이가 마침내 구별되었다."라는 표현대로 약전·약용 형제는 서양의 과학 사상만 연구하는 쪽이지 서교인 천주교는 신앙하지 않는 쪽으로 구별되었다고 확언한 바 있다.

○○ 『중용』을 함께 연구한 이벽의 죽음

22세에 진사과에 합격하고 그 사은의 모임에서 최초로 정조를 상면한 다산은 이듬해인 23세 때 천주교 관계 서적을 읽어 본 직후 성균관 학생의 자격으로 임금과의 경학에 대한 토론에 참여하게 되었다. 임금이 『중용(中庸)』에 대한 의문점을 기술한 80조항 중 첫머리 사칠이기(四七理氣)의 변(辨)을 논하면서 퇴계(退溪) 이황(李滉)과 율곡(栗谷) 이이(李珥)가 논한 이론의 차이점을 물었다. 그 무렵 가까이 지내던 이벽은 학식이 넓고 품행이 고상하다는 이름을 얻고 있어서 함께 과제의 답변을 의논했다. 그러나 두 사람의 논점은 달랐다. 이발기발(理發氣發)의 문제를 두고 이벽은 퇴계의 학설로 주장했고 다산은 우연히 율곡의 학설과 합치되는 결론을 얻었다. 그때 성균관 동재(東齋)의 모든 학생들은 퇴계의 사단이발(四端理發)의 학설이 옳다고 하였다. 그러나 다산은 자신의 결론대로 율곡의 기발(氣發)설이 곧바로 통하여 막힘이 없다고 생각하고 마침내 자신의 주장대로 임금에게 답변을 올렸다.

다산이 그런 답변을 올리자 (남인 측의) 비방하는 말이 빗발치듯 일어났다고 한다. 며칠 뒤 질문자인 임금의 평가가 나왔는데, 임금이 도승지 김상집(金尙集, 1723년~?)에게 "정약용이 답변한 강의 내용은 일반 세속의 흐름을 벗어나 오직 마음으로 이를 헤아렸으므로 견해가 명확할 뿐 아니라 그 공정한 마음도 귀하게 여길 만하니 마땅히 정약용이 답변한 강의 내용을 첫째로 삼는다."라고 하면서 다산의 답변에 크게 칭찬해 마지않았다는 것이다. 그 당시 학계는 양분되어 노론 쪽에서 율곡의 학설이 옳다고 여겼고, 남인 쪽에서는 퇴계의 학설이 옳다고 여기면서 논쟁이 그칠 때가 없었다. 다산은 세상이 다 알고 있던 남인인데 율곡의 학설이 옳다고 여겼으니 비방이 일어나지 않을 수 없었고, 그런 세속의 흐름에 개의치 않고 자신의 소신대로 답변을 올린 정약용에 대하여 학자 군주 정조는 견해가 명확하고 마음까지 공정하다고 극찬을 했다. 학설에 공평한 평가를 했던 다산의 심사는 이런 데서도 드러났다.

이 일에 대하여 다산은 「자찬묘지명」에서도 전후 사정을 설명했지만, 『사암선생연보』에서는 더욱 상세하게 전모를 설명해 주었다. 그때 도승지 김상집은 밖에 나와 사람들에게 "정약용이 임금의 칭찬을 받음이 이와 같으니 크게 이름을 떨칠 것이다."라고 말할 정도였다. 이런 뒤부터는 성균관에서 시험을 치를 때마다 높은 점수가 이어졌으니, 이것이 바로 정조가 학문적으로 다산을 높게 평가한 첫 번째 사건이라고 말해졌다. 처음에 다산은 알지 못하는 일이었지만, 성리학에도 밝았던 정조는 이 일이 있기 이전에 저술한 「사칠속편(四七續編)」이라는 논문에서 주로 율곡의 학설을 옳다고 여기며 찬술했는데, 다산의 주장이 정조 자신의 주장과 합치되니 정조가 얼마나 기뻐할 일이었겠는가. 진사과에 합격한 뒤 임금을 알현할 때의 만남이야 얼굴만의 대면이었으나 이때 비로소 정조와 다산의 학문적인 만남이 이뤄졌다고 말할 수 있다.

1785년의 큰 사건 중 하나는 다정했던 친구 이벽의 죽음이다. 약종·약전 두 형제에게 천주교 관계 서적을 제공해 주었고, 다산과는 임금에게 올릴 『중용』에 관한 답변을 함께 연구했던 뛰어난 선비 이벽은 32세라는 나이로 너무나 짧은 인생을 마치고 말았다.

신선 같은 학이 인간에 내려왔나	仙鶴下人間
높고 우뚝한 풍채 절로 드러났네	軒然見風神
날개깃 하얗기 눈과 같아서	羽翮皎如雪

닭이며 따오기들 꺼리고 성냈겠지	鷄鶩生嫌嗔
울음소리 높은 하늘에 일렁였고	鳴聲動九霄
맑고 고와 속세를 벗어났노라	暸亮出風塵
가을바람 타고 갑자기 날아가 버리니	乘秋忽飛去
괜스레 바둥거리는 사람들 슬프게 한다	怊悵空勞人

「벗 이벽의 죽음을 애도하다(友人李德操輓詞)」

학문이 높은 친구여서 오래 살았다면 함께 학문적 도움을 주고
받을 수 있었을 것인데, 그가 일찍 떠나 애도의 마음을 이기지 못해
구슬픈 만사로 그의 죽음을 위로한 글을 지었다. 이벽은 호가 광암(曠
菴)이고 자는 덕조(德操)였다. 조선 최초의 천주교 교리 연구자 이벽은
그해 명례방의 김범우 집에서 천주교 집회를 하다가 적발된 사건인
'을사 추조 사건(乙巳秋曹事件)'에 연루되었다. 그 사건으로 중인인 김범
우만 처벌받고 양반들은 모두 불문에 부쳐졌다. 그러나 이벽은 이 사
건으로 아버지로부터 심한 질책을 받고 배교의 글을 썼는데, 그 무렵
유행하던 독한 전염병으로 그냥 세상을 뜨고 말았다고 한다. 그의 죽
음에 대해서는 다른 주장이 있기 때문에 정확한 이야기라고는 말할
수 없다.

○○ 마침내 문과에 장원 급제하다

다산이 성균관에 들어가 학문 연구에 온 정신을 기울이고 과

거 공부에 힘쓰면서 문과 급제의 날이 오기만 기다리던 때였다. 성균관에서 유생들에게 글짓기(製述)만으로 시험을 보게 하는 것이 반궁제술(泮宮製述)인데, 약해서 반제(泮製)라고 했다. 이 무렵 다산은 자주 반제에 합격하여 임금의 후한 칭찬을 많이 받았다. 반제는 달마다 있었는데 다산은 그때 거의 모든 시험에 합격했다. 그해 11월 3일에는 제주도에서 올라오는 공물인 감귤을 두고 글짓기 시험을 보였는데, 다산이 초시(初試)에 수석으로 합격하여 대궐로 임금을 찾아뵙자, "네가 지은 글이 실제로는 문과 장원의 글에 못지않으나 다만 아직 때가 이르지 않았기 때문이다."라고 임금이 말하고는 답안지를 무릎을 치며 읽어 가면서 크게 칭찬했다고 한다. 이 일을 목격한 승지 홍인호(다산의 손위 육촌 처남)가 "정약용 같은 사람은 반드시 재상이 될 것이다."라고 말한 임금의 뜻을 전해 주기도 했다. 이런 점으로 보면 문과 급제의 실력을 이미 갖춘 정약용이 더 학문을 익히고 실력을 쌓기를 기다린 정조의 의중이 있어서 합격을 계속 지연시켰던 것으로 보인다.

12월 초하룻날에는 임금이 춘당대에 친히 납시어 식당에서 음식을 들었는데 날씨가 봄날처럼 좋았다. 임금이 따라온 유생들에게 식당명(食堂銘)을 짓도록 하자 정약용이 수석을 차지하였고, 비궁당명(匪躬堂銘)을 짓게 하자 또 정약용이 수석하여 임금은 칭찬과 격려를 아끼지 않으며 선물로 당시 나라의 법전인 『대전통편(大典通編)』 한 질을 하사하였으니, 바라보던 모든 사람들이 영광스러운 일로 여겼다. 25세가 된 1786년 7월 29일에는 둘째 아들 학유(學遊, 1786~1855년)가 태어났다. 회현동에서 살던 때다. 아명은 문장(文牂)이고 학포(學圃)라는 다른 이름도 있었다. 둘째 아들의 백일을 맞아서도 다산은 기쁨에 넘치는 시를 지었다.

그해 2월 4일 초시에 합격하고 8월 6일 또 초시에 합격했다. 26세인 1787년 정월 26일에는 반제에 뽑혀 『팔자백선(八子百選)』이라는 책을 하사받았다. 3월 14일에도 반제에 뽑혔는데 답안지는 유독 정조의 마음에 들었다. 밤에 임금은 성정각(誠正閣)에 있으면서 편복으로 베개에 기대어 다산으로 하여금 답안지의 시를 낭송하게 하고, 한 구절을 읽을 때마다 부채로 장단을 치며 좋다고 하였단다. 임금은 특히 문체가 매우 좋다고 하면서 시신(侍臣)에게 명하여 『국조보감(國朝寶鑑)』 한 질과 백면지(白綿紙) 100장을 가져와 다산이 안고 가도록 했으니, 과거에도 합격하지 않은 젊은 성균관 학생에게 그런 예우란 고금에 없는 영예가 아닐 수 없었다. 이를 안고 가는 광경을 구경하는 이들 중에서 영광스럽게 여기지 않은 사람이 없었다.

8월 21일의 반제에도 뽑히고 같은 달의 성균관 시험에서도 높은 점수를 얻자, 임금이 중희당(重熙堂)으로 입대(入對)하라고 하여 석류나무 아래에 앉으라 하고는 물었다. "너는 『팔자백선』을 얻었는가?" "얻었습니다." "『국조보감』도 얻었는가?" "얻었습니다." "『대전통편』을 얻었는가?" "얻었습니다." 그랬더니 임금은 "근래에 내각(內閣, 규장각)에서 인쇄한 서책은 네가 모두 얻었으니 내가 줄 책이 없구나."라 하고는 크게 웃은 다음에, 옆의 신하에게 "술을 가져오너라."라고 명하였다. 계성주(桂腥酒)를 큰 사발에다 가져왔다. 다산은 술을 못 마신다고 극구 사양했으나, 임금이 명하여 다 마셨다. 술이 몹시 취해 비틀거리니 임금이 내시감(內侍監)에게 부축해 나가라 명하고, 빈청에서 쉬도록 해 주었다. 잠시 뒤 승지 홍인호가 소매 속에서 책 한 권을 꺼내 은밀히 건네주면서, "네가 장수의 재주도 겸비하고 있음을 알기 때문에 특별히 이 책을 내려 준다. 뒷날 나쁜 도적들이 나올 때 너를 기용하여 전쟁에 나가도록 하겠다."라는 임금의 지시문을 전해 주었다. 돌아와 보니 『병학통(兵學通)』이라는 병서였다. 12월에도 또 반제에 뽑혔다. 과거 합격이 가까워 오는 듯 초시나 반제, 성균관 시험에 계속해서 수석으로 합격하면서 임금의 지극한 사랑은 표현하기 어려울 정도의 수준에 이르렀다.

이해에 특기할 사항의 하나는 자신의 고향 마을에서 가까운 양근(楊根)군에 농장을 마련한 일이다. 양근의 포구 문암포(門巖浦)에서 동쪽으로 10리쯤 들어간 곳인데 문암장(門巖莊)이라는 이름의 향장(鄕庄, 시골의 농장)을 매입했다. 최근에 발견된 다산의 시 중에서 "장인어른 일찍이 산 살 돈을 주었네(婦翁曾賜買山錢)"(중앙일보 홍석현 회장 소장 시첩의 작품)라는 구절로 보면 장인 홍화보가 식량 걱정은 하지 말라는 뜻으로 전답 2경(頃, 약 80두락)을 구입해 주었다는 것이다. 외동딸과 사위에 대한 배려였을 것이다. 다산은 고향에만 가면 강 건너 양근의 농장에 자주 들렀고, 해배 뒤에도 친구들과 그곳을 찾아가 놀며 시를 지었던 일도 확인할 수 있다. 이런 점을 보면 오랜 귀양살이 동안이나 해배 뒤에도 생활에 큰 불편 없이 살았던 것은 이 정도의 물적 토대가 있었기 때문이라는 것을 알게 된다. 여유 있게 살았던 처가 덕분에 빈곤을 피할 수 있었던 것이 얼마나 다행한 일인가.

27세의 1788년 정월, 7일에 또 반제에 합격하자 임금을 배알했다. 임금이 "네가 지은 책문이 몇 편이나 되느냐?" 하여, "20편입니다."라고 답했다. 3월 7일 반제에 수석으로 합격하자 희정당(熙政堂)에서 임금을 뵈었다. 임금이 "네가 초시를 몇 번이나 보았느냐?"라고 하니, "초시만 합격하고 회시를 보지 못한 것이 세 번입니다."라고 답했다. 성균관에 들어온 지 6년째인 28세의 1789년, 갈고닦은 기량을 발휘하여 끝내 문과에 차석으로 급제했다. 그러나 발표된 장원이 하자가 있어 취소되었으니 사실상 장원 급제나 같은 성적이었다. 급제에 이르는 과정도 간단치 않았다. 정월 7일 반제에 합격하고, 26일 반시(泮試)에서 표(表)를 지어 또 수석 합격하고 바로 전시(殿試)에 나가 급제의 영광을 안았다. 문과 시험에는 초시·복시(覆試)·전시가 있는데 전시는 임금이 친히 참석하여 보이는 최종 시험이다. 사실상 수석으로 합격한 다산에 대한 정조 임금의 칭찬은 대단했고, 국가의 인재를 얻은 기쁨으로 정조는 만면에 웃음을 띠고 다산을 환영해 주었다.

남이 잘되는 것을 시기함은 인지상정이다. 과거 합격 전부터 다산에 대한 정조의 총애는 지극했고, 다산 또한 능력껏 자신의 실력을 제대로 나타냈다. 임금의 사랑을 독차지했던 다산의 이런 행운의 뒤에는 또 다른 악재가 기다리고 있었다. 그래서 위당 정인보는 "주우(主遇)는 화태(禍胎)였다."라고 단정적으로 말했다. 임금에게 화란의 씨앗을 뿌리려는 뜻은 절대로 없었을지언정, 임금의 지우를 입음이 바로 화란의 모태였다는 뜻이다. 다산이 그런 정도의 인정을 받을 수 있었던 것은 그의 뛰어난 천재성 때문이기도 하지만, 엄청난 노력을 아끼지 않았기 때문이었다. 다산은 책이라고는 보지 않은 책이 없었고, 제자백가(諸子百家)의 책을 모조리 섭렵하며 온갖 노력을 경주했다. 그 시절 이미 다산의 학문은 높은 경지에 이르렀고 체계와 방향이 잡혀 정조 같은 학자 군주로서는 그를 칭찬하지 않을 수 없었으리라. 그러나 다산을 향한 정치적 반대파들의 시기와 적의는 그때부터 싹텄다.

높은 지위에 올라 힘 있는 관료가 되어 세상을 한번 개혁해 보자던 자신의 꿈을 실현할 첫 단계에는 올랐다. 문과 장원 급제는 그 꿈을 이룰 첩경이기 때문이다. 1월에 급제하고 3월에는 7품의 희릉 직장(禧陵直長)이라는 벼슬에 임명되었으며 바로 이어서 초계문신(抄啓文臣, 글재주가 높은 신진 벼슬아치에게 내리는 규장각의 명예로운 직책)에 발탁되었다. 이해 봄에 임금이 희정당에 나와 임명받은 초계문신 모두에게 『대학』에 대하여 강의하도록 했는데, 그때 다산의 경학 수준은 매우 높았다. 이때 강의한 내용을 정리한 것이 『희정당대학강의(熙政堂大學講義)』라는 한 권의 책이다. 이 책에는 임금의 명령으로 여러 시관(試官)이나 강의에 임했던 강원(講員)들의 강의 내용을 요약해 놓았다. 『대학』이라는 경(經)은 중국 고대 통치 철학이 담긴 책이다. 다산이 여러 경에 대한 해석에서 늘 주장한 내용이지만, 그때 벌써 『대학』의 요체가 용인(用人, 인재 등용)과 이재(理財, 경제 부흥)에 있음을 밝히면서 "천하를 다스리는 일은 진실로 용인과 이재에서 벗어나지 않는다. 인재 등용에서 어진 이를 발탁하면 온갖 벼슬아치들이 직책을 제대로 수행하여 조정이 안정되고 산업이 풍부해지면 만백성들이 삶을 즐겨서 민간인들이 편안하게 살아간다.(治天下 固不出於用人理財 擧賢則百官修職而朝廷安 豐産則萬姓樂生而野人安)"라고 설명했다. 이어 "일반 백성들의 큰 욕심은 부귀(富貴) 두 가지에서 벗어나지 않는다. 벼슬하는 사람의 큰 욕심은 귀(貴), 즉 높은 벼슬이고 서민들의 큰 욕심은 부(富), 즉 잘사는 데 있다. 제대로 인재를 발탁하는 용인과 나라 살림을 잘하는 이재 두 가지 일로 벼슬하는 사람과 일반인의 욕심을 제어해야 한다.(生民之所大欲 不出於富貴二物 君子之所大欲在貴 小人之所大欲在富 用人理財二事 所以馭此二情也)"라고 국가 통치의 핵심을 말했다.『대학』에 대한 이상의 해석은 이제 다산 통치 철학의 중심이 정리되었음을 나타내 준다.

모두가 원하는 높은 벼슬인 귀와 모두가 잘살고 싶어 얻고자 하는 부. 이 억제할 수 없는 욕심을 제대로 제어해 주는 길이 인재를 제대로 발탁하는 용인이요, 부의 욕심을 채워 주는 이재이다. 이 두 가지로 세상이 다 편안해진다니, 이보다 더 높은 통치 철학이 어디에 있겠는가. 이렇게 다산은 젊은 시절에 벌써 세상의 진리를 터득해 가고 있었다.

○○ 공렴(公廉)으로 정성을 바치련다

28세의 한 해는 정말로 의미 깊은 다산의 해였다. 문과에 급제했고, 7품의 벼슬에 임명되었고, 초계문신에 발탁되어 국왕과 머리를 맞대고 국사를 의논하게 되었고, 선후배 고관대작들과 어울리면서 국사도 논하고 경서도 강론했다. 과거 합격의 기쁨과 책임감을 읊은 시를 보자.

임금 앞에서 보는 시험 몇 차례 응시했다가	屢應臨軒試
마침내 포의 벗는 영광을 얻었네	終紆釋褐榮

하늘이 이룩한 조화 깊기도 하여	上天深造化
미물의 생성에 후하게 주었네	微物厚生成
둔하고 졸렬해 임무 수행 어렵겠지만	鈍拙難充使
공정과 청렴으로 정성 바치기 원하노라	公廉願效誠
격려 아끼지 않으신 임금님 말씀	玉音多激勵
그런대로 어버이 마음 위로되셨네	頗慰老親情

「문과 급제하고 나서」

급제한 1789년 1월 27일, 그날의 합격 소감을 시로 읊었다. 이 얼마나 오래도록 바라던 일이며, 얼마나 고대하던 합격의 소식인가. 직계 선조로서는 5대조 정시윤이 문과에 급제해 벼슬했던 이후 처음으로 문과 급제자가 나와 다산 가문으로도 큰 영광이자 마재 마을로서도 빛나는 일이었다. 벼슬살이는 어떻게 전개될 것인가. 과거 급제 뒤 읊은 시에서 '공정과 청렴(公廉)'으로 나라에 모든 정성을 바치기로 결의를 다졌듯 다산의 공직 생활은 이로부터 벗어난 적이 없었다. 뒷날 벼슬할 수 없을 때에도 『목민심서』를 통해 모든 공직자가 '공렴'에서 벗어나지 않기를 끝까지 원했다. 마침 아버지가 울산 도호부사로 발령이 나서 부임차 떠나던 때라 다산은 아버지를 모시고 함께 길을 떠났다. 문과 합격 소식을 어머니 묘소에 가서 아뢰려는 뜻이었다. 아버지를 충주에서 배웅하고 묘소를 찾았다.

말머리에는 검은 망사 일산 씌우고	馬頭玄縠蓋
머리 위에는 빛나는 꽃비녀 꽂았네	頭上綵花簪

어머님 생전에 빌고 염원하던 일	慈母當年祝
어린 아들의 이날 바란 마음이었네	嬰孩此日心
세월이 아득해 꿈에도 드문 어머니	邈焉稀夢寐
얼굴이며 목소리 기억하기 어렵네	無復憶容音
꾀꼬리 봄바람 따라	黃鳥春風至
숲에서 날며 울어 대노라	飛鳴自繞林

「하담에 도착하여(次荷潭)」

다산은 이 시에서 꾀꼬리 울음으로 자신의 눈물을 대신하였으니, 과거에 합격한 기쁨과 영광을 바칠 어머니가 계시지 않은 안타까움이 꾀꼬리 소리에 울려 퍼지고 있다. 기쁠 때나 슬플 때나 언제나 찾아오는 어머니 묘소는 뱃길로야 어렵지 않으나 남양주에서 충주의 거리라 쉽게 오기 어려웠다. 그럼에도 다산은 성묘의 길에 자주 올랐으니 효심의 지극함이 드러난다. 과거 급제를 알리려 어머니 묘소를 찾은 성묘로 유년·소년·청년에 걸친 다산의 수학기(修學期)는 끝났다.

3부

정조를 보필하여 정치의 일선에 서다

6 험난한 벼슬길의 시작

  다산 정약용이 유년과 소년 시절을 보내고, 15세에 결혼하여 서울 생활을 시작하고, 성호 학파의 학자나 선비들과 교제하면서 성호처럼 큰 실학자가 되기로 결심하였던 각오를 우리는 살펴보았다. 다산은 20대 초 이벽을 통해 천주교를 수용하기도 했고 출세하기 위한 과거 급제에 열정을 바쳐, 22세에 진사과에 급제한 뒤 성균관에서 6년 동안 임금의 요구에 따라 수많은 보고서와 연구서를 제출하여 언제나 수석의 등급으로 평가를 받았다. 28세에 마침내 문과에 장원 급제하면서 유년기와 수학기가 끝났다. 급제 직후 7품의 희릉 직장이라는 벼슬에 오르고 규장각의 초계문신으로 선발되는 등의 본격적인 벼슬살이를 앞서 2부에서 조명해 보았다.

  1794년 33세에 암행어사로 발탁되어 경기도 6~7개 군의 지방 행정 실태를 파악하고 피폐한 농민과 농촌의 실태를 살펴본 임무와, 34세의 1795년 통정대부 정3품 당상관에 올라 승정원 승지 벼슬에 임명되었으나 자신과는 무관한 중국인 신부 주문모의 입국으로 온 갖 모함과 중상모략에 시달리던 벼슬살이의 중심부는 1부에서 살펴 보았다. 이제 과거 급제 직후에서 암행어사로 나가기 이전 공렴했던 그의 벼슬살이를 간략하게 기술해 본다.

○○ 왕의 총애와 함께 반대파도 늘어나다

28세의 한 해는 정말로 바쁘고 분주한 해였다. 3월에 초계문신 으로 발탁되었고 5월에는 임금의 특명으로 부사정(副司正, 종7품의 무관), 6월에는 가주서(假注書, 승정원에서 임금의 구술을 문장으로 만드는 직책)에 제 수되었다. 이 무렵 문신들이 보는 시험에서 수석을 차지한 것이 다섯 번이고 수석에 비교된 것이 여덟 번으로 임금에게 하사받은 상품이 매우 많았다. 가을에 규장각 문신의 신분으로 울산 도호부사로 근무 하는 아버지에게 근친(覲親)하였다. 그때 안동(安東)을 경유하면서 억 울하게 쫓겨 다니던 산장(山長) 이진동(李鎭東)이라는 사람의 어려움을 풀어 주고 억울함을 밝혀서 일을 공정하게 처리하였다. 이때부터 다 산의 공렴은 힘을 발휘하기 시작한다. 벼슬하던 첫해의 겨울에는 한 강에 주교(舟橋, 배다리)를 설치하는 공사가 있었는데 다산이 규제(規制) 를 만들어 성공적으로 마쳤으니 그의 공이었다. 능력은 부족해도 지 성(至誠)껏 헌신하겠다던 다산의 각오는 착착 실현되었다.

1790년 29세가 되던 2월 26일 한림학사로 추천받아 한림 회권 (翰林會圈)에 뽑혔고, 한림 소시(翰林召試, 한림이 되는 최종 시험)에서는 단일 후보로 선정되어 예문관의 검열(檢閱)에 임명되었다. 초급 벼슬아치라면 누구나 원하는 초계문신과 한림학사가 되어 벼슬의 탄탄한 기반은 구축되었다. 이때 반대편에서 한림 추천에 사정(私情)이 개재되었다고 비난하자 임무를 맡지 않고 입시를 거부했는데, 이로 인해 임금의 노여움을 사서 충청남도 해미현(海美縣)으로 귀양살이를 떠났다. 10일 만에 유배가 풀려 궁궐로 돌아와 공무에 봉직하였다. 최초의 유배 생활을 경험했으며, 이 기회에 충청도 내포(內浦) 지방의 강산을 관람하는 여행의 경험도 얻었다. 온양(溫陽) 온천에 들러 피부병 치료도 했고, 사도 세자가 그곳에 들렀을 때의 옛일을 이야기로 듣고 그를 기념하는 성의를 표하기도 했다.

5월 초, 한림학사에서 7월 4일 사간원 정언(正言)에 오르고 10월에는 바로 사헌부(司憲府) 지평(持平)으로 옮겨 대관(臺官) 벼슬에 오르면서 다산은 여러 부서의 낭관(郎官, 좌랑이나 정랑)은 거치지 않은 벼슬살이를 하게 되었다. 그해 9월 10일에는 지평으로서 훈련원의 무시(武試)를 감찰하게 되었다. 당시의 무과 시험은 폐단이 많았다. 무사(武士)들의 재기(才技)가 뛰어나 이미 높은 순위에 올랐어도 그들이 시골의 이름 없는 가문 출신이면 병서(兵書)를 강(講)하게 하거나 꾀를 써서 교묘한 방법으로 난해한 질문을 늘어놓고 끝내 낙방시키는 것이 예사였다. 그러고는 서울의 장신가(將臣家, 장수들의 집안) 자제들만 강에 응하여 과거를 독점하는 그릇된 관행이 이루어지고 있었다. 다산은 이를 시정하라고 누차 이야기했으나 받아들여지지 않았다. 그래서 아전을 불러 상소하는 데 사용할 종이를 가져오라 하니, 주시관(主試官)이 깜짝 놀라 "상소용 종이는 무엇에 쓰려고 합니까?"라고 물었다.

다산은 이렇게 답했다. "내가 지금 막 병이 났는데, 혹 나랏일에 보탬이 있는 일을 한다면 병을 참고 일을 하는 것이 옳을 것입니다. 그러나 지금 시관(試官)이 사정(私情)에 따라 일을 처리하는데 감찰하여 그치게 하지 못하고, 과거에 응시한 사람들이 원한을 품고 있는데도 그 한을 풀어 줄 수 없으니, 감찰하는 일이 무엇을 두고 한 말입니까? 이미 국가 일에 보탬이 없음을 알았으니, 나의 개인적인 병이나 요양하는 것이 차라리 낫지 않습니까?" 이에 주시관이 너그러이 용서해 줄 것을 간절히 청했다. 그리하여 이때 합격한 사람 중에는 먼 지방에서 온 사람이 매우 많았다고 『사암선생연보』는 설명하고 있다.

정의가 무너진 조선 후기 사회의 모습이 보인다. 과거 제도가 갈수록 부패하고 타락하면서 공정하게 인재를 발굴하는 길은 막혀 있었다. 그러나 한 사람의 공렴한 관료에 의해 공평한 과거 제도의 운영이 되살아났으니 이 얼마나 장한 일인가. 다산의 벼슬살이는 언제나 그랬다. 다산의 능력은 시간이 가면서 임금을 깜짝깜짝 놀라게 했다. 12월의 각과(閣課) 친시(親試)에서는 고등으로 합격하여 세 차례나 상을 받았다.

임금 정조 앞에서 당당했던 다산의 지성스러운 삶의 자세를 보자. 임금이 초계문신들에게 대궐의 각 부서에서 숙직하게 하면서 『논어』를 읽게 하고, 매일 두서너 편씩 강하여 7일 만에 끝마치게 하였다. 다산이 한밤중에 상의원(尙衣院)에서 『논어』를 읽고 있는데, 갑자기 규장각의 아전이 와서 소매 속에서 종이 한 장을 꺼내어 다산에게 보이며 "이것이 내일 강할 장(章)입니다."라고 하였다. 다산이 깜짝 놀라 "어찌 이것을 강할 사람이 미리 얻어 볼 수 있단 말이오?"라고 하니, 그 아전이 "걱정하지 마십시오. 임금님이 하교하신 일입니다."라고 하였다. 다산은 "비록 그렇다 하더라도 전편을 읽는 것이 마땅하다."라고 하고는 끝내 그 종이를 열어 보지도 않으니, 아전이 웃으며 돌아갔다. 이튿날 경연에 올라 『논어』를 강했는데, 임금이 각신(閣臣, 규장각의 관원)에게 이르기를, "정(丁) 아무개는 특별히 다른 장을 강하게 하도록 하라."라고 했다. 강을 끝낼 때 조금도 틀린 것이 없었다. 임금이 웃으면서 "과연 전편을 읽었구나!"라 했다. 빈틈없이 성실한 다산의 정신을 시험해 보려던 정조의 배려는 그만큼 치밀했고, 그런 임금의 배려에 온갖 정성과 공렴의 정신을 발휘하던 다산의 태도는 그렇게 훌륭했다. 공정, 공평에 한 치의 빈틈이 없던 다산의 자세는 한결같았다.

그 며칠 뒤에도 또 시험을 보았다. 임금이 친히 임석하여 보는 글짓기 시험인데 제목은 '규장각으로 내려 준 음식에 감사한다'라는 내용이었다. 답안지로 올린 다산의 글에 감동한 정조는 "가구(佳句)를 잘도 지었으므로 1등으로 삼는다."라고 하였다. 아래는 임금이 가구로 여긴 대목이다.

잘 익은 감귤은 멀리 바다 건너 봉래에서 왔고 옥소반의 진귀한 음식은 그대로 식전방장이로세.(霜柑老橘遠矣從海外蓬萊　玉盤珍羞居然爲食前方丈)

대구로 짓는 변려문(駢儷文)체의 글인데, 다산의 글솜씨가 본색을 드러낸 가구의 하나다. '상감노귤'과 '옥반진수'가 대를 이루고, '적의

(逖矣)'와 '거연(居然)', '해외(海外)'와 '식전(食前)', '봉래(蓬萊)'와 '방장(方丈)'이 절묘하게 맞아떨어지는 대를 이루니, 글 잘하던 정조가 오죽이나 마음에 흡족했으면 이 구절을 특히 칭찬하면서 1등으로 뽑았겠는가. 상에 가득한 음식을 '식전방장'이라 말하는데, 여기서 봉래산과 방장산을 대구로 만든 재주는 역시 탁월하다고 말할 수 있다.

정조와 다산의 군신(君臣) 관계가 깊고 넓게 맺어지면서 다산은 수많은 상품을 하사받았고, 도에 넘는 칭찬을 끊임없이 받았다. 이렇게 다산이 임금으로부터 총애를 받고, 그의 학술이나 글재주가 높아질수록 시기하는 사람도 늘고 그를 해치려는 무리들이 패거리를 지어 비방하기 시작했다. 진사과에 합격했던 시절만 해도 가깝게 지내던 목만중, 이기경(李基慶, 1756~1819년), 홍낙안(洪樂安, 1752~?) 등 역시 공격의 칼을 갈고 있었다.

○○ 신해옥사로 반대파의 표적이 되다

1791년은 신해(辛亥)년이다. 다산은 이제 30세에 이르고 임금의 총애는 높아 갔지만 반대파들의 모략과 비방도 만만치 않았다. 그러나 벼슬은 계속 요직에 제수되었다. 5월 23일에는 다시 정언에, 10월 23일에는 사헌부 지평에 임명된다. 이해 겨울에는 『시경강의』 800조를 지어 올려 임금으로부터 큰 칭찬을 받았다. 다산의 경학 연구가 본궤도에 오르면서 경학자로서의 진면목을 보여 주기 시작한 것이다. 임금이 그 책에 대한 평을 내렸다. "널리 백가(百家)를 인용하여 문장으로 표현한 바가 무궁하니, 참으로 평소 학문이 축적되어 해박한 사람이 아니라면 어떻게 이처럼 훌륭한 결과가 나왔겠는가?" 정조의 저서인 『홍제전서(弘齋全書)』 가운데는 『시경강의』에서 끌어다가 기록해 놓은 것이 200조나 되는데, 모두 다산을 칭찬한 내용이니 마음에 진심으로 좋다고 여겨 신하의 글을 인용했으리라고 생각된다. 정조 같은 학자 군주가 아니고서야 어떤 군주가 그렇게 높은 수준의 경학 연구서를 그처럼 정확히 평가하고 칭찬해 줄 수 있었으랴. 역시 '그 임금에 그 신하(是君是臣)'였음이 분명했다. 임금의 후한 칭찬에 다산도 매우 감격했으며, 『시경』 연구를 큰 학문적 업적으로 생각했다. 그러면서 『시경』을 올바르게 이해하려면 훈고(訓詁)에 밝아야 가능하다고 믿고, 훈고에 노력을 기울여 그 정도의 결과가 나왔다고 여겼다. 이러한 과정을 「시경강의서(詩經講義序)」라는 글에 설명해 놓기도 하였다.

이렇게 임금은 정약용을 믿고 칭찬을 아끼지 않는데, 마침내 큰 사건이 터지고 말았으니, 진산 사건(珍山事件)이자 신해옥사(辛亥獄事)이다. 전라도 진산현(지금의 충남 금산군 진산면)에서 열렬한 천주교 신자 윤지충(尹持忠)과 그의 외종 권상연(權尙然)이 윤지충의 어머니 상을 당했는데 신주를 불사르고 제사를 지내지 않은 사건이 일어났다. 이 사실이 관(官)에 알려지자 두 사람은 바로 체포되어 즉시 처형당하고 말았다. 본격적인 천주교 탄압의 첫 번째 사건이다. 그런데 윤지충은 다산과 남이 아니었다. 다산의 외종형으로 재주가 매우 뛰어나 장래가 촉망되던 사람이었다. 윤선도·윤두서 가문의 후손으로 일찍 진사과에 합격하여 세상에 이름을 날린 사람인데 천주교 순교자가 되었다. 그동안 천주교 내부에서만 제사 문제로 갑론을박하다가, 마침내 중국의 천주교 교구로부터 제사를 지내면 천주교 신자라 할 수 없다는 교회법이 하달되어 첫 번째로 실행한 신자가 바로 윤지충·권상연이었다. 이에 나라에서는 천주교 신자를 절대로 용서하지 않는다는 엄한 법령을 내렸다. 바야흐로 문명의 충돌이 정면으로 일어나고 있었다.

신앙을 위해 목숨을 바치는 순교자가 될 것인가, 아니면 유교 국가인 조선의 예법과 전통을 따르기 위해 천주교를 버려야 할 것인가, 진정한 고민이 일어나게 되었다. 정약종을 제외한 정약전·정약용은 전통적 조선 예법에 따르고자 단호히 천주교와 손을 끊었지만, 그러지 못한 사람이 많아 이른바 '천주교 박해'라는 비극의 역사와 문명의 충돌이 극대화되고 있었다. 진산 사건으로 많은 천주교 신자들이 발각되었고, 공서파들은 길길이 날뛰며 신서파 전부를 천주교 신자로 몰아 일대 탄압을 가하려는 기세를 보이고 있었다. 진산 사건은 윤지충·권상연의 순교로 끝나지 않고 권일신(權日身)·이승훈도 붙잡혀 문초를 받고 고문도 당했다. 권일신은 반성문을 쓰고 석방되어 귀양 가는 도중에 고문 후유증으로 운명하였고, 이승훈은 비록 평택 현감까지 지낸 관료 출신이었으나 예산으로 귀양을 갔다. 그때부터 국가에서는 본격적으로 천주교를 사교(邪敎)로 매도하고 엄하게 금지하는 조치를 취했다. 이로부터 1801년 신유옥사에 이르기까지 10년간 공서파는 다산을 비롯한 진보적 지식인 집단인 신서파를 공격할 빌미를 찾으면서 많은 유언비어까지 날조해 내고 있었다. 신서파는 계속 수세에 몰리는 국면이었으니 다산의 벼슬살이 10년은 천주교 문제에서 결코 자유롭지 못한 채 반대파 공격의 표적이 되었다.

○○ 정약전의 문과 급제

다산이 진사과에 합격한 그해 가을 정약전도 진사과에 급제하여 진사가 되었다. 약전은 문과 급제는 탐탁하게 여기지 않았으나 어느 날 뜻을 바꿔 과거 공부에 몰입했다. 한때는 수리·기하학에 온 마음을 기울이더니, 과거를 통하지 않으면 임금을 섬길 길이 없다면서 공부에 열중해 1790년 여름 순조의 탄생을 경축하는 과거에 응시하여 서른셋의 나이로 문과에 급제했다. 바로 이어 6월에는 아버지 정재원의 환갑을 맞아 조촐한 회갑연을 베풀었다. 그때 정재원은 울산 도호부사로 근무 중이었지만 고향으로 올라와 온 가족이 잔치에 모였다. 그러나 다음 해의 진산 사건 때문에 다산 형제들에게는 검은 그림자가 드리우고 있었다. 같은 남인 계열이자, 한때는 과거 공부도 같이하고 천주교 책도 같이 읽었으며, 문과에 다산과 동방으로 급제한 친구였던 이기경은 공서파에 가담하여 국가와 민족의 정체성과 정통성을 보위하겠다는 뜻으로 척사(斥邪)에 가장 강하게 앞장서고 있었다. 그는 천주교를 물리쳐 정통성을 보위한다는 『벽위편(闢衛編)』이라는 저서를 남기기도 했는데 역설적으로 이 책은 오늘날 초창기 천주교 연구의 자료 구실을 하고 있다.

오랜 친구이던 이기경이 모두로부터 외면을 당할 때도 다산은 "친구란 한번 친구 삼았던 일 자체를 없애 버려서는 안 된다.(故者無失其爲故也)"라고 『예기』를 인용하면서 그가 귀양 갔을 때 가족에게 도움을 주었고, 해배 후 아무도 그를 상대하지 않을 때에도 그를 반갑게 대했건만, 그는 끝까지 다산의 반대편에 서서 해코지하는 데 총력을 기울이고 말았다. 진산 사건의 여파로 공서파들이 뭉치면서 심한 공격을 해 왔다. 목만중·이기경·홍낙안 등이 정승 채제공에게 편지를 보냈다. "총명하고 재주 있는 신신 유생들 열 명 중 일고여덟 명이 천주교에 빠졌으니 앞으로 황건적(黃巾賊)·백련교(白蓮敎)와 같은 난리가 일어날 것입니다."라고 했다는 것이다. 이 무렵 공서파의 공격이 본격적으로 시작되었으나 정조와 채제공이 신서파를 두호하는 입장이어서 일의 확대는 막아지고 있었다. 관계자들을 장악원(掌樂院)에 불러다가 조사한 '장악원 조사 사건'이 채제공의 주도로 큰 사단이 아니라고 밝혀지자 이기경은 부모의 상중인데도 상소를 올려 공정한 조사가 아니라고 채제공을 헐뜯었다. 이에 임금이 노하여 이기경을 변방으로 귀양 보냈다. 다산의 예견대로 이기경은 여기서 작심을 크게 하고 귀양지에서 돌아온 뒤부터는 다산 일파를 공격하는 일의 최전방에 서고 말았다.

○○ 큰 스승, 아버지의 별세

1792년은 다산의 나이 서른한 살이 되는 해다. 다산도 이제 옥당에 들어갔다. 3월 22일 홍문록에 뽑혔으며 28일에는 홍문관 수찬이 되었다. 홍문록이란 홍문관의 교리·수찬 등의 벼슬아치를 선발할 때 제1차 후보자 선임 기록이며 도당회권이란 교리·수찬을 선발할 때 제2차 후보자 선임 과정을 말한다. 8대째 연이어 옥당에 들었던 명예로운 가문의 명예를 다산이 이었다. 하급 관료로서 초계문신·한림학사·홍문관 학사에 올랐으니 신하의 명예로는 최고 수준에 이르렀다. 홍문관 벼슬에 다산이 거명되자 반대파들의 반대도 있었으나 임금이 그 집안의 홍문관 벼슬은 너무나 당연하다고 말하여 임명되었던 것은 이미 언급한 바 있다. 홍문관록에 선발됨을 '녹을 튼다.'라고 말하는데, 조선 시대의 벼슬살이는 역시 녹을 튼 경우라야 막힘없이 승승장구로 고관대작에 이르게 되어 있었다. 그만큼 정조의 신임이 최고에 이르렀음을 보여 준다.

울산 도호부사로 있던 아버지 정재원은 1790년 초봄에 품계가 올라 진주 목사로 승진하였다. 옥당에 들어감을 알리려는 인사차 다산은 진주를 다녀오기도 했다. 그런데 바로 그 직후인 1792년 4월 9일, 뜻밖에 아버지가 세상을 뜨고 말았다. 하늘이 무너진 셈이다. 어떤 아들이 아버지의 별세에 슬퍼하지 않으랴마는, 다산에게 아버지는 여느 사람의 경우와는 달랐다. 아홉 살에 어머니를 잃고 더욱 아버지에게 의존할 수밖에 없었고, 특별히 어떤 스승 아래서 학문을 익힌 적도 없이 경사(經史)에 밝고 정밀했던 아버지에게서 어린 시절부터 청년기까지 경서와 사서를 본격적으로 수학하여 그만한 학자가 되었으니 보통의 관계와는 분명히 달랐다. 경사의 공부 이외에 다산은 또 아버지를 통해 세상을 다스리고 국가에 봉사하는 이도(吏道)를 배우기도 했다. "나의 선친께서 조정의 지우를 받아 두 고을의 현감(연천·화순), 한 군의 군수(예천), 한 부의 도호부사(울산), 한 주의 목사(진주)를 지냈는데, 모두 잘 다스린 공적이 있었다. 비록 약용과 같은 불초한 사람으로서도 그분을 따르며 배워서 다소간 들은 것이 있었고, 보아서 다소간 깨달은 것도 있으며, 물러나 이를 시험해 봄으로

써 다소간 체득한 것들이 있었다."(『목민심서』 서문)

　아버지의 목민관 생활 덕택으로 보고 듣고 느꼈던 경험들이 『목민심서』 저술에 큰 도움이 되었다는 이야기였으니, 다산과 아버지의 관계는 무엇으로 보아도 스승과 제자의 관계이자 부자 관계였다. 그래서 아버지의 별세는 다산에게 특별히 슬픈 일이었다. 홍문관 수찬으로 임금과 마주 앉아 국사를 긴밀하게 논의하던 바쁠 때, 아버지가 위독하다는 소식을 듣고 형제들과 함께 진주로 급히 달려갔다. 전라도 운봉현(雲峰縣)에 이르러 운명하였다는 소식을 듣고 진주에 도착했으니 임종도 못 보고 말았다. 그곳에서 한 달 뒤, 영구를 모시고 선영이 있는 충주의 하담으로 와서 장사를 지내고, 고향인 마현으로 돌아와 여막(廬幕)을 짓고 형제들과 함께 거려(居廬)하였다. 전해 오는 소식에 임금이 수시로 다산의 안부를 묻고, 장례는 제대로 치렀는지 그 밖의 다른 일은 무사한지 등에 대해 자주 물었다고 한다. 그처럼 정조는 다산에게 관심과 애정을 보였음을 알게 해 준다. 거려하며 집상(執喪) 중에 있던 다산을 정조는 또 그냥 두지를 않고, 여러 가지 일을 시켰다. 그중에서도 큰일은 수원의 화성을 쌓는 규제(規制)와 설계도를 올려바치라는 분부였다.

　다산의 시집을 보면 거려 중이던 때는 지은 시가 없다. 옛날 선비들로서는 당연한 일이다. 슬픔에 겨워 있는 동안에는 시를 짓지 않음이 일반적인 관례였다. 그런 때는 대체로 예서(禮書)나 경서(經書)의 독서나 하는 것인데, 이 점을 알고 있던 정조가 국가적 연구 업무를 시켰던 것으로 보인다.

○○ 화성 축조로 기술 관료로서의 역량을 발휘하다

28세의 다산은 과거 급제 얼마 뒤 임금의 명령으로 한강에 가설할 주교(舟橋), 즉 배다리의 규제를 올린 적이 있다. 그 규제에 의하여 배다리가 성공적으로 건설되어 사도 세자 묘소가 있는 화성의 능행에 큰 편리를 보았다. 임금의 명령은 이렇다. "기유년(1789년) 겨울 배다리를 놓는 역사(役事)에 정약용이 그 규제를 만들어 공(功)을 이루었으니, 그에게 일러 집에서 성(城)의 규제를 만들어 바치게 하라." 그래서 다산은 중국의 윤경(尹耕)이 지은 『보약(堡約)』이라는 책과 서애 유성룡이 지은 『성설(城說)』이라는 책을 참고하여 가장 좋은 방법의 성제(城制)를 기술하여 임금께 바쳤다. 임금은 그 뒤 궁중에 비장해 둔 서양의 기술에 관한 책으로 중국에서 간행한 『도서집성(圖書集成)』과 『기기도설(奇器圖說)』을 다산에게 내려보내 무거운 것을 끄는 인중(引重)과 위로 무거운 것을 올리는 기중(起重)의 방법을 강하라 하여, 다산이 「기중가도설(起重架圖說)」을 지어 바쳤다. 인중의 방법으로는 활차(滑車)와 고륜(鼓輪)의 작은 힘으로 크고 무거운 물건을 잘 옮기는 방법을 아뢰었다. 도르레의 원리와 수레바퀴 및 지렛대의 원리를 제대로 활용하여 성을 쌓는 데 모든 면에서 쉽고 절약적인 방법으로 완성할 수 있었다.

여러 기록을 참고해 보면, 1793년에 화성의 축조를 시작하면서 임금은 10년의 공기(工期)를 정하고 그 기간 내에 완성하기를 바랐다. 그러나 다산의 공법을 바탕으로 거중기·기중기·녹로·활차 등을 이용하는 바람에 2년 9개월 만에 성의 축조가 완공되기에 이르렀다. 그래서 임금이 "다행히 기중기를 이용하여 경비 4만 량(꿰미)이 절약되었다."라고 말했다고 한다. 기술 관료로서의 다산의 역량과 능력이 유감없이 발휘된 사업이 바로 화성의 축조였다. 「기중도설(起重圖說)」의 요약은 이렇다. "성은 돌로 쌓아야 한다. 재료는 돌뿐이다. 돌은 구하는 것이 어려운 것이 아니라, 돌을 들어 올리고 운반하는 데에 힘과 재정을 모두 소모하게 된다. 반드시 기구(器具)를 만들어 편리하게 사용하게 함으로써 혜택을 보게 해야 한다. 지금 옛사람이 남겨 준 뜻을 이어받고 새로운 제도를 참고하여 기중소가(起重小架)를 만들어 화성의 성 쌓는 일에 쓰게 하니, 축적된 지식과 공력(工力)을 다해 둥근 바퀴와 나선형 바퀴를 만들어 서로 밀어 주고 끌어 주게 하면, 어린아이 한 팔의 힘으로도 수만 근이나 되는 무거운 물건을 들어 올릴 수 있을 것이다. 이는 절대로 평범한 사고방식으로는 생각조차 할 수 없는 일이다."라고 말하고는, 하나하나 그림까지 그려서 설명하였다. "첫 번째는 가(架)이고, 두 번째는 횡량(橫梁)이고, 세 번째는 활차(滑車)이고, 네 번째는 거(簾)이다. 거에는 고륜과 녹로(轆轤)를 부착해야 완전하게 사용할 수 있다."라고 설명서를 붙였다. 또한 「기중총설(起重總說)」이라는 글에는 이런 대목이 있다. "활차를 사용하여 매우 무거운 물건을 움직일 때 반드시 녹로가(轆轤架)를 사용하면 그 힘을 갑절로 낼 수 있다. 가령 이곳에 바퀴가 네 개씩 달린 활차가 서로 마주보고 있다고 생각해 보자. 이 경우에 40근의 힘으로 1000근이나 되는 무게를 능히 움직일 수 있다. 여기에다 녹로가를 더 설치하는데, 녹로 손잡이의 굵기를 녹로 기둥 지름의 10분의 1 비례로 만든다면, 40근의 힘으로 2만 5000근의 무게를 움직일 수 있다." 현대의 토목 공사나 건축 공사에서 활용하는 기구의 원리를 다산은 그때 이미 상당한 수준으로 체득하고 있었음을 보여 주는 부분이다.

「성설(城說)」에는 또 이렇게 말했다. "성의 역사는 비용은 많이 들고 일은 번잡하고 시기(時期) 또한 어려운 때인데, 일은 크게 벌려 놓아 조정의 의논까지 둘로 갈라져 임금께서 노심초사하시니, 처음 시작할 때 치밀한 계획을 세워야 합니다. 첫째는 분수(分數)요, 둘째는 재료(材料)요, 셋째는 호참(壕塹)이요, 넷째는 축기(築基)요, 다섯째는 벌석(伐石)이요, 여섯째는 치도(治道)요, 일곱째는 조거(造車)요, 여덟째는 성제(城制)입니다." 계획 단계부터 치밀하게 준비하여 성을 쌓는 데 선행되어야 할 구비 조건들을 열거하였다. 공사를 원활하게 진행할 수 있도록 간접 공사나 간접 시설부터 갖춰 놓고 일을 시작해야 한다고 했다. 돌을 캐는 문제, 차(車)를 제작하고 도로를 개설하는 일 등이 선행되어야 한다는 주장을 폈던 것이다.

조정의 의논이 둘로 갈라졌다는 표현에서 보이듯, 정조의 성곽 축조에 반대 의견을 내는 신하들이 많았다. 시기도 어려운 때이고, 백성들의 삶이 매우 어려운 상황임에도, 임금이 백성들 생각보다는 돌아간 자기 아버지 위하는 일에 너무 열중이라고 이견을 보이는 쪽도 있었다. 그런 여러 가지 이유로 임금은 노심초사하지 않을 수 없었을 때인데, 정약용이라는 탁월한 기술 관료의 지혜로 우선 경비가 매우 절약되고 공기가 크게 단축되어 완공을 거둘 수 있었기 때문에 정조의 정권이 안정을 유지했으리라는 학자들의 주장도 있다. 그런 앞뒤의 사정이 개재되어 있음을 알 수 있다.

정조 시대를 조선의 문예 부흥기로 비교하는 경우도 있다. 그 시대에는 다른 어떤 시기보다도 높은 수준의 문화가 창조되었다. 화성이야말로 정조 시대 문화유산 가운데 대표적이고 상징적인 유산이다. 성곽만의 축조가 아니라 정치·경제·문화 예술 등의 종합적인 계획 아래 신도시를 만들어 낸 창조적 행위였으므로 단순히 아버지에게 효심을 나타내려는 의미 밖에 많은 정치·경제적 의미가 내포되어 있다고 주장하는 학자도 많다. 더구나 근래에 유네스코의 세계 문화유산 등재는 그 가치가 더 높음을 보여 주기도 한다. 화성은 다산의 학문적 업적이자, 서양의 학술 이론까지 원용하여 이룩된 기념비적 작품이라고 말할 수 있다.

○○ 다시 벼슬길에 올랐으나 좌천되다

1793년 4월, 아버지의 별세도 벌써 1년이 지나 소상(小祥)을 마치자 다산 형제들은 연복(練服)으로 갈아입었다. 그때 화성 유수(華城留守)로 있던 채제공이 영의정으로 조정에 들어오면서 남인 시파의 세력은 커져 갔다. 채제공은 조정으로 들어오자마자 1762년 사도 세자가 죽음에 이르도록 참소한 사람들(벽파)에 대해 준엄한 처벌을 주장하는 상소를 올린다. 시파·벽파의 격론이 벌어지면서 조정은 시끄럽기 그지없었다. 정조가 당연하게 시파 쪽을 두둔하여 일은 소강상태로 들어갔으나 화란의 단서는 사라지지 않았다. 이듬해인 1794년 서른셋의 다산은 6월에 아버지의 삼년상을 모두 마치고 벼슬에 다시오른다.

1795년인 을묘년은 정조의 아버지 사도 세자가 살아 있다면 회갑을 맞는 해였다. 더구나 정조의 어머니 혜경궁 홍씨 또한 세자와 동갑으로 회갑의 해를 맞았다. 세자 생전에 효도를 다하지 못한 정조는 그것을 원통하게 여기면서 아버지를 위한 일에 온갖 정성을 다 바쳤다. 양주에 있던 아버지의 묘소를 수원으로 옮겼으며 화성을 새로 쌓아 신도시를 건설하는 등 여러 가지 사업을 벌였다. 반드시 아버지를 위하는 일만은 아니었겠지만, 그것을 밝히지 않았던 이유로, 대체로 아버지에 대한 효심으로 해석되었다. 그러나 뒤에 확인된 바로는 사실상 화성의 신도시 건설에는 복합적인 정치적 의도가 깔려 있었다. 노론의 소굴이라 해도 과언이 아닌 한양 밖에 새로운 도시를 만들어 정조 자신이 그곳에 상왕(上王)의 지위로 내려가 정치적 목적을 달성하려는 뜻도 있었다는 것이 통설적인 견해다. 반면 수도 천도설의 주장은 전혀 근거가 없다는 것이 현재까지의 연구 결과이다. 화성에 행궁을 지어 상왕으로 있으면서 아들 순조를 통해 정조 자신은 할 수 없었던 사도 세자 추숭(推崇) 문제를 해결하려는 의도가 가장 컸다는 설이 타당하다고 여겨진다.

1795년 1월부터 4월까지 채제공·이가환·정약용 등이 정조의 신임을 받아 정승·판서·승지 등의 지위에 오름으로써 남인 시파에게 힘이 실려 무엇인가 변화와 개혁이 이뤄질 조짐도 있었으나, 그해 4월 중국인 주문모 신부의 입국은 모든 것을 와해시키고 말았다. 1부에서 기술했던 대로 잘나가던 신서파들에게 주문모 신부의 입국이 빌미가 되어 공서파의 공격 활줄이 강하게 당겨지기 시작했다. 지황·윤유일·최인길 등 입국 과정의 실무자들이 발각되어 처형당하자 천주교 문제가 정치의 한복판으로 등장했다. 주문모 신부의 입국에 이가환 등이 배후라는 모략과 중상에 임금도 괴로워하다가 어쩔 수 없이 공조 판서 이가환을 충주 목사로, 승정원 승지이던 다산을 금정도 찰방이라는 벼슬로 좌천시키고 만다. 말이 좌천이지 실제로는 귀양이나 같은 벼슬살이였다.

1795년 7월 26일 발령을 받고 충청도 홍주목(洪州牧)의 금정역에서 지내다가 그해 12월 23일 다시 서울로 오던 날까지, 다산은 꼬박 5개월 동안 그곳에서 생활했다. 유배살이 같은 벼슬이지만, 그래도 찰방은 조그만 지역의 지방관을 겸했기에 상당한 권한이 있었다. 서교에 물든 역졸들을 타일러 제사 지내는 일을 소홀히 하지 않도록 권장하고, 유교 원리에 맞는 생활을 하도록 권고하여 큰 효과를 보았다는 증거들이 있다. 다산 자신의 글에도 그때의 사학(邪學)을 금한 일에 대한 기록이 있다. 사교의 주모자들을 불러 설득하여 유교로 돌아오도록 시책을 폈던 점으로 보더라도 진산 사건 이후 나라에서 금하는 조치가 심해지자 천주교에서 손을 떼고 "마침내 마음을 끊었다.(遂絶意)"라는 그의 말은 의심할 필요가 없다. 그는 「자찬묘지명」에서도 '척사계(斥邪契, 천주교를 배척하는 계 모임)'까지 조직하여 사학에 감염된 사람들이 천주교를 배척하도록 노력을 기울였다고 말했다.

그때 충주 목사로 좌천되어 떠났던 이가환도 충주 지방의 천주교 신자들에게 가혹한 탄압을 가할 정도로 그들을 정학(正學)으로 복귀시키는 노력을 기울였다. 그럼에도 서울의 공서파나 노론의 벽파는 함께 손을 잡고 다산·이가환·이승훈을 구제할 수 없는 천주교 감염자로 낙인 찍어 온갖 비방을 멈추지 않았다. 다른 사람에 대하여는 정확한 판단이 어렵더라도, 다산의 기록으로 보면, 그는 참으로 억울한 누명을 쓰고 벗어날 길 없는 구렁텅이로 빠져 들어가고 있었다. 서울에서 금정으로 떠나는 길목에서 쓴 다산의 시를 읽어 보면 그때의 심정이 잘 나타나 있다.

초가을의 따가운 햇볕이 비치는 한가한 시골의 들판, 한창 벼가 익어 가던 내포 평야 일대는 황금물결로 넘실대고 있었다. 서울의 궁궐에서 보낸 그 바쁘고 힘들던 때에 비교하면 얼마나 한가하고 여유롭던 세월인가. 임금의 불호령에 따르면서 시와 글을 짓느라 골머리를 앓던 일도 이제는 끝났다. 아무리 천재라 해도 몇 시간 안에 1400자가 되는 시를 지어 바치는 일은 힘들게 여기지 않을 수 없었다. 그러나 이제는 조용하고 한가롭다. 책도 읽고 만나고 싶은 사람들도 만날 수 있다. 역무(驛務)를 잠깐 보고 나면 시간이 많이 남았다. 더구나 내포 지역에는 남인 고가(古家)의 후예들이 많이 살고 있었다. 다산도 남인이었다.

공무를 마치면 가까운 지역으로 찾아가 이름 있는 집안 후예들을 만나기도 하고 그곳의 아름다운 경치를 구경하기도 했다. 한창 세월이 좋던 숙종·경종 무렵에 그 지역 남인들은 상당한 세력을 이루고 영향력을 행사했지만, 이제 몰락한 남인의 후예들은 산야에 은거하면서 학문을 익히고 행실이나 닦는 처지였다. 다산이 만났던 사람은 대체로 고상한 선비들이었다. 진사 신종수(申宗洙)를 만나서 시를 짓고, 채홍규(蔡弘逵)라는 선비를 만나 서로의 마음을 허락하였다. 또 방산(方山)이라는 곳에 숨어 살던 큰 선비 이도명(李道溟)이라는 노인을 뵈었다. 그리고 당대의 예학자였던 목재(木齋) 이삼환

(李森煥, 1729~1813년)을 찾아가 인사를 올렸다. 이삼환은 다산과 그처럼 가까웠던 이가환의 육촌 형이요 성호 이익의 종손(從孫)이었다. 또호가 북계(北溪)이고 진사이던 윤취협(尹就協)과 어울리면서 많은 시를 지었다. 생전 처음으로 백제의 고도(古都)인 부여(扶餘)에 들러 옛날을 회상하며 시를 짓기도 했다.

강기슭을 가로막는 철옹성만 보았기에	惟看鐵甕橫江岸
많은 전선들이 바다 건너옴 안 믿었네	不信雲帆度海波
술잔 잡아 계백 장군께 제사 드리고픈데	欲把殘杯酹階伯
안개에 가린 낡은 사당 등나무만 얽혔네	荒祠煙雨暗藤蘿

「부여를 회고하며(扶餘懷古)」

이어지는 시에는 더 많은 내용이 있다. 삼천 궁녀들이 흩날려 간 낙화암 이야기가 등장하고, 의자왕이 술잔치를 벌여 놓고 즐기던 이야기도 등장한다. 장수들이 전쟁에 패하자 주인 잃은 말들이 북악(北嶽)에 있는 오함사(烏含寺)라는 절에 들어가 며칠 동안 울면서 절간 둘레를 돌다가 지쳐서 죽었다는 전설을 살려 낸 마지막 구절은 망해 버린 나라의 옛 도읍지에 와서 느끼는 애처로운 심정을 그대로 반영한 빼어난 작품이다. 다산의 시 맛이 그대로 풍기고 있다.

오함이란 절 옛날 왕조 절간으로 끝이나	烏舍已作前朝寺
석양 바람 향해 나그네의 말이 슬피우네	客馬悲鳴向晚風

162

들어가서 울어 댈 절간이 없으니, 저녁 무렵 불어오는 바람을 향해 나그네가 타고 간 말이 슬피 운다는 구절에 시인의 솜씨가 멋지게 드러나 있다.

다산은 금정역에서 지내는 동안 대작의 하나인 사회 시 한 편을 짓는다. 그곳에 가서 사귄 오국진(吳國鎭), 권기(權夔)라는 친구들에게서 들은 그 지방의 환곡 정책이 너무 썩었다는 이야기에 마음이 아파, 살아갈 방법이 없는 백성들의 슬픈 사연을 그림처럼 묘사해 낸 시다. 암행어사 시절에 쓴 「암행어사로 임명되어 적성의 시골집에서 짓다」나 「굶주리는 백성의 노래」와 같은 계열의 시인데, 경기도 적성현이나 충청도의 공주 지방의 농촌 피폐상에 큰 차이가 없음을 보여 주고 있다. 백성들이 당하던 현실은 그렇게 참담한 모습이었다.

남은 것은 조그만 송아지 한 마리	所餘唯短犢
차가운 귀뚜라미 서로 위안되네	相弔有寒蛩
초가집에 뛰노는 건 여우와 토끼	白屋狐兼兎
고관 집 붉은 문에는 청룡 같은 말	朱門馬似龍
촌가에는 겨울 지낼 쌀도 없는데	村粮無卒歲
관가 창고는 무난히 겨울나네	官廩利經冬
궁한 백성들 풍상이 몰아치는데	窮蔀風霜重
대감 집에는 산해진미 올려바치네	珍盤水陸供

「맹화·요신 친구의 창곡 부패 이야기를 듣고

(孟華堯臣卽吳權二友盛言公州倉穀爲獘政 民不聊生 試述其言)」

가난한 백성들과 부잣집 간의 현격한 불평등이 각지게 나타나 있다. 백성의 참담한 실상을 차마 글로는 표현할 길이 없어 유리 방랑하는 기아 상태의 백성들을 그림으로 그려서 임금에게 바쳤다는 송나라 때의 직신 정협의 고사를 인용한 끝부분은 「굶주리는 백성의 노래」와 큰 차이가 없다. 다산의 인간애, 즉 휴머니즘의 뜨거운 한 단면이 드러나 있다. "나라를 걱정하고 백성을 안타깝게 여기지 않는 시는 시가 아니다."라는 그의 시관을 여기서도 확인할 수 있다. 18세기 말엽의 충청도 공주 지방의 농촌 실정을 목격한 사람에게서 들은 이야기는 다산에게 또 의미가 컸으니, 농촌의 구조 개혁을 주장한 『경세유표』 같은 저서의 중요한 자료가 되기도 했다.

○○ 봉곡사에서 성호를 만나다

공주의 가난한 농촌과 농민 이야기에서 다시 금정역으로 돌아가자. 비록 지위야 낮고 권력에서 먼 벼슬이지만, 시간적 여유를 얻었고 공무 이외의 다른 일도 할 수 있는 처지였다. 그래서 시간을 헛되게 보내지 않으려고 다산은 역사적인 일을 하나 이룩했다. 그것은 바로 금정역에서 멀지 않은 온양 석암사(石巖寺, 봉곡사(鳳谷寺))에서 평생 동안 가장 숭모하던 성호 이익 선생을 만난 일이다. 살아 있는 성호를 대면한 것이 아니라 성호의 저서를 통해 대화를 가졌다는 뜻이다. 16세에 성호의 유저를 읽고 그와 같은 실학자가 되겠다는 결심을 했던 다산은 이제 성호의 유저를 간행하기 위한 교정(校正) 작업인 학

술 대회를 개최하게 되었다. 이 일은 공식적인 기록에 다음과 같이
전한다.

이 무렵에 목재 이삼환에게 청하여 온양의 석암사에서 모임을
가졌는데 그때에 내포 지방의 이름난 집안의 자제로 이광교(李廣敎)
·이명환(李鳴煥)·권기·강이오(姜履五) 등 10여 명이 소문을 듣고 모
여들어 매일 수사(洙泗, 공자학)의 학문을 강론하고 성호 선생의 문집
을 교정하면서 열흘 만에 마쳤다.

「자찬묘지명」

그때의 강학회(講學會), 곧 학술 세미나에 대해서는 다산의 다른
글 「서암강학기(西巖講學記)」라는 방대한 기록에 그 자초지종을 소상하
게 정리해 놓았다.

1795년 10월 24일 나는 금정역을 출발하여 예산(禮山)의 감사
(坎舍, 이삼환이 살던 곳)로 갔다. 26일에는 한곡(寒谷)에 이르러 이문달
(李文達)을 방문하고, 그곳에서 10리를 더 가서 소송령(疎松嶺)을 넘
고, 또 10리를 더 가니 바로 온양의 서암(西巖)에 있는 봉곡사였다.
그다음 날이 되어 목재께서 도착하시고, 이제 가까운 고을의 여러
벗들이 차례차례 모여들었다. 봉곡사는 온양의 서쪽에 있다.(구온양
으로 보면 그렇다.) 남쪽에는 광덕산(廣德山)이요, 서쪽에는 천방산(千方
山)이다. 산이 높은 데다 첩첩이 쌓인 봉우리에 우거진 숲, 깊은 골
짜기가 그윽하고 오묘하여 구경할 만했다. 새벽마다 일어나 여러

벗들과 함께 개울물로 나가서 얼음을 두들겨 물을 움켜쥐어 얼굴을 씻고 양치질을 했다. 저녁이 되면 여러 벗들과 함께 산등성이로 올라가 산보하면서 주변을 바라보았다. 안개와 구름이 뒤엉키면 산기운이 더욱 아름다웠다. 낮이면 여러 벗들과 『가례질서(家禮疾書)』를 깨끗이 정서했다. 그것은 목재 선생이 손수 교정하신 것이다. 밤이면 여러 벗들과 더불어 학문을 강하고 도(道)를 논했다. 더러는 목재께서 질문하시면 여러 사람 중에서 대답하고, 더러는 여러 사람 중에서 질문하면 목재께서 분석하여 답해 주셨다. 이렇게 보낸 날이 열흘 동안이었으니 아주 즐거웠다. 목재와 여러 사람들이 묻고 대답했던 것을 간략하게 줄여서 아래에 적는다.

문답의 내용을 기록하기 전에는 함께 토론했던 참석자들의 명단을 정확하게 써 놓았다.

이삼환 자는 자목(子木) 1729년생

이광교 자는 문달(文達) 1756년생 전 승지 이수일의 손자

이재위(李載威) 자는 우성(虞成) 1757년생 제학 이하진의 현손

박효긍(朴孝兢) 자는 사옥(嗣玉) 1757년생

강이인(姜履寅) 자는 사빈(士賓) 1759년생 참판 강세구의 현손

이유석(李儒錫) 자는 여앙(汝昻) 1760년생 헌납 이일운의 아들

심로(沈潞) 자는 중심(仲深) 1761년생 이조 판서 심액의 현손

정약용 자는 미용(美庸) 1762년생

오국진(吳國鎭) 자는 맹화(孟華) 1763년생 우의정 오시수의 현손

강이중(姜履中) 자는 용민(用民) 1765년생 강이인의 재종제

권기(權夔) 자는 요신(堯臣) 1765년생 대제학 권유의 현손

강이오(姜履五) 자는 백휘(伯徽) 1765년생 교리 강침의 종자(從子)

이명환(李鳴煥) 자는 패겸(佩謙) 1773년생 이삼환의 아우

이삼환과 정약용까지 포함해서 도합 열세 명의 당대 문사(文士)들이 모여 고담준론을 펴면서 학문과 도를 논했던 진지한 학회였다. 그때 좌장이자 강장(講長)이던 이삼환은 67세의 노인이었고 그 아우 이명환은 23세의 젊은이였다. 열한 명은 모두 30대의 재기발랄한 장년 문인들로, 시 잘 짓고 글 잘하던 선비인 데다 모두 남인의 알아주던 집안의 후예들이지만 소외된 계층이어서 나름대로 욕구가 분출될 수 있는 기회이기도 했다. 더구나 하루 이틀도 아닌 장장 열흘 동안 남인의 대표적 학자 성호 이익의 '성호학'에 대한 학술 세미나를 개최한 셈이었다. 10월 26일부터 11월 5일까지 초겨울의 날씨에 다양한 주제로 토론을 벌였으니 역사적으로도 상당한 의미가 있는 집회였다.

거론 주제를 살펴보면, 당시의 행세학이던 성리학을 비롯하여 정전제, 고례(古禮) 및 다른 경서들에 관한 내용이 많았다. 좌장을 맡았던 이삼환은 「봉곡사교서기(鳳谷寺校書記)」라는 글을 지어 학회에 대해 총체적으로 평했는데, 주관자인 다산보다는 더 객관적일 수 있다.

내 벗 정미용(丁美庸, 다산의 자) 군은 승지 벼슬에서 금정역의 찰방으로 임무를 맡아 오자, 비장한 마음으로 (이익) 선생의 저서를 수

정하는 일을 자기의 책임으로 여겼다. 나에게 편지를 보내 "선생의 유문(遺文)이 지금에 와 없어지고 전해지게 하지 못함은 후학들의 허물입니다. 시삭이 없고서야 언제 이루어지겠습니까?"라고 말하고 마침내 온양의 봉곡사에서 만나기로 약속했다. 먼저 『가례질서』부터 시작하여 교정을 보아 나갔다. 차례가 문란한 것은 바르게 하고, 글자나 획수가 잘못된 것은 고쳐 가면서 내용을 요약하고 범례를 정하며 줄거리를 들추어내고 조목을 늘어놓아 한 권의 완전무결한 책으로 완성해 놓았다. 다른 나머지 전서(全書)들은 내년쯤 교정하기로 기약하면서 일을 마쳤으니 매우 성대한 일이었다. 오호라! 하늘이 우리 유학(斯文)을 없애지 않아서 선생의 학문을 후세에 크게 밝히고자 한다면 오늘의 이 작업이 발단이 되었다고 말하지 않을 수 있겠는가. 나는 미용으로 하여금 자초지종을 기록한 「서암강학기」를 짓게 하고 또 각자가 술회시(述懷詩)를 지어서 후세에 징표로 삼게 하였다. 모인 사람은 열세 명이었다.

이삼환의 평가는 간단하다. 성호의 학문이 세상에 알려질 단서를 다산이 만들었다는 평가를 내렸다. 그때 다산이 이삼환에게 보낸 편지를 보면, 정서하기 위한 종이를 포함해 모든 경비는 자신이 부담한다는 기록이 있다. 결국 다산의 주도로 그런 성대한 학술 대회가 성공적으로 개최되었음을 이삼환은 언급하였다. 이삼환의 말대로, 학회가 한창 진행 중이던 11월 1일 그들은 각각 시 한 편씩을 지어 자신의 포부와 이상을 토로하면서 다짐과 결의를 표명하였다. 그 시들은 모두 「서암강학기」에 빠짐없이 수록되어 있다.

○○ 유용한 학문으로 요순시대 만들자

「봉곡사술지시서(鳳谷寺述志詩序)」라는 다산의 글에는 목재 이삼환을 통해 성호학에 입문하고, 성호를 거쳐 주자학을 통과해 공맹(孔孟)의 본질적인 유학을 공부하여 요순의 이상 사회를 실현하는 일에 온몸을 바치자고 결연히 맹세하기에 이르렀다는 내용이 있다. 진취적인 공부에 방해받지 말자느니, 본질적인 공부에 혼탁함이 없도록 노력하자느니, 유용한 학문(有用之學, 실학)에 힘써 기필코 요순의 세상을 만들자는 내용도 있으니 권력에 소외된 남인계 젊은이들에게 변화와 개혁의 의지가 충만했음을 쉽게 파악할 수 있다.

이 글은 무엇보다 학회를 주도한 다산의 뜻을 담고 있다. 10대 시절 화순의 동림사에서 눈 내리던 밤에 약전 형과 함께 잠을 이루지 못하고 요순시대의 이상 사회에 대한 설계를 폈던 다산의 개혁 의지는 뜻이 맞는 친구들과 함께 열흘 동안 숙식을 함께하며 지내면서 보다 더 확고하게 자리 잡은 것으로 보인다. 당시의 성리학이나 주자학에 만족하지 못하고 공맹의 본원적인 유학을 밝혀내 새로운 세상을 구현할 새로운 이론을 추구하고 있었다. 기존의 학문 논리, 학계의 동향에 만족하지 못하던 남인계 선비로서의 입장도 함께 보여 주었다.

아름답게 빛나는 성호 선생님	郁郁星湖子
정성스럽고 밝으신 글 속에서 뚜렷하네	誠明著炳文
우주에 가득할 근심 있었기에	瀰漫愁曠際

넓고 크지만 섬세함도 보이네   芒忽見纖分

하찮은 내 인생 태어나기 뒤늦어 眇末吾生晚

큰 도를 터득하기 까마득하네 微茫大道聞

다행스럽게도 끼쳐 주신 혜택에 젖을 수 있었지만 幸能沾膏澤

별과 구름 보지 못해 안타까워라 惜未覩星雲

보배로운 유서에 남겨진 향기 가득하니 寶藏饒遺馥

어지신 은혜로 사라짐 막았네 仁恩實救焚

한 분의 노선생(이삼환)에 그 규범 남아 典刑餘一老

연세나 도덕 일반에서 뛰어나셨네 齒德逈千群

도 없어짐 노년의 한탄이라면 道喪窮年歎

벗 찾아왔으니 늘그막 기쁨이로세 朋來暮境欣

성호 선생 책 교정하는 일 울적함 막아 주니 校書酬耿結

책 상자 지고 온 고생 기쁘기만 하도다 負笈喜辛勤

어둠을 밝혀 주는 편안함 있는데 猶有安冥摘

부질없이 늙어만 가랴 徒然到白紛

어진 벗님네들이여! 함께 힘쓰며 勖哉良友輩

아침저녁 이곳에서 잘 보내세 於此送朝曛

「성호 선생 유저를 교정하며(十一月一日 於西巖鳳谷寺)」

 힘을 모으고 뜻을 합해 함께 가자는 그의 외침은 동료들에게도 큰 영향을 미쳤을 것이다. 이때 함께했던 다산의 동료들은 모두 다산의 의욕과 견해에 동조했지만, 성호의 문인이자 종손자인 이삼환은 역시 성호의 우파 계열이어서 다산의 생각과는 많은 차이를 보였다.

주자학의 테두리를 크게 벗어나지 못하던 이삼환은 인(仁)·의(義)·예(禮)·지(智)를 모두 이(理)로 보고 이란 사람의 마음속에 잠복해 있다고 한 주자의 학설과 같은 주장을 폈지만, 다산은 그에 동의하지 않고 인의예지를 관념적인 이가 아니라 행사(行事)로 나타나는 행위(行爲)라고 여겨 이삼환과는 전혀 다른 해석을 내렸다. 뒷날 경학 연구의 중심이 되는 사상이 이때 확고히 자리 잡았음을 확실하게 보여 주고 있다.

성리학에서 끊임없이 논란이 되었던 사단칠정(四端七情)의 문제가 있는데, 사단(四端)의 학설은 맹자(孟子)에게서 출발하여 해석이 나뉘었으나 조선에서는 대체로 주자의 학설로 귀일된 상태였다. 주자는 인의예치란 모두 '사람의 마음속에 들어있는 이치(在心之理)'라고 해석했으나, 다산은 분명하게 다른 학설을 주장했다. 측은지심(惻隱之心)·수오지심(羞惡之心)·사양지심(辭讓之心)·시비지심(是非之心)은 각각 인의예지의 단(端)이라는 맹자의 학설에 대해 다산은 주자와 달리 측은한 마음이 행위로 나타나야 인(仁)이 되고, 수오의 마음이 행위로 나타나야 의(義)가 되고, 사양의 마음이 행위로 나타나야 예(禮)가 되고, 시비의 마음이 행위로 나타나야 지(智)가 된다는 새로운 해석을 내렸다. '마음속의 이치'는 관념일 뿐, 아무런 공효(功效)가 없기 때문에 그렇게 해석해서는 실제로 행해지는 일이 없다는 것이 다산의 주장이었다. 다시 말해 행위와 행동으로 나타나야만 인의예지의 공효가 있지, 그렇지 않다면 무슨 의미가 있겠느냐는 것이었다. 다산은 이로부터 "인의예지는 일로 행한 뒤에야 그 명칭이 나온다.(仁義禮智 行事以後得名)"라고 수없이 주장했다.

봉곡사의 학술 대회에서 주장한 다산의 이론이야말로, 관념의 깊은 늪에 빠져 있던 인의예지 이론이 실천의 논리임을 밝혀낸 획기적인 경학 연구의 하나였다. 정말로 창의적인 견해였다. 경학에 관한 이 논리는 뒷날 유배지에서 완성하는 육경사서에 관한 232권을 관통하는 핵심이었다. 바로 이 철학이 주자학과 대칭되는 '다산학'이라고 명명할 수 있는 새로운 학문이었다.

인의예지 해석 이외에 퇴계와 율곡의 이기론, 중국 고대 토지 제도인 정전제(井田制), 심성론(心性論), 『시경』이라는 경전에 대해서도 수많은 질문과 답변이 계속해서 이어졌다. 이른바 유용지학(有用之學)이란 바로 실용지학(實用之學), 곧 실학인데 이에 대해서도 논의가 계속되었다. 빈틈없이 정확하게 기록한 「서암강학기」는 다산이 그 무렵에 매일 했던 일을 기록한 일기인 「금정일록(金井日錄)」과 완전히 일치하고, 「봉곡사술지시서」의 기록도 일록의 내용과 일치된다. 세미나의 결과 보고서가 그처럼 정확하여, 학회에 참석하지 못했던 오늘의 우리로서도 마치 그 자리에 참석하여 토론 내용을 듣고 또 참여했던 것과 같은 느낌이 들게 한다.

봉곡사는 충남 아산시 송악면 유곡리의 심심산골에 있는 조그마한 절이다. 그곳에서 성호와 다산이 만났고 열세 명의 소장 학자들이 열흘 동안 숙식을 함께하면서 진지한 학술 대회를 개최했다는 사실을 그곳의 주지 스님도 모르고 있었다. 세월의 무상함을 새삼 느끼게 했다. 그곳이 어떤 곳인가. 실학의 개척자요, 실학 사상의 내용을 채운 철학자이자 경세학자였던 성호 선생의 학문적 업적을 전수하고 발양하기 위해 다산이 성호학에 관한 학술 세미나를 개최했던 역사의 현장이다. 그 지역 남인계 소장학자들이 운집하여 새로운 세상을 열자고 단합 대회를 열었던 수련회 장소였다. 성호를 통해 실학 사상을 정립하고, 그 논리를 실천하여 압제와 탄압, 착취와 수탈의 깊은 수렁에 빠진 조선 사회를 개혁하겠다는 결의가 다산의 시문에 있고, 참가자 모두가 남긴 시에도 담겨 있다. 성호와 다산의 만남이자 소장학자들의 만남이었으니, 그곳은 역시 역사적인 장소다. 그 사실을 기념하는 조형물이라도 하나 세워지기를 기대해 본다.

○○ 동적인 다산, 정적인 퇴계를 만나다

금정 찰방은 오늘로는 금정 역장이다. 이런 역장 생활에서 빼놓을 수 없는 일의 하나는 퇴계 이황의 문집인 『퇴계집(退溪集)』의 일부를 정독할 기회를 얻었음이다. 『퇴계집』의 「서(書)」, 즉 서간문(書簡文)을 꼼꼼히 읽고서 그 감상을 「도산사숙록(陶山私淑錄)」이라는 글에 남겼는데, 지금도 전해지고 있다.

을묘년(1795년) 겨울에 나는 금정에 있었다. 마침 이웃 사람을 통해 『퇴계집』 반 부(半部)를 얻었다. 매일 새벽에 일어나 세수를 마친 뒤, 「어떤 사람에게 보낸 편지」 한 편을 읽고 나서야 아전들의 아침 인사를 받았다. 공무를 마친 낮에는 그 의미를 부연해서 설명한 뜻을 한 조목씩 수록하여 스스로 깨치고 살폈다. 그리고 서울로 돌아와서 「도산사숙록」이라고 이름 했다.

「도산사숙록」의 맨 앞에 프롤로그로 기록한 글이다. 우연히 『퇴계집』을 이웃으로부터 얻어 보고, 그중에서 남에게 보낸 서찰을 주로 읽으면서 느낀 바를 기록했다는 것이다. 도산(陶山)은 도산서원이 있는 곳의 지명이지만 여기서는 퇴계를 가리킨다. 사숙(私淑)이란 직접 스승을 모시고 배우는 공부가 아니라 옛 어른을 사모하여 마음속의 스승으로 모시고 저서를 통해 그분에 대한 공부를 하는 것을 두고 하는 말이다. 매우 활동적이고 분주하게 살아가던 다산은 잠시도 그냥 있지를 못하고 무엇인가를 행해야만 직성이 풀리던 성격이었는데, 언제나 정적이면서도 경(敬)을 앞세운 퇴계의 깊은 사상을 진지한 마음으로 접하자, 거기에도 무한한 진리가 살아서 움직이고 있음을 느끼지 않을 수 없었나 보다. 퇴계의 서찰을 읽던 무렵에 서울의 지인에게 보낸 편지에서 토로한 그때 다산의 심경을 읽어 보자.

저는 요즘 퇴계 선생의 문집을 얻어 읽으면서 마음을 가라앉히고 차근차근 실마리를 찾듯 분석해 봅니다. 그 깊은 의미와 넓은 범위는 진실로 후생(後生) 말류(末流)로서는 감히 엿보거나 헤아릴 수 있는 것이 아닌데, 이상스럽게도 정신이나 기운이 편안해지고 뜻이나 생각이 가라앉아 혈육(血肉)과 근맥(筋脈)이 모두 안정됩니다. 안도감이 들면서 예전의 조폭스럽고 발월(發越)하던 기운이 점점 사라지니 이 한 부의 책이 저 같은 사람의 병증에 맞는 약이 아닌가 생각됩니다.

「이계수에게 답함(答李季受)」이라는 편지 내용이다. 같은 남인의 시파로 다산의 대선배인 참판 이익운(李益運, 1748~1817년)의 자가 계수이니, 그에게 답한 편지다. 퇴계의 편지를 촘촘히 읽어 가면서 그동안 느끼지 못했던 새로운 마음을 경험했기에 그러한 말을 했으리라. 어떤 구절을 읽고는 너무 마음에 딱 맞아 매우 기뻐서 눈물까지 흘렸노라는 이야기도 있다.

퇴계가 남명 조식(曺植)에게 답하는 편지에 이런 대목이 있다.

> 보내온 편지에, "학자가 이름을 도적질하여 세상을 속인다." 하신 말씀이 있는데, 그것은 고명한 그대만이 근심하는 내용이 아닙니다.

다산은 이 대목을 거듭거듭 읽으며 그 깊은 뜻을 발견하고는 감탄해 마지않았다. 남명의 말대로 학자가 이름을 훔쳐서 세상을 속인다는 말이야 옳다고 퇴계도 인정한다. 그러나 그런 말로 모든 사람을 꾸짖는다면 착한 의도마저 꺾을 위험이 있다는 것을 퇴계는 경계했는데, 바로 이 대목에서 다산은 탄복하고 말았다. "이 글을 여러 번 반복해서 읽고 나니, 나도 모르게 기뻐서 펄쩍 뛰기도 하고 감탄하여 무릎을 치며 감격의 눈물을 펑펑 흘렸습니다. 이 글에는 은근하게 '솔개가 날아 하늘에 이르고(鳶飛戾天)' '물고기가 못에서 뛰는(魚躍于淵)' 뜻이 있습니다."라고 감격한 이야기를 토로했다.

솔개와 물고기의 이야기는 본디 『시경』의 한 구절로, 『중용』에서 이 구절을 인용하여 제대로 공부한 군자의 덕은 위로는 나는 새와 아래로는 뛰는 물고기에까지 미친다고 풀이했는데, 다산은 퇴계의 덕이 그런 정도라고 찬양한 것이었다. 이 부분의 주고받은 편지 내용은 더 자세한 설명이 있어야 충분한 이해가 가능하다. 퇴계의 글에 어떤 깊은 뜻이 담겨 있기에 다산은 기뻐서 눈물까지 흘렸을까. "세상을 속이고 이름을 도적질한다."라는 위선적인 학자들의 잘못된 점은 반드시 비판함이 마땅하나, 위선적이라는 비난을 무서워하고 세상을 속이고 이름을 도적질한다는 비판을 두렵게만 여긴다면 공부하고 학문하는 일은 할 수 없을 게 아니냐는 퇴계의 반문이 다산의 가슴에 감동을 주었던 것이다. 참으로 진보하고 발전하기 위해서는 비판과 비난을 감수하면서라도 공부에 몰두해야만 하고, 그러한 사람은 모두 포용하여 가르쳐 주고 지도해 주어야 한다는 퇴계의 주장이 다산을 감동시켰던 것이라 생각된다.

이 문제에 대해서는 덧붙여 설명할 대목이 있다. 세월이 지난 뒤인 유배 시절에 다산이 강진의 다산초당에서 배우던 제자 정수칠(丁修七)에게 퇴계에게서 시사받은 그 뜻을 매우 자세하게 설명해 준 글이 있다.

위선적인 학문(僞學)이라는 호칭을 두려워했다면 정자(程子)나 주자도 그들의 도(道)를 세우지 못했을 것이고, 명예를 구한다는 비방을 두려워했다면 백이숙제(伯夷叔齊)가 절개를 이루지 못했을 것이며, 곧다는 명예를 얻으려 한다는 혐의를 멀리했다면 급암(汲黯)이나 주운(朱雲, 모두 한나라 때 충신) 같은 분들도 간쟁(諫諍)하는 데 나가지 못했을 것이다. 심지어 부모에게 효도하고 벼슬살이할 때 청렴한 공직 생활을 했던 것을 경박한 무리들이 모두 명예를 구하려

하는 것이 아닌가 의심을 하니, 이러한 무리들을 위해 악을 따라야
할 것인가?

「위반산정수칠증언(爲盤山丁修七贈言)」

이 글을 잘 살펴보면 다산이 퇴계의 뜻을 얼마나 깊이 이해하고
있었나를 정확하게 알 수 있다. 옳은 일이고 바른 일이라면 주위를
돌아보지 말고 행동으로 옮기는 일이 중요하지 남의 눈치나 보고 비
위나 맞추기 위해 착한 일, 옳은 일을 주저해서는 안 된다는 다산의
행동 지침을 분명하게 이해할 수 있는 대목이다. 지나친 결백성, 과도
하게 남을 의식하는 태도는 합당하지 않다는 실사구시적인 다산의
입장을 알게 해 준다.

퇴계의 편지글을 통해 책을 읽으면서 느끼는 '맛'에 대한 깨달음
이 컸음을 고백하는 부분도 있는데, 역시 의미가 깊다. 퇴계가 이중
구(李仲久, 이름은 담(湛))에게 답하는 편지에 나오는 글이라고 했다.

단지 책을 보면서 맛(味覺)을 느끼게 되니 맹자의 육고기 맛에
대한 이야기가 참으로 나를 속이지 않음을 느꼈는데, 이런 뜻이 한
해 한 해 갈수록 더 깊어졌습니다. 이 때문에 문득 공부를 그만두
고 싶어도 그만두지를 못했을 뿐입니다.

해가 갈수록 책을 읽으며 느끼는 맛이 더 깊어져 간다는 퇴계
의 말에 다산은 한없는 부러움을 느낀다. 옛날 정자나 주자 같은 학
자들이 '잠심완미(潛心玩味)', 즉 '마음을 가라앉히고 글의 의미를 깊이

음미한다'라는 말을 자주 사용했는데, 이제야 퇴계를 통해서 그 의미가 맞을 아는 사람들끼리만 맛에 대한 이야기를 할 수 있는 경지임을 느끼게 되었다고 했다. 그래서 다산은 책과 공부를 통해서 느끼는 바가 진짜 맛이나 재미이지, 팔진미·오후청의 음식 맛이 맛있는 것이 아니며 고관대작의 지위가 재미를 느끼게 하는 것도 아니라는 결론을 얻었다.

퇴계는 위의 편지에 이어지는 글에서 "내가 지은 「도산기(陶山記)」와 「도산잡영(陶山雜詠)」이라는 시를 그대가 읽으셨다는데, 깊이 송구스럽습니다. 우스개 삼아 지었던 글과 시였기에 반드시 모두 이치에 맞지는 않는 것들입니다. 가벼운 짓을 한 허물은 이미 후회해도 소용없습니다."라고 썼는데, 이 대목을 읽고 다산은 가볍고 얕게 함부로 글 쓰는 버릇을 깊이 반성했다.(퇴계의 「도산기」나 「도산잡영」은 매우 수준 높은 글이다.) 그런 훌륭한 시문을 가볍게 지었다고 반성하는 퇴계의 태도에 다산은 또 놀랐다. "나는 평소에 병통이 있다. 무릇 생각하는 것이 있으면 글로 짓지 않을 수 없고, 지은 글이 있으면 남에게 보이지 않을 수 없다. 요즈음 와서 점검해 보니 모두가 가볍고(輕) 얕은(淺) 짓이라는 두 글자 때문이다. 지금 선생의 글을 읽어 보니 더욱 느끼는 바가 있다."라고 다산은 깊은 반성의 뜻을 나타냈다.

퇴계의 서간문을 읽은 총평을 간절한 시 한 편으로 남겼다.

한가함 속에도 매사가 바쁘더니	閒裏纔看物物忙
그런 중에도 가는 세월 멈추게 못해	就中無計駐年光
반평생 가시밭길 기대에서 어긋나	半生狼狽荊蓁路

이 한 몸 싸움터에서 갈피를 잡지 못했네   七尺支離矢石場

만 가지 움직임이 조용함만 못하고   萬動不如還一靜

뭇 향기 따르느니 외로운 향기 지켜야 해   衆香爭似守孤芳

도산이며! 퇴계의 물이여! 있는 곳이야 알지만   陶山退水知何處

아득하게 높은 풍모에 사모의 마음만 일어나네 緬邈高風起慕長

「퇴계의 유서를 읽고(讀退陶遺書)」

바쁘고 분주하게만 살아가던 젊은 날의 다산은 모처럼 금정 찰방이라는 한가로운 직책을 맡아, 조용한 시간을 내 촘촘히 퇴계의 글을 읽으면서 깊은 성찰의 계기를 가졌다. 남의 눈치나 비난 때문에 옳고 바른 일에 주저함이 있어서는 안 되며, 학문이 깊고 사색의 정도가 높아야만 참으로 책을 읽고 학문을 연구하는 참맛을 알 수 있다는 퇴계의 말씀에 미치지 못해, 언제쯤 참맛을 아는 독서 군자가 될 수 있을 것인가에 대해 탄식하고 언어나 작문을 가볍고 얕게 해서 일어나는 병통을 바로잡아야겠다고 반성했다. 퇴계의 글 몇 편에서 삶의 대도(大道)를 터득하던 다산의 인격 수양이 부럽도록 멋지기만 하다. "도산이여! 퇴계의 흐르는 물이여!"라고 외치며 퇴계라는 학자를 한없이 숭모한 다산의 태도는 역시 학문하는 사람의 아름다운 모습이었다. 다산은 이 시를 금정의 마지막 작품으로 하고 그곳을 떠나 서울로 다시 들어가게 되었다.

잠으로 농적이던 다산, 그러나 퇴계의 글을 읽으면서 "만 가지 움직임이 하나의 조용함만 못하다."라는 시를 지어 동(動)만이 아니라 정(靜)에도 무한한 진리가 있음을 터득하기에 이른다. 다산은 그해 12월 20일 용양위(龍驤衛)의 부사직(副司直)에 임명되어, 23일에 5개월가량을 보냈던 금정을 떠났다. 서울에 돌아온 다산은 바로 1796년 새해를 맞아 35세의 나이가 되었다. 이때 또 다산의 새로운 면모를 보여주는 사단이 생겼다. 연초에 다산이 가깝게 지내며 큰 선배로 모시던 오사(五沙) 이정운(李鼎運)이 충청도 관찰사로 발령이 났다. 이정운은 당시 승지로 있으며 다산과 절친하던 이익운의 친형이었다. 많지 않던 남인계 선배로 그들 형제는 잘나가는 벼슬살이를 하고 있을 때였다.

그 무렵 정조는 서울로 올라온 다산의 입장을 유리하게 만들고 또 좋은 벼슬을 주기 위해서 금정 찰방으로 근무할 때의 다산의 치적을 제대로 밝히고 크게 표창하여 등용할 구실을 찾고 있었다. 다산이 서울로 돌아오기 직전 당시 천주교 전파에 큰 공이 있던 이존창(李存昌, 1752~1801년)을 체포한 사실이 있었다. 이존창은 충청도 예산 출신의 농민 학자로 권일신에 의해 천주교에 입교했던 사람이다. 그는 가성직(假聖職) 제도가 통용되던 때 신부가 되어 충청도 일대에 교세를 확장시킨 큰 공을 세웠고, 내포 지방에서 활동하여 '내포의 사도'라는 별명까지 들었던 사람이다. 뒤에 가성직 제도가 교리에 어긋난다는 문제가 일어나자 윤유일에게 자금을 주어 주문모 신부를 영입하는 데 큰 역할을 하기도 했다.

이존창은 신해년 진산 사건 당시에는 붙잡혀 모진 고문을 당하여 배교를 선언하고 홍산으로 이사가 숨어서 살았다고 한다. 그러나 그는 곧 배교를 뉘우치고 다시 전교 활동에 앞장서서 내포 지방 일대를 천주교도가 가장 많은 곳으로 만들 정도로 크게 활약하였다. 우리나라 최초의 신부인 김대건의 할머니가 바로 이존창의 조카딸이며, 최양업(崔良業) 신부가 그의 생질의 손자가 되는 등 이존창은 조선 초기 천주교 발전에 매우 공로가 큰 사람임이 분명했다. 그처럼 열심히 천주교 전교에 힘쓰던 이존창은 다산이 금정을 떠나기 앞서 그해 12월에 다산의 추적을 피하지 못하고 체포되고 말았다. 그는 천안으로 이송되어 6년 동안이나 연금 생활을 하면서도 천주교에 대한 열성은 줄이지 못했다. 1801년 신유옥사 때 다시 체포되어 서울로 압송되고, 정약종 등과 함께 사형을 언도받아 공주 감영에서 처형되는 과정을 겪는다.

그런 거물급 이존창을 붙잡은 공이 작지 않기 때문에 정조는 어떻게 해서라도 다산의 공로를 크게 선양하여 그의 벼슬길에 유리하게 하려고 했다. 그래서 정조가 이익운에게 지시했다. "정약용이 계책을 써서 도적(사교도)을 잡았으니 그 공을 없앨 수가 없는 일이다. 그의 체포 계략도 마땅히 세상에 드러내 주어야 한다. 그대가 충청도 관찰사로 나가는 형(이정운)에게 말해, 근무지에 도착하거든 곧바로 정약용이 체포하던 연유와 상황을 자세히 적어서 나라에 올리는 것이 좋겠다. 내가 꼭 표창을 더해 주고 발탁해서 쓰려고 하니, 장계(狀啓, 관찰사가 올리는 보고서)는 모름지기 정약용과 상의하고 초안을 그대의 형이 가지고 가게 하라." 이익운 승지가 그런 사실을 바로 정약용에게 전해 주자, 다산은 극구 사양하며 다음과 같이 반대의 입장을 밝혔다. "은 혜롭게도 염려해 주심은 참으로 망극한 일이오나, 도적 한 사람 잡았다고 상을 받는 일은 천하에 크게 부끄러운 일입니다. 제가 장계의 초안을 잡을 수 없을 뿐만 아니라, 만약 그 일에 대한 장계가 올라가는 날에는 내가 그대의 형님과 결연히 절교할 것입니다. 모름지기 내일 경연 석상(임금 앞에서 경서를 논하는 자리)에서 이 점을 분명하게 아뢰어 주십시오." 그러자 이정운이 직접 다산에게 편지를 보내 알아듣도록 타일렀으나, 다산은 장문의 답장을 보내 동의할 수 없다는 자신의 입장을 밝혔다. 다산의 명석한 논리나 사리에 밝은 그의 판단력이 돋보이는 글이므로 답변의 내용이 길지만 그대로 옮겨 보겠다.

어제 제씨(이익운)를 만나 엎드려 임금님의 말씀을 들었고, 오늘 또 보내 주신 편지를 받고 보니, 우러러 임금님의 뜻을 알게 되어 감격하여 흐르는 눈물을 억제할 수 없습니다. 장계의 초안이야 도와드리지 못하겠습니까마는, 다만 삼가 생각하옵건대, 선비가 자신을 곧바로 세우고 자기의 도(道)를 행함에 있어 오직 사유(四維, 예·의·염·치)가 중한 것이니, 진실로 이 가운데 하나라도 방심하여 소홀함이 있다면, 비록 주공(周公)의 재주와 같은 아름다움이 있다 하더라도 대체로 볼만한 것이 없을 것입니다. 옛사람은 비바람으로 목욕을 하고 날아오는 돌이나 화살을 무릅쓰며 예측할 수 없는 지방으로 들어가 요행이 없는 위험한 모험을 하면서까지 적장의 목을 베고, 기(旗)를 뽑아 버려 천 리의 땅을 개척했다 하더라도 돌아와

서는 조용히 지내며, 공을 자랑하거나 으스대지 아니하여 조금이라도 교만한 얼굴빛을 지은 적이 없었습니다. 그들은 마음속으로 '이것은 신하된 사람으로 마땅히 해야 할 직분이니 공으로 여길 만한 것이 못 된다.'라고 생각했기 때문입니다.

이존창이라는 자는 국가의 명령을 피해 다니는 하나의 백성에 지나지 않습니다. 설령 이 백성이 비와 바람을 부르고 둔갑술을 부려 몸을 감추는 재주가 있어 오영(五營)의 병사들을 풀어서도 잡을 수 없는 자였는데 제가 낸 꾀와 계책으로 하루아침에 잡았다 하더라도 오히려 스스로 공으로 여길 수 없는 일이거늘, 하물며 이존창이라는 자는 겨우 이름이나 바꾸고 자취나 감추어 이웃 고을에 숨어 있었을 뿐인데 무슨 공이 있겠습니까. 이미 그가 숨어 있던 곳을 알았으니, 한 명의 포졸만 데리고 가서 결박하여 잡아 오는 것은 독 안에 든 자라를 잡듯이 쉬운 일이었는데, 처음부터 염탐하는 방법에 참여하여 듣지 못한 저에게 무슨 공이 있겠습니까. 지금 이처럼 보잘것없는 일을 가지고 장황하게 늘어놓아 일세(一世)의 이목을 속임으로써 자신을 진출시키는 바탕으로 삼는다면 이 또한 잘못되고 궁색한 일이 아니겠습니까. 차라리 불우하게 살다가 죽을지언정 이런 짓은 하고 싶지 않습니다. 임금께서 이 몸에 은총을 내려 주시려고 하신 지 오래되었습니다. 은총을 내리시는 데 급급하셔서 이처럼 지극히 어질고 친절한 말씀까지 있게 되었을 것이니, 가만히 생각해 보건대 골수에 사무칩니다. 그러나 이 보잘것없는 몸의 미미한 지조 때문에 이와 같은 임금님의 은혜로운 뜻을 받을 수가 없으니, 죄는 만 번 죽어야 마땅하거늘 다시 무슨 말을 하겠습니까. 진실로 어르신께서 저의 이런 간절한 뜻을 생각해 주지 않으시고 감영에 도착하자마자 장계를 올려 한 구절 반 글자라도 혹 저에게 공을 올려 주는 말을 하신다면, 저는 즉각 상소를 올려 그대께서 사사로운 정에 따라 임금을 속였다는 잘못을 들어서 극렬히 논박할 것입니다. 그런 지경에 이르면 앞으로 무슨 꼴이 되겠습니까. 저는 오직 만 리 밖의 외딴 곳으로 귀양 갈 생각을 하고 있으니, 역시 양찰해 주십시오. 위로는 임금님의 명령을 어기고 아래로는 대감(이정운은 판서를 지냈다.)의 뜻을 저버렸으니 송구스러운 마음 금할 길이 없습니다.

「답오사(答五沙)」

이 깐깐한 선비다운 태도에서 다산이라는 한 인간의 인품과 인격을 어느 정도 짐작할 수 있다. 보통 사람이라면 벼슬길이 원만하게 풀리도록 작은 공도 크게 부풀려서 보고하기 마련인데, 상당한 공을 세우고도 끝까지 공 치하받기를 거절한 당당한 태도가 역시 다산다운 면모다. 공렴을 가슴에 안고 살아간 다산의 정신은 여기서도 분명하게 드러난다. 실제로 이존창 같은 거물급 천주교도를 체포하고 금정에 있는 동안 척사계를 조직케 하여 사학(邪學)을 반대하게 한 다산의 공이 컸던 것은 사실이다.

관찰사가 임금에게 올리는 장계는 다산의 완강한 반대로 이루어지지 않았다. 그러나 다산의 후임으로 금정 찰방에 임명되어 재직한 김이영(金履永)이 "정약용은 금정에 있을 때 성심으로 백성들을 깨우치고 거두어 주었으며, 찰방의 업무도 청렴하고 근신하는 태도로 임했습니다."라고 보고하였다. 그리고 정승으로 있던 심환지(沈煥之, 다산의 반대파이던 벽파 영수)가 임금께 아뢰기를, "정약용은 군복 문제(병조 참의 때 군복을 입지 않았던 일) 때문에 특별 명령으로 벼슬을 제대로 찾지 못한 채 오늘까지 풀리지 않고 있습니다. 이제 그를 임용시킬 때가 되었습니다. 더구나 금정에 있을 때 백성들을 일깨워 교화시킨 바가 많으니 청컨대 다시 거두어 쓰십시오."라고 했다. 그러자 임금도 "내포 지방에서 근무했던 찰방이 백성들을 성심으로 교화시키고 거두어 주어 괄목할 만한 효험이 있었다 하니, 특별히 중화척(中和尺)을 내리노라." 하면서 고급 자(尺)를 하사하였다. 다산은 감격하였고 임금이 시까지 내려 주자, 그 시에 화답하는 시를 올려바쳤다.

그렇게 임금은 다산을 배려했건만 다산에게 곧바로 실직(實職)의 벼슬이 내리지는 않았다. 용양위 부사직이라는 관직에 있으면서 다산은 또 한 차례 한가한 세월을 맞았다. 초여름인 4월이 되자 다산은 서울을 벗어나 고향인 마재에도 들르고, 모처럼 부모님의 묘소가 있는 충주 하담 선산에 성묘도 갔다. 다산의 아버지 정재원은 1792년 초 진주 목사로 재직 중에 잠시 서울에 올라와 업무를 마치고 진주로 다시 돌아갔는데, 가는 길이 동작 나루를 건너는 길이었다. 그때 그곳에서 아버지와 이별했던 것이 다산에게는 아버지를 생시에 뵌 마지막이었다. 아버지는 진주로 돌아간 지 오래지 않은 4월 9일에 세상을 뜨고 말았던 것이다. 장사를 지낸 이래로 아버지 묘소에 성묘를 못했는데 아마 이때 처음으로 묘소를 찾은 것 같다.

동작 나루의 이별 기억 또렷한데   歷歷銅津別

이제 벌써 오 년도 넘었네	于今五載强
꿈속에서도 얼굴 모습 잊지 못하는데	夢中猶面目
대상(大祥) 지나 또 몇 년이네	祥後又星霜
초목이야 봄 지나매 무성한데	草木經春茂
강산은 예대로 유구하구나	江山自古長
생각하면 황천에서도	常疑泉壤裏
아스라히 고향 땅 못 잊으시리	迢遞戀桑鄕
눈물로 묘소 앞에서 아뢰옵니다	灑涕墳前告
멀리멀리 찾아온 아들 자식이	言兒遠遠來
오늘 밤은 법천(法泉)에서 묵을 것인데	法泉今夜宿
지난해에야 금정에서 돌아왔습니다	金井去年廻
시속의 사람들 말도 많은데	時俗猶饒舌
임금님은 유달리 인재 사랑하신답니다	宸衷猶愛才
애달파라 마음속의 드리고픈 말씀	哀哀心內語
묘소 안에 가닿지 못하네	終莫徹幽臺

「하담에 도착하여(到荷潭)」

오랫동안 홀로 계시던 어머니 묘소에 이제는 부모님이 함께 계신다. 귀양살이나 다름없던 금정역 생활이어서 귀경한 뒤에야 보고차 묘소에 들렀으리라. 성묫길은 남한강을 따라가는 뱃길이었다. 가는 길은 단조롭게 그냥 지났지만, 돌아오는 길에는 많은 시를 지었다. 4월 14일 묘소를 참배하고 4월 16일 하담을 출발해 원주의 법천에 들러 집안 어른 해좌 정범조를 또 찾아뵙는다. 그와 하룻밤을 새우며 많은 시를 짓고 세상 이야기를 나눴다. 오는 길에 여주의 신륵사에도 들르고 이애(利厓)라는 마을에서 비를 만나 하룻밤을 또 지내야 했다.

충주의 선영에 성묘하러 가면 언제나 들르는 곳은 원주 법천에 살던 가까운 집안의 아저씨 되는 해좌 정범조의 집이었다. 정범조는 당대의 학자로 벼슬에는 아무리 불러도 나오지 않았던 우담(愚潭) 정시한(丁時翰)의 현손으로 일찍이 문과에 급제하여 홍문관 제학에 형조 판서까지 오른 학자 관인(學者官人)이었다. 특히 정조 시절에 남인의 영수이던 번암 채제공의 막역한 친구로 함께 힘을 합해 정조를 보필한 공이 컸다. 정시한과 다산의 5대조 정시윤은 육촌 형제 사이로 나이가 더 많던 정시한은 바로 정시윤의 스승이었으니, 집안끼리도 가까웠지만 학문의 사승 관계로도 친밀한 사이였다. 그런 이유로 후손들까지 아주 가깝게 지냈으며 충주의 하담 행차 때는 반드시 들르던 곳이 정범조의 집이었다. 「집안 아저씨 해좌 옹의 산중 집에 유숙하면서 짓다(留題族父海左翁山居)」란 제목으로 함께 잠을 자던 밤에 지은 4수의 시가 있다. 이에 정범조가 그 4수에 화운(和韻)하여 4수의 시를 지었는데 두 사람의 시가 문집에 함께 실려 있다.

그때 정범조는 74세의 국가 원로급의 학자 문인이었고, 다산은 35세의 손자 같은 젊은이였다. 외롭게 시골에 은거하면서 노년을 보내는 노인을 찾아 준 기쁨에 정범조는 다산을 칭찬하는 시를 지었고, 다산은 다산대로 정범조의 학문 덕행을 칭송하는 내용의 시를 지었다. 그때 국가의 원로 격인 정범조가 다산을 어떻게 여겼나를 보여 주는 시이므로 조금 인용하고 싶다. 먼저 승정원의 승지가 찾아

주어 반갑다는 말을 표하고,

> 선대의 훈계 받들어 종친 정의 돈독하고　　　　誼惇宗黨承先訓
> 정조 임금 세상 만나 좋은 벼슬 두루 역임했네　官歷淸華値聖時

라며 종친 간의 정의에 돈독한 다산을 칭찬했다. 두 번째 시에서는,

> 찾아올 때마다 고상하고 그윽한 이야기뿐인데　逢迎都是煙霞語
> 근심 걱정 겪었어도 그 얼굴은 마냥 옥 같고 눈 같네　憂患依然玉雪顔

라고 추어올리며 금정의 귀양살이를 겪었어도 얼굴은 옥이나 눈처럼
맑고 하얀 귀공자라고 일컬었으며, 세 번째 시에서는,

> 경전 뜻 애써 궁리해 낸 새로운 이론 많으니　力窮經訓多新得
> 나라의 늙은이로 대접받는 사람 늙었어도 부끄럽네　名厠耆司愧老成

라고 하여 국가의 기로소(耆老所)에 들어간 원로급 노인이지만 그런
경전 공부에 미치지 못해 부끄럽다면서 새로운 경학 이론을 많이 연
구해 낸 다산의 학문적 높이를 찬양하였다. 그리고 마지막 네 번째
의 시에서는 당대의 학자이자 문장가이던 정범조가 조카뻘 되는 젊
은 다산을 장안의 재주 높은 문장가라고 칭찬하기에 이르렀다.

> 나야 관동 지방의 백발노인일 뿐인데　　　　鬖髮關東老

그대야 장안(서울)의 문장가로세 　　　　　　　　　　　文章鄴下才

　이렇듯 다산은 당대의 유명한 사람들로부터 크게 칭찬을 받으며 살았다. 그러나 어디 한구석에 걱정이 있어, 정범조는 세 번째 시에서 다산에게 전하는 경계의 말을 빼놓지 않았다.

　이제 차츰 눈으로 평탄한 길 적음을 알겠거니 　　漸識眼中平地少
　세상길 출발할 때 부디 앞길 조심하길 　　　　　須從發軔愼前程

　다산이 천주교 문제로 늘 비방과 모함을 받고 있다는 것을 알고 있던 정범조가 앞길은 평탄하지만 않을 것이니 부디 조심하라고 한 충고는 뒷날 다산이 겪게 되는 시련을 예언한 말이 되고 말았다.

7 서울로 돌아와 정조를 보필하다

○○ 죽란시사(竹欄詩社)를 만들어 문인들과 교유하다

지난해 겨울, 금정에서 서울로 돌아왔지만 책임이 큰 벼슬자리를 얻지 못해 다산은 비교적 한가했다. 4월 보름께 부모님 묘소에 성묘한 뒤 그때 살던 집이 지금의 명동 부근인 명례방(明禮坊)에 있었기에 그곳에서 시 동인(詩同人)을 결성했다. 다산은 명례방에 살던 집의 이름을 '죽란사(竹欄舍)'라 불렀다. 왜 그런 이름으로 부르는가에 대해서도 자세하게 설명했다.

나의 집은 명례방에 있었다. 아침저녁으로 구경할 만한 연못이나 정원도 없었다. 그래서 우리 뜰을 반 정도 할애하여 경계를 정해서 여러 꽃과 과일나무 가운데 좋은 것을 구하여 화분에 심어 그곳을 채웠다. 왜류(倭榴)는 4본이 있다. 줄기가 위로 뻗어 1장(丈)

쯤 되고, 곁에 가지가 없으며 위가 쟁반같이 둥글게 생긴 것이 두 그루가 있다. 석류 가운데 꽃은 피면서 열매를 맺지 못하는 것을 화석류라 하는데 1본이 있다.

매화는 2본이 있고 치자나무도 2본이 있다. 산다(山茶, 동백)가 1본 있고, 금잔화(金盞花)와 은대화(銀臺花)가 4본 있다. 파초는 크기가 반석만 한 것이 1본 있고, 벽오동은 2년생이 1본 있고, 만향(蔓香)이 1본, 국화는 여러 종류가 있는데 모두 18분(盆)이고 부용(芙蓉)이 1본이다. 그리고 대나무 중에서 서까래처럼 굵은 것을 구하여 화단의 동북쪽으로 가로질러 울타리를 세웠다. 이는 이곳을 지나다니는 남녀종들이 옷으로 꽃을 스치지 못하도록 하기 위함인데, 이것이 이른바 대나무 울타리(竹欄)이다. 언제나 공무에서 물러 나와 건(巾)을 젖혀 쓰고 울타리를 따라 걷기도 하고, 달 아래서 술을 마시고 시를 지으니, 고요한 산림과 과수원, 채소밭의 정취가 있어서 수레바퀴의 시끄러운 소음을 거의 잊어버렸다. 여러 시 벗들이 날마다 이곳에 들러 취하도록 마셨는데, 이것이 이른바 '죽란의 시모임(竹欄詩社)'이다.

「죽란화목기(竹欄花木記)」

꽃이나 나무를 사랑하고 아끼며 집안에 꽃나무 밭을 꾸미던 다산의 취미가 아름다워 보인다. 무슨 이유, 어떤 사연으로 죽란사의 시 모임을 만들었을까. 이에 대해서도 다산은 섬세한 설명을 했다.

상하 5000년이 되는 세월 속에서 하필이면 한 시대에 함께 살아간다는 것은 우연한 일이 아니다. 종횡으로 3만 리도 넘는 곳에서 게다가 한 나라에서 함께 살아간다는 것도 우연한 일이 아니다. 그러나 한 시대, 한 나라에서 함께 살아간다 해도 연령상으로 차이가 있고, 사는 곳에 원근의 차이가 있어서 나와 채홍원(蔡弘遠, 채제공의 양아들)은 시 모임을 만들어 기쁨을 같이하자고 의논했다. 우리보다 네 살 더 많은 사람부터 네 살 적은 사람 사이에서 모두 열다섯 명을 찾았다.

「죽란시사첩서(竹欄詩社帖序)」

이렇게 시작되는 시첩(詩帖)의 서문만 읽어 봐도, 그 시 모임이 얼마나 재미있었는가를 금방 알게 된다. 계속해서 서문을 읽어 보자.

참가자는 15인이다. 이유수(李儒修, 자는 주신(舟臣)), 홍시제(洪時濟, 자는 약여(約汝)), 이석하(李錫夏, 자는 성욱(聖勗)), 이치훈(李致薰, 자는 자화(子龢)), 이주석(李周奭, 자는 양신(良臣)), 한치응(韓致應, 자는 혜보(傒父)), 유원명(柳遠鳴, 자는 진옥(振玉)), 심규로(沈奎魯, 자는 화오(華五)), 윤지눌(尹持訥, 자는 무구(无咎)), 신성모(申星模, 자는 경보(景甫)), 한백원(韓百源, 자는 원례(元禮)), 이중련(李重蓮, 자는 휘조(輝祖)), 우리 형제(정약전·약용), 채홍원이다. 이들 15인은 서로 비슷한 나이로, 서로 바라보이는 가까운 곳에 살면서 태평한 시대에 출세하여 모두 문과 급제로 벼슬길에 올랐고, 그 지향하는 취향도 서로 같으니 모임을 만들어 즐기면서 태평한 세상을 아름답게 장식하는 것이 또한 좋지 않은가.

192

이어 그때 모임의 규약까지 서문에 담았다.

살구꽃이 피면 한 번 모이고, 복숭아꽃이 처음 피면 한 번 모이고, 한여름에 참외가 익으면 한 번 모이고, 초가을 서늘할 때 서쪽 연못에서 연꽃 구경을 위해 한 번 모이고, 국화가 피면 한 번 모이고, 겨울철 큰 눈이 내리면 한 번 모이고, 세모에 화분의 매화가 피면 한 번 모이는데, 모일 때마다 술과 안주, 붓과 벼루 등을 준비하여 술을 마시며 시를 읊는 데 불편이 없도록 한다. 모임은 나이 어린 사람부터 시작하여 나이 많은 사람에 이르고, 한 차례 돌면 다시 이어 간다. 아들을 낳은 사람이 있으면 모임을 주선하고, 수령으로 나가면 또 주선하고, 벼슬이 승진되면 그 사람이 주선하고, 자제 중에 과거 급제자가 나오면 또 그 사람도 주선한다. 이에 이름과 규약을 적고 제목을 '죽란시사첩'이라 했는데 '죽란'이 있는 우리 집에서 열리는 경우가 많아서였다.

그러면서 한마디를 부언했다.

번암 채제공 정승께서 우리 시 모임 이야기를 들으시고 감탄하면서, "훌륭하도다. 이 모임이여! 내가 젊었을 때에 어찌 이런 모임이 있었겠는가. 이는 오로지 정조 임금께서 20년 동안 선비를 길러 성취하신 효과이다. 모일 때마다 언제나 임금님의 은택을 읊어서 보답할 방법을 생각해야지, 한갓 곤드레만드레 취해서 떠들기만 일삼지 말아야 한다."라는 말을 하셨다. 채홍원이 나에게 서문을 쓰라 하여 번암 정승의 훈계 말씀을 함께 적어 서문으로 삼는다.

아름답고 낭만적인 성격의 모임이지만, 정조 같은 뛰어난 학자 군주의 치덕으로 선비들이 성장하여 문화적 활동의 하나로 그런 모임이 이룩될 수 있었다는 채제공의 평가가 당시 시대적 상황을 설명해 주기도 한다. 정조의 탕평책이 효과를 발휘하여 남인계 소장파들이 대거 문과에 급제했으니, 청한(淸翰)의 벼슬에 올라 있던 비슷한 나이의 사람이 열다섯 명인 것도 예사로운 일이 아니었다. 채제공은 바로 그 점을 지적하면서 임금의 은택을 잊지 말고 올바른 문학 활동으로 좋은 세상에 보탬이 될 일을 하라고 의미 깊은 충고를 했다. 열다섯 명 가운데서도 가장 자주 어울리던 친구들은 모임의 사백(詞伯)으로 추대된 윤지범을 비롯하여 윤지눌, 한치응, 이유수, 채홍원, 정약용 등이었다. 정기 모임과 임시 모임으로 나누어 살구꽃이 피면 만나는 모임으로 시작해서 세모에 화분의 매화가 피면 만나는 모임까지 일곱 차례의 정기 모임과, 집안에 경사가 있을 때 당사자가 주선하는 네 차례의 임시 모임을 정해 놓고 시와 술의 풍류를 즐기며 세상사를 걱정하는 토론까지 겸했을 것이니, 당시 문화의 한 단면을 보여 준다고 여겨진다. 이 모임은 1796년 여름부터 다산이 1797년 윤6월 2일 곡산 도호부사로 임명되기 전까지 대략 1년 3개월 동안 가장 활발한 활동을 했던 것으로 보인다. 물론 그 뒤로도 가끔 모임이 있었지만 역시 그 시절이 가장 화려한 전성기였다.

시 동인이 제대로 활동하던 시기의 다산 시집에는 대체로 그 모임에서 지은 시가 대부분이다. 한가롭고 여유롭던 시절 탓으로 서정

(敍情)이나 서경(敍景)의 시가 대부분이지만, 다산 시의 넉넉함을 충분히 알게 해 주는 시가 많다.

조용한 산골짜기 초가집 길이 있어	醞藉溪山草閣深
느릅나무 버드나무 작은 문에 그늘 드리웠네	小庭楡柳晚交陰
밭에 가득 오이 채소 고향에서 옮긴 듯	瓜蔬錯落移鄉井
붓과 먹 정돈되어 선비들을 모았네	翰墨雍容聚士林
구름 사이 햇볕 들어 꽃이 더욱 새롭고	漏日遠明花更色
가랑비 내릴 듯 나뭇잎이 먼저 우네	輕霏欲度葉先吟
자갈길 들쑥날쑥 나귀 타기 제격이니	巖蹊犖确宜驢步
거문고 안고서 달밤이면 또 오려네	且抱幽琴月夜尋

　　　　　　　　　　「이주신 댁에 몇이 모여(李周臣宅小集)」

대부분 '죽란사'인 다산의 집에서 모였지만 때로는 이 집 저 집 옮겨 다닐 때도 있었다. 이주신(이유수)의 집에서 모두가 아니라 몇 사람이 모였기에 '소집(小集)'이라는 시 제목을 달았다. 계절의 표현이 정확하고 돌길이지만 나귀 타기 좋으니 달밤이면 거문고 들고 다시 오겠다는 표현이 좋다.

「죽란화목기」에서 잠깐 보았던 대로, 다산은 취미와 문화적 감각이 분명히 뛰어났다. 고단한 일상의 북적거림이 둘러싼 도시 주택가, 시끄러운 수레 소리, 차마 오가는 소리가 끊이지 않는 그곳에, 수목과 화초로 전원 풍경을 꾸며 놓고 시와 술을 즐겼다는 그의 낭만적인 삶이 아름답다. 치자, 파초, 매화, 석류, 동백, 국화 등이 어우러진 꽃동산에 대나무 울타리로 경계를 만들어 화목을 보호하고, 마음과 뜻이 맞은 가까운 벗들이자 당대의 명사 문인들을 모아 노닐던 여유와 낭만이 부럽다.

국화가 18본이었다는 데 주목해야 한다. 다산은 뒷날 유배지에서 아들에게 보낸 편지에서 "너희들이 국화를 심었다고 들었다. 국화 한 이랑은 가난한 선비가 몇 달 동안 먹을 식량이 될 수도 있으니, 한낱 꽃구경에만 그치는 것이 아니다."(「기양아(寄兩兒)」)라고 말하며 국화는 관상용만이 아니라 약용으로도 쓰이니 많이 가꿔 잘 활용하면 집안의 살림에도 도움이 된다는 당부를 했던 것이다. 그래서 다른 꽃이나 나무는 한두 그루만 심었는데, 국화는 많이 심었으리라 생각된다. 시를 짓고 술을 마시며 풍류하던 시회에서야 우선은 꽃구경이었으리라.

사군자(四君子)의 하나인 국화는 향기나 아름다움 때문에도 선비들이 좋아하는 꽃이었지만, 모든 꽃이 다 지고 난 늦가을 서리를 맞고 피어나는 그 기개 때문에 더욱 군자들이 사랑했다. 죽란시사의 모임에서도 국화는 꽃 중의 여왕으로 많은 사랑을 받았다는 증거가 있다. 다산의 국화에 대한 글을 보자.

여러 꽃 중에서도 국화는 특별히 네 가지 특징이 있다. 늦게 피는 점이 하나이고, 오래도록 견디는 것이 하나이고, 향기로운 것이 하나이고, 고우면서도 화려하지 않고 깨끗하면서도 싸늘하지 않은 것이 하나다. 세상에서 국화 사랑하기로 이름나고 국화에 대한 취미를 안다고 자랑하는 사람도 이 네 가지를 좋아하는 것에 지나지 않는다. 나는 이 네 가지 이외에 특별히 촛불 앞의 국화 그림자 하나를 더 추가했다. 밤이면 구경하려고 담장 벽을 쓸고 등잔불을 켜고는 외롭게 그 가운데 앉아서 혼자 즐겼다.

하루는 남고 윤지범을 찾아가 말했다. "오늘 저녁 우리 집에 와서 자면서 함께 국화 구경을 합시다." "국화가 아무리 아름답다 해도 어찌 밤까지 구경할 수 있겠나?" 몸이 아파 사양하겠다고 했다. "일단 구경만 한번 해 보시오." 내가 굳이 청하여 함께 집으로 왔다. 저녁이 되어 일부러 심부름하는 아이를 시켜 촛불을 국화 한 송이에 바싹 갖다 대게 하고는 남고를 데리고 가 보이면서 "기이하지 않습니까?"라고 물었다. 남고는 자세히 들여다보더니 "그대의 말이 이상하군. 나는 기이한 줄 모르겠네."라고 했다. 그 말에 나도 동의했다. 한참 뒤에 아이를 시켜 다시 본래의 법식대로 했다. 이에 옷걸이, 책상 등 산만하고 들쭉날쭉한 물건을 치우고, 국화의 위치를 정돈하여 벽에서 약간 떨어지게 한 다음, 비추기 적당한 곳에다 촛불을 밝게 했다. 그랬더니 기이한 무늬, 이상한 형태가 갑자기 벽에 가득했다.

그 가운데 가까운 것은 꽃과 잎이 서로 어울리고, 가지와 곁가지가 정연하여 마치 묵화를 펼쳐 놓은 것 같고, 그다음 것은 너울너울하고 어른어른하며 춤을 추듯이 하늘거려서 마치 달이 동녘에서 떠오를 때에 뜨락의 나뭇가지가 서쪽 담장에 걸리는 것과 같았다. 그 가운데 멀리 있는 것은 산만하고 흐릿하여 마치 가늘고 엷은 구름이나 노을과 같고, 사라져 없어지거나 소용돌이치는 것은 마치 질펀하게 요동치는 파도와 같아, 번쩍번쩍 서로 엇비슷해서 어떻게 형용할 수가 없었다. 그러자 남고가 크게 소리치고 뛸 듯이 기뻐하면서 손으로 무릎을 치며 감탄했다. "기이하구나! 이거야말로 천하에 빼어난 구경거릴세." 삼탄의 흥분이 사라앉자 술을 나눴고, 술이 취하자 서로 시를 읊으면서 즐겼다. 그때 이유수, 한치응, 윤지 눌도 함께했다.

「국영시서(菊影詩序)」

보통의 꽃구경에 그치지 않고 촛불을 밝혀 벽에 비치는 국화의 그림자를 구경하는 우아한 방법을 찾아낸 다산, 그리고 저 아름다운 동양화의 묵화 한 폭을 구경하는 재미를 보면서 시와 술로 삶을 즐기던 죽란사의 시 동인 모임, 심미안에 뛰어난 다산의 예술적 감각이 그대로 살아 있는 아름다운 수필 한 편이다. 다산은 그와 같은 풍류 속에서 심성을 도야하며 대성할 학자의 자질을 갖추어 가고 있었다. 30대 중반의 한창 피어오르던 감성과 시심으로 다산은 그 시절에 참으로 많은 시를 지었다.

철은 가을인데 쌀은 도리어 귀하고	歲熟米還貴
가난한 집이라도 꽃은 더욱 많다네	家貧花更多
가을빛 속에 꽃이 피어	花開秋色裏
다정한 사람들 밤에 서로 찾았지	親識夜相過
술 따르며 시름조차 없애거니	酒瀉兼愁盡
시가 이어지면 즐거운 걸 어떻게 하나	詩成奈樂何
한치응은 꽤나 단아하더니만	韓生頗雅重

요즈음 와선 그도 또한 열정으로 노래하네   近日亦狂歌

기러기는 날고 날아 강남으로 돌아가는데   飛飛歸鴈向江洲

시원한 발 걷고 홀로 앉았자니 먼 시름 생각하네   獨捲寒簾生遠愁

귀밑머리 성글어지니 늙으려나 봐   蓬鬢欲疎無乃老

국화는 피었으나 가는 가을 막지 못해   菊花雖發不禁秋

선비 이름으로 세상 그르치다 책조차 팽개치고   儒名誤世抛經卷

고향 꿈이 마음에 걸려 낚싯배 소식 묻네   鄕夢關心問釣舟

식량을 준비하여 한 해 계책을 세우고   約略甁儲爲歲計

봄이 오면 가솔 데리고 양주로 내려가려네   春來提挈下楊州

　　　　「동인들과 술 마시며 활짝 핀 국화를 바라보다

　　　　　　　　　　　　　(竹欄菊花盛開 同數子夜飮)」

　다산은 일생 동안 무척이나 많은 시를 지었고, 또 대부분의 시
가 지금도 전해지고 있다. 뒷날 유배지에서 아들에게 보낸 편지에는
시는 어떻게 지어야 하고 어떤 내용을 담아야 하며 어떤 시가 좋은
시인가 등 시에 관한 많은 이야기를 했다. 그러면서 "시를 짓는 일이
아주 중요한 일이야 아니지만 성정을 제대로 읊어 내는 일은 결코 무
익한 일이 아니다.(詩非要務 然陶詠性情 不爲無益)"(「시이아(示二兒)」)라고 성정
을 도야하는 시의 역할을 언급하였다. 다산은 괴로울 때, 기쁠 때, 가
슴이 막히는 서러움을 당할 때, 아름다운 강산을 구경할 때, 어디를
여행할 때, 친구나 학자들과 토론하고 술 마시면서 많고 많은 시를
지었다. 학자로 자처하였고, 문학가이기만을 바라지 않았기 때문에

시에 평생을 걸어야 한다는 말을 한 적은 없지만, 뛰어난 시재와 예술적 감각, 관찰력으로 문학성이 높은 시를 다수 지어 냈다.

천주교 문제로 충청도의 시골까지 좌천되었다가 다시 서울로 돌아왔건만 실직(實職)을 받지 못하고 술 마시며 시나 짓던 시절에도, 그의 가슴에는 역시 한없는 근심이 서려 있다. 국화는 맨 나중에 피는 꽃이라 꽃이 피었다고 봄이 아니니 가는 세월 막지 못하고, 추수하는 계절이건만 곡식도 많지 않아 어려운 형편에 고향으로 낙향할까 말까 하며 술에 취해 시름을 잊으려던 다산의 모습이 그려진다. 높은 문화 의식과 뛰어난 예술적 감각을 갖춘 다산. 죽란사 시 모임 시기는 그런 자질과 능력을 유감없이 보여 준 시절이었다.

○○ 규장각에서 능력을 발휘하다

정조는 역시 다산을 버리지 못한다. 금정역에서 돌아온 지 10여 개월이 지난 1796년 10월, 규영부(奎瀛府)에 돌아와 책을 교정하는 일을 하라는 임금의 명령이 내려졌다. 갈고닦은 실력을 임금과 동료 벼슬아치들 앞에서 자랑할 기회가 또 왔다. 당대의 문신이자 학자 관료들과 능력을 겨루며 온갖 책을 교정하고 임금의 어려운 질문에 답하는 업무였다. 『사암선생연보』의 이 무렵 기록에는 해박한 학식과 뛰어난 재주로 임금을 감탄시킨 여러 가지 일들이 상세히 기록되어 있다. 다산의 훌륭한 답변에 감탄을 금치 못하던 임금은 쌀, 시탄(땔감), 꿩고기, 젓갈, 귤, 감과 향기로운 향수 등을 수없이 하사하였다. 금정으로 떠난 뒤 1년이 넘어서야 직접 다산을 대면한 정조는 내놓고 다산에 대한 애호의 마음을 표현했다. "필체가 매우 훌륭하게 변했소." 라고 칭찬까지 하면서 정조는 궁중에 비장된 서적들을 마음대로 읽을 수 있도록 조치를 취해 주었다. 임금의 특별한 배려에 다산은 감격하면서도, 한편으로는 불안한 마음을 떨구지 못하고 있었다. 다산이 임금의 배려에 감복하여 쓴 글 한 편을 보자.

　　사람이 그 나라에 살면서 임금의 집에 들어가 빛나는 임금의 풍채를 가까이할 수 있다면, 비록 청소하는 일을 맡아도 영광스러운데, 항차 궁중 내부에 비장된 책과 여러 임금들의 보배로운 문적을 가지고 문필에 종사한다면 말할 나위가 있겠는가. 또 그러한 일을 한다면 비록 이익이나 봉록(俸祿)이 없다 해도 영광스러운 일인데, 항차 팔진미, 오후청의 귀한 음식까지 날마다 하사하시니 할 말이 있겠는가. 병진년(1796년) 겨울에 정약용, 이익진(李翼晉, 승지), 박제가(朴齊家, 검서관) 등이 임금의 부름을 받고 규영부에 들어가 『사기(史記)』를 교정했다. 임금은 궁중 도서실에 있는 『사기』의 여러 본(本)을 모두 내다가 차이가 나는 것은 가려 뽑아서 좋은 쪽을 취하라고 명했다. 글로 인해 주(註)를 찾고 주로 인해 백가(百家)의 서적을 찾아 하나라도 고증할 것이 있으면 바로 내려 주기를 청했다. 이 때문에 궁중에 비장된 책을 다 넘겨 볼 수 있었다. 저녁밥이 집에서 오면 어떤 때는 규장각 직원이 들러서 "오늘 저녁은 배불리 먹지 마시오."라고 하는 경우가 있다. 그러는 날 밤에는 어김없이 임금께서 진귀한 음식을 내려 주어 배불리 먹었으니 영광됨이 특별하지 않은가. 이 『사기』를 교정하는 것은 책을 위한 일이 아니다. 궁중에 여러 본이 갖추어져 있는데, 무엇 때문에 교정하겠는가. 『사기』의 교정은 나라를 위함도 아니다. 글자 획수나 편방이 잘못되어 있다 해도 나라에 해가 될 것은 없다. 무엇 때문에 교정하겠는가. 『사기』를 교정하는 것은 신(臣)들을 위한 일이었다.

「규영부교서기(奎瀛府校書記)」

학문을 사랑하고 인재 양성에 온 정성을 기울인 임금이 우수한 학사와 문신 들을 배려해 준 은혜에 감사하는 마음이 담겨 있다. 책을 교정하는 일은 나라를 위한 사업이겠지만, 임금이 신하들을 아끼고 사랑하는 뜻에 감동하여 신하들 때문에 책을 교정한다고까지 다산은 말하고 있는 것이다. 규장각을 열어 문화와 학문을 정비하고 인재를 키워 낸 정조의 뜻은, 결국 새로운 시대를 위해 문예 부흥의 기틀을 쌓던 일이었다.

실직을 받지 못하던 다산에게 문제 하나가 해결되었다. 1795년 초봄 병조 참의에 제수되어 입직할 때 군복으로 장정하지 않아 벼슬의 내천(內遷)이 금지되었던 '군복사(軍服事)'가 풀려서 1796년 12월 1일 병조 참의에 제수되고, 3일에는 우부승지에, 4일에는 좌부승지에 올랐다가 부호군(副護軍)으로 옮기는 발령이 났다. 이렇게 해서 다산의 나이 서른다섯의 한 해가 저물어 갔다. 이해에 지었던 기억해야 할 시 한 편이 있다. 재치와 해학까지 겸한 「이 또한 통쾌하지 않은가(不亦快哉行)」라는 20수나 되는 연작시로 인구에 회자되는 시다.

낯선 지방 귀양살이 대궐이 너무 그리워   異方遷謫戀觚稜

여관에서 잠 못 이루고 등잔불만 토닥거린다   旅館無眠獨剪燈

뜻밖에 해배의 기쁜 소식 전해 듣고   忽聽金鷄傳喜報

집에서 보낸 편지 직접 손으로 봉투 뜯을 때   家書手自啓緘縢

이 또한 통쾌하지 않을쏘냐   不亦快哉

「이 또한 통쾌하지 않은가(不亦快哉行)」

사람이 살아가는 일상생활에서 순간순간 느끼는 쾌감에 대한 이야기를 나열한 시인데, 만인이 공감할 쾌감을 다산은 열거하였다. 장마철에 푸른 하늘이 나타날 때, 막힌 물길을 삽으로 터 우레 같은 소리를 내며 물이 흐를 때, 달이 뜨지 않아 어둑한 밤에 밝고 환한 달이 뜰 때 등 모두 유쾌하고 통쾌한 순간을 포착한 재담들이다. 뒷날의 오랜 귀양살이를 예감이라도 했던 탓인지, 유배 살다 해배의 소식 듣는 순간이 통쾌하다고 시를 읊었으니, 이것도 시참(詩讖) 같다.

○○ 천진암에서 노닐던 서정 시인

해가 바뀐 1797년은 다산의 나이 36세가 되는 해다. 다산은 임금의 명령에 따라 초봄부터 교서관(校書館)에 나아가 동료들과 함께 『춘추(春秋)』라는 책을 교정했다. 임금은 수시로 잔치를 베풀어 자신의 뜻에 맞는 신하들이 좋건 싫건 먹도록 했는데, 다산은 그때 참으로 가까이 정조를 모시면서 맛있는 음식도 먹었지만, 평소 임금이 의

심스럽게 여기던 어려운 한자말을 물을 때마다 막힘없이 답변하여 크게 칭찬받을 때가 많았다. 얼마 뒤에는 이문원(摛文院)에 들어가 두보(杜甫)의 시를 교정하라는 명을 받았다. 이 무렵에 정조가 가상 아끼던 유능한 문사들인 명사들과 지극히 가까이 어울리면서 학문을 논했다. 이서구(李書九)·김조순(金祖淳)과는 같은 조에서 두시를 교정하고 이의준(李義駿)·이만수(李晚秀)·남공철(南公轍) 등과는 다른 조에서 일하며 다산은 당대의 문신 대열에 올랐다. 이서구·이만수·남공철은 모두 정승에 대제학을 지냈고, 김조순은 대제학이자 순조의 장인으로 안동 김씨 최고 실력자였다. 이렇게 다정하게 어울린 선배·동료·후배들이었지만, 신유옥사에는 그들 모두가 등을 돌리고 말았으니 얼마나 안타까운 일인가.

초여름인 4월까지 임금의 신임과 사랑을 받으며 주어진 업무에 충실하게 임했다. 그때도 수없이 많은 시와 글을 지었다. 봄이 가고 여름이 오자 날씨는 더워지고 산야에는 녹음이 짙어 갔다. 서울의 생활이 지겹고 고향의 아름다운 강산이 그리워 다산은 조정의 허락도 받지 않고 훌쩍 서울을 떠나 고향으로 달려간다. 기록에 남은 날짜는 5월 1일, 여름이 무르익어 가던 무렵으로 다산은 고향에 도착하여 형제들과 어울려 집 앞의 강에서 배를 타고 놀면서 고기를 잡고 시를 지었다. 강에서 실컷 즐기다가 불현듯 형제들과 산사를 찾아 길을 떠났다.

정사년(1797년) 여름에 나는 명례방에 있었다. 석류가 처음 꽃을 피우고 보슬비가 막 개어, 나는 소내에서 물고기 잡기에 가장 알맞은 때라고 생각했다. 규정상 대부의 지위에 있는 사람은 휴가를 청해 조정의 허락을 받지 않고는 도성 문을 나가지 못하였다. 그러나 휴가를 얻기가 어려워 그대로 출발하여 소내로 갔다. 이튿날 강에 그물을 쳐서 물고기를 잡았다. 크고 작은 고기가 거의 50여 마리나 되어, 조그만 배가 무게를 감당하지 못해 물 위에 뜬 부분이 겨우 몇 치에 지나지 않았다. 배를 옮겨 남자주(藍子洲, 다산 마을 앞 강에 있는 조그마한 섬)에 정박시키고, 즐겁게 한바탕 배불리 먹었다. 얼마 뒤 내가 말했다. "옛날 진(晉)나라의 장한(張翰)은 고향인 강동(江東)의 농어(鱸魚)와 순채(蓴菜)를 말하며 벼슬을 버리고 고향으로 가 버렸습니다. 물고기는 우리도 이미 맛을 보았고, 지금 산나물이 한창 향기로울 때인데 왜 천진암(天眞庵)에 가서 노닐지 않으려는지요?" 이에 우리 형제 네 사람은 친지 서너 명과 함께 천진암으로 갔다. 산속으로 들어가자 초목은 벌써 울창했고, 온갖 꽃들이 한창 피어서 꽃향기가 코를 찔렀다. 더구나 온갖 새들이 울어 대는 울음소리가 맑고 아름다웠다. 길을 걸으면서 한편으로는 새소리를 듣고 한편으로는 서로를 바라보니 정말로 즐거웠다. 절에 도착하자 술 한 잔에 시 한 수를 읊으면서 날을 보내다가 사흘이 지나서야 돌아왔다. 이때 지은 시가 20여 수나 되고, 먹은 산나물도 냉이, 고사리, 두릅 등 대여섯 종이나 되었다.

「천진암에서 노닐다(游天眞庵)」

아름다운 산문이다. 그림과 같고 시와 같다. 저 유명한 장한은 중국 진나라 때 이름난 문인이자 관료였다. 이름보다는 계응(季鷹)이라는 자로 더 많이 알려진 사람이다. 조정에서 벼슬하다가 농어 철이 오자 고향의 강에서 잡히는 농어 맛이 생각나고, 고향 뒷산에서 자라는 순채라는 산나물이 생각나서 벼슬을 버리고 고향인 송강(松江)으로 달려갔던 낭만적인 시인이었다. 다산도 그런 고사가 떠올라 모든 것을 그냥 두고 고향으로 돌아와 강에서는 물고기를 잡고, 산속 절에서는 산나물을 먹으며 시와 술로 며칠을 보낸 아름다운 여행 기록을 남겼다. 20여 수의 시를 지었다 했으나 시집에는 9수만 남아 있다.

첩첩이 싸인 산 울창하고 오솔길 한 가닥인데	重巒蓊蔚一蹊微
짙푸른 녹음 샛노란 꽃이 석양빛을 희롱하네	濃綠深黃弄晚暉
뽕잎에 살 오르자 비둘기들 새끼치고	桑葉欲肥鳩正乳
보리 이삭 돋아날 때 꿩은 어울려 나는구나	麥芒初長雉交飛
봄이 옛길을 불태워 중 가는 길 모르겠고	春燒古棧迷僧徑
맑은 날 폭포수가 객의 옷에 뿌려진다	晴瀑危橋濺客衣
깊은 곳에도 사람 사는 집이 있음을 알겠는 건	知有人家深處住
시내 너머 딸아이 돌아오라는 소리 들리기에	隔溪聞喚女兒歸
양자봉 꼭대기엔 풀과 나무 무성하고	楊子峯頭草木蓁
흰 구름 다 걷히자 푸른 산봉우리 겹겹이네	白雲飛盡綠嶙峋
날다람쥐 나무 건너뛰니 꾀꼬리 먼저 피하고	蒼鼺度樹鶯先避
표범이 숲 속 나다니니 까치들 어지럽게 깟깟거리네	文豹行林鵲亂嗔
나물 캐는 아낙네 비탈길에서 때때로 만나고	磴路時逢挑菜女

절간 문에는 날마다 꽃구경 온 사람 보내네 　　　巖扉日送賞花人
흐르는 물에 발 씻는 건 무슨 뜻인지 알겠는가 　　臨流濯足知何意
일찍이 조선 천지 많은 먼지 밟았기 때문이다 　　曾踏東華萬斛塵

바위산이 첩첩으로 절간을 둘러싸니 　　　　　巖阿層疊抱祇林
불경이며 향로며 깊고도 깊숙하다 　　　　　　經卷香爐深復深
시냇가 풀은 청색·황색·녹색 뒤섞여 있고 　　　澗草雜靑黃綠色
산새들은 백 가지 천 가지로 소리 낸다 　　　　山禽交十百千音
이벽이 독서했던 곳 아직도 있지만 　　　　　　李蘗讀書猶有處
원공이 깃들었던 자취 아득하여 찾기 어렵네 　　苑公棲跡杳難尋
풍류와 문채도 신령스러운 곳이어야 제격이지 　風流文采須靈境
한나절은 잔 돌리고 한나절은 시 읊었네 　　　半日行杯半日吟
「단옷날 두 형님 모시고 천진암에서 노닐다(端午日陪二兄游天眞庵)」

　5월 1일 고향집에 내려와 배를 타고 물고기를 잡다가 순채 생각
이 나서 천진암을 찾은 것이 5월 4일이니, 이튿날이 단옷날이다. 정
말로 좋은 시절을 노래하는 시어들이 곱고 아름답다. 뽕잎, 보리 이
삭, 비둘기, 꿩, 폭포수, 딸아이, 흰 구름, 꾀꼬리, 표범, 까치, 아낙네,
꽃구경 등 단어마다 싱싱하고 파릇하지 않은 것이 없다. 세상에 대
한 걱정과 백성들에 대한 애정과 염려, 자신의 미래와 나라의 장래에
대한 암울한 근심이 없었다면, 다산은 뛰어난 서정 시인으로만 일생
을 마칠 수도 있었으리라. 아름답고 고운 경치를 이처럼 예술성이 높
은 시어로 이처럼 멋지게 표현한 것을 보면, 다산은 진정 탁월한 서

정 시인의 한 사람임이 분명하다.

천진암은 지금의 광주시, 다산 시대의 광주군 퇴촌면에 있는 조그만 암자다. 광주와 양평군(그때는 양근군)의 경계를 이루는 산이 앵자봉으로 양평 쪽에는 주어사(走魚寺)가 있고 광주 쪽에는 천진암이 있다. 다산은 광주군 출신이어서 천진암은 젊은 시절부터 노년기까지 자주 들르던 절이다. 기해년(1779년) 겨울, 천진암과 주어사를 오가면서 녹암(鹿庵) 권철신(權哲身, 1736~1801년)이 그의 제자들과 강학회를 열고 경서를 강론한 적이 있었다. 요즘 말로 학술 세미나를 연 것이다. 그때 다산의 친구 광암 이벽이 눈 속에 그곳에 찾아와 독서를 했다는 다산의 기록이 있다.(「선중씨묘지명」) 다산은 이벽이 책 읽던 곳은 남아 있으나 그 시절의 학승(學僧) 혜원(惠苑) 스님의 종적은 남아 있지 않았다는 내용을 위 시에 담았다. 혜원 스님은 속성(俗姓)이 정씨로, 다산의 집에 찾아온 적도 있어 다산이 어린 시절부터 알았던 분이다. 다산은 그 시에서 그분은 지금 어디 계신지 알 길이 없다는 단순한 의미에서 큰스님을 그리워하고, 11년 전인 1786년 32세로 일찍 세상을 뜬 친구를 생각했을 뿐이다.

다산의 기록(「선중씨묘지명」)에 의하면 강학회는 천진암보다 주어사에서 더 많이 열렸고, 그때만 해도 천주교에 대한 연구가 본격적으로 진행되지 않던 때였다. 1784년 이승훈이 북경에 가서 세례를 받고 돌아온 이후에 천주교 연구가 본격화되었다는 것은 모든 기록이 공인해 주고 있다. 그런데 천주교 쪽에서는 천진암에서 1779년 한국 천주교가 발상했다고 큰 비를 세웠고, 또 거대한 성당을 건축 중이다. 그러면서 천진암은 천주교가 발상한 성지라고 극구 찬양하고 있다.

한편, 한국교회사연구소에서는 1784년을 천주교 창시년으로 여기고 있으니, 천진암과 천주교의 관계에 대해서는 천주교 쪽에서 역사의 왜곡이 없도록 사실에 입각하여 확실하게 판단을 내려야 한다고 여겨진다. 지금도 그곳에 가면 앞에서 언급한 시를 거대한 입간판에 새겨 놓고, 그 시가 천진암이 천주교 발상지라는 근거라도 되는 것처럼 과시해 놓고 있는데 그런 난센스가 어디에 또 있겠는가.

5월 4일, 단오 전날 밤 천진암에서 묵으며 지은 다산의 시「절간의 밤 노래(寺夕)」를 읽으며 천진암에서 노닐었던 이야기는 마치겠다.

온갖 새들 평온히 잠들었는데	百鳥眠皆穩
두견새만 외로이 슬피 우네	悲鳴獨子規
기구하고 외로우니 짝인들 있으랴만	畸孤寧有匹
깃들어 쉴 가지조차 없나 봐	棲息苦無枝
지나간 봄바람이나 기억하면서	眇眇春風憶
어두운 밤 되면 두려움만 있겠지	蒼蒼夜色疑
달이 지고 사람이 고이 잠들면	月沈人正睡
청아한 그런 뜻을 그 누가 알랴	清絶竟誰知

잠 못 이루는 밤, 자신의 뜻을 알아주듯 자규가 외롭게 울고 있는 정경을 의인화하여 멋들어지게 표현했다. 고요한 절간의 밤이 생생하다. 옛말에 "절에 가면 중 되고 싶고 마을에 가면 속인 되고 싶다."라고 했는데, 절에서 며칠을 보내다 보니 문득 영원히 거기서 머물고 싶은 충동도 들었으리라.

도도히 솟아나는 산속에 살고픈 뜻은   滔滔丘壑志

그냥 놀기만 좋아해서가 아니라네   不是愛娛游

「산중감회(山中感懷)」라는 시에서는 "청산에 살으리랏다"라는 옛 시인의 마음이 헤아려지기도 한다. 그러나 다산은 백성과 나라를 그냥 두고 볼 수가 없어 다시 서울로 돌아오고 만다.

○○ 상소를 올려 천주교와 절연했음을 밝히다

임금의 칭찬은 높아만 가는데 반대파의 비난은 더 거세지고 있었다.

천진암으로의 아름다운 여행을 마치고, 다산은 서울로 돌아왔다. 다시 교서관에 들어가 『춘추좌씨전』을 교정하는 일을 했다. 임금은 다산을 더욱 아껴 주며 성균관 유생들에게 보이는 시험의 '대독관(對讀官)', 즉 시험관으로 임명해 주었다. 명관(命官, 임금이 과거장에 나와 직접 임명하는 시관(試官))이나 주문(主文, 시관의 우두머리인 상시(上試))이 아니면 답안지를 채점하거나 가려 뽑는 대독관의 일을 할 수 없도록 되어 있었기 때문에, 다산은 감당하지 못하겠다고 어물어물하면서 명령에 응하지 않았다. 낮은 벼슬아치가 임금의 명에 따라 붉은 분(盆)과 붉은 붓을 정약용 앞에 놓았다. 선뜻 응하지 못하는 정약용의 태도를 바라보던 임금은 "끝내는 붉은 붓을 잡게 될 것이니, 오늘은 시험 삼아 먼저 붓을 잡아 보아라."라고 하였다. 붉은 붓, 즉 주필(朱筆)

은 홍문관 제학의 임무였으니, 홍문관 제학에 곧 임명할 뜻이 있음을 나타낸 것이다.

임금의 명령에 어찌하지 못하고 자격 미달의 다산은 부득이 답안지를 채점하는 영광을 안아야 했다. 그러면서 임금은 다산에게 가능한 많은 사람을 뽑으라고 힘까지 실어 주었다. 결과에서도 다산이 뽑은 사람은 대부분 합격이 되었다. 이만하면 임금의 신뢰와 인정함이 어느 정도였나를 알 만하고, 신하로서의 영예가 최고에 달했음을 볼 수 있다.

임금의 총애와 신임이 두터워질수록 다산을 시기하고 꺼려하는 반대파들의 비방은 더욱 심해졌다. '천주학쟁이'라는 딱지를 벗지 못해, 기회만 되면 반대파들은 모함을 그만두지 않았다. 이러던 무렵인 그해 6월 22일 동부승지에 제수되어 승정원으로 들어가게 되었다. 다산은 이제야 때가 왔다고 믿고, 동부승지의 벼슬을 사양한다는 사직소(辭職疏)의 명분을 삼아 상소를 올린다. 그동안 자신이 천주교 신자라는 비방과 모함을 받았던 전말을 상세히 기록하여 임금께 올렸으니, 바로 그토록 유명한 「변방사동부승지소(辨謗辭同副承旨疏)」라는 3000자가 넘는 장문이자 명문의 글이었다.

엎드려 생각하건대, 나라의 두터운 은혜를 받은 것이 하늘처럼 끝이 없으니, 제가 받았던 은혜를 어떻게 모두 나열하여 기술할 수 있겠습니까. 엄격한 스승처럼 가르쳐 기질을 변화시켜 주셨고, 자애로운 아버지와 같이 기르시어 성명(性命)을 보전하게 하셨습니다. 그러나 전하께서 마음속으로 생각하고 계신 점을 제가 오히려 알지 못한 점이 있으며, 혹 전하께서 잊고 계시지만 저는 유독 마음속에 맺힌 것이 있습니다. 조용히 생각해 보니 골수에 사무칩니다. 말을 하려고 하면 목이 메어 소리를 낼 수가 없고, 글을 쓰려고 하면 눈물이 가려 글을 지을 수가 없습니다. 돌아보면 어떤 사람이 이러한 은혜를 받았겠습니까. 저는 본디 초야의 외롭고 한미한 사람으로, 부모의 음덕과 사우(師友)의 도움이 없었는데, 다만 전하께서 교화시키고 양육해 주신 공에 힘입어 어린 나이에서 장년에 이르고, 천한 사람이 귀해졌습니다. 6년 동안 성균관 시험에 높은 점수로 뽑히고, 3년 동안 내각의 시험에 뽑혀 외람되게 학사에 선발되고, 대부의 품계에 올랐습니다.

무릇 식견이 조금 진보되고 작록(爵祿)을 엿보기에 이른 것은, 모두 우리 전하께서 지극한 가르침으로 도야시켜 주시고, 지극한 뜻으로 다스려 주셨기 때문입니다. 제가 비록 목석이라 한들 차마 이 은혜를 저버릴 수 있겠습니까. 우리 전하께서 이미 한 번 용서해 주셨고, 오랑캐가 된 것을 아시고는 화하(華夏)가 되게 할 것을 생각하시고, 짐승이 된 것을 아시고는 사람이 되게 할 것을 생각하셨으며, 죽게 될 것을 아시고는 살게 할 것을 생각하시어 돌봐 주고 구원해 주시느라 거듭 마음과 힘을 소비해 비호하고 용인하여 회개하기를 바라시니, 우리 부모가 아니고서야 누가 이와 같이 하겠습니까. 저는 마땅히 간을 쪼개어 피를 내고 죽어 지하에 가서 이 은혜를 온 세상에 밝히고 이 마음을 만대에 드러내야 하는데도, 불결함을 뒤집어쓰고 구차스럽게 생명을 탐하여 두려워서 몸 둘 바를 모르고 조마조마한 마음으로 살고 있으니, 다시 무슨 말씀을 드리겠습니까.

다산은 이 글에서 정조 대왕으로부터 얼마나 무거운 신임을 받았는지 그동안의 일을 기억하며 넉넉하게 설명하고 있다. 지은 죄가 그렇게 무거웠는데도 용서했고, 오랑캐와 다를 바 없는 인간을 온전한 문명인으로, 짐승이 된 처지에서 사람으로 교화했으며 죽음마저 면하게 해 주신 임금 앞에 다산은 자신의 간을 쪼개어 피를 쏟고 죽어야 마땅할 사람이라고 자인하고 있다. 일찍이 아버지도 없고 임금도 없이 오직 천주님만 있다는 천주교에 물들어 오랑캐나 짐승에서 벗어나지 못한 삶의 잘못을 그렇게 뉘우치고 있다.

사도 세자의 아들인 정조는 아버지의 억울한 죽음에 뿌리 깊은 원한을 품고 살았기에 사도 세자의 죽음에 동정적이던 시파를 각별하게 생각하지 않을 수 없었다. 더구나 역사의 변동성과 사회의 운동성에 기민하게 대응하며 서양의 과학 사상을 받아들이는 신서파들인 다산 일파를 자신의 진정한 우군으로 여겨 온갖 음해와 비방에도 정성을 다해 보살펴 주었던 것이 사실이다.

다산의 긴긴 상소문은 계속된다. 자신과 천주교와의 관계를 숨김없이 실토한다.

저는 이른바 서양의 천주교에 대해서 일찍이 그 책을 보았습니다. 그러나 그 책을 보았던 것이 어찌 바로 죄가 되겠습니까. 말을 박절하게 하지 않으려고 '책을 보았다' 하였지 진실로 책만 보고 말았다면 어찌 바로 죄가 되겠습니까. 일찍이 마음속으로 좋아하여 사모하였고, 내용을 거론하며 남에게 자랑하였습니다. 본원과 심술에, 기름이 스며들고 물이 젖어 들며 뿌리가 박히고 가지가 얽히듯 해도 스스로 깨닫지 못했습니다. 대저 한번 이와 같이 되면, 이것은 맹자 문하의 묵자(墨子)요, 정자(程子) 문하의 불교 선파(禪派)입니다. 대질(大質)이 훼손되고 본령이 그릇되었으니, 미혹에 빠짐이 깊고 옅은 것이나, 개과천선의 빠르고 늦은 것은 논할 것도 없습니다. 비록 그러하나 증자(曾子)가 말하기를 "나는 정도(正道)만 얻고 죽으면 그만이다."라고 했는데, 저 또한 바른 도를 얻은 후에 죽고자 하오니, 한마디 말로써 스스로를 밝히지 않을 수 있겠습니까.

제가 천주교 책을 본 것은 대개 20대의 초반이었습니다. 그 무렵에는 일종의 풍조가 있어, 천문(天門)·역상(曆象)을 말할 수 있는 사람이나, 농정(農政)이나 수리(水理)의 기구에 대하여 말하고 측량과 추험(推驗)의 법을 말할 수 있는 사람을 세속에서는 서로 전하면서 해박하다고 했습니다. 저는 그때 어려서 속으로 그런 소리를 듣는 것을 몹시 바랐습니다. 그러나 성품이 경솔하여 무릇 어렵고 깊고 오묘하고 세밀한 것에 속하는 글을 본디 세심하게 연구하지 못했습니다. 그러므로 거친 찌꺼기의 영향에서는 끝내 얻은 것도 없이 도리어 죽음과 삶에 관한 말들에 얽히고 극벌의 경계(克伐之誡)에 귀를 기울이고, 비뚤어지고 변박(辯博)한 글에 현혹되어 유교의 별파(別派)로 인식하고, 문원(文垣)의 기이한 감상 거리로 보아 남과 담론할 때는 감추고 꺼리는 바가 없었습니다. 그래서 남들이 배척하는 것을 보면 부족하고 비루해서 그러리라 의심했으니, 본뜻을 따져 보면 대체로 색다른 지식을 넓히고자 해서였습니다. 그러나 제가 영달에만 뜻을 기울이고 매달려서 성균관에 들어온 뒤로 오로지 마음을 모아 공부했던 것은 과거 과목이었습니다. 매달 보는 과제, 열흘마다 치르는 시험에 응시하기를 새매가 먹이를 잡으려는 듯이 정신을 쏟았으니, 이런 점으로 보면 진실로 그런 쪽으로 기울이는 정신 자세는 아니었습니다. 더구나 벼슬살이에 나간 뒤에야 어찌 정도가 아닌 방외(方外)의 글에 마음을 쓸 수 있었겠습니까.

해가 오래고 깊어 갈수록 마침내 다시는 마음속에 왕래하지 않아서 막연히 지나간 그림자처럼 느꼈는데, 어찌 그 명목을 한번 세워 맑음과 흐림도 분별하지 못하고 고지식하게 지금껏 벗어나지 못했겠습니까. 헛된 명예만 좋아하다가 실재의 화를 받는다는 것은 저를 두고 이른 말입니다. 천주교 책 속에는 윤상(倫常)을 해치고 천리(天理)를 거스르는 말이 진실로 이루 다 헤아릴 수 없이 많습니다. 감히 전하의 귀를 더럽힐 수 없으나, 제사를 폐해야 한다는 말만큼은 제가 전에 그 책에서 본 적이 없습니다. ……

신해년(1791년)에 진산 사건이 불행하게도 저의 가까운 친척(진산 사건의 윤지충은 바로 다산의 외종사촌 형이었다.)에게서 나왔으니 저는 이 일이 있던 이래로 분개하고 마음이 아프고 쓰려 속으로 맹세해서 미워하기를 원수같이 하고 성토하기를 흉악한 역적같이 했습니다. 양심이 이미 회복되자 이치가 자명해졌으므로, 옛날에 일찍이 흠모한 것을 돌이켜 생각해 보니, 허황하고 괴이하며 망령되지 않은 것이 하나도 없었습니다. 거기에 나오는 죽는 것과 사는 것에 대한 말은 석가모니가 만든 공포령(恐怖令)이고 이른바 극벌의 경계는 도가(道家)의 욕화(慾火)를 없애라는 것이며, 비뚤어지고 변박하다는 글은 패사(稗史) 소품(小品)의 지류 가운데의 나머지에 지나지 않는 것입니다. 이 밖에도 하늘을 거역하고 귀신을 경멸하는 죄는 용서받을 수 없습니다. 그러므로 중국의 문인 전겸익(錢謙益), 담원춘(譚元春), 고염무(顧炎武), 장정옥(張廷玉) 같은 사람들은 일찍이 그 허위를 밝히고 그 두뇌를 벽파하였는데 어리석게 알지 못하여 잘못 미혹되었으니, 이는 모두 어린 나이로 고루하고 과문한 소치였습니다. 몸을 어루만지며 부끄러워하고 분하게 여기며 탄식한들 무슨 소용이 있겠습니까. 이 마음은 명백하여 신명에게 질정할 수 있습니다. 제가 어떻게 털끝만큼이라도 속이고 숨기겠습니까.

제가 마땅히 무서운 벌을 받아야 했던 때는 실제로 8~9년 전(1787년 성균관 근처 김석태의 집에서 천주교 서적을 읽었다가 발각된 정미 반회 사건을 가리킴)인데, 다행히 전하의 비호를 받아 형벌을 면할 수 있었습니다. 죄가 있었지만 처벌받지 않아 무거운 짐을 등에 진 것 같았습니다. 이어 재작년 7월에 특별히 임금의 뜻을 받들어 금정 찰방으로 보직되었으나 오히려 늦은 조치였습니다. 왜 그렇게 가벼운 벌을 주셨습니까. 제가 손으로 은언(恩言, 금정 찰방으로 발령을 내리며 임금이 내려 준 말씀. 글씨체가 바르지 않다는 등 천주교 관련 죄보다는 다른 하찮은 죄를 들면서 금정에 나가서 반성하며 더 착한 사람이 되어 오면 중용하겠다는 내용이 들어 있는 글로, 『사암선생연보』에 자세한 내용이 있다.)을 받들고 눈물을 흘리면서 성문을 나서자, 걸음마다 생각하니 글자마다 자비롭고 비호해 주신 것이었습니다. 제가 이 세상에서 무엇으로 보답하겠습니까. 제가 비방을 받아 구덩이에 묻힐 날이 임박했는데도 도리어 저의 문장을 논하였고, 제가 지은 죄는 시공복(緦功服, 외종사촌 형인 윤지충의 복)의 윤지충에게만 책임을 물을 수 없는 것이었는데 임금의 말씀은 글씨체의 획에 대해서나 언급했으니 무엇 때문에 저를 애석하게 여기시어 은혜로운 마음이 거기까지에 이르셨습니까. 저의 형이 대책(對策) 문제로 남에게서 비방을 받았을 때에도 앞서 이미 임금님의 말씀으로 밝게 풀어 주셨습니다. ……

더구나 제가 부임한 지방은 천주교로 잘못된 지방으로서, 어리석은 백성들이 현혹되어 진실로 돌이킬 줄 모르는 무리가 많았습니다. 그러므로 제가 관찰사에게 나아가 의논하여, 수색해서 체포할 방법을 강구하여 그 숨은 자를 적발하고 화와 복의 의리를 일깨워 주어 그들이 의심하고 겁내는 것을 풀어서 설명해 주고, 척사계를 만들어서 그들에게 제사 지내기를 권하고, 천주교를 믿는 여자들을 잡아다가 그들에게 혼인을 하도록 하고, 다시 고을의 착한 선비 한 분을 구해서 서로 더불어 질의하고 논란하여 성현의 글을 강론하게 하였습니다.(봉곡사에서 학자 이삼환을 초빙하여 강학회를 열었던 일을 말함) 이윽고 생각건대, 제가 했던 일이 자못 진보가 있었으니, 스스로 다행스럽고 기쁘게 여깁니다. 이것이 누구의 은혜이겠습니까.

제가 스스로 생각하니, 평생의 큰 은혜로 금정으로 한 차례 다녀온 것보다 나은 것이 없다고 여겼는데, 일찍이 해가 바뀌기 전에 이미 용서를 받아 살아서 한강을 넘어와 편안히 성안에서 살게 되었으니, 살아서는 남은 원한이 없고 죽어서도 남은 한이 없습니다. 제가 생각하기를, 저는 죽어서 다시는 임금님의 용안을 뵙지 못하려니 여겼는데, 뜻밖에 지난겨울에 갑자기 부르심을 입어, 관

(冠)을 쓰고 띠(帶)를 맨 채 거듭 대궐문으로 들어가 은밀하고 가까운 곳에 거처하면서 교정하는 일에 참여하게 되니, 금빛 찬란한 등촉은 황홀하기가 꿈꾸는 것 같았고, 수라간의 진수성찬은 그 빛이 찬란했습니다. 마침내 더러운 몸으로 청결하고 엄숙한 자리에 나아가 대하니, 용안의 위엄은 활짝 개고 옥음(玉音, 임금의 목소리)이 온순하시므로 멀리 떨어졌던 나머지 슬픈 생각으로 하나하나 감동되어 눈물이 비 오듯 하여 말할 바를 모르겠습니다.

병조 참의에 특명으로 제수하심과 승정원의 승지로 다시 들어오게 하신 것은, 비록 우리 전하의 지극한 은혜와 넓은 보살핌에서 나온 것이었으나, 저의 신상에 있어서는 실상 좋은 소식이 아닌 듯합니다. 전하께서는 저를 곡진히 보전시켜 주려 하시는 생각을 무엇 때문에 이처럼 하시는 것입니까? 분수와 의리로써 헤아려 본다면 마땅히 양양하게 숙배하지 못할 일이고, 제가 스스로 생각해 보아도 어찌 감히 남들이 하는 것처럼 할 수 있겠습니까? 제수되자 바로 받아들이는 것은 스스로 평인(平人)과 같지만, 실정을 생각해 보면 평인과 같지 않음이 있습니다. 어떤 사람이 말하기를 "그대는 남들이 비방하는 말을 듣지 않았으니 제수의 명이 있으면 주저할 것이 없다."라고 하지만 제가 삼가 생각해 보건대, 어찌 다른 사람들의 참소하는 말이 없겠습니까? 다만 전하께서 덮어 두시고 귀로는 그와 같은 말이 있다는 것을 환히 아시면서도 다행히 드러내지 않으셨던 것입니다. 저는 실제로 그 점을 부끄럽게 여겨 곧바로 상소를 올려 자신을 인책했어야 하지만, 책을 교정하고 시험을 주관하느라 주선을 하지 못하다가 갑자기 직책이 바뀌고 보니, 다만 스스로 부끄럽고 두려웠을 따름입니다. 뜻하지 않은 오늘 또 벼슬을 내리는 교지를 받들게 되니, 보잘것없는 미천한 정성을 비로소 모두 다 드러내지 않을 수 없었습니다.

제가 삼가 생각하건대, 천도(天道)는 가득 차는 것을 꺼려하고 인정(人情)은 굽히는 것을 애석하게 여깁니다. 오늘날 제가 침체되고 막힌 것이 오래되고 보면, 사람들은 "아무개는 실상 사악한 짓을 한 적이 없는데 해를 입고 폐해짐이 이 지경에 이르렀으니, 또한 가련한 일이다."라고 할 것이니, 이것이 저에게 있어서는 복이요 경사이며, 살아남을 수 있는 길입니다. 지금 제가 옛날처럼 날아오른다면 사람들은 반드시 "아무개는 옛날 사악한 짓을 한 적이 있는데 저와 같이 좋은 벼슬을 하니, 또한 가증스러운 일이다."라 할 것이니, 이것이 제게 있어서는 화요 재앙이며 죽음의 길입니다. 지금 제가 조정의 반열에 한 번 얼굴을 내밀게 된다면 공경대부(公卿大夫)들이 서로 손가락질을 하며 말하기를, "저기 오는 저 사람은 누구인가. 저 사람은 사교(邪教)에 빠졌던 사람이 아닌가?"라 할 것입니다. 한 번 마주칠 때마다 그런 생각이 문득 떠오를 것이니, 제가 무슨 면목으로 얼굴을 내밀 수가 있겠습니까? 이것은 차라리 산속에 모습을 숨김으로써 세상 사람들로 하여금 잊게 하여 알지 못하게 함만 같지 못한 것입니다. 위로는 군부(君父)에게 의심을 받고 아래로는 당세의 사람들로부터 비방을 받는다면, 자신을 세우는 데 한 번 실패함으로써 만 가지 일이 모두 기와 조각처럼 산산이 부서지는 꼴이 될 것이니, 살아서 무엇하겠습니까? 죽어서 편안한 곳으로 돌아가는 것이 차라리 나을 것입니다.

더구나 저는 군부의 은혜를 받은 것이 매우 극진하였습니다. 스스로 그물이나 덫에 걸려 슬피 울부짖을 때에는 손을 잡아당겨 건져다가 요 위에 편안히 눕히고 유행병을 앓는 사람처럼 보호해 주셨습니다. 그러나 시간이 지나 점차 회복되면 또 한 번 변괴를 치러 돌 밑에 깔린 죽순 같은 신세가 되고 마니, 이것이 아마도 신의 기구한 운명이며 처량하고 야박한 복분(福分)인가 봅니다. 그러니 비록 우리 전하께서 명을 내리시는 권한을 가지고 계시다고 하더라도, 또한 어떻게 하실 수 없을 것입니다. 지금 전하께서 저를 불쌍히 여겨 버리지 못하시고 다시 살펴 거두어 주셨으나, 매번 한 가지 일의 발단에 문득 한 가지 허물을 받게 되니, 꿈에도 생각이 미치기 전에 먼저 명예가 손상되어 기진맥진한 상태로 앉아서 조롱을 받게 될 것입니다. 전에 이미 경험을 하였으니, 뒤인들 어찌 혹시나 다르겠습니까? 저는 차라리 한번 고폐(錮廢)되어 때로는 굽히고 때로는 펴서 부질없이 은혜만 너무 욕되게 하여 죄를 더욱 무겁게 지지 않았으면 합니다. 주자가 노덕장(路德章)에게 경계하기를, "하늘을 원망하지 말고 남을 탓하지 말며 속으로 연마하여 만년의 절개를 지키는 데에 힘쓰라."라고 했으니, 제가 비록 불민하오나 이 말씀을 실천하겠습니다. 지금의 계획은 오직 경전에 잠심(潛心)하여 만년의 보답을 도모함이니 영달의 길에서 자취를 멀리하여 자정(自靖)의 뜻을 본받을 뿐이고, 뻔뻔스러운 얼굴로 머리를 쳐들고 승정원에 출입하는 것은 깨끗한 조정의 염치를 손상시키고 더욱 일세(一世)의 공의(公議)를 불러일으키는 것이니, 저는 감히 벼슬에 나갈 수 없습니다. 이에 감히 패초(牌招)를 따라 대궐에 나와 정성을 다하여 글로 아뢰어서 우러러 엄청(嚴聽)을 욕되게 하오니 엎드려 바라건대, 성스럽고 자혜로우신 전하께서는 저의 정상을 헤아리시고 저의 간절한 충정을 살피시어 저의 직책을 바꾸시고, 바로 척출하시어 저로 하여금 그 잘못을 속죄하고 그 성분(性分)을 이루어서 천지의 생성(生成)하는 혜택을 마치게 하는 것이 더없는 큰 소망입니다. 저는 하늘을 바라보고 임금님을 우러러보며 격절하고 간곡한 기원을 감당할 수 없습니다.(6월 22일)

중간에 몇 대목은 생략하였지만 상소의 요지는 대체로 수렴하였다. 이 장문의 상소문은 자신이 받는 비방에 대한 변명과 벼슬을 사양하는 내용이지만, 스스로 했던 일을 밝혀 비방에 대하여 해명하는 상소여서 한편으로는 「자명소(自明疏)」라고도 알려져 있다. 다산의 문장력과 박식함, 사리에 명쾌함, 인격까지가 한껏 발휘된 매우 유명한 상소다. 명쾌한 논리에 장강대하의 유려한 문장으로 많은 사람에게 감동을 준 글이기도 했다. 천주교에 관계하게 된 시말을 설명하며 처음에는 유교의 별파로 여겼고, 색다른 학문에 호기심이 많은 성격 때문에 빠졌지만, 나중에 패악한 논리나 윤상에 어긋남을 깨달았으며, 더구나 제사를 지내지 말아야 한다는 교회법이 확정된 이후에는 역적이나 원수로 여기며 완전히 손을 떼고 마음을 끊었다는 사실을 분명하게 밝히고 있다. 이러한 다산의 진실된 상소에 임금을 포함한 당로자 대부분이 감동을 받아 이제 정약용은 천주교와 관계없는 사람이라고 인정하기에 이르렀다. 이 상소문 이후로 다산에게 천주교를 연루시킨 것은 모두가 정치적 목적을 내재한 비방과 모함이었음을 알 수 있다.

　정약용이라는 인간을 통째로 보여 준 「자명소」, 비방 받을 이유가 없음을 밝히는 「변방사동부승지소」를 승정원을 통해 임금이 어람하고는 비답(批答)을 내렸다. "상소를 자세히 살펴보니 착한 마음씨의 싹이 온화하여 마치 봄바람에 만물이 자라는 것과 같이 종이에 가득 펼쳐져 있으니, 말한 내용을 감격스럽게 들었다. 너는 사양하지 말고 직책을 수행하라." 명문의 상소에 감동을 받았으며, 신뢰할 만한 진실된 이야기임을 알았으니 동부승지의 벼슬을 사양하지 말고 그대로 임무에 충실하라는 답으로 사직소를 받아들여 주지 않음이었다.

　『사암선생연보』에 의하면, 정조는 상소의 내용에 털끝만큼도 숨김이 없는 것으로 여겼으며, 임금의 비답 이외에도, 경연 석상에서 당대의 문장가이자 높은 벼슬에 있던 이만수(李晩秀), 이면긍(李勉兢) 같은 여러 신하들이 모두 광명(光明)한 상소 내용을 극찬했다고 했다. 임금은 교지를 통해 끝없이 칭찬해 주고, 경연에 참여한 신하들에게 "이후로 정약용은 허물이 없는 사람이 될 것이다."라고 했다는 것이다. 노론 벽파의 영수로 영의정으로 있던 심환지 역시 경연 석상에서 "상소문이 매우 좋고, 그의 심사도 광명스럽다."라고 극찬하였으며, 승정원에 들어가서도 칭찬을 마지않았다는 기록이 있다. 이렇게 다산은 천주교 신자라는 누명을 확실히 벗었다. 『여유당전서 보유』에는 「함주일록(含珠日錄)」이라는 글이 있다. 상소문을 올린 직후에 썼던 일기인데, 상소 뒤의 궁중과 경연 및 승정원 등의 동향에 대한 자세한 내용이 있다.

　내용을 요약해 보았다. 당시 다산의 육촌 처남이던 홍인호(뒤에 다산을 심하게 비방했던 사람)가 좌승지로 있었고 다산의 선배로 가까운 사이였던 이익운이 우승지로 있었는데, 이 두 사람은 상소문이 좋다고 칭찬하면서 조그마한 혐의로 사퇴하지 말고 근무하라고 권했다고 했다. 병조 참의 목만중이 상소문을 읽어 보고는 "상소문이 과연 잘 됐소. 그대의 심사가 광명하오."라고 다산을 격려했다. 직제학(直提學)이던 이만수는 홍문관이나 규장각에서 일해야 할 큰 문장가라고 칭찬했다. "그대의 상소문을 어제 승정원에서 읽었는데 말마다 진실하고 절실하여 참으로 사람을 감동시키기에 충분했소. 그리고 문장의 살아 움직임도 근래에 보지 못했던 바니, 참으로 관각의 큰 솜씨입니다." 이만수는 그날 승정원에 들어와 조복도 벗지 않은 상태로 먼저 다산의 상소문을 찾아 몇 줄을 큰 소리로 낭송하다가 무릎을 치면서 "천고(千古)의 명소(名疏)"라고 감탄했다고 한다. 이만수는 연안 이씨 벌열(閥閱)의 집안 출신으로 영의정 이존수(李存秀)의 아우인데 뒤에 대제학을 역임하고 정승의 위계인 보국(輔國)에 오른 당대 대표적인 문장가였다. 그가 그런 평가를 했음은 다산의 글솜씨가 어느 정도인가를 짐작하게 한다.

뒷날 대제학을 역임하고 정승에 오른 또 다른 문장가 심상규(沈象奎)도 다산에게 "그대의 상소문은 과연 잘 지은 글입니다. 내가 『일성록(日省錄)』에 올리면서 글자 한 자 줄이지 않고 그대로 올렸습니다."라고 했다. 대제학에 이조 판서를 지낸 뒷날의 위대한 실학자 풍석(楓石) 서유구(徐有榘)도 "그대의 상소문은 매우 좋았습니다. 그래서 여론이 모두 칭찬하는 쪽입니다."라고 했다. 오태증(吳泰曾)도 "문장이 역시 사람을 감동시킨다."라고 했고, 한만유(韓晩裕), 성대중(成大中) 등 뛰어난 문장가들이 "비록 이런 상소가 아니더라도 그대는 벌써 혐의를 벗은 지가 오래인데, 더구나 상소문이 나온 뒤에는 여론이 더 흡족하게 여깁니다."라고 했다. 특히 금정 찰방으로 좌천되어 '적사계'를 조직하여 조직적으로 천주교 신자 확대를 막은 점, 제사를 권장하고 혼인을 독려한 점 등 실제로 반천주교 활동을 적극적으로 전개한 일이 그 자신만의 주장이 아니라 객관적으로 증명되어 임금이 표창까지 했던 사실임을 상기하면, 다산이 천주교와 무관한 사람임은 이미 명확하게 밝혀졌다.

1801년 신유옥사 때 다산이 당한 고통이나 오랜 귀양살이에 결국 시·벽의 정치적 파당 싸움과 세력 다툼이 크게 영향을 미쳤음은 부인할 수 없는 사실이다. 다산 자신의 고백서이자 반성문인 「자명소」가 생생하게 존재하고, 어떤 기록에도 그가 천주교 신자였다는 반대파의 명확한 증거가 제시되지 않고 있다. 그런데 일부 천주교 관계자들이 다만 외국인들의 믿기 어려운 기록이나 자료를 근거로 귀양살이 이후에도 다산이 신자 생활을 했다는 주장을 하는데, 이런 사람들은 다산의 상소문을 다시 한 번 읽어 보고 그렇게 명백한 주장을 했던 사람이 어떻게 다시 신자가 될 수 있는가를 판단해 보아야 할 것이다. 이 상소 이후로 다산은 천주교에 대한 언급을 한 차례도 한 적이 없다. 다산의 글과 말이 바로 진실일 뿐이다. 글과 말대로 행동하고 살았던 것이 다산의 평생 아니던가.

8 처음이자 마지막 목민관 생활

1797년 6월 22일 다산의 상소가 올라간 뒤 다산에 대한 비방 여론은 많이 잠재워졌으나, 정치적 이해관계가 너무 크게 얽혀 있었기 때문에, 그런 상소 한 편으로 완전히 해결될 사안이 아니었다. 결국 다음 달인 윤6월이 왔다. 윤6월 2일 임금의 특명으로 다산에게 황해도 곡산 도호부사로 발령이 났다. 임지로 부임해 가면서 임금을 뵙자 임금이 당부한 말을 들어 보면 당시의 사정을 이해할 수 있다. "지난번 상소문은 문사(文詞)를 잘 구사했을 뿐만 아니라 심사(心思)도 빛나고 밝으니 참으로 우연히 그렇게 된 것은 아니다. 바로 한 번 승진시켜 등용하려 했는데, 의론(議論)이 들끓으니 왜들 그러는지 모르겠다. 한두 해쯤 늦어진다고 해서 해로울 것 없으니, 떠나도록 하라. 장차 부르리니, 너무 슬퍼할 필요는 없다. 먼젓번의 부사(府使)는 치적이 없었으니, 잘하도록 하라."

군왕 정조의 신임이 그렇게 두터웠고 채제공이 정승으로 있었건만, 천주교 문제가 잦아들지 않아 중앙의 요직에 오르거나 승진도 못하고 먼 오지로 떠나야 하는 신세가 되고 만 것이다. 「자찬묘지명」에 다산은 "그때 세력을 잡은 자들 가운데 참소하고 질투하는 자들이 많아 임금의 뜻은 몇 년 외직에 근무하도록 하여 불길을 식히려 함이었다."라고 적고 있다. 곡산으로 부임해 갈 때의 심경을 노래한 시가 있다.

종종걸음 치면서 궁전 뜰 내려설 때	靑靴颯杏下螭頭
자상하신 임금 말씀에 절로 눈물 흐르네	天語諄諄涕自流
등생(滕生)처럼 원해서 고을살이 감 아니요	不是滕生求浙郡
소송(蘇頌)의 창주(滄州) 부임과 같다네	還如蘇頌赴滄州
떠나는 짐에는 규장각의 책도 있고	奎垣縹帙隨行李
궁중 약원의 환약도 있어 이별 시름 덜어 주네	內局金丸慰別愁
궁궐에서 서쪽으로 삼백 리 가매	西出石關三百里
가을 되어 서리 내리면 원님 방에서 꿈꾸리	一秋霜月夢瓊樓

「곡산 부임을 앞두고 궁전을 하직하며(將赴谷山辭殿日悵然有作)」

한편으로는 착잡하지만, 한편으로는 시원섭섭한 외직의 부임이다. 모함과 비방에서 벗어나 시골로 가는 길이니 시원하고, 서울의 뭇 학사들과 어울려 학문을 쌓으며 글 자랑을 못하고 외롭게 시골에서 지낼 일을 생각하니 섭섭하고 착잡했으리라. 시에는 고사가 많아 자세한 설명이 필요하다.

중국 송나라 때에 등원발(滕元發)이라는 유능한 관리가 있었다.

신망이 매우 높았으나 왕안석(王安石)의 신법을 반대하여 조정에 있기가 불편했다. 그래서 늙음을 핑계 삼아 회남(淮南)의 외직으로 떠난 역사적 사실을 인용했다. 또 송나라의 소송은 임금의 신임도 두터웠고 대신들에게서도 높은 대접을 받았으나 반대파의 요구로 본의 아니게 창주 지사(知事)로 나갔다. 하직차 황제를 배알하니 황제가 "짐이 경을 안 지 오래인데 경을 발탁하여 등용하려고만 하면 꼭 무슨 일이 생겨 쓰지 못하게 되니 그것도 아마 운명인가 보오. 앞으로 세월이 가면 경이 곧다는 것이 자연히 밝혀질 것이오."라고 했다. 다산은 이런 고사를 인용한 것이다. 다산과 소송의 운명은 왜 그렇게도 닮았는지, 고금의 일은 이렇게 반복되는데 그것이 인류의 역사인가.

○○ 곡산으로 부임하다

그때 다산은 아직 『목민심서』라는 목민관의 대전(大典)을 저작하지는 않았다. 그렇지만 결과를 보면 1818년에 저작하는 『목민심서』의 기본 원리대로 목민관 노릇을 했던 것으로 판명된다. 다산은 곡산 생활 이전에 이미 금정 찰방이라는 조그만 지역의 목민관 생활을 경험했다. 뿐만 아니라 다산의 아버지 정재원은 두 군의 현감, 한 군의 군수, 한 군의 도호부사, 한 주의 목사를 지냈던 분으로, 그때마다 다산은 아버지를 수행하면서 고을 다스리는 법을 두루 익힌 바 있다. 비록 자원하여 가는 원님은 아니지만, 바야흐로 기회가 온 것은 사실이다. 그동안 중앙의 요로에서 쌓은 벼슬살이의 경험, 성균관과 규장각에서 갈고닦은 학문과 넉넉한 지식, 아버지에게서 보고 배운 목민술, 이러한 모든 것을 종합하여 곡산이라는 작은 고을을 명실상부한 유토피아로 만들 생각이었다. 이 곡산 고을의 치적에 대하여 다산은 「자찬묘지명」이라는 자서전적인 글과 『사암선생연보』라는 책에 빠트림 없이 자세하게 기록해 두었다. 후세에도 영원토록 부끄럼 없을 업적이라고 확신하면서 낱낱이 기술한 것 같다. 또 후세의 목민관은 그렇게 하는 것이 마땅함을 인식하라는 의미까지 담겨 있는 것으로 보인다.

1797년 윤6월 초부터 임무를 마치고 해관(解官)했던 1799년 4월 24일까지의 1년 11개월가량, 햇수로는 3년 동안 그는 30대 후반의 왕성한 시절에 곡산에서 백성들을 주인으로 섬기며, 그 지역의 사회적 정의를 살아나게 하고, 그 지역 주민의 경제적·사회적 지위를 높이고, 사회적 약자들에게 한없는 자애를 베푸는 행정을 폈다. 그야말로 과거에 급제한 뒤 마음속으로 다짐했던 공직자로서의 '공렴(公廉)', 즉 공정·공평한 행정을 위해 청렴 정신을 최대한으로 발휘한 목민관이었다.

곡산이란 고을은 어떤 곳인가. 황해도의 북동쪽 맨 끝에 있는 고을로 평안도 남단과 함경도 남단 사이에 있다. 38선 이북의 땅이어서 우리에게는 생소한 고을이다. 『신동국여지승람』을 통해 곡산의 지세와 영역을 알아보자. 곡산부의 동쪽으로 92리에 함경도 연안부가 있고, 남쪽으로 45리 가면 신계현이 있고, 서쪽으로 34리 가면 수안군이 있으며, 북쪽으로 93리 가면 평안도 성천부에 이른다. 서울과는 434리나 떨어진 지역이다. 다산이 300리라고 말한 것은 시어로 축약해서 사용한 말일 것이다. 본디 십곡성(十谷城)이라는 이름으로 불렸고, 영풍(永豊)이라고도 불렸다. 조선 시대에 태조 대왕의 둘째 부인 신덕 왕후 강씨(康氏)가 태어난 곳으로 태조 2년에 곡산도호부로 개명했다. 태종 2년에는 지주사(知州事)로 강등하여 부르다가 조선 후기 현종 10년 신덕 왕후가 복위된 뒤에 곡산도호부로 다시 승격된 아주 조그마한 고을이다. 조선 초기 왕자의 난이 일어나 강씨 소생들이 화를 당하고 강씨가 강등되자 고을의 이름까지 강등되어 오랫동안 약세를 면치 못했던 비운의 고을이었다.

다산은 서울을 출발, 고려의 옛 수도 송도(松都, 개성)에 들러 「송도를 회고하며(松京懷古)」라는 시를 짓는다. 고려의 흥망성쇠를 회고해 보니 괜스레 눈물이 흐른다는 구절이 슬프다.

송악산 올라 흥망의 자취 묻지 말자   登臨莫問興亡跡

송도를 바라보면 절로 눈물 흐른다네   西望松陽涕自流

송도를 통과해 곡산 땅에 접어들었다. 군계에 이르자 신관 사또를 맞는 아전들의 행색이 분주했다. 그런데 미처 관청에 들어가 업무를 개시하기도 전에 사건이 일어났다. 바로 '이계심 사건(李啓心事件)'이라는 특별한 사건이었다.

○○ 다산의 명재판

이계심이라는 사람은 곡산의 백성이다. 이전 원님이 다스릴 때에 소리(小吏, 아전)가 농간을 부려 포보포(砲保布, 포군에게 바치는 군포) 40자의 대금으로 돈 900냥을 대신 거두었으므로(본래는 200냥을 걷어야 했음) 백성들의 원성이 시끄럽게 일어났다. 이에 이계심이 우두머리가 되어 농민 1000여 명을 모아 관에 들어와 호소했다. 그들의 말이 매우 공손하지 못했다. 관에서 그에게 형벌을 내리고자 하니, 1000여 명이 한꺼번에 무릎을 걷어붙이고 이계심을 둘러싸 대신 매맞기를 청해, 형벌을 내릴 수가 없었다. 아전과 관노들이 각자 곤장을 들고 뜰에 모여 있던 백성들을 마구 치니 백성들이 모두 흩어졌다. 이계심도 탈출하여 도망가 숨었는데, 사또가 감사에게 보고하여 오영(五營)에 영(令)을 내려 염탐해 붙잡게 했으나, (백성들이 숨겨주어) 끝내 잡지 못했다. 그 말이 서울에 와전되어 "곡산의 백성들이 들것에다 부사(府使)를 담아 객사 앞에 버렸다."라고 했다. 바야흐로 다산이 두루 하직 인사를 하러 다닐 때, 정승 김이소(金履素) 이하 여러 공(公)들이 모두 주동자 몇 놈을 죽이라고 권하고, 채제공은 더욱 기강을 바로잡지 않을 수 없다고 하였다. 곡산 땅에 들어서니 호소하는 글을 가지고 길을 막는 사람이 있었다. 누구냐고 물어보니 그가 바로 이계심이었다. 곧바로 이계심에게 뒤따라오도록 했더니 아전이 말하기를 "이계심은 오영에 체포령이 내려진 죄인입니다. 법에 따라 붉은 포승으로 결박하고 칼을 씌워 뒤따르게 함이 마땅한 줄 아옵니다."라고 했으나 다산이 물리쳤다. 관아에 오른 뒤에 이계심을 불러 앞으로 나오라고 하여 말하기를 "한 고을에 모름지기 너와 같은 사람이 있어 형벌이나 죽음을 두려워하지 않고 만백성을 위해 그들의 원통함을 폈으니, 천금을 얻을 수 있을지

언정 너와 같은 사람을 얻기가 어려운 일이다. 오늘 너를 무죄로 석
방한다."라면서 마침내 불문에 부쳤다. 이에 백성들의 원통함이 펴
지고 화락해졌다.

『사암선생연보』 36세조

한 고을의 수령, 곧 목민관은 입법·사법·행정의 삼권을 쥔 막
강한 권력자였다. 작은 나라의 제후의 권력에 상당하는 권한을 지
닌 목민관으로서 평생에 처음 맞는 재판장의 임무를 너무나 명쾌하
게 집행했다. 실정법을 위반하여 오영에 체포령까지 내려진 수배자를
무죄 석방하는 일이 어디 쉬운 일인가. 아무튼 대단한 명판결이었다.
다산은 이 사건을 매우 의미가 큰 일로 여겨서 『사암선생연보』와 비
슷한 내용이긴 하지만, 각도를 달리한 내용으로 「자찬묘지명」 집중본
에도 빠짐없이 기록하여 역사의 거울이 되게 하였다.

이계심이 백성 1000여' 명을 인솔하고 관청에 들어와 항의하
니, 부사가 벌을 주려 했다. 그러자 1000여 명이 벌떼처럼 일어나
이계심을 둘러싸고 계단으로 올라가며 소리를 지르매 천지가 동요
했다. 아전과 관노비들이 몽둥이를 들고 쫓아내자 이계심이 달아나
버려 오영에서 기찰하여 붙잡으려 해도 붙잡지 못하고 있었다. 내
가 부임차 곡산 땅에 이르자 이계심이 백성들이 괴로워하는 사항
10여 조목을 들어 기록해 올려바치고는 길가에 엎드려 자수하였
다. 옆 사람들이 체포하기를 청했으나, 내가 "그러지 마라. 한번 자
수한 사람은 스스로 도망가지 않는다."라고 했다. 나중에 석방하면

서 말했다. "관장(고을의 원님)이 밝게 일을 처리하지 못하는 까닭은 백성들이 자기 몸을 위해서만 교활해져 다른 백성들이 당하는 폐막을 보고도 관장에게 항의하지 않기 때문이다. 너 같은 사람은 관에서 마땅히 천 냥의 돈을 주고라도 사야 할 사람이다."

이 명재판을 분석해 보자. 판결의 주문(主文)은 "피고인 이계심은 무죄 석방한다."이다. 끝부분의 판결 이유가 너무나 멋지다. 자신이 당할 형벌이나 죽음도 두려워하지 않고, 백성들이 당하는 민막(民瘼)을 들어 관에 항의할 줄 아는 사람이 있어야만 관이 밝은 정치를 할 수 있다는 것이다. 형벌을 내리기보다는 세상이 맑고 밝아지기 위해서 천 냥의 거금을 주고라도 사야 할 사람이라니 무슨 할 말이 있겠는가.

주문과 판결 이유 앞에 "곡산 사람 중에 이계심이란 사람이 있었는데, 백성들이 당하는 괴로움에 대해 말하기를 좋아하는 성격이었다."라고 전제하고 있는데, 이 이야기에 벌써 무죄 판결의 기미가 보이고 있다. 재판관은 오직 판결로써만 말한다고 했는데, 다산의 이 판결이야말로 역사와 시대를 뛰어넘는 명판결이었다. 백성들이 당하는 괴로움을 말하다가 얼마나 많은 사람들이 혹독한 고문을 당하고 투옥되고 온갖 수난을 겪어야 했던가. 20세기 후반, '한국적 민주주의'가 판을 치고, 독재가 온 나라를 짓누르고 있을 때, 민주화 운동가들은 바로 백성의 괴로움을 말하기 좋아했던 사람들이었다. 그러나 그들은 가차 없이 탄압을 받고 고통을 당해야 했다.

그런데 200년 전 봉건 왕조가 다스리는 절대 군주 국가 시절에 관의 잘못을 집단적으로 시위한 사건인데 주모자를 무죄 석방하면서 큰 칭찬까지 했으니, 이런 걸 무엇이라고 말해야 할 것인가. 더구나 중앙 정부의 정승들이 엄하게 처벌해야 한다고 분부했고, 조정의 분위기도 주동자 몇 사람을 죽여야 한다던 엄청난 사건인데, 재판관의 양심과 법에만 의존하고 일체의 외부 판단을 고려치 않았으니 다산의 뚝심은 어디서 나온 것일까. 재판은 공정해야 한다는 그의 신념의 발로였다. 요즘 세상에서도 제대로 보장받지 못하는 '국민 저항권'을 그때 벌써 확실히 보장해 준 사건이 바로 이계심 사건이었다. 오늘의 헌법처럼 명문으로 새겨진 법도 지키기 어려운데 그와 같은 어떤 규정도 없던 시대에 다산의 법의식은 정말로 탁월한 정도였음을 알게 된다. 백성들이 곡산의 주인임을 만천하에 선포한 혁명적인 판결이었다.

다산은 곡산에서 목민관 생활을 마치고 돌아와 내직에 임명되었다. 4월 24일 병조 참지(兵曹參知)에 임명되고 5월 4일 동부승지에 임명된다. 다산이 이른바 재조 시절(在朝時節)에 저술했다는 그 유명한 「원목(原牧)」이나 「탕론(湯論)」이라는 논문은 아마 곡산에서 돌아온 직후 벼슬하던 동안의 저술이 아닌가 여겨지는데, 정확한 저술 날짜가 없어서 단정하기는 어렵지만, 이계심 사건에 나오는 국민 저항권의 논리가 응축된 논문이 바로 「원목」과 「탕론」이라는 짐작이 든다. "목민관이란 백성을 위해서 존재하지, 백성들이 목민관을 위해서 태어난 것이 아니다.(牧爲民有 民不爲牧生)"(「원목」)라는 논리가 바로 이계심 사건 판결 이유의 연장선상에 있다. 그리고 백성을 위하는 정치를 하지 않는 통치자는 언제라도 백성들이 의논하여 자리에서 끌어내릴 수 있다는 「탕론」의 논리도 크게 보면 모두 국민 저항권의 범주에 포함시킬 수 있다. 이렇게 보면 다산의 명재판, 이계심 사건은 18세기 말인 1797년 6월에 조선이라는 나라에서 백성이 나라의 주인이고 목민관은 국민의 공복(公僕)이라는 명제가 다산의 재판을 통해 역사상의 현실로 실현된 사건임을 알 수 있다. 여기서도 말과 글의 내용을 행동으로 직접 옮겼던 다산을 만나게 된다.

이런 위대한 역사적 경험이 우리에게 존재하지만, 다산 이전이나 이후의 오랜 시간 동안 고을의 수령인 목민관은 고을의 주인이고 권력자로 여겨져 수령의 다른 호칭으로 '성주(城主)'라는 용어가 보편적으로 사용되었으니, 그런 아이러니한 현상을 어떻게 보아야 할 것인지, 민주주의 발달사에서 한 번쯤 되짚어 연구할 가치가 있다고 여겨진다. 다산 또한 백성이 나라의 주인이라는 논리로 실제 행정을 폈으면서도, 역사의 발전 주체를 국민이 아닌 국왕에게 두고 국왕이 선정(善政)을 펼쳐야 역사가 발전한다는 논리에서 크게 벗어나지 못했다. 이러한 점에서 다산도 인간적 한계를 보였으며 시대적 제약에서 탈피하지 못했다는 아쉬움을 지적하지 않을 수 없다. 근본적인 변화와 개혁이 불가능했던 이유가 바로 거기에 있었을 것이다.

○○ 혼신의 정열을 바쳐 백성을 다스리다

공자의 제자 자유(子游)가 무성(武城)이라는 고을의 목민관으로 있었다. 그 무렵 마침 공자가 그곳을 지날 일이 있었다. 무성 땅에 들어서자 다른 어떤 지역에서도 들어보지 못한 특별한 노랫소리가 들려왔다. 사랑하는 제자가 목민관 노릇을 참으로 잘해서 고을이 제대로 다스려진다는 것을 감지할 수 있었다.

공자가 빙긋이 웃으며 말했다. "닭을 잡는데 왜 소 잡을 때 사용하는 칼을 쓰는 거지?"

자유가 답했다. "옛날에 제가 선생님께 배웠습니다. '군자란 도(道)를 배우면 모든 사람을 사랑하게 되고, 지위가 낮은 일반 사람이 도를 배우면 시키는 일에 잘 따른다.'라고 했습니다. 아무리 작은 고을이라도 최선을 다해 목민의 도를 펴야 하지 않겠습니까?"

이에 공자가 껄껄 웃으며 말했다. "내가 웃으려고 그랬다. 너의 말도 옳고 너의 목민관 생활도 좋다."

『논어』에 나오는 이야기다. 자유가 조그마한 고을을 맡아 예악(禮樂)으로 제대로 선정을 베풀어 그 고을의 백성들이 교화되자 스승인 공자가 매우 기뻐서 우스갯소리를 할 정도였다는 이야기다. 소 잡는 칼로 아주 작은 고을인 닭 잡는 일을 했다는 것은 천하나 대국(大國)을 다스리는 방법으로 아주 작은 고을을 다스렸다는 뜻이니, 어느 정도 고을이 잘 다스려졌나를 짐작하기 어렵지 않다. 다산에게 공자 같은 스승이 있어 혹 곡산 땅을 지났다면, 다산도 분명 그런 칭찬을 받았을 것이 분명했다. 다산은 무성 땅보다도 훨씬 작은 고을에 참으로 정성을 바쳐 목민관의 도리를 다했다.

이계심 사건을 훌륭하게 판결한 다산은 관행이나 악습으로 저질러 온 착취의 소지가 있는 것부터 하나하나 없애기 시작했다.

첫째, 이웃 고을과 공동으로 범죄자를 다스린다는 문서가 감영(監

營, 관찰사 관청)에 보고되면 무조건 얼마 정도의 금액을 송부하는 관행이 있었다. 이웃 고을인 수안군(遂安郡)과 공동으로 살인 사건을 조사할 일이 생겨 아전들이 지출액 24냥을 보내야 한다고 했다. 그러자 다산은 이유 없는 금액은 송금해서는 안 된다는 지시를 내렸다. 첫 번째 조치인 이 일을 본 곡산 백성들이 안도의 숨을 내쉬었다고 한다.

둘째, 곡산에 영농(營農)·상장(喪葬)·진휼(賑恤) 기금을 관리하는 보민고(補民庫)라는 제도가 있었다. 이 보민고에 해마다 추가로 부담하는 가하전(加下錢)이 1000냥도 더 되었다. 다산은 왜 그렇게 많은 금액이 들어가는가를 조사하게 했다. 이유인즉, 대체로 감영에서 꿀에 부과하는 세금 때문이라고 했다. 감사가 봄이나 가을이면 의례히 공문을 보내 하얀 꿀 3말과 노란 꿀 1섬을 징수해 가는데, 거기다 감영에 딸린 아전들이 멋대로 하얀 꿀 3말을 6말로 받고 노란 꿀 1섬을 하얀 꿀 2섬으로 받아 가면서 감영에 지급되는 액수는 단지 공문에 있는 숫자대로 했다. 또 봄가을에 공문을 띄워 징수해 가는 것 이외에 별도로 공문을 띄워 저희들 하고 싶은 대로 징수해 갔다. 보민고에서 더 거두어들이는 것은 그런 이유 때문이었다.

이 일에 관해 다산은 아전과 백성들에게 지시했다. "감영에서 하나를 구하는데 수령이 둘을 바치고, 감영에서 노란 것을 구하는데 수령이 하얀 것을 바치는 것은 아첨이다. 숫자와 색깔을 단지 공문대로만 하여라." 이에 아전이 말했다. "감영에 딸린 아전들은 승냥이나 이리와 같은 자들이므로 말썽이 나게 될 것입니다. 죄를 짓게 되면 돈을 더 허비하게 될 것이고 백성들에게 징수할 것이니, 그전대로 경비를 부담하는 것만 못합니다." 다산은 일단 그냥 가 보라고 했다. 아전들이 감영에 이르니 과연 물리치고 받아들이지 않았다. 비장(裨將, 감사의 보좌관)이 이 일을 아뢰니 감사가 그냥 받아들이라고 했다. "저 사람은 그 고을 백성들을 등에 지고 있고, 나는 내 입만 가지고 있으니 다툴 수 없는 일이다." 감사도 그런대로 트인 사람이었는지, 다산을 알아보고는 그의 조치에 반대를 못하고 순순히 응한 셈이다.

『목민심서』에 "천하고 힘없는 백성들이지만, 산처럼 높고 무거운 것 또한 백성들이다. …… 백성들을 이고 투쟁하게 되면 아무리 높은 상사(上司)라도 굽히지 않을 사람이 없다."라는 대목이 있다. 세상에 천하고 힘없는 백성들이지만 그들이 힘을 합치면, 백두산이나 한라산보다 더 무겁고 큰 힘을 낼 수 있다. 이것이 바로 민중의 힘이다. 이런 논리를 이해하고 있던 다산은 민중의 힘을 믿었고, 그 사실을 알아차린 감사 또한 그런 원리를 이해하고 있었던 것이다. 북한의 어떤 학자는 바로 이 점에서 다산이야말로 '민중력(民衆力)'을 알고 있던 학자라는 평을 내리기도 했다. (이 책 595쪽 참조)

다산이 3년째 곡산에 있으면서 앞서 언급한 조치대로 처리하니 보민고의 남는 돈이 해마다 1000냥으로 계산되어 청사를 새로 짓고, 중국에서 오는 칙사의 접대비를 충당하고도 충분히 여유가 있게 되었다.

셋째, 곡산 백성 김오선(金五先)이라는 사람이 소를 사러 갔다가 강도를 만나 살해되었다. 범인을 못 잡고 있었는데, 다산은 '검지법(檢地法, 목민관이 현장을 직접 조사하는 법)'에 의해 현장을 직접 답사하여 범인의 흔적을 탐색했다. 마침내 토졸(土卒)들을 풀어서 영풍촌(永豐村)이라는 마을을 급습하여 범인 아는 사람을 찾아내고, 그 사람에게 계략을 일러 주어 끝내 김대득(金大得)이라는 강도 살인범을 잡았다. 그가 소를 빼앗고 김오선을 죽인 범인이었다. 그를 잡아다가 곡산부의 큰 거리에서 곤장을 쳐 죽이니 도적의 무리들이 이 소문을 듣고 흩어져 얼씬거리지도 못해 관내의 치안이 확보되었다.

넷째, 그 고을에 귀양 와서 사는 사람이 10여 명 있었다. 그런데 그들에 대한 생계 대책이 전혀 없어 고을 400호 주민들이 돌아가면서 그들을 돌보며 먹여 주고 있었다. 그러다 보니 유배자들은 그들대로 불편하였고, 주민들은 또 주민들대로 큰 짐으로 여기면서 매우 곤란해했다. 다산은 유배자나 주민 양쪽을 모두 편안하게 하기 위해 화전세(火田稅) 100여 결(結)을 기금으로 한 겸제원(兼濟院)이라는 새로운 제도를 만들어 잠자리와 먹을 것을 유배자들에게 제공했다. 이 기구는 말 그대로 '양쪽을 다 구제하는' 구실을 하였다. 서로의 불편을 덜기 위해 제도를 통한 해결책을 강구한 점은 역시 실학자의 면모를 보여 주고 있다.

겸제원을 창설한 배경과 이유에 대해 다산이 기록한 별도의 글이 있다. 「제겸제원절목기(題兼濟院節目記)」라는 글인데, 인도주의에 넘치는 다산의 형벌관이 담겨 있다. 그는 뒷날 『목민심서』 「형전(刑典)」에 죄인들에게 관용을 베풀고 그들의 어려움에 조그마한 도움이라도 주어야 한다고 주장했는데, 그 깊은 뜻은 공직에 근무하던 시절에 이미 실천하고 있었다.

해가 지면 모든 새들이 다 집으로 찾아가는데 귀양 온 사람은 들어갈 집이 없고, 해가 뜨면 연못의 고기도 먹을 것을 바라는데 배고픔을 물어보는 사람이 없으며, 주변에서는 제각기 부모·형제·처자가 떠들썩하게 지껄이며 서로 즐기는데 가까이 지낼 사람이 없다. 또 심한 겨울 추위와 지루한 여름 날씨에 질병으로 신음할 때는 가족의 보호를 받는 종들보다도 못하니, 이 세상의 괴로움이 이보다 더 심한 것은 없다. 더구나 죄의 실상이 반드시 모두 법에 적중하는 것도 아닌 경우가 많다. 시골에서 남의 모함 때문에 범죄에 걸리기도 하고, 목민관의 노여움 때문에 죄인이 되는 것이 대부분이다. 나는 일찍부터 그러한 점을 민망하게 여겼다.

「제겸제원절목기(題兼濟院節目記)」

약자를 배려하는 다산의 뜻이 너무나 따뜻하다. 이 글의 앞부분에서 다산은 자신이 벼슬살이 초기에 한림학사 신분으로 충청도 해미(海美)라는 곳에 10일 동안 귀양 갔던 옛일을 기억하면서 유배자의 심정을 헤아렸다. 아무리 맛있는 음식과 좋은 물품으로 대접을 받아도 유배자는 서러울 수밖에 없다는데, 그런 대접도 못 받을 때의 비애는 더 심하다는 것이다. 뒷날 다산은 『목민심서』 「형전」 '휼수(恤囚)' 조항에 "유배당한 사람은 가정을 떠나 멀리 귀양 와 있으니 그 정상이 슬프고 측은하다. 집과 곡식을 주어 편안하게 머물게 함이 목민관의 책임이다."라고 하여 유배자들을 돌볼 것을 강조했다.

곤궁할 때 받은 감동은 골수에 새겨지고, 곤궁할 때의 원망 또한 골수에 새겨지는 것이다. 덕을 품고 죽으면 반드시 저승에서 보답이 있을 것이요, 원한을 품고 죽으면 반드시 저승에서 보복이 있을 것이다. 천지가 변하고 추위와 더위가 교대로 옮겨지듯이, 부귀한 자가 항상 즐거움을 누리는 것이 아니요, 곤궁하고 고통받는 자도 역시 하늘의 보살핌을 받을 수 있을 것이니 교양 있는 선비라면 이에 마땅히 조심조심 마음을 다해야 할 것이다.

이런 데서 보면, 『목민심서』야말로 이론적 저서가 아니라, 다산이 직접 체험하고 경험한 사실을 글로 표현한 실무적 지침서임이 분명하다. 더구나 팔팔 날던 현직 목민관으로 남의 아픔에 무한한 동정심을 발휘한 다산이고 보면, 본인이 직접 귀양살이하면서 저술한 『목민심서』의 내용은 더더욱 간절하고 애절하게 약자들 편에 서는 것이었음을 알 수 있다. 글로 좋은 말, 멋진 이론을 펴기란 쉽지만 실제 행동으로 일을 처리하기는 쉽지 않다. 다산은 현직 수령으로 약자에 대한 배려에 최선을 다했음이 분명히 증명된다.

다섯째는 건축한 지 오래되어 퇴락하고 허물어진 청사를 신축한 일이다. 호화 청사를 짓는다거나 무분별하게 혈세를 낭비하는 공사가 아니라 필수적인 수요에 의해, 최소의 경비와 최선의 건축 기술로 새로운 청사를 마련하는 공사였다. 수원의 화성을 설계하고 한강의 배다리를 시설한 건축 기술을 몸소 발휘하여 가장 저렴한 경비와 가장 적은 노동력으로 해결했다. 고을 안의 목재를 활용하고 유형거(遊衡車)·삼륜거(三輪車) 등을 제작하여 물자 옮기는 일을 가장 편리하게 했으며, 아전과 장교들에게 그들 자신의 집을 짓는 것이라고 설득하여 자발적인 노동력 협조가 가능하게 하였다. 그래서 공장(工匠)의 힘든 일에 아전이나 장교가 서로 다투어 힘을 기울이니 백성들의 노동은 최소화하여 청사가 완공되었다. 기술 관료로서의 다산의 진면 목이 드러난 일의 하나였다.

여섯째로는 호구 조사를 정밀하게 해서 고을의 실태를 정확하게 파악하고, 호적을 제대로 정리했다. 마을에 사는 모든 백성들의 전택 (田宅)·재산·우마(牛馬)의 실제 수와 신분의 높고 낮음, 양역(良役)의 있 고 없음을 조사하여 조목조목 쓰도록 했다. 가장 영민하고 노련하다 는 아전들을 골라서 시킨 일이다. 민폐를 끼치지 않도록 관에서 여비 까지 지급해 주고, 마을에서 일절 얻어먹지 못한다는 엄명까지 내렸 다. 요즘으로 보면 주민 등록 등본에 따라서 가구의 실태를 정확하 게 조사하는 인구 센서스와 같은 것이다. 면별, 리별로 종횡표(縱橫表) 를 만들어 제출하게 했으니 오늘의 주민 등록 대장과 같은 종류였다. 한 고을 전체가 12권으로 되어 있는데, 방리(坊里)별로 구별해 놓아 찾아보기에 아주 편리한 문서였다. 이렇게 되니 모든 백성들의 빈부, 허실, 강약, 고락이 손바닥을 들여다보는 것과 같이 분명해져 감추고 숨기는 바가 없게 되었다. 이 종횡표를 기준으로 호적부를 만들고 증 호(增戶)·손호(損戶)를 수령이 직접 작성해 간리(奸吏)·간민(奸民)이 손 쓸 곳 없게 만들었다. 허수(虛數)·허호(虛戶)가 많아 농간을 부리기 쉽 던 예전의 호적부를 완전히 새로 바꿔 일체의 농간이 통하지 못하도 록 공정한 호구 조사가 이뤄진 것이다. 공정과 청렴을 기본 원칙으로 여긴 다산다운 행정이었다.

일곱째, 관고(官庫)의 정비이다. 곡산에는 보민고, 고마고(雇馬庫), 보폐고(補弊庫), 군수고(軍需庫), 칙수고(勅需庫), 군기고(軍器庫), 양현고(養 賢庫) 등이 있었는데 유사시에 사용하던 일종의 비축 재산이었다. 이고(庫)마다 협잡과 농간이 끊이지 않았다. 다산은 그 고마다의 운영 절차인 절목(節目)을 합리적으로 개선하여 협잡이나 농간이 일체 끼어들 수 없도록 바꾸어 버렸다. 부패와 비리가 서식할 수 없도록 제도적 개선을 분명하게 이룩한 셈이었다.

여덟째, 과사(課士)의 규칙을 새롭게 정비했다. 과거 시험을 보러 가는 선비들의 숫자를 일정하게 정해 실력도 없으면서 양반 행세하려고 그냥 과거 보러 서울까지 가는 폐해를 사전에 방지하는 일이었다. 『목민심서』「예전(禮典)」의 '과예(課藝)' 조항에는 고을마다 수험생의 숫자를 제한하여 실력이 우수한 사람만 서울의 과거 시험에 응하게 해야 한다는 내용이 있는데, 다산은 현직 수령 때 이런 점도 벌써 실제로 행정에 적용하고 있었던 것이다. 합격 가능성이 전혀 없는 사람들을 미리 군현에서 골라내고 80명에게만 응시 자격을 부여했으며, 응시자는 고을에서 예비 시험을 치러서 가장 공정한 방법으로 고르고 골라 선정했다. 경제적 사회적 낭비 요소를 사전에 예방하여 효율적이고 절약하는 사회 풍토를 선도하려는 뜻이었다.

이런 변화된 업무와 행정 이외에도 수시로 일어나는 사안에 대하여 기민하고 정당하게 처리하여 백성들이 안심하고 편안한 생활을 하도록 최선의 노력을 기울였다. 그 무렵 『수호지』나 『임꺽정』에나 나올 법한 떼도적들이 이웃 고을 토산(兎山)에서 날뛰고 있었다. 다산은 떼도적의 소탕을 위해 지혜로운 토벌 작전을 펴서 큰 사고 없이 그들 모두를 자수시켜 수월하게 문제를 해결했다. 떼도적들은 자신들의 힘만으로는 절대로 위력을 발휘하지 못하는 양민들로 대체로 장교와 결탁하여 도적질을 하고 있음을 알아내, 장교를 치죄함으로써 도적의 소굴을 소탕하는 쾌거를 이루었다. 오늘날 조직 폭력배들이 관의 비호 아래 발호하는 점과 유사했다. 결탁된 관을 치죄해야 문제가 해결된다는 것을 알았던 다산의 지혜가 뛰어났음을 확인할 수 있다.

정조는 다산이 곡산으로 떠날 때, 공무의 여가에 정부에서 간행하는 도서들의 주해나 교정을 보아 올리라고 명했었다. 다산은 곡산에 내려와 틈틈이 『사기영선(史記英選)』이라는 책에 주해를 단 『사기찬주(史記纂註)』라는 책을 완성하여 중앙으로 올렸다. 이 책에 대해서도 정조는 찬사를 아끼지 않으며 다산의 뛰어난 학식에 감탄을 금하지 못했다고 한다.

곧고 바르며 백성들의 편의만을 위해 일하던 다산은, 곡산에 있으며 중앙의 관리들과 몇 차례 대립하기도 했다. 중앙에서는 고을의 실정도 모르면서 저장된 곡식을 돈으로 바꾸어 올리라는 통보를 내렸다. 다산은 임금에게 직접 상세한 사정을 보고하는 장계를 올려서 중앙의 요구를 정중하게 거절했다. 이러자 사단이 벌어졌다. 비국(備局)의 당상관이 경연에서 임금에게 아뢰었다.

"나라에서 소중히 여기는 것은 기강보다 더한 것이 없습니다. 근래에 기강이 해이되어 시종신(侍從臣, 승지)으로 외직에 나간 수령이 중앙 정부의 공사(公事)에 대해 한결같이 반대하는 이유를 들어 응하지 않으니 법과 기강이 날로 문란해질 것입니다. 바라건대 곡산 부사를 우선 파직시키고 거두어 둔 조·콩을 전부 돈으로 바꾸어 바치게 하옵소서."

임금은 곡산 부사의 장계를 가져오라 하여 조목조목 설명하면서 다산의 손을 들어 주었다. 그때 비국 당상관은 정민시(鄭民始, 1745~

1800년)였다. 다산은 임금에게 올린 장문의 장계 「관서소미부득작전사장(關西小米不得作錢事狀)」에서 저장된 좁쌀과 콩을 팔아서 돈으로 바꿀 수 없는 이유와 고을의 사정을 낱낱이 열거하여 백성을 위해서 존재하는 목민관의 입장으로는 도저히 비국의 요구를 들어줄 수 없노라고 했다. "거북 등에서 어떻게 털을 뽑으며, 토끼 머리에서 어떻게 뿔을 뽑을 수 있겠습니까."라고 호소하면서 돈으로 좁쌀과 콩을 살 수 없는 부민들의 가난한 형편을 상세히 아뢰었다. 정부의 명령에 따를 수 없는 고을 수령의 입장을 너무나 명쾌하게 밝혀낸 글이었다.

다산의 주장에 수긍하지 않을 수 없던 정조는 "옛적에 재물을 맡은 신하는 팔도의 시가를 두루 알아서 매양 흉년이 든 지역에다 곡식을 꾸어 주고 돈으로 바꾸어 내게 하여, 백성과 국가가 다 부유하게 하였다. 그런데 비국 당상관은 크게 풍년이 든 지역에도 하지 못할 일을 행하기 위해 도리어 수령에게 죄를 주어야 한다니, 그건 잘못이 아닌가. 시종신 출신의 수령(다산)을 귀중하게 여기는 까닭은 상관을 두려워하지 않고 오직 백성을 이롭게 하며, 아는 것은 모두 제대로 말하지 않음이 없기 때문이다. 명령을 봉행하는 데 오직 근심하기를 마치 미약한 벼슬아치나 판단력 부족한 무관(武官)같이 한다면 왜 시종신을 귀중히 여기겠는가. 오늘 당상관의 아룀이 매우 이치에 어긋나므로 의당 문책을 해야겠지만, 중신(重臣)이 수령 한 사람을 논했다가 도리어 문책을 받으면 일의 체통을 손상할까 염려되기 때문에 우선 처분하지 않노라. 당상관이 아뢴 조항을 불문에 부칠 것이니, 곡산부에 있는 좁쌀·콩 등을 돈으로 바꾸어 내라는 그 일을 즉시 철회시켜 민생을 안정시키는 것이 옳다."라고 결론을 내렸다.

바르지 못한 상관의 명령에 정정당당하게 맞서 저항한 지방관의 올바른 태도가 돋보이는 대목이다. 그런 정당한 주장을 올바른 판단으로 수용해 주는 정조의 현명함도 대단하다. 정조와 다산, 역시 그 임금에 그 신하, 시군시신(是君是臣)임이 이런 데서 드러나고 있다.

현지 사정을 모르고 명령만 내리는 상부의 지시에 대하여, 현장에서 파악한 실정을 자세히 설명하여 명령에 따르지 않는 것도 목민관의 임무의 하나다. 자신의 이해에 관계없이 오직 백성들의 편에 서서 임금의 마음을 움직여 올바른 결론을 이끌어 낸 다산은 역시 바른 목민관이었다. 이런 경험 때문에 다산은 뒷날의 저서 『목민심서』에서 다음과 같은 부분을 강조해서 거론하였다. "이(利)에 유혹되어도 안 되며, 위세에 굴복해서도 안 되는 것이 수령의 도리이다. 비록 상사가 독촉하더라도 받아들이지 않음이 있어야 한다."(「봉공(奉公)」 '수법(守法)')라고 하여 부당한 상관의 명령에 따라서는 안된다고 했다. 다른 부분에서도 "상사의 명령이 공법(公法)에 어긋나고 민생(民生)에 해를 끼치는 것이면 마땅히 의연하게 굽히지 말고 확연히 자신을 지키도록 해야 한다."(「봉공」 '예제(禮際)')라고 공직자의 공직 윤리를 분명하게 밝히고 있다. 그러면서 다산은 명나라 때의 법이 훌륭하다는 것을 거론하면서 우리나라에서도 그런 법이 활성화되기를 바랐다. "명나라에서는 암행어사가 하는 일이나 상관이 하는 일의 나쁜 정사(政事)를 수령이 능히 상부에 보고하여 강력히 항의할 수 있었다. 우리나라에서는 오로지 체통을 보아서 상관이 하는 일은 비록 함부로 불법을 저질러도 목민관이 감히 한마디도 말하지 못하여 민생의 초췌함이 날로 더해가고 있다."('예제')라고 주장하며 공직 사회의 어두운 점까지 폭로하기에 이르렀다. 역사를 발전시키고 세상을 바르게 고치려던 다산의 뜻은 이런 데서 역력히 드러난다. 요즘으로 보면 내부 고발자 보호법 같은 제도의 도입을 제안했던 것으로 여겨진다. 바르지 못하거나 잘못하는 상사나 상관의 비행은 가차 없이 폭로하거나 상부에 보고하여 시정할 수 있는 길이 열려야 한다는 다산의 문제의식이 담겨 있는 대목이다.

○○ 애민의 마음으로 저술한 『마과회통』

곡산 도호부사 시절, 다산의 진짜 큰 업적 중의 하나는 의서(醫書)의 저작이다. 인도주의자 다산은 목민관 시절에 자신의 고을에서 수 없이 유행하여 수많은 인명을 앗아가는 '마마'나 '홍역' 등의 유행병에 마음이 매우 아팠다. 어떻게 해야 그러한 질병의 치료법을 알아내서 불쌍한 서민들의 생명을 연장할 수 있을 것인가가 늘 마음에 두고 있던 일이었다. 그래서 많은 의서들을 참고하고 자신의 의술에 관한 경험이나 지혜를 총동원하여 저술한 책이 바로 저 유명한 『마과회통(痲科會通)』 12권의 저서였다. 책의 저술 목적과 이유를 그는 그 책의 서문에서 자세히 밝혔다.

옛날 송나라의 범중엄(范仲淹)이라는 정치가는 "내가 글을 읽고 도(道)를 배우는 것은 천하의 모든 사람을 살려 내기 위함이다. 그렇게 하지 못한다면 황제(黃帝)의 의서를 읽어서 의약의 오묘한 이치를 깊이 연구하여 의술에 밝으면 그것도 또한 사람을 살리는 것이다."라고 했으니, 옛사람의 인자하고도 넓은 마음은 이러했다. 근세에 몽수(蒙叟) 이헌길(李獻吉)이라는 사람이 있었다. 그 사람은 뜻이 높았으나 과거에 합격하지 못해 사람을 구하려 해도 그럴 수가 없었다. 그는 홍역에 관한 책을 홀로 탐구하여 수많은 어린이들을 살려 냈으니, 나도 그 가운데 한 사람이다. 내가 이미 이헌길 때문에 살아났기 때문에 마음속으로 은혜를 갚고자 했으나 어떤 방법이 없었다.

몽수 이헌길의 책을 가져다가 근원을 찾고 근본을 탐구한 다음, 중국의 홍역에 관한 책 수십 가지를 얻어서 이리저리 찾아 조례(條例)를 갖추었는데, 그 책의 내용이 산만하게 뒤섞여 그럴싸하면서도 찾기에 불편했다. 홍역은 속도가 매우 빠르게 퍼지고 열이 대단하므로 순식간에 목숨이 오고 가니, 세월을 두고 치료할 수 있는 병과는 달랐다. 이에 세밀하게 나누고 유별로 모아 눈썹처럼 정연하고 손바닥을 보듯 쉽게 하여 환자들이 책을 펴면 처방을 구하고 찾기에 번거롭지 않게 했다. 무릇 다섯 차례 초고를 바꾼 뒤에 책이 비로소 이루어졌으니, 아아! 몽수가 아직까지 살아 있다면 아마 빙긋이 웃으며 흡족하게 생각할 것이다.

아아! 병든 사람에게 의원이 없어진 지 오래되었다. 모든 병이 다 그렇지만 홍역이 더욱 심한 것은 무슨 이유인가? 의원이 의원을 업으로 삼는 것은 이익을 위해서다. 홍역은 대개 몇 년 단위로 한 번 씩 발생하니, 이 홍역 치료를 업으로 삼으면 기대할 만한 이익이 없다고 여겨 하는 사람이 적다. 환자를 만나서는 치료하지 못하는 것도 부끄러운 일인데, 더구나 억측으로 약을 써서 사람을 오히려 일찍 죽게 하니 정말 잔인한 일이다. 궁벽한 시골 사람이 진실로 병의 증상을 살피지 않고 이 책을 함부로 믿고 그대로 상하고 복한 약재를 투여한다면 실패하는 경우가 없지 않을 것이니, 이 또한 내가 크게 두려워하는 것이다.

질병에서 해방되는 것, 인류의 영원한 희망이자 바람이다. 자신의 자녀들도 마마와 홍역으로 세상을 등졌고, 많은 백성들이 홍역 때문에 고통 받는 모습을 차마 볼 수 없어 홍역에 관한 종합적인 처방술을 담은 책을 썼던 것이다. 다산의 뜨거운 인명 존중 사상이 녹아 있고, 인간애가 넘쳐흐른다. 증상에 대한 구체적인 검증 없이 함부로 남용될 것을 염려하면서 자신이 몽수의 처방에 의해 살아났듯이 이 책이 제대로 활용되어 다른 많은 환자들이 치유되기를 바라는 다산의 뜻이 곱고 아름답고 따뜻하다. 지체 높은 사또의 신분이자 학자 벼슬아치로, 경전이나 정경(政經)의 연구에도 바쁜 처지에서 유학자들로서는 상상도 못할 의학 서적의 저술은 다산만의 세계를 지닌 독특한 실학자임을 증명해 준다.

못다 인용한 서문의 뒷부분 내용도 참으로 좋다. 적의 침입을 예견하여 미리 무기를 손질하고 성곽을 보수해 두면 못 이길 전쟁이 없듯이, 언제 찾아올지 모르는 전염병도 미리 의서를 저술하여 의약을 개발해 두면 치료하지 못할 것이 없다는 그의 확고한 자신감을 볼 수 있다. 과학 기술의 발전이 인류 역사의 진보에 기여한다는 다산의 실학 사상은 의약에 관한 그의 견해에서 여실히 드러난다. 초고를 다섯 번이나 고치면서 끝내 책으로 완성한 다산의 집념, 대단하다. 다산은 의약학 연구에 큰 업적을 남긴 몽수 이헌길의 업적을 잊지 못해 「몽수전(蒙叟傳)」이라는 좋은 글을 지어 그를 기리기도 했다.

○○ 지역 경제 살려 낸 경영 정신

뛰어난 경세가(經世家) 다산은 지역 경제를 살리는 경영 철학에도 탁월했다. 어느 해 목화 농사가 흉년이 들어 면포가 매우 귀했다. 이에 칙수전(勅需錢, 중국 사신 대접 비용)과 관봉전(官俸錢, 봉급용 경비) 2000여 냥을 내어 평안도에 가서 면포를 사들여 서울에 납부하는 데 충당하고, 그 값을 백성들에게서 징수하여 갚았다. 백성에게서 징수한 돈이 모두 200냥에 지나지 않아, 백성들은 송아지 한 마리씩을 얻었다면서 기뻐했다. 비축된 자금을 제대로 활용하여 집집마다 송아지 한 마리 정도의 이익이 남게 했으니 이 얼마나 뛰어난 경영 정책인가.

다산은 벼슬살이 기간에 「도량형의(度量衡議)」라는 논문을 통해, 길이를 재는 자(尺)나 무게를 다는 저울의 정확도를 유지함이 국가 경영에 중요한 일임을 강조한 바 있다. 다산은 곡산 시절에도 이 점에 착안하여 저울이나 자에 대한 농간과 간계에 엄격한 조치를 취했다. 부임하여 그곳에서 사용하는 자를 『오례의도척(五禮儀圖尺)』이라는 책에 있는 자와 비교해 보니 두 치의 차이가 났다. 다산은 당장 『오례의도척』에 그려진 자의 길이로 다시 제작하여 중앙에서 사용하는 구리자와 꼭 같은 길이로 맞췄다. 그렇게 정확한 자로 군포를 받으니 농간이 없어지고 백성들이 편했다. 더구나 호적이 올바르게 정리되면서 병들고 약한 사람, 홀아비이거나 장애인인 경우에 군포를 내지 않도록 조치하자 가난한 백성들이 안심하고 생업에 힘쓰게 되었다. 이렇듯 통찰력이 예리한 목민관으로서 다산은 인권과 사회 보장의 선진적인 조치들을 강구했다. 사회적 약자인 병자·홀아비·장애인 등에게는 병역과 세금을 면제해야 한다고 강조한 『목민심서』「애민(愛民)」편 '진궁(振窮)' 조항의 논리를 다산은 현역 목민관 시절에 이미 집행하고 있었으니, 그의 지행일치는 평생을 관통하는 행동 철학이었다.

○○ 현역 목민관으로서 암행어사가 되다

서른여덟의 1799년 2월, 호조 참판이라는 임시 직함을 제수받고 다산은 황주(黃州) 영위사(迎尉使)가 되었다. 청나라 고종 황제의 부음을 알리는 칙사가 오자, 조정에서 황주까지 사람을 보내지 못해 현지에서 가까운 수령에게 직함을 높여 주고 칙사를 맞이하는 우리 측 접빈사로 삼은 것이다. 당시 중국의 사신을 맞는 일은 간단하지 않아 외교 의전에 밝고 민첩한 사람이 아니면 잘못하여 나라에 큰 낭패를 끼칠 수 있었기 때문에 아무에게나 칙사 접빈을 맡길 수 없었다. 다산은 그런 모든 일에도 밝아 접빈사 역할을 제대로 해서 또 임금의 칭찬이 높았다. 그해 3월에는 특이한 인사 발령이 났다. 황해도 곡산에 근무하는 다산에게 황해도 목민관들을 염찰(廉察)하라는 암행어사의 발령이 난 것이다. 목민관으로 근무하는 사람이 동료 목민관을 안찰(按察)하는 일은 극히 드물었는데, 정조가 얼마나 다산을 믿고 신뢰했으며 그의 통찰력을 얼마나 높이 평가했으면 그런 인사 발령이 있었겠는가.

영위사로 황주에서 50일 동안을 머물며 도내 목민관들의 잘잘못을 파악하는 암행의 업무를 수행했다. 또 그때 황해도에 새로운 감사 조윤대(曹允大, 1748~1813년)가 부임했다. 이때 무과 출신인 황주 병마절도사 정학경(鄭學耕)이 부임한 감사에게 새로 맞는 인사의 예를 치르려 했다. 그런데 감사가 병사를 얕보고는 직접 인사를 받지 않고 비장으로 하여금 인사를 받게 하였다. 정학경이 그런 예는 없다고 하면서 응하지 않자, 감사가 장계를 올려 정학경을 파직시키려고 했다. 이때 다산이 감사에게 나아가 그래서는 안 된다고 요구하여 정학경이 감사에게 제대로 인사하는 예를 갖출 수 있게 하였다. 사리에 밝은 다산은 그러한 마찰을 슬기롭게 처리하는 지혜를 지닌 인물이었다. "병사의 행위는 정당하고 감사의 태도는 부당한데, 부당한 태도로 어떻게 정당한 행위를 이길 수 있겠는가?"라는 다산의 말에 승복한 감사의 입장을 알 만하지 않은가. 조윤대는 대사헌·이조 판서 등 정경(正卿)의 벼슬을 이미 지내고 관찰사로 부임하여 아랫사람을 가볍게 보고 그런 행위를 했는데, 다산이 지위와 위계가 높다고 아랫사람에게 그런 무례한 일을 해서는 안 된다고 이야기하여 문제를 시정했으니, 다산의 공정과 청렴의 정신은 여기서도 효력을 발휘했다.

1799년 초여름 4월 24일, 곡산 부사의 임무를 마치고 내직으로 들어와 다산은 병조 참의에 임명되었다. 2년 가까이의 곡산 생활 동안 한 지역의 목민관이라면 어떠해야 하는가를 분명하게 보여 주고 왔던 다산은 갈수록 깊어지는 임금의 신임을 업고 중앙에 와서 못다 처리한 황해도와 곡산의 숙폐를 해결한다. 상경하던 길인 5월 4일 동부승지에 제수되어 승정원에 들어가게 되었는데, 서울에 도착한 5일에는 다시 형조 참의에 제수된다. 궁궐로 입시하라는 임금의 독촉에 바로 임금에게 나아갔다.

"애초에는 올가을을 기다려 들어오게 하려 했으나, 마침 큰 가뭄이 들어 여러 가지 형사 사건을 심리하려고 불렀다. 내가 황해도에서 일어난 의심스러운 옥사(獄事, 재판 사건)에 대하여 다시 조사하여 보고한 그대의 장계를 보니, 그 글이 매우 명백하고 절실했다. 글 잘하는 선비가 뜻밖에 형사 재판에 대하여 매우 잘 알고 있기에 너를 소환했다." 그러면서 형조 판서 조상진(趙尙鎭, 1740~1820년)을 불러 말했다. "경은 늙었으니 베개를 높이 베고 쉬면서 참의에게 맡기시오. 참의는 나이가 젊고 매우 총명합니다." 뒷날 살인 사건을 포함한 형사 재판과 수사에 관한 전문 서적인 『흠흠신서』를 쓴 다산, 조사와 재판에 그를 당할 사람이 몇이나 있겠는가. 형조 참의로서의 훌륭한 사건 처리는 조금 뒤로 미루고, 임금에게 보고하여 처리했던 황해도와 곡산의 일로 다시 돌아가 보자.

이 무렵 다산에 대한 정조의 신임은 더욱 두터워져 정조는 다산과 밤늦도록 이야기를 나누는 경우가 많았다. 하루는 임금이 다산에게 황해도에서 왔으니 그곳의 고질적인 병폐가 무엇인지를 말하라고 했다. 다산은 곡산부만의 문제가 아니라 황해도 전역에서 문제가 되는 오랜 폐해에 대하여 상세히 보고했다. 다산은 황해도를 거쳐 가는 중국 칙사를 대접하는 데 따르는 문제가 황해도의 큰 문제 중의 하나라고 지적했다. 황해 감영과 각 고을에서 중앙까지 연결되는 준비 물품이나 비용이 매우 불합리하게 되어 있기 때문에 칙사가 올 때마다 문제가 생기니 해결책을 강구해야 한다는 건의를 올렸다. 임금은 다산의 말을 듣고 정승 이시수(李時秀, 1745~1821년)가 원접사로 나가니 그에게 알려 주어 앞으로 그런 문제를 해결하라고 지시하였다.

다산이 건의한 또 하나의 문제는 초도(椒島)의 둔전(屯田)에 있는 소가 문제라는 것이었다. 다산의 보고 내용을 보자.

초도의 둔전에서 키우는 소의 문제를 말씀드립니다. 당초에 진(鎭)을 설치할 때 그곳에 들어가서 농사를 지을 백성을 모집하여 소 몇 마리를 지급해 주고 번식시키도록 했습니다. 중간에 사복시(司僕寺)에서 암소의 수를 계산해 송아지를 징수했는데, 해마다 숫자를 늘려 한 마리당 15냥씩 돈으로 바치게 했습니다. 갑진년(1784년) 겨울에 우안(牛案)에 기록된 숫자가 47마리에 지나지 않았는데 지난해에는 우안에 등록된 숫자가 221마리로 늘어나, 섬 주민 11명에게 배당해 한 사람당 23~24마리씩 책임지게 했습니다. 그러나 실제로는 섬에 한 명도 생존해 있는 사람이 없고, 한 마리 소도 남아 있지 않습니다. 그래서 이웃에서 징수하고 친족에게서 징수하는 사태까지 만연되었습니다.

장연(長淵)·풍천(豊川) 지방의 백성이 곤욕을 견디지 못한 나머지 우보(牛譜)를 작성해 매번 관청에 들어가 소 문제로 송사할 때, 심지어 "누구의 소는 누구와 이종 간이다." 하고 혹 "누구의 소가 누구의 상전이다." 하는 데까지 이르니, 듣고 판결하는 사람이 놀라고 의심하기도 했으며, 원망과 비방이 물 끓듯 일어났습니다. 만약 이와 같은 폐단을 개혁한다면, 단지 한 섬만이 은택을 입는 것이 아니요, 황해도 연안 여러 읍의 백성까지도 만연된 근심을 면할 수 있게 될 것입니다.

「초도둔우계(椒島屯牛啓)」

이런 보고를 들은 임금은 즉각 명령을 내려 소의 장부를 모두 없애 버리게 했다. 다산이 보고만 올리면 오랜 폐단들이 즉시 해결되곤 했다. 그만큼 다산의 보고는 정확했고 폐단의 원인 분석도 명확했다. 또 임금의 조치도 그처럼 신속했다. 훌륭한 임금과 능력 있는 신하가 마음을 결합하여 국사를 제대로 처리하는 경우를 '어수지계(魚水之契)'라고 말한다. 정조와 다산은 정말로 어수지계의 군신사이였다.

최초이자 마지막이었던 곡산의 사또 생활, 다산은 참으로 훌륭한 목민관으로서 백성들을 무한정하게 보살펴 주었고 묵은 악폐들을 개혁하여 살맛 나는 곡산 고을을 만드느라 불철주야 애쓰다가 내직으로 옮겼다. 2년 가까운 그곳 생활은 뒷날 『목민심서』를 저작하는 데 훌륭한 밑거름이 되었다. 다산은 능력을 충분히 발휘하였고 국왕은 다산을 충분하게 인정할 만한 많은 정보를 얻을 수 있었다.

○○ 삼농 정책을 건의하다

곡산의 바쁜 목민관 생활, 사또로서 공무를 처리하는 여가에는 문인이자 시인으로서의 자질을 살려 고을 안의 명승지는 물론 인근 지방의 경치 좋은 곳을 찾아 유람하면서 글을 쓰고 시를 지었다. 「오연에 배를 띄우다(烏淵汎舟)」라는 다섯 수의 시 중 하나를 읽어 보자.

갈대꽃 한창인 물가에 부드럽게 노 젓는 소리	數聲柔櫓荻花洲
시냇가 시장가엔 한 줄기 맑은 연기	一抹澹煙溪市頭
차가움 서린 뭇 봉우리엔 석양빛 깃들었고	冷皺群巒棲晚照
젖은 물새 한 쌍이 맑은 물결 차고 나네	濕飛雙翼破澄流
돛 내리려니 바람에 취한 술 깨고	疎帆欲落風醒酒
나팔소리 나자 누대 위에 달이 뜬다	殘角初鳴月上樓
저 멀리 물에 비치는 게 잡는 등불들	捕蟹數燈遙照水
어촌 풍경에 수심만 깃들게 하네	漁村物色使人愁

시가 참 아름답다. 게 잡는 등불이 멀리서 보이자 괜스레 고향 생각으로 가슴에 수심이 인다는 구절이 매우 좋다. 특히 곡산을 벗어나 황주 월파루(月波樓)에서 노닐었던 기행문이나 관적사(觀寂寺)를 찾아간 기행문도 아름다운 글이지만, 황해 관찰사 이의준(李義駿, 1738~

1798년)과 함께 구경했던 자하담(紫霞潭)이라는 호수의 경치가 아주 좋아서 그곳을 찾아 배를 띄우고 놀았다는 기행문도 멋있는 글이다.

자하담의 근원은 양덕(陽德)·맹산(孟山)에서 흘러나온다. 근원을 찾아 올라가니 굽이굽이마다 경치가 기묘한 절경이다. 내가 곡산에 온 이듬해에 가람산(峚嵐山) 아래서 배를 타고 물결을 따라 내려가 마하탄에 이르러 멈춘 적이 있다. 그 뒤 관찰사 이의준 공에게 대략을 이야기해 주었더니, 이 공이 대뜸 얼굴빛을 고치며 말하기를 "올가을의 행부(行部, 관찰사가 관내를 순시하며 수령의 잘잘못을 가리는 일)는 마땅히 가람산 아래서 해야겠소."라 했다. 나는 "옳지 않습니다. 행부라는 것이 산수를 유람하는 것인가요? 가람산 아래까지는 아직껏 고관의 행차가 이른 적이 없습니다. 금년에 비로소 관찰사 행차가 이곳에 이르게 하려면, 산을 뚫어 길을 내고 골짜기를 건너질러 다리를 놓아야 할 것이니, 백성들을 수고롭게 하여 상관을 즐겁게 하는 일은 감히 할 수 없습니다."라고 하자, 이 공이 멍하니 서글픈 표정을 지었다.

「자하담범주기(紫霞潭汎舟記)」

목민관을 평가하는 감독 지휘권이 있던 관찰사는 수령에게는 직계 상사이고 높은 벼슬아치였다. 하급 관리이던 수령이 감사 앞에서 부당한 일을 부당하다고 당당하게 말하여 백성들이 당할 수고를 미리 예방한 다산의 공직 자세는 정말로 훌륭했다. 아름다운 명승지를 구경할 때에도 백성들에게 폐를 끼치지 않으려 했던 정신이 돋보인

256

다. 빼어난 경치를 묘사하는 그의 글솜씨 또한 대단했다. 공무의 여가에 명승지를 찾아가 시를 읊고 술을 마시던 일은 그때의 풍류였다. "푸른 눈썹에 하얀 이를 가진 예쁜 기녀들이 물에 비치니 그 모습이 더욱 아름다웠다."라는 표현은 다산의 글 짓는 수법을 그대로 보이고 있다.

곡산에서 다산은 기인(奇人) 한 사람을 만났다. 다산의 멋진 산문인 「장천용전(張天慵傳)」이라는 글에 나오는 이야기인데, 그 내용은 이렇다.

한가한 어느 날 무료해서 통소 소리라도 듣고 싶어 그런 인물이 있는가 아전에게 물었더니, 그 고을 장천용이라는 사람이 통소를 잘 분다고 했다. 그래서 그를 만날 수 있게 해 달라 했더니, 그는 관청에 들어오기를 싫어해 순순히 오기는 어렵다 했다. 그래서 이야기해 보아 자발적으로 온다면 데려오되, 절대로 강제로는 오게 하지 말라고 했다. …… 사또가 만나고 싶다고 했더니 그가 그냥 들어왔다. 그는 이미 취해 있었고, 통소를 불 염사는 없이 거듭 술을 달라고 요구했다. 원 없이 술을 마시고 그는 그 자리에 쓰러져 실컷 잠이나 잤다. 잠이 깨어서는 통소 대신 그림에 장기가 있다면서 마구 그림을 그려 댔다. …… 천용은 아내가 있으나 얼굴은 지극히 못생겼고 오래전부터 중풍으로 마비 증세가 있어 길쌈도, 바느질도 밥 짓는 일도, 애 낳는 일도 못하면서, 성질까지 어질지 못했다. 항상 누워 있으면서 천용에게 욕설을 퍼부었지만 천용이 그를 보살펴 주는 일을 조금도 게을리하지 않으므로 사람들이 이상하게 여겼다 한다.

단편 소설 같다. 가난하고 힘없는 약자에게 무한한 애정을 갖지 않고는 써지지 않을 작품이다. 예술가를 예술가로 대접하는 다산의 뜻이 높다. 강제로 끌어다가 억지로 시킨다고 예술의 기능이 발휘될 수 없음을 인식했던 다산, 마시고 싶은 대로 술을 마시게 하고 자고 싶은 대로 잠자게 한 뒤, 자기의 뜻에 따라 그림을 그리도록 배려해 주었기에 천용의 예술이 살아났으리라 여겨진다.

곡산에서 목민관 업무로 빠뜨릴 수 없는 것 중의 하나가 농업 발전에 대한 대책을 올리라는 임금의 명령에 응하여 작성했던 다산의 농업관이다. 이름 하여 「응지논농정소(應旨論農政疏)」라는 논문이다. 당시 정조는 농업 발전을 도모하여 전국의 관리나 선비들에게 어떻게 해야 농업을 제대로 발전시킬 수 있는지에 대한 대책을 올리라는 명을 내렸다. 조선은 농업 국가였다. 농업을 발전시키지 않고는 가난을 면할 길이 없었다. 국가적으로 가장 큰 현안이 바로 농업 문제였다. 다산은 우선 농업이 안고 있는 세 가지 문제점을 들고 그에 대한 해결책을 제시했다. 당시의 농업 중흥책으로 높은 평가를 받았던 대안이다.

다산이 지적한 농업의 세 가지 문제점은 첫째 농민이 선비보다 지위가 낮은 점, 둘째 농업이 상업보다 이익이 박한 점, 셋째 농업이 공업보다 더 힘들다는 점이었다. 이에 따라 다산은 어떻게 해야 선비의 지위만큼 농민의 지위를 끌어올릴지, 장사만큼 이익을 올릴 수 있을지, 공업보다 더 편하게 농사를 지을 수 없을지를 세밀하게 분석하여 '삼농 정책(三農政策)'을 제시하였다.

첫 번째가 편농(便農)이다. 한 사람이 하는 일을 두 사람이 하면 훨씬 편해진다. 그래서 다산은 놀고먹는 사람, 즉 유식지인(遊食之人)이 없어져야 한다고 했다. 남녀노소 양반이나 상민을 막론하고 놀고먹는 사람이 없도록 유식 계급을 없애자고 했다. 또 씨를 뿌리거나 심을 때, 반드시 불량한 씨앗을 골라내고 가로세로 줄을 맞춰 일하기에 편하도록 하고, 농기구를 개발하여 힘을 적게 들이고 농사를 짓게 해야 한다고 했다. 그래야 품은 적게 들고 소득은 늘어나기 때문이다. 농기구의 개발 없이는 농사를 편히 지을 수 없음도 특히 강조했다. 또 반드시 수리 사업, 관개 사업에 정성을 다하여 저수지를 막고 관개 수로를 만들어 농업용수 사용을 편리하게 해야 한다고 했다. 간척지를 막고 제방을 쌓아 수리 시설을 확대하면 농토도 늘어나고 농사짓기도 편해진다고 했다.

두 번째는 후농(厚農)이다. 농사를 지어 얻는 소득이 많아야 농민이 후해진다는 뜻이다. 환곡 제도를 개선하여 착취와 농간을 막으면 농업이 후해진다. 농사에 이익이 많도록 하려면 종축(種畜), 즉 축산업을 진흥시켜야 한다고 했다. 가축을 제대로 번식시키고, 소·말·돼지·양 등의 가축을 많이 기르고, 산에 밤·감·대추·배 등의 과수를 심으면 소득이 늘어난다. 특작을 권장한 내용이다. 또 되(升)나 말(斗) 등의 도량형기를 정확하게 정돈하여 아전들이나 상인들이 농간을 부리지 못하게 조치를 취해야 한다고 했다.

세 번째는 상농(上農)이다. 농민들의 지위를 향상시켜, 농민도 선비처럼 대접받는 세상이 되게 하라는 뜻이다. 아무나 과거에 응시하지 못하게 하여, 선비 자격도 없으면서 농사일을 뒷전으로 하고 과거 시험에 응시하고 농민을 낮은 신분으로 여기는 풍토를 막아야 한다고 했다. 편한 농사, 소득이 높은 농사, 농민 지위의 향상, 이 세 가지야말로 농업을 위해서 해결해야 할 영원한 과제가 아닐 수 없다. 다산의 농업에 대한 안목은 역시 높았다.

곡산 부사로서의 다산, 황주 영위사로서의 다산, 황해도 암행어사로서의 다산은 불과 1년 11개월이라는 길지 않은 기간 동안 참으로 많은 일을 해냈다. 황주에 영위사로 머무는 50일 동안 도내에 미해결된 큰 옥사가 두 건이나 있었는데, 다산이 임금에게 보고하자 임금이 관찰사 이의준에게 명하길 정약용을 차임(差任)하여 그 사건을 조사해서 해결하라고 지시하였다. 이의준이 정약용에게 의뢰해서 그 큰 옥사의 진실이 공정한 재판으로 밝혀져 무사히 해결되기도 했다. 임금은 그 옥사의 해결 소식을 듣고, 뒤에 다산을 내직으로 옮겨 주면서 형조 참의를 제수하였으니 이는 다산이 형조의 미제 사건들을 해결하게 되는 발판이 되었다.

다산이 벼슬이 교체되어 내직으로 들어오고 황해도 관찰사도 바뀌어 정일환(鄭日煥)이라는 유신(儒臣)이 황해도 감사로 부임했다. 1801년 다산은 신유옥사에 연루되어 구속되고, 국문을 받은 뒤 마침내 포항 근처의 장기(長鬐)라는 곳으로 귀양살이를 떠났다. 그해 가을 또 「황사영백서」 사건이 터져, 다산은 다시 서울로 압송되어 재조사를 받았다. "천 사람을 죽여도 정약용을 죽이지 않으면 아무도 죽이지 않은 것과 같소."라고 외치던 반대파 홍희운(洪羲運, 홍낙안의 개명)의 주장처럼 다산의 목숨이 경각에 달려 있던 때였다. 황해도 관찰사의 임무를 마치고 내직으로 들어온 정일환이 옥사 관계자들에게 "정약용은 곡산에서 백성을 자혜롭게 보살핀 목민관 생활을 했는데 그런 사람은 죄가 있더라도 죽여서는 안 된다."라고 강력히 주장했다. 그러면서 죄인의 답변에 이름도 거론되지 않은 정약용을 체포해 오는 일이 어디에 있는 법이냐면서 벽파의 영수 심환지 정승에게 국문하자는 요구에 동의하지 말라는 권유까지 했다는 것이다. 이만하면 다산이 곡산의 목민관으로 얼마나 훌륭한 업적을 남겼는가를 넉넉하게 이해할 수 있다. 동번(東樊) 이만용(李晚用, 1792~1863년)이라는 당대의 시인은 다산이 세상을 떠나자 그를 애도하기 위해 지은 만시(輓詩)에서 다산의 목민관으로서의 업적을 아름답게 묘사했다.

『목민심서』 책 한 질에 목민 정신 보이더니	一部心書見牧民
공수·황패의 선정으로 곡산에는 봄바람 불었네	龔黃惠化永豐春
거사비(去思碑) 하나가 아직도 남아 있으니	去思一片碑猶在
천추에 눈물 떨굴 사람 헤아릴 수 없으리라	何限千秋墮淚人
	「만정다산선생(挽丁茶山先生)」

28자의 시 한 수로 곡산 도호부사 시절의 다산 업적을 간결하게 읊었다. 비록 뒷날의 저서이지만 『목민심서』라는 대저의 목민 정신에 입각해서 그곳 백성들을 따뜻하게 보살펴 주었고, 한나라 때의 대표적인 목민관이던 공수와 황패에 버금가는 선정을 베풀었다고 찬양하였다. 곡산의 옛 이름이 영풍(永豐)이었으니 그곳에 봄바람이 불었다 함은 따뜻한 봄 날씨처럼 온정(溫情)의 정치를 했다는 뜻이었다. 목민

관이 떠난 뒤, 은혜를 잊지 못하는 백성들이 떠나간 사람을 잊지 못해 사모의 정으로 세운 비가 거사비(去思碑)였다. 다산의 어떤 기록에도 곡산에 거사비가 세워졌다는 내용이 없는데, 이만봉은 나산을 너러 차례 찾아뵈오며 학문과 도(道)를 묻곤 했으니 그때 그런 이야기를 들었기에 시에다 표현했으리라 믿어진다.

'눈물 떨굴 사람'이라는 말도 고사에 있다. 중국 진(晉)나라 때 양호(羊祜)라는 명장(名將)이 일찍이 양양 태수(襄陽太守)를 지냈는데, 매우 훌륭한 선정을 베풀었으므로, 그가 죽은 뒤 그 지방 백성들이 송덕비를 세워 그의 공을 기렸다. 이 비를 바라보는 사람으로 눈물을 떨어뜨리지 않은 이가 없었다고 한다. 그래서 뒤에 두예(杜預)라는 사람이 그 비를 타루비(墮淚碑)라고 이름 했는데, 이 이야기에서 인용하여 '눈물 떨굴 사람'이라는 표현을 사용했다. 곡산의 백성들로서 다산의 선정을 생각하면 눈물을 떨구지 않을 사람이 없었으리니, 숫자를 한정하지 못한다고 했다. 죽을죄를 지었더라도 용서받을 만큼의 훌륭한 다산의 곡산 업적은 『목민심서』의 근본 정신인 공정·청렴이라는 공직 윤리를 가장 충실하게 실현한 것으로 거사비를 보고서 눈물 흘리지 않을 사람이 없을 것이라는 표현에서 넉넉히 증명될 것이다.

○○ 서울로 복귀하여 미제 사건을 해결하다

곡산에서 돌아오자 오랫동안 미제 사건으로 판결을 내리지 못한 사건의 해결을 위해 형조 참의에 제수되었다. 내직으로 들어와 밤마다 임금에게 불려 가 밤늦도록 국사를 논하자 반대파들은 시기심이 발동되어 비방과 모함을 일삼기 시작했다. 형사 재판에 탁월한 능력을 지녔던 다산은 우선 억울한 사건부터 철저히 수사했으니 명쾌한 재판으로 해결한 사건이 여러 건이었다. 서울의 죄수 함봉련(咸奉連)은 7년 동안이나 살인죄로 감옥에 갇혀 있었다. 사건이 얽혀서 판단하기 어려워 시일만 끌고 있었다. 이에 다산은 사건의 초심·재심의 기록을 샅샅이 살피고 죄수를 상대로 직접 조사하여 그의 억울함을 밝혀내고 무죄 판결을 내렸다. 이때의 형사 사건에 관한 조사와 판결은 뒷날 『목민심서』나 『흠흠신서』의 처리 원칙에도 그대로 적용되었다.

사람의 생사가 나 한 사람의 살핌에 달려 있으니 밝게 살피지 않을 수 없으며, 사람의 생사가 나 한 사람의 생각에 달려 있으니 신중하지 않을 수 있겠는가.

『목민심서』「형전」'단옥(斷獄)'

재판이야말로 밝고 신중하게 해야 한다는 대원칙의 천명이다. 그가 함봉련 사건을 얼마나 철저하게 조사하고 신중하게 살펴서 무죄결정을 내렸는가가 그의 보고서에 자세하다.

김복선의 말은 함봉련이 땔나무를 지고 돌아오는 길에 죽은 그 사람을 만나 손으로 그의 등을 밀어뜨렸는데, 그로 인해 죽었다고 했습니다. 만일 그의 말대로 하면 상처가 등에 있어야 하고 원인은 밀어뜨림을 당한 것에서 벗어나지 않았어야 하나, 지금 이 시체

검안서에 상처는 도리어 가슴에 있는데 그저 약간 구타를 당한 것으로 돌려 버렸으니 어찌 착오가 심한 사건이 아니겠습니까. 또 일반적으로 증인을 보고 사건을 결정지을 때는 반드시 공정한 안목을 지니고 이쪽 편이나 저쪽 편이 아닌 사람에게 공정한 진술을 하도록 하여 공적인 증거로 삼는 법입니다. 김복선은 바로 고발자가 처음 고발할 당시 정법으로 고발당한 사람인데, 지금은 그 사람이 죽을 입장에서 살고자 발버둥친 말만 믿고 그대로 인정해 이 사건의 공적인 증거로 삼았으니, 고금 천하에 이와 같은 옥사는 없었습니다. 함봉련의 지극히 원통한 사정은 마땅히 다시 재판해야 합니다.

다산이 임금께 이렇게 아뢰자 임금의 판단도 그의 판단과 일치했다. 판결은 이렇다. "미끼 놓은 그물에 의탁할 곳이 없는 제비가 잘못 걸렸구나. 함봉련을 즉각 놓아 보내고 조사 기록을 불에 태워 버려라."(「논함봉련옥사계(論咸奉連獄事啓)」) 7년 동안 끌어오던 미제 사건인 함봉련 사건은 다산의 치밀한 조사와 명확한 증거 제시로 무죄 판결을 얻어 냈다. 민완 검사의 과학적인 수사로 얻어 낸 결론이었다. 이러한 다산의 형사 사건 처리 능력 때문에 임금은 "글 잘하는 선비가 뜻밖에 형사 재판까지 잘 알고 있으므로 곧 너를 불렀다."(「자찬묘지명」)라고 한 바 있다. 『흠흠신서』도 이런 정신이 기본을 이룬 책이다. 공(公)·염(廉)의 공무 처리는 이렇게 바른 결과를 낳았다.

신착실(申著實) 사건도 다산의 조사 결과대로 해결되었다. 신착실이라는 황주 백성이 돈 2전 때문에 사람을 밀어붙이고 지게의 작대기 끝으로 항문을 찔러 죽게 한 사건이었다. 그 사건을 조사한 관리들이 모두 신착실을 죽여야 한다고 보고했는데, 다산은 "이번 일은 공교롭게 일어난 일이니 용서해 주어야 마땅합니다."라고 했다. 며칠 뒤에 임금이 특별히 판결하여 "지극히 조그마한 것이 항문이고 지극히 뾰족한 것이 지겟작대기 끝이니, 매우 작은 구멍을 매우 뾰족한 끝으로 찌른 일은 천하에 지극히 우연한 일이다."라고 하여 신착실은 마침내 고의가 없는 과실이라는 판단으로 정상이 참작되어 풀려났다.(『사암선생연보』) 사리에 투철하고 정황의 판단이 빠른 다산의 주장대로 사건이 해결되었다.

이렇게 명민하고 통찰력이 뛰어난 다산의 재판에 임금은 무한한 찬사를 보내며 다산을 중용하려는 의사를 굳히고 있었다. 임금의 청찬이 높아 갈수록 시기하던 무리들의 반발은 더욱 거세지고 있었다.

끝내 사건이 터지고 말았다. 사간원 대사간 신헌조(申獻朝, 1752년 ~?)가 계(啓)를 올려 권철신에 대하여 논죄하고 이어서 다산의 중형 정약전의 일까지 아뢰었다. 그는 권철신, 정약전 등을 추국하여 죄를 다스려야 한다고 했다. 보고받자 임금은 버럭 화를 내면서 사실일 리가 없다고 꾸짖었다. 그런 사건이 있음을 알지 못하던 다산은 다음 날 평상시처럼 형조로 출근했다. 그러자 사헌부의 대관 민명혁(閔命爀 1753~1818년)이 정약용은 혐의를 쓰고 있으면서도 보란 듯이 벼슬살이를 하고 있다면서 상소를 올렸다. 그날이 6월 21일이었는데 이튿날인 22일 다산은 영원히 관계를 떠나겠다는 사직 상소를 올렸다.

삼가 생각하건대, 저는 마땅히 벼슬에 나아갈 생각을 말았어야 했는데, 벼슬을 한 지가 벌써 오래되었습니다. 남의 미움을 받은 것이 쌓이고 쌓여 이제는 위태롭고 불안한 상태에 이르고 말았습니다. 조정에서 벼슬한 지 11년, 두루 여러 직책을 거치는 동안 단 하루도 마음 편한 적이 없었습니다. 하나도 제 탓이요, 둘도 제 스스로 취한 것이니, 감히 자신을 합리화시키고 남을 허물하여 거듭 그물이나 함정 속으로 스스로를 빠뜨려서야 되겠습니까. 다만 제가 남몰래 고통스러워하며 마음속으로 가책을 느끼는 것은, 저와 같이 더러운 존재를 전하께서 비루하다고 생각하지 않으시며 저와 같이 곤궁한 사람을 전하께서 버리시지 않으시고, 사랑해 주시고 감싸 주시며 혹시라도 갈고닦아 훌륭한 인재로 양성되기를 바라셨으니, 어찌 저의 운명이 기구하고 박복한 것이 아니겠습니까? 마치 토끼가 그물에 걸린 것 같고 새가 그물에 걸린 듯하여 부질없이 임금님의 걱정만 수고롭게 끼치다가 끝내는 커다란 허물을 짊어지고 말았습니다.

벼슬살이를 하지 않아야 했는데, 벼슬살이를 하느라 임금님의 마음만 괴롭혀드렸다는 안타까운 이야기로 다산의 사직 상소는 시작한다.

헌납(獻納) 민명혁의 상소를 보았는데 신헌조의 계에 언급된 저의 형의 이름을 들먹이면서 제가 편안하고 태연히 의기양양하게 공무를 수행하고 있다고 논죄하였습니다. 아! 제가 의(義)에 처신하고 있는 점은 짐짓 놔두고라도 저의 형이 참으로 무슨 죄를 지었다는 것입니까? 그 죄는 오직 저같이 불초하고 볼품없는 사람이 아우가 된 때문일 것입니다. 그런데도 전에 우리 전하께서는 저를 꾸중하는 교지에서 단지 "죄 없는 너의 형이 어찌하여 상소의 글에 올랐겠느냐!"라고만 기록하였으니, 그때 열 줄의 은혜로운 말씀은 밝고 명백하기 더할 나위가 없었습니다. 저는 오직 엄숙하게 외우며 감축하면서 그 글을 안고 황천으로 돌아갈 따름입니다. 이제 무엇 때문에 다시 붓과 입술을 수고롭게 하여 쓸데없는 짓을 하겠습니까? 아! 저의 형은 벼슬한 지 10년에 아무것도 이루어 놓은 것이 없이 지금은 벌써 머리가 희끗희끗합니다. 그 이름 석 자도 조정에서는 잘 모르는데, 무슨 증오가 맺혀 있기에 이다지도 야단들입니까. 그 뜻은 저를 조정에 서지 못하게 하려는 이유일 뿐입니다. 저의 속마음은 이미 정사년(1797년)의 상소(「변방사동부승지소」)에서 모두 말씀드렸습니다.

죄 없는 자신의 형을 거론하여 죄에 연루시킴으로써 짐짓 형제간인 아우의 벼슬길을 막으려는 그들의 의도가 너무나 분명하다는 이야기였다. 벼슬도 낮고 하는 일도 없는 자신의 형을 거론한 불순한 의도를 명확히 파악하고 있었다.

저는 구차하게 모험을 해 가면서까지 영화와 녹(祿)을 구하고자 하지 않으며 또한 높고 멀리 피하여 관직에서 급히 벗어나고자 하는 사람도 아닙니다. 대체로 한평생의 허물을 스스로 당세에 밝혀 일세의 공의(公議)에 따라 세상이 과연 용납하면 구차하게 떠나지 않고, 세상이 용납해 주지 않으면 구차하게 나아가려고 하지 않습니다. 지금 세상의 추세를 보니, 용납하지 않을 뿐만 아니라, 한 가문을 아울러 연루하려고 합니다. 지금 떠나지 않으면 저는 단지 세상에서 버림받는 사람이 될 뿐만 아니라 가문에 있어서도 패역한 동생이 될 것이니, 제가 어찌 차마 이런 짓을 할 수가 있겠습니까? 저는 이제 나아가도 의지할 곳이 없고 물러나도 돌아갈 곳이 없습니다. 다만 제가 태어나서 자란 시골은 강과 호수, 새와 물고기 등 자연의 경관이 성정을 도야할 만하니, 천한 백성들과 함께 살면서 죽을 때까지 전원에서 여생을 쉬며 보양하고, 성스러운 임금님의 은택을 노래한다면 저에게는 남의 표적에 들 염려가 없고, 세상에는 눈엣가시를 뽑은 기쁨이 있으니 역시 좋은 일이 아니겠습니까? 눈앞의 관직은 논할 것도 없습니다. 삼가 바라건대 전하께서는 빨리 저의 직명을 깎도록 명하시고 이조에 영을 내려 사적에 실려 있는 모든 저의 이름을 아울러 없애 버리게 하십시오. 또한 사패(司敗, 형조)로 하여금 임금의 은혜를 저버리고 신명(身名)을 더럽힌 저의 죄를 다스리게 하여 공의를 펴게 하고 제 자신의 뜻대로 자정(自靖, 스스로 자기 심신을 편안하게 함)할 수 있게 해 주십시오. 살아서 성인의 시대를 만나 높은 은혜를 보답하지 못하고 아직 늙지 않은 나이에 영원히 대궐문을 하직하려 하니, 종이를 대하매 눈물이 쏟아져서 말할 바를 모르겠습니다.

「사형조참의소(辭刑曹參議疏)」

이러한 다산의 상소를 받은 정조는 즉각 비답을 내려 그에게는 아무 잘못이 없으니 사직하지 말고 계속하여 직무를 수행하라고 했다. 그러나 다산은 상소를 올린 뒤, 일절 조정에 발을 끊고 응하지 않았다. 못내 아쉬워 체직을 허용하지 않던 임금은 기다리다 못해 한 달 지난 7월 26일자로 체직을 허용한다는 답변을 내렸다. 이리하여 다산은 영원히 조정에서 물러나 벼슬길에서 멀어져 버렸다.

목이 메고 가슴이 저리는 내용의 상소이다. 갈고닦은 지혜와 실력으로 세상에 도움을 주고 나라와 백성을 위해서 몸과 마음을 통째로 바치고자 했던 다산은 겨우 서른여덟 살의 나이로 임금을 하직하고 대궐 문을 떠나야 했을 때 얼마나 기가 막혔을까. 임금도 진정으로 붙들고 싶었으나 당시의 궁중 세력 판도는 임금의 뜻대로 처리할 형편이 아니었다. 그래서 오래 버티다가 끝내는 체직을 허락하고 말았다. 그해 1월 19일 일세의 대로(大老)이자 남인 시파의 영수로 정조와 함께 다산 일파를 보호해 주던 번암 채제공까지 세상을 떠나 그때는 이미 남인 시파의 세력이 매우 약화되어 있었다. 이런 정치적 상황이 벼슬길에서 영원히 떠나는 불행을 다산에게 안겨 주고 말았다.

9 고행의 터널 안으로 들어서다

벼슬에서 물러나고 세력까지 약화된 다산에게는 비방과 모함이 끊이지 않고 일어났다. 그해 겨울에는 서얼 출신 조화진(趙華鎭)이라는 자가 이가환과 정약용이 음험하게 천주교를 주장하며 궤도에 벗어난 짓을 음모하고 있다고 고변하는 사건까지 발생했다. 조선에 입국해 전교 활동을 하던 주문모 신부를 고발한 사람인 한영익까지 함께 싸잡아 고발했다.

조화진은 한영익 집안과 혼인을 시도하다가 성사되지 않으니 사감으로 그런 고발을 했다는 것이 확인되어 이 일은 무마되었으나 분위기가 심상치 않게 돌아가는 징조임은 분명했다. 다산은 그 무렵에 지은 시에서 당파 싸움에 시달리는 심정을 역력히 토로했다.

온 세상 두루 돌며 머리털 허예지는데　　　　天地徘徊欲白頭
감찰 기관의 탄핵 문서 끝내 나왔구려　　　　烏臺彈簡竟悠悠

곡산에서 산골 사람들과 삼 년을 즐겼는데	三年去作山氓喜
하룻밤 사이 오고 보니 세상 걱정만 보태지네	一夜來添世道憂
재상 자리 탐내던 소진·장의 나 싫으니	久恨蘇張貪相印
소내와 삽계 찾아가 고깃배나 사려네	已從苕雪買漁舟
푸른 개구리밥 붉은 여뀌 시원한 물가에서	綠蘋紅蓼滄凉地
오리 갈매기 날 모략 않으리라 믿어 보네	深信鳧鷗不我謀

「탄핵을 받고 물러나기를 청하며(遭臺彈陳疏乞解日書懷)」

소계·삽계는 본디 당나라 때의 장지화(張志和)가 돌아가 고기 잡기를 원했던 곳인데, 소계는 바로 다산의 고향 마을 소내와 일치하니 제대로 맞아떨어지는 대목이다. 벼슬을 버리고 모략과 중상에서 벗어나 자연으로 돌아가고자 하지만, 뜻이 꺾이고 마음에 없는 실직을 하려니 애달프고 서럽기는 마찬가지다. 이제 바야흐로 가시밭 고행 길이 시작되고 있다. 상소로 사직을 고한 뒤 자신의 집인 명례방의 죽란사로 돌아온 다산은 다시 옛 친구들을 규합하여 시를 지으며 세월을 보낸다. 죽란사 시 모임은 다음 해인 1800년 6월 28일 정조 대왕의 붕어가 있을 때까지 1년 가까이 계속되었다. 낙향할 준비를 하던 다산은 정조의 타계까지 겹치면서 일어설 희망을 지닐 수 없게 되었다. 「옛 뜻(古意)」이라는 시를 보자.

한강수 흘러 흘러 쉬지 않고	洌水流不息
삼각산 높아 높아 끝이 없도다	三角高無極
산천은 변해 바뀔지라도	河山有遷變

당파 짓는 나쁜 버릇 깨부술 날이 없구려	朋淫破無日
한 사람이 모함을 하면	一夫作射工
뭇 입들이 차례로 전파하여	衆喙遞傳譌
간사한 사람들이 세력을 잡았으니	詖邪旣得志
정직한 사람 어느 곳에 둥지를 틀랴	正直安所宅
외로운 난세는 깃털이 약해	孤鸞羽毛弱
가시 찔림 감당할 수 없기에	未堪受枳棘
구차하게 돛단배 얻어 타고서	聊乘一帆風
멀리멀리 서울을 떠나노라	杳杳辭京國

순박하고 꾸밈없이 맑고 깨끗한 마음으로 다툼 없이 살아가던 옛사람들이 그리워 「옛 뜻」이라는 제목으로 지은 시다. 오랜 귀양살이를 예견이나 하는 듯이 암담한 미래에 대한 걱정과 근심을 노래한 내용인데, 벼슬을 그만두고 낙향 준비를 서둘던 다산의 심정이 그대로 그려져 있다. 예나 이제나 지긋지긋한 그 당파 싸움에 희생될 다산의 앞날이 어두워 보여 서러운 생각이 일어난다. 인간이야 변해도 산천은 의구한 것이거늘 산천까지 변해도 당파 싸움은 변함이 없다고 외쳤으니, 사악한 인간들이 저지르는 죄악은 언제쯤 그칠 것인가. 다산의 고뇌가 오늘 우리의 고뇌로 다가옴을 떨칠 수 없다.

정조 대왕과 채제공의 보살핌으로 겨우 명맥을 유지하던 시파의 신서파는 비운을 당해야 했다. 38세의 다산이 곡산 고을을 제대로 보살피느라 한창 바삐 일하던 1799년 음력 1월 29일, 일세의 명재상 채제공이 세상을 뜨고 말았다. 곡산에 있었기 때문에 그렇게 아껴 주고 보살펴 주던 재상의 죽음에 조문도 못 갔지만, 뒤에 다산은 채제공을 위해 제문(祭文)과 만시(輓詩)를 지어 한없는 애도의 뜻을 표했다. 채제공의 죽음이 얼마나 비통한 일이었으며 나라의 정치 현실에 미치는 영향이 어느 정도였는지를 다산의 만시를 통해 알아볼 수 있다.

고금에 유례없는 하늘이 낸 호걸이라	天挺人豪曠古今
이 나라 사직이 그 도량에 매여 있었소	靑邱社稷繫疏襟
뭇 백성 바라는 뜻 억지로 막는 일 전혀 없었고	都無矢關群生志
만물을 포용하는 도량이 있었다오	恰有包含萬物心
하늘로 치솟는 성난 파도 우뚝 선 지주에 놀라고	怒浪蹴空驚砥屹
땅으로 떨어지는 요사로운 꽃 삼엄한 소나무로 여겼소	妖花墜地見松森
영남 영북 천여 리에	嶺南嶺北千餘里
사림의 터전 다져 굳건히 쌓아 주었다네	堅築根基付士林

산도 물도 먼 외진 곳에 몸져누워 있는데	川嶺迢迢病裏情
서울서 온 부음에 내 넋이 놀랐다오	東來消息使魂驚

교룡이 갑자기 떠나 버리자 구름 번개 고요하고	蛟龍倏逝雲雷寂
산악이 무너지니 우주 또한 가볍구나	山岳初崩宇宙輕
백 년 가도 이 세상에 그분 기상 없을 텐데	天下百年無此氣
이 나라 만백성들 뉘를 기대고 살리오	城中萬姓倚誰生
세 조정을 섬기며 머리 허예진 우뚝한 기상	三朝白髮魁巍象
옛일을 생각하니 갓끈에 눈물이 흠뻑	歷歷回思淚滿纓

「번암 채 상공의 죽음을 애도함(樊巖蔡相公輓)」

아무리 성난 파도 같은 반대파의 모함도 우뚝 선 강물 속의 지주(砥柱)로 버티며 막아 주었던 100년에 한 번 있을 법한 뛰어난 정승 채제공이 세상을 떠났으니 만백성이 이제는 누구에게 기대어 살아갈 것인가라는 탄식 속에 다산의 외로운 심사가 잘 나타나 있다. 남인의 청남(淸南)으로 신서파를 옹호해 주었던 채제공을 다산은 잊지 못해 「번옹유사(樊翁遺事)」라는 글을 지어 숨겨진 그의 업적을 고스란히 전했다. 그의 높은 정치적 경륜과 올곧고 위엄 있는 풍모를 유려한 문장으로 기술해 놓은 글이다. 영조 때 도승지로 있으면서 영조와 사도 세자 사이에 증폭되던 부자간의 갈등을 해결하려 노력했던 그의 충성심과 열세에 있던 남인 시파들의 입장을 강화하고 정조의 지위를 확고히 세워 강력한 왕권 아래에서 백성들이 편안하게 살아가도록 애썼던 채제공의 도량을 실감나게 기술하고 있다.

무인년(1758년) 가을 도승지로서 새벽에 승정원에 나갔더니, 숙직한 여러 동료들이 "밤에 비망기(備忘記, 임금의 긴급 명령서)가 승정원

274

에 하달되어 계판(啓版, 게시판) 위에 모셔 놓았소. 그대를 기다려 반포하려 하니 그대께서 그걸 살펴보시오."라고 했다. 번암 공이 가져다 읽어 보니 글자마다 차마 읽을 수 없는 것들이었다.(사도 세자의 비행을 열거하며 세자 폐위의 전교를 내렸다.) 번암 공이 재빨리 옷자락을 여미고 일어서서 곧장 임금 계신 곳으로 나아갔다. 임금은 그때 함인정에 계셨는데, 번암 공이 곧바로 입대(入對)해 손으로 비망기를 받들어 올리며 울면서 도로 받으시라 했다. 임금이 진노해 훌쩍 일어서서 전향소(傳香所, 향과 축문을 보관하던 곳)로 향해 버리자 번암 공이 따라 일어나서 임금의 옷자락을 붙들고 걸어가며 울어 댔으니, 눈물이 줄줄 흐르고 말의 어세도 격렬해진 채로 전향소에 이를 때까지 따라갔다. 임금이 판 위에 올라서서 얼굴에 노기를 띠고 있는데, 번암 공이 앞으로 나아가며 소매 속에서 비망기를 꺼내 들고는 임금의 소매 속에다 넣고 엎드려 꿇으며 죽여 달라고 애원했다. 임금이 묵묵히 주시하다가 감동을 받아 사건이 마침내 중지될 수 있었다.

「번옹유사」

　사도 세자를 위해 죽음을 무릅쓰고 읍소하여 영조가 감복할 정도의 충심이 채제공에게는 있었다. 뒷날 영조는 왕세손인 뒤의 정조에게 "채제공은 진실로 나의 사심 없는 신하이고 너에게는 충성스러운 신하다."라고 말했다고 한다. 정조 초기 홍국영이라는 사람이 국권을 통째로 쥐고 궁중의 신하들이나 일반 백성들의 생살여탈권을 휘두르며 무소불위의 세도 정치를 펴 모두가 숨을 죽이고 굽신거릴 때, 유독 채제공은 의(義)를 내세워 강력히 저항하고 반대의 뜻을 분명히 밝혔다. 때문에 홍국영이나 영의정 서명선(徐命善) 같은 사람들은 채제공을 못마땅하게 여기면서 위해를 가하려 했으나 정조의 신임이 너무 두터워 해칠 길이 없었다. 자신은 어려서 제대로 알지 못했으나 채제공이 영조와 사도 세자 사이를 화해롭게 하려고 애썼던 사실을 할아버지 영조에게서 들어서 알게 된 정조는 채제공을 가장 믿을 만한 신하로 여겨 국가의 큰일을 대체로 그와 상의하고 논의하여 결정했다. 채제공에 대한 정조의 그와 같은 믿음에 힘입어 발랄한 신진 학자들인 다산 일파가 활동할 터전이 있었다. 정확히 말하자면 정조 24년의 치적은 노성한 채제공의 정치적 역량과 도량, 다산 일파의 개혁적이고 창의적인 정책 대안을 바탕으로 이룩된 업적이라고 해도 지나친 말이 아닐 것이다.

조선 시대 상업사에서 가장 획기적인 정책의 하나로 널리 알려진 '신해통공(辛亥通共)'은 1791년인 신해년에 나온 정책으로 채제공이 제안하여 이룩된 제도였다. 국가에서 정한 육의전(六矣廛)의 도고법(都估法) 이외의 상권을 세력가들이 독점하여 일반 상인들의 상업 행위를 억압하던 제도를 폐지하여 일반 상인들의 상거래가 자유롭게 이루어질 수 있도록 허용하자는 조치였다. 조선 후기 상업사에서 큰 변혁을 초래한 획기적인 제도였다. 채제공은 그런 경제적 안목을 지닌 큰 정치가였다.

다산의 「번옹유사」라는 글 외에, 다산이 가장 따르며 존경했던 집안의 아저씨 해좌 정범조는 채제공의 죽음에 제문과 만사를 지어 그를 애도하며 그의 인품과 정치적 역량을 찬양하였고 채제공의 일대기인 신도비(神道碑)의 비문을 지어 그의 일생을 소상하게 밝혀 주었다. 채제공의 가장 가까운 친구이자 함께 정조를 보필했던 학자 정치가였던 정범조는 그와 동년배이자 동지로서 살았던 삶을 회고하면서 "죽은 뒤에도 살아생전의 즐거움이 있기만 하다면 죽어선들 그대 따르지 않고 그 누구를 따르랴."라고 하여 죽어서도 생전처럼 함께하자는 애원을 토로했다. 신도비에서는 "온 조정이 입 다물고 감히 말하지 못하던 것을 거론하며 임금께 간했다. 권신배들이 세력을 업고 사납게 화내서 건드리지 못하는 일에도 힘껏 항쟁했고, 온갖 무리들이 시끄럽게 참소하는 속에서도 끝내 이름과 절개를 완전하고 순수하게 지켜 냈다."라고 그의 강직한 성품과 올곧은 절개를 찬양하였다. 불의에 과감히 대항하고 정의를 끝까지 지켜 낸 채제공의 의로운 삶에 바친 우정 어린 찬사였다.

1800년 39세의 다산은 초봄부터 낙향할 뜻을 굳히고 서울과 소내를 오가며, 또 죽란사에 모여 시우들과 시를 지으며 보내던 여름, 뜻밖에 정조 대왕의 붕어 소식을 듣는다. 6월 28일 유시(酉時)에 운명하였으니 해질 무렵의 시각이었다. 임금의 붕어를 당하면 천붕(天崩), 곧 천붕지통(天崩之痛)이라고 해서 '하늘이 무너진 아픔'을 당했다고 말한다. 정조의 죽음은 문자 그대로 다산에게는 하늘이 무너짐이었다. 다산보다 열 살 위이던 정조가 겨우 49세라는 아까운 나이로, 그렇게 쉽게 떠나리라고는 아무도 예측하지 못했던, 참으로 뜻밖의 불행이었다.

정조의 붕어에 즈음하여 다산의 느낌이 어떠했나를 알게 해 주는 기록이 「균암만필(筠菴漫筆)」을 인용한 『사암선생연보』에 상세히 나와 있다. 어머니를 잃은 어린 자식처럼 임금을 잃고 애통해하는 다산의 심정이 너무나 진솔하게 표현된 글이다.

6월 12일 한창 달 밝은 밤에 홀로 앉아 있었다. 갑자기 대문 두드리는 소리가 나 맞아들이고 보니 바로 내각의 서리였다. 『한서선(漢書選)』 10권을 가지고 와서 임금의 하교를 전하기를 "요즘 책 편찬하는 일이 있으니 응당 곧 불러들여야 할 것이나, 주자소(鑄字所)를 새로 개수해 벽에 바른 흙이 아직 덜 말라 정결하지 못하니 그믐께면 들어와 경연에 오를 수 있을 것이다." 했으니 위로함이 매우 극진했다. 또 "이 책 다섯 권은 남겨서 집안의 물건으로 삼고, 다섯 권은 제목을 써서 들여보내는 것이 좋겠다."라고 했다. 서리가 문을 나간 뒤 눈물을 흘리며 감격스러워했으니 오히려 다시 무슨 말을 하리오. 다음 날 옥체에 병환이 나서 28일에 이르러 붕어하셨다. 삼가 생각건대 이 12일 밤에 특별히 서리를 보내 책을 내려 주시고, 안부를 물으신 것이 바로 영결(永訣)의 은전(恩典)이었다. 잊지 않고 생각해 주심은 12일에 이르러서도 아직 끝나지 않았으나, 군신(君臣)의 의(誼)는 이날 저녁에 영원히 끝나 버렸다. 매양 생각이 여기에 미치면 눈물이 펑펑 쏟아져 옷소매를 적셨다. 곧바로 따라 죽어 지하에서나마 임금님의 얼굴을 뵙고자 했으나 하지를 못했다. 내가 초야의 한미한 족속으로 성균관에 들어간 이후로 18년 동안 성취시켜 주시며 훈도(薰陶)해 주신 공이 이런 정도였다.

돌아가신 날이 28일이고 29일이 그믐날이니 임금이 살아 계셨다면 바로 궁궐로 들어가 책을 교정하는 교서 일을 보았을 것이다.

잊지 않고 곧 불러다 쓰겠다는 말을 들은 지 16일 만에 하늘이 무너졌으니 다산의 심정이 어떠했을까? 『정조실록』6월 14일 을축조에 비로소 정조의 옥체에 종기가 나 약물로 치료하나 효험이 없다는 기사가 나온다. 실제로는 6월이 되기 10여 일 전부터 조그마한 종기가 났고, 치료했으나 듣지 않아 6월 14일부터 임금의 환후에 대해 공개하였음을 알게 해 준다. 그렇다면 병이 나고부터 14일 만에 정조는 세상을 뜬 셈이다. 정말 갑작스러운 변고였다. 채제공에 이은 정조의 승하는 다산을 절망에 빠뜨리기에 충분했다. 졸곡제(卒哭祭, 죽은 지 석 달 만에 처음 맞는 정일(丁日)에 지내는 제사)나 마치면 낙향할 뜻이었는데, 임금의 초상이 발표되던 때부터 벌써 세상이 시끄러워졌다.

남인 시파에서 공서파로 분파해 나가 다산 일파를 계속해서 음해하던 목만중, 이기경 등이 길길이 날뛰며 날마다 유언비어와 위태로운 말을 퍼뜨려 사람들을 현혹시켰다. 심지어 "이가환 등이 난을 일으켜 4흉(四凶) 8적(八賊)을 제거하려 한다."라는 말까지 퍼졌다. 네 사람의 흉인과 여덟 사람의 적당이라는 뜻인데, 4흉 8적 명단 가운데 절반은 당시의 재상이나 명사를 거론하고, 절반은 자기네 무리인 홍낙안, 이기경 등으로 채워 넣었다. 이런 말을 서로 전하며 선동하여 당시 사람들의 노여움을 격동시켜 화란의 기색이 날로 짙어지고 있었다.

○○ 여유당에서 학문 연구에 몰두하다

뒤숭숭한 세상에 다산에게는 서울 생활을 이어 갈 아무런 희망이 없었다. 이미 마음을 정했던 대로 마침내 고향 소내의 집에 '여유당'이라는 당호를 걸고, 형제들과 모여 학문을 논하고 세상을 논하며 세월을 보냈다. '여유'라는 말은 『노자(老子)』에 나오는 글귀로, "망설임이여(與兮), 겨울 내를 건너는 것이로다! 주저함이여(猶兮), 사방의 이웃을 두려워함이로다!"라는 의미를 취한 것이다. 「여유당기(與猶堂記)」를 지어서 왜 여유라는 당호를 취했나를 구체적으로 설명했다. "겨울에 냇물을 건너는 것은 차갑다 못해 따끔따끔 뼈를 끊는 듯하니, 어쩔 수 없는 경우가 아니고는 하지 않을 일이다. 사방의 이웃을 두려워함은 지켜보는 것이 몸에 가까우니 어쩔 수 없는 경우라도 하지 않는 법이다."라고 풀어서 하고 싶어서 하기보다는 어쩔 수 없이 부득이하게 일할 수밖에 없는 자신의 불우한 생활을 한탄하면서, 마지못해, 참으로 신중하게 살아갈 수밖에 없는 삶에 대한 경고의 뜻을 담았다. 인고와 인내만이 겨우 목숨이라도 부지하게 해 줄 각박한 삶을 예견한 내용도 포함되어 있다.

끝내는 학문 연구에 생애를 바칠 수밖에 없음을 내다보고, 그해 겨울 여유당에 앉아 쉴 틈도 없이 바로 『문헌비고』라는 국가가 간행하게 된 책을 점검하여 많은 오류를 바로잡아 『문헌비고간오(文獻備考刊誤)』라는 전문적인 책을 한 권 저술해 냈다. 불안과 공포가 아무리 급습해 와도 다산은 흔들리지 않고 난해한 저술을 이룩해 내고 말았다. 인고와 인내의 삶을 달게 여기는 그의 자세가 역시 대단하다.

세상을 떠나 버린 채제공과 정조 대왕에 대한 그리움을 안은 채, 다산의 30대는 고향 집에서 마무리되고 있었다. 든든한 보호막도, 엄호해 줄 어느 누구 하나도 없이 다산에게는 무서운 고난의 세월이 시시각각 엄습해 오고 있었다. 한가하고 여유로우며 평화로운 고향의 강 마을 생활이었지만 마음속에서 움트는 불안은 가시지 않았던 때였다.

이때의 난처한 심정이나 일의 형편에 대하여 다산은 「여유당기」라는 글에서 상세하게 설명해 놓았다. "그만두고 싶어도 어쩔 수 없이 스스로에게 하게 하는 것은 이 일이 그만둘 수 없는 일이어서다. 자신은 하고 싶어도 남에게 알리고 싶지 않아 자신에게 못하게 하는 것은 이 일이 그만두어야 하는 일이어서다. …… 나는 나의 약점을 스스로 알고 있다. 용기는 있으나 일을 처리하는 지모가 없고, 착한 일을 좋아하기는 하나 선택하여 할 줄을 모르고, 정에 끌려서는 의심도 하지 않고 두려움도 없이 곧장 행동해 버리기도 한다. 그만두어야 할 일도 참으로 마음에 내키기만 하면 그만두지를 못하고, 하고 싶지 않으면서도 마음에 남아 개운치 않으면 기필코 그만두지를 못한다."라고 자신의 성격과 습관을 말했다. 이어 그러한 이유로 어린 시절에는 천주교에 빠지기도 했고, 장년에는 과거 공부에 몰두했으며, 서른이 넘어서는 지난 일에 대한 후회가 깊이 퍼졌지만 두려워하지 않고 염치없이 착한 일을 좋아하다 욕만 홀로 실컷 들었다고 했다. 그러면서 이러지도 저러지도 못하고 시시각각 엄습해 오는 화색을 속수무책으로 기다릴 수밖에 딴 도리가 없는 신세를 한탄하기도 했다. 낙향한 시골 생활도 그렇게 불안하기만 했다.

다산의 23세, 28세, 31세의 행적에서 모두 서론된 이야기를 정조와 다산 관계에서 다시 한번 정리해 본다. 「균암만필」에서 다산은 명확하게 정조와 자신이 만났던 세월이 18년이라고 말했다. 22세에 진사과에 합격하여 임금을 상면한 이래 6년 동안 성균관 학생으로 정조의 부름에 응하여 시험을 통해 칭찬받고, 글 짓고 시 짓기로 칭찬받던 생활, 그리고 28세에 과거에 급제하여 초계문신으로 발탁되어 규장각에서 임금과 학문과 국사를 논한 12년을 합하면 18년이 된다. 다산의 삶에는 이 18이라는 숫자가 따라다닌다. 신유옥사 때 입옥하여 출옥하기까지가 18일, 귀양 가서 돌아올 때가 18년, 고향에 해배되어 18년을 지내다 75세로 세상을 떠났다. 인간의 운명이란 알 수 없는 일, 18의 숫자는 분명히 다산과 인연이 깊었다.

형조 참의에서 사직 상소를 올렸고, 그 상소가 허락되어 영원히 관계를 떠나 고향으로 내려가려던 다산에 대해 "내가 어찌 너를 버리겠느냐?"라던 정조의 마음은 변치 않고 있었다. 그믐께 경연에 나와 학문을 토론하게 하겠노라는 말을 남겼는데, 그 그믐날의 하루 전인 28일에 정조는 세상을 떠났다. 이러한 학자 임금을 학자 신하이던 다산이 잊을 수 있었겠는가.

다산은 22세이던 4월에 소과에 급제해 선정전에서 사은하는 자리에서 임금을 뵈었고, 그 자리에서 다산에게 관심을 보인 정조는 "얼굴을 들라. 나이가 몇이냐?"라고 물었다. 그것이 이른바 최초의 '풍운지회(風雲之會)'였으니 그 의미는 성군(聖君)과 현신(賢臣)의 만남이었다. 이로부터 18년, 둘 사이에는 많은 만남과 사건이 있었다. 성균관에 들어가 다산은 본격적인 경서 연구와 과거 공부에 온 힘을 기울였다. 신분은 포의(布衣)였으나 다산에게는 정조의 사랑을 받을 만한 충분한 이유가 있었다. 학자 임금 정조는 성균관 학생들에게 수없이 많은 과제를 제출해 답안에 등급을 매겨 발표함으로써 그들의 공부를 독려하였다. 그때마다 다산은 항상 최고의 점수로 정조의 많은 칭찬을 받았다. 스물세 살이 되던 여름에 정조가 다산에게 『중용』에 대한 80여 조항의 의문점을 질문했다. 그 첫머리에 사칠이기(四七理氣)의 변을 논하면서 퇴계 이황과 율곡 이이가 논했던 내용의 차이를 물었다. 성균관의 유생 중 남인 대부분은 퇴계의 학설이 옳다고 여겼고, 노론은 모두 율곡의 학설이 옳다고 보았다. 그러나 남인이던 다산은 율곡의 학설에 찬동하는 내용으로 답안을 작성했다. 남인들 쪽에서는 율곡의 견해를 조금이라도 따르면 배신자라고까지 매도하던 분위기였는데, 다산은 거침없이 파격적인 답안을 제출한 셈이었다.

다산의 답안을 비판하는 말이 빗발치듯 일어났지만 정조는 도승지 김상집에게 이렇게 말했다. "그가 답변한 강의 내용은 일반 세속의 흐름에서 벗어나 오직 마음으로 이를 헤아렸으므로 견해가 명확할 뿐 아니라 공정한 마음도 귀하게 여길 만하니, 마땅히 이 답안을 첫째로 삼는다." 소과 합격 때의 만남은 얼굴만을 익힌 것이었으나, 이번 『중용』 강의에 대한 만남은 정조와 다산 사이에 최초의 학문적 만남이었다. 사실상 다산은 모르는 일이었지만, 정조는 이미 「사칠속편」이라는 논문을 저술해 놓았는데 그 논문이 바로 율곡의 학설에 동조하는 내용이었다. 정조와 다산은 서로가 학문적으로 같은 견해임을 알게 되면서 마음속 깊은 곳에서부터 가까움을 느끼기 시작했다.

퇴계의 '이발(理發)'과 율곡의 '기발(氣發)'은 학문상의 논생일 뿐만 아니라, 노론과 남인의 당파 싸움의 발원이 되었으니, 남인은 무조건 퇴계, 노론은 무조건 율곡의 학설이 옳다고 주장하던 때에, 남인인 다산이 율곡 학설에 동조한 점은 예사로운 일이 아니었다. 이때 다산의 학문적 입장은 그의 일생을 관통하는 확고한 신념이 되었다. 당파나 세력에 무관하게, 무엇이 옳으냐 그르냐로 판단하며, 자기 당파의 주장은 옳고 남의 당파 주장은 그르다는 식의 세속의 흐름에 전혀 동조하지 않던 다산이었으니, 정조가 다산을 크게 칭찬하고 수석의 점수를 주었음은, 그가 다산의 학문적 자세에 깊이 찬성했기 때문이었다. 240여 권에 이르는 다산의 경학 연구서도 대부분 선현들의 견해와 차이가 많은 주장을 하면서도 남의 이론에 구애받지 않고, 자신의 학문적 견해를 거침없이 주장한 것이었다. 오랜 귀양살이 뒤 고향으로 해배된 뒤에도 주로 노론 학자들과 학문적 토론을 이어 가고, 또 자신의 학문에 대한 비평을 받았다. 그래서 당시 남인들 쪽에서는 다산을 좋아하지 않았고, 또 크게 불만을 토로했었는데, 바탕에는 그러한 사유가 있음을 알아야 한다. 다산은 "기(氣)란 의(義)와 도(道)에 짝하는 것으로 의와 도가 없다면 기는 시들어 버린다. 이것은 이이(李珥)가 가르쳐 준 뜻이다."(「자찬묘지명」 집중본)라고 말했으니, 이기론에서 끝까지 율곡의 학설을 따른 것은 그의 신념임에 분명했다.

남인들이 다산을 싫어하고 경시했음은 그때 이미 세상에 널리 알려져 있었다. 먼 뒷날 매천(梅泉) 황현(黃玹, 1855~1910년)은 그의 저서

『매천야록(梅泉野錄)』에서 이 점을 언급한 바 있다. 당시의 세상은 아무리 큰 학자라도 문호(門戶)에 얽매이고 집착하여 자기 당파 학자의 학설은 무조건 옳고 다른 당파의 학설은 무조건 배격하던 때였는데 다산은 옳은 학설만 따랐을 뿐 당파에는 전혀 얽매이지 않았다는 것이다. 그래서 황현은 "이런 이유로 남인들이 염박(厭薄)하게 여겼다."라고 말했다.

다산의 과거 합격은 늦은 편이다. 성균관에서 네 차례나 과거에 낙방했다. 남인인 다산의 합격을 꺼려한 세력 관계도 있었겠으나 더 많은 공부를 한 뒤에 다산을 발탁하려는 정조의 의도가 있었을 듯하다. 28세에 대과 급제하고, 바로 이어서 초계문신에 발탁된다. 초계문신 제도는 왕실 도서관인 규장각에서 임금이 신진 관료들을 직접 지도 편달하면서 재교육시키는 제도였다. 임금의 의중이 아니면 초계문신에 발탁될 수도 없었다. 우수한 인재를 양성하기 위한 교육 제도로 당색이나 문벌에 관계없이 선발하여 임금을 보좌할 관료 집단을 양성하려는 목적이었으며 정조의 치적 중에서 손꼽을 만한 훌륭한 제도였다. 일찍부터 큰 인물이 될 것으로 정조가 점찍었던 다산이었기에 대과에 급제하자 바로 초계문신에 선발되는 영광을 입었다. 그 누구보다도 당쟁의 폐해에 대한 인식이 높았던 정조는 남인들을 대거 선출했다. 다산과 채홍원이 중심이 되어 결성했던 죽란사 시우 열다섯 명 가운데 여덟 명이나 초계문신에 선발된 사람이었으니 그 점이 증명되고 있다. 정조와 다산의 만남이 얼마나 끈끈했는지 다산의 「자찬묘지명」 광중본 기록을 보자.

나는 포의 시절부터 임금의 알아줌을 입었으니, 정조 대왕께서 총애해 주시고 칭찬해 주심이 다른 동료들에 비해 훨씬 넘어 있었다. 앞뒤로 상을 받고 서책, 구마(廐馬), 무늬 있는 가죽, 진귀한 여러 물건을 내려 주신 것을 이루 다 기록할 수가 없다. 기밀에 참여해 듣도록 허락하시고 생각한 바가 있어서 글로 조목조목 진술해 올리면 모두 즉석에서 윤허해 주셨다. 일찍이 규영부에서 교서 일을 맡고 있을 때에는 맡은 일에 실수하여 잘못을 해도 책망하지 않으셨으며, 매일 밤 진수성찬을 내려 주셔서 배불리 먹게 하셨다. 내부(內府)에 비장된 서적을 각감(閣監)을 통해 청하여 보도록 허락해 주신 것 등은 모두 남다른 대접이었다.

18년에 걸친 정조와 다산의 만남은 역사 창조의 추진력이었다. 다산은 정조를 온갖 지혜를 다 바쳐 보좌하였고, 문물제도를 이룩하는 기술 관료로서도 큰 역할을 해냈다. 또한 정조는 다산의 지혜와 능력을 백분 인정하고 그가 일할 터전을 제공해 주었다.

28세 때인 1789년 과거에 합격한 그해 겨울 한강에 설치하는 배다리(舟橋)를 설계하여 그대로 배다리가 놓였다. 배다리란 교량을 가설하기 어려운 큰 강에 작은 배들을 나란히 붙여 띄운 위에 임시로 놓는 다리를 말한다. 배다리는 조선 시대인 그때 처음으로 시도된 사업이었다. 비용도 많이 들고 이전에 해 본 적 없는 일이어서 격렬히 반대하는 신하들도 많았지만, 다산의 기술을 믿은 정조가 끝까지 주장하여 가설이 이루어졌다.

1790년 주교사(舟橋司)라는 담당 부서를 신설하면서 업무를 기록해 놓은 절목을 보면, 30자 너비의 선박 60척을 이용해 42자 길이의 널빤지를 5개씩 모두 300개를 깔고, 그 위에 24자 길이의 횡판 1800개를 깔아서 배다리를 만들었다고 한다. 공사에 동원된 군사가 무려 1000명이며 1만 냥이라는 막대한 비용이 들었다. 배다리는 수원으로 옮겨 새롭게 단장한 아버지 사도 세자의 묘소를 찾아가는 정조의 능행길에 이용되었다. 오늘까지 도면으로 보존되어 있는 배다리의 모습을 보면, 한 국가의 위신과 기술의 선진성을 보여 주는 정조 시대 상징적 문물 중의 하나임이 틀림없다.

배다리 다음은 수원의 화성 축조였다. 화성의 설계와 축성에 대해서도 이미 언급하였으나 정조와 다산의 만남과 헤어짐을 정리하는 의미에서 다시 부연하여 설명한다. 1792년 다산은 부친상을 당해 고향에서 집상하고 있을 때 임금의 명령으로 성제(城制)를 연구하여 설계도를 바쳤다. 고금의 성제를 종합적으로 연구하고, 자신의 독창성까지 가미하여 매우 선진화된 성을 쌓게 된다. 성의 둘레는 5520미터로 창룡문(蒼龍門)·화서문(華西門)·팔달문(八達門)·장안문(長安門) 등 4개 문을 비롯하여, 암문(暗門)·수문(水門)·적대(敵臺)·공심돈(空心墩)·봉돈(烽墩)·포루(砲樓)·장대(將臺)·각루(閣樓)·포사(鋪舍) 등 각종 방어 시설까지 구비하였다. 1794년 1월에 착공하여 1796년 9월 10일 완공하고 10월 9일 성대한 낙성연을 베푸는 것으로 성역이 끝났다. 채제공의 주관 아래 정약용의 설계와 기계의 발명으로 공기도 줄이고 비용도 줄여서 완성되었다.

그야말로 시군시신(是君是臣)이라. 그 임금에 그 신하라는 뜻이니, 다산이 없는 정조, 정조가 없는 다산의 모습은 설정할 수가 없다. 만약 4만 냥이라는 비용의 절감 없이 일반 인민들을 동원한 노동력으로만 일이 이루어졌다면 어떻게 되었을까. 반대 여론에 부딪혀 성사되지 않을 수도 있었고, 성사되었더라도 여론의 비판으로 정조가 큰 곤경에 처할 수도 있었다. 배다리 건설에도 많은 반대와 비판이 있었는데, 성 쌓는 일까지 겹쳤다면 문제가 간단하지 않았으리라는 예측이 가능하다. 더구나 정조가 깊은 정치적 이유와 내면의 뜻을 밝히지 않았으므로 임금이 아버지를 위한 일에만 국력을 쏟고 있다는 비판을 면하기 어려웠다. 10년의 기간이 소요되리라 예측했지만 2년 9개월여 만에 완공하였고, 비용까지 크게 절감한 사실이 정조에게는 엄청난 도움을 준 것이었다. 다산의 지혜와 조력이 필요했던 정조는 신하인 다산을 제대로 활용하였고, 다산은 신임과 총애를 아끼지 않은 정조에게 충분한 보답을 했다. 정조와 다산의 만남으로 정조 시대에 문화가 꽃피어 오늘의 우리 민족에게 커다란 긍지를 안겨 주고 있다. 오늘날 유네스코에 수원 화성이 세계 문화유산으로 등재된 사실이 그것을 반증해 준다.

정조와 다산의 관계는 다산 자신이 자서전 격인 「자찬묘지명」 광중본 명(銘)에 분명하게 정리하였다.

임금의 총애 한 몸에 안고서	荷主之寵
궁궐의 가장 은밀한 곳에서까지 모셨으니	入居宥密
정말로 임금님 심복이 되어	爲之腹心
아침저녁 참으로 가까이서 섬겼네	朝夕以昵
하늘의 총애로 타고난 바탕은	荷天之寵

못난 충심(衷心)을 지니게 해 주었네	牖其愚衷
정밀하게 육경(六經)을 연구해 내서	精硏六經
미묘한 이치도 해석해 놓았노라	妙解微通
간사하고 아첨하는 무리들이 세력을 키웠으니	憸人旣張
하늘은 버리지 않고 곱게 키우려고 하셨네	天用玉汝
시체를 잘 거두어 꼭꼭 매장해 둔다면	斂而藏之
앞으로 높이높이, 멀리까지 들추리라	將用矯矯然遐擧

구중궁궐의 깊고 은밀한 곳에서 국사를 논하고 국가의 미래를 설계했지만, 결코 다산은 간신이나 총신이 되지 않았다. 오히려 정정당당하게 능력과 지혜로 임금을 도왔고 옳고 그름을 판단하여 언제라도 '노'라고 말하는 기개가 있었다. 그러나 운명이 기구했던 탓인지, 그런 충신(忠臣)이 나라에서 대접받기보다는 혹독한 곤경에 처하고 말았으니, 그게 하늘의 뜻이었을까.

한 학자의 지적대로 "정조가 칭찬했던 대로 100년 만에 한 명 나올까 말까 하는 재상의 재목은 채제공을 이어 정약용이 거듭 나왔으나, 그 재목을 알아주는 군주는 정조 이후에 다시 나오지 않았다."(박광용, 『영조와 정조의 나라』) 재상의 재목을 알아주던 정조는 왜 그렇게 서둘러 세상을 떠났으며, 그런 재상의 능력과 자격을 갖춘 정약용은 왜 그렇게 불우한 일생을 살아야 했을까. 그러나 불우한 삶에 좌절하지 않고 학문의 대업을 이루게 했던 것 또한 하늘의 배려가 아니겠는가. 여기서도 화(禍)와 복(福), 고(苦)와 낙(樂)의 순환은 피할 수 없는 일이었다.

정조와 다산은 변화와 개혁을 그렇게도 외쳤지만, 변혁과 개혁의 주체에 대한 진보적인 결단 없이 오직 현명한 군주를 변혁의 주체로 여기며 역사 발전을 꾀하였던 이유로, 시대와 역사를 새로운 차원으로 이끌 수 없는 한계에 부딪히고 말았다. 그러나 가장 보편적이고 고유한 민족 문화를 끌어올려 공정하고 청렴한 세상을 만들고, 진실이 이기는 나라로 만들어 압박받는 인민들이 정당한 삶을 살아갈 세상을 만들자던 다산의 노력은 매우 귀중한 민족의 역량이었다. 그러나 정조 같은 군주는 다시 나오지 않았고, 채제공 같은 후원자도 다시 나오지 않아 공정하고 청렴한 나라로 바꾸자는 그의 개혁 의지는 끝내 좌절되고 현실 정치에 반영될 수 없었다. 그는 자신의 호를 뒷세상을 기다리겠다는 뜻의 '사암(俟菴)'이라 하고 결코 포기하지 않겠다면서 귀양살이를 떠나 긴긴 저술 작업에 몰두한다. 다산의 전반기 인생은 이렇게 끝나고 후반기 인생은 귀양살이에서 이루어진다. 공정·공평·청렴·정의·평등이 이기는 세상의 설계도는 방대한 그의 저서에 담겨 후손들에게 넘겨졌다.

○○ 마흔에 맞닥뜨린 집안의 비극

1801년 2월 8일에 올린 원계(院啓, 사간원에서 임금에게 올리는 보고서)로 인하여 다음 날인 9일에 다산은 감옥에 갇혔다. 마침내 신유옥사라는 천주교 탄압 사건이 일어난 것이다.

1800년 6월 28일 붕어한 정조 대왕은 그해 11월 6일 사도 세자의 묘소인 수원의 현륭원 국내 강무당(講武堂) 옛터에 건릉(健陵)이라는 능호(陵號)로 안장되었다. 정조의 죽음으로 이제 한 시대가 마감되었다. 군왕의 장례는 간단하지 않다. 참으로 복잡한 절차를 밟아 5개월을 넘겨 국상(國喪)을 지내는 것이 당시의 예법이었다. 비록 정치적 모략을 일삼는 파당에서 온갖 유언비어가 나돌았으나, 국상의 기간에는 공개적인 반응을 얻지 못했다. 하지만 장례를 마치자 수면 아래 잠겨 있던 유언비어가 올라와 나타나면서 세상은 요동치기 시작했다. 정조를 이어 왕위에 오른 순조는 그때 나이 겨우 11세였기에 모든 왕권은 수렴청정하던 영조의 계비(繼妃)이자 순조의 증조할머니이던 정순대비(貞純大妃) 김씨(金氏)에게 넘어가 있었다. 사도 세자의 죽음에 직접 관여했던 인물이 정순 대비였으니 세상은 하루아침에 벽파의 세상으로 바뀌고 말았다.

아버지 사도 세자의 죽음에 억울함을 풀지 못하던 정조 대왕은 그의 죽음에 동정적이자, 죽음을 당할 이유가 없다고 주장하던 시파와 뜻을 같이하여, 재위 24년 동안 시파의 세력을 옹호하며 우대했지만, 정치의 판세가 뒤바뀌어 시파는 설 자리가 없는 상태에 이르렀다. 다산이 시파에 속했음은 우리가 다 아는 사실이다. 정조의 국상 기간이 지나고 새해가 되자 이른바 벽파 쪽이나, 본디 시파이다가 천주교 문제로 공서파에 속하던 남인들 일부가 벽파의 주장에 공조하면서, 천주교 문제는 정치의 쟁점으로 등장하였다.

1801년 1월 10일, 나이 어린 순조를 대신하여 정치의 일선에 서 있던 대왕대비이자 왕실의 웃어른인 정순 대비가 무서운 법령을 반포한다.

사람이 사람 노릇을 할 수 있음은 인륜(人倫)이 있기 때문이요, 나라가 나라의 노릇을 함은 교화(敎化)가 있기 때문이다. 오늘날 사학(邪學, 천주교)이라 일컬어지는 것은 아비도 없고 임금도 없으니 인륜을 파괴하고 교화에 배치되어, 저절로 짐승이나 이적(夷狄)에 돌아가 버린다. 엄하게 금지한 뒤에도 개전의 정이 없는 무리들은 마땅히 역률(逆律, 역적죄)에 의거하여 처리하고 각 지방의 수령들은 오가작통(五家作統)의 법령을 밝혀서 그 통(統) 안에 사학의 무리가 있다면 통장은 관에 고해 처벌하도록 하는데, 당연히 코를 베어 죽여서 씨도 남지 않도록 하라.

『순조실록』 신유년 1월 10일조

역률, 즉 역적죄로 천주교도들을 죽이라는 법령의 반포는 가혹한 탄압의 신호탄이었다. 정조의 생전에 가장 총애를 받던 시파 계열인 신서파의 목을 베어야 한다고 주장하던 공서파 일당의 요구가 국법으로 채택되어 그들의 의도대로 반대파를 제거할 법적 근거가 마련되고 말았다. 이 무렵 신서파가 법망에 걸려들 빌미가 발각되었으니, 바야흐로 화란의 불길이 솟기 시작하였다.

철저한 천주교 신자인 다산의 바로 손위 형인 정약종이 관계 자료를 숨기고자 교리서, 성구(聖具), 신부들과 교환했던 서찰 등을 책롱(冊籠)에 담아 운반하던 중 그해 1월 19일 한성부 포교에게 압수당한 사건이 일어났다. 이 책 상자 사건을 서급(書笈) 사건이라고도 하는데, 이 일을 계기로 천주학에 대한 당국의 본격적인 수사가 시작되었다. 「황사영백서」에는 그 전말이 자세히 기록되어 있다. 그렇지 않아도 기회를 노리고 있던 반대파들에게 서급 사건은 절호의 기회였다. 그들은 사건을 더욱 부풀려서 신서파 일당을 일망타진할 계획을 세우고 2월 9일 사헌부를 통해 대계(臺啓, 검찰의 공소장)를 올린다.

　　오호 애통하도다. 이가환, 이승훈, 정약용의 죄악이 죽음으로 면해질 수 있겠습니까. 이들 세 사람이 사학의 소굴인 까닭입니다. 이가환은 흉측하고 추악한 핏줄(그 종조할아버지 이잠(李潛)을 일컬음)로 화란을 일으킬 마음을 감추고 뭇 원한을 품은 사람들을 유인해서 자신이 교주(敎主)가 되었습니다. 이승훈은 그의 아버지가 사 온 요망한 책(천주교 관계 서적)을 전파하고 집안 전체가 기쁜 마음으로 천주교 법리를 배포했습니다. 정약용은 본디 두 추물(이가환·이승훈)과 한 뱃속이 되어 협력하는 역할을 담당했습니다. 그의 행위가 탄로되었을 때에는 상소를 올려 사실대로 자백하며 다시는 믿지 않겠다고 입이 닳도록 맹세했습니다. 그러나 몰래 요물(주문모 신부)을 맞아들이며 예전보다 더 심해졌으니, 이는 임금을 속인 것이나 그는 사리에 어둡고 완고하여 두려운 줄을 몰랐습니다. 이번에 사법 기관에서 압수한 그의 형제, 숙질 들과 주고받은 서찰은 그의 죄를 낭자하게 드러내 보이니, 그의 요사스럽고 흉측한 정신이 어떻게 일만 사람의 눈을 가릴 수 있겠습니까. 대체로 이 세 흉인들은 모두 사학의 근저가 되니 청컨대 전 판서 이가환, 전 현감 이승훈, 전 승지 정약용을 곧바로 왕부(王府)로 하여금 엄하게 국문하여 실정을 알아내도록 해서 나라의 형벌을 속히 바르게 하소서.

　　　　　　　　　　　　　　　　『순조실록』 신유년 2월 9일조

요즘으로 보면 검찰에서 법원에 제출한 공소장인 셈이다. 국문하고 재판하여 공소장의 내용이 사실이라면 엄한 처벌을 받는 것이고, 사실이 아니라면 처벌을 면해야 한다. 이제 그 사실 여부를 확인해 보자.

이가환, 이승훈, 정약용이 사학의 근본 뿌리라는 것이 위 대계의 주장이다. 이가환의 죄는 출신 성분이 나쁘다는 것으로 숙종 때 장희빈을 두호하면서 반대파인 노론을 공격하다가 장살(杖殺)당했던 이잠(李潛)의 종손(從孫)이라는 것이 그 근거이다. 노론들이 극히 미워하던 남인 과격파의 후손이라는 뜻이니, 벌써 이 공소장에는 당파의 이해관계가 그냥 드러나고 있다. 노론 벽파의 주장임이 분명하다. 다음은 천주교 교주라는 것이다. 누가 임명하고 누가 추대하여 교주가 되었다는 것인가. 그야말로 마녀사냥식 논법임이 분명하다. 이승훈의 죄상은 무엇인가. 천주교 서적을 구입해다가 널리 퍼뜨리고 열심히 믿었다는 것이다. 그래도 사실에서 크게 벗어나지 않는 내용은 이 부분이다. 정약용은 두 사람과 협력하여 한통속을 이루고 탄로 났을 때 자수하여 믿지 않겠다고 맹세하고도 몰래 숨어서 예전보다 더 깊이 믿었다는 죄목이다. 누구의 죄상 못지않게 정약용에 대한 죄상이 많이 열거되었는데, 정약용만은 절대로 용서해서는 안 된다는 그들의 의지가 담긴 것임에 분명하다.

정약용에 대한 공소 내용은 정말로 맹랑하다. 그는 이미 「변방사동부승지소」에서 자초지종을 설명하면서 오래전에 천주교에서 손과 마음을 끊었음을 강조하였고, 그 뒤 어떤 경우에도 천주교와는 관계가 없다고 말했는데, 주문모 신부를 맞아다가 더 심하게 천주교를 믿었다는 내용은 어떤 근거가 있는가. 주문모 신부의 영입은 다산과 관계없었음은 사건 당시에 이미 밝혀졌던 일이다. 다산처럼 사리에 밝고 통창한 마음의 소유자가 왜 어둡고 완고했다는 것인가. 책상자 속에 들어 있던 형제, 숙질 들과 주고받은 편지 내용에 죄상이 낭자하게 드러났다는 것도 전혀 사실이 아니다. 『사암선생연보』에 의하면, 편지들을 조사해 보아도 죄를 범한 사실이 없고 문서 중 어디에도 비슷하게라도 증거가 될 만한 것이 없었다고 했다. 오히려 천주교와 관계없음을 증명하는 내용만 있었다고 했다. "화란의 기색이 박두했으니 천주교 관계 일을 하라고 종용하는 사람이 있으면 내가 손수 칼을 잡겠다."라는 다산의 편지도 있었고, 다산이 천주교를 믿지 말라고 겁을 주면 "정약용의 말은 모두 공갈이니 마음 쓸 것이 없다."라는 식으로 받아들였다고 했다. "정약용이 알면 반드시 큰일이 일어날 것이다."라는 내용들이 신자들 간에 주고받은 편지에 나와 있어 평소에 정약용이 신자들에게 공갈하면서까지 천주교에서 마음을 끊으라고 독촉했고, 천주교 교인들을 고발해서 큰 벌을 받게 하겠노라는 당부까지 했다는 증거들만 나왔다는 것이다. 더구나 다산의 친형인 정약종이 누군가에게 보낸 편지에서 "중형과 막내아우가 함께 천주교를 믿지 않음이 한스럽다."라는 구절이 나왔으니, 정약종 같은 골수 천주교 신자가 정약전·정약용은 신자가 아니어서 한스럽다고 했다면 일이 다 끝나 버린 것임에 분명하다.

　『사암선생연보』에는 그 문제에 대한 내용이 계속되고 있다. 편지 내용으로 혐의의 두 가지가 해소되고, 옥석(玉石)이 구별됨으로써 비로소 사헌부의 내부에서 편하게 지내도록 보석(保釋)되어, 다산은 상부의 처분을 기다리고 있었다고 했다. 그 재판 과정에서 다산의 답변이 명백하고 증거를 제시함이 공정하여 대신들 중 훌륭하다고 말하지 않는 사람이 없었다고 한다. 그래서 재판장인 전 영의정 이병모(李秉模)가 말하기를 "무죄로 석방되어 나가게 될 것이니, 식사를 더 해서 자신의 몸을 아끼시게."라고 하였고, 영의정이던 심환지는 "쯧쯧, 사돈이 어찌 될지 알 수 없구나!"라 하였다. 다산의 둘째 며느리 심씨(沈氏)는 심환지의 집안사람이므로 다산을 일러 사돈이라고 했다. 지의금부사(知義禁府事) 이서구는 공평하게 판결하여 너그럽게 용서해 준다고 했고, 국문할 때 참관했던 서미수(徐美修)라는 관원은 비밀히 기름 파는 노파를 불러다가 재판 소식을 정약용의 처자에게 전해 주면서 정약용의 죄질은 가벼워 죽을 걱정은 없으니, 식사를 하게 하여 살아나게 하라고 시킨 일까지 있었다고 하였다. 다산은 "여러 대신들이 모두가 무죄로 풀어 줄 것을 의논했으나, 유독 우의정 서용보만이 고집을 부려 안 된다고 해서 나는 장기현(長鬐縣, 지금의 경상도 포항시 장기면)으로 유배당하고 형님 정약전은 신지도(薪智島, 지금의 완도군 신지면)로 유배형을 받았다."라고 그때의 사정을 정확히 기록해 두었다.

1801년 2월 10일 새벽 의금부 도사(都事) 한낙유(韓樂裕)에게 체포된 다산은 국문을 받는다. 전 영의정이자 영중추부사인 이병모가 위관(委官, 재판장)이 되고 영의정 심환지, 좌의정 이시수(李時秀) 우의정 서용보 이하 7명이 재판관이 되었다. 문사랑(問事郞)에는 부수찬 오한원(吳翰源) 이하 3명, 별형방(別刑房)에는 도사 한낙유 외 1명, 문서색(文書色)에는 도사 유맹환(兪孟煥) 외 1명 등 19명이 관여하는 대대적인 국청이 열렸다. 잡혀 온 그날 바로 재판이 열려 묻고 답하는 심리가 진행되었다. 체포된 순서대로 이가환, 정약용, 이승훈이 심문을 받았다. 묻고 답한 내용이 「신유추안급국안」에 그대로 전해진다.

다산의 답변을 요약해 본다. "저도 역시 사람입니다. 누가 나라의 은혜를 입지 않았으리오마는 저는 삶과 죽음, 골육의 은혜를 입었습니다. 저의 이목구비는 일반 사람과 같은데, 어떻게 차마 남들이 하지 않는 일을 하겠습니까. 제가 지난번에 정조 임금께 올린 상소 「변방사동부승지소」는 꾸며서 했던 것이 아니라 지성 어린 간절함에서 나온 것이었습니다. 그래서 임금님 비답에 '착하려는 마음씨의 단서가 봄에 솟아나는 새싹처럼 무성하다.'라고 했습니다. 그러한 임금님의 비답을 받은 이후로 한 점의 사심이라도 창자 속에 머물러 있게 하고, 한 점의 사학에 관한 글이라도 하늘과 땅 사이에 남겨 두었더라면 저의 죄상은 몸이 천 번 찔리고 만 번 쪼개진다 해도 다시 아까울 게 없습니다."

공소장의 주요 사실을 전면 부인했다. "재물과 여색으로 속이고 유인해 사당들을 불러 모으고 나라의 법 범하기를 물 마시고 밥 먹듯 하며, 형벌 받기를 낙원의 일로 여겨, 뭇 불순분자들의 죄를 도피하는 소굴이 되었습니다."라는 죄의 내용이 얼마나 터무니없고 날조된 거짓이었는지가 폭로되고 말았다. 이가환, 이승훈과 한통속으로 천주교의 소굴이 되어 천주교를 전파하고 있다는 범죄 사실이 일언지하에 사실이 아님이 드러났다.

이가환은 자신은 절대로 교주가 아니라고 답변했다. 일반에서는 나이가 많고 지위가 높으면 책임이 무거운 지위에 오르나 천주교에서는 신분이나 지위, 연령에 관계없이 절대로 불변하는 신심이 있어야만 교주가 될 수 있기 때문에 신심이 없는 자신은 교주일 수 없다는 설명이었다. 이가환의 답변은 이어진다. 자신은 본디 책 읽기를 좋아하는 탓에 이승훈이 중국 북경에서 구입해 온 7~8권의 책을 읽은 것은 사실이며 그 책 내용 가운데 신주(神主)에 절하지 않고 제사를 지내지 말아야 한다는 구절에 이르자 경악을 금치 못해, 그 뒤로는 그런 책을 본 적도 없고 배척하기만 했노라고 했다. 신해옥사 때는 광주(廣州) 부윤이 되어 혹독하게 사학을 금지시켰고, 이후 충주 목사가 되어서도 주리를 사용하여 사학도들을 징계해 다스렸는데 자신이 왜 천주교 신자이겠느냐는 항변이었다. 그의 답변은 「신유추안급국안」의 모든 기록에 일관적으로 남아 있고 다산이 먼 훗날 이가환의 일대기로 기록한 「정헌이가환묘지명」의 내용과도 정확히 일치한다. 그러나 그는 과격한 남인으로 노론과는 집안의 가계부터 철저한 반대파였기에 어떤 답변도 통하지 않은 채 천주교 책을 읽고 그에 동조한 때가 있었다는 것이 사실이라는 이유로 처참하게 처형되고 말았다.

이승훈의 답변은 오락가락했다. 증거가 제시되면 신자였다고 시인하고 또 반성하면서 지금은 신자가 아니라고 답변하는 등 일관성이 없었다. 신해옥사 이후 정학(正學)으로 돌아와 다시는 믿지 않았노라고 답변했으나, 다른 증거가 나오자 신해년 이후에도 믿었다는 것을 시인하면서 이제는 분명히 배교한다는 말을 했다. 그도 사형을 면치 못했다.

이미 앞에서 언급했던 대로 「신유추안급국안」에 나오는 다산의 답변은 「변방사동부승지소」와도 완전히 일치하고, 회갑 때에 기술한

「자찬묘지명」의 내용과도 완전하게 일치한다. 그러한 이유로 재판관들인 모든 대신들의 의견이 다산을 풀어 주는 쪽으로 모아졌다. 무죄 석방이 확정되던 순간인데, 당시 정권의 실세이며 벽파의 중요 인물이던 우의정 서용보의 결사적인 반대로 재판 결과가 다르게 나오고 말았다. 다산이 암행어사 시절에 경기도 관찰사로 있던 서용보는 그때 비행이 적발되어 다산의 보고로 불이익을 당했는데, 이에 앙심을 품고 있다가 자기 세력과 힘을 합하여 철저한 보복을 감행한 것이다. 재판의 결과 보고서와 임금의 판결문을 보자.

2월 10일부터 시작하여 2월 25일에 끝난 국문의 결과를 재판장 이병모가 임금에게 보고한다.

> 정약전, 정약용에게 애초에 물들고 잘못 빠져 들어간 것을 범죄로 논한다면 역시 애석하게 여길 것이 없지만, 중간에 사(邪)를 버리고 정(正)으로 돌아왔던 문제를 그들 자신의 입으로 밝히고 있습니다. 뿐만 아니라 정약종에게서 압수한 문서 가운데 "자네 아우(정약용)가 알지 못하도록 하게나."라는 말이 나오며, 정약종 자신이 썼던 글에도 "형(정약전)과 아우(정약용)와 더불어 함께 천주님을 믿을 수 없음은 나의 죄악이 아닐 수 없다."고 했습니다. 이 점으로 보면, 다른 죄수들과는 구별되는 면이 있습니다. 사형 다음의 형벌(유배형)을 시행하여 관대한 은전에 해롭지 않도록 하소서.

> 『순조실록』 신유년 2월 25일조

이러한 보고를 받은 국왕은 아래와 같은 판결문을 다음날 『실록』에 실었다.

　　죄인 정약전, 정약용은 바로 정약종의 형과 아우 사이다. 애초에 우리나라에 사서(邪書)가 들어오자 읽어 보고 좋은 것으로 여기지 않음은 아니었으나, 중년에 스스로 깨닫고 다시는 더러움에 물들지 않으려는 뜻이 예전에 올린 상소문과 이번에 국문을 받을 때 상세히 드러났다.

　　차마 형에 대한 증언을 할 수 없다고는 했지만, 정약종의 문서 가운데 그들 서로 간에 주고받았던 편지에서 정약용이 알게 되는 것을 경계하고 있었으니, 평소 집안에서도 금지하고 경계했음을 증험할 수 있다. 다만 최초에 물들었던 것으로 세상에서 지목을 받게 되었으니 약전, 약용은 사형 다음의 형벌을 적용하여 죽음은 면해 주어 약전은 강진현 신지도로, 약용은 장기현으로 정배(定配)한다.

『순조실록』 신유년 2월 26일조

　　보고서나 판결문을 읽어 보면 재판은 분명히 실체적 진실을 발견한 바른 결과를 냈다. 비록 애초에 물들었고 과장되게 선전했다 해도, 중간에 잘못을 깨닫고 철저히 반성하여 다시는 그런 잘못을 저지르지 않았다면 개전의 정이 뚜렷한 것으로 인정했으니 결론적으로는 무죄 석방이 당연했다. 그러나 사실을 모두 인정하고도 반대하는 세력자의 주장에 밀려 애초에 물들었다는 이유 하나만으로 18년의 귀양살이가 계속되었다는 것은 어떤 논리로도 정당화될 수 없는 부당한 처사였다. 시파와 벽파와의 당쟁에서 시파가 처절하게 몰락했으며 진보적 신서파들이 공서파들의 보수 논리에 혹독한 패배를 당했던 것이다.

국가적으로 볼 때 수백 년 동안 유교의 윤리적 논리로 국가 체제가 유지되어 왔고 국가 이념이 유교였는데, 어느 날 갑자기 서양에서 흘러온 천주교가 사회적 불만 세력에게 급속히 전파되어 이념 체계를 완전히 뒤엎고 천주학의 논리로 세상을 바꾸려던 것은 거부당할 수밖에 없었다. 체제 수호상 당연한 귀결이었다. 그러므로 신유년의 재판 결과, 천주교는 사학(邪學)이 아니고 정학(正學)이며 천주 이외의 어떤 신에게도 경배할 수 없다면서 선조에게 제사를 거부하고 죽어도 배교할 수 없다 한 정약종, 최창현, 최필공, 홍교만, 김백순, 김건순 등 거물급 천주교 신자들이 국법으로 사형을 당하여 천주교 신앙으로 순교했다는 것은 문명의 충돌에서 일어날 수 있는 역사의 한 장면이었다. 신앙은 그렇게 탄압을 받고 핍박 속에서 힘을 길러 정신 세계를 지배하는 논리로 정착하게 된다. 천주교 순교사에서는 그들의 위대한 공로는 크게 찬양을 받아야 할 것이나, 나라를 이끌고 가는 지배층이 천주교에 대한 신앙을 국법으로 다스린 것은 또 그것대로 자기 논리가 있어서였다. 당시 교회법에서 제사 문제만 허용했어도 그런 역사적 비극은 없었을지 모른다. 먼 훗날 제사가 교회법으로 허용되면서 문명의 충돌이 완화되고 천주교세가 날로 확장되어 오늘에 이른 것으로 보면 탄압한 당국만을 탓할 수 없는 점도 있다고 여겨야 한다. 그러나 뒤에 또 언급하겠지만 정약용의 18년 유배살이는 국법으로도 용인할 수 없는 지독한 정치적 탄압이었음이 분명하다.

○○ 국문 과정에서의 다산의 명답변

신유옥사를 정리한 이제, 그 재판 과정에서 나온 다산의 유명한 답변들을 한번 살펴보자.

정약용이 자신은 천주교에서 마음을 끊은 지 오래라고 답변하자, 형인 정약종에 관한 질문이 돌아왔다. 그런데 사실상 정약종은 죽어도 변심 않을 천주교 신자가 아니었던가. 사실대로 고하자니 자신의 답변이 증거가 되어 형이 죽을 수도 있고, 사실을 숨기자니 자신의 충심을 저버리고 임금을 기만하는 일을 저지르는 것이었다. 그래서 다산은 답한다. 위로는 임금을 속일 수 없지만, 아래로는 아우가 형의 죄상을 증언할 수도 없으니, 형의 죽음을 피할 수 없다면 오직 한 죽음만이 있을 뿐이라고 답했다. 아울러 자기에게는 잘못된 형(病兄)이 한 분 있지만, 형제 사이라는 천륜은 애초에 무거운 것이니 어떻게 자기 혼자만 선하다 하겠느냐며 함께 죽여 주기를 바란다고 했다. 공소장의 범죄 내용은 전혀 사실이 아니며, 천주교와는 일찍이 관계를 끊고 형님을 선도하려 했으나 끝내 듣지 않아 이에 이르렀다고 결론을 맺었다.

다산의 국청에서의 진술은 입에서 입으로 전해지면서 세간에 널리 퍼졌다. 형을 변호하자면 진실을 속이는 셈이니 이는 임금께 거짓을 아뢰는 것이다. 이처럼 곤란한 처지에 놓였건만 다산은 정말로 훌륭하고 모범적인 답변을 했다는 칭찬이 자자했다고 전해진다.

훗날 매천 황현은 그의 유명한 저서 『매천야록』에서, "임금을 어떻게 속이겠는가. 임금을 속여서는 안 된다. 형님의 죄상을 어떻게 증

언하겠는가. 형님을 증언할 수는 없다.(君可欺乎 君不可欺也 兄可證乎 兄不可
證也.)"라는 답변을 인용했다. 거기서 그는 보통 사람이라면 답변하기
어려운 대목을 명쾌하게 답변했노라면서 사리에 밝은 다산만이 답할
수 있는 역사적 명언이라고 기록했다. 군신과 형제의 두 관계에서 어
느 쪽에도 서운함이 없는 그런 명답변은 그렇게 흔하지 않다는 평가
가 매천이 내린 결론이었다. 그러나 그런 답변도, 아무리 훌륭한 처
신도 아무런 효과를 얻어 내지 못하고 당파 싸움은 다산을 오랜 귀
양살이로 내몰고 말았다.

○○ 신유옥사의 비극

신유년(1801년, 순조 원년), 천주교 신자들이 혹독한 탄압을 받은 신
유옥사는 무서운 살육이 감행된 피의 대재앙이었다. 당시의 대표적
인 기록인 「황사영백서」에 의하면 무려 300여 명의 인민이 학살당한
끔찍한 옥사이자 대규모의 박해 사건이었다. 당시의 정부 당국자들
입장에서는 나라의 체제와 정체성을 지키겠다는 위정척사(衛正斥邪)의
논리로 정당한 법의 집행이자 체제 수호를 위한 부득이한 일로 여길
수도 있었다. 그러나 인류 역사상 수없이 일어난 문명 충돌, 즉 서양
과 동양의 이질적 문명의 접촉에서 나온 세기적인 비극의 하나였음
은 분명하다. 그러면서도 신유옥사의 내용에는 하나의 논리로 풀 수
없는 복잡한 정치적 의도까지 개재되어 더 정밀한 평가와 분석이 요
구된다. 목숨을 바쳐서라도 천주교를 믿을 만큼 신앙에 철저했던 천

주교 신자들만 처벌받았다면 종교적 박해로 단정 지을 수 있겠으나, 다산 정약용의 신유년 재판 과정에서 밝혀진 대로 천주교 신자가 아니라는 명확한 재판의 결과가 나왔음에도 그가 그처럼 혹독한 탄압으로 18년의 유배 생활을 했던 사실로 보면, 권력 싸움의 패악상을 반영하며 진보적이고 미래 지향적인 지식인들을 체제 수호라는 이름으로 탄압한 사건이기도 했다. 서교(西敎)와 서학(西學)을 분명히 식별하여 서교에서 진즉 빠져나와 서양의 과학 사상인 서학에 관심을 기울였을 뿐인 다산을 죽이려 했던 것은 분명한 정치적 탄압이었다.

그러나 다산이 사형을 면하게 된 것은 신자가 아니라는 증거도 있었지만, 다산에 대한 백성들의 신망과 학자로서 그가 높은 위신을 갖추고 있었다는 점 역시 고려해야 할 사안이라는 어떤 학자의 주장도 참고할 필요가 있다.(김석형, 「다산 정약용의 생애와 활동」) 「황사영백서」사건으로 재차 투옥되어 국문을 받을 때 황해도 감사를 지내고 돌아온 정일환(鄭日煥)이 정약용은 곡산 부사 시절에 백성들에게 은혜를 베풀어 칭찬이 자자한데 그를 죽여서야 되겠느냐고 위관들에게 강력히 항의했다는 사실(『사암선생연보』)은 백성들의 공론(公論)까지 깡그리 무시하기란 쉽지 않다는 것을 보여 주는 대목이기도 하다.

이가환이라는 당대의 천재요, 석학이요, 대문장가가 감옥 안에서 극형을 당했고 죽은 뒤에 '기시(棄屍)'라는 가장 처참한 처벌을 받은 것으로 보아 당파 싸움의 악독성이 어느 정도인가도 알 수 있다. 「정헌이가환묘지명」에서 다산이 밝혔던 대로, 그의 국청의 답변이나 다른 자료를 통틀어도 그를 천주교 신자로 인정할 방법이 없었다. 노론 벽파나 공서파의 공격 대상이 이가환, 정약용이었는데, 정약용은 형 정약종의 자료가 너무 뚜렷하여 죽음을 면했지만, 이가환은 확증을 제시하지 못해 노론 벽파의 미움증 탓으로 죽어 가야만 했다. 다산의 말대로 이가환이 심한 고문에 못 이겨 "공조 판서 벼슬까지 지낸 사람이 사교의 교주라는 지목을 받았으니 죽어 마땅하다."라고 답변한 내용이 있는데, 이런 답변을 자백으로 인정하여 역적죄인으로 죽이고 시체의 목을 베어 장대에 걸어 놓아 모든 사람들이 구경케 하는 '기시'를 했으니, 정말로 지나친 탄압이 아닐 수 없었다. 이가환도 다산과 마찬가지로 서교와 서학을 분명히 식별했던 학자였으니 정치적 재판이었음은 말할 필요도 없다.

다산의 「정헌이가환묘지명」에 의하면 어느 날 정조가 채제공에게 물었다. "경은 연로하신데, 경을 이어서 과인을 보필해 줄 사람이 누구인가요?"라고 묻자 채제공은 머뭇거리지 않고 "이가환입니다."라고 말했다는 기록이 있다. 이가환 다음은 정약용임은 말할 필요도 없다. 이와 같이 정치적 위상과 학문·문장 등이 두루 높은 거물급 인사였기 때문에 이가환은 혹독한 죽음을 당했고, 다산 또한 그만한 고통을 당해야 했던 것이다.

○○ 핏빛 어린 종교 재판, 신유옥사

다산 정약용의 운명은 1801년의 신유옥사, 즉 다산의 나이 40세에 맞은 그 큰 사건으로 인해 크게 바뀌었고, 그의 삶의 판도 역시 완전히 변해 버렸다. 신유옥사는 그러한 결정적인 사건이자 역사적으로도 매우 중대한 사건이므로 그 자초지종에 대하여 충분한 설명이 있어야 한다. 다산 자신이 충분할 정도의 많은 자료와 기록을 남겼다. 자신의 일생을 「자찬묘지명」 두 편(광중본과 집중본)에 소상하게 서술했고, 신유년에 처참하게 죽어 간 두 사람에 관해 「녹암권철신묘지명」과 「정헌이가환묘지명」을 썼으며 함께 재판을 받고 함께 귀양살이를 지냈던 자신의 중형 정약전에 대해 「선중씨묘지명」이라는 장문의 글을 써서 그들이 억울하게 당한 비극적인 사건을 자세하게 밝혔다. 순교자 황사영에 의하여 저술된 「황사영백서」가 나름대로 그 당시 사건의 상당 부분을 설명해 주고 있으며, 당시 국청에서 국문을 했던 상세한 내용이 기록된 「신유추안급국안」이라는 방대한 자료가 있다. 국가의 공식 기록인 『조선왕조실록』 순조 원년의 조항에도 그런대로 자료가 또 있다. 그러나 이들 모든 자료들에 대해서는 짚고 넘어가야 할 사안이 있다.

200년 전의 역사적 사실이니 그런 기록 이외에 알아볼 방법이야 없지만, 이 자료들에는 분명히 많은 한계가 있음을 이해해야 한다. 「신유추안급국안」은 재판 기록이어서 글자 그대로 믿을 수 없는 부분이 너무나 많다. 예컨대 지난날 유신 독재 정권과 싸우다가 투옥되어 조사받고 재판을 받은 사람들 중 많은 이가 무서운 고문 때문에 사실과 다른 허위 자백을 하곤 했다. 어떤 경우 독심을 품고 가혹한 고문에도 굴하지 않고 끝까지 사실을 토로하지 않아 죄에서 벗어날 수도 있었고, 공모하고 합동해서 했던 일도 증거만 나타나지 않으면 단독 범행으로 끝까지 버텨 내 공모자를 구해 내기도 했지만, 고문에 못 견뎌 아무 관계도 없는 사람까지 끌어들여 가혹한 처벌을 당하게 하는 경우도 없지 않았다. 때문에 재판 기록을 절대적으로 믿을 수는 없고, 다른 기록과 비교 검토를 통해 사리에 맞는 부분만 채택해야 한다고 여겨진다.

「황사영백서」도 큰 차이가 없다. 초봄에 은신하여 충청도 제천의 토굴에 숨어 있던 황사영이 그해 가을에 작성한 백서는 연락이 되는 신자들을 통해 들었던 내용을 중심으로 했기 때문에 과연 얼마나 사실에 부합하는가는 알 길이 없다. 불확실하거나 과장된 내용도 많을 것이고, 객관적이기보다는 주관적인 내용도 많을 것이라는 점을 감안해야 한다. 문제는 다산의 기록이다. 이미 언급했던 대로 국청에서 국문받을 때의 기록은 대체로 신빙성이 있으나, 자신과 천주교 문제에 대한 부분에서는 숨기고 말하지 않는 부분도 있었음을 추인할 수 있다. 예를 들어 다산은 그전에 천주교 세례를 받았다는 기록이 있는데 자신은 그런 적이 없다고 분명하게 부인하고 있었다. 죽느냐 사느냐가 걸린 국청에서 사건을 축소하여 답변함은 인간인 이상 어쩔 수 없는 일이 아니겠는가. 이러한 모든 사정을 감안해서 신유옥사에 대해 개략적으로 설명하지 않을 수 없다.

신유옥사는 고약한 사건이다. 조선 후기에 교조적인 지도 이념인 유교, 즉 성리학이라는 학문과 사상으로는 당대의 역사를 통째로 담고 갈 수 없다는 여러 징후들이 나타났다. 서양의 종교이자 사상인 천주교와 서양의 과학상이 중국을 통해 들어오면서 역사의 변동성과 사회의 운동성이 새롭게 감지되기 시작했다. 이처럼 시대와 역사의 변혁 시기를 제대로 포착하고 발 빠르게 파악했던 일군의 학자들이 다름 아닌 남인계 신서파였다. 당시 조선이라는 나라는 탐관오리들의 부정과 부패는 날로 극악해지고 인민에 대한 착취와 수탈은 극한에 이르고 있었으며 기득권층이나 특권층인 몇몇 벌열은 계속하여 권력과 부를 장악하기 위해 수단과 방법을 가리지 않고 패악의 정치 현실을 노정하고 있었다. 다산이 태어난 해인 1762년 6월, 한 나라의 왕위를 계승할 세자의 지위이자 임금을 대신하여 대리청정까지 했던 사도 세자가 아버지 영조에 의해 뒤주에 갇혀 갈증과 기아에 시달리다 끝내 목숨을 잃은 '임오사건(壬午事件)'만 보더라도 그 시절이 어떤 때인가를 금방 짐작하게 된다. 이런 시대에 성호 이익의 학문을 계승한 일파, 이른바 성호의 좌파(左派) 가운데 일부 학자들이 자생적으로 천주교 교리를 연구하던 것이 신앙 운동으로까지 확대 진행된 일은 역사 변혁의 징후를 가장 실감나게 보여 주는 일대 사건이었다. 성호 이익의 문하는 두 갈래의 학파로 나뉜다.(이우성 교수의 학설) 녹암 권철신, 정헌 이가환 등의 후배 그룹이 좌파, 하빈(河濱) 신후담(愼後聃, 1702~1761년), 순암(順菴) 안정복(安鼎福, 1712~1791년) 등의 선배 그룹이 우파다. 우파들이야 급진적으로 대응하지 않았던 이유로 큰 문제를 이야기하지 않았지만 사회의 변혁에 급진적으로 대처하던 좌파는 시대와의 갈등과 문명의 충돌에서 피하지 못하고 혹독한 시련에 빠지고 말았다. 더구나 서양의 문명만이 아닌 천주교라는 종교까지 합해져 순항을 못하고 침몰해 버리는 비운을 당했으니 그게 바로 신유옥사였다.

천주교는 성호 학파에서만의 일은 아니었지만, 성호가 서학의 긍정적인 측면을 극히 권장했기에 그가 부정적으로 평가한 천주교에까지 관심을 갖는 학파가 나왔던 것은 매우 아이러니하다. 성호가 「발

천주실의(跋天主實義)」라는 글에서 서양의 과학 사상에 깊은 관심을 갖고 매우 긍정적인 평가를 내린 점은 후배 학자들에게 큰 영향을 끼쳤다. 물론 성호는 그 글에서 천주교의 논리나 신앙에 대해서는 매우 부정적인 견해를 표명했지만, 급진적인 후배들은 긍정적인 측면에 매력을 느끼며 부정적인 측면까지 마음을 기울였다. 반면 선배들인 우파 학자들은 긍정적인 측면에 관심을 기울였지만 부정적인 측면이던 천주교의 교리나 신앙에는 절대적인 반대 입장을 표명하였다.

신서파들에서는 서양의 과학 사상에 매료된 인물과 천주교 교리에 매료되어 신앙의 길로 간 인물은 또 구별되어야 한다. 초창기 천주교 신앙 운동에 공이 큰 신서파 학자는 광암 이벽이다. 이른바 서교라는 학문을 본격적으로 연구했던 이벽은 천주교 연구에 온 힘을 기울여 자발적으로 신앙의 길에 접어든 가장 뚜렷한 인물이었다. 천주교 측은 다산의 기록에 명시된 기해년(1779년)의 천진암 주어사의 강학회를 천주교 교리 연구와 신앙 집회로 보는 『조선 순교사 비망기(朝鮮殉敎史備忘記)』를 증거로 제시하여 이벽이 천주교 신앙 집회를 열었다고 주장하고 있는데, 그 당시 사정을 가장 잘 알고 있던 다산의 기록인 「선중씨묘지명」을 보면 그것이 사실이 아님은 너무나 명백하다. 강학회는 유학자들의 정상적인 학문적 모임으로 보아야 한다. 더구나 천진암도 아닌 주어사에서 열린 강학회를 근거로 천진암이 한국 천주교의 발상지라고 해서, 기해년의 200년 뒤인 1979년에 한국 천주교 창시 200주년이라는 이유로 대형 기념비를 세우고 100년에 걸쳐 완공하겠다는 성당을 축조하는 일은 역사적 사실과는 너무 동떨어진다는 것을 언급해 둔다.

이벽이 언제부터 천주교 교리 연구에 본격적으로 힘을 기울였는지를 기록으로 확인하기는 어렵다. 그러나 1783년 겨울 이승훈에게 북경의 천주교 성당에 가서 중국에 파견된 서양의 신부를 만나 입교하고 교리서를 얻어 오도록 권유했던 점으로 보면, 이미 이전부터 교리 연구에 마음을 두고 있었음을 확인할 수 있다. 그렇다고 1779년 기해년에 천진암에서 천주교 교리를 연구하고 신앙 집회를 열었다고는 믿을 근거가 없다.

　　성호 학파의 신서파 이승훈의 호는 만천(蔓川)이다. 아버지 이동욱이 서장관으로 북경에 사신으로 가자 아버지를 따라 북경에 간 이승훈은, 이벽의 권유대로 북경의 북당으로 신부를 찾아가 교리 공부와 의례 절차를 거쳐 천주교에 입교한다. 40여 일 동안 북경에 있으면서 베드로라는 세례명으로 세례를 받고 귀국한 이승훈은 이벽과 함께 북경에서 얻어 온 천주교 관계 서적들을 연구하고, 이벽은 이승훈의 영세를 받아 천주교에 입교한다. 이승훈·이벽의 천주교 입교와 세례를 받은 신자로서의 활동으로부터 한국의 천주교는 창시되었으며 신앙 집회도 발족되기 시작했다. 경기도 광주 출신인 이벽은 무반으로 크게 현달한 집안 출신이다. 더구나 이벽은 출세할 욕심을 버리고 본격적으로 성호 학파에서 학문 연구에 몰두했던 소장 학자였다. 다산의 기록에 의하면 이벽은 이때 서울의 수표교에 집을 마련해 신앙 생활에 들어갔다. 그렇다면 한국 천주교의 발상지는 천진암이 아닌 수표교일 터이고, 창시된 해는 1784년임이 분명하다. 이때부터 이벽은 신명을 다해 천주교 전교 활동에 나섰다. 이벽에게는 자신의 누님 시댁인 정약용의 집안에 전교하는 일이 우선 급선무였다.

이승훈이 귀국한 지 20여 일이 지난 1784년 4월 15일은 일찍 세상을 떠난 이벽의 누님이자 정약용의 큰형수인 이씨의 제삿날이었다. 제사 지낸다는 명분으로 4월 14일 오후 이벽은 다산의 집을 방문한다. 다산 형제들에게 천주교를 전교할 목적이었다. 어른들이 계시는 곳에서는 말을 꺼내지 못하고, 15일 오전 제사를 마친 이벽과 다산의 형제 정약전·정약용은 함께 마재에서 배를 타고 두미협 계곡을 지나는 한강을 따라 배를 타고 서울로 온다. 그 배 안에서 이벽은 두 형제에게 이승훈이 가져왔던 천주교 관계 서적을 보여 주었다.

앞서 인용했던 「선중씨묘지명」에 따르면 이때 이후로 제사 지내는 일을 폐하고 천주교를 신앙으로 믿고 따르자는 쪽과, 제사 지내는 일에 거역할 수는 없다는 쪽이 갈라졌다. 다시 말해 서학에서 서교로 빠져들어 간 사람들과 서교는 배척하고 서학인 서양의 과학 사상에만 관심을 지닌 사람들과의 차이가 분명해졌다는 것이다. 다산 형제는 후자였다. 다산 자신은 이 글에서 23세의 1784년으로부터 진산 사건이 있었던 30세의 1791년까지는 천주교와 묵시적인 관계가 있었음을 시인한 셈이다.

다산 형제가 천주교에 빠지게 되며 교세가 늘어나자, 이벽은 1784년 9월에 당대의 학자 성호 이익의 직계 제자로 명망이 높던 권철신·권일신 형제가 살고 있는 경기도 양근(楊根)의 감호(鑑湖)라는 곳을 방문한다. 그들 형제만 입교하게 되면 많은 성호 학파 사류(士類)들의 호응이 클 것으로 기대했기 때문이었다. 이벽이 열흘 동안 그곳에 머물며 달변과 뛰어난 학식으로 설득하여 마침내 권철신의 아우이자 순암 안정복이라는 당대의 실학자의 사위인 권일신이 입교하게 되었다. 물론 권철신도 천주교 관계 서적 대부분은 읽었을 것이라는 추정이 가능하다. 권일신의 입교는 큰 반향을 일으켰다. 이벽·이승훈·권일신 등이 적극적으로 전교 활동에 나서자, 충청도 내포 지방의 이존창이라는 농민 학자와 전주의 유항검(柳恒儉), 서울의 김범우(金範禹, 중인)가 입교하면서 신자들이 늘어나게 되었다.

마침내 1785년 봄, 당시의 서울 명례방에 살던 역관(譯官) 김범우의 집에서 이승훈, 이벽, 권일신, 정약전, 정약용 등이 모여 신앙 집회를 열었다. 바로 이 집회가 누군가의 밀고로 발각되어 최초로 천주교 탄압의 역사가 시작되었다. 이때가 을사년(乙巳年)이어서 '을사추조적발사건'이라 불렸으니, 을사년에 형조에서 적발한 사건이라는 뜻이었다. 모두 양반들이어서 입건하지 않고 중인이던 김범우만 장살당해 순교하고 말았다. 그러나 비록 입건이 되지 않아 처벌을 받지 않았지만 그때 신앙 집회에 참석했던 사람들은 가정적으로나 사회적으로 지탄의 대상이 되었다. 특히 이벽은 그 집회 참석 뒤 아버지 이부만(李溥萬)의 강력한 반대에 부딪혀 큰 고민에 빠지게 된다. 아버지가 천주교에서 손을 끊고 유교로 돌아오지 않으면 자결하겠다고 목을 매는 사건까지 일어나자, 이벽은 배교한다는 반성문을 쓰기도 했다고 한다. 그런 고민으로 마음이 편치 않을 때, 마침 유행 중이던 페스트에 걸려 그해 가을 이벽은 세상을 뜨고 말았다. 32세라는 새파란 나이에 한국 천주교의 창시자 요한 이벽은 하늘나라로 가 버렸다.

그 뒤 1787년인 정미년(丁未年)에는 이승훈, 정약용 등이 성균관이 있던 반촌(泮村)에서 천주교 공부를 하다 발각된 '정미반회사건(丁未泮會事件)'이 있었고, 1791년 신해년에는 진산 사건이 발발하여 순교하는 사람이 이어져 나왔다. 이벽이 세상을 떠나자 그처럼 열정적으로 천주교를 전교하는 사람이 많지 않았는데, 마침내 다산의 집안에서 최고의 열성 신자가 나왔다. 바로 다산의 손위 형인 선암(選菴) 정약종이었다. 정약종은 애초에 정약전·정약용 등과는 생각이 다른 사람이었다. 그는 일찍부터 세속의 권력이나 부에는 마음이 없었다. 노장학(老莊學)에 몰두하기도 했고 신선(神仙) 공부에 전념했다는 기록이 있다. 그래서 1784년 이벽으로부터 약전·약용 형제가 천주교를 배울 때 그는 함께하지 않았다. 「신유추안급국안」을 보면 정약종은 1786년 병오년 3월에 자신의 형인 정약전으로부터 천주교 서적을 얻어 읽었으며, 혼자서 책을 통해 교리를 체득하고 신앙심을 지니게 되었다고 했다. 그 점으로 보면 정약종이 주어사 강학회에 참석했다느니, 을사년 김범우 가의 모임에 참석했다는 등의 천주교 쪽 기록은 잘못되어도 크게 잘못되었다. 이벽의 빈자리를 메꾼 사람은 정약종이었다. 그는 정말로 열렬한 신자였고 천주교 교리에 해박한 당대의 천주교 학자였다.

가톨릭 역사의 입장에서 볼 때, 아시아의 변방 조선에서 일어난 자생적 신앙 운동이 빠르게 확산된 것은 전 세계적으로도 유례없는 일이었으나, 위에서 언급한 대로 여러 사건들이 계속 이어지면서 신유옥사의 큰 비극은 배태되고 있었다. 더구나 정약종이 이벽의 뒤를 이어 교리 연구와 전파의 최전선에 서자 다산 집안의 불행은 시시각각 가까워지고 있었다. 그 무렵 다산 장형인 정약현의 사위이자 다산의 조카사위인 황사영까지 전교에 앞장섰으니 다산이 무사하기는 어려워졌다. 지금과는 다르게 그때는 연좌제가 다반사로 있던 시절이 아니었는가. 형수의 친정 아우인 이벽, 자형인 이승훈, 당대 가장 존경하던 학자 권철신의 아우 권일신, 정약종 등 초기 천주교 지도자들은 다산과 관계가 없는 사람이 없었다. 죽음의 불안에서 벗어나지 못하던 다산의 입장은 그래서 언제나 어렵고 힘들기만 했다.

강인한 신자 정약종

죽음은 무서운 것이다. 죽음 앞에 소신을 굽히지 않을 사람은 많지 않다. 천주교 신자들이 죽어 갔던 신유옥사의 내면을 살펴보자. 삶과 죽음, 신앙인과 배교인 사이의 아픔도 알아보자. 1801년 2월 10일부터 국청에서 국문이 시작되어 2월 25일 판결문이 작성되고 다음날인 26일 임금의 재가가 나자, 그날로 형이 집행된 사람이 많았다. 한국 천주교 초창기 대표적 인물들인 여섯 명(이미 죽은 이벽·권일신·윤지충·권상연·김범우 등은 제외)이 함께 사형을 집행받았다. 베드로 이승훈, 아우구스티노 정약종, 토마스 최필공(崔必恭), 프란체스코 사베리오 홍교만(洪敎萬), 루가 홍낙민(洪樂敏), 요한 최창현(崔昌顯) 등이 서소문 밖의 형장에서 참수형을 당했다. 천주교 전교 과정을 최창현의 국안(鞠案) 답변에서 보자.

나는 초묵동(草墨洞)에서 아버지를 따라 약국 일을 보는 사람입니다. 갑진년(1784년) 겨울에 이벽을 통해 천주교 책을 보았습니다. 이벽의 말이 "이 책의 내용은 모두 도리(道理)에 합당하다."라고 했는데, 나 역시 그렇게 생각했습니다. 그 책의 내용에는 십계명이 있었습니다. 정약전, 정약용, 소아과 의원 김종순(金宗淳), 최인길(崔

仁吉), 권일신과 그의 아우, 이가환의 생질인 신여권(申與權, 다산의 사촌 매제) 등과 함께 공부했습니다. 그러다가 신해박해 이후에는 흩어져서 서로 만나지 못했으나, 무오년(1798년) 무렵부터는 정약용의 형인 정약종과 상종했습니다. 정약종이 여러 차례 찾아왔으며 안동에 살던 손경윤(孫敬允)과 관정동(館井洞)에 살던 손경욱(孫敬郁) 형제와 서문 밖에 살던 김계완(金啓完) 등이 함께 공부하던 사람들이었습니다.

최창현은 가장 존경하는 사람이 누구냐고 묻자, 권일신, 정약종, 이존창이라고 답변했다. 최초의 천주교 선전자는 이벽인데, 그는 이승훈에게서 책을 얻어 보고 그렇게 되었을 것이라고 답변했다. 천주교 전래 과정이 비교적 정확하게 최창현의 입을 통해 나타나고 있다.

모진 고문은 인간성을 파괴한다. 죽음이 두렵고, 고문에 못 이겨 답변한 내용이 진심이었을까. 최창현은 20년 동안 사학(邪學)에 빠진 일이 후회막급하다고 답하며 이제는 이른바 천주와 야소(예수)를 원수나 오랑캐(夷狄), 짐승으로 여기고 낳아 주신 부모님을 잘 섬기면서 평민으로 살아가겠다고 답했다. 마음에 없는 답변이었으리라.

최필공의 답변은 명확하다. "나는 이미 죽기로 결심했다."라는 단호한 입장이었다. 그는 이어 "일반적인 동향으로 천주학은 유식한 선비들이나 일반인 가운데서도 조금 지각이 있는 사람들이 배우는 학문"이라면서 자신은 절대로 마음을 바꿀 수 없노라고 확실하게 답변했다. 그때 최필공의 나이 쉰여덟이었다. 당시 마흔둘이던 정약종의 답변을 보자.

나는 본디 이 학문을 정학(正學)으로 알고 있지 사학임은 알지 못한다. 압수된 서적들은 모두 우리 집에서 나온 것이 분명하다. 누가 교주냐고 묻는데, 나는 문자를 상당히 해독하고 있기 때문에 특별히 스승에게서 배운 바가 없다. 누가 소굴이고 무리들은 누구인가에 대해서도 나는 문을 닫고 홀로 거처하기 때문에 고해바칠 만한 사람이 없다.

정약종은 자신이 직접 책을 베끼고 스스로 해석했으므로 교주나 함께하는 도당(徒黨)이 없다고 하면서 "내가 만약 사학으로 여겼다면 어떻게 감히 그런 일을 하겠느냐."라고 말했다. 그러면서 천주교야말로 대공지정(大公至正, 매우 공정하고 지극히 바름)하고 지극히 진실한 도리라는 것을 알기 때문에 몇 년 전(신해옥사) 나라에서 금지한 이후에도 애초부터 종교를 바꾸려는 마음이 없었으니 비록 어떠한 형벌을 받더라도 조금도 후회하지 않겠노라고 결연한 의지를 보였다고 한다. 그는 "살기를 좋아하고 죽기를 싫어함은 인간의 정상적인 마음인데 왜 죽음이 두렵지 않겠는가. 그렇다 해도 의리를 배반해서까지 살아남는 일은 하지 않겠다."라면서 같이 공부했던 신자나 교도들 누구도 일절 거론하지 않는 강인한 태도를 보였다.

그때 정약종의 전도 일기가 압수되어 있었다. 그는 일기에 기록된 것에 대해 일일이 답변하지 않을 수 없었다. 정약종은 일기에 기록된 대로 병오년(1786년) 3월 둘째 형 정약전에게서 천주학을 배웠음을 시인하고, 자신은 지금까지 거기에 탐닉해 있으나, 둘째 형은 근래에 천주학 공부를 하지 않는다고 설명했다. 또 일기에 선조들에게 제사를 지내고 묘소에 성묘를 가며, 아버지 상을 당해 혼백을 만들고 제상을 차리는 일이 모두 죄악이자 허물이라고 기록하고 국가에 대해서 차마 할 수 없는 말까지 했는데 무슨 까닭이냐고 묻자, 그런 죄는 이미 아는 일이고 지금이야 후회되지만 만 번 죽어도 애석하게 여기지 않겠다면서 죽여 달라고 청했다. 이렇게 신앙심이 확고했던 정약종은 장렬한 순교를 맞았다. 그는 입교한 이래 본격적으로 교리 연구에 몰입하여 종교 활동에 열성을 보였다. 이론과 실제에 있어서 당대 최고 천주교의 지도자 위치에 있었다는 것이 사실이다. 한글로 된 『주교요지(主教要旨)』라는 두 권의 책을 저술했고, 『성교전서(聖教全書)』의 저작에 착수했으나 미완으로 그쳤다고 천주교 쪽 자료는 전한다. 그가 천주학의 높은 수준에 이르렀음을 보여 주는 것이다.

황사영은 그의 「황사영백서」에서 형장으로 끌려가던 정약종의 모습이나 목에 칼이 들어오는 절명의 순간에 취했던 태도들에 대하여, 전해 들은 이야기를 마치 직접 목격이라도 했던 것처럼 생생하게 전해 준다. 신심이 깊던 자신의 처숙부의 순교 현장을 약간은 미화하려는 의도가 없지는 않았겠지만, 그가 끌려가고 형이 집행되던 순간들의 일화에 대해 다른 어떤 사람이 죽던 순간보다 많은 기록을 남긴 것이 사실이다. 여하간 정약종의 모든 태도나 천주교 신앙의 깊이는 아우인 정약용과는 너무나 큰 차이가 났다. 나라에서 금하는 일인 천주교의 제사 거부에 대해 그럴 수는 없다면서 천주교를 과감히 버렸고, 그것은 정학이 아니고 사학이며 무부무군(無父無君), 즉 아비도 없고 임금도 없는 패악무도한 일이라고 비난했던 정약용의 입장은 분명히 달랐다. 제사에 그렇게 충실했고, 그처럼 선산에 성묘를 자주 갔으며, 애군우국(愛君憂國)만이 인간의 기본 도리이고 효제(孝弟)만이 인간 윤리의 근본이라던 다산의 입장이 천주교와 함께할 수 없었음은 분명했다. 젊은 시절부터 노장학에 몰두했고 신선 논리에 마음을 기울여 천주교 신앙에 몸을 맡겨 버린 정약종과는 형제이지만 길을 달리할 수밖에 없었다.

정약종은 죽으려면 혼자 죽지 남을 고발하는 일은 하지 않겠다고 했는데, 그것은 천주교가 정학이니 그들에게 죄가 없음에도 이름만 대면 그들도 죽게 되기 때문에 거명하지 않은 것이다. 그러나 다산은 천주교가 바른 도리가 아니기 때문에 그 종교를 버리지 못하고 계속 따르는 사람은 처벌을 받아야 한다고 여겼다. 그래서 그들을 거명해서 재판을 받도록 하여 잘못을 뉘우치고 정학으로 돌아오게 해야 한다는 사명감에서 자신이 알고 있는 몇몇 신자를 거명하기도 했다. 황사영이 아직 체포되지 않았던 신유옥사 초기부터 다산은 황사영을 원수로 여긴다고 했고, 조동섭, 김종교(金宗敎), 최창현, 김백순, 홍교만 등은 신자였다고 말하기도 했다. 천주교에서 확실히 마음을 끊었다는 자신의 입장을 증명해 주는 방법일 수도 있으나, 죄지은 사람을 숨겨 줄 수 없다는 정의감의 발로이기도 했다. 반면에 아무리 생각해도 신자일 수 없었던 홍헌영(洪獻英), 유이환(兪理煥) 등이 체포되어 수사를 받는 점에 대해서 그들은 신자가 아니라고 증명해 주어 석방될 수 있게 하기도 했었다.

천주교가 대공지정한 정학이라고 믿고 신앙에 순교한 정약종은 한국의 자생적 천주교 발전사에 혁혁한 기반을 닦은 위대한 신앙인이자 순교자였다. 반면 천주교는 사학이고 사교이며 공맹의 유교만이 정도이고 정학이라고 믿었던 정약용은, 혹독한 유배의 고통을 겪고도 좌절하거나 굽히지 않고 육경사서를 제대로 연구하여 '다산 경학'이라는 거대한 학문 체계를 세운 학자이자 조선 실학을 집대성한 실학의 거장으로 역사에 남게 되었다.

신앙인과 학자, 정약종·정약용 형제는 방향과 목표가 달랐지만 신앙계와 학계를 대표하는 큰 업적을 남긴 형제가 되었다. 이 점에 대해서도 다산은 자신의 견해를 분명히 밝혔다. 1822년 자신의 회갑 해를 맞아 기록한 「선중씨묘지명」 끝부분에서 입장을 밝혔다. "오호라, 골육이 서로 싸워 자기의 몸과 이름을 보존한 것과, 순순하게 받아들여 엎어지고 뒤집혀서라도 천륜에 부끄럼 없게 했음이 어찌 같을 것인가. 뒷세상에 그 마음을 알아줄 사람이 반드시 있을 것이다."라고 하여 형제의 의리는 천륜이니 천륜에 위배됨 없이 형제가 뜻을 같이하여, 죽으면 같이 죽고 살면 같이 살아야 했건만, 형과 아우가 뜻을 함께하지 못하고 서로를 욕하고 비난해야만 한 사람이라도 살아남을 수 있었던 참상을 회고하는 내용이었다. 천륜에 부끄럼 없이 아우가 형을 따르지 못한 골육상잔의 아픈 상처에 대한 회한의 이야기였다. 그래서 다산은 가치 평가를 후세의 역사에 맡겼다. 반드시 그 내용을 알아줄 사람이 뒷세상에서 있을 것이라고 했다. 두 살 터울의 형과 아우가 서로 다른 길을 가야만 했던 비극, 형이 그렇게 옳고 바르다는 천주학을 아우는 그렇게 비난하고 욕했으니, 어찌 천륜에 부끄럼이 없겠는가. 이런 비극이야말로 역사 발전의 진통이자 문명 충돌의 결과가 낳은 시대의 아픔이었다. 정약종의 「전도일기」는 오늘날 전하지 않아 그 내용 중 "차마 말할 수 없다."라는 부분이 어떤 것인가는 지금으로는 정확히 알 길이 없다. 그러나 「황사영백서」로 미루어 추측해 보면 국가나 왕조 정권 및 민족 따위는 깡그리 무시하고 오직 천주만이 제일이라는 논리이리라 여겨지는데, 이는 국가와 민족의 정체성까지 부인했다는 점에서 초기 천주교 신앙인들의 과격한 주장이 탄압받을 빌미의 하나였음을 인정해야 한다고 여겨진다. 순교도 위대하지만 비판받아야 할 부분이 있다는 것도 알아야 할 것이다.

열렬한 신자 황사영과 그의 백서

다산은 신유년(1801년) 국청의 국문에 대한 답변에서 "황사영은 죽이더라도 변하지 않을 사람"이라고 답했다. 그만큼 그는 의지가 굳고 천주에 대한 신앙심이 그처럼 독실했던 사람이다. 황사영은 유학자로서도 대단한 선비였다. 그의 아버지 황석범(黃錫範, 1747~1775년)은 문과에 급제해 당당히 벼슬길에 올랐으나 29세라는 나이로 요절한 비운의 명사였다. 그래서 황사영은 생후 아버자를 보지도 못한 유복자였다. 당색은 남인 시파였다. 천재적인 두뇌의 소유자로 16세의 어린 나이에 진사 시험에 합격해 세상에 이름을 날리기도 했다. 그는 다산의 맏형인 정약현의 딸 마리아 명련(命連)과 결혼해 처가에 드나들며 당대의 신앙인이자 처숙 되는 정약종과 상종하면서 천주교 교리를 배우게 되었다. 좋은 가문, 좋은 신분 태생으로 진사에 올라 잘만 하면 미래가 보장되는 위치에 있었지만, 그는 일찍이 세속의 욕심을 버리고 천주님에게 귀의하여 하느님의 복음을 세상에 전파하는 책무를 다하며 살아가기로 작정한 열렬한 천주교 신자였다. 황사영은

1795년 4월에 조선 사람으로 변장하여 밀입국한 중국인 주문모 신부와 상종하면서 알렉산데르라는 교명으로 세례를 받았다.

황사영은 1801년 신유옥사에서 천주교인들이 받았던 박해의 전말과 향후 조선의 천주교 재건을 위한 방책을 하얀 비단에 적어 북경의 주교에게 보내려고 했다. 이것이 그 유명한 「황사영백서」다. 이 백서는 길이 62센티미터, 폭 38센티미터의 명주 비단에 단정한 해서체로 또박또박 쓴 1만 3484자(일설에는 121줄 1만 3310자)의 길고 긴 편지였다. 전체 122줄로 한 줄당 평균 110자 정도의 깨알 같은 글씨로 되어 있다. 16세의 나이에 황사영이 진사과에 급제하자 당시 글을 좋아하던 정조는 합격자들과 면담하던 자리에서 황사영의 손목을 잡아주며 답안지 내용을 칭찬해 마지않았다고 한다. 당시의 풍속에 따라 옥과 같은 임금의 손이 잡아 준 손목을 더럽히지 않으려고 붉은 비단으로 감고 다니며 아무도 만지지 못하게 했을 정도로 촉망받던 소년이었다. 이렇게 뛰어난 문사이던 황사영이 「황사영백서」에서 분석한 당시의 정치 세력 판도와 정세 분석에 대한 내용을 알아보자.

이 나라의 사대부들은 200년 전(1575년(선조 8년)의 동서 분당)부터 당파가 생겨서 서로 대립했습니다. 남인, 노론, 소론, 소북의 4색 당파가 있었으니, 정조 대왕 말년에 이르러 남인이 다시 두 파로 갈렸습니다. 그 한 파가 이가환, 정약용, 이승훈, 홍낙민 등 몇몇인데, 이전에 그들은 모두 천주교를 믿었으나 목숨이 아까워 배교했습니다. 그들은 겉으로 성교(聖敎, 천주교)를 혹독하게 박해하는 일을 했으나, 마음에는 아직 죽은 믿음(死信)이 있었습니다. 그러나 같은 무리가 적어 세력은 외롭고 위태로웠습니다. 그리고 또 다른 한 파는 홍의호, 목만중 등 진심으로 천주교를 해치는 사람들인데, 10년 이래로 이들 양쪽은 서로 깊은 원한을 품고 있었습니다. 노론도 역시 두 파로 나뉘어 시파는 모두 임금의 뜻을 받들어 선왕(정조)의 심복신하가 되었고, 벽파는 모두 당론을 고수하며 임금의 뜻에 항거하여 시파와는 원수처럼 지냈는데, 벽파는 당원이 많아 세력이 크므로 정조 대왕도 두려워했고 근래에 와서는 온 나라가 그들의 말에 귀를 기울였습니다.

말하자면 황사영이 백서를 작성하던 무렵 조선의 정치 판세를 자기 나름대로 분석한 내용이다. 상당히 근거 있는 판단이었지만, 이가환과 정약용에 대해서는 천주교 신자 입장에서 분석했기 때문에 사실과 반드시 일치하는 내용이라고는 볼 수 없다. 신서파와 공서파의 갈라짐 때문에 종래의 4색 당파 간의 세력 균형이 크게 변화되었음을 피력하고 있다. 시파·벽파의 싸움이야 사도 세자의 죽음을 계기로 나뉘었다. 억울하게 죽은 사도 세자를 동정하며 영조의 처분을 못마땅하게 여기던 홍봉한(洪鳳漢, 사도 세자의 장인이자 정조의 외조부)을 중심으로 한 시파와 이와는 반대로 사도 세자의 비행을 공격하고 영조의 입장을 지지하던 김귀주(金龜柱, 영조의 계비인 정순 왕후의 친정 오빠) 등의 벽파로 갈라져 격렬하게 대립했던 사실을 말하였다.

황사영의 분석대로 대체로 남인은 시파에 속하고 노론은 벽파에 속해 있었으니, 남인에도 시·벽에 관계하지 않는 중도파나 벽파가 있었고 노론에도 중도파나 시파가 있었지만 크게 보아 그렇다는 것이다. 영조 이후 정조 중기까지만 해도 탕평책이 유지되어 큰 당파의 싸움은 없었으나, 정조 말엽 시파 자체의 남인 계열이 공서·신서의 양 파로 갈리면서 세력 판세가 기울고 말았다. 시파와 벽파로 나뉘어 세력 간의 차이가 없던 때에 시파는 북당(北黨), 벽파는 남당(南黨)이라 부르기도 했으니, 이는 홍봉한의 집이 북촌의 안동(安洞, 지금의 안국동)에 있었고 김귀주의 집이 남쪽인 이현(泥峴, 진고개)에 있었기 때문에 나온 이름이다. 북당·남당의 시절에는 어느 정도 세력이 균형을 이루어 소강상태였지만, 정조 말엽 정치적으로 결정적인 변수가 등장한다. 정조의 24년 재위 가운데 23년 동안 조정에 들어와 영의정의 지위까지 오르며 신서파를 보호해 주던 당대의 명재상 번암 채제공이 1799년 1월 세상을 뜨면서 신서파의 세력이 크게 약화되었다. 더구나 그다음 해인 1800년 6월 재위 24년이던 정조 대왕의 갑작스러운 붕어는 정치의 세력 판도를 완전히 바꾸고 말았다.

더구나 신서파들의 중요 인사들이 서양의 과학 사상이나 기술 문명에 관심을 기울인 이외에 천주교에 관여하는 사람이 많아지면서 사교도(邪敎徒)들이라는 비난이 겹쳐 세력은 약화될 수밖에 없었다. 그래도 체제공과 정조라는 두 옹호자들이 있어 1785년 김범우 집의 사건, 1787년 반촌(泮村)의 사건, 1791년 진산 사건 등에서 크게 확대될 수 있었던 것도 많이 축소되어 여러 차례 큰 화란은 모면했으나 이제는 그런 배경이 없어 화란을 끝내 이겨 내지 못하는 지경에 이르고 말았던 것이 바로 신유옥사였다. 황사영의 판세 분석은 더 이어진다.

나이 어린 순조를 정순 왕후가 수렴청정했습니다. 정순 대비는 정조의 계조모요, 본디 벽파 출신입니다. 그녀의 친정은 정조에게 폐기를 당했던 터입니다. 그래서 대왕대비는 여러 해 동안, 원한을 품고 있었지만 이를 풀 길이 없었습니다. 그런데 뜻밖에 정권을 잡게 되자, 벽파들과 손을 잡고 독한 성미를 멋대로 부려, 경신년(1800년) 11월 정조의 장례가 끝나자마자 시파를 모조리 몰아내어 조정이 절반이나 비게 했습니다. 더구나 천주교를 탄압해 오던 악당들은 벽파와 서로 연락을 취했는데, 세상이 크게 변하는 것을 보자 요란스럽게 들고일어나서 일을 크게 저지를 기세를 보였습니다.

당시 천주교의 입장에서 관찰한 기록이다. 신유옥사의 원인을 완전히 당쟁 차원으로만 보고 있다. 천주교 자체의 허물에서 기인된 것이 아니라 벽파의 세력이 시파의 세력을 소탕하기 위해 정략적으로 박해를 가했다고만 여겼다. 시파를 소탕할 명분이 없으므로 천주교를 사교로 보고 척사위정(斥邪衛正)의 차원, 즉 사학을 배척하여 정학(正學)인 유교를 보위한다는 명분으로 박해를 가했다는 것이다. 이런 점에 대해서는 다산도 상당 부분 동의한 점이 있었으며 또 실제로 그러한 측면이 없었던 것은 아니다. 그러나 당시의 정치 체제인 전제군주나 일반적인 사회적 풍속으로 볼 때, 유교의 기본 논리를 부인하고 왕조 정치의 체제까지 인정하지 않으면서 조상의 제사조차 폐하고 천주학에 몰두하는 문제를 국가와 사회를 유지하는 쪽에서 그냥 두고 볼 수만은 없었던 것은 당연한 측면이었다. 그 점을 정확히 인식했던 다산이나 몇몇 측근들은 천주교에서 확실하게 손을 씻고 마음까지 끊었던 것이다. 물론 신유년 순조 원년인 1801년 1월 10일 정순 대비가 발표한 가혹한 법령에는 사학 금지 이외에 다른 정치적 의도도 있었음을 부인하기 어려웠다. 그 내용은 앞서 언급한 대로 신자들은 역률(逆律)로 처벌한다거나 오가작통이라는 무서운 사회 조직을 통해 신자들의 씨를 말리겠다는 것이었다.

순조 원년 정초에 시파나 신서파는 대부분 정부에서 축출되고 노론 벽파인 이병모, 김관주, 심환지 등이 요직에 올랐다. 그들은 대부분 정조 시절 크게 대접을 받았던 남인 시파이자 신서파인 이가환과 정약용에 대한 반대 정서가 커서, 그들을 기필코 제거해야 한다고 온갖 공작을 꾸몄다. 이 점은 다산의 기록에 역력히 나와 있다. 당시 홍희운이라는 공서파의 과격파가 대사간 박장설을 찾아가 "천 사람을 죽이고도 정약용을 죽이지 않으면 아무 소용이 없다."(「자찬묘지명」)라고 말했던 것을 보면 분명히 정치적인 의도가 내포되어 있었음이 확인된다. 국법대로라면 당시 그 많은 천주교 신자들만 죽이기도 벅찬 일이었는데 하필이면 진즉 천주교에서 떠난 다산만을 죽여야 한다고 했겠는가. 반대파를 죽이려는 의도가 개재되어 있음을 알게 해 주는 일이었다.

「황사영백서」는 천주교 자료로서의 가치는 있다. 또 황사영의 신심이 얼마나 깊었나를 반증해 주는 자료이기도 하다. 그러나 당시의 정권이나 일반인들이 받아들이기에는 많은 문제점이 있었다. 무너진 교회의 재건을 위해 북경의 외국인 신부에게 올리는 편지 내용에는 극히 비현실적인 면이 많았다. 교세 확장을 위한 경제 원조, 북경 성당과 조선 천주교 신도와의 연락망 구축, 로마 교황의 간곡한 메시지 발표, 조선이라는 나라의 감독 및 보호 정책, 서양 함대의 무력 행사를 통한 종교 개방 등의 요청은 주권 국가의 정부를 무시한 발상으로 도저히 용납할 수 없는 점이 많았다. 그래서 그 백서는 보는 사람마다 '흉서(凶書)'라고 여기지 않을 수 없었다. 다산도 당연히 '흉서'라고 칭했고, 황사영을 역적이라고 명백하게 말했다.

신유옥사가 시작되자 그해 2월 10일부터 은신하던 황사영은 삼청동으로 피신했다. 황사영은 벼슬이 없는 포의(布衣)였기에 정치적 비중은 낮아 검거 대상으로는 물론 후순이기도 했다. 피신이 어렵자 동대문 안의 송재기(宋再紀) 교우의 집으로 옮겼다가 10일 이내로 체포하라는 밀령이 떨어졌다는 소식을 듣고 본격적인 망명의 길을 걷는다. 텁수룩한 수염을 모두 깎고 최설애(崔雪愛) 교우가 만들어 준 상복(喪服)으로 갈아입고 상제(喪制)의 모습으로 피신하여 충청도의 제천에서 약 25리 떨어진 배론(요즘은 성지)의 토굴에 숨는다. 이곳에서 숨어 지내며 정탐하는 교우를 통해 바깥소식을 접하며 백서를 작성한다. 그는 중국 사정에 밝고 여행 경험이 풍부한 교우 황심(黃沁)과 옥천희(玉千禧) 두 신자에게 부탁해 북경의 고베아 주교에게 이 편지를 전달하려 했다.

불행히도 옥천희는 그해 7월(일설에는 9월) 중국에서 들어오다 검문에 걸려 체포되고, 9월 15일 황심까지 포도청에 체포되고 만다. 고문을 견디다 못한 황심이 9월 26일 황사영의 도피처를 실토하여, 9월 29일 황사영은 배론의 토굴에서 포졸 등에게 체포되었다. 그렇게 심혈을 기울여 작성했던 백서, 비단에 쓴 편지는 천주교 탄압의 빌미만 제공해 동옥(冬獄, 겨울 옥사)이라는 또 다른 대옥사를 일으키고 말았다. 봄에 못 죽인 사학도들을 모두 죽이자는 공서파의 공작에 따라 정약전·약용 형제는 강진의 신지도와 경상도의 장기현에서 다시 압송되어 감옥에 갇히고, 그 외 많은 사람들은 투옥되어 국문을 받아야 했다. 황사영은 신앙심이 지나쳐 나라의 정체성이나 주권 국가로서의 국민임도 망각한 정도에 이르렀지만 한편으로는 신앙심이 높았음은 인정해야 할 것 같다. 그러나 전달조차 하지 못한 채 그로 인한 가중된 탄압의 빌미가 되었던 것도 다시 판단할 필요가 있다고 보인다.

1801년 11월 5일 황사영은 대역부도의 죄명으로 능지처참이라는 극형에 처해졌으니, 그때 그의 나이 꽃다운 27세의 청년이었다. 유복자인 그를 키워 준 어머니와 부인 정명련, 두 살배기 아들 모두가 귀양지로 내쳐져 집안은 산산조각이 나고 말았다. 정약전·약용 형제는 말할 것 없이 다시 국문을 받고 다행히 백서에 관여한 바가 없음을 증명받았지만 귀양지가 바뀌어 흑산도와 강진으로 떠나야 했다.(황사영과 백서에 대한 내용은 이정린, 『황사영백서 연구』(일조각, 1999)에서 인용했다.)

4부

유배지의 저술 생활

10 첫 유배지, 장기에서의 삶과 문학

○○ 삼별시(三別詩)의 슬픈 노래

신유옥사, 1801년 초봄의 비극, 죄가 가벼워 정약용이 죽지 않고 귀양살이를 떠난다고 하니 공서파, 다산의 말로는 '악당(惡黨)'들은 순암 안정복(천주교 절대 반대자)이 이미 언급한 바 있는 '삼구설(三仇說)'까지 정씨 집안에서 사용했던 흉언(凶言, 흉측한 말)이라고 무고하여 감옥에서 풀려나지 못하도록 했지만 통하지 않아 다산은 목숨을 건져 유배를 떠난다. 중형 정약전도 유배를 떠나지만 바로 손위 형인 정약종은 장렬하게 순교했다. 그해 2월 27일 초저녁 감옥에서 나와 다음 날인 28일 아침 정약전은 전라도 강진현의 신지도로, 다산은 경상도 장기현으로 떠났다. 정약전은 전라도로 가기 위해 동작 나루를 건너 과천 쪽으로, 정약용은 경상도를 가기 위해 한강 나루를 건너 사평(沙坪, 지금의 고속 터미널 부근)으로 향했다.

떠나는 길 위에서 다산이 남긴 첫 번째 이별시는 「석우별(石隅別)」이라는 비가(悲歌)다.

쓸쓸하고 처량한 석우촌	蕭颯石隅村
가야 할 앞길 세 갈래로 갈렸네	前作三叉岐
서로 장난치며 울어 대는 두 마리 말	二馬鳴相戱
갈 곳 몰라 그러는 듯싶어라	似不知所之
한 마리는 남쪽으로 가야 할 말	一馬且南征
한 마리는 동쪽으로 달릴 말이라오	一馬將東馳
숙부님들 머리 수염 허옇게 세고	諸父皓須髮
큰형님 두 뺨엔 눈물이 그렁그렁	大兄涕交頤
젊은이들이야 다시 서로 만나겠으나	壯者且相待
노인들 일이야 누가 알 수 있겠나	耇耋誰得知
잠깐만 조금만 더 머뭇거리다	斯須復斯須
해가 이미 서산에 기울려 하네	白日已西敧
가자꾸나, 다시는 돌아보지 말고	行矣勿復顧
마지못해 다시 만날 기약을 남기면서	黽勉留前期

다산의 주(註)를 보면 석우촌은 남대문 밖 남쪽 3리 지점에 있는 마을이다. 남대문 남쪽으로 10리 절반도 못 되는 3리 지점이라니 상전벽해로 변해 버린 지금으로서는 어디쯤인가 알아볼 길이 없다. 남대문과 한강의 사이 어디쯤일 텐데, 그곳에서 나이 많은 분들은 한강을 건너기 어려워 헤어졌다. 헤어짐을 슬퍼하는 망아지들도 슬피 울고,

머리 허연 노인인 숙부님들과 맏형도 두 눈에 눈물이 엉켜 제대로 말도 못하는 지경, 젊은이들이야 그래도 다시 만날 희망이라도 있지만, 노인들은 다시 볼 기약도 없다. 그래서 그들의 눈에서는 눈물이 펑펑 쏟아지고 말았다. 다산의 예견대로 숙부인 정재운과 계부 정재진(丁載進, 1740~1812년)은 끝내 다산의 해배를 보지 못하고 세상을 떠났으며, 나이 어린 조카이자 정약전의 아들인 정학초(丁學樵, 1791~1807년)까지 일찍 세상을 떠나 석우촌에서의 이별이 마지막이 되고 말았다.

두 번째는 사평에서의 이별이었다. 한강 나루를 건너 지금의 반포 어디쯤인 모랫들까지, 아내와 아들들은 차마 헤어질 수 없었지만 "사평에서 아내와 아들을 이별했으니 한강 남쪽에 있는 마을이다."라는 다산의 설명처럼 작별해야만 했다. 한강을 넘으면 그 지역은 모두 광주(廣州) 땅이었다.

동쪽 하늘에 샛별 떠오르자	明星出東方
하인배들 서로 부르며 떠들썩하네	僕夫喧相呼
산바람 가랑비 흩날려	山風吹小雨
헤어지기 섭섭하여 머뭇거리는 듯	似欲相踟躕
머뭇거린들 무슨 소용 있겠는가	踟躕復何益
끝내 이 이별 어쩔 수 없는 것을	此別終難無
옷자락 떨치고 길을 떠나서	拂衣前就道
가물가물 벌판 넘고 내를 건너다	杳杳川原踰
얼굴빛이야 안 그런 체해 보지만	顏色雖壯厲
마음이야 난들 어찌 다르랴	中心寧獨殊

고개 들어 날아가는 새를 보니	仰天視征鳥
오르락내리락 짝지어 날고 있네	頡頏飛與俱
어미 소는 음매 하며 송아지를 돌아보고	牛鳴顧其犢
암탉도 구구구 제 새끼 부르는구나	鷄呴呼其雛

「사평별(沙坪別)」

어미 소도 송아지를 예뻐할 자유가 있고, 암탉도 병아리를 품에 안을 자유가 있건만, 사랑하는 아내와 자식들을 품에 안으며 사랑할 자유를 빼앗긴 죄인, 비통함과 서러움이 북받쳐 오르지 않을 수 없었다. 헤어지기 섭섭한 이별을 재촉해야만 했던 다산의 아픈 마음이 오늘 우리의 가슴에도 전해진다.

장기현을 찾아가는 길, 사평에서 손을 흔들며 가족들과 헤어지고 다산은 29일인 그믐날에는 경기도 죽산(竹山, 지금의 안성 지역)에서 묵고 3월 1일은 가흥(可興, 충북 충주 지역)에서 묵은 뒤, 2일에는 부모님 묘소가 있는 충주의 하담에 도착해 성묘를 하며 한바탕 눈물을 뿌렸다. 그때의 정황이 아들에게 보낸 편지에 나와 있다.

나는 길 떠난 후 나날이 몸과 기운이 좋아지고 있다. 그믐날은 죽산에서 잠을 자고 초하룻날에는 가흥에서 묵었고 이제 막 아버님 묘소에 도착해서 걷잡을 수 없는 눈물을 한바탕 뿌렸구나. 귀양을 보내도 아버님 묘소가 있는 곳을 지나게 해 주시니 어딘들 임금의 은혜가 미치지 않는 곳이 있겠느냐. 감사하고 감사할 뿐이다.

「기이아(寄二兒)」

귀양 가는 길에 부모님 묘소를 지나가게 해 주었으므로 임금님의 은혜에 감사한다니, 요즘의 우리 생각으로는 이해하기 어려운 부분이다. 그렇지만 조선 왕조의 벼슬아치들이 억울하게 누명을 쓰고 사약을 먹기 전, 북향사배(北向四拜)하며 임금님 계신 북쪽을 향해 절하던 것을 생각하면 알 만한 일이다.

아버님이여 아시나요 모르시나요	父兮知不知
어머님께선 아십니까 모르십니까	母兮知不知
집안이 갑자기 무너져 버려	家門欻傾覆
죽고 살아남는 이 지경이 되었네요	死生今如斯
이 목숨 비록 부지는 했지만	殘喘雖得保
몸뚱이 아깝게도 이미 이지러졌습니다	大質嗟已虧
아이들 낳아 부모님 기뻐하시며	兒生父母悅
부지런히 붙잡아 기르셨지요	育鞠勤携持
하늘 같은 그 은혜 꼭 갚으려 했더니	謂當報天顯
깎아 버림 당할 줄 생각이나 했겠습니까	豈意招芟夷
이 세상 사람 대부분	幾令世間人
다시는 아들 낳았다 기뻐하지 않겠네요	不復賀生兒

「하담별(荷潭別)」

비통한 노래다. 이별의 엘레지다. 두 아들은 귀양길에 올랐고, 아들 하나, 사위, 손자까지 참수형을 당하여 패망해 버린 집안의 형편을 묘소에서 고해바치는 내용이니, 이 얼마나 서러운 사연인가. 언제 다시 부모님 묘소에 성묘라도 올지 기약조차 없는 죄인의 몸, 만감이 느껴지는 순간에 다산은 눈물을 뿌리면서 억울함을 달래야 했다.

고향에서 성묘를 다닐 때에는 남한강 뱃길을 이용했으나, 귀양 가는 길에 육로로 우연히 찾은 부모님 묘소, 또다시 임금의 은혜에 감사하면서 유배 길이 이어진다. 충주의 탄금대를 지나고 새재를 넘어 가고 또 가야 했다. 「석우별」·「사평별」·「하담별」이라는 시는 귀양 길에 읊은 슬픈 노래 세 편이다. 가장 비참한 시절에 슬픔을 목으로 삼키며 애타는 비애를 이겨 내려고 굳은 의지로 지어 낸 노래다. 죽음이야 겨우 면했지만, 모진 고문에 몸은 찌들어 버렸으니 "몸뚱이 아깝게도 이미 이지러졌습니다"가 그냥 나온 표현이 아니었다. 뒷날 유배지에서 집으로 보낸 편지에 나오는 이야기처럼 고문 후유증으로 허리를 곧게 펼 수 없는 증세와 공포증, 불안감에서 벗어나지 못하는 고통을 당하면서도 철석같이 굳은 다산의 의지는 모든 것을 이겨 내고 마침내 유배지인 장기현에 3월 초아흐렛날 도착한다. 탄금대를 지나 연풍현에 있는 무교(蕪橋)를 넘고, 새재를 넘어 문경과 함창을 지나 장기에 이른 장장 열하루의 긴 여정이었다. 애국자 다산은 그런 불행한 여행길에서도 자신의 비운과 아픔은 잊고 곳곳에서 그냥 지나치지 않으며 계속 시를 읊었다. 무교에서 임진왜란 당시 이일(李鎰) 장군이 군대를 버리고 도망간 역사적 불행을 읊었고, 새재에서는 신립(申砬) 장군이 새재라는 요새지를 버리고 다른 곳에 진을 쳤다가 패전한 사실을 들어 민족의 비극을 노래하기도 했다. 어디에서나 국가의 문제를 걱정하고 염려하던 다산의 애국심이 담긴 시가 많기도 했다.

3월 9일 장기현에 도착했다. 그다음 날 마산리(馬山里)의 노교 (老校, 늙은 교군) 성선봉(成善封)의 집에서 지내게 되었다.

「기성잡시(鬐城雜詩)」 도입부

자신이 태어나서 자란 고향의 마을이 마재(馬峴)인데 귀양살이할 마을이 마산이라니, 이런 우연은 또 어떻게 된 것인가. 정말로 멀고 먼 타향, 산 설고 물 선 땅에 자리 잡고 살면서 다산은 고통과 시름을 이겨 내고 문인·학자로서의 본색을 드러내면서 시 짓기, 글짓기에 매진하기 시작했다.

장기현은 본디 경주부(慶州府)의 속현이다. 경북의 영일만, 즉 호미곶이자 장기곶이 그 일대의 지역이다. 영일현과 흥해현이 인접해 있던 곳으로, 한때는 영일군으로 통합되어 이름이 없어지기도 했다. 신라 때에 처음으로 설치된 곳인데 이름은 지답현(只沓縣)이었다. 그 후 경덕왕 때에 기립현(鬐立縣)이라 고치고, 고려 때 장기현으로 바뀌어 경주부의 속현이 되었다. 바다와 접한 요새지로 한때는 왜구의 침략이 잦았던 곳이다. 무신 가운데 높은 벼슬아치만을 보내 고을을 맡도록 했으나 나중에는 현감이 다스렸다. 1895년 갑오경장으로 온갖 제도가 바뀌면서 장기군으로 승격되어 군수가 일을 보았으며, 나중에 포항이 시로 승격되고 영일군에 합해져 장기현은 이름을 잃고 영일군 지행면(只杏面)으로 바뀌었다. 19세기가 시작되던 무렵, 다산이 귀양 왔을 때에는 장기현이었고 다산은 현감의 감독 아래서 지냈다. 근래에는 행정 구역의 변화로 포항시 장기면으로 바뀐 곳이다.

8대 옥당의 대단한 집안의 후예로 당대의 한림학사, 홍문관 학사, 암행어사에 승지와 참의를 지낸 당상관 정약용은 이제 권력에 짓눌려 천애의 먼먼 바닷가 장독(瘴毒)의 고을에서 사학죄인이자 역적 죄인으로 지내야 했다. 죗값으로 치러야 할 유배살이가 아니라 정치적 음모와 한 대신의 사적인 감정 때문에 희생물이 되어 언제 풀리리라는 기약도 없는 막막한 유배살이였다. 더구나 그는 앞길이 창창한 마흔 살 장년의 나이였다. 이러한 역경 속에서도 다산은 좌절하지 않았다. 탄압받는 지식인이었지만 용기와 희망을 잃지 않고 반듯한 삶을 살아갈 마음의 자세를 확고하게 지니고 있었다.

나는 장기에 도착하여 마음을 고요히 가라앉히고 정신을 깨끗이 가다듬고 나서 『삼창고훈(三倉詁訓)』이라는 자학(字學) 책을 고찰했다. 그 결과 『이아술(爾雅述)』이라는 책 6권을 저술하고 『기해방례변(己亥邦禮辨)』이라는 예설(禮說)을 지었다. 그러나 겨울의 「황사영백서」 사건으로 옥에 갇혔을 때 분실하고 말았다.

『사암선생연보』, 「자찬묘지명」

유배살이 초기의 험난한 어려움 속에서도 다산의 저술들이 나왔다. 그해 여름의 저작으로 『백언시(百諺詩)』라는 속담집이 있다. "꼴 베고 나무하는 사람의 말도 성인(聖人, 공자)이 택하였으니, 시골 마을의 비루하고 저속한 말도 우연히 이치에 맞는 경우에는 군자가 감히 소홀하게 여겨서는 안 된다. 옛날 성호 선생은 우리나라 속담을 모았는데, 모두 100여 구였다. 사리(詞理)는 비록 밝았으나 도리어 운(韻)이 맞지 않아 옛 속담과 다른 점이 있었다. 신유년 여름에 내가 장기에서

338

귀양 살며 한가하자 성호 선생이 모아 놓으신 것을 운을 달아 바로잡고 이것을 『백언시』라 하였다."라는 해설에서 보이듯이 성호의 초고에 올바르게 운을 달아 바르고 정확한 속담집을 만들었다. 다산은 이 책도 완전하게 여기지 않고 유배가 풀려 고향에 돌아온 1820년 『이담속찬(耳談續贊)』이라는 이름으로 그 내용을 수정·보완해서 내놓았다. 대표적인 속담집의 하나인 『이담속찬』은 정말로 높은 지혜가 모아진 책이다. 지금 읽어 보아도 속담은 세속적인 이야기이지만 동시에 우리 인간의 삶에서 진리에 가까움을 절로 알게 된다.

장기에서의 대표적인 학술 서적은 『이아술』과 「이발기발변(理發氣發辨)」인데, 『이아술』은 난리통에 분실하였고 남아 있는 논문이 바로 「이발기발변」이다. 퇴계 이황과 율곡 이이의 학설을 비교 검토한 논문으로, "신유년(1801년) 여름 내가 장기에서 귀양 살며 「이발기발변」을 저작하여 그런 문제에 대해 의미를 변별했다."(『중용강의(中庸講義)』 권1)라는 기록을 통해 그런 어렵던 시절에 이루어진 것임을 알 수 있다. 1784년 23세이던 다산은 성균관 생도로서 학문에 힘쓰고 있을 때 국왕 정조의 부름을 받고 『중용』이라는 책의 연구 보고서를 올렸는데 그게 『중용강의』라는 책이다. 우리는 이미 정조와 다산의 학문적 만남을 거론하면서 그 23세 시절의 이야기를 충분히 한 바 있다. 남인 계통의 성균관 생도들은 모두 퇴계의 학설이 옳고 율곡의 학설은 그르다고 답변했는데, 다산은 남인이면서도 퇴계보다는 율곡의 학설이 옳다고 명백하게 이야기했다. "'발(發)하게 한 것은 기(氣)이고, 발하는 까닭은 이(理)이다.(發之者 氣也 所以發者 理也.)'라는 율곡의 학설은 참되고 참되며 정확하고 정확하여 누가 능히 바꿀 수 있겠는가.(眞眞確確 誰得以易之乎)"(『중용강의』권1)라고 말한 점으로 보면 확실하게 율곡의 기발(氣發)설에 손을 들어 주고 있었다.

그로부터 17년째인 1801년 장기에서의 여름에 다산은 「이발기발변」에서 퇴계가 말하는 이(理)는 본연지성(本然之性)·도심(道心)·천리지공(天理之公)이며, 기(氣)는 기질지성(氣質之性)·인심(人心)·인욕지사(人慾之私)이니 사단(四端)은 이발이요 칠정(七情)은 기발이 된다고 하였다. 율곡이 말하는 사단과 칠정이 모두 기발이라고 하는 주장도 올바르다고 말하고, 퇴계와 율곡이 사용한 이와 기는 비록 글자는 같으나, 그 지향한 바는 부분적인(專) 것과 전체적인(總) 것의 차이가 있다면서 퇴계도 옳고 율곡도 옳다는 원원의 방법을 택하였다. 때문에 퇴계는 옳고 율곡은 그르다는 남인들의 당파적 주장도 잘못이요, 율곡은 옳고 퇴계는 그르다는 노론들의 당파적 주장도 잘못이라고 주장하여 수백 년 동안 국가적 대논쟁이었던 이발·기발의 싸움을 종결시키려는 노력을 기울인 사람이 다산이었다. 이미 언급한 대로 당파 싸움 때문에 학문적인 견해까지 치우치게 생각하지 않는 대공지정(大公至正)의 논리에 충실한 다산의 학자적 양심은 이런 데서 분명하게 밝혀지고 있다. 퇴계와 율곡이 한쪽은 부분적이요, 한쪽은 전체적인 것을 두고 말한 것이라는 독창적인 학설로 다산은 당파적 논쟁과 싸움의 무의미함을 설파하였다.

장기에서의 또 하나의 저술은 『촌병혹치(村病或治)』라는 의서(醫書)다. 책 전체는 전해지지 않으나, 그 서문이 문집에 실려 있으니 저간의 사정을 알기에는 어려움이 없다.

내가 장기에 온 지 몇 달이 지나자 집 아이가 의서 수십 권과 약초 한 상자를 보내왔다. 귀양 사는 곳에는 서책이 전혀 없으므로 보내 준 책만을 볼 수밖에 없었고, 병이 들었을 때에도 보내 준 약만으로 결국 치료했다. 하루는 객관을 지키고 손님을 접대하는 사람의 아들이 부탁했다. "장기의 풍속은 병이 들면 무당을 시켜서 푸닥거리만 하고, 그래도 효험이 없으면 뱀을 먹고, 뱀을 먹고도 효험이 없으면 그냥 죽어 갈 수밖에 없습니다. 당신은 어찌하여 그대가 보신 의서로 이 궁벽한 고장에 은혜를 베풀지 않으십니까?" "좋다. 그대의 말에 따라 의서를 하나 만들겠다." 이에 의서 가운데서 간편한 여러 처방을 뽑아 기록하고, 겸하여 『본초강목』에서 주치(主治)의 약제를 가려 뽑아서 해당 각 병목(病目)의 끝에 붙였으며, 보조 약제로서 4~5품에 해당하는 것은 기록하지 않았고, 먼 곳에서 생산되거나 희귀한 약제로 시골 사람들이 이름을 모르는 것도 기록하지 않았다. 책은 모두가 40여 장이니 간략하다고 할 만하다. 이름을 『촌병혹치』라고 했다. '촌(村)'이란 비속하게 여겨서 하는 말이고, '혹(或)'이란 의심을 풀지 못하는 뜻에서 한 말이다. …… 그러나 참고할 의서가 너무 없어 어쩔 수 없다. 뒷날 내가 다행히 귀양에서 풀려 돌아가게 되면 이 범례를 따라 널리 고찰할 것이니, 그때는 '혹'이라는 이름을 고칠 수 있을 것이다. 상편은 색병(色病, 여색에 과한 병)으로 마감했으니, 또한 세상을 깨우치고 건강을 보호하려는 나의 깊은 뜻이 깃들어 있다고 말할 수 있다.

「촌병혹치서(村病或治序)」

그의 백성에 대한 뜨거운 애착이 철철 넘쳐흐르는 서문으로 세종 대왕이 『훈민정음』을 제작하고 나서 제작 동기와 의미를 간단하게 서문을 써서 밝힌 것과 흡사하다. 세종이 백성들이 표현하고자 하나 표현할 길이 없음을 불쌍하게 여겨 한글을 제작했듯이, 다산은 어리석은 백성들이 병이 들어도 의서와 약제를 알지 못해 치료하지 못하는 것을 불쌍하게 여겨 간단한 치료법을 가르쳐 주기 위해 『촌병혹치』를 저술했다는 것이다. 병자들을 한없이 불쌍하게 여기던 그의 애민 정신과 인도주의 사상이 합해져서 이룩된 저서였다. 원본은 아직 찾을 길이 없고 『다산비방』이라는 이름의 비슷한 책이 전해지고 있는데 사실 여부는 알 길이 없다.

○○ 당대 최고의 의원

실학자 다산은 학문이 실용에 도움이 되지 않으면, 학문으로 여길 수 없다는 확고한 신념을 지녔다. 병들어 죽어 가는 불쌍하고 가난한 백성들을 쳐다보면서도 지식인으로서 의약에 대해 연구하지 않는다면 정당한 지식인으로 보지 않았다. 참고할 의서도 부족하고 약제도 없는 황무지 같은 귀양지에서, 질병으로 고통 받는 환자들에게 만에 하나의 도움이라도 주려는 뜻으로 의서를 저술한 사실에서 그런 그의 깊은 뜻을 알아낼 수 있다. 곡산 도호부사 시절에 홍역과 마마의 치료법인 『마과회통』이라는 방대한 의서를 저작했고, 또 두질(痘疾)의 예방 접종을 위해 「종두설(種痘說)」을 창안했으며, 「의설(醫說)」이라는 짧막한 글에서는 훌륭한 의원이 되기 위해서는 약제에 대한 정확한 연구 없이는 좋은 약을 제조할 수 없다는 깊은 뜻을 밝히기도 했다.

다산은 의약에 대해서는 국가 정책으로 제도화해서 의원이나 약제사를 길러 내야 한다는 근본적인 대책을 주장하기도 했다. 그는 「인재책(人才策)」이라는 장문의 글에서, 의술을 정교하게 발전시키고 의원을 국가에서 체계적으로 양성하는 일이 매우 중요한 국가 업무임을 역설하였다. 진짜 의원은 없고 사이비 의원들이 판치는 당시의 세태를 비판하면서 진정한 의원은 국가가 양성해 내야 한다고 주장했다. 그의 견해는 역시 탁월했다. 귀양살이 뒤에도 의술에 대한 연구를 많이 했으나, 18년의 유배 기간 동안 그는 자신의 건강과 질병을 위해서라도 꾸준히 의약학을 연구했다.

그래서 그가 귀양지에서 풀려나온 뒤, 세상에는 그가 최고의 의원임이 널리 알려져 있었다. 69세 때 다산은 당시 순조를 대신하여 대리청정하던 익종의 환후에 궁중으로 불려 가 시술을 했으나 이미 늦어 효험을 보지 못했고, 뒤에 73세의 겨울에도 순조의 환후가 깊어 또 궁중으로 불려 가 치료하려 했으나 너무 늦어 임금은 붕어하고 말았다. 임금의 환후를 돌볼 수준이라면 누가 뭐라 해도 당대 최고의 의원임은 더 말할 필요가 없다.

참으로 어렵고 힘들던 시절, 절망의 늪에 빠질 수도 있었건만, 다산은 분연히 일어나 높고 깊은 학문의 영역을 새로 개척하면서 삶의 희망과 용기를 찾아내고 말았다. 그런 강고한 의지가 모든 사람에게 있는 것은 아니다. 희망과 용기는 그것대로 지녔으면서도, 역시 초창기 유배지인 장기에서 다산은 외로움, 쓸쓸함, 서러움에서 벗어나지 못하고 극한적 고독에 잠길 때도 많았다. 감정을 순화시키고 외로움과 서러움을 극복하는 길은 시를 짓고 글을 쓰는 문학 작품의 창작이었다.

> 습한 데서 봄을 나니 마비 증세 일어나고　病濕經春癱瘓成
> 북녘에서 길들인 입맛 남녘 음식 맞지 않네　北脾不慣喫南烹
> 비방인 창출술이나 담그려는데　思服禁方蒼朮酒
> 어린 종 괭이 메고 가며 고향이 어디냐고 묻더라　小奴持钁問鄉名
>
> 「기성잡시」 17

북녘인 경기도와 서울에서 익힌 입맛에 경상도 바닷가의 음식이 입에 맞을 리가 있겠는가. 아무리 비위에 거슬리고 입에 맞지 않아도, 배는 고파 먹지 않을 수 없던 신세, 종아이조차 깔보며 어디서 왔느냐고 묻더라니 무슨 할 말이 있겠는가. 다산의 생생한 시의 묘사력은 이런 데서도 확연하게 나타난다.

밥 먹고 나면 잠이고 잠 깨고 나면 시장기 들고 　飯罷須眠眠罷飢

시장기 들면 술 사 오라 해 금사주(金絲酒)를 데운다 　飢來命酒爇金絲

아무래도 하는 일 없이 날 보내기 힘겨운데 　都無一事堪銷日

이웃집 영감님 때때로 찾아와 장기나 두자는군 　隣叟時來著象棋

「기성잡시」 16

넋 잃고 살아가던 다산의 귀양살이 모습이 그냥 보이고 있다.
자유로운 몸과 자유롭지 못한 몸의 정신적 상태는 당연히 다르다. 억
눌리고 부자연스러운 몸의 정신 상태는 배고픔과 졸음을 벗어나기
힘들다. 억눌린 사람은 아무리 먹어도 배가 차지 않고, 아무리 잠을
자도 졸음을 벗어나기 어렵다. 그런 다산의 모습이 선명하게 떠오르
는 시다.

아파서 누웠다 일어나니 봄이 다 지나 　病起春風去

수심 많은 이내 몸은 여름밤이 길기도 해 　愁多夏夜長

잠깐 사이 목침 베고 대자리에 누우니 　暫時安枕簟

문득 집 생각 고향 생각 간절해라 　忽已戀家鄉

부싯돌 쳐서 불붙이니 관솔 그을음 새까맣고 　敲火松煤暗

문을 열면 대밭에서 퍼지는 기운 서늘해라 　開門竹氣涼

아스라이 소내 위에 비치는 달빛 　遙知苕上月

흐르는 그림자 서쪽 담장을 비추겠지 　流影照西墻

「밤(夜)」

겨울밤은 길고 여름밤은 짧다. 잠 못 이루며 수심에 잠긴 사람에게야 여름밤이 얼마나 길겠는가. 집 생각 고향 생각, 처자식 생각에 어찌 잠이 쉽게 오겠는가. 고향 소내 위의 달빛을 떠올리며 향수에 젖었다. 그러나 다산은 아침에 자리를 털고 일어나면 그런 수심에서 벗어나 새로 할 일을 찾았다. 책을 읽고 글을 쓰며 시를 지었다. 진정으로 해야 할 일을 꼭꼭 찾아내서 허튼 생활을 하지 않았다. 수심이 고뇌로 바뀌면서 다산은 자신의 불우한 처지에만 국한하지 않고, 예리한 비판 정신을 지닌 학자답게 사회적 모순과 시대적 갈등의 해결을 통해서만 자신의 문제도 풀리게 된다는 통찰을 해낼 수 있었다. 압제와 탄압의 서러움 속에서 위대한 각성, 탁월한 자각의 높은 경지를 찾아내고 말았다. 그래서 다산은 사회 경제적 모순과 시대적 질곡으로 연유된 현실에 대한 사회 과학적 접근을 시도해, 문제를 근본적으로 해결하기 위한 본질적 연구에 학자적 정력을 쏟게 된다. 소승적인 자신의 어려움 해결보다는 대승적인 나라와 민족의 구제에 심혈을 기울였던 것은 바로 그런 이유에서였다.

아웅다웅 싸움질 제각기 자기 외고집	蠻觸紛紛各一偏
객지에서 생각하니 눈물 울컥 솟는구나	客窓深念淚汪然
산하는 삼천 리 옹색하건만	山河擁塞三千里
비바람 섞어 치듯 싸운 지 이백 년	風雨交爭二百年
영웅들 그 얼마나 슬프게 꺾였는고	無限英雄悲失路
동포 형제 어느 때쯤 재산 싸움 부끄러워하리	幾時兄弟恥爭田
넓디넓은 은하수로 깨끗이 씻어 내면	若將萬斛銀潢洗

상서로운 햇빛이 온 천하에 비출 텐데	瑞日舒光照八埏

「견흥(遣興)」

선조 8년 동서 분당으로 당쟁이 시작된 지 200년, 동인은 남북으로 서인은 노론·소론으로 갈리어 4색이 싸우다가, 끝내는 노론이 시파·벽파로 갈려 살육 작전이 계속되고 있으니 도대체 이런 나라를 어떻게 해야 할 것인가. 나라의 궁핍과 가난을 근본적으로 해결하고, 분배의 공정을 제도적으로 확보하여 착취와 수탈의 질곡을 벗어나 인민들의 새로운 삶이 이룩될 때만 당과 싸움이나 동포 형제끼리의 갈등의 악순환에서 벗어날 수 있으리라는 다산의 생각은 이와 같이 무르익어 가고 있었다. 뒷날 다산은 『경세유표』를 비롯하여 수많은 경세학 연구서를 저작하게 되는데 이때 이미 그의 인식이 깊었음을 알려 준다.

당파 싸움 오래도록 그칠 날 없으니	黨禍久未已
이 일이야 참으로 통탄할 일이로다	此事堪痛哭
송(宋)의 낙당·촉당의 후예들은 소식이 없고	未聞洛蜀裔
지씨(智氏)·보씨(輔氏)는 편만 가르네	遂別智輔族
싸움판으로 양심마저 가려지니	爭氣翳天良
티끌이나 겨자씨의 잘못도 마구 죽인다네	纖芥恣殺戮
순한 양들 외치지도 못하고 죽으나	羔羊死不號
승냥이나 호랑이 언제나 성난 눈	豺虎尙怒目
지위 높은 자 뒤에서 조종하고	尊者運機牙

낮은 사람은 칼과 살촉 간다네 卑者礪鋒鏃

누가 있어 큰 잔치를 베풀어서는 誰能辦大宴

금 비단 휘장 친 화려한 집에 帝幕張華屋

일천 동이의 술 빚어 놓고 千甕釀爲酒

일만 마리의 소를 잡아서 萬牛臠爲肉

옛날 악습 고치기로 함께 맹세하며 同盟革舊染

평화와 복이 오기를 기약할 건가 以徼和平福

「고시(古詩)」 27수

 겨자씨만큼의 잘못을 저질러도 끝내 죽이고 말던 시파와 벽파의 싸움에서 처참하게 패한 자신은 정치적 싸움의 희생물임을 냉철히 꿰뚫어 보았다. 지위 높은 정승·판서 등인 벽파들은 위에서 조종하고 그들에게 빌붙은 지위 낮은 공서파는 화살촉을 간다는 비유에서 신유옥사의 본질이 드러난다. 요즘 말로 '대통합'의 그날을 희구하던 다산은 민족 화합을 통해 평화를 얻어 내기 위해 술을 빚고 소를 잡아 큰 잔치를 벌여서라도 공동으로 맹세하고 새롭게 출발하자는 꿈같은 이야기라도 해야 가슴이 후련해지는 심정이었다. 그때만이 아니라 21세기의 오늘에도 우리 민족은 다산의 그런 꿈을 실현해 내지 못하고 있다. 안타까운 일이다.

○○ 당쟁의 종식은 국부의 증진에서

다산이 가장 숭배하던 학자는 성호 이익이었다. 성호 이익은 당파 싸움이 일어나는 원인 가운데 하나가 벼슬자리는 적은데 벼슬을 하려는 사람이 많은 데 있다고 했다. 이는 곧 재화는 부족한데 먹을 사람은 많다는 것과 같은 말이다. 당쟁은 바로 먹이 다툼이라는 뜻이다. 그 해결책은 무엇일까. 결국 먹이를 많게 하는 국부(國富)의 증진뿐이다. 나라 살림을 윤택하게 하는 일 아니고 달리 어떤 방법이 있겠는가. 이런 근원적인 해결책을 구체화하기 위해 다산은 학문 연구에 깊이 몰두할 수밖에 없었다. 이용후생(利用厚生)의 정책을 강화하고 북학주의(北學主義)를 드높이자고 외쳤던 이유가 모두 거기에 있었다. 이 문제를 해결하여 가난이 극복되어야 당파 싸움이 줄어들고 민족 화합의 길이 열리리라는 생각을 지니고 있었다. 자신의 슬픔과 분노를 가슴속에서 삭이고 자기 밖의 일에 흥분하면서 다산은 이권 싸움이 끝나야 당쟁이 그치고 평화롭고 복된 세상이 온다는 논리를 정립해 나갔다.

다산은 더 나아가 당시의 지배 논리인 성리학의 비현실성에서 벗어나 새로운 실천 철학으로의 사상적인 변이가 이루어져야만 민족 화합이 가능하다는 집념도 지니고 있었다.

공자는 도를 강론하면서도	魯叟講斯道
그 절반이 왕도 정치에 관한 것이었으며	王政居其半
주자께서 누차 올린 바른 상소문	晦翁屢抗章

그 내용 대부분 조정의 당면 문제였네 　　　　所論皆廟算

요즘 선비들 성리론만 즐겨 말하나 　　　　今儒喜談理

통치술과는 얼음과 숯이라네 　　　　政術若氷炭

깊이 숨어 살며 감히 나오지 못함은 　　　　深居不敢出

나왔다가는 남들의 노리갯감 될까 봐서라네 　　　　一出爲人玩

끝내는 경박한 사람들로 하여금 　　　　遂令浮薄人

공무(公務)의 중심 일을 멋대로 맡긴다네 　　　　凌厲任公幹

「고시」 27수

　　다산은 「오학론(五學論)」이라는 장문의 논문을 지어 자신이 살고 있던 시대에 학문의 본질적인 의미를 잃고 공리공담(空理空談)으로 바뀐 다섯 분야의 세속적 학문에 뚜렷한 비판을 가하면서 학문 경향에 일대 변혁이 와야 한다는 주장을 강렬히 펼쳤다. 첫 번째로 성리학이라는 학문이 요순(堯舜) 주공(周公)의 본질적인 유학(儒學) 논리에서 벗어났다고 비판했다. 다산이야말로 육경사서의 뛰어난 연구를 통해 성리학의 높은 이론에 대하여 대단한 수준에 이른 학자였으면서도, 당대의 학자들이 주장하고 외치는 성리학은 참다운 성리학이 아니라고 여겨 그런 성리학은 학문 영역에서 추방하자는 논리를 전개했다. 옛날 성리학자들은 인간의 본성은 하늘에 근본을 두고, 사물의 이치는 하늘에서 나오며, 인륜(人倫)이 달도(達道)라는 것을 알아 효제(孝弟)와 충신(忠信)을 천리(天理)를 봉행하는 근본으로 삼고, 예악(禮樂)과 형정(刑政)을 사람을 다스리는 도구로 삼으며 성의(誠意)와 정심(正心)을 하늘과 사람이 접합할 수 있는 관건으로 삼았다. 이것을 총합하여 인(仁)이라 이름 했으며 이를 실현하는 방법을 서(恕), 이를 실현하는 행동을 경(敬)이라 명했다. 인간의 본성과 하늘의 이치를 연구하고 실천하는 것이 성리학이라는 학문의 본질이었다는 것이다.

그런데 다산 시대의 성리학은 그런 것이 아니었다. 그 당시 학자들은 이(理)니, 기(氣)니, 성(性)이니, 정(情)이니, 체(體)니, 용(用)이니, 본연(本然)이니 기질(氣質)이니, 이발(理發)이니 기발(氣發)이니, 이발(已發)이니 미발(未發)이니 주장하며 터럭 끝까지 세밀히 분석하고, 서로 자기의 주장이 옳다고 기세를 올리면서 남의 주장은 배척하고 있었으니, 이런 헛된 주장이 어디에 있느냐고 다산은 반대의 뜻을 표명한 것이다. 때문에 공자 같은 성인도 도(道)를 강론하면서 절반 이상을 백성을 구제하는 정치 이론에 할애하였고, 주자 같은 성리학 집대성자도 상소문이나 건의서에는 당시 나라가 처한 현실적 당면 문제에 논리를 집중했다고 말하고 있다. 그런 역사적 사실을 망각하고 실제로 현실적 대처 능력은 전혀 없으면서 이(理)다 기(氣)다 떠드는 학자들은 국가 건지는 문제로 일생을 살았던 요순이나 주공·공자의 문에는 들어가지 못한다고 주장했던 것이다.

국가로부터 가혹하게 내침을 당하고도 나라와 백성을 건져 내는 근본적 해결책만 강구해야 한다는 다산은 역시 애국자였다. 성리학이 당파 싸움의 이론적 배경이 되고 정치의 도구가 되어 버린 지 오래이던 그때, 그런 틀에서 벗어나려면 성리학을 반대하지 않고 무엇이 가능했겠는가. 진리가 무엇인지도 묻지 않고 자기 파에서 주장하면 무조건 옳은 철학이고 남의 당에서 주장하면 무조건 바르지 못한 철학이라고 싸움을 벌이고 트집이나 잡던 잘못된 성리학을 타파하지 않고서야 시대적 고난은 해결되지 않는다고 여겼던 사람이 다산이었다. 결론적으로 그는 실용학으로, 실사구시(實事求是) 정신으로 사상계의 변혁을 일으켜야만 역사의 미래가 있다고 믿었다. 당시 선비들이 실무 능력은 아무것도 없어 벼슬을 시킨다 해도 바보 같은 아랫사람에게나 시키니, 결국 백성들만 큰 피해를 입는다는 그의 주장도 역시 옳다.

○○ 토속의 민족 정서를 담은 시 세계

1801년 3월 11일부터 그해 겨울 10월 20일까지 7개월 10일 동안 장기의 유배지에서 생활하며 다산은 탁월한 저서와 논문도 작성했지만 참으로 좋은 시를 많이 지어 냈다. 민족의 고유한 정서를 그렇게 멋지게 살려 낼 수 있었는지 감탄을 금할 수 없는 시가 참으로 많다. 현재 시집에 실려 있는 시로는 '장기의 귀양살이에서 본 그곳의 풍속'이라는 의미인 「기성잡시」 27수(실제로는 26수) 등 130여 수의 시가 있다. 이미 언급했던 대로 『이아술』 6권, 『기해방례변』, 「이발기발변」 등의 저서와 논문이 있고 『촌병혹치』라는 의서를 지었다. 유배 초기인 데다 어떤 지역보다도 외지고 황량한 곳에 갇혀 지내는 어려움 속에서 그런 저술과 시를 남겼다는 사실은 그의 의지가 얼마나 견고하고 굳었나를 짐작하기에 어렵지 않다.

그때 그곳에서의 근황을 알리는 편지 몇 통이 남아 있는 것은 또 얼마나 다행한 일인가. 그해 여름인 6월 17일 아들에게 보낸 편지를 보자.

무척 애타게 기다리던 중에 너희들 편지를 받으니 마음이 한결 놓이는구나. 무장(武牂, 큰아들 학연의 아명)의 병이 아직 덜 나았고 어린 딸애의 병세가 악화되어 간다니 몹시 걱정스럽구나. 내 병은 약을 먹고부터는 그런대로 나아지는 듯하고 공포증과 몸을 바로 세울 수 없던 증세도 아주 쾌해진다. 다만 왼팔의 통증이 심상치 않으나, 점점 차도가 있는 것 같다. 이달 들어서는 공사 간에 슬픔이 크고 밤낮으로 그리움을 견딜 수 없으니 이 어인 신세인고. 더 말하지 말기로 하자.

「기이아」

애절한 내용이다. 생별한 혈육들에 대한 그리움이 가슴을 메이게 하는 구절이다. 초봄의 국청에서 모진 고문을 당한 지 4개월이 되어 가는 동안에도 아픔에서 다 벗어나지 못하고 있으니 얼마나 안타까운 일인가. 몸이 아프다는 아들과 딸에 대해 걱정하는 부분과 지난해 6월 28일 세상을 떠난 정조 대왕의 기일이 가까워 오니 가신 이에 대한 그리움으로 슬픔에 젖는다는 대목도 서럽기 그지없다. 고문으로 이지러진 몸이 약의 효과로 조금씩 좋아진다는 것만도 얼마나 다행한 일인가. 공포증과 허리를 바로 세우지 못하는 병세가 호전되고 있음도 기뻐할 일이었다.

장기에서 쓴 두 번째 편지는 첫 편지로부터 82일 째가 되는 9월 초의 일이었다. 9월 3일에 집으로 답한 편지를 보자.

날짜를 헤아려 보니 편지를 받은 지 82일 만에 너희들의 편지가 왔구나. 그사이에 내 턱 밑에는 준치 가시 같은 하얀 수염 일고 여덟 개가 길었구나. 네 어머니가 병이 난 것은 그렇다손 치더라도 큰며느리까지 학질을 앓았다니 더욱 초췌해졌을 얼굴 모습을 생각하면 애가 타 견딜 수가 없구나. 더구나 신지도에서 귀양살이하는 형님을 생각하면 마음이 미어진다. 반년 동안이나 소식이 깜깜하니 어디 한세상에 같이 살아 있다고나 하겠느냐. 나는 육지에서 생활해도 괴로움이 이러한데 머나먼 섬 생활이야 오죽할까. 형수님의 정경 또한 측은하기만 하구나. 너희는 그분을 어머니같이 섬기고 사촌 동생 육가(六哥, 정약전의 아들 학초의 아명)를 친동생처럼 지극한 마음으로 보살피는 것이 옳은 일이다. 내가 밤낮으로 빌고 원하는 것은 오직 문장(文牂, 둘째 아들 학유의 아명)이 능히 선비 기상을 갖게 되는 것이니 그렇게만 된다면야 무슨 한이 있겠느냐. 이른 새벽부터 밤늦게까지 부지런히 책을 읽어 이 아비의 간절한 소망을 저버리지 말아다오. 어깨가 저려서 더 쓰지 못하고 이만 줄인다.

「기이아」

다산은 역시 아들들의 아버지였다. 자기 고통은 제쳐 놓고 아들이 선비의 기상만 지닌다면 한이 없겠다니 다시 더 할 말이 있겠는가. 아버지가 아들에게 보내는 진실한 편지, 역시 진심이야말로 모두를 울릴 수 있는 글의 묘미다. 형님과 형수의 어려움에 가슴 조이는 아우의 진정한 마음 또한 너무나 진솔하다. 글은 이래야 참다운 글이다. 글도 글이지만 시는 시대로 더할 수 없이 좋다.

조해루 용마루에 지는 해 붉었는데　　　　朝海樓頭落日紅

관리가 나를 몰아 성 동쪽으로 왔도다　　　官人驅我出城東

시냇가 자갈밭에 오막살이 한 채 있고　　　石田茅屋春溪上

응당 농사짓는 집일 텐데 그 집을 주인 삼으라네　也有佃翁作主翁

　　　　　　　　　　　　　　　　「기성잡시」

　농사도 짓고 군교(軍校) 노릇을 하는 성선봉이라는 노인 집에서 묵으라고 했다는데, 지금이야 흔적도 없다. 필자는 1985년 이래 몇 차례 그곳, 장기면 마현리를 찾았던 적이 있다. 성선봉이라는 분의 집터는 물론 마을도 통째로 없어지고, 지금은 장기 초등학교라는 큰 학교가 자리 잡아 운동장까지 널찍하게 차지하고 있다. 운동장 한복판에 다산보다 120년 전에 귀양 와서 살았다는 우암(尤庵) 송시열(宋時烈, 1607~1689년)의 흔적이 완연했다. 우암이 귀양 살면서 심었다는 300년도 넘는 노거수 은행나무가 운동장 가운데 서 있었다. 그때만 해도 그곳에서 다산 정약용이 귀양살다 갔다는 것을 아는 그곳 사람은 아무도 없었다. 1985년에 방문하여 다산이 귀양살이를 했던 곳이 그곳 초등학교의 자리임을 다산의 시문을 통해 설명한 글을 썼더니, 그것이 증거가 되어 먼 뒷날 그 고장 출신들이 학교 운동장 가에 우암과 다산의 유적비를 세워 이제는 명실공히 다산을 기념해야 할 장소로 굳어져 있다. 기념비는 사적비(事蹟碑)라는 이름으로 시까지 새겨 아름답게 세워져 있다. 그것만이라도 얼마나 다행한 일인가.

　시냇가의 유배 살던 오두막집 안에는 느릅나무 숲 '유림(楡林)'이 있었다고 다산은 말했다. 얽매인 몸으로 멀리는 나가지 못하고 그 느릅나무 숲을 거닐었다는 시가 좋다.

지팡이 끌고 사립문 밖 시내로 나와	曳杖溪扉外
선명한 모래사장 천천히 지나가노라	徐過的歷沙
몸뚱이는 장기(瘴氣)로 쇠약해지고	筋骸沈瘴弱
옷은 바람을 받아 기우뚱거린다	衣帶受風斜
해는 하늘거리는 풀을 비추고	日照娟娟草
봄은 고요한 꽃에 깃들었구나	春棲寂寂花
세상만사 절기마다 변한다 해도	未妨時物變
몸뚱이 있는 곳이 내 집이라 하다니	身在卽吾家

누런 느릅나무 가지런히 새잎 돋아	黃楡齊吐葉
녹음이 짙은 속에 빙 둘러앉아 있네	環坐綠陰濃
꽃이야 작고 가냘프나 벌은 꽃술 다투고	花瘦蜂爭蘂
숲이 따스하여 사슴도 뿔을 기른다	林暄鹿養茸
임금님 은혜로 목숨은 남았다 하니	主恩餘性命
시골 늙은이들 내 몰골 애석하게 여기네	村老惜形容
백성 편히 다스릴 정책을 알고 싶다면	欲識治安策
농부에게 묻는 것이 첫 번째라오	端宜問野農

「유림만보(楡林晚步)」

공자도 이미 『논어』에서 말했다. 요순 같은 성인 임금들도 민정
을 살피기 위해서는 꼴 베는 나무꾼에게 나라 다스리는 일을 상의했

다.(『시경』) 농부나 상인들에게 물어서 백성들의 불편함이 무엇인가를 알아내는 일이 정치의 요체다. 그게 이른바 '소통(疏通)'이라는 말의 뜻이다. 민정(民情)을 살피지 않고 어떻게 정치를 잘할 수 있겠는가. 그래서 다산은 공자의 뜻에 따라 농사짓는 농부에게 물어서 정치를 해야 한다고 했다. 비좁은 남의 집 살이, 견디기 힘든 생활을 노래하다가 호호탕탕 넉넉하게 살아가는 농부들이 부러워 지은 시도 있다.

하늘 땅은 넓고 가없어	二儀廓無際
만물로도 채울 수 없다네	萬物不能實
작고 작은 나의 일곱 자 몸	眇小七尺軀
사방 한 길의 방에도 누울 만하네	可容方丈室
아침에 일어나매 머리야 찧더라도	晨興雖打頭
밤에 누우면 허리야 편다네	夕偃猶舒膝
어느 정도 궁하면 도울 이웃 있어도	小窮有友憐
아주 궁하면 돌봐 줄 사람 없다네	大窮無人恤
밝고 환한 들판의 농사꾼 백성들	熙熙田野氓
동작들 어찌하여 저리도 호일할까	動作何豪逸

「고시」 27수

궁색하게 살아가는 모습을 제대로 묘사했다. 어느 정도 풀릴 여망이 있는 궁함이야 누구 도울 사람이라도 있겠지만 절벽에 이른 궁함에는 쳐다보는 사람도 없다는 인정세태를 표현한 다산의 지혜가 놀랍다. 그런 다산의 신세타령은 가슴을 아프게 하지만, 밝은 태양 아래 들판에서 고달픔 모르고 호호탕탕하게 열심히 일하는 농부들의 모습에 부러움을 느끼는 다산의 마음이 매우 긍정적이다. 불쌍하고 애처로운 농민이 아니라, 당당하고 넉넉한 역사의 주인공 농부들의 모습에서 생산력과 역사의 힘을 발견하는 시선이 예리하다. 백성을 돌봐 줄 정책이 알고 싶으면 농부들에게 물으라고 한 것은 관의 학정을 반대할 힘이 인민에게 있다고 믿어 "백성을 떠받들고 투쟁하면 이기지 못할 싸움이 없다."라고 했던 것과 같은 맥락이다. 그래서 다산은 9개 종목의 직업에서 농민이 최고의 근로자이고 가장 완강한 힘을 가진 인민이라고까지 말했다.(『경세유표』 권8) 힘이 센 농부들에게서 사회 변혁의 힘이 나올 것을 예견한 그의 안목은 높기도 했다.

새로 시집온 며늘아기가 해녀가 되어 바다에 나가 물질하는 모습을 그린 시도 멋지다.

아가 몸에 실오라기 하나 안 걸치고	兒哥身不着一絲兒
짠 바다 맑은 연못처럼 들락거리네	出沒醎海如淸池
꽁무니 들고 머리 박아 자맥질하고	尻高首下驀入水
오리처럼 자연스레 잔물결 희롱하네	花鴨依然戱漣漪
소용돌이 무늬도 흔적 없고 사람도 안 보여	洄文徐合人不見
박 한 통만 두둥실 수면에 떠다닌다	一壺汎汎行水面
갑자기 물쥐같이 머리통 솟구치고	忽擧頭出如水鼠
휘파람 한 번 불고 몸을 따라 돌이킨다	劃然一嘯身隨轉
	「아가사(兒哥詞)」

그 시절 경상도의 토속 언어가 시에서 살아난다. 새 며느리를 '아가'라 부른다는 다산의 주가 재미있다. 젊은 아낙네인 해녀가 물질하는 모습이 그림처럼 직핍하게 묘사된 시다. 표현이 이렇게 생생할 수 있을까. 다산의 시 역량은 정말로 뛰어나다. '아가'라는 고유의 민족 언어가 그래서 영원히 살아 있게 되었다.

봄이 가고 여름이 시작되면 보리타작이 시작된다. 보리타작에 신명 나 있는 농부들의 씩씩한 모습을 묘사한 뛰어난 노동요, 「보리타작 노래」에는 우리네 정서가 그대로 살아나 있다.

새로 거른 막걸리 젖빛처럼 하얗고	新蒭濁酒如湩白
큰 사발에 보리밥 한 자만큼 높구나	大碗麥飯高一尺
밥 먹은 뒤 도리깨 들고 마당에 둘러서면	飯罷取耞登場立
두 어깨 탄 살갗은 햇빛 받아 더 붉네	雙肩漆澤翻日赤
어허호야 내는 소리 발에 맞춰 장단 맞고	呼邪作聲擧趾齊
잠깐 사이 보리 낟알 온 마당에 가득해라	須臾麥穗都狼藉
주고받은 여러 노래 곡조 더욱 높아지고	雜歌互答聲轉高
보이는 거야 처마 위에 흩날리는 보릿대 가루	但見屋角紛飛麥
표정들 살펴보면 즐겁기 그지없고	觀其氣色樂莫樂
조금도 고된 마음 보이지 않는구나	了不以心爲形役
낙원과 낙교는 먼 곳에 있잖으니	樂園樂郊不遠有
무엇하러 괴롭게도 풍진객이 될건가	何苦去作風塵客

「보리타작 노래(打麥行)」

농부들이 노동하는 모습이 호일(豪逸)하다고 여기는 심정이나, 농촌이 바로 낙원(樂園)이고 낙교(樂郊)라고 한 표현은 노동의 진정한 가치를 깊이 통찰했기 때문에 가능한 것이다. 밥그릇 위로 높이 솟은 보리밥과 막걸리에 힘을 얻어 노래를 부르며 도리깨질하는 장면을 실감 나게 묘사했다.

그것만이 아니다. 예리한 판단과 탁월한 묘사력을 지녔던 다산은 귀양지 마현리에서 230여 일 동안 지내며 19세기 허두의 경상도 시골 농어촌의 풍물을 생생하게 시로 담았다. 특히 그 지방에서 사용하던 토속어들을 시어로 차음(借音)하여 사용하는 등 문학적으로 싱싱한 시도를 했다. 그곳의 지방어에는 반드시 주를 달아 타 지역 사람도 알아보게 해 주는 친절을 베풀기까지 했다. 몇 가지 예를 보자. '맥령(麥嶺)'이라 쓰고는 "4월 민간의 식생활이 어려울 때를 보릿고개라 한다."라고 설명하여 우리네 토속어인 '보릿고개'를 그냥 시어로 사용한 것이다. '대감(大監)'이라 쓰고는 "시골말로 재상(宰相, 판서나 정승)을 대감이라 한다."라고 했고, '첨지(僉知)'라 쓰고는 "집의 주인 영감을 첨지라 부른다. 비록 벼슬에 오른 적이 없어도 높여서 그냥 부른다."라고 자세한 설명을 붙였다. 그 밖에 '하납(下納, 세금 곡식)', '아가' 등의 고유한 민족 언어들을 동원하여 이른바 조선 시다운 시 짓기를 활발하게 전개하고 있었다. 온몸은 궁핍에 찌들려 있었지만 그의 두뇌와 시심(詩心)은 살아서 새로운 한시(漢詩) 문학의 광대한 지평을 열어 낼 수 있었다.

지금의 기준으로야 특이하다는 평가를 내릴 수 없지만, 그 당시는 격(格)과 율(律)을 따지고 중국의 시다울수록 좋은 한시라고 치켜

세우던 때였는데, 우리의 토속어를 대담하고 과감하게 시어에 등장시켜서 우리의 입맛에 맞는 작품을 써냈던 것은 문학적으로 혁명에 가까운 엄청난 작업이었음을 인정해야 한다. 다산의 안목은 그렇게 높았다. 조국과 민족에 대한 그의 뜨거운 사랑과 애착이 그만한 시를 지어 냈을 것이다.

보릿고개 험준하기 태항산같이 가파르군　　　麥嶺崎嶇似太行

단오 명절 지난 뒤라야만 풋보리라도 겨우 나와　　天中過後始登場

풋보리죽 한 사발은 어느 누가 가져다가　　　誰將一椀熬靑麩

비변사 대감께 맛보라고 나눠 줄까　　　分與籌司大監嘗

「장기농가(長鬐農歌)」

비변사의 재상을 '대감'이라 표현한 대목이 시에 나온다. '맥령'은 중국에서 높기로 유명한 태항산처럼 넘기가 어렵다는 표현도 눈여겨볼 대목이다.

어저귀 삼은 초벌 순 베어 주랴 숫삼밭 김을 매랴　檾麻初剪牡麻鋤

시어머니 헝클어진 머리 밤 되어서야 빗질하네　公姥蓬頭夜始梳

일찍 잠든 영감(첨지)을 걷어차 일으켜서　蹴起僉知休早臥

풍로에 불붙이고 물레도 손봐야지　風爐吹火改繅車

「장기농가」

농촌 농가의 농부들 삶이 그림처럼 그려져 있다. 나이 든 노인

네 부부의 삶이 이렇게 생생하게 그려질 수 있겠는가. 옛날 조선 사람들의 생활사이지, 오늘에야 도저히 상상할 수 없는 농촌의 모습이다. 주인 영감을 '첨지'라고 쓴 것도 여기에서 보인다. 농가 삶의 깊은 내면을 통찰하지 않고는 도저히 쓸 수 없는 기막힌 표현들이 이 시에 담겨 있다. 옛날 우리 농가의 풍속을 조금도 이해 못하는 요즘 젊은이들로서는 무슨 의미인가도 식별하기 어려운 표현이지만, 어린 시절 시골 생활을 했던 사람이라면 금방 이해되는 표현이다. 온종일 바빠 일하느라 머리에 빗질도 못하다가 겨우 잠자리 들기 전에야 짬을 내서 머리를 손질하던 아낙네들의 삶, 고단해서 저녁을 먹자 곤히 잠든 주인 영감, 자다가도 깨우면 일어나 내일 농사를 위해 풍로에 불을 붙이고 길쌈할 물레도 손봐 두어야 한다니 얼마나 사실적인 표현인가. 농촌의 삶이 생생하게 살아 있는 시는 이뿐만이 아니다.

병아리 새로 깨니 어린아이 주먹 크기　　　鷄子新生小似拳

연노랑 고운 털빛 너무도 사랑스러워　　　嫩黃毛色絶堪憐

누가 말하랴 어린 딸년 밥이나 축낸다고　　誰言弱女糜虛祿

마당가에 앉아서 솔개를 쫓는 걸　　　　　堅坐中庭看嚇鳶

「장기농가」

정이 듬뿍 담긴 시다. 초봄에 병아리가 새로 깨어 마당에서 뛰노는데, 솔개가 날아와 병아리를 채 가지 못하도록 어린 딸아이가 막대를 들고 병아리를 지키고 있으니, 어찌 그가 밥이나 축내며 놀고 있다고 말할 수 있겠느냐는 것이다. 이렇게 농촌이 살아서 움직이는 모습이 얼마나 정겨운가. 병아리 뛰놀고 어린 딸은 병아리 따르며 지켜 주는 그런 광경이 정말 좋다. 다산의 시 솜씨는 이런 데서 확실하게 진가를 보여 준다. 사실주의적인 묘사와 표현이 아닌가.

○○ 백성의 아픔을 어찌 눈감으랴

이렇게 뛰어난 서경시를 읊던 다산은 결코 탐관오리들의 착취와 수탈에도 눈을 감지 않았다. 백성들의 아픔을 어떻게 잊을 수 있었 겠는가. 다산의 문학적 안목은 서경·서정에만 머무르지 않았다. 농민 들의 노동 현장을 신성하게 보고 감탄하면서도, 한편으로는 당시의 정치적·사회적·경제적 모순에 눈을 돌려 백성들의 아픔에 뜨거운 눈물도 흘릴 줄 알았다.

새로 돋은 호박 싹 두 잎사귀 탐스러워　　　　　新吐南瓜兩葉肥

밤사이에 덩굴 뻗어 사립문 타고 갔네　　　　　夜來抽蔓絡柴扉

평생에 못 심을 것은 수박씨 종자로다　　　　　平生不種西瓜子

강퍅한 관노 놈과 다툴 시비 시끄러워　　　　　剛怕官奴惹是非

　　　　　　　　　　　　　　　　　　　　　　「장기농가」

수박만 익으면 찾아와 온갖 까탈을 부리며 빼앗아 가는 관노들, 백성들이 어떻게 그들과 싸워 이기겠는가. 이런 아픔을 다산은 잊지 못했다.

상추쌈에 보리밥을 둥글게 싸 삼키고는　　　　　　萵葉團包麥飯吞

고추장에 파 뿌리도 곁들여 먹는다오　　　　　　　合同椒醬與葱根

금년에는 넙치마저 구하기 더 어려운 건　　　　　　今年比目猶難得

모조리 건포 만들어 관청에 바쳤느니　　　　　　　盡作乾鱐入縣門

　　　　　　　　　　　　　　　　　　　　　　　「장기농가」

쌈 싸 먹을 넙치조차 다 빼앗아 간 관청의 핍박에서 언제쯤 농민들이 자유로울 것인가. 그것도 다산을 아프게 했다.

송아지가 외밭에 들어가지 못하도록　　　　　　　不敎黃犢入瓜田

서편 뜰 서레 곁에 단단히 매 두어라　　　　　　　移繫西庭碌碡邊

이정이 새벽같이 와 코를 뚫어 몰고 가며　　　　　里正曉來穿鼻去

동래에서 일본 보낼 세미(稅米)를 싣기 시작했다나　東萊下納始裝船

　　　　　　　　　　　　　　　　　　　　　　　「장기농가」

일본으로 보낼 세곡미가 미납이라고 집에 들어와 소를 끌고 가는 관리를 바라보던 다산. 농민의 아픔은 거기서 극에 달한다. 하납(下納)이 세곡미의 토속어임도 여기에서 알게 된다.

부패한 세상의 썩은 관리들로부터 빼앗기는 농민의 서러움을 다산은 또 그곳에서 보았다. 그가 경기도 암행어사 시절에 보았던 농촌상은 경상도의 바닷가 마을에서도 크게 차이가 없었다. 장기현 동쪽에 뇌성산(磊城山)이 있다. 장기현의 봉수대였을 정도로 높은 이 산에서 뇌록(磊碌)이라는 천연 염료가 생산되었다. 그런데 이곳 광부들은 뇌록이 진상품인 관계로 당하는 고통이 한두 가지가 아니었다. 다산은 이들의 아픔에 대해서도 시를 지어 진상의 폐해를 비판했다. 「솔피 노래(海狼行)」라는 우화시(寓話詩)는 다산의 훌륭한 작품 중 하나로 많이 언급되는 시다. 송재소의 평대로 권력 집단의 암투를 우화로 표현한 대단한 시다.

솔피란 놈 이리 몸에 수달의 가죽	海狼狼身而獺皮
가는 곳에 수백 마리 떼 지어 다니는데	行處十百群相隨

큰 고래와 수많은 솔피 떼와의 극렬한 싸움에 끝내는 고래가 죽고 마는 먹이 다툼에 당쟁이나 권력 싸움을 빗대어 당대의 현실을 혹독하게 비판하고 있다.

이렇듯 장기에서의 문학적 활동은 역사적 성과를 만들어 냈다. 장기에서의 일화 한 토막. 필자가 그곳을 방문했을 때 면사무소에서 일하는 공무원 한 분을 만났다. 그분은 그쪽 지역 향토사를 연구하는 분에게 들었다고 하면서 다산의 일화 하나를 전해 주었다.

장기는 바다를 낀 고을이어서 농업과 어업을 함께하며 생활하는 곳이었다. 다산은 당시 미개한 농어민들과 어울려 지내다가 그들의 비능률적이고 원시적인 방법에 개탄하면서 집주인 성선봉을 통해 좋은 방법을 일러 주었다고 한다. 평소 농기구 개선과 제조에 관심이 많아 일찍부터 편농(便農, 편한 농업)·편어(便漁, 편한 어업)를 역설했던 그였으니(곡산 부사 시절에 농책으로 편농 주장) 믿을 만한 이야기였다. 당시 그 지방 어민들은 칡으로 그물을 떠서 고기를 잡았는데, 그물이 견고하지 못할 뿐만 아니라 촘촘히 만들 수도 없었기 때문에 고기가 제대로 잡히지 않았다. 그래서 다산은 칡으로 그물을 짜지 말고 무명실로 단단하고 촘촘하게 짜기를 권했다는 것이다. 그러한 이야기가 관가에까지 전해지자, 현감이라는 자가 턱없는 소리라고 묵살했다. 백성들이 입을 옷을 짜기에도 부족한데 어떻게 무명실로 어망을 짜겠느냐고 호통만 쳤다는 것이다. 그런 뒤 세월이 흘러 일본의 어민들이 내왕하게 되면서 일본 어선에서 사용하는 어망이 무명실로 짜였음을 보고는 그때에야 다산의 현명함을 알았다는 이야기였다. 그러면서 그 면직원은 역시 다산은 훌륭한 실학자였다고 거듭 감탄의 말을 끊지 않았다. 다산의 지혜가 그런 데까지 미쳤음을 그때 그곳에서 나는 알게 되었다.

11 유배지 강진에서 학문에 몰두하다

○○ 다시 감옥에 갇히다

장기는 원님이 부임하면 두 번 울고 가는 곳이라고 전해진다. 부임한 직후 하도 외지고 외딴 시골이어서 이런 막촌에서 어떻게 사또 생활을 하며 살아서 돌아갈 수라도 있을까 걱정되어 한 번 울고, 사또 생활을 하다 보면 주민들이 어찌나 정이 많고 인정이 후한지 이임할 때는 헤어지기 섭섭하여 또 한 번 울지 않을 수 없었다고 한다. 다산도 처음 도착해서 정말 어렵고 힘들었음을 토로한 기록이 있다. 그러나 떠날 때는 기뻐하거나 슬퍼할 짬도 못 내고 감옥으로 허겁지겁 떠나야 했다. 갑자기 발발한 옥사에 걸려 강제로 퇴출되었던 것이다. 그 과정에서 『기해방례변』이나 『이아술』 같은 귀중한 저술이 분실된 것은 이미 앞에서 언급했다.

1801년 9월 29일 황사영이 숨어 있던 충청도 제천의 배론에서 체포되자 10월부터 옥사가 벌어졌으니 바로 동옥(冬獄)이 그 일이다. 동옥이 일어나자 그를 죽이고 말겠다는 반대파들의 억센 주장 때문에 다산은 죽음에 직면한 위기를 맞고 말았다. 안온한 마음으로 심도 깊은 학술 연구와 시 짓기에 바쁘던 무렵인 10월 20일 갑자기 들이닥친 금부도사에 의해 서울로 압송되면서 다산의 장기 생활은 끝이 났다. 7개월에 20여 일이 더 되는 체류 기간이었다. 전라도 강진의 신지도에서 귀양살이하던 다산의 둘째 형 정약전도 체포되어 서울로 압송되었다. 황사영과는 연락이 끊긴 지 오래이고 접촉할 아무런 방법도 없었건만, 다산을 죽이고야 말겠다던 홍낙안·이기경 등의 모략때문에 이들은 또 감옥에 갇히고 말았다.

생애에 단 한 번의 국문을 받는 일도 엄청난 고통인데, 한 해 두 차례나 감옥에 갇혀 국문을 받아야 했으니 인간으로서는 견디기 힘든 일이었다. 권력을 쥔 쪽에서 주도한 옥사였으니 힘없는 죄인의 자격으로는 피할 길이 없었다. 그때의 전개 과정과 일의 정황이 『사암선생연보』에 자세하다.

이때에 황사영이 체포되자 홍낙안·이기경의 무리가 온갖 계책을 다 써서 조정에 공갈 협박까지 했다. 자신들 스스로 사헌부, 사간원의 벼슬자리에 들어가 계청(啓請, 재판 청구)하여 다시 정약용을 국문하여 반드시 죽이고야 말겠다고 했다. 당시 유현(儒賢)으로 발탁되어 승지도 지내고 황해도 관찰사를 역임한 정일환이 황해도에서 돌아와 다산이 황해도의 곡산을 다스리며 끼친 칭송이 아직도 그곳에 자자하니, 만약 사형으로 재판 결과가 나오면 반드시 재판을 잘못했다는 비방을 불러일으킬 것이라고 곡진하게 말하고 "죄인의 답변서에 거명되지도 않은 사람을 체포하는 법은 없다."(황사영의 심문 과정에서 정약용은 언급되지도 않았음을 뜻함)라고 말하며 당시 영의정이던 심환지에게 권하기를 홍낙안·이기경의 주장에 넘어가지 말라고 했다.

이때 정약전 이외에 이치훈·이관기(李寬基)·이학규(李學逵, 호는 낙하생(洛下生))·신여권 등이 함께 체포되었다. 흉서(凶書, 「황사영백서」)를 보여 주면서 재판관이 말하기를 "반역의 변란이 이 지경까지 이르렀으니, 조정에서 또한 어떤 생각인들 하지 않으랴. 무릇 서교(西敎)에 관한 서적을 한 자라도 본 사람이면 죽어 살아남지 못하리라."라고 했다. 그러나 일을 조사해 보니 모두 참여한 정상이 없었고, 여러 대신들이 문서 가운데 예설,『이아술』과 지은 시율(詩律)을 보았으나 모두 편안하고 한가로우며 정밀하여 적과 내통한 흔적이 없었다. 그리하여 측은하게 생각하고 어전에 들어가 무죄임을 아뢰니, 태비(太妃, 정순 대비)도 그것이 모함이라는 것을 살펴 여섯 사람(정약전·정약용·이치훈·이관기·신여권·이학규)은 정상을 참작하여 석방하라고 하고, 호남에 남은 근심이 있다고 하여 정약용을 강진으로 옮겨 사학을 진정시키게 하고, 정약전은 흑산도로 유배시켰다.

반대파의 미움 때문에 억지로 구속되고 억지로 재판 받고 억지로 유배가는 정황을 자세히 설명하였다. 참으로 억울한 정황은 다음의 일화에 자세하다.

이때 교리 윤영희(尹永僖, 평생 동안 절친했던 다산의 친구)가 다산의 생사를 탐지하려고 대사간 박장설을 찾아가 재판의 진행 과정을 물었다. 마침 홍낙안이 와서 윤영희가 옆방으로 피해 갔다. 홍낙안이 말에서 내려 방에 들어와 발끈 성을 내며 소리치기를 "천 사람을 죽여도 아무개(정약용) 한 사람을 죽이지 못하면 아무도 죽이지 않는 것과 같은데 그대는 왜 힘써 다투지 않소."라 하니, 박장설이 "저 사람이 스스로 죽지 않는데 내가 어떻게 그를 죽이겠소."라 했다. 떠나간 뒤에 박장설이 말하기를 "답답한 사람이다. 죽여서는 안 될 사람을 죽이려고 두 번이나 큰 옥사를 일으키고도 나더러 다투지 않았다고 책하니 답답한 사람이로다."라 했다.

『사암선생연보』1801년 10월 부분

유교 국가에서 나라의 정체성을 유지하고 국가의 기본 질서를 위해 천주교에 대해 탄압한 것이 불가피한 역사적 사실이라 하더라도, 박장설이 실토했던 것과 같이 정약용에 대한 가혹한 처벌은 정치적 탄압임이 너무나 명백하다. 처벌을 주도하던 입장에 있던 대사간 박장설이 한 "죽여서는 안 될 사람을 죽이려고 두 번이나 옥사를 일으켰다."라는 말 속에 시대적 진실이 담겨 있었다. 다산의 신유옥사로 인한 억울함은 이로써 분명하게 증명되고 있다. 재판에 깊숙이 관여한 대사간으로서 죽일 수 없는 사건임을 정확히 알고 있었기에 양심을 숨기지 못하고 같은 편인 홍낙안에게 그런 말을 했던 것이다. 그래서 다산은 자신의 억울함이 어느 정도인가를 알리는 의미에서 이 사실을 여러 기록에 반복하여 기록해 두었다. 그리고 세상의 공론(公論)은 쉽게 무시할 수 없다. 곡산 부사 시절에 그렇게 훌륭한 선정을 베푼 어진 수령을 어떻게 함부로 죽일 수 있다는 것인가. 황해 감사에서 돌아온 정일환이 했던 말에서 당시 인민들의 공론을 그냥 읽을 수 있다. 죽을죄를 짓지 않아서 죽일 수도 없지만, 세상 공론 때문에라도 다산을 죽일 수 없었으리라고 말했던 어떤 학자의 주장에 수긍이 가는 점을 이런 데서도 알게 된다.(김석형, 「다산 정약용의 생애와 활동」)

10월 20일 저녁 다산은 장기에서 체포되어 27일에 감옥에 갇히고 재판을 받아 새로 지은 죄가 없음이 밝혀지자 11월 5일 유배지를 바꾸라는 명령을 받고 감옥에서 풀려나온다. 유배도 지겨운 일인데 감옥에까지 갇히다니 기막힌 일이다. 서울로 압송되기 전에 장기에서 읊은 시를 보자.

가을바람 흰 구름에 불어	秋風吹白雲
푸른 하늘 가린 것 없구나	碧落無纖翳
이 몸도 갑자기 가볍게 느껴져	忽念此身輕
훌쩍 날아 세상에서 나가고 싶네	飄然思出世
	「백운(白雲)」

유배살이가 지겨워 바람에 흘러가는 구름처럼 세상에서 훌쩍 떠나고 싶던 다산, 감옥 생활은 또 얼마나 힘들었을까. 그러나 그 감옥에서 8개월 만에 혈육인 둘째 형을 만나 볼 수 있었다. 얼마나 그립고 보고 싶던 형인가. 두 사람 모두 역적 죄인으로 몰린 피고인 신

세이지만, 얼굴이라도 본다는 것이 얼마나 반가운 일인가. 다산의 일생은 둘째 형과는 떼려야 뗄 수 없이 얽혀 있던 삶이었다. 같은 수준의 학문, 같은 급수의 진보적인 사고, 세상을 한번 통째로 개혁하고 싶던 같은 욕구로 두 사람은 언제나 형제지기(兄弟知己)라고 자랑스럽게 말하곤 했다. 반년이 넘도록 형님 안부를 살피지 못한다며 아들에게 보낸 편지에서 하소연했던 다산이 형님을 사뭇 그리워하며 장기에서 지은 시를 읽어 보자.

어느새 백발이 돋았네	白髮於焉至
하늘이여! 이 일을 어찌하리	蒼天奈此何
이주(二洲)에는 좋은 풍속 많다지만	二洲多善俗
외로운 섬에 홀로 슬픈 노래라니	孤島獨悲歌
건너고 싶어도 배와 노 없으니	欲渡無舟楫
이 그물에서 언제나 벗어나리	何時解網羅
부럽구나, 저 물오리와 기러기	優哉彼鳧雁
푸른 파도에 잘도 노는구나	遊戱足滄波
아득히 먼 신지도	眇眇薪支苫
분명히 이 세상에 있으렷다	分明在世間
수평으로 장보고의 바다와 이어져 있고	平連弓福海
대각선으로는 고금도에 마주했네	斜對鄧龍山
달은 지는데 소식은 없고	落月無消息
뜬구름만 저절로 가고 오네	浮雲自往還
어느 해에 서울의 집에 모여 앉아	他年九京下

형제끼리 기쁜 얼굴 마주하리　　　　　　　　兄弟各歡顔

　　　　　「가을날 약전 형님을 생각하며(秋日憶舍兄)」

　장기에서 가을날 지은 시다. 그리운 형님 생각을 참으로 간절하게 읊었다. 건너갈 수 없는 묶인 유배인으로서 푸른 물결에 자유롭게 헤엄치는 물오리와 기러기가 부럽다는 표현이 가슴을 저민다. 달은 지는데 늦도록 잠 못 들다가 아무런 소식 없이 날이 새는 허망함, 언제쯤 서울의 하늘 아래 모여서 형제의 정을 펼 수 있을까 하는 대목에서는 눈물을 참을 수 없게 한다.

　그렇게 그립던 둘째 형, 형제의 정도 채 풀지 못한 감옥에서의 만남. 이마저도 시기하는지 두 사람은 또 서울을 떠나서 헤어져야 했다. 죽음의 지옥에서야 벗어났지만 유배 가는 길은 너무 멀었다.

　　　삼성은 반짝반짝 북두칠성도 찬란해　　　　參星煜煜斗柄燦

　　　꼬리별 빛나며 북극으로 돌아가네　　　　　芒角森昭環北極

　　　빛조차 어슴푸레 산비탈에 가리었고　　　　水氣凄迷障山郭

　　　고개 들어 남산을 바라보니 눈물이 가슴에 맺히네　回首終南淚沾臆

　　　　　　　　「밤에 동작 나루를 지나며(夜過銅雀渡)」

　서울을 떠나는 슬픈 이별가다. 형제와 헤어져 슬프게 지낸다는 삼성은 형님과 헤어질 일을 생각하며 떠올린 시상이리라. 종남산(終南山)은 지금의 남산이다. "가노라 삼각산아 다시 보자 한강수야. …… 세월이 하 수상하니 올동말동하여라."라던 청음 김상헌(金尙憲)의 시구가 생각나는 시다. 언제 다시 볼 수 있을 것인가도 모르는 남산, "남산을 바라보니 눈물이 가슴에 맺히네."라는 구절은 우리 모두의 가슴에도 눈물이 맺히게 한다.

초봄의 유배길은 경상도로 가야 했으니 한강진을 건너 모랫들 사평을 지나 동남쪽으로 향했지만, 이번 전라도 쪽으로 가는 유배길은 동작 나루를 지나 과천 쪽으로 향해야 했다. 흑산도로 가는 형, 강진으로 가는 아우가 함께 나란히 귀양살이를 떠났다. 과천을 지나 수원을 거쳐 남으로 남으로 가고 또 갔다. 금강(錦江)을 건너다 보니 예전에 아버지의 임지이던 전라도 화순으로 가느라 함께 강을 건넜던 아내 생각이 문득 떠올랐다.

석양에 서풍 부는 금강의 강가에	殘照西風錦水頭
붉은 배는 예전처럼 강 가운데 두둥실	紅船依舊泛中流
기억도 새로운 이십 년 전 그때 일	分明二十年前事
남쪽으로만 가야 할 나그네 수심 일으키네	惹起南征一路愁

「금강을 건너며(渡錦水) ─ 아내에게 부침」

선비의 무게를 잃지 않던 옛 선비들은 대체로 아내에 대한 이야기는 삼갔다. 다산도 마찬가지였기에 아내에 대해 쓴 시나 글은 실제로 몇 편 안 된다. 1777년 아버지가 화순 현감으로 부임한 뒤 아내와 함께 금강을 건너 화순으로 가던 옛일이 생각나, 그때의 즐거움과 오늘의 나그네 수심을 대비하여 간절하게 그리운 아내를 지나가는 말로 읊었다. 근엄한 선비들, 얄팍한 오늘의 인간들과는 역시 달랐다.

금강을 건너서 오래지 않아 전라도에 도착한 두 형제는 나주의 북쪽 5리 지점인 밤남정에 이르도록 가고 또 갔다. 그렇게 좋아하고 서로를 아끼던 형제는 영원한 이별을 맞으려고 계속 걸었다.

○○ 밤남정에서의 영원한 이별

1801년 11월 5일 감옥에서 나온 정약전 형제는 11월 21일 나주 읍에서 북쪽으로 5리 지점인 밤남정(밤나무 정자 거리 율정(栗亭)의 약칭)이라는 주막거리에 이른다. 지금의 정확한 지명은 나주시 대호동 밤남정 마을이다. 현재 동신대학교에서 북으로 700~800미터 정도 떨어진 장소로, 그때야 강진 쪽과 목포 쪽으로 길이 갈라지는 삼거리 큰 주막촌이었는데, 지금은 길이 포장되었고 삼거리도 아니며 그냥 밤남정이라고 불리는 곳이다. 10여 년 전만 해도 '밤남정이발소', '밤남정 식육점' 등의 상가들이 있었는데 황폐해지는 시골의 상황 탓인지 이제는 그런 간판이 거의 없어지고 빈 집만 몇 채 있는 실정이다. 다산 형제가 그곳 주막집에서 묵고 다음 날 영원한 이별을 했다는 흔적은 어디에도 없는 쓸쓸한 곳이다.

초가 주막 새벽 등불 푸르스름 꺼지려는데	茅店曉燈靑欲滅
일어나 샛별 보니 이별할 일 참담해라	起視明星慘將別
두 눈만 말똥말똥 둘이 다 할 말 잃어	脉脉嘿嘿兩無言
애써 목청 다듬으나 오열이 터지네	强欲轉喉成嗚咽

흑산도 아득한 곳 하늘뿐인데	黑山超超海連空
그대는 어찌하여 그 속으로 가시나요	君胡爲乎入此中
고래 이빨 산과도 같아	鯨鯢齒如山
배를 삼켰다 다시 뿜어낸다오	吞舟還復噀
지네도 크기가 쥐엄나무 같고	蜈蚣之大如皁莢
독사가 등나무 넝쿨처럼 엉겨 있다오	蝮蛇之糾如藤蔓
내가 장기 고을 있을 때에는	憶我在鬐邑
낮이나 밤이나 강진 바라보며	日夜望康津
날개 죽지 활짝 펴고 푸른 바다 뛰어넘어	思張六翮截靑海
바다 가운데서 저 형님 보려 했는데	于水中央見伊人
지금 나는 높은 나무에 오른 귀양살이나	今我高遷就喬木
맑은 진주 없어진 빈 독만 산 셈이네	如脫明珠買空櫝
또 마치 바보스러운 아이가	又如癡獃兒
망령되이 무지개 붙잡으려 하는 셈이니	妄欲捉虹蜺
서쪽 언덕 바로 앞에	西陂一弓地
아침 무지개 분명히 보이나	分明見朝隮
애가 쫓아가면 무지개는 더욱 멀어져	兒來逐虹虹益遠
또 저 서쪽 언덕 쫓아가도 다시 서쪽이라오	又在西陂西復西

「율정별(栗亭別)」

이별의 한스러움을 이렇게 애절하게 읊을 수 있는 시인이 몇이
나 될까. 슬프면서도 문학적 감각이 살아 있는 탁월한 묘사다. 무지
개를 등장시켜 그려 낸 붙잡고 싶은 형님, 끝내는 함께 할 수 없는 형

님과의 사연이 정말로 슬프다. 본인이 육지로 올라왔으니 형님도 가까운 육지에 있다면 마음이라도 든든하련만, 좋은 진주 상자를 샀으나 알맹이는 없고 빈 독만 산 셈이라니 얼마나 허망한 일인가. 다산의 상상력과 묘사력을 따라갈 방법이 있겠는가. 뛰어난 다산의 시를 우리는 이런 데서 또 만나게 된다.

당시에야 다산은 그때의 이별이 영원한 이별이 될 것은 감히 상상도 못했다. 그러나 지나고 보니, 그 슬픈 이별이 그들 형제를 영원히 갈라놓아 두 사람은 지상에서 다시 만나지 못하게 되고 말았다. 흑산도로 들어간 손암(巽庵, 섬으로 들어간 사람이라는 뜻) 정약전은 16년째인 1816년 귀양살이가 풀리지 않아 그곳에서 병으로 세상을 뜨고 말았다. 그렇게 보고 싶고 그립던 아우 다산을 만나 보지 못하고 눈을 감아야 했으니, 그의 한이 어느 정도였겠는가. 율정의 이별시는 정말로 약전 형님을 사모하는 만가(輓歌)가 되고 만 셈이었다. 부음을 듣고도 시신을 수습하러 갈 수 없는 몸인 유배 죄인. 장례도 치러 드리지 못하는 비참한 혈육의 비극이었다. 형님이 타계한 지 3년 뒤 마침내 다산은 귀양살이가 풀려 다시 밤남정 주막거리를 거쳐 고향으로 돌아온다. 밤남정을 지날 때 형님 생각에 다산의 가슴은 분명 미어졌으리라.

우리는 다산이 젊어서 벼슬하던 때 정조의 명을 받아 지은 시에 정조가 감탄하면서 시의 '기재(奇才)'라고 칭찬했던 것을 기억할 수 있다. 귀양살이 시절에도 다산의 시가 서울까지 전해지자 낙하생(洛下生) 이학규(李學逵, 1770~1835년)가 "정약용은 정말로 이재(異才, 특별한 재주)가 있다."라고 말하면서 다산의 번뜩이는 시적 감각과 시재(詩才)를

칭찬하고 비판도 했다는 기록이 전한다.(『낙하생집(洛下生集)』) 귀양 가던
두 형제가 몸을 비비며 하룻밤을 세운 주막집은 두 형제의 한이 서
린 집이 되었다. 강진에서 귀양살이 7년째이던 때에 흑산노에서 형님
의 편지가 왔다. 편지를 받고 읊은 다산의 시에는 또 밤남정 주막집
이 등장한다.

살아서는 미워할 밤남정 주막	生憎栗亭店
문 앞에는 두 갈래로 길이 갈렸네	門前歧路叉
본디 같은 뿌리에서 태어났건만	本是同根生
지는 꽃잎처럼 흩날려 버렸네	分飛似落花
넓디넓은 하늘 땅 바라보노라면	曠然覽天地
예전에야 한 집안이 아니었던가	未嘗非一家
조심스럽게 제 몸뚱이만 살피다 보니	促促視形軀
슬픈 생각 언제나 끝이 없구려	惻怛常無涯

「둘째 형님 편지 받고(奉簡巽庵)」

헤어진 곳이 밤남정이었으므로 생각하면 그곳은 미운 곳이었
다. 설명도 빼놓지 않았다. "밤남정은 나와 손암이 서로 헤어졌던 곳
이다.(栗亭余與巽庵相別處.)"라는 내용이 그것이다. 다산은 18년 만에 해
배되어 고향에 돌아와 얼마 뒤, 정약전의 일대기인 「선중씨묘지명」을
집필한다. 그 글에서도 "나주읍 북쪽 밤남정에서 악수를 하고 서로
이별하여 각자의 길로 떠났다."라고 밤남정의 이별을 또 언급했다. 형
님이 돌아가시고 3년이 지나 자신은 밤남정 길목을 지나 고향에 왔

고, 형님의 시신도 그곳을 경유해서 선산으로 돌아와 부모님 묘소 동쪽 언덕에 묻혔다고 썼다.

○○ 형제지기의 아름다운 우애

정약전이 쉰아홉 살을 일기로 1816년 6월 6일 운명하자, 소식을 접한 다산은 제자 한 사람을 보내 장례를 치르게 했고 6월 17일에는 고향집의 두 아들에게 형님에 대한 사무치는 정을 잊지 못하고 편지를 보냈다.

6월 6일은 바로 어지신 둘째 형님께서 세상을 떠나신 날이다. 슬프도다! 어지신 분이 이렇게 세상을 곤궁하게 떠나시다니. 원통한 그분의 죽음 앞에 나무와 돌멩이도 눈물을 흘릴 일인데 무슨 말을 더하랴. 외롭기 짝이 없는 이 세상에서 다만 손암 선생만이 나의 지기(知己)였는데 이제는 그분마저 잃고 말았구나. 지금부터는 학문연구에서 비록 얻는 것이 있다 하더라도 누구와 상의를 해 보겠느냐. 사람이 자기를 알아주는 지기가 없다면 죽은 목숨보다 못한 것이다. 네 어머니가 나를 제대로 알아주랴, 자식들이 이 아비를 제대로 알아주랴. 나를 알아주는 분이 돌아가셨으니 어찌 슬프지 않겠느냐. 경서(經書)에 관한 240책의 내 저서를 장정하여 책상 위에 보관해 놓았는데 이제 나는 불사르지 않을 수 없겠구나. 밤 남정에서의 이별이 마침내 영원한 이별이 되고 말았구나. 간절하게 애통스러워 견딜 수 없는 것은 그분 같은 큰 덕망, 큰 그릇, 심오한 학문과 정밀한 지식을 두루 갖춘 분을 너희들이 알아주지 못하고 너무 이상만 높은 분, 낡은 사상가로만 여겨 한 가닥 흠모의 뜻을 보이지 않는 점이다. 아들이나 조카들이 이 모양인데 남들이야 말해서 무엇하랴. 이 점이 가장 슬픈 일이지 다른 것은 애통한 바가 없다.

「기이아」

형님의 인품과 학문을 두 아들에게 알려 주면서 "율정지별 수성천고(栗亭之別 遂成千古)"라고 표현하여 그 주막집의 헤어짐이 끝내는 영원한 이별이 되고 말았다고 북받치는 서러움을 토로했다. 이별의 비애가 서린 밤남정. 형님에 대한 아우의 쓰라린 마음이 오늘 우리의 가슴에도 전해지고 있다.

다산과 손암은 살아생전에 형제지기로 서로를 이해하고 알아주는 둘도 없는 형제였다. 다산이 가장 따르고 존경하던 분은 바로 형님 손암이었다. 그 많은 학자나 지식인들과 교우하며 생활했지만 그 이름 앞에 어질 현(賢)이라는 글자를 써서 높인 사람은 오직 자신의 중형뿐이었다. 다산은 손암의 이름에 '현중씨(賢仲氏)'라는 존칭의 말을 붙여 쓰면서 그의 어짊을 앞의 편지 뒷부분에서 예를 들어 설명까지 해 주었다.

요즘 세상에 고을 사또가 서울로 영전했다가 다시 그 고을로 돌아오면 그 고을 백성들이 길을 막으며 거절한다는 소리는 들었어도, 귀양살이하는 사람이 다른 섬으로 옮기려는데 본디 있던 곳의 사람들이 길을 막으며 더 있어 달라고 했다는 말은 우리 형님 아니고는 들은 적이 없다. 집안에 형님 같은 큰 덕망을 갖춘 분이 계셨으나 자식이나 조카들이 알아주지 않았으니 참으로 원통한 일이다. 정조 임금께서는 신하들의 인품을 일일이 파악하고 우리 형제에 대하여 말씀하시기를 "아무개 형제는 형이 아우보다 낫다."라고 하셨다. 슬프도다. 우리 임금님만은 형님을 알아주셨느니라.

다산은 제자인 이강회(李綱會)에게 보낸 편지에서도 형님은 넓은 국량, 깊은 학문, 밝은 식견이 있어 자기 자신과는 비교할 수도 없는 분이라고 했다. 귀양 가는 죄인을 압송하는 군교들이 헤어지면서 눈물을 흘렸던 것은 형님 한 분뿐이었다고 하면서 "이 세상에 다시 그러한 인품의 소유자는 없을 것(當世更無此人)"(『사암선생연보』)이라고 단언하기도 했다. 그런 형제지기로서 형제간 우애의 아름다움을 세상에 남긴 그들은 정말로 훌륭한 인품의 소유자임에 분명했다.

1801년 11월 22일 밤남정 주막집을 출발한 다산은 영산강을 건너고 영암을 지나 누릿재(黃峙, 옛 월출산을 넘어 월남(月南)으로 가는 재)를 넘고 석제원(石梯院, 지금의 강진군 성전면 삼거리)를 거쳐 강진읍에 이른다. 이렇게 해서 18년의 강진 유배살이가 시작되었다.

밤남정을 출발하여 약선 형님과 헤어신 내가 11월 22일 아침이
고 강진 읍내는 그곳 밤남정에서 하루나 이틀 거리이니 다산은 23~
24일쯤에 강진 읍내에 도착했을 것이다. 읍내에 도착했던 무렵의 사
정을 알게 해 주는 글이 있다.

신유년(1801년) 겨울 나는 영남(장기)에서 체포되어 서울에 올라
왔다가 또 다시 강진으로 귀양 가게 되었다. 강진은 옛날 백제의 남
쪽 변방으로 지역이 비루하고 풍속이 색다르다. 그 당시에 그곳 백
성들은 유배 온 사람을 마치 큰 독을 지닌 사람인 듯 보아 가는 곳
마다 모두 문을 부수고 담장을 무너뜨리면서 달아나 버렸다. 그런
데 한 노파가 나를 불쌍히 여기고 자기 집에서 살도록 해 주었다.
그때부터 나는 창문을 닫아걸고 밤낮으로 혼자 앉아 있었다. 누구
와도 함께 이야기할 수 없었다.

「상례사전서(喪禮四箋序)」

『상례사전』이라는 예학(禮學)의 대저를 완성해 놓고 그 책의 서
문으로 쓴 글에서 유배 초기의 불우한 삶을 기록한 내용이다. 불쌍
히 여기고 기거할 방을 내 준 주막집 주인 노파의 느낌처럼 다산의
신세는 정말로 처량하고 불쌍했다. 다산은 그때 당했던 불행이 너무
컸던 때문인지 "문을 부수고 담장을 무너뜨리면서(破門壞墻)"라는 구
절을 여러 곳에서 언급하였다. 유배 온 사람을 무서운 전염병의 독이

라도 안고 있는 사람으로 여겨 황급히 집 밖으로 빠져나가는 주민들의 모습을 그런 표현으로 형용했을 것이다.

　아래는 강진에 도착하여 맨 처음 지은 시로 당시의 심정을 토로했다.

북풍이 하얀 눈 휘몰듯이 나를 몰아붙여	北風吹我如飛雪
남쪽 강진의 주막까지 밀려왔네	南抵康津賣飯家
다행히 낮은 산이 바다 빛을 가리고	幸有殘山遮海色
좋을씨고 대숲이 가는 세월 알리네	好將叢竹作年華
장기(瘴氣) 때문에 옷이야 덜 입지만	衣緣地瘴冬還減
근심 때문에 술이야 밤마다 느네	酒爲愁多夜更加
나그네 근심 덜 일 하나 있으니	一事纔能消客慮
동백꽃이 설 전에 활짝 피었네	山茶已吐臘前花

「객지에서의 회포(客中書懷)」

　바람에 날리는 하얀 눈처럼, 자신의 의지와는 아무런 관계없이 관에서 시키는 대로 귀양지를 찾아왔다. 몹시 추운 겨울이건만, 추위를 이야기하기보다는 서울에서 보기 힘든 대나무 숲과 서울에서는 상상도 못하던 설 전의 동백꽃을 보고 신기하게 여기면서 반가워하던 다산의 시심은 넉넉하기만 하다. 그러나 살아갈 집은 '매반가(賣飯家)', 즉 술과 밥을 파는 주막집이었다. 낯선 타관에 온 나그네의 모습이 생생하게 그려졌다.

신유년 겨울에 강진에 도착하여 동문 밖 주막집에 우접(偶接)하였다.

「다신계안(茶信契案)」

우접했던 집에 대한 설명도 다양했다. 어떤 때는 '매반가', 어떤 때는 '주가(酒家)'라 했으니 밥도 팔고 술도 파는 주막집이 분명하다. '일온(一媼)'이라고 표현해 노파 여인이라 하고 '주구(主嫗)'라 표현해 노파라고 했던 점을 보면 주인은 남편도 없이 혼자서 주막집을 경영하는 늙은 부인이었을 것으로 짐작된다. 집이라야 오두막집이었으나 풍우(風雨)를 가려 주고 먹을 것을 제공해 주며 잠을 재워 주었으니 다산에게는 얼마나 고마운 집이던가.

을축년(1805년) 겨울에는 보은산방(寶恩山房, 고성사)에서 기거했고, 병인년(1806년) 가을에는 이청(李晴, 1792~1861년, 자는 학래(鶴來))의 집으로 옮겨 와 우거했으며, 무진년(1808년) 봄에는 다산(茶山)에 와서 임시로 살았으니, 총 유배살이 기간은 18년인데 그 가운데 강진 읍에서 살았던 기간이 8년이고 다산에서 살았던 기간이 10년이다.

「다신계안」

강진 유배살이 18년간 거처했던 곳을 밝힌 글이다. 그렇다면 신유년 겨울부터 을축년 가을까지 4년 동안 노파의 주막집에서 살았음을 알 수 있다.

　지금은 흔적도 없이 사라진 노파의 주막집, 강진 읍내의 동문 밖 샘거리인 그 집은 없어졌다. 오래전에 강진군에서 마을의 샘터가 있던 곳의 곁에 다산이 귀양 살았던 집터임을 알리는 표지석을 세워 놓아 위치만은 확인할 수 있다. 그로부터 세월이 한참 흐른 뒤인 최근에는 표지석의 길 건너 서편으로 초가집 두어 채를 새로 지어 이른바 '사의재(四宜齋)'라는 옛 주막집을 살려 내 놓았다. 야박한 관의 풍속으로서는 얼마나 다행한 일인가. 역적 죄인인 이유로 백성들은 공포와 두려움에 질려 아무도 '안접(安接)'을 허락하지 않았던(「다신계안」) 때에 다산을 재워 주고 먹여 주며 돌봐 준 그 노파는 백대(百代)의 칭송을 받아야 할 분인데, 후손조차 아무런 종적을 찾을 길 없으니 아쉽기 짝이 없는 일이다. 주막집은 몹시 비좁은 토담집이었으나 다산은 불편을 견디며 "이제야 내가 겨를을 얻었다."라는 생각으로 "마침내 흔연히 스스로 기뻐하여 육경사서를 가져다 깊이 연구하였다."(「자찬묘지명」) 본격적인 학문 연구에 생애를 바치기 시작한 것이다.

　인간은 망각의 동물인가. 억울함과 분노, 답답함과 불편함, 터질 듯 가슴 막히는 서러움도 잊게 되니 세월은 모든 것을 삭이게 해 주는 약인가. 누구를 탓하면 무엇하고 누구를 원망하면 무엇하랴. 선비란 책을 읽고 글을 쓰며 남을 가르치는 일에 전념할 수밖에 다른 어떤 일이 있겠는가. 누구 하나 가까이 오는 사람도 없이 고독하던 시절, 주막집 노파가 겨우 말을 걸어 주고 읍내의 신분이 높지 않던 아전 자제들이 다산에게 글을 배우려고 찾아오기 시작했다. 찾아오기 시작한 때가 언제인지 정확한 기록은 없지만, 아마 그해가 지나고 이 듬해인 1802년의 초봄이었을 것으로 짐작된다. "누구 한 사람 편안 하게 우거하기를 허락하지 않던 때를 당해서 좌우에 있으며 사상 측 근이 되어 주었던 사람은 손병조(孫秉藻), 황상(黃裳) 등 네 사람이었다. 이러한 이유로 말한다면 읍내 사람들은 바로 근심과 걱정을 함께 견 뎌 냈던 사람들이었다."(「다신계안」)

아마 노파의 주막집에서 멀지 않은 곳에 살던 아전들이 자식의 교육을 위해 두려움을 이기고 다산에게 교육받기를 원했을 것이다. 뒷날 황상은 물론 황취(黃聚)와 이청 등은 신분이야 높지 않았지만, 다산에게 글을 배우고 삶의 큰 도리를 얻어들어 훌륭한 학자와 문인 으로 성장하게 된다.

독수공방의 외롭고 고독하던 때, 학동들이 찾아와 글을 가르쳐 주는 일은 다산에게는 매우 큰 위안이자 마음을 가다듬을 좋은 기 회였다. 어느 누구 말도 걸어 주지 않던 시절, 재주 있고 발랄한 젊은 이들과 학문적인 대화를 나누는 일은 기쁨을 주었다. 이들에게 재미 를 붙이고 자신의 학문 연구도 본궤도에 오르면서 심신의 안정도 얻 어졌다. 그런 정신적 분위기 속에서 다산은 노파의 토담집 공부방을 전혀 불편하게 여기지 않고, 오히려 '사의재(四宜齋)'라 명명하여 학문 의 요람으로 여겼다.

사의재란 내가 강진에서 귀양 살며 거처하던 방이다. 생각은 마땅히 맑아야 하니 맑지 못하면 곧바로 맑게 해야 한다. 용모는 마땅히 엄숙해야 하니 엄숙하지 못하면 곧바로 엄숙함이 엉기도록 해야 한다. 언어는 마땅히 과묵해야 하니 말이 많다면 곧바로 그치게 해야 한다. 동작은 마땅히 후중해야 하니 후중하지 못하다면 곧바로 더디게 해야 한다. 이런 이유로 그 방의 이름을 '네 가지를 마땅하게 해야 할 방(四宜之齋)'이라고 했다. 마땅함이라는 것은 의(義)에 맞도록 하는 것이니 의로 규제함이다. 나이 들어가는 것이 염려되고 뜻을 둔 사업이 퇴폐됨을 서글프게 여기므로 자신을 성찰하려는 까닭에서 지은 이름이다. 때는 가경(嘉慶) 8년(1803년) 11월 신축일(辛丑日, 10일) 동짓날이니 갑자년(1804년)이 시작되는 날이다. 이 날 『주역(周易)』의 건괘(乾卦)를 읽었다.

「사의재기(四宜齋記)」

수신(修身)을 게을리 하지 않으며 본격적인 학문 연구에 심신을 바치는 학자 생활에 들어섰다는 자신의 입장을 알리는 글임에 분명하다. 생각·용모·언어·몸가짐 등 학자가 지녀야 할 태도에 조금이라도 소홀한 점이 있으면 철저히 반성하여 곧바로 바로잡겠다는 각오가 들어 있다. 올바른 마음과 행동으로 흐트러짐 없는 학자 생활을 하겠다는 스스로의 다짐이자 외부에 선포한 내용이다. 하늘을 우러르고 땅을 굽어봐 한 점 부끄럼 없이 의롭게 살면서 올바른 저서를 남기겠다는 굳은 의지의 발로였다.

먼 뒷날의 기록이지만, 다산은 「다신계안」이라는 글에 그때 사의재에서 가르친 제자들에 대한 고마움을 잊지 않고 적어 남겼다. 우선 그곳을 찾아와 글을 배운 네 집안 자제들 덕분에 그 학자금으로 다산의 생활비가 해결되었다. 그래서 "읍내 사람들이라고 하여 어떻게 잊을 수가 있겠는가?"라고 말했고 다산초당에서의 18제자와 비교하면서도 "다산의 여러 사람들은 읍내 사람들을 만날 때보다는 조금 평화로워진 뒤에 서로 만난 사람들이었다."(『다산세만』)라고 밀했다. 다산초당의 사람들은 감시가 많이 누그러지고 세월이 지나면서 역적 죄인에 대한 두려움이 가셔 왕래가 어렵지 않게 된 뒤에야 비로소 만났으므로, 참으로 힘들 때 찾아 주었던 읍내 사람들의 공을 더 크게 여겼던 것이다.

한때 잘나가던 시절의 다산은 한림학사·옥당·암행어사 등의 귀한 벼슬도 지냈지만 역적 죄인으로 나락에 빠진 현실을 경험했기에 세상의 흐름과 염량세태(炎凉世態)에 관찰력이 뛰어난 시를 지은 바 있다. 앞에서 인용한 장기 유배지의 「고시」 27수라는 시에서는 "어느 정도 궁하면 도울 이웃 있어도 아주 궁하면 돌봐 줄 사람 없다네"라고 읊어 절망적인 궁함에 이르면 아무도 도와주지 않는다고 했다. 무기수에게는 관심 갖는 사람이 있을 수 있으나 사형수에게야 누가 관심이라도 갖겠는가. 시국 사범이야 관심을 기울여도 간첩 죄인이야 누가 돌볼 것인가. 역적 죄인이라고 모두가 꺼리는 다산이었음에도 주막집 주인 노파가 돌봐 주고, 낮은 신분의 학동들이 찾아와 글을 가르쳐 달라 했으니 다산은 소궁(小窮)인가 아니면 대궁(大窮)인가. 역적 죄인이야 '대궁'임이 분명하지만, 하늘이 무너져도 솟아날 구멍이 있다는 속담처럼 다산에게도 역시 어려움 속에서도 살아갈 방도가 있기 마련이었다.

1801년 신유년은 한 해가 너무도 길었다. 초봄부터 감옥에 갇혀 국문을 받았고 또 장기로 귀양 갔다가, 10월에 다시 압송되어 재구속되고 국문을 받았다. 거기서 귀양지가 바뀌어 먼먼 전라도 땅끝인 강진으로 밀려왔고, 그해 11월 하순 주막집에서 몸을 풀고 세밑을 맞아야 했으니 얼마나 긴 한 해였던가. 서울에서 장기가 800여 리이니 왕복 1600여 리에 다시 서울에서 강진이 800여 리이니 오고 간 거리는 또 얼마이던가. 한 해는 너무 길었고 오간 거리도 너무 멀었다. 그렇게 지겹던 40세 신유년의 불행도 끝나고 있었다. 1802년 마흔한 살의 삶이 시작된다. 해가 바뀌어 새해가 되자 집에서 아들들의 편지가 오고 고향의 소식이 전해지면서 근심과 걱정도 조금씩 가신다. 책을 쓰고 학동들을 가르치면서 정신도 안정을 찾고 불안과 공포에서 벗어나기 시작했다. 시간이 가면서 몰래 도와주려는 사람들도 나타나기 시작했다. 징역을 살더라도 오래 살면 징역도 풀리듯이 유배살이의 고통도 시간이 가면서 조금씩은 수월해지는 법이다.

○○ 편지로 부정을 전하다

1802년 임술년, 새해가 되자 가정에서 편지가 왔다. 아들들 말고도 숙부도 편지를 보냈다. 다산은 답장도 쓰기 전에 편지 받은 기쁨을 시로 노래했다.

해가 가고 봄이 와도 봄인 줄 모르다가	歲去春來漫不知
새소리 날로 달라 봄인가 싶네	鳥聲日變此堪疑
비만 오면 향수가 등나무처럼 얽히고	鄕愁値雨如藤蔓

겨울 지낸 이내 몸 댓가지처럼 여위었네   瘦骨經寒似竹枝

세상도 보기 싫어 방문은 늦게 열고   厭與世看開戶晚

오는 손님 없겠거니 이불 더디 갠다오   知無客到捲裳遲

무료함 없애는 법 아이들이 알아내서   兒曹也識銷閒法

의서대로 술을 담가 한 단지 부쳐 왔네   鈔取醫書付一甌

천 리 먼 길에 종아이가 가져온 편지 받고   千里傳書一小奴

초가 주막 등잔 아래서 홀로 긴 한숨이라   短檠茅店獨長吁

어린 아들 학포조차 아비를 탓했건만   稚兒學圃能懲父

병든 아내 옷 꿰매 보냈으니 여전히 남편 사랑하나 봐   病婦縫衣尚愛夫

음식 기호 생각해 멀리 찰밥 싸서 보내고   憶嗜遠投紅稗飯

굶은 사람 구하려고 철투호를 새로 팔았다네   救飢新賣鐵投壺

답장 바로 쓰려 하니 달리 할 말 없어   施裁答札無他語

산뽕나무나 수백 그루 심으라 채근했지   筋種壓桑數百株

「새해에 집안 편지를 받고(新年得家書)」

풀어서 설명할 필요도 없이 아들, 아내, 숙부의 편지를 받은 무렵의 일상과 신세타령을 꾸밈없이 느낀 대로 대강대강 읊었다. 소일 거리로 드시라는 약술이 오고, 아내는 평소의 식성을 기억해 찰밥을 쪄서 보냈다. 다산은 그때 아들이 셋, 딸 하나가 있었다. 큰아들 학연의 아명은 학가(學稼), 무장(武牂)이었고, 둘째 학유의 아명은 학포(學圃), 문장(文牂)이었고 막내아들은 농장(農牂), 농아(農兒)였다. 학포 아래로 외동딸이 있었다. 애칭으로 학연은 무아(武兒), 학유는 문아(文兒)

라 불렀고, 그해 겨울에 아파서 요절하는 농아는 그때 어렸다. 새해인 그때 학연은 20세, 학유는 17세로 글도 어느 정도 익혔고 세상 물정도 알 만큼 알던 때였다. 아버지의 3형제 중 아버지는 진즉 세상을 떠났고 중부와 계부가 살아 있었는데, 중부 정재운은 다른 집안에 양자로 입양되었고, 계부 정재진이 다산의 집을 돌봐 주며 안부 편지도 보냈다.

전해지지 않아 정재진의 편지 내용은 알 수 없으나, 다산의 시 「봉간숙부(奉簡叔父)」를 보면 "너희들 글 잘한다." 하고 예뻐했더니 어찌하여 그런 책이나 읽다가 그런 처지가 되어 집안을 이렇게 폐족으로 만들었느냐고 꾸짖는 내용이 있었나 보다. 천주교에 관계했던 것을 탓했으리라 여겨진다. 아들, 아내의 편지야 일체 전해지지 않지만 그때 다산이 집으로 답장한 편지는 대부분 전해지고 있다. 강진에서 아들에게 답한 첫 번째 편지를 보자.

너희들의 편지를 받으니 마음이 놓인다. 둘째의 글씨체가 조금 좋아졌고 문리도 향상되었는데, 나이가 들어가는 덕인지 아니면 열심히 공부하고 있는 덕인지 모르겠구나. 부디 자포자기하지 말고 마음을 단단히 먹고 부지런히 책을 읽는 데 힘써라. 초서(鈔書, 책에서 중요한 내용을 골라 뽑아 기록해 두는 일)나 글을 쓰는 일에도 혹시라도 소홀히 하지 말도록 해라. 폐족이면서 글도 못하고 예절도 갖추지 못한다면 어찌 되겠느냐. 일반 집 사람들보다 백배 열심히 노력해야만 겨우 사람 축에 낄 수 있지 않겠느냐. 내 귀양살이 고생이야 매우 심하긴 하다만 너희들이 독서에 정진하고 몸가짐을 올바르게 하고 있다는 소식만 들리면 근심이 없겠다. 큰애가 4월 10일게 말을 사서 타고 오겠다고 했는데, 벌써 이별할 괴로움이 앞서는구나.

「답이아(答二兒)」

자신의 고생이야 얼마든지 감내할 수 있으니 열심히 책을 읽고 행동거지만 바르게 한다면 아무 걱정이 없겠다는 아버지의 애틋한 정이 철철 넘쳐흐르는 편지다. 찾아온다는 소식에 만날 기쁨보다는 만났다 또 헤어져야 할 고통과 괴로움을 먼저 느낀다니 이들 부자간의 정리가 어느 정도인가는 설명할 길이 없다. 자신의 감정을 그렇게 멋지게 표현하는 문장력은 여느 사람이 쉽게 지닐 수 있는 것이겠는가. 다산의 글맛을 진하게 느낄 수 있는 부분이다. 폐족이기 때문에 여느 사람보다 백배는 더 노력해야 사람 대접을 받을 수 있다는 말도 가슴 아픈 내용이다. 다산의 부정(父情)은 이처럼 만인을 울려 주는 명문으로 길이 전해지고 있다.

○○ 윤씨 집안의 도움으로 학문 연구를 재개하다

유배지의 첫해야 그렇다 해도, 해가 바뀌어도 큰 변화가 없더니 그해 겨울이 되자, 찾아올 사람 없어 이불도 더디 개고 방문도 늦게 연다던 다산에게 찾아온 사람이 있었다. 바로 아버지의 친구였던 윤광택(尹光宅)이었다. 강진의 항촌(項村)에 사는 그는 강진 일대에서는 소문난 부호로 의협심이 있고 기개도 큰 사람이었는데 그에 대한 인물평을 다산은 기록으로 남겼다.

> 벼슬하지 못하고 포의로 마쳤지만 사람됨이 침착하고 의지가 굳었으며 지용(智勇)이 비범했다. 천이나 만의 재산을 모아 위급한 사람들에게 시혜하기를 즐겨 했고 빈객을 좋아했고 의기 있는 사람을 숭배했다. 나의 아버지께서 화순 현감으로 재직하실 때 백련동(白蓮洞, 해남 읍내의 다산 외가 마을)으로 놀러가면서 강진으로 경유하며 항촌의 농막으로 윤광택 공을 방문했는데, 즐겁게 이야기하면서 하룻밤을 새우고 시를 지어 주고 이별했으니 건륭 무술년(1778년, 다산 17세 때) 사이의 일이었다.
>
> 「옹산윤공묘지명(翁山尹公墓誌銘)」

200년이 지난 오늘에도 강진 일대에는 윤광택에 관한 일화가 하나 전해진다. 다산의 아버지가 윤광택을 찾아갔을 때 친구를 맞는 기쁨으로 집안사람들에게 친구 대접을 위해 황소 한 마리를 잡도록 명했다. 아무리 부호라도 시골에서 손님 맞이를 위해 소를 잡는다는 것은 쉬운 일이 아니다. 사람들이 머뭇거리며 실행을 못하고 있자 윤광택은 큰소리로 호령하여 당장 소를 잡도록 재촉했다. 마지못해 끝내 머슴들이 소를 잡았고, 그 쇠고기로 손님을 대접했으니 다산 아버지는 그런 큰 환대를 받았다는 이야기다. 친구에게 정을 베푸는 그의 기개가 그처럼 컸다는 것이다. 항촌은 현재의 지명으로 강진군 도암면 소재지인 항촌마을이다. 목 항(項)이라는 글자에서 따와 '목리'라고 했는데, 항촌은 강진 읍내의 지명인 목리(牧里)와는 다른 마을이나 다산은 항촌을 '목리(牧里)'라고 표현했으니 이 점은 다산의 착오로 바로잡아야 한다.

항촌 윤 부잣집에는 윤서유(尹書有, 1764~1821년)라는 아들이 있었다. 다산보다 두 살 아래 친구였다. 아버지들 사이의 교유로 윤서유는 일찍부터 다산 형제들과 교유가 있었다. 그는 소년 시절에 벌써 다산의 외종형 댁인 진산(珍山, 지금의 충남 지역)에 찾아가 윤지충 밑에서 과거 공부를 한 적도 있었다. 또 서울에 유학하여 이가환도 찾았고 다산 형제들과도 가깝게 지냈다. 이러한 이유로 1801년 신유옥사가 일어나 다산 일파가 검거되어 죽고 귀양 가던 난리 통에 그도 천주교도로 오해받아 강진의 감옥에 갇히고 말았다. 조사를 받아 혐의가 없다는 인정을 받고 풀려났으나 공포와 두려움 때문에 강진 읍내로 귀양 온 친구 다산을 찾아볼 엄두를 내지 못하고 있었다. 그러나 역시 세월이 약이다. 시간이 지나면서 윤서유 집안은 다산에 대한 옛정을 잊지 않고 여러 방면으로 배려하기 시작했다.

그다음 해인 임술년(1802년) 겨울에 윤서유가 아버지의 명에 따라 그의 사촌 동생 윤시유(尹詩有)를 보내 몰래 읍으로 숨어들어와 만나 보게 했는데, 술과 고기를 가져다주면서 위로해 주었다. "큰아버지(윤광택)께서 옛일을 생각하셔서 친구의 아들이 곤궁해져 우리 고을로 귀양 왔는데, 당신이 비록 숙식은 시켜 줄 수 없지만 두렵고 겁이 나 그동안 안부도 묻지 못했노라고 하면서 주신 것입니다." 이때부터 혹 밤이면 찾아와서 가까이 지내던 정을 계속했다. 마침 교리 김이재(金履載, 1767~1847년)가 고금도(완도군 고금면)에서 귀양 살고 있던 참이라 나로 인해 공(윤서유)의 형제도 알고 지냈는데, 그가 우리 사이는 대대로 교분이 무척 가깝다는 것을 널리 이야기해 주자, 이속(吏屬, 다산의 감시자)들이 모두 깨닫게 되어 마침내 왕래함을 막지 않았다.

「옹산윤공묘지명」

·

서울에서 함께 벼슬하며 가까이 지냈던 교리 김이재는 안동 김씨 벌열 집안으로 대단한 세력이 있던 사람이다. 정조 순조의 정권 교체기에 시파로 몰려 강진의 근처인 완도의 고금도에서 귀양 살았는데, 천주교와 관계없는 정치적 이유로 귀양살이하던 참이어서 유배가 풀리리라는 것은 누구나 알고 있었다. 김이재의 형인 김이교(金履喬)는 다산과 동방(同榜)으로 친한 친구 사이였다. 김이재는 뒷날 이조 판서에 이르고 김이교는 정승에 오른다. 김이재는 옛날 다산과 지내던 정리를 생각해 그가 역적 죄인으로 천대받을 이유가 없음을 남들에게 설명했고 강진의 관가에도 그런 뜻을 전해 너무 혹독하게 다산을 취급하지 못하도록 했을 것이다. 아무튼 김이재와 항촌 윤씨들의 도움으로 다산의 유배살이는 한결 수월하게 되어 갔다.

뒷날(1812년) 다산은 외동딸을 윤서유의 아들 윤창모(尹昌模, 영희(榮喜)라고도 했음)에게 시집보내 두 집안은 사돈간이 되었다. 윤씨 집안은 다산의 권유로 다산의 고향 마을에서 가까운 귀어촌(歸魚村)으로 온 집안이 이사를 갔고, 그곳에 살면서 서울 출입이 잦던 윤서유는 늦은 나이인 1816년 문과에 급제하여 집안을 영광스럽게 하기도 했다. 뒤에 사간원 정언의 벼슬까지 올랐다. 사위 윤창모는 다산초당 제자의 한 사람으로 부지런히 공부하여 소과에 급제하고 진사에 오르기도 했다. 윤창모의 아들이자 다산의 외손자 윤정기(尹廷琦, 1814~1879년)는 호가 방산(舫山)으로 다산의 슬하에서 공부하여 다산풍의 많은 실학 관계 저서를 남긴 큰 학자가 되었다. 항촌의 윤씨와 김이재의 도움으로 다른 사람들과의 왕래도 이룩되었으니, 강진에서 멀지 않은 해남의 연동마을 윤씨 집안은 다산의 외가인데 그곳의 윤씨들과도 만남의 길이 열려 다산은 그런대로 유배 생활의 큰 고통을 이길 수 있는 처지가 되었다. 그런 주변의 분위기와 도움으로 다산은 본격적인 학문 연구에 매진할 수 있게 되었다.

○○ 화불단행(禍不單行)

세상의 일이란 알 수 없는 경우가 많다. 귀양살이가 시작된 다음 해 1802년 4월에는 큰아들 학연이 강진까지 내려와 아버지를 위로했다. 얼마나 그립던 부자의 만남이었겠는가. 그러나 얼마 뒤 큰 불행이 닥쳤다. 신유옥사 때 국청에서 문사랑(問事郎, 재판 기록관)으로 일했던 이안묵(李安默, 1756년~?)이라는 벼슬아치가 다산이 강진으로 유배 오고 나서 강진 현감으로 부임했는데, 그 사람이 다산을 해치려고 엉뚱한 일로 다산을 체포해다가 조사하는 사건이 벌어졌다. 사건에 대한 자세한 내용이야 기록에 없으니 알 수 없는 일이지만, 「자찬묘지명」에 기록된 내용이다. 아마 다산의 반대파에서 「황사영백서」 사건 때 죽이지 못한 분풀이로 자파의 이안묵을 강진 현감으로 보내 조그마한 사건이라도 트집을 잡아 피해를 주려는 속셈이었으리라 여겨지는 일이다. 그러나 너무나 맹랑한 사건 조작이었으므로 조사해 보았으나 전혀 사실이 아니어서 혐의 없음을 인정받고 그냥 풀려났다. 얼마나 무서운 일인가. 신유옥사의 공포가 가시기도 전에 또 그런 일이 있었으니 죽음의 공포를 벗어나지 못하는 다산의 입장은 정말로 딱했다.

항촌 윤씨네 집안의 도움이 시작되어 한시름 놓으려니 하던 때에 더욱 큰 불행이 찾아왔다. 신유년 겨울 귀양지가 강진으로 바뀌어 서울을 떠날 때, 어머니와 함께 과천까지 따라와 이별을 나눈 네 살짜리 막내아들이 마마로 세상을 떠나고 말았다. 불굴의 의지와 신념에 투철했던 다산, 나라와 백성을 위하는 일 아니고는 사사로운 일은 거들떠보지 않는 냉철한 다산이었지만, 귀양살이 타향에서 고향에 두고 온 어린 아들의 죽음 소식을 받고는 한없이 애달파하는 아버지로 돌아왔다. 북받치는 서러움을 이기지 못하고 격정의 눈물을 마구 흘릴 수밖에 없었으리라. 네 살짜리 어린 농장의 죽음은 다산에게 너무나 슬픈 일이었다. 『사암선생연보』에도 하나의 사건으로 그의 죽음을 기록으로 남겼고, 집으로 보낸 편지에서도 특별히 그의 죽음에 애도의 뜻을 전하는 말을 남겼다. 더구나 그 아이의 짧은 인생에 대한 일대기인 광지(壙誌, 무덤 속에 넣는 비문)까지 짓기도 했다.

농아(農兒, 농장의 애칭)는 곡산에서 잉태했으며 기미년(1799년) 12월 2일에 태어나 임술년(1802년) 11월 30일에 죽었다. 발진(發疹)이 나서 마마가 되더니 마마가 헐어서 죽었다. 내가 강진에 귀양 살고 있는 중이어서 글을 지어 그의 형에게 울면서 무덤에 읽어 주게 했다. 농아의 죽음에 부치는 글이다.

네가 세상에 태어나 세상을 떠나기까지는 겨우 세 돌일 뿐인데 나와 이별해 산 기간은 그 가운데 두 돌이나 되었다. 사람이 60년을 산다고 할 때 40년이나 그 아버지와 이별한 채 살았던 셈이니 정말 애달픈 일이로다. 네가 태어날 때 나는 깊은 근심을 하고 있던 시기라 너의 이름을 농(農)이라고 했는데, 이미 고향 집에 돌아와 있을 때(1799년 말)라 너를 살게끔 하는 일은 농사뿐일 것이고 그렇게라도 하는 것이 죽는 것보다야 현명한 일이라 여겼기 때문이다. 그래야만 내가 죽더라도 흔연스럽게 황천 고개를 넘어갈 수 있고 한강을 건너갈 수도 있을 것 같아서였다. 이렇게 보면 나의 죽음은 사는 것보다 현명할 수도 있었다. 죽음이 사는 것보다 현명할 일인데도 살아 있고 너의 살아 있음은 죽는 일보다 현명한 일이었지만 죽어 버렸으니 나의 능력으로는 할 수 있는 일이 아니었나 보다.

내가 네 곁에 있었다고 하더라도 꼭 살 수 있었던 것은 아니지만 너의 어머니가 보낸 편지에서 너는 "아버지가 나에게 돌아와 주셔도 발진이 나고 아버지가 돌아와 주셔도 마마에 걸릴까?"라고 했다더구나. 네가 무얼 헤아리는 바가 있어서 그러한 말을 했겠느냐만, 너는 내가 네 곁에 돌아가면 의지할 수 있을 것 같아 그러한 말을 했을 것이니 너의 소원을 이루어 주지 못한 게 참으로 슬픈 일이 되고 말았구나. 신유년 겨울에 서울에서 강진으로 떠나던 때, 과천 주막에서 네 어머니가 나를 가리키면서 "저분이 네 아버지다."라고 하니 너도 어머니를 따라서 "저분이 우리 아버지다."라고 했다. 이는 아버지가 어떻게 아버지라는 것인지 너는 실제로 알지도 못하면서 한 소리였으니 슬픔을 자아내는 일이었다. 이웃 사람이 가는 편에 소라 껍데기 두 개를 너에게 전해 주도록 했는데, 너의 어머니 편지에 너는 강진 사람이 올 때마다 소라 껍데기를 찾다 못 찾으면 몹시 섭섭해했다고 하는구나. 이제 네가 죽고 나서야 소라 껍데기가 다시 오고 보니 슬프기 한량없구나. 너의 얼굴 모습은 빼어나고 깎은 듯했고 코 왼쪽에 조그마한 점이 있었다. 네가 웃을 때에는 양쪽 송곳니가 유난히도 툭 튀어나오곤 했다.

슬픈지고! 나는 오직 너의 모습이나 생각하며 잊지 않아 네가 아비 생각하던 정에 보답해 주마.

「농아광지(農兒壙誌)」

아들을 잃은 아버지의 애절한 마음이 꾸밈과 과장 없이 서술된 글이다. 비록 만 세 살의 나이로 일찍 떠난 삶이지만 이런 명문의 글로 전해지는 농아는 슬프지 않겠다. 훌륭한 글은 사람의 마음을 흔들기 마련이라는데, 바로 이런 글을 두고 이르는 말일 것이다. 꼿꼿한 선비이자 굳센 의지의 학자로 좀처럼 감정에 치우치지 않던 다산이지만 아버지로 돌아온 그의 가슴은 참으로 따뜻하고 인정스럽다. 이 글로 아들은 영생을 얻어 냈다. 슬픔과 불행이 다행으로 변하는 것이 아닌가. 꼼꼼한 다산은 이 광지의 말미에 또 한 번 아버지 다산으로 돌아왔다.

복암(伏菴) 이기양(李基讓, 1744~1802년) 어르신께서 항상 말씀하

시기를, "자녀 중에 요절한 애들은 당연히 그 생년월일과 이름, 생 김새, 죽은 해와 날짜를 적어 두어 뒷날 증거가 될 수 있게 하고, 그 애들이 태어나 살다 간 흔적을 남게 해야 한다."라고 하셨다. 그 말씀이야말로 참으로 어지신 말씀이다. 나는 경자년(1780년) 가을 예천 군청의 관사에 있을 때 아내가 낙태를 하여 처음으로 자식을 잃었고, 신축년(1781년) 7월에는 아내가 애를 밴 채 학질을 앓다가 팔삭둥이 딸 하나를 낳아 나흘 만에 죽었는데 이름도 짓지 못한 채 와서(瓦署, 다산의 고향 근처)의 언덕배기에다 묻었다. 그다음은 학 연과 학유를 낳아 다행히 키웠다. 그다음에는 구장(懼牂), 그다음에 는 효순(孝順)인데, 순산으로 효도했다 하여 효순이라 했다. 이 애들 둘은 모두 요절하여 구장과 효순이에게는 모두 간단한 묘비명을 지 어 주었는데, 실제로 묘에 묻은 글이 아니라 책에 기록해 둔 비명이 다. 그 아래로 딸 하나를 낳아 지금 열 살(1793년생)로 두 차례의 역 질을 이미 다 마쳤으니 겨우 죽음을 면했나 보다. 그다음은 삼동 (三童)이란 놈인데 마마에 걸려 곡산에서 죽었다. 이 애가 죽을 때 에는 아내가 애를 배고 있는 때여서 슬픔을 참고 애를 낳았는데 열흘을 겨우 넘겨 또 마마에 걸려서는 며칠이 못 되어 죽었다. 그 아래가 바로 농장이다. 삼동이는 병신년(1796년) 11월 5일에 태어나 무오년(1798년) 9월 9일에 죽었다. 삼동이 다음 애는 이름도 짓지 못했다. 구장이와 효순이는 두척(斗尺, 다산 마을의 뒷산)의 산등성이에 다 묻었고 삼동이와 그다음 애는 두척의 산발치에다 묻었다. 농아 도 필연코 산발치에다 묻었을 것이다. 모두 6남 3녀를 낳아 살아남 은 애는 2남 1녀뿐으로 죽은 애들이 4남 2녀나 되어 죽은 애들이 살아난 애들의 두 배나 된다. 오호라! 내가 하늘에서 죄를 얻어 이처럼 잔혹스러우니 어쩐 일인고!

「농아광지」 부록

6남 3녀를 낳아 겨우 2남 1녀를 길러 낸 아버지가 죄 많은 자신의 부덕으로 많은 애들이 죽었음을 뉘우치는 참회의 글이다. 기록은 이렇게 무섭다. 자녀들의 생몰 연대를 이렇게 꼼꼼히 기록한 글이 세상엔 흔하던가. 역시 기록을 좋아하던 다산이었기에 그만한 저서를 남긴 큰 학자가 된 것이리라.

묘비명만으로 농아의 죽음을 슬퍼하기에는 너무 슬펐다. 아들을 잃은 아내의 슬픔에 위로의 뜻을 전하지 않을 수 있으랴. 그래서 다산은 긴긴 편지를 아들에게 보낸다. 1802년 12월 농아의 죽음 소식에 답한 글이다.

우리 농아가 죽었다니 비참하구나! 비참하구나! 가련한 아이. 나의 몸이 점점 쇠약해지고 있을 때 이런 일까지 닥치다니. 정말 마음을 크게 먹을 수가 없구나. 너희들 아래로 무려 사내아이 네 명과 계집아이 하나를 잃었다. 그중 하나는 낳은 지 열흘 남짓해서 죽었기에 얼굴조차 기억하지 못하겠고 나머지 세 아이는 모두 세 살 때로 품에 안겨 한창 재롱을 피우다 죽었다. 이 세 애들은 나와 네 어머니가 함께 있을 때 죽었기에 딴은 운명이라고 쳐 버릴 수도 있어 이번같이 간장을 후벼 파는 슬픔이 북받치지는 않았다. 내가 이렇듯 먼 바닷가에 앉아 있어 못 본 지가 무척 오래인데 죽다니!

그 애의 죽음이 한결 서럽고 슬프구나. 생사고락의 이치를 조금 깨달았다는 나의 애달픔이 이러할진대 하물며 네 어머니야 품속에서 꺼내어 흙구덩이 속에 집어넣었음에랴! 그 애가 살았을 때 어리광 부리던 말 한마디 귀엽던 행동 하나하나가 기특하고 어여쁘게만 생각되어 귓가에 쟁쟁하고 눈앞에 삼삼할 것이다. 더구나 여자들이란 정이 많아 이성에 의지하지 못하기 십상인데 얼마나 애통스럽겠느냐. 나는 여기에 있는 데다 너희들은 이미 장성하여 밉상스러울 것이니 생명을 의탁하려고 했던 바는 오직 그 아이였을 것이다. 더욱 이 큰 병환을 치르고 난 뒤 아주 수척할 무렵에 이런 일만 이어지니, 하루 이틀 만에 따라 죽지 않은 것만도 아주 기이한 일이구나. 내가 직접 그 일을 당했더라면 아버지라는 것도 잊은 채, 다만 어머니가 슬퍼하는 것처럼 되고 말았을 것이다.

아무쪼록 너희들은 마음과 뜻을 다 바쳐 어머니를 섬겨 오래 사시도록 해라. 이 뒤부터라도 정성스러운 마음으로 타일러 두 며느리로 하여 아침저녁으로 부엌에 들어가 음식을 맛있게 해 드리고, 방이 차고 따뜻한지를 잘 보살피며, 한시라도 시어머니 곁을 떠나지 않게 할 것이며, 고운 태도 부드러운 낯빛으로 매사를 기쁘게 해 드려라. 시어머니가 쓸쓸하고 불편을 느끼면 낯빛을 변치 말고 더욱 정성스러운 마음으로 힘을 다하여 그 사랑을 얻도록 노력하고 마음에 조금의 틈도 없이 잘 화답하여 오래오래 가면 자연히 믿음이 생겨 안방에서는 화평스러운 기운이 한 움큼 솟아날 것이니, 이렇게 되면 천지의 화응을 얻어 닭이나 개나 채소나 과일까지도 탈 없이 무럭무럭 제 명대로 자랄 것이고, 일마다 맺히는 게 없어져 나 또한 임금의 은혜라도 입어 풀려서 돌아가게 되지 않겠느냐.

「답양아(答兩兒)」

아버지 다산의 마음과 정이 그대로 드러난 편지다. 귀여운 막내 아들을 잃은 그 큰 상실감은 가장 불우한 시절에 겹친 더 큰 불행으로 다산을 울게 만들었다. 그러나 자신의 아픔보다도 직접 낳아 기른 아들을 잃은 아내의 마음에 한없이 따뜻한 동정심을 보내며, 아들과 며느리에게 어머니이자 시어머니인 아내를 잘 섬기도록 간절히 부탁하는 내용이 더 가슴을 저미게 한다. 곡진한 다산의 글 표현력을 유감없이 알게 해 주는 짜릿한 글 한 편이다.

품 안에 안고 있던 귀염둥이를 흙구덩이 속에 묻고 난 뒤의 아내 심정을 이해하는 남편의 따뜻한 정이 훈훈하다. 이런 편지를 읽는 아내의 심정은 어떠했을까. 전해지지 않는 답장이지만 그래도 우리는 상상력으로 아내의 답장을 읽을 수 있으리라 여겨진다. 그리운 귀염둥이와 자상한 남편의 모습이 함께 떠올라 가슴 미어지는 아픔을 느끼고, 또 큰 위안을 받았을 것이다. 안방에서 화평스러운 기운이 한 움큼 솟아나면 하늘과 땅의 화응(和應)을 얻어 집 안에서 기르는 가축이나 채소, 과일까지도 맺히는 일 없이 잘 자랄 것이라는 다산의 추측은 비과학적인 이야기이지만 그럴듯하게 들리는 내용임에 분명하다. 화불단행(禍不單行)이라는 속담이 있다. 화란은 대체로 겹쳐서 오는 경우가 많다는 뜻이다. 유배살이라는 최악의 고통의 시기에 어린 아들까지 잃은 아픔을 견고한 마음으로 견뎌 내며 화란의 파도를 넘어서 다산의 삶은 바르게 전개되어 갔다. 신유년과 임술년의 불행이 끝나자 혈육의 죽음은 한동안 뜸했다. 1807년 7월 조카 학초(學樵, 정약전의 아들)의 죽음, 1816년의 6월 중형 정약전의 죽음은 한참 뒤의 일이었다.

○○ 두 아들의 교육에 정성을 바치다

막내아들을 잃은 슬픔이 채 가시지 않았으나 다산은 남아 있는 두 아들에 대한 애착을 더 느끼면서 아들들의 교육에 온 정성을 바치기 시작한다. 1802년 12월 22일자로 명기된 장문의 편지에는 본격적으로 자식 교육에 심혈을 기울이는 모습이 역력하다.

이 세상에 있는 사물 중에는 그대로 두어서 좋은 것이 있는데, 이런 것을 두고 이러저러하다고 떠들썩하게 말할 필요가 없다. 다만 파손되거나 찢어진 것을 가지고 어루만지고 다듬어 완전하게 만들어야만 바야흐로 그 공덕을 찬탄할 수 있듯이, 죽을병에 걸린 사람을 치료해서 살려야 훌륭한 의원이라고 부르고, 위태로운 성(城)을 구해 내야 이름난 장수라고 일컫는다. 여러 대에 걸친 명문가 고관들의 자제처럼 좋은 옷을 입고 멋진 관을 쓰고 다니며 집안 이름을 떨치는 것은 못난 자제도 할 수 있는 일이다. 이제 너희는 망한 집안의 자손이다. 그러므로 더욱 잘 처신하여 본래보다 훌륭하게 된다면 이것이야말로 기특하고 좋은 일이 아니겠느냐? 폐족으로서 잘 처신하는 방법은 오직 독서하는 일 한 가지밖에 없다.

독서라는 것은 사람에게 있어서 가장 중요하고 깨끗한 일일 뿐만 아니라, 호사스러운 집안 자제들에게만 그 맛을 알도록 하는 것도 아니고, 또 촌구석 수재들이 그 심오함을 넘겨다 볼 수 있는 것이 아니기 때문이다. 반드시 벼슬하는 집안의 자제로서 어려서부터 듣고 본 바도 있는 데다 중간에 재난을 만난 너희들 같은 젊은이들만이 진정한 독서를 하기에 가장 좋은 것이다. 그들이 책을 읽을 수 없다는 것이 아니라, 뜻도 의미도 모르면서 그냥 책만 읽는다고 해서 독서를 한다고 할 수 없기 때문이다.

의원이 삼대를 계속해 오지 않았다면 그 의원 집에서 주는 약을 먹지 않는 것처럼 문장 또한 그렇다. 몇 대를 내려오는 집안의 문장이라야 글다운 글이 나오기 때문이다. 돌이켜 보면 내 재주가 너희들보다 조금은 더 나을지 모르지만, 어려서는 방향을 알지 못했고, 나이 열여섯에야 비로소 서울 유학을 해 보았으나 이곳저곳 집적거리기만 했지 얻은 것이라고는 아무것도 없었다. 그 후 스무 살 무렵에 처음으로 과거 공부에 전력을 기울였더니, 소과에 급제하여 태학(太學, 성균관)에 들어가게 되었다. 여기서 또 다시 대과 응시 과목인 사자구(四字句)·육자구(六字句) 등의 변려문에 골몰하다가 규장각으로 옮겨 가서는 그 과제에 응하느라 한갓 글귀만 다듬는 공부에 거의 10년이나 몰두하였다. …… 그러므로 내가 지은 시나 문장은 아무리 맑은 물로 많이 씻어 낸다 해도 끝내 과거 답안 같은 틀을 벗어날 수 없고 조금 괜찮은 것일지라도 관각체(館閣體)의 기운을 면할 수 없는 것이다.

너희들 중에 학연의 재주와 기억력은 내가 젊었을 때보다는 조금 떨어지는 듯하나 열 살 때 지은 네 글을 나는 스무 살 적에도 짓지 못했을 것 같고, 근래에 지은 글은 지금의 나로서도 미치지 못하는 것이 더러 있으니 이것은 네가 효과적으로 공부하는 길을 택했고 견문이 조잡하지 않기 때문이 아니겠느냐. …… 내 생각에는 네가 이미 진사도 되고 과거에 급제할 만한 실력이 족히 된다고 본다. 글을 알면서도 과거 시험 때문에 오는 제약을 벗어나는 것과 진사가 되고 급제한 사람이 되는 것 중 어느 편이 나은 일인가는 말하지 않더라도 잘 알 것이다. 너야말로 독서할 때를 만난 것이다. 지난번에 말했듯이 가문이 망해 버린 것 때문에 오히려 좋은 처지가 되었다는 게 바로 이런 것이 아니겠느냐. 너희들 가운데 학포의 재주와 역량을 보면 큰애보다 주판알 하나쯤 부족할 듯하나 성품이 자상하고 무엇이든지 생각해 보는 사고력이 있으니, 진정으로 열심히 책 읽는 일에 온 마음을 기울이면 어찌 형님을 따를 수 없다고 하겠느냐. 근래에 둘째의 글을 보니 조금 나아졌기에 내가 알수 있다.

「기이아」

큰애와 둘째에게 번갈아 지적하면서 어떻게 공부를 해야 할 것인가를 상세하고 간결하게 설명해 주었다. 자식을 착한 길로, 독서의 길로 인도하려는 아버지의 다정한 마음이 무척이나 진솔하다. 진실은 언제나 감동을 주기 마련이다. 삶의 깊고 넓은 원리를 터득한 다산이 생활에서 얻은 경험적인 이야기로 아들을 설득했으니, 따르지 않을 아들이 어디 있었겠는가. 이제 진사가 되고 과거에도 급제할 수준이라면 큰 공부가 이미 성취된 것이다. 그러나 다산은 주마가편이다. 더 높은 수준에 이르라고 간곡한 부탁을 늘어놓았다. 뒷날 추사(秋史) 김정희(金正喜, 1786~1856년)라는 대학자가 극찬했듯이 정말로 이 두 형제는 나란히 모두가 칭찬하는 문사로 크게 성장하였다. 몇 대를 이어 오던 학문과 전통을 충분히 계승할 수준에 넉넉히 이르렀다. "의원이 삼대를 계속해 오지 않았다면 그 의원 집 약을 먹지 않듯이 문장도 그렇다."라는 구절처럼 인류의 오랜 경험칙을 증거로 제시하니, 수긍하지 않을 수가 없다. 의원이 대를 이어 집안의 비법을 전수받아 경험이 축적되면 더 정교한 의술을 펼칠 수 있듯이, 문장도 마찬가지라는 것이다. 증조부·조부·아버지에 이르기까지 여러 대에 걸쳐 문장에 뛰어난 선조들이 있어, 그들의 학문적 전통을 이어받고 집안 장서들을 활용해야만 더 큰 학자가 되고 문장가가 될 수 있다고 했으니 지극히 당연한 말이다. 물론 꼭 그렇지 않을 수도 있겠지만, 대체로 그렇다는 것이다. 편지는 계속된다.

독서를 하려면 먼저 근본을 확립해야 한다. 근본이란 무엇을 일컫는가. 학문에 뜻을 두지 않으면 독서를 할 수 없으며, 학문에 뜻을 둔다고 했을 때는 반드시 먼저 근본을 확립해야 한다. 근본이란 무엇을 일컫는가. 오직 효제(孝弟)가 그것이다. 먼저 효제를 힘써 실천함으로써 근본을 확립해야 하니, 근본이 확립되고 나면 학문은 자연스럽게 몸에 배어들어 넉넉해진다. 학문이 몸에 배어들고 넉넉해지면 특별히 순서에 따른 독서의 단계를 강구하지 않아도 괜찮다.

1802년 한 해를 마무리하는 뜻으로 보낸 편지에는 여러 가지 큰 의미가 담겨 있다. 다산은 뒷날 육경사서의 경전에 대한 새로운 주석으로 중세 동양의 관념론적인 성리 철학의 세계관과 인성론에서 탈피해 '일을 행함(行事)'을 앞세운 경험론적 실학 사상을 정립하는데, 효제의 실천을 근본으로 삼아야 한다는 이 편지의 내용은 바로 다산의 학문 전체를 꿰뚫는 근간이요 핵심 사항이다. 인간의 기본적인 윤리인 효제를 제대로 실천할 수 있는 기반이 닦이면 나머지는 순서도 단계도 필요 없다는 주장이 다산 실천 철학의 중심이다. 가장 기본적인 윤리조차 실행하지 않으면서 독서를 하면 무엇하며, 철학과 학문을 연구하면 무슨 결과가 나오겠느냐는 반문에서 다산의 실학 사상이 튼튼하게 자리 잡게 된다. 공맹 철학인 유교의 핵심 논리를 아들들에게 가르친다. 다산은 뒤에 '인(仁)'이 바로 효제라고 과감하게 주장하면서, '이(理)'를 말하는 사람들의 실천을 떠난 논리에 거대한 반기를 들게 된다.

1803년은 계해년으로 다산은 42세의 해를 맞았다. 새해를 맞아 요즘 말로 신년사 격인 장문의 편지를 또 아들에게 보낸다. 유배살이 3년째인 그해에는 경전에 관한 책들을 완료하기도 했지만, 자식을 가르치는 일에도 전혀 게으르지 않았다.

새해가 밝았구나. 군자는 새해를 맞으면서 반드시 마음가짐이나 행동을 새롭게 하려고 한다. 나는 소싯적에 새해를 맞을 때마다 꼭 1년 동안 공부할 과정을 미리 계획해 보았다. 예를 들어 무슨 책을 읽고 어떤 글을 뽑아서 적어야겠다는 식으로 작정을 해 놓고 꼭 그렇게 실천하곤 했다. 때로는 몇 개월 못 가서 사고가 발생하여 계획대로 되지 않을 때도 있었지만 아무튼 좋은 일을 행하고자 했던 생각이나 발전하고 싶은 마음은 없어지지 않아 많은 도움이 되었다. 내가 지금까지 너희들 공부에 대해서 글과 편지로 수없이 권했는데 너희는 아직도 경전이나 예악에 관해 하나도 질문을 해 오지 않고 역사책에 관한 논의도 보여 주지 않고 있으니 어찌된 셈이냐? 도회지에서 자란 너희들은 어린 시절에 보고 배운 것이 문전의 잡객(雜客)이나 시중드는 하인, 아전들뿐이어서 말씨나 마음씨가 약삭빠르고 비천할 수밖에 없겠지. 이런 못된 버릇이 골수에 박혀 너희들 마음속에 착한 행실을 즐겨 하고 공부하려는 뜻이 전혀 없는 것이다. 내가 밤낮으로 애태우며 돌아가고 싶어 하는 것은 너희들 뼈가 점점 굳어지고 기운이 점점 거칠어져 한두 해 더 지나 버리면 완전히 나의 뜻을 저버리고 보잘것없는 생활로 빠져 버리고 말 것이라는 초조감 때문이다. 지난번에는 그런 걱정 때문에 병까지 얻었다.

너희들은 집에 책이 없느냐? 몸에 재주가 없느냐? 눈이나 귀에 총명이 없느냐? 왜 스스로 포기하려고 하느냐? 영원히 폐족으로 지낼 작정이냐? 너희 처지가 비록 벼슬길은 막혔어도 성인(聖人)이 되는 일이야 꺼릴 것이 없지 않으냐? 문장가가 되는 일이나 통식달리(通識達理)의 선비가 되는 일은 꺼릴 것이 없지 않으냐? 꺼릴 것이 없을 뿐만 아니라 과거 공부하는 사람들이 빠지는 잘못을 벗어날 수도 있고, 가난하고 곤궁하여 고생하다 보면 그 마음을 단련하고 지혜와 생각을 넓히게 되어 인정(人情)이나 사물의 진실과 거짓을 옳게 판단할 수 있는 장점까지 가지고 있다. 그런 까닭에 선배로서 율곡 이이 선생 같은 분은 어버이를 일찍 여의고 어려움을 참고 견디어 얼마 안 있어 마침내 지극한 도(道)를 깨쳤고, 우리 집안의 우담 정시한 선생께서도 세상 사람들의 배척을 받고서 더욱 덕이 높아졌고, 성호 이익 선생께서도 난리를 당한 집안에서 이름난 학자가 되었으니, 이분들 모두 당대의 고관대작 집안의 자제들이 미칠 수 없는 훌륭한 업적을 남겼다는 것을 너희도 일찍부터 들어 오지 않았느냐? 폐족에서 재주 있는 걸출한 선비가 많이 나오는 것은, 하늘이 재주 있는 사람을 폐족에서 태어나게 하여 그 집안에 보탬이 되게 하려는 것이 아니다. 부귀영화를 얻으려는 마음이 근본 정신을 가리지 않아 깨끗한 마음으로 독서하고 궁리하여 진면목과 바른 뼈대를 얻을 수 있기 때문이다. 평민으로 배우지 않으면 못난 사람이 되고 말지만 폐족으로서 배우지 않는다면 마침내 도리에 어긋나 비천하고 더러운 신분으로 타락하게 되고 아무도 가깝게 지내려 하지 않아 결국 세상의 버림을 받게 되고 혼인길마저 막혀 천한 집안과 결혼하게 되며, 물고기의 입술이나 강아지의 이마 몰골을 한 자식이 태어나면 그 집안은 영영 끝장나는 것이다.

내가 유배 생활에서 풀려 몇 년간이라도 너희들과 생활할 수만 있다면 너희들의 몸과 행실을 바로잡아 효제를 숭상하고 화목하게 지내는 일에 습관이 들게 하며 경서를 연구하고 시례(詩禮)를 담론하면서 3000~4000권의 책을 서가에 진열하고 1년 정도 먹을 양식을 걱정하지 않도록 원포(園圃)에 상마(桑麻)·소과(蔬果)·화훼·약초 등을 심어 잘 어울리게 하고 그것들이 무성하게 자라는 것을 구경하면 마음이 즐거울 것이다. 마루에 올라 방에 들어가면 거문고 하나가 놓여 있고 주안상이 차려져 있으며 투호(投壺) 하나, 붓과 벼루, 책상과 도서들이 품위 있고 깨끗하여 흡족할 만한 때에, 마침 반가운 손님이 찾아와 닭 한 마리에 생선회 안주 삼아 탁주한 잔에 맛있는 풋나물로 즐겁게 먹고 어울려 고금의 일을 논하면서 흥겹게 산다면 비록 폐족이라 하더라도 안목 있는 사람들이 부러워할 것이고 이렇게 한두 해의 세월이 흐르다 보면 반드시 중흥의 여망이 비칠 게 아니냐. 이 점 깊이 생각해 보도록 해라. 이런 일조차 하지 않을 것이냐?

「기양아」

정월 초하루에 보냈다는 날짜 기록도 있는 편지다. 이 편지의 바로 앞에 보낸 연말의 편지에서 진사도 되고 문과 급제의 수준도 된다면서 더 열심히 하여 큰 학자가 되라고 충고하더니, 초하룻날의 편지에서는 사뭇 다그치면서 제대로 공부를 하지 않는다고 크게 꾸짖기까지 하였다. 폐족이면서 행실도 바르지 못하고 학문도 제대로 하지 않다가는 혼삿길까지 막혀 천민으로 떨어질 것이라는 막된 이야기로 아들을 채찍질했다. 이어지는 글에서도, 말을 올바르게 하고 안색을 바르게 해야 한다는 등 몸가짐을 낱낱이 설명해 주고 그런 몸가짐이 없고서는 비록 하늘의 이치에 통달하고 재주가 있으며 다른 사람보다 뛰어난 식견을 가졌다 해도 결국은 발꿈치를 땅에 붙이고 바로설 수 없어 어긋난 말씨, 잘못된 행동, 도적질, 대악(大惡), 이단(異端)이나 잡술(雜術) 등으로 흘러 걷잡을 수 없게 된다고 단단한 경고를 주기까지 했다.

귀양이 풀려 고향에서 두 아들과 함께 지낼 때의 낭만적인 삶의 구상은 또 얼마나 이상적이고 멋진가. 다산은 그렇게 꿈이 컸고 미래에 대한 예견을 넉넉히 할 수 있는 아량이 있었다. 서가에 가득한 경서를 연구하는 것은 물론, 손님이 오면 닭 한 마리에 생선회 안주 삼아 탁주 한 잔에 맛있는 풋나물 즐겁게 먹으며 고금을 논하고 흥겹게 살아간다면 폐족의 불행에서 벗어날 수 있으리라는 꿈, 그러한 꿈이 있었기에 그는 끝내 큰 학자의 대업을 이룩했으리라.

못다 인용한 1802년 12월 22일자 편지 중간 부분에는 참으로 절박한 내용을 열거하여 아들들이 학문 연구와 독서에 마음을 기울이지 않을 수 없게 하기도 하였다.

너희들이 참으로 책을 원하지 않는다면 내 저서는 쓸모없는 것이 되고 말 것이다. 내 저서가 쓸모없다면 나는 할 일이 없는 사람이 되고 만다. 그렇다면 나는 앞으로 마음의 눈을 닫고 흙으로 빚은 사람처럼 될 뿐만 아니라 열흘이 못 가서 병이 날 거고 이 병은 고칠 수 있는 약도 없을 것인즉 너희들의 독서는 내 목숨을 살려 주는 것이다. 너희들은 이런 이치를 생각해 보아라.

반드시 처음에는 경학 공부를 하여 밑바탕을 다진 후에 옛날의 역사책을 섭렵하여 옛 정치의 득실과 잘 다스려진 이유와 어지러웠던 이유 등의 근원을 캐 보아야 한다. 또 모름지기 실용의 학문, 즉 실학에 마음을 두고 옛사람들이 경국제세(經國濟世), 즉 나라를 경륜하고 세상을 구했던 글들을 즐겨 읽도록 해야 한다. 마음에 항상 만백성에게 혜택을 주어야겠다는 생각과 만물을 자라게 해야겠다는 뜻을 가진 뒤라야만 바야흐로 참다운 독서를 한 군자라고 할 수 있다. 그러한 사람이 된 뒤, 더러 안개 낀 아침, 달뜨는 저녁, 짙은 녹음, 가랑비 내리는 날을 보고 마음에 자극이 와서 한가롭게 생각이 떠올라 그냥 운율이 되고, 저절로 시가 될 때 천지간 자연의 음향이 제 소리를 내는 것이다. 나보고 너무 현실성 없는 이야기만 한다고 하지 마라.

「기이아」

대단하다. 아들들이 참다운 인간이 되도록 얼마나 간절한 이야기를 계속하고 있었던가. 읽어야 할 책의 종류나 내용에 대해서까지 자세히 설명한 내용에 이어 편지의 끝 부분에서는 역시 빼놓지 않고 큰아버지, 어머니에게 극진하게 효도를 하고 형제간이나 자매간에 온 정성으로 우애를 다해야 한다는 내용에 이른다. 다산은 자식들에게 진정한 아버지이자 훌륭하고 큰 스승이었다.

"두 아들이 효자가 되고, 두 며느리가 효부가 된다면 나야 유배지인 금릉(金陵, 강진의 옛 이름)에서 이대로 늙어 죽는다 해도 아무런 유감이 없겠다. 힘쓸지어다."라고 긴긴 편지는 끝나고 있다. 역시 결론은 효제다. 실천에 옮기는 행동만이 학문의 근본 목적이라던 그의 철학은 여기서도 쉼 없이 이어지고 있다. 다산은 유배지에서 아들에게 수많은 편지를 보냈는데, 지금 읽어 보아도 그 내용에는 너무 절실하고 간절한 뜻이 담겨 있어, 어느 것 하나 금과옥조 같지 않은 말이 없다. "어버이를 섬기는 일은 어버이의 뜻을 거역하지 않는 것이 가장 중요하다." 어버이 뜻에 순종하지 않고서 어떻게 부모를 모신다고 말이나 하겠는가. "여인들(어머니)은 의복이나 음식, 거처에 관심이 많으므로 어머니를 섬기는 사람은 사소한 일에 유의해야만 효성스럽게 섬길 수 있을 것이다." 이 얼마나 실정에 적합한 말인가. "앞서 누구이 말했듯이 청족(淸族, 폐족의 반대말)은 비록 독서를 하지 않는다 해도 저절로 존중받을 수 있으나 폐족이 되어 세련된 교양이 없으면, 더욱 가증스러운 일이 아니겠느냐." 청족은 아무런 하자가 없어 정말로 잘나가는 집안을 말하지만 그 반대편인 폐족이야 애쓰고 노력하여 특별한 능력이나 인격의 소유자가 되지 못한다면 사람 구실을 할 수 없는 입장임을 강조하여 아들들이 분발하도록 당부하는 내용도 지극하다.

한편 다산은 그때 조선 사회의 고질적 병폐였던, 자아 각성이 부족한 몰민족(沒民族)의 사대주의적 근성에 큰 경고를 내리고 있음을 발견하게 된다. "수십 년 이래로 한 가지 괴이한 논의가 있어 우리 문학을 매우 심하게 배척하고 있다. 여러 가지 우리나라의 옛 문헌이나 문집에는 눈도 주지 않으려 하니 이거야말로 병통이 아니고 무엇이겠느냐! 사대부 집안의 자제들이 우리나라의 옛일을 알지 못하고 선배들이 의논했던 것을 읽지 않는다면 비록 그 학문이 고금을 꿰뚫고 있다 해도 엉터리가 될 뿐이다. 다만 시집 따위야 서둘러 읽을 필요는 없겠지만, 신하가 임금께 올린 상소문, 묘비문, 옛사람들끼리 주고받은 서간문 등은 반드시 읽어 모름지기 안목을 넓혀야 한다."(「기이아」) 다산은 이와 같이 우리나라의 옛일이 자세한 책까지 소개하면서 그런 책을 읽도록 권유하였다. 중화주의에 깊이 빠져 외국의 것은 존중하지만 우리 것은 얕잡아 보는 그런 잘못된 사고에 대해 다산은 질타하고 있다. 이 문제는 한때 일시적으로 했던 이야기가 아니라 다산의 의식에 깊이 내재해 있던 신념이자 집착이었다. 몇 년 뒤인 1808년 가을에 큰아들 학연에게 보낸 「기연아(寄淵兒)」라는 편지에서 이런 이야기는 반복되고 있다. 시를 지을 때 걸핏하면 중국의 고사(故事)나 인용하려는 것을 부끄럽게 여기라면서 『삼국사기』, 『고려사』, 『국조보감』, 『여지승람』, 『징비록』, 『연려실기술』 및 우리나라의 다른 글에서 그 사실을 뽑아내고 그 지방을 고찰하여 인용한 뒤라야 후세에 전할 수 있는 좋은 시가 나올 것이며, 세상에 명성을 떨칠 수 있다고 말하기도 했다. 주체성을 상실한 무조건의 세계화가 아니라, 민족 정서를 찾아내 그것을 바탕 삼고 우리의 정체성에 근거한 문학이라야 세계적인 문학의 수준에 이른다는 것이다. 그래서 예를 들었다. "혜풍(惠風) 유득공(柳得恭, 1749~1807년)이 지은 「16국회고시(十六國懷古詩)」는 중국 사람들도 책으로 간행해서 즐겨 읽던 시인데, 그것은 바로 우리나라 사실을 인용했기 때문이다." 요즘 말해지는 "가장 한국적인 것이 가장 세계적인 것이요, 가장 세계적인 것이 가장 한국적인 것이다."라는 구호의 의미를 다산은 그때 이미 알고 있었던 것으로 생각된다. 민족 자아와 주체성, 민족 정서와 같은 독자성의 의식들이 다산의 마음에는 자리하고 있었던 것이다.

○○ 학술 저서들이 속속 완성되다

지난 연말과 새해 첫날 아들들을 가르치고 훈계했던 자상한 아버지 다산은 자신의 일에도 한순간 쉬지 않고 고경(古經) 연구에 혼신의 노력을 기울였다. 그해(1803년) 봄에는 마침내 유배지에서의 첫 번째 학술서가 탄생했다. 『단궁잠오(檀弓箴誤)』라는 예서(禮書)가 완성되었으니 「단궁」은 육경(六經)의 하나인 『예기(禮記)』라는 고례(古禮)에 관한 책의 편명이다. 그는 책을 서술하게 된 계기를 다음과 같이 밝혔다.

「단궁」 2편은 『예기』의 여러 편 중에서도 의리와 문사(文詞)가 정밀하고 아름답다. 내가 이 때문에 「단궁」 편을 가장 좋아한다. 옛날의 예(禮)는 번잡하고 복잡해 부화(浮華)한 문체가 없지 않으나 「단궁」 편에서 말하는 것은 대체로 간략하여 『논어』에 기록한 공자의 말씀과 서로 부합하니, 참으로 공자의 의미심장한 말씀이다.

「제단궁잠오(題檀弓箴誤)」

전 6권으로 된 이 책은 뒷날 완성되는 『상례사전』이라는 거질의 예서에 편입되었지만, 유배지에서 최초로 저술한 책이 왜 그러한 상례(喪禮) 분야의 저서인가에 대해서는 조금 부연할 필요가 있다.

상례란 사람이 죽었을 때 초상을 치르고 장례를 마치며 제사를 지내는 옛날 예법에 관한 글이다. 본디 유학에서 예학(禮學)이라는 분야는 매우 중요한 부분이지만 동시에 아주 까다롭고 복잡하며 어려운 부분이어서 일반 유학자들은 감히 거론조차 하기 힘든 분야였다.

다산은 유배지에서 전후 오랜 시간을 들여 무려 62권에 달하는 상례에 대한 저서를 남겼다. 다산은 천주교에 감염되고 천주교의 장점을 과장되게 세상 사람들에게 선전했다는 이유로 사학 죄인이 되어 유배살이를 하던 사람이다. 오늘날의 천주교와는 달리 다산 시대의 천주교에는 제사 문제가 얽혀 있었다. 천주교가 맨 처음 조선에 전교되었을 때는 제사 문제가 거론되지 않았지만, 시간이 가면서 교파 간의 갈등까지 결부되어 제사를 지내도 괜찮으냐, 절대로 제사를 지내서는 안 되느냐 등의 의례(儀禮) 문제가 큰 사안으로 대두되었다. 중국의 천주교 교구와 교황청의 문제로 비화되어 많은 논의가 제기되더니 끝내는 진실한 신자라면 조상의 제사를 지내서는 안 된다는 결론에 이르고 말았다. 이 문제가 조선에서 나라의 문제로까지 본격적으로 부각된 것이 바로 1791년의 신해옥사 또는 진산 사건이었다.

당시 전라도 진산에 살던 다산의 외종사촌 형 윤지충이 모친상을 당하자 자신의 외종사촌인 권상연과 함께 신주를 불사르고 제사를 지내지 않았다. 이 사실이 관에 알려지자 인륜을 파괴한 큰 죄인으로 취급되어 두 사람은 참수형을 당했다. 이들은 천주교 신자로서 제사를 지내지 않아야만 참다운 신자라고 생각해 이와 같은 일을 감행했던 것이다. 다산의 여러 기록을 살펴보면, 그는 이 진산 사건을 계기로 제사를 지내지 말아야 한다는 천주교 교리에 정면으로 반대하고 천주교에서 마음을 끊고 손을 떼었다고 했다. 정조에게 바친 상소문에도 자세히 나온다. 그렇다면 천주교에 관계가 있다는 이유로 귀양 살던 다산은 제사 문제에 대해 명확한 입장을 밝힐 필요가 있었다. 제사를 인간 윤리의 큰 항목으로 삼는 '상례'의 연구를 통해 제사의 본질을 학문적으로 밝히는 일이 그에게는 중요한 문제의 하나였을 것이다. 그래서 아마 상례에 관해 그 거대한 저서를 남겼으리라고 생각할 수 있다.

봄에 6권의 『단궁잠오』를 마치자 여름에는 23칙(則)으로 된 「조전고(弔奠考)」를 저술한다. 사람이 죽으면 조문하는 조례(弔禮)에 관한 예절을 자세히 설명한 것이다. 그해 겨울에는 『예전상의광(禮箋喪儀匡)』이라는 17권의 저술을 끝마쳤다. 모두 독수공방으로 상례만 연구하다 이룩된 업적들이다. 옛날의 경서를 주석하면서 합당치 않은 곳이 있으면 널리 옛 서적을 고찰하여, 자신의 독단적인 생각으로 새로운 해석을 내리기보다는 이경증경(以經證經), 즉 경의 내용으로 경의 의문점을 해결해 내는 객관적으로 증명이 가능한 연구 방법을 썼노라고 스스로 밝히기도 했다. 상례의 절차상 문제가 되는 것을 실제 행동으로 옮기기 편한 합리적 방법으로 다시 주석을 달고 해석을 내렸다. 1803년 한 해는 봄부터 겨울까지 1년 내내 상례 문제만 붙들고 연구한 해였다. 제사를 지내지 않아야 독실한 천주교 신자라는 교회법과 확실한 선을 긋고, 제사를 합리적으로 지내야만 공자의 뜻에 맞는 유학자임을 반증하기 위한 작업이었을 것이다.

○○ 『천자문』을 대신할 아동용 교과서를 짓다

1804년으로 해가 바뀌어 다산은 마흔세 살이 되었다. 유배 생활은 4년째로 접어든다. 사의재라고 명명한 주막집의 다산 연구실에서 상례 연구에 이어 『주역』에 대한 연구도 시작했다. 주막집 인근의 아동들이 공부하러 찾아오자, 교재에 관심이 많던 다산은 창의적인 교재 개발에도 노력을 기울였다. 아이가 말을 하게 되면 가르치던 책은 수백 년 동안 변함없이 『천자문』이었다. 다산은 본디 『천자문』에 불만이 있었다. 아동용 교과서로 도대체 적합하지 않다는 이유에서였다. 다산의 시대뿐만 아니라 현재 우리의 시대에도 아동용 한문 교과서의 첫 번째 책은 『천자문』이다. 그런데 그때 다산은 그 책의 문제점을 낱낱이 지적하는 「천문평(千文評)」이라는 글을 지었다.

우리나라 사람들은 양(梁)나라의 주흥사(周興嗣)가 지은 『천자문』으로 어린아이들을 가르쳤다. 그 책은 어린아이들을 가르치기 적당한 책이 아니다. 하늘 천(天)과 따 지(地)의 글자를 배우고 나면 일월(日月)·성신(星辰)·산천(山川)·구릉(丘陵) 등 족류(族類)를 다 알기도 전에 오색(五色)을 배우라고 현황(玄黃)의 글자를 가르치고, 청적(靑赤)·흑백(黑白)·홍자(紅紫)·치록(緇綠)의 다른 점을 분별하기도 전에 우주(宇宙)를 배우라 하니, 이것이 무슨 교육 방법인가. 운우(雲雨)의 글자 사이에 등치(騰致)의 글자가 끼여 있으니 이것이 족류를 다한 것인가. 상로(霜露)의 글자 사이에 결위(結爲)의 글자가 끼여 있으니 어떻게 분별할 것인가.(『천자문』을 보면 모두 나와 있는 글자다.) 그래서 아동들은 글자의 의미를 제대로 알지 못해, 검을 현(玄) 자를 감는다는 뜻의 전(纏) 자로 해석하며 누를 황(黃) 자를 누른다는 압(壓) 자로 해석한다. 그러나 이것은 배우는 아이가 미련해서 그런 것이 아니라 유(類)를 감촉해서 자세하고 정확하게 알지 못했기 때문이다. 찰 영(盈) 자의 반대는 빌 허(虛)이고 기울 측(仄) 자의 반대는 평할 평(平) 자인데, 영(盈) 자로 측(仄) 자를 대했으니, 이는 세로를 말하면서 가로를 깨우치게 한 것으로 그 유가 아니다. ……

　맑을 청(淸) 자로 흐릴 탁(濁) 자를 깨우치고, 가까울 근(近) 자로 멀 원(遠) 자를 깨우치며 가벼울 경(輕) 자로 무거울 중(重) 자를 깨우치고, 얕을 천(淺) 자로 깊을 심(深) 자를 깨우치는데, 두 자씩 들어서 대조해 밝히면 두 가지의 뜻을 함께 알게 되고, 한 자씩 들어 말하면 두 가지의 뜻을 함께 모르게 된다. 또 형체가 있는 물건에 대한 글자와 형체가 없는 뜻에 대한 글자는 그 유가 다르며, 행위가 없는 뜻과 행위가 있는 일에 대한 글자도 그 유가 같지 않다. 강(江)·하(河)·토(土)·석(石)은 형체의 명칭이고, 청(淸)·탁(濁)·경(輕)·중(重)은 그 뜻이며, 정(停)·류(流)·운(隕)·돌(突)은 그 일이 되는 것이다. 같은 유를 감촉하여 자세하고 정확하게 알지 못하는 것이 이와 같기 때문에 『천자문』을 다 읽어도 마침내 한 글자도 모르게 된다.

　이렇게 『천자문』의 문제점을 하나하나 지적하여 정확한 비판을 가했다. 수백 년 동안 수많은 아동들이 배웠건만, 아무도 이런 지적을 못했는데 혜안의 다산은 분명히 문제점을 지적하였다. 그의 독창적인 창의력의 소산이었다. 『천자문』이 아동용 교과서로 부족함을 논증해 낸 다산은 비판하고 끝내는 것이 아니라 반드시 그 대안을 제시하는 본래의 성격대로, 천자문을 대신할 『아학편(兒學編)』이라는 2000자의 책을 편찬했다. 글자마다 한글로 훈(訓)과 음(音)을 달았기에 본래 이름은 『아학편훈의(兒學編訓義)』였지만 축약해서 『아학편』이라고 불렀다. 한 자도 겹치지 않게 2000자를 뽑고, 더구나 네 번째 글자마다 반드시 운자(韻字)를 달아 차질 없이 만들었으니 간단한 일이 아니었다. 천재적인 창의성이 없고서는 불가능한 일을 다산은 또 해내고 말았다. 지금도 이 책은 전해지고 있으나 『천자문』만 알려져 있고 이 책은 그 존재조차 국민들은 모르고 있으니 안타까운 일이다. 『아학편』의 시작을 보자. 천지부모(天地父母)·군신부부(君臣夫婦)·형제남녀(兄弟男女)·자매제수(姉妹娣嫂)·조종자손(祖宗子孫)·질고생구(姪姑甥舅)로 연결되어 가족과 친척의 호칭에 대한 글자부터 상세히 열거한 새로운 편찬 방법이었다. 다만 2000자를 채우다 보니 상용 한자가 아닌 너무 어려운 자가 많은 것이 흠이 되는 것도 사실이다.

그 이외에 『십팔사략(十八史略)』이나 『자치통감(資治通鑑)』과 같은 초학자들의 교과서도 전혀 가치가 없는 책으로 비판하여, 전에 없던 독특한 주장을 폈던 것도 다산이었다. 사리에 밝고 합리적인 다산이었기에 가능한 주장이었다. 그의 주장을 읽어 보면 너무나 옳은 주장이다. 「불가독설(不可讀說, 읽어서는 안 될 책 이야기)」이라는 글에 자세히 기술되어 있다. 기존의 어떤 사물이나 논리라도 관행대로 그냥 받아들이지 않고 반드시 엄밀하게 검토하여 긍정적인 점과 부정적인 점을 정확하게 따지는 비판 정신이 투철한 다산이었기에 누구도 문제로 여기지 않던 것도 지적하여 변화시키고 바로잡는 일을 게을리하지 않았다. 학문의 모든 분야가 그렇게 해서 이룩된 것이고 법과 제도 등에 대한 개혁과 변화도 모두 그런 정신 아래서 추구되는 일이리라.

○○ 시를 짓고 경서를 연구하는 유배 생활

1805년은 을축년이다. 다산은 마흔넷의 해였다. 상례를 계속 연구하면서 『주역』에 관한 연구도 손을 놓지 않았다. 학문 연구를 쉬지 않으면서 틈이 나면 시를 짓는 일에도 마음을 기울였다. 낯설고 물설던 타향살이였으나 깡촌의 삶에 익숙해지면서 시골의 다양한 삶의 모습과 그곳 지방의 풍물을 보고 느끼는 대로 촌요(村謠)로 읊고, 농부나 어부들의 삶과 노동을 형상화한 농가(農歌)·어가(漁歌)의 형식으로 토속적인 아름다움을 능란한 기교로 표현하였다. 그해 여름에는 『정체전중변(正體傳重辨)』이라는 상례 연구서가 완성된다. 일명 『기해방례변(己亥邦禮辨)』이라 하는 이 책은 효종 대왕의 상(喪)에 대비(大妃)가 어떤 복(服)을 입어야 하는가라는 논쟁이 컸던 문제를 다산 자신의 논리로 정리한 내용이다. 이른바 '기해예송(己亥禮訟)'이란 기해년(1659년) 효종 대왕의 상에 효종의 어머니이던 대비의 복이 기년(期年, 1년)이냐 3년이냐의 문제로 서인과 남인의 당파가 서로 옳다고 주장하던 논쟁을 말한다. 서인인 송시열의 1년 설과 남인인 윤선도(尹善道) 쪽의 3년 설이 첨예하게 대립하여 끝내는 살육의 당쟁으로 격화되고 말았다. 다산의 『정체전중변』은 3본이 있다. 첫째 본 「기혜방례변」은 장기에서 유배 살던 때의 글로 분실하여 강진에서 다시 정리한 예론(禮論)이다. 둘째는 「신사복제변(辛巳服制辨)」으로 숙종 신사년(1701년)의 논쟁에 대한 변설이며, 셋째는 「팔대군변(八大君辨)」인데 송시열의 팔대군 이론에 대한 변설이다. 이 모두를 『정체전중변』이라는 책으로 정리해서 다산 자신의 예론으로 정리하였다. 매우 복잡하게 얽히고설킨 이론으로 오늘 현대인의 입장에서는 도저히 이해할 수 없는 상례 문제를 다룬다. 짧게 다산의 논리를 정리하면 이렇다.

인조 대왕의 장자는 소현 세자였다. 소현 세자가 임금의 지위에 오르지 못하고 세상을 떠나자 어머니 대비는 3년 복을 입었다. 그런데 인조 대왕의 둘째 아들인 효종이 임금의 지위를 이어받아 재위 10년째에 세상을 떠나니 대비의 복제가 문제되었다. 한번 3년 복을 입었으니 1년으로 마쳐야 한다는 것이 송시열의 당파 서인의 주장이었고, 일반 집의 일이라면 송시열의 주장이 맞지만 효종은 왕통을 이은 임금이므로 당연히 대비는 또 3년 복을 입어야 한다는 것이 윤선도의 당파인 남인의 주장이었다. 세력이 더 세던 송시열의 주장을 나라에서 받아들였으나 당쟁은 이로부터 격화되고 말았다. 다산은 양측의 주장에 대해 이렇게 평했다.

송시열은 꽉 막혀 깨닫지 못한 바가 있었다. 비록 그렇지만 그의 말은 질박하여 꾸밈이 없었다. 이 때문에 임금을 깎아내리려고 한다는 죄명이 더해졌으나, 당파 싸움이 그러한 폐단을 낳은 것이다. 개인적으로 보면 애석함을 금치 못하겠다. ……

허목(許穆)의 주장에도 문제가 있다. '앞으로(將)'라는 글자 하나로 결단을 내렸으면 끝나는 일인데, 쓸데없이 적처(嫡妻) 소생이니, 첩(妾)의 소생이니, 장자(長子)로 태어났느냐, 둘째로 태어났느냐는 말을 하고, 다투느라 화살 떨어진 곳에 표적을 세우고는 융통성 없는 각주구검(刻舟求劍)식으로 하다 보니 서로 합치된 길을 바랄 수 없었다.

1년 설은 바르지 못하지만 임금을 깎아내리려는 의도는 없었던 간단명료한 주장이었으니 그렇게 큰 죄로 모락할 이유는 없었다는 것이다. 다산은 남인의 3년 설에 찬동했다. 당연히 왕통을 이은 임금의 상에는 대비가 3년 복을 입어야 한다고 했다. 그러나 그런 주장을 폈던 미수 허목의 논리에도 문제가 있음을 지적하였다. 3년 설이면 옳은데 필요 없는 주장을 나열하여 당쟁만 치열하게 만들었다는 것이다. 끝없는 논쟁만 불러일으켜 나라를 기울게 했던 예송에 대하여 다산은 서인과 남인 양편의 잘못을 지적하였다. 당쟁의 피해를 언급한 다산의 바른 자세를 이런 글에서도 찾아볼 수 있다.

다산은 어렵기 짝이 없는 예론에 대한 연구를 계속하고 『주역』 연구에 열중하면서, 또한 민족 정서를 살려 내고, 탐관오리들의 부정부패를 질타하는 시를 끊임없이 읊었다. 1802년, 유배 온 다음 해부터 날짜가 명기된 시가 시집에 실려 있으며, 정확한 날짜는 알 수 없지만 그 무렵부터 저작한 시들이 많다. 「탐진촌요(耽津村謠)」 20수라는 제목의 시가 있는데, 실제로는 15수만 실려 있다. 탐진은 강진의 옛 이름이다. 그곳에는 본디 탐진과 도강(道康)이라는 두 개의 고을이 있었다. 뒷날 행정 구역의 개편으로 하나의 고을로 합해지면서 도강의 강(康) 자와 탐진의 진(津) 자가 합해져 강진이라는 고을이 되었다. 강진의 옛 이름에는 금릉(金陵)도 있어, 다산은 가끔 '금릉'이라고도 불렀다. 우리는 이미 경상도 장기 시절에 다산이 쓴 그곳의 풍속·풍물·토속에 관한 많은 내용이 담긴 시를 읽었다. 그때의 시 정신은 강진에서도 그대로 발휘되어 중국의 고사를 인용하던 당대 시인들의 습속에서 벗어나 우리의 고사, 우리의 풍속을 시어로 사용하는 새로운 문학 풍토를 조성하였다. 우리의 토속어·방언을 한자어로 차음한 시어들을 과감하게 사용하여 '조선 시'다운 시를 지어, 민족 정서의 아름다움을 찾아내고 가꾸어 냈다.

누리령 꼭대기엔 바위가 우뚝우뚝	樓犁嶺上石漸漸
길손이 눈물 뿌려 사시장철 젖어 있네	長得行人淚瀰瀰
월남리로 향하여 월출산 보지 말게	莫向月南瞻月出
봉우리마다 뾰족함이 도봉산을 꼭 닮았네	峯峯都似道峯尖

15수로 된 「탐진촌요」의 첫 번째 시다. 다산은 원주(原注)에서 월출산은 강진현에 있고 도봉산은 양주에 있다고 했다. 유배 사는 곳 강진의 월출산과 자신의 고향에서 가까운 양주의 도봉산은 모습이 꼭 같아 월출산 바라보면 고향에서 언제나 보이던 도봉산이 생각나고, 도봉산 생각하면 고향이 그리워지니, 월출산일랑 바라보지 말자는 시에는 고향이 그리워 못 견디는 심정이 고스란히 담겨 있다. 사향(思鄕)의 간절함이 치솟기도 하지만 또 하나 주목할 점은 '누리령(樓犁嶺)'이라는 봉우리의 표현이다.

영암과 강진의 군계를 이루며 두 고을을 갈라놓은 산이 월출산으로, 오늘의 국립 공원이다. 영암과 강진을 오가려면 월출산의 어딘가를 넘어야 하는데, 신작로가 나기 전의 옛날에는 월출산 중턱에 걸려 있던 고개 '누릿재'를 넘어야 했다. 한자로는 황치(黃峙)이지만 시골 사람들은 언제나 누릿재로 불렀다. 다산은 누런 재, 황치를 우리말 표현의 '누리령'으로 바꾸어 시어로 사용했다. 사전에도 시골 사투리에도 없는 말을 만들어 쓰는 창의성을 발휘한 것이다. 신작로가 나면서 누릿재는 길의 임무를 끝냈고, '풀치재'가 월출산을 넘는 고개였는데, 지금은 그것도 역할을 끝내고 그 밑으로 터널이 뚫려 고속도로로 연결되었으니, 누리령과 풀치재는 모두 사어가 된 형편이다.

동백나무 잎사귀 차가워도 무성한데	山茶接葉冷童童
눈 속에 피는 꽃 백학의 붉은 이마인 듯	雪裏花開鶴頂紅
갑인년(1794년)에 소금 비 한 차례 내린 뒤에	一自甲寅鹽雨後
주란이며 유자나무 무더기로 말랐네	朱欒黃柚盡枯叢
	「탐진촌요」

시어에 나오는 '산다(山茶)'는 다산이 동백나무라고 했다. 여기서 인용한 고사가 강진에 전해지는 토속적인 전설이다. 음력으로는 8월 하순, 양력으로는 9월 하순 무렵이면 찾아오는 손님이 태풍이다. 바닷물이 심한 바람에 흩날려 산야를 덮을 때도 있다. 강진에서는 이런 염기가 섞인 비를 염우(鹽雨), 즉 소금 비라고 했는데 다산은 그 말을 그대로 시어로 썼다. 다산이 귀양살이 오기 6~7년 전인 1794년에 큰 태풍이 불어 강진 일대의 농작물과 산천초목이 큰 피해를 입었다. 이렇게 자신이 사는 지역의 일을 인용하는 시가 참다운 시라던 그의 시관(詩觀)에 부합하는 시를 지었다. 이 문제는 앞에서 자세히 언급한 바가 있다.

○○ 가렴주구에 신음하는 농민들의 삶을 읊다

바닷가 왕대나무 백 척이나 자라더니　　　　海岸篔簹百尺高

요즘에는 낚싯배의 삿대로도 못 쓰네　　　　如今不中釣船篙

정원지기 날이면 날마다 새 죽순 길러서　　　園丁日日培新笋

죽력고(竹瀝膏) 내어 권문세가에 바치기 때문이네　留作朱門竹瀝膏

　　　　　　　　　　　　　　　　　　　「탐진촌요」

대나무 진을 내어 만든 약이 죽력고인데, 몸에 좋다고 하여 권
문세가에 바치기에 바쁘다. 자주 대를 베어 대나무가 높이 자라지 못
함은 착취 때문이니, 바로 농민들의 아픔이 드러난 시다.

무논에 바람 불면 보리 물결 일어나고　　　　水田風起麥波長

보리타작 무렵에 모를 심는다네　　　　　　麥上場時稻揷秧

눈 내리는 겨울에도 배추 잎은 새파랗고　　　某菜雪无新葉綠

섣달에 깐 햇병아리 고운 털이 노랗구나　　　鷄雛搰月嫩毛黃

　　　　　　　　　　　　　　　　　　　「탐진촌요」

보고 느낀 대로 적어 내려간 시다. 벼 수확을 마치면 보리 심고
보리 베고 나면 모를 심는 남녘 지방의 이모작 경작을 경기도 출신
으로서 처음 보고 신기해서 지은 시다. 눈 속에서도 새파란 배추 잎
의 색깔이나, 정월이 지나야 병아리를 까게 하는 중부 지방과 달리
섣달에 병아리를 까게 하는 남부 지방의 풍속도 재미있었을 것이다.

석제원 북쪽으로 길이 여러 갈래　　　　　石梯院北路多歧

옛날부터 아가씨들 이곳에서 이별했지　　　終古娘娘此別離

한스럽다 문 앞의 버드나무여　　　　　　　恨殺門前楊柳樹

여름 가을에 자주 꺾여 남은 가지 몇 안되네　炎霜摧折少餘枝

　　　　　　　　　　　　　　　　　　「탐진촌요」

석제원은 옛날의 역원(驛院)이었다. 지금은 없어진 지 오래돼 이름도 바뀌어 성전(城田)면의 소재지다. 삼거리는 이별을 고하던 곳인데 지금은 사라진 풍속이다. 임과 헤어지면서 버드나무를 꺾어 주던 것도 지금이야 모두 잃어버린 정취다. 풍속도 좋고 경치도 좋지만 그보다도 다산 관심의 중심에는 착취당하던 백성들의 아픔이 있었다. 눈처럼 하얀 무명베를 이방전(吏房錢)의 세금으로 빼앗기는 백성들의 모습이 처량하고, 국가 세금에서 누락된 전답까지 아전들에게 고액의 세금으로 빼앗기는 농부들의 모습이 안쓰러웠다. 특산물 때문에 당하는 재배자들의 고통도 매우 심했다.

완도(莞島)에서 나는 황칠 옻 유리처럼 투명해　　莞洲黃漆瀅琉璃

세상이 기이한 나무라 모두 알고 있네　　　　　天下皆聞此樹奇

임금님 명령으로 지난해에 세공을 없앴더니　　聖旨前年蠲貢額

벤 밑동에서 봄바람 타고 가지가 또 났네　　　春風髡蘖又生枝

　　　　　　　　　　　　　　　　　　「탐진촌요」

특산물에 대한 세공이 무서워 아예 황칠나무를 베어 버렸는데,

세공액을 면해 준다는 나라의 명령으로 베어 버린 밑동에서 가지가 새로 났으니 그들이 당하던 착취가 어느 정도였는지를 짐작할 만하다. 가렴주구의 정치가 호랑이보다 더 무섭다는 옛날 중국의 고사가 생각나는 대목이다.

다산의 다른 시 「황칠(黃漆)」에서도 전라도 완도군에서 생산되는 황칠은 옻칠이나 치자, 황잠(黃岑)보다 훨씬 품질이 좋고 우수하지만 채집하기도 힘들뿐더러 공물로 해마다 바치는 일도 괴롭고 징수하는 아전들의 농간이 무서워, 그 지방 사람들은 그 나무를 악목(惡木)이라 부르며 밤마다 도끼 들고 몰래 와서 찍어 버린다고 했다. 그러나 그곳에서도 공납이 면제되자 베어 버린 나무 밑동에서 다시 새 움이 돋아난다고 읊었다.

삼월 송지에는 말 시장이 열리는데	三月松池馬市開
한 마리에 오백 냥인 천재마를 고른다네	一駒五百揀天才
흰 말총 조리에 검정 말총 갓들은	白驄籬子烏驄帽
모두가 한라산 목장에서 온 것들이지	都自拏山牧裏來

「탐진촌요」

송지는 강진에 이웃한 해남군 송지면을 일컫는다. 제주도의 말은 배로 운반되어 해남 땅끝의 송지에 내렸으며 해마다 3월이면 말 시장이 섰다고 한다. 500냥으로 '천재마'를 골라서 살 수 있다고 했는데, 당시 그곳에서는 가장 좋은 말을 천재마라고 불렀다고 한다. 시골의 토속어를 그대로 시어로 사용했다.

전라도 병마절도영 연 지가 이백 년인데　　　　都督開營二百年
고금도에는 일본 배를 다시는 못 매었네　　　　皇夷不復繫倭船
진린의 사당에는 봄풀이 수북한데　　　　　　　陳璘廟裏生春草
때때로 어촌 아낙들 돈을 던져 아들 비네　　　漁女時投乞子錢
　　　　　　　　　　　　　　　　　　「탐진촌요」

강진에서 바다를 끼고 이웃한 고을이 완도군이다. 고금면인 고금
도는 강진의 대구면과 마주보는 섬이다. 임진왜란 때에 명나라 장수
진린(陳璘)이 조선에 와서 전공을 세웠다. 진린은 영험이 큰 장수로 소
문이 나서 바다 마을 아낙네들이 고금도에 있는 진린의 사당에 엽전
을 던지며 아들 점지해 주기를 빈다는 그곳의 습속을 시로 담았다.
우리가 어린 시절에도 시골에서 목격하던 풍습의 하나이다.

다산이 노래했던 강진은 농촌이자 어촌이었다. 농촌에서는 농부
들의 노래, 어촌에서는 어부들의 노래가 없을 수 없다.

김을 매고 북을 줘도 호미를 쓰지 않고　　　　穮蓘從來不用鋤
논에 나는 가라지도 손으로 뽑아 없앤다오　　手揁稂莠亦須除
어찌하면 맨다리에 거머리 물어 흐르는 피를　那將赤脚蜞鍼血
승정원에서 올리는 상소문에 그려다가 덧붙일까　添繪銀臺遞奏書
　　　　　　　　　　　　　　　　　　「탐진촌요」

송나라의 유명한 벼슬아치 정협의 고사를 연상시킨다. 유리방황
하는 참담한 백성들의 모습을 「유민도」라는 그림으로 그려서 임금께

올려 백성 구제의 길을 열었던 내용에서 시사받은 시다. 거머리 피로 상소문을 써서 올린다면 고통받는 농민들의 참상을 조정에서 알아차릴 수 있으리라는 비유다. 피를 죽죽 흘리면서 논에서 일하는 농부들의 고통을 함께하던 다산의 뜻이 담겨 있다.

> 집집마다 모품팔이 아낙들이 더욱 극성 　　秧雇家家婦女狂
> 보리 베는 바깥양반 돕지도 않네 　　　　　不曾刈麥助盤床
> 이씨네 약속 어기고 장씨네로 가는 것은 　輕違李約趨張召
> 돈모가 밥모보다 더 좋아서라네 　　　　　自是錢秧勝飯秧
>
> 　　　　　　　　　　　　　　　　　　　　「탐진촌요」

토속어를 그대로 시어로 활용했다. 바깥양반인 남편의 호칭을 '반상(盤床)'이라 함은 전라도 시골말이다. 돈모·밥모도 마찬가지로, 모를 심어 주고 밥만 얻어먹으면 밥모, 돈으로 받으면 돈모다. 밥모보다는 돈모가 좋기에, 이씨네 약속 어기고 장씨네 집으로 모 심으러 가는 아낙네들의 모습을 그대로 그렸다. 이모작이 성행하던 전라도 농촌이 아니면 보기 드문 풍경이다. 보리 베기와 모심기는 대체로 겹친다. 돈모 때문에 남편의 보리 베는 일은 도와주지 않고 남의 집 모심기 가는 아낙의 모습을 생생하게 표현했다. 전라도 농촌에서 1960년 대까지도 쉽게 보았던 모습을 지켜보지 못한 사람이라면 맛을 제대로 느끼지 못할 것이다.

> 넓디넓은 연못에도 물고기를 안 기르고 　陂澤漫漫不養魚

아이들 연뿌리 못 심도록 조심을 시켜야지　　　兒童愼莫種芙藥

연밥을 관청에 바쳐야 할 일도 문제거니와　　　豈惟蓮子輸官裏

한가한 날 사또 나리 낚시질 올까 겁나네　　　兼怕官人暇日漁

「탐진농가(耽津農歌)」

관과 민의 갈등이 극에 달한 상태다. 연못에 연꽃을 심어 보아야 연밥 바칠 일도 한 짐인데, 틈이 나 사또가 낚시질이라도 온다면 그들 공대하느라 마을은 거덜이 날 지경이라니 사회적 모순이 증대하던 조선 후기 농민의 처참한 삶이 그려졌다. 유배 살던 자신의 삶과 생활도 고달프고 벅차기 그지없었지만, 한순간이라도 백성들의 아픈 모습을 잊지 못하던 정신이 너무나 뜨거웠다. 한편 어촌에서의 어부들 노래도 좋다. 「탐진어가(耽津漁歌)」 10수가 있다.

계랑포에 봄이 오면 뱀장어 많기도 해　　　桂浪春水足鰻鱺

곧바로 활배를 푸른 물결에 띄운다　　　樽取弓船漾碧漪

높새바람 불어 대면 일제히 나갔다가　　　高鳥風高齊出港

마파람 급히 불면 그때가 돌아올 때라네　　　馬兒風緊足歸時

「탐진어가」

이런 시가 바로 토속시다. 민족의 고유 언어를 그대로 담아 조선의 시답게 지어 낸 대표적 작품이다. 강진 읍내의 앞바다에서 도암면 만덕리까지의 포구를 그곳 사람들은 큰 범위로는 구강포(九江浦, 아홉강이 만남)라고 부르고 읍내의 강물과 바닷물이 만나는 작은 포구는 계랑포라고 부른다. 계랑포를 그대로 시어로 썼다. 본디 민물과 바닷물이 합해지는 곳에는 뱀장어가 우글거리기 마련이다. 더구나 봄이 되면 한창 뱀장어 떼가 몰려오므로 활배(弓船)를 띄우고 그것을 잡아 올리느라 바쁜 어부들의 모습까지 실감나게 그렸다. 배 뒤에 그물을 장치한 활처럼 생긴 작은 배를 그곳 사람들은 활배라 했는데, 다산은 그 이름 그대로 시에 썼다. 높새바람, 마파람도 그곳에서 사람들이 즐겨 사용하던 말인데, 이에 대해 다산은 천재적인 수준의 뜻풀이를 해 놓았다. 그런 아이디어가 어떻게 나왔는지 감탄을 금할 수 없다. "새(鳥)는 새(乙)이고 을(乙)은 동쪽을 말하므로 동북풍을 높새바람(高鳥風)이라고 부른다. 말(馬)이란 오(午, 말띠)이므로 오는 남방이어서 남쪽에서 부는 바람을 마파람(馬兒風)이라 한다."라고 주석에서 풀이했으니, 후자는 "마파람에 게 눈 감추듯"이라는 속담을 생각하면 알 수 있다. 오늘의 우리들은 모두 잊고 자주 쓰지 않는 말인데, 그런 순수한 우리말을 다산의 시에서 찾아내는 일이 또한 기쁘다. 사어로 바뀌는 우리 고유 언어를 살리려 한 다산의 뜻이 고마울 뿐이다.

세물 때 겨우 지나 네물 때 돌아오면　　　　　三汛纔廻四汛來

까치파도 물결에 옛 어대 잠기네　　　　　　鵲漵波沒舊漁臺

어촌의 사람들 복어만 좋다 말하면서　　　　漁家只道江豚好

농어는 다 털어 술과 바꿔 마시네　　　　　盡放鱸魚博酒杯

　　　　　　　　　　　　　　　　　　　「탐진어가」

'세물', '네물'이라는 바닷가의 물때에 대한 설명이 자세하고, '까치파도'라는 어부들의 말씨가 시어로 생생하게 살아 있다. "가령 갑일(甲日)이 초승이면 병일(丙日)이 '첫물'이 되고 무일(戊日)은 '세물'이라고 한다."라는 설명부터 알아보자. 매달 초승 날을 기준으로 초승의 다음다음 날(갑을병(甲乙丙)의 순서)이 '첫물'이고 그 다음다음 날이 '두물', 그 다음다음 날이 '세물'이 된다는 뜻이다. 하루 건너서 물때가 옴을 말하고 있다. '네물' 때가 되면 만조가 되고, '까치파도'가 있어 어대(漁臺)까지 물에 잠겨 고기잡이를 할 수 없음을 뜻한다. 까치파도는 까치 떼가 날아오를 때처럼 파도가 하얗게 일어난다는 뜻이다. 농어처럼 좋은 고기는 값이 비싸므로 팔아서 술과 바꿔 먹지만, 잘못 먹으면 목숨을 잃을 수도 있음에도 값이 싸므로 복어만 좋아하는 어민들의 가난도 읊었다. 그래서 다산은 복어를 먹으려면 제대로 요리하여 독을 제거하고 먹어야 한다는 주의까지 적어 놓기도 했다. 춘궁기에 배는 고프고, 다른 먹을 것이 없으면 그냥 복어를 먹다 큰 사고가 나는 일은 우리가 어렸을 때도 있었다.

종선이 떠나면서 북을 둥둥 울리며	艅船初發鼓鼕鼕
지국총 지국총 들리느니 뱃노랠세	歌曲唯聞指掬蔥
물귀신 사당 아래 모두가 엎드려서	齊到水神詞下伏
칠산 바다 순풍 불길 마음속으로 빈다오	黙祈吹順七山風
	「탐진어가」

종선은 조운선(漕運船)으로, 나라의 세곡을 실어 나르는 배다. 배가 떠날 때는 마땅히 뱃노래를 부르는데, 다산은 자신의 외가 선조

되는 고산 윤선도가 200년 전에 읊었던 「어부사시사(漁父四時詞)」에서 '지국총'이라는 후렴을 인용했다.

앞 개에 안개 걷고 뒷 뫼에 해 비친다
배 떠라 배 떠라
밤물은 거의 지고 낮물이 밀려온다
지국총 지국총 어사와
강촌 온갖 먼빛이 더욱 좋다

「어부사시사 춘(春)」

순수한 우리말인 '지국총'을 고산은 '지국총(至匊悤)'이라고 표기했는데, 다산은 '지국총(指掬蔥)'이라고 표기했다. 한자로는 아무 뜻이 없고 다만 뱃사람들이 부르는 '지국총'을 한자음을 빌려 썼을 뿐이다. 피는 속일 수 없는 것인가. 다산에게는 고산의 피가 전해졌다. 고산의 증손자로 공재 윤두서가 있고 공재의 손녀가 다산의 어머니 윤씨 부인이었다. 고산은 다산의 외6대조요, 공재는 바로 외증조였다. 고산은 「오우가」, 「어부사시사」, 「산중신곡」 등 한글 시조를 지은 국문학상 탁월한 문학가로 유명했다. 그는 또 큰 예학자로 기해예송 때 남인의 대표적 학자임을 이미 언급하였다.

여기서 우리는 다산에 대한 아쉬움과 애석함을 토로하지 않을 수 없다. 고산은 몇백 년 전에 이미 순수한 우리 한글로 그처럼 아름답고 뛰어난 시조를 남겨 우리 한글의 우수성을 여실히 증명했는데 고산의 6대 외손이던 다산은 훨씬 뒤의 인물임에도 한글을 사용한 문학 작품을 남기지 않았다는 까닭이다. 송강 정철이나 고산 윤선도보다 훨씬 뒤의 후손으로 그들이 이룩한 문학적 업적도 계승하지 않은 점은 유교주의자의 한계로서 후진성을 면할 수 없다. 다산의 한문시들이 내용 면에서야 송강이나 고산에 뒤지지 않은 점이 많지만, 표현의 수단으로 한자만을 사용한 점은 이해하기 어려운 대목의 하나임이 분명하다. 시대로 보면 훨씬 진보적이어야 하건만, 후진적인 점은 어떤 이유인지 알 길이 없다. 문학가와 사상가의 차이로도 볼 수 있겠으나, 여기에서 다산의 한계는 숨길 수가 없다.

궁복포 앞에는 나무가 배에 가득	弓福浦前柴滿船
황장목 한 그루면 값이 천금이라네	黃腸一樹値千錢
수군영의 방자 놈은 인정도 두둑해	水營房子人情厚
남당포 버드나무 술집에 취해서 누워 있네	醉臥南塘垂柳邊
	「탐진어가」

　완도는 옛날에 '청해진'이라 불렀다. 장보고(張保皐)는 해상왕으로 청해진 대사이자 여러 나라와 무역을 한 대상(大商)이었다. 그의 자(字)가 궁복(弓福)이어서 궁복포는 완도의 포구이며, 황장목은 임금의 관을 만드는 데 사용하는 재목이다.

　『목민심서』의 「공전(工典)」 '산림(山林)' 조에는 완도의 특산물인 황장목에 대한 보호가 절대 필요한데, 관의 착취로 남벌되고 있음을 매우 경계하고 있다. 값이 지나치게 비싼 이유로 배에 가득가득 실려 나오는 것을 지적했다. 그때 전라도에는 좌수영(左水營)·우수영(右水營) 두 곳이 있었다. 좌수영은 여수에 있고 우수영은 해남에 있어 해상의 문제는 수영에서 관리했는데 완도 황장목 배는 우수영 소관이어서 그곳 관리들이 인정(人情, 뇌물)을 두둑하게 받아 남당포 주막집에서 거나하게 취하여 낮잠 자는 모습을 참으로 실감 있게 그렸다. 다산은 묘사력이 그렇게 뛰어났고, 뇌물 받는 관리들을 그렇게 미워했다. 인정은 뇌물이라고 주를 달았다. 시골에서 하는 '인정 쓴다'라는 말이 있는데, 뇌물을 바친다는 말과 같은 뜻임을 그런 데서 알게 된다.

○○ 나라를 근심하고 시대를 아파해야

다산은 장기 유배살이 이전부터 나라를 근심하고 시대를 아파하며 세속에 분개하는 많은 시를 지었다. 권력의 정상이라 해도 지나친 말이 아닌 암행어사 시절에도 백성들의 참담한 삶에 한없는 동정심을 나타내고, 그들이 당하는 착취에 분개하는 마음을 시로 읊었다. 경기 북부 몇 고을을 암행어사로 직접 활동한 직후 농촌과 농민들의 피폐한 현실을 노래한 「암행어사로 임명되어 적성의 시골집에서 짓다」라는 시나, 그 뒤에 지은 「굶주리는 백성의 노래」 등은 평소 다산의 시관(詩觀)을 그대로 반영한 대표적인 시였다.

임금을 사랑하고 나라를 근심하는 내용이 아니면 시가 아니며, 시대를 아파하고 세속을 분개하는 내용이 아니면 시가 아니며, 아름다움을 아름답다 하고, 미운 것을 밉다 하며, 선을 권장하고

악을 징계하는 그런 뜻이 담겨 있지 않은 내용의 시는 시라고 할
수 없다. 따라서 뜻이 세워지지 아니하고 학문은 설익고 삶의 대도
(大道)를 아직 배우지 못하였으며, 위정자를 도와 민중에게 혜택을
주려는 마음가짐을 지니지 못한 사람은 시를 지을 수가 없다.

「답연아(答淵兒)」

아들에게 답한 편지에서 이렇게 말했던 때가 1808년 겨울이었으
니, 한창 유배 살던 시절의 생각이었다. 그래서 다산의 많은 시 중 이
러한 시관에 입각하여 지은 시가 많은 것은 당연하다. 더구나 무거운
죄에 걸려 폐족의 신분이자 가장 천한 신분으로 전락되어 고통을 당
하던 때였으니, 자신의 불우한 처지까지 감정 이입되어 약자들에 대
한 아픔은 더욱 직핍하게 표현할 수밖에 없었을 것이다. 계해년(1803
년) 가을에 강진에서 지었다고 명확히 기록한 시의 하나가 「애절양(哀
絶陽)」이라는 제목의 시였다.

갈밭 마을 젊은 아낙 울음소리 길기도 해	蘆田少婦哭聲長
군청의 문 향해 울다 하늘 향해 부르짖네	哭向縣門號穹蒼
수자리 살러 간 지아비 못 돌아옴 있었으나	夫征不復尙可有
옛날 이래 사내가 남근 자른다는 건 못 들었네	自古未聞男絶陽
시아버지 상복에 갓난애 배냇물도 마르지 않았는데	舅喪已縞兒未澡
조·부·자 삼대의 이름이 군적에 올랐네	三代名簽在軍保
가서 호소하고 싶지만 관청 문지기 호랑이 같고	薄言往愬虎守閽
이정이 으르렁대며 진즉에 소 끌어갔네	里正咆哮牛去皁

칼 갈아 방에 드니 흘린 피 자리에 흥건하고	磨刀入房血滿席
혼자 한탄하길 애 낳은 죄로 군색한 액운 당했다네	自恨生兒遭窘厄
누에 치던 방에서 불알 까던 형벌도 억울한데	蠶室淫刑豈有辜
민(閩)의 거세 풍습은 참으로 비통했네	閩囝去勢良亦慽
자식 낳고 살아가는 이치, 하늘이 주시는 일	生生之理天所予
천도는 아들 주고 곤도는 딸을 주지	乾道成男坤道女
말이나 돼지 거세도 가엾다 말하거늘	騸馬豶豕猶云悲
하물며 우리 백성 자손 잇는 길임에랴	況乃生民恩繼序
부호들은 1년 내내 풍악 울려 즐기지만	豪家終歲奏管弦
쌀 한 톨 비단 한 치 바치는 일 없더구나	粒米寸帛無所捐
너나 나나 한 백성인데 어찌하여 후하고 박한 거냐	均吾赤子何厚薄
나그네 방에서 거듭거듭 시구 편을 외우네	客窓重誦鳲鳩篇

제목부터 어렵다. 양(陽)의 절단을 슬퍼함이 '애절양'이다. 양은 남자의 생식기를 말한다. 남자의 상징물인 양근을 절단했으니 그 이상 슬픈 일이 있겠는가. 다산은 이 시를 의미 깊은 것으로 인정하여 『목민심서』에서 시를 짓게 된 배경을 자세히 설명하고 시 전체를 그대로 인용하여 실었다. 「병전(兵典)」의 '첨정(簽丁)' 조에서 다산은 말한다.

이 시는 내가 계해년(1803년) 가을에 강진에서 지은 것이다. 그때 갈대밭 마을에 사는 백성이 아이를 낳은 지 사흘 만에 군보(軍保)에 편입되고 이정(里正)이 못 바친 군포(軍布) 대신 소를 빼앗아 가니 그 백성이 칼을 뽑아 자기 양경(陽莖, 성기)을 스스로 베면서 말하기를 "내가 이 물건 때문에 곤액을 당한다."라고 했다. 그 아내가 잘린 양경을 가지고 군청의 문으로 나아가니 피가 아직 뚝뚝 떨어졌다. 울며 호소했으나 문지기가 막아 버렸다. 내가 그 이야기를 듣고 시를 지었다. …… 백성의 수령(군수) 된 사람이 실제의 사정을 돌보지 않고 단지 통속적 관행에만 따라 군정(軍政)을 행했기 때문에 때때로 악에 받친 백성이 이러한 변고를 일으키는 일이 있으니 매우 불행한 일이다. 두려워할 만한 일이 아닌가.

억울한 백성들의 참상에 함께 눈물 흘리던 다산, 역적 죄인으로 귀양 살던 묶인 신세에 무슨 방법이 없어 슬프고 슬픈 시라도 지를 수밖에 없었다. 그래서 뒷날 역사의 거울이 되게 하려고 『목민심서』에 올렸다. 암행어사 시절에 지었던 「암행어사로 임명되어 적성의 시골집에서 짓다」라는 시도 삼정(三政) 문란의 문제점으로 『목민심서』에 올렸다.

조선 후기에 삼정의 문란은 극에 달했다. 삼정이란 전정(田政)·군정(軍政)·환곡(還穀) 세 분야의 국가 정책을 말하는데, 이 중요한 정책이 무너져 힘없는 백성들만 착취를 당해 살아갈 수 없는 지경에 이르렀다. 견디다 못해 죽음을 각오하였기에 농민 전쟁이나 반란이 일어났다. 토지 제도이던 전정의 법제가 무너져 소수의 세력가들은 전답을 극도로 많이 소유하고 실제 농민은 대부분 소작농으로 전락하여 무거운 지대와 세금을 내느라 허리가 휘었다. 환곡 제도는 봄에 곡식을 빌려 주고 가을에 곡식을 수확하여 이자를 붙여 갚는 제도인데, 관리들이 농간을 부려 백성들은 끝없이 착취만 당했다. 군정은 군역의 의무가 있는 백성들에게 군포를 징수하는 제도인데, 이 제도도 본질에서 벗어나 탐관오리들이 백성들을 등쳐 먹는 데 쓰여 백성들이 당하는 피해는 그 도가 너무 심했다. 애만 낳으면 군적·군보에 올려 군포를 바쳐야 하고 이미 세상을 떠난 노인의 이름까지 군보에 올려 군포를 받아갔으니 어떻게 계속하여 아이를 낳겠는가. 산아제한의 방법은 없고 달리 길이 없으니, 끝내 끔찍한 생식기 자르기를 감행하고 말았던 것이다. 죽은 시아버지에게 군포를 징수하는 것이 '백골징포(白骨徵布)'이고 '황구첨정(黃口簽丁)'은 갓난아이에게 징수하던 군포였다.

국가의 중요 제도가 본궤도에서 벗어나자, 백성들은 정말로 견디기 어려웠다. 오죽해야 생식기를 자신의 손으로 잘랐겠는가. 신음하고 있는 남편을 탓할 수도 없는 농부의 아내는 너무 억울해서 잘린 양근을 들고 피를 흘리며 군청으로 달려가 군수에게 호소하여 군포라도 면제해 주기를 바랐지만, 군청의 문지기들이 막아 버려 그냥 허탈하게 돌아오고 말았으니 그 아낙의 처량한 신세가 너무나 가엾다. 중국의 민(閩) 지방에서 환관(宦官)을 시키려고 남자의 불알을 거세하던 풍습이 있었는데 그것도 서러운 일이었고, 소나 돼지를 거세해 성장을 촉진시키는 것도 차마 못할 일인데, 하물며 사람의 생식기를 자르겠느냐고 항의하는 다산의 뜻이 높다. 모두가 평등한 백성인데 부자들은 쌀 한 톨, 비단 한 치 납부하지 않고 가난한 백성들만 무거운 세금을 내고 군포를 물어야 하는 상황, 오늘에는 그런 일이 없는 것인가. 빈부 격차가 갈수록 심해 가는 지금도 다산의 항의는 호소력이 있어 보인다. 힘도 권력도 해결의 방법도 없는 처지로 다산, 객창에서 거듭거듭 '시구 편(鳲鳩篇)'이나 외울 뿐이라니 더욱 안타깝다. 『시경』「조풍(曹風)」의 시구 편은 뻐꾸기의 태도를 군자의 바른 행위에 빗대어 뻐꾸기가 새끼 일곱 마리를 까 놓고 먹이를 물어다가 고루고루 먹여 제대로 길러 준다고 노래한 시다. 나랏님이여! 고을의 원님이여! 그대들은 무지한 뻐꾸기 어미만큼도 되지 못한단 말인가. 뻐꾸기도 새끼 일곱 마리를 고루 먹여 살리건만, 우리도 모두 평등한 백성들인데 왜 누구는 그렇게 후하게 살게 하고 누구는 그렇게 박하게 살게 하느냐면서 꾸짖는 다산의 외침은 당시 억울한 모든 조선 백성들의 함성이었을 것이다.

「애절양」이라는 시와 비슷한 시기에 지어진 「송충이 노래(蟲食松)」가 있다. 이 노래는 솔을 갉아 먹는 벌레 송충이가 밉고 미워서 지은 시다. 소나무는 양민이고 송충이는 백성을 뜯어먹고 사는 관리를 상징했다고 보인다.

어찌해야 번개 같은 벼락 도끼 얻어다가　　安得雷公霹靂斧

너희 몽땅 잡아다 용광로에 녹여 버리나　　盡將汝族秉畀炎火洪鑪鎔

마지막 구절은 분노에 찬 이야기다. 벼락 도끼로 모두 찍어서 이 글대는 용광로에 처넣고 싶다는 것이 진짜 송충이들이겠는가. 소나무같이 점잖은 군자를 괴롭히는 소인배들일 수도, 인재들을 헐뜯는 간신배들일 수도, 선량한 백성들을 뜯어먹고 살아가는 탐관오리들일 수도 있다. 모두가 해충임은 분명하다. 그들을 청소하지 않고는 안 되다던 생각은 우리 인류의 영원한 과제이리라.

○○ 그립고 그리운 약전 형님

1801년 11월 22일 나주의 북쪽 5리 지점인 밤남정에서 정약전·정약용 형제는 만나리라는 아무런 기약 없이 헤어졌다. 형님은 흑산도에서 아우는 강진에서 귀양 사느라, 그리움만 북받쳐 오를 뿐 만날 길이 없는 형제였다. 이래서 두 사람은 유배 초기에 약속을 했다. 『사암선생연보』 40세 때에 나오는 부분을 보자.

흑산보(黑山堡)는 나주 서남쪽 바다 가운데 있어서 강진과는 해로(海路)로 서로 접한다. 손암 선생이 섬으로 들어간 뒤에 크게 섬 사람들의 인심을 얻었다. 금지하는 법령이 조금 느슨해지자 편지를 주고받으며 소식을 통할 수 있었다. 책을 지으면 어려운 점에 대하여 문의한 것이 많았으며, 또 옥(玉)으로 조그마한 도장을 새겨 오갈 때의 신표로 삼았다.

이렇듯 학문을 토론하는 형제지기였던 두 형제는 배편이 있을 때마다 학문에 관해 묻고 답하는 편지글을 보냈다. 다만 중간에 잘못되는 일이 없도록 서로를 확인하여 믿을 수 있는 옥도장을 만들어 그것을 신표로 삼았다. 얼굴은 보지 못하고 글과 편지만 오고 갔으니 믿음을 위해 그런 싸인이 필요했다는 것이다.

이런 신표를 믿고 두 형제는 기회 닿는 대로 편지를 주고받았고, 다산은 형님의 편지를 받으면 또 슬픔과 기쁨이 뒤얽힌 시를 짓곤 했었다. 1803년 9월 9일 중굿날이다. 그 시절에 중굿날은 상당한 명절이었다. 모처럼 바람도 쐴 겸 강진 읍내의 뒷산인 북산(北山)에 올랐다. 그런데 이 산은 이름도 많았다. 보은산(寶恩山), 우두봉(牛頭峰), 우이산(牛耳山), 형제봉으로 불렸다. 산에 올라 먼 바다를 바라보며 그립고 사모하는 형님을 생각할 마음이었다. 그런데 동행한 사람이 그곳 절인 고성사(高聲寺)의 스님이었는데 그 산 이름이 우이산이고 형제봉이라고 한다는 말에 문득 형님 생각이 사무쳐 그냥 하산하고 말았다는 사연의 시가 있다. 그때 형님이 계시던 곳이 흑산도에 속한 우이도(牛耳島)였는데, 산이 우이산이고 산의 상봉이 형제봉이라니 하도 기가 막혀 그냥 내려오고 말았다는 것이다. 「중굿날 보은산 절정에 올라 우이도를 바라보다(九日登寶恩山絶頂望牛耳島)」라는 시에 그런 사연을 잘 설명해 놓았다.

한껏 멀리 바라본들 무슨 소용 있으랴	瓊雷騁望嗟何益
괴로운 마음 쓰라린 속을 남들은 모르리라	苦心酸腸人不識
꿈속에서 서로 보고 안개 속을 바라보는데	夢中相看霧中望
뚫어지게 바라보다 눈물 마르니 천지도 깜깜해라	目穿淚枯天地黑

형님이 그리워 눈물 흘리는 아우의 마음이 우리까지 슬프게 한다. 흑산도(黑山島)라는 이름을 현산(玆山)으로 바꾼 사연도 그냥 넘길 일이 아니다. "흑산이라는 이름이 듣기만 해도 끔찍하여 내가 차마 그렇게 부르지 못하고 편지를 쓸 때마다 '현산'으로 고쳐 썼는데 현(玆)이라는 글자는 검다는 뜻이다."라고 다산은 설명해 놓았다. '검을 흑'과 '검을 현'은 뜻이야 같지만 어감은 매우 다르기 때문에 무섭

고 두려운 흑자를 대신하여 유순하고 평이한 '검을 현'이라는 글자를 사용한다는 의미였다. 그래서 그 두 사람은 서로를 호칭하기를 정약전은 정약용을 '다산(茶山)'이라 부르고 정약용은 형님은 '현산'이라고 하면서 편지를 주고받았다. 때문에 오늘날 『자산어보(玆山魚譜)』라고 불리는 정약전의 저서 이름도 마땅히 『현산어보(玆山魚譜)』로 읽어야 한다.

모두 인용하기 어렵지만, 다산은 여러 수의 시를 지어 외롭고 쓸쓸한 섬에서 자신보다 더욱 힘들게 귀양살이하는 형님을 잊지 못하고 사모하는 많은 시를 지었다. 세월이 흘러 경학 연구서 저술을 마치면 다산은 현산으로 초고를 보내 형님의 의견을 묻고, 서로 의견을 교환하여 저서를 수정 가필하기도 했다. 다산에게 정약전은 형님이자 동지요 스승인 셈이었다. 그렇게 그들은 형제지기의 아름다운 우애를 역사에 남긴 큰 학자들이었다.

○○ 학승이자 선승인 혜장을 만나다

1804년에 다산은 상례 연구와 곁들여 『주역』 연구도 계속하여 첫 번째의 주역 연구의 초고가 나왔다. 이른바 '갑자본(甲子本)'이라는 책이다. 1805년인 을축년에는 비좁은 주막집의 사의재에서 밖을 구경하는 시간을 갖게 된다. 간섭이 조금씩 누그러지면서 강진 읍내 인근의 경치 좋은 곳에 구경도 다녔다. '을축본(乙丑本)'이라는 두 번째 주역 연구서도 나왔다. 그러나 그해에 가장 의미 있던 일의 하나는 4월

18일 강진군 도암면 만덕리(萬德里)에 있는 만덕사(萬德寺)이자 백련사(白蓮寺)라는 절을 구경하다 아주 젊고 멋진 승려 혜장 선사(惠藏禪師, 1772~1811년)와의 조우가 이뤄진 일이다. 자는 무진(無盡), 호는 연파(蓮坡)·아암(兒菴)으로, 혜장은 법명이고 본디 성은 김씨며 해남 출신이다. 마흔넷의 다산, 그리고 그보다 10년 아래인 34세 학승의 만남은 대단한 사건이었다. 두 사람의 극적인 만남으로 다산의 생활에 변화가 왔고, 유학자 다산과 학승 혜장의 만남은 조선 후기 색다른 문화적 교호로서 유교와 불교의 상호 이해에 질적 고양을 이루었다. 혜장의 도움으로 비좁은 토담집의 주막에서 벗어나 고요하고 깨끗한 절간의 생활도 가능해졌다. 해남 대흥사의 승려이던 혜장 덕에 뒤에는 초의(艸衣) 의순(意恂, 1786~1866년)이라는 큰 학승이 들어와 유불(儒佛)의 문화와 차(茶)의 경지가 더 넓어지고, 추사 김정희에게까지 연결된다. 다산에게서 차의 이론을 배운 초의가 차 문화 발달에 큰 영향을 미쳐 다성(茶聖)의 호칭까지 들었음은 역시 다산이라는 학자이자 차 이론가가 있었기 때문이다. 초의·추사 등과 비슷한 연배이던 다산의 두 아들 정학연·정학유도 뒷날 그들과 어울려 시를 짓고 차를 마시게 되어 아름다운 사귐을 세상에 전파해 주었다.

혜장은 강골의 학승이었다. 다산과 6~7년 어울리면서 함께 『주역』을 연구하고 차를 마시며 시를 짓던 혜장은 마흔이라는 나이로 짧은 생을 마쳤지만, 다산은 그를 너무 좋아했고 혜장은 다산을 스승처럼 존경하고 따랐다. 두 사람은 학문적 토론에 끝이 없었고, 만날 때마다 수많은 시를 지어서 그 시절의 다산 시는 혜장과 주고받은 것이 대부분이었다. 먼저 가 버린 혜장 때문에 마음이 아프던 다산은 혜장의 제자들의 요구에 응해 그의 일생을 기술한 「아암장공탑명(兒菴藏公塔銘)」이라는 비문을 짓는다. 혜장의 입적을 추모하는 애조 어린 글이지만, 또한 그들이 만나게 된 과정과 함께 즐기던 삶과 학문적 경지가 자연스럽게 드러나는 명문의 글이다.

아암은 해남군 화산면 출신이다. 보잘것없는 집안의 태생이자 매우 가난한 집안 출신이다. 어려서 출가하여 대흥사에서 머리 깎고 중이 되었다. 춘계(春溪) · 천묵(天黙) 스님을 따라 배웠다. 춘계는 불교의 외경(外經)에 해박한 데다 아암은 재주와 지혜가 무리에서 뛰어나 배운 지 몇 년 만에 승려들 사이에서 명성이 떠들썩하게 울렸다. 체격은 왜소했으나 성품이 질박하여 일반 스님들과는 달라 고을의 일반 선비들조차 모두 그의 재주를 아끼고 사랑했다. 이미 장년에 이르자 연담 유일 · 운담(雲潭) 정일(鼎馹) 대사를 섬기며 불서(佛書)를 두루 배웠고, 스물일곱 살에 정암(晶巖) 즉원(卽圓, 1738∼1794년)에게서 향불을 피워 올려 법을 이어받았다. ……

신유년(1801년) 겨울에 나는 강진으로 귀양 왔다. 5년이 되던 해 봄에 아암이 대흥사에서 백련사로 와서 묵으며 나와 만나기를 매우 갈망했다. 하루는 내가 시골 노인을 따라 나의 신분을 속인 채 찾아가서 만나 보았다. 함께 어울려 한나절 동안 이야기를 주고받았지만, 내가 누구인지 알아차리지 못했다. 고별인사를 나누고 헤어졌는데 아암이 종종걸음으로 와서는 머리를 숙이고 합장한 채 "공께서는 정 대부(丁大夫) 선생이 아니신가요? 빈도(貧道, 스님 자신의 낮춤말)는 밤낮으로 공을 사모하고 있는데, 공께서는 어찌 차마 이릴 수가 있습니까?"라고 했다. 그래서 손을 붙잡고 아암의 방으로 가서 함께 잠을 자게 되었다. 이내 밤이 깊어 온 주변이 고요해졌다. "그대가 『주역』에 대해 아주 잘 안다고 들었는데 참으로 의심나는 게 없는가?"라고 물었더니, 아암이 "정자(程子)의 『역전(易傳)』, 소강절(邵康節)의 『역설(易說)』, 주자의 『주역본의(周易本義)』나 『계몽(啓蒙)』 등에 대해서는 의심나는 게 없지만 오직 경전의 본문에 대해서만은 알 수가 없습니다."라고 했다. 내가 『역학계몽』 수십 장에 대해 그 의미를 물어보았더니 아암은 그 책에 대해서는 귀신처럼 융통하고 입에 익어 한 차례에 수십 수백 마디까지 외워 버려 유탄이 판대기를 뒤엎듯 술 부대에서 술 쏟아지듯 도도하게 토해 내는 데 막힘이 없었다. 내가 깜짝 놀라서 그 사람이 과연 숙유(宿儒, 학문이 깊은 유학자)임을 알았다.

대흥사의 큰스님인 네 분의 학승들에게 불도를 배워 스물일곱이라는 젊은 나이에 벌써 한 문중의 대표자가 된 셈이었다. 다산의 칭찬이 위와 같은 정도라면 혜장의 학문 수준이 어디쯤인가 알 만하다. 이러한 만남 이래로 다산의 생활은 한결 형편이 나아지기 시작했다. 시를 주고받는 상대가 나타나 다산의 시작은 더욱 왕성해졌고, 혜장과 만나 차를 더욱 가까이 하면서 높은 수준의 다인(茶人)이 되었다. 읍내의 주막집에서 나와 보은산에 있던 절인 고성사에서 생활하는 편의가 제공되었다. 혜장이 주선해 준 덕택이었다. 절에서 지내던 다산을 혜장은 참으로 자주 찾아 주며 같이 시를 짓고 학문을 논했다. 주막집의 사의재가 상례 연구의 산실이었다면 고성사는 『주역』

연구의 산실이었다. 시와 술, 그리고 차가 오가고 『주역』과 『논어』에 대한 토론이 무르익으며, 다산은 학문 연구의 본격적인 궤도에 오르게 되었다. 외롭고 쓸쓸하던 다산에게 혜장은 유배살이를 이길 새로운 활력소를 불어넣어 주었다. 다산의 명문의 글, 「아암장공탑명」은 다산의 문집에도 실려 있고 대흥사 경내의 빗돌에 새겨져, 지금도 전해지는 보물급의 유물인데 세상에서는 아는 사람이 없으니 쓸쓸한 일이다.

혜장의 소개로 다산은 1805년 겨울부터 승암(僧庵)이나 보은산방(宝恩山房)이라 부르는 고성사에서 그해 초겨울부터 지냈다. 고성사 생활 1년은 주역에 밝았던 혜장까지 가세하여 『주역』 연구에 몰두한 시기였다. 병인본(丙寅本) 주역 초고가 그곳에서 나왔다. "내가 보은산방에서 지내는데 아암이 자주 오가며 『주역』을 담론했다."(「아암장공탑명」)라고 말했듯이 토론할 상대가 있는 학문 연구는 혼자서 터득하는 길보다 몇 배나 쉽다. 불교 용어로 말하면 혜장은 다산에게는 훌륭한 '도반(道伴)'이었다. 기탄없는 토론을 하면서 다산의 대저 『주역사전(周易四箋)』이라는 책이 저작되고 있었다.

1807년 다산의 나이 46세, 이해에는 지속적으로 연구하던 상례 분야에서 『예전상구정(禮箋喪具訂)』이라는 저서가 완성되었다. 이 책은 뒷날 『상례사전』이라는 책의 일부가 되었다. 그 무렵 고향에서 온 편지에는 기쁜 소식도 있었지만 매우 슬픈 소식도 전해졌다. 기쁜 소식은 큰아들 학연이 득남하여 대림(大林, 1807~1895년)이라는 장손(長孫)이 태어났다는 소식이다. 대림은 할아버지 다산의 슬하에서 학문을 익혀 큰선비로 성장했고 진사과에 합격해 이름을 남겼으며 참봉

(參奉) 등의 벼슬을 했다는 기록도 있다. 슬픈 소식은 약전 형님의 아들 학초가 17세라는 아까운 나이로 요절했다는 소식이다. 아들 여럿을 낳았으나 키워 내지 못하고 느즈막에 얻은 학초를 키웠는데, 외동아들 학초는 귀양살이하던 아버지도 뵙지 못하고 눈을 감고 말았다. 학문을 좋아하는 차분한 성격에 경학에 뛰어난 자질까지 보여 주었으며, 또 영특하고 재주가 뛰어나 자신의 경학 후계자로 지목했던 조카의 죽음을 다산은 매우 비통하게 여겼다. 학초의 묘지명을 지어 슬픔을 토로하며 그를 애도해 주기도 했다.

그해 초봄 혜장이 찾아오자 지었던 시에서 다산은 혜장의 사람됨을 제대로 읊었다.

굳은 의지에 어질고 호탕한 사람	矯矯賢豪志
이따금 표연히 산속을 나간다네	飄然時出林
눈 녹은 비탈길 미끄러운데	雪消厓徑滑
모랫가의 들 집은 깊이 잠겼네	沙繞野堂深
얼굴에는 산중의 즐거움 가득하고	滿面山中樂
변하는 세월에도 몸은 편하다네	安身歲暮心
말세의 인심 대부분 비루하고 야박한데	末流多鄙薄
요즘에도 그런 진솔한 사람 있다네	眞率見如今

「혜장이 찾아오다(惠藏至)」

혜장의 사람 됨됨이에 반했던 다산은 그만 오면 즐겁고 반가워 언제나 시를 짓고 유교와 불교를 깊고 넓게 담론했다. 한편 두 사람이 차를 즐기며 다인(茶人) 생활로 다도(茶道)를 보급했던 일은 조선 후기 조선의 차문화 발전에 큰 이정표가 되었다. 이는 초의 의순의 『동다송(東茶頌)』등 여러 저서들이 탄생하는 배경이 되기도 했다.

○○ 날카로운 비판 시, 「하일대주(夏日對酒)」

다산 자신이 말했던 대로 다산은 8년 동안 강진 읍내에서 유배살이를 했다. 1801년에서 1808년 봄까지의 세월이었다. 이제 강진 읍내의 생활도 정리해야 할 시간이 오고 있었다. 이 시기에 있었던 다른 모든 것을 생략하더라도 두 가지 일만은 꼭 설명할 필요가 있다. 하나는 1804년 여름 작품으로 명기된 장편의 시, 바로 「하일대주(夏日對酒)」라는 작품이다. 다른 하나는 1805년에 지은 것으로 보이는 「송별(送別)」이라는 제목의 시에 대한 이야기다.

술을 마시고 취중에 읊었다는 「하일대주」는 1060자라는 방대한 분량의 시인데, 다산 시의 본색을 그대로 지녔으며 다산의 시관에 부합되는 대표적인 장시이다. 정치·경제·사회의 온갖 모순으로 점철된 당시 세상을 날카롭게 비판한 사회 시 중의 하나로, 황구첨정, 백골징포 등에 시달리던 백성들이 애를 그만 낳으라고 양근을 자른다는 이야기를 통해 착취에 시달리던 농민들의 실상을 고발했다. 평안도·함경도·황해도 등 북3도의 백성들을 소외시켜 벼슬길을 막은 지역 차별에 끝없는 분노도 토로했다. 전정·군정·환곡 등 삼정의 문란으로 고통 받던 참담한 백성들의 삶에도 뜨거운 애정을 보이며, 그 해결책에 마음을 기울이기도 했다. 과거제에 대해서는 진사과인 소과와 문과인 대과의 제도 개선 없이는 인재 등용이 연목구어라는 혹독한 비판을 가했다.

우리나라 어찌하여 어진 사람 벼슬길 좁아	如何賢路隘
수많은 장부들 움츠러들어야 하나	萬夫受局促
오직 양반 귀족만 거두어 쓰고	唯收第一骨
나머지 양반은 종과 같구나	餘骨同隷僕
평안도·함경도 사람들 늘 허리 머리 숙이고	西北常催尾
서민들이야 대부분 통곡한다네	庶蘖多痛哭
……	
깊이 생각하면 뱃속만 타기에	深念焦肺刊
또 술잔이나 들어 마신다네	且飮杯中醁

온갖 모순에 분노를 터뜨리고는 술로 화를 푼다는 이야기로 끝을 맺는다. 다산 문학에서 빼놓을 수 없는 귀중한 작품으로 문학 연구자들에 의하여 대단한 찬사를 받은 바 있는 시다.

「송별」은 1805년의 작품인데 시에 대한 사연이 매우 길다. 다산은 1789년 28살의 나이로 문과에 급제했다. 이때 동방(同榜)이자 뒤에 정승에 오르는 안동 김씨 김이교가 있었다. 김이교의 아우인 김이재는 그다음 해인 1790년에 문과에 급제하여 다산과 같은 시기에 벼슬하면서 가깝게 지냈다. 이들 김씨 집안은 노론의 대가였지만 시파로 정조의 신임을 받아 승승장구로 잘나가던 처지였다. 1800년 정조가 붕어하자 이들은 벽파의 공격을 받았다. 그래서 김이재는 다산이 강진으로 귀양 오기 전에 강진에서 바다 하나 사이인 완도군 고금도에 귀양 와 있었다. 우리는 이미 언급했던 대로 김이재가 변호를 해주어 다산의 귀양살이가 풀려 갔던 점을 기억할 수 있다. 교리 신분으로 귀양 왔기에 강진 현감 정도가 함부로 할 처지가 아니었던 김이재는 관속들에게 당부해 다산을 너무 혹독하게 다루지 말 것을 부탁했다. 그는 1805년 마침내 귀양이 풀려 서울로 귀경하면서 가는 길에 강진 읍내서 귀양 살던 친구 다산을 만나 보고 떠났다. 이때 다산이 김이재를 떠나보내면서 읊었던 이별시가 바로 「송별」이다. 그런데 부채에 써 주었던 시여서 세상에서는 「선자시(扇子詩)」로 알려졌고, 김이재가 아니라 김이교에게 지어 준 시라고 전해지기도 했다. 더구나 『여유당전서』의 시문집에는 실려 있지 않고 규장각 소장의 필사본에만 김이교에게 지어 준 「송별」이라고 적혀 있어 착각을 일으키기에 충분했다. 그러나 김이교는 고금도로 귀양 온 적이 없고, 김이재는 다산 기록에 분명히 그곳에 귀양 왔다는 기록이 있으니 시의 주인공은 김이재임에 의심의 여지가 없다. 이 시는 구전되어 여러 문헌에 나오고, 또 매천 황현의 『매천야록』에 인용되어 있으며 그에 대한 일화까지 자세하여 세상에 널리 암송되는 시가 되었다. 현재 강진 읍내에 있는 다산의 동상에도 이 시가 새겨져 길이 전해지게 되었다.

역사(驛舍)에 가을비 내리는데 이별하기 더디구나   驛亭秋雨送人遲

이 머나먼 외딴 곳에서 아껴 줄 이 다시 또 누구랴   絶域相憐更有誰

반자의 신선에 오름 부럽지 않으랴만   班子登僊那可羨

이릉의 귀향이야 기약이 없네 　　　　　　　　　李陵歸漢遂無期

대유사에서 글 짓던 일 잊을 수 없고 　　　　　莫忘酉舍揮毫日

경신년(1800년)의 임금님 별세 그 슬픔 어찌 말하랴 　忍說庚年墜劍悲

대나무 몇 그루에 어느 날 밤 달빛 비추면 　　苦竹數叢他夜月

고향 향해 고개 돌려 눈물만 주룩주룩 　　　　故園回首淚垂垂

　　　　　　　　　　　　　　　　　　　　　　「송별」

　　반자(班子)란 김이재를 뜻하니, 그는 신선 되어 서울로 올라가는
길이다. 이릉(李陵)은 한나라 때 흉노족에게 잡혀가 고향으로 돌아올
기약이 없었던 역사적 인물인데 그가 바로 다산을 가리킨다. 김이재
야 뒷날 이조 판서에 오르는 등 고관대작이 되었으나, 다산이 강진으
로 유배간 지 오래라, 서울의 세력가들은 그에 대해서 까맣게 잊고
지냈다. 김이재는 어느 날 당시의 최고 세력가 김조순을 찾아뵐 일이
있었다. 김조순은 다산이 벼슬하던 시절 함께 정조의 총애를 받으며
벼슬하던 동료였다. 그때 김이재는 다산이 써 준 시가 있는 부채를
들고 이야기를 했는데, 부채의 시를 읽어 본 김조순은 그 시의 작가
가 다산임을 금방 알아차렸다. 그러면서 김이재에게 그가 아직도 귀
양살고 있느냐고 물었다. 그렇다고 답하자, 김조순은 다산이 해배되
도록 노력을 기울여 마침내 귀양살이가 풀리게 되었다는 내용이다.
이 일화는 황현의 『매천야록』에 상세히 나온다. 사실 여부야 확인할
길이 없지만 매천 황현은 김조순의 이름은 빼고 '당로자' 라고만 기
록했는데 다른 기록에 김조순으로 나오고 있으니 김조순임이 분명하
다. 김이재는 해배되어 고향으로 가는데, 외롭게 외딴 곳에 남아 있어

야 하는 다산의 애절한 상실감은 얼마나 컸을까. 친구를 떠나보내며 애절하게 읊었던 송별 시가 해배의 계기가 되었다는 이야기가 사실이라면 그것도 우연치고는 대단한 우연이다.

12 다산초당, 다산학의 산실이 되다

○○ 차나무 무성한 다산으로 거처를 옮기다

1807년 초여름, 마흔여섯 살의 다산은 백련사 또는 만덕사라고 부르는 절을 출입하기 시작했다. 강진읍에서는 20리가 조금 넘어 그렇게 멀지 않은 거리였다. 바로 이 절에서 능선 하나만 넘으면 다산(茶山)이라는 작고 낮은 산이 있다. 이 산 밑에는 귤동(橘洞)이라는 마을이 있다. 가을이면 유자가 노랗게 익어 가는 마을이어서 귤동이다. 귤동은 해남 윤씨들의 집성촌인데 다산에는 해남 윤씨 일족들이 세운 다산초당(茶山艸堂)이라는 조그마한 정자가 있었다. 윤씨 마을의 대표적인 선비인 귤림처사(橘林處士) 윤단(尹博, 『여유당전서』에 나오는 박(博)이라는 글자는 오식임)이 초당에 많은 장서를 비치해 두고 독서하며 손자들을 가르치며 한가한 세월을 보내던 곳이 바로 다산초당이었다.

윤단의 아들 귤원(橘園) 윤규노(尹奎魯, 1769~1837년)와 윤규하(尹奎夏)는 형제였다. 이들 세 부자가 중심이 되어 다산을 그곳 초당으로 초빙하여 자제들을 가르치자는 발상을 했다. 귤동의 윤씨는 다산의 외가인 해남읍 연동(蓮洞)의 윤씨와는 윗대에 형제로 갈려 난 집안이다. 고산 윤선도의 증조부가 귤정(橘亭) 윤구(尹衢)이고 윤구의 아우가 바로 윤단의 선조 되는 행당(杏堂) 윤복(尹復)이었으니 멀지 않은 집안 사이였다. 다산이 연동 윤씨들의 외손이었으니 귤동 윤씨들도 자기네 집안의 외후손으로 생각하여 아무래도 가까운 정을 지닐 수 있었다. 백련사를 출입하던 다산이 다산초당도 방문하면서 윤씨들과 접촉하자 윤씨들은 다산을 놓치지 않고 초빙하게 되었다.

마흔일곱이던 1808년 봄 3월 16일부터 다산서옥(茶山書屋)에서 지었다는 시가 시집에 실린 것을 보면, 다산이 초당을 서옥으로 여기며 애정을 갖기 시작했음을 알게 된다. 그래서 여러 기록에 무진년(1808년) 봄에 다산초당으로 이사 왔다고 썼다. 이로부터 다산초당은 '다산학'의 산실(産室)이 된다.

사는 곳 정처 없이 안개 노을 따라다니는 몸	幽棲不定逐煙霞
더구나 다산이야 골짜기마다 차나무로다	況乃茶山滿谷茶
하늘 멀리 바닷가 섬에는 때때로 돛이 뜨고	天遠汀洲時有帆
봄이 깊은 담장 안에는 여기저기 꽃이로세	春深院落自多花
싱싱한 새우무침 병난 사람 입에 맞고	鮮鮮鰕菜堪調病
못과 누대 초라해도 이만하면 살 만하지	草草池臺好作家
흡족한 마음에도 근심은 있지만 내 분수에 넘치니	適意更愁微分濫

여기서 노닐며 서울 사람에게 자랑하지 않으리   妓游莫向北人誇

「삼월 열엿새 윤규노의 다산서옥에서 노닐며

(三月十六日游尹文學茶山書屋)」

다산초당에서 노닐며 최초로 남긴 시 2편 중의 한 편이다. 부패한 세상에 대한 분노로 가슴이 북받치는 격한 어조의 사회 시나 비판 시를 자주 읊던 다산, 아름다운 경치에 넋을 잃고 자연을 노래하는 솜씨 또한 매우 곱고 아름답다. 다산의 골짜기마다 지천으로 자라던 차나무가 무성했으니 차를 즐기고 좋아했던 다인(茶人) 다산이 어찌 그곳을 정착지로 삼지 않았겠는가.『사암선생연보』는 다산초당으로 옮기던 무렵의 이야기를 자세히 설명했다.

　　봄에 다산으로 옮겨 거처했다. 다산은 강진현 남쪽에 있는 만덕사라는 절의 서쪽에 있는데, 처사 윤단의 산정(山亭)이다. 다산은 다산으로 옮긴 뒤 대(臺)를 쌓고, 못을 파고, 꽃나무를 열 지어 심고, 물을 끌어다 폭포를 만들고, 동쪽 서쪽에 동암(東菴), 서암(西菴) 두 암자를 짓고, 서적 1000여 권을 쌓아 두고 글을 지으며 스스로 즐기고 석벽(石壁)에 '정석(丁石)' 두 글자를 새겼다.

다산이 옮겨 오면서 초당은 그대로 두고 동암·서암을 새로 지어 다산은 동암에서 거처하고 제자들은 서암에서 기숙하면서 글을 배웠다. 지금의 다산초당은 다산이 살아갔던 초당이 아니다. 다산이 고향으로 해배된 뒤 상당 기간은 제자들의 노력으로 유지되었으나, 오래지 않아 거처할 사람도 없고 유지 관리가 어려워 끝내는 터만 남고 집은 모두 없어지고 말았다. 현재의 다산초당은 1950년대에 초옥을 와옥으로 복원하였으며, 1980년대 와서야 동암과 서암을 복원하여 모두 기와집으로 남아 있게 되었다. 때문에 다산초당의 건물로서 다산의 손때가 묻은 곳은 하나도 없다. 오직 남아 있는 것이라고는 암벽에 새겼던 '정석'이라는 두 글자 뿐이다. 비록 석수(石手)의 손을 빌려 글자를 각했지만 글씨는 바로 다산이 직접 썼던 것이니 유일한 유품이 그것이다. 이끼는 푸르게 끼었지만 힘찬 글씨체는 그대로 살아 있어 친근감을 느끼게 해 준다. 비록 산속의 정자이지만, 자신의 집으로 여기며 정원을 새롭게 단장하고 경관을 아름답게 꾸몄다. 연못을 파서 물고기를 기르고 물줄기를 끌어다가 인공 폭포를 만들었으며, 흐르는 물을 이용하여 제전(梯田, 사다리 밭)을 일궈 미나리를 심어 팔아서 용돈도 쓰고 먹기도 했다고 한다. 실학자 다산은 유휴지를 남겨 둘 이유가 없었다. 관의 토지 대장에 기록되지 않아 세금을 물지 않으니 '세외전(稅外田)', 곧 세금을 물지 않는 토지라고 기뻐하며 시를 짓기도 했다.

시 짓고 글 짓기 좋아하던 다산, 그런대로 정원을 꾸며 경관이 보기에 좋자 바로 여덟 곳 경치를 정하고 아름다운 표현으로 「다산팔경사(茶山八景詞)」라는 시를 지었다. 여기에는 부정부패도, 관리들의 탐학과 탐관오리들에 대한 분노도 없었다. 꽃이 좋고 나무가 좋으며, 꿩이 우는 소리와 물고기가 헤엄치는 모습이 좋고 아름답기만 했다.

산 중턱 지경까진 널따랗게 탁 트인 메아리 담장 　　響墻疏豁界山腰

붓으로 그린 듯 봄빛이 그대로네 　　　　　　春色依然畫筆描

봄비가 내린 뒤라 산골짜기 더욱 사랑스럽고 　　愛殺一溪新雨後

산복숭아 몇 가지엔 붉은 꽃이 예쁘다 　　　　小桃紅出數枝嬌

산집의 드리운 발 물결에 어른어른 　　　　山家簾子水紋漪

다락 머리에선 흔들대는 버들가지 그림자라 　照見樓頭楊柳枝

산굽이에 눈발이 날리는 게 아니라 　　　　不是巖阿有飛雪

봄바람이 버들솜 불어 맑은 꽃을 희롱한다 　春風吹絮弄淸池

부드러운 햇살에 칡넝쿨 우거지고 　　　　山葛萋萋日色姸

조그만 화로에는 차 달이던 가는 연기 끊겼구나 　小爐纖斷煮茶煙

어디선가 꿩꿩대는 세 마디 꿩 소리 들려 　何來角角三聲雉

구름 속 들창 아래 잠시 든 잠 바로 깨우네 　徑破雲牕數刻眠

산복숭아, 버드나무, 꿩 소리 등을 두고 읊은 시어들이 참으로
어여쁘다. 다산은 또한 「다산팔경사」와는 달리 사경(四景)을 새로 정
하여 네 곳에 대한 아름다운 시를 짓고 「다산사경시첩(茶山四景詩帖)」
이라 명명하였다. 초당 앞마당에 우람한 너럭바위를 '다조(茶竈)'라 했
으니 곧 차 끓이는 부엌이 하나의 경치요, '약천(藥泉)'은 초당 뒤 약수
가 흐르는 샘이 또 하나의 경치이며, 암벽에 새긴 '정석(丁石)'이 세 번
째 경치이고, 연못 안에 돌로 쌓은 산인 '석가산(石假山)'을 네 번째 경
치라 하여 시를 지어 친필로 첩을 만들었다. 문집에도 없는 그 시는
첩이 다산 제자의 후손 집안에 전해 오면서 오늘까지 남아 있는 다

산의 국보급 필적이자 높은 수준의 시다.

심고 가꾼 꽃과 나무들이 피고 자라자, 흥취를 이기지 못해 꽃 노래를 읊었으니 문집에 전해지는 「다산화사(茶山花史)」 20수가 바로 그 시다.

귤동 마을 서편에 깊숙하고 그윽한 다산	茶山窈窕橘園西
천 그루 소나무 사이로 시냇물 한 줄기	千樹松中一道溪
시냇물 시작되는 바로 그곳에	正到溪流初發處
돌 사이 맑고 깨끗하여 조용한 집 서 있네	石間瀟洒有幽棲

이렇게 서시(序詩)를 읊고는 심어 놓은 꽃과 나무를 하나하나 읊었다.

샘 위의 붉은 복숭아 두세 가지	井上緋桃三兩枝
산이 깊어 바깥 사람들 구경도 안 시키지	山深不許外人窺
겹겹이 싸인 산이라도 봄바람 오는 길 막지 못해	攢峯未礙春風路
마을의 벌과 나비 저절로 알고 찾는다네	野蝶村蜂聖得知

외형만으로도 아름답고 좋은데 역사 발전의 원리도 설명해 주는 듯하다. 산이 깊어 남들이야 꽃구경하기 힘들지만 겹겹이 싸인 산 봉우리도 봄바람 오는 길은 막지 못해 벌과 나비 저절로 찾아온다니, 아무리 막아도 민주화의 봄바람은 오지 않을 수 없다는 진리를 토로한 시라고도 느껴진다. 20수의 맨 끝 시는 더 좋다.

하늘이 나를 보내 이 동산에 살게 하니   天遣先生享此園

자고 마시며 봄을 보내느라 문마저 열지 않네   春眠春醉不開門

산속 뜨락 온 마당에 이끼 푸른데   山庭一冪苺苔色

때때로 지나가는 사슴 발자국뿐이라네   唯有時時鹿過痕

산속 깊은 별장에서 시름없이 한세월을 보내는 퇴관한 노인 같은 모습이 보이지만, 사실은 그렇지 않다. 다산은 다행히 시중드는 중 한 사람이 밥과 국을 마련해 주어 식생활에 불편 없이 원하는 대로 책을 읽고 저술하는 일에 각고의 정성을 바쳤다.

대밭 속의 부엌살림 중에게 의지하니   竹裏行廚仗一僧

가엾은 그 중 수염이며 머리털 날마다 길어지네   憐渠鬚髮日髾髾

이제 와선 불가 계율 모조리 팽개친 채   如今盡破頭陀律

싱싱한 물고기 잡아다가 생선국 끓인다오   管取鮮魚首自蒸

이 시에는 사연이 있다. 다산은 강진 읍내에서 다산초당으로 거처를 옮긴 처음에는 초당에서 꽤 거리가 있는 마을까지 다니면서 식사를 했다. 초당은 식사를 준비할 여건이 못 되었기 때문이다. 평소에 다산의 학문과 인품에 감복했던 백련사의 중 한 사람이 그런 불편을 알아차리고는 자신이 세 때의 식사를 마련해 주겠다고 했다. 그는 초당 곁에 움막을 지어 부엌을 차려 놓고 다산의 식사를 대접했다고 한다. 밥 짓고 음식 장만에 골몰하다 보니 머리도 깎지 않고 수염도 길었으며, 불교의 살생 계율을 어기고 생선 요리까지 했다는 이야기다. 고로들의 말에 의하면 그 움막집의 터가 상당 기간 남아 있었는데 지금은 전혀 알아볼 수 없다고 했다.

○○ 18제자 모여들고 학문은 익어 가다

초당을 서옥이라 부르던 다산, 산위의 정자는 엄연히 학문을 연구하는 서재였다. 여가의 틈틈이 곱고 아름다운 시를 수없이 지었으나, 본업은 역시 학문 연구였다. 귤동의 윤씨들이 의도했던 대로 스승을 찾아 제자들이 모여들었다. 초당의 18제자가 유명한데, 그 가운데 여섯 명이 윤단의 손자다. 큰아들이 낳은 네 형제, 둘째 집의 형제가 모두 다산의 제자로 수준급의 학자가 되었다. 봄부터 초당에서 연구 생활을 시작한 다산은 1808년 47세에 이르러 어느 해보다도 월등하게 많은 학문적 성과를 거두었다. 그만큼 마음의 안정을 얻었고 분위기가 다산을 힘내게 해 줬다. 제자들과 토론하면서『주역』에 대하여 묻고 답한 내용을 정리하여『다산문답(茶山問答)』이라는 저서를 완성하였고,『제례고정(祭禮考定)』이라는 예서도 완성하였다.

이해 겨울에는 마침내 대저(大著)『주역심전(周易心箋)』24권을 탈고하였다. 다산은 이른바 '다산주역'이라고 불리는 이 책이 완성되던 과정을 설명한 바가 있다.

내가 갑자년(1804년) 동짓날(계해년(1803년) 겨울) 강진 유배지에서『주역』을 읽기 시작했다. 이해 여름에 비로소 차록(箚錄)해 놓은 공부가 있어서 겨울이 되어 완성하였는데, 모두 8권이다. 이 책이 갑자본(甲子本)이다. 이 갑자본은 사의(四義)가 비록 갖추어지긴 하였지만, 거칠고 소략하고 완전하지 못하여 마침내 없애 버렸다. 그다음 해에 개정하여 다시 엮었는데 역시 8권이었다. 이것이 을축본(乙丑本)이다. 을축년(1805년) 겨울에 큰아들 학연이 와서 함께 보은산방(고성사)에서 기거하면서 앞의 책에서 양호(兩互)·교역(交易)의 상(象)을 취하지 못했기에 모두 개정하여 봄이 되어 끝마쳤다. 모두 16권이니 병인본(丙寅本, 1806년)이다. 병인본 또한 빠지고 잘못된 점이 많았으므로 또 고치게 했다. 끝마치지 못하고 아들이 고향으로 돌아갔으므로 제자 이청으로 하여금 완성하게 했다. 24권인데 정묘본(丁卯本, 1807년)이다. 정묘본은 말의 이치가 정밀하지 못하고 상의 뜻이 잘못된 점이 많아 무진년(1808년) 가을 내가 다산에 있을 적에 둘째 아들 학유로 하여 탈고하게 하였는데, 또한 24권이었다. 이것이 이른바 무진본, 『주역사전』이다.

1801년 귀양살이를 떠날 때 헤어졌던 둘째 아들 학유가 8년이 다 되어서야 다산초당으로 찾아왔다. 아버지를 도와 『주역』 연구의 획기적인 저서를 완성했으니 얼마나 큰 업적인가. 아들이 16세 때 헤어져 24세 때 만났으니 처음에는 아들인가 알아보기도 어려웠다는 다산의 시는 눈물 없이는 읽을 수 없다. 어쨌든 다산학의 산실, 다산초당에서는 차근차근 저서가 완성되기 시작했다. 특히 갑자본에서 무진본까지 다섯 차례의 수정 과정을 거쳐 『주역』의 주해 작업에 공들인 다산의 끈기는 알아주어야 한다. 그런 각고의 노력 덕분에 훌륭한 학문적 업적이 이룩된 셈이다.

오늘 우리로서는 고경(古經)인 주역에 대한 설명은 불가능하다. 그러나 『사암선생연보』에서 이 저서가 얼마나 큰 비중을 차지하고 얼마나 높은 수준의 주역 연구서인가에 대한 상세한 설명을 참조할 수 있다. 우선 『주역사전』에 포함된 별도의 저서가 연속하여 완성된다. 「독역요지(讀易要旨)」 18칙(則)을 지었고 「역례비석(易例比釋)」이라는 글을 별도로 지어 원본에 포함했다. 또 「대상전(大象傳)」을 지어 주해를 달아 본서에 편입하였고, 「시괘전(蓍卦傳)」을 지어 주석을 달아 포함시켰다. 「설괘전(說卦傳)」을 취하여 보충해서 넣었다. 이렇듯 『주역사전』은 다산이 스스로 "주역의 깊은 뜻이 이에 남김없이 드러나게 되었으니, 옛것을 계승하여 미래를 개척했다고 말할 수 있다."라고 평할 정도였다. 본서와는 별도로 주역에 관한 모든 학자들의 주석을 모아 『주역서언(周易緖言)』 12권의 책까지 저술하였다. 이만하면 주역 연구서로는 유감이 없는 책이 되었다. 우리로서는 이런 『주역사전』을 평할 아무런 능력이 없다. 다산의 『주역』 수준에 버금가던 학자이자 다산의 둘째 형님 정약전은 흑산도에서 귀양 살고 있을 때 다산의 『주역사전』을 읽어 보고 감동 어린 서문을 지었는데, 그의 평을 통해 이 책의 수준이 어느 정도인가를 알아보자.

미용(美庸, 약용의 자)은 어려서 성균관에 들어가 과거 시험 공부로 이름을 날렸다. 그래서 나는 재치가 번뜩이는 재사(才士)라고 생각했다. 장성하여서는 홍문관이나 규장각을 드나들면서 문학으로 밝은 임금을 섬기었으므로 내가 문장경술사(文章經術士)라 생각했다.

세상에 나가 정치를 하면서 크고 작은 안팎의 일이 모두 지극한 경지에 나아갔으므로 내가 재상감이라고 생각했다. 만년에 바닷가로 귀양 와 『주역사해(周易四解)』를 지었는데, 나는 처음에는 놀랐고, 중간에는 기뻐하였으며, 끝에 가서는 무릎이 절로 굽혀지는 줄도 알지 못하였으니, 미용을 어떤 부류의 사람과 비교해야 할지 모르겠다.

'사해(四解)'라는 것은 무엇인가? 벽괘(辟卦)와 연괘(衍卦)에서 추이(推移)했다는 것과, 물상(物象)은 모두 설괘(說卦)에 근본을 둔다는 것과, 호체(互體)는 상(象)과 본괘(本卦) 중에서 취하였다는 것과, 효사(爻詞)는 변체(變體)를 주관한다는 것이다. 추이의 뜻이 분명하여 음양의 왕래·굴신이 드러나 있고 물상의 뜻이 분명하여 성인이 가까운 데서 취하기도 하고 먼 데서 취하기도 하는 뜻이 드러나 있으며, 호체의 뜻이 분명하여 육허(六虛)를 두루 돌아다니며 일정함이 없는 세계를 오르고 내리는 그 용(用)이 온전하며 효변의 뜻이 분명하여 길흉·회린(悔吝)의 결단이 근거한 바가 있으니, 이것을 '사해'라고 한다.

내가 생각하건대 옛 학문이 폐해지자 인심(人心)이 가려졌고, 대의(大義)가 혼미해지자 온갖 이치가 따라서 문란하게 되었다. 비유컨대 하나의 누에고치에서 실이 손을 따라 술술 풀려나와야 하는데 천 가닥 만 올이 어지럽게 얽히고설킨 것과 같으니, 비록 총명하고 준걸한 선비라도 문을 바라보고 달아나지 않는 사람이 없게 되었다. 세 성인(복희씨·문왕·공자로, 주역을 창시하고 완성한 세 명의 성인(聖人))이 그 전의 사람들에 대해서 입이 아프도록 말씀하신 뜻이 마침내 수천 년에 이르러 어두워지니, 이에 도술(道術)은 갈기갈기 찢어지고 이단(異端)만 어지러이 일어났다. 큰소리로 어리석은 사람들을 속이고 기행(奇行)으로 대중을 의혹시키고, 허물이 있으면서도 고칠 줄을 모르고 앞으로 나아갈 줄만 알지 물러날 줄을 모르게 되어 세교(世敎)가 상실됨이 극에 달했다.

미용은 동이(東夷) 사람으로 후배요 말학(末學)이다. 스승에게 가르침을 받지 못하고, 혼자 보고 혼자 깨달았으나 조그만 칼로 자르고 베는 그 기세가 대를 쪼개는 것과 같았다. 구름과 안개가 걷힌 뒤에는 무지한 노예라 하더라도 하늘을 볼 수 있을 것이니, 이제부터 미용을 세 성인을 밝혀낸 양자운(揚子雲, 모르는 것을 밝혀낸 뒷날의 학자의 상징)이 아니라고 할 수 없을 것이다. …… 사마천(司馬遷)이 말하기를 "문왕이 주왕(紂王)에 의해 유리(羑里)에 갇혀 있을 때『주역』을 연역하였고, 공자가 궁액에 빠졌을 때에『춘추』를 지었다."라고 하였는데 이들은 모두 마음속에 울적하게 맺힌 것이 있어, 자기의 도를 통할 수 없었으므로, 지난 일을 서술하고 앞일을 생각한 것이니, 이 말도 또한 울분에서 나온 것이지만 그럴 만한 이치가 있다고 말할 만하다. 가령 미용이 편안히 부귀를 누리며 존귀한 자리에 올라 영화롭게 되었다면 반드시 이런 책을 저술하지는 못했을 것이다. 만약 뜻을 얻어 그 충성과 지혜를 다했다고 한들 그가 이룩한 공업(功業)은 반드시 송나라의 유명한 재상들인 한기(韓琦)나 부필(富弼)의 무리보다 더 훌륭하지는 못했을 것이다. 한기·부필이야 어느 시대인들 없지 않겠지만, 몸소 옛 성인의 뜻을 이으려는 공(功)을 맡아 끊어진 실마리를 찾고, 미쳐서 날뛰는 무리들을 막으려는 사람을 위정자들이 제대로 알아보지 못하고 등용시키는 허락을 잘 하지 않게 되어 있다. 때문에 미용이 뜻을 얻지 못한 것은 곧 그 자신에 있어서 다행한 일이요, 우리 유학계(儒學界)에 있어서도 다행할 정도가 아니다.

내가 미용보다 몇 살 위지만, 문장과 학식은 그의 아래에 있은 지 오래다. 천박한 말로 이 책을 더럽힐 수 없으나 선배가 죽으면 백세(百世)를 기다리기 어려운 법이니, 하늘과 땅 사이에서 이 책을 지은 사람은 미용이고, 이 책을 읽은 사람은 나인데, 내가 어찌 또한 한마디의 말이 없어서야 되겠는가. 다만 나야 섬 가운데 갇힌 몸, 죽을 날이 멀지 않았으니, 언제 미용과 함께 한세상 한 형제로 살아 볼 수 있으랴. 이 책을 읽고 이 글을 쓰는 것만으로도 또한 만족스럽다. 나는 참으로 유감이 없다. 아! 미용도 또한 유감이 없을 것이다.

『사암선생연보』

명쾌한 논리에 웅장한 문장이다. 형제지기 약전과 약용, 아우가 지은 저서에 형이 이렇게 멋진 평가를 내릴 수 있다니 대단한 일임에 분명하다. 이로써 『주역사전』이 어떤 책인가에 대해 부연할 필요가 없다. 다산의 운명이 귀양살이를 통해 장대하게 열렸음을 친형이 증언해 주는 역사적인 글이다. 정조가 더 오래 살았다면, 다산이 고관대작이 되어 국가 개혁에 역할을 했다면 조선의 운명이 어떻게 되었을까 등의 많은 질문에 대하여 정약전의 이 글은 시원한 답변이 되기에 충분하다.

○○ 연이어 대흉년을 만난 비통함을 읊다

다산 48세의 1809년, 다산초당에서 겨우 1년여 시간을 보냈는데 봄부터 날씨가 가물더니 유배객의 마음을 아프게 해 준 세월이었다.

> 기사년(1809년) 나는 다산초암에 있었다. 겨울, 봄부터 서서히 가물더니 입추까지 새빨간 땅덩이만 천리에 이어지고, 들판에는 풀 한 포기 없었다. 6월 초순에 떠도는 유민(流民)들이 길을 메우자 마음이 쓰라리고 보기에 처참하여 살고 싶은 의욕마저 없어졌다. 생각해 보면 나야 귀양 와서 엎드려 있으며, 인류의 대열에도 끼지 못해 흉년 타개책인들 건의할 지위에 있지도 못하고, 백성들의 처참상을 그림으로 그려서 임금께 바칠 수도 없는 형편이다. 때때로 본 대로 기록하여 시가집(詩歌集)으로 철해 놓았다. 이것이야 뭐 쓰르라미나 귀뚜라미 들과 더불어 푸성귀 속에서 함께 애달프게 읊어대는 울음이리라. 성정의 올바름이 하늘과 땅의 화기(和氣)를 잃지 않음을 구하려 함이다. 오랫동안 써 내려가다 책으로 되었기에 이름을 『전간기사(田間記事)』라고 했다.
>
> 『전간기사』

이렇게 짧막한 글이지만 다산의 인류애와 애국심 및 문학 정신이 그대로 담겼다고 말하면 과장된 이야기일까. 다산의 500권이 넘는 많은 글 가운데, 이렇게 애절하고 절실하며 핍진한 글이 또 어디에 있을까. 인류의 대열에 끼지도 못하는 중죄인, 쓰르라미나 귀뚜라

미처럼 아무리 울어 대도 누구 하나 귀 기울여 주지 않는 비통함, 그래도 솟아오르는 시심(詩心)을 참지 못해 읊어라도 보겠다는 심정, 그렇게라도 해야 성정의 올바름을 잃지 않아서 천지의 화기를 보존케할 것이라는 바람 등 얼마나 기막힌 사연인가. 그런 이유로 문학이라는 예술은 창작되는 것 아닌가. 백성을 살려 내려는 구체적인 의지가 없이 이룩되는 문학 작품은 의미가 적다. 그래서 다산은 음풍영월(吟風詠月)이나 담기설주(譚棋說酒) 등의 시에는 비판적인 견해를 지녔던것이다. 그러한 다산의 시관(詩觀)에 부합하는 시들이 『전간기사』라는시집에 실려 있다. 「다북쑥 캐네」, 「유아(有兒)」 등 여섯 편의 시는 흉년이 들어 가난한 백성들이 당하는 고통을 그림처럼 묘사했다. 그러한 흉년에도 토색질이나 일삼는 관리들을 매섭게 풍자한 내용을 담기도 했다.

『전간기사』라는 시집에는 전해지는 일화가 있다. 강진에서 지은이 시를 고향의 아들에게 얻어서 읽어 본 낙하생 이학규의 사촌형이백진(李伯津)이 편지로 경상도 김해에서 귀양 사는 이학규에게 전했다. 이백진은 편지에 "정약용은 당대의 사백이다. 그의 시에는 사람을 깨우치는 뜻이 있다. 두보의 「수로별(垂老別)」, 「무가별(無家別)」 이후이런 시는 없었다."라고 써서 사촌 아우에게 다산 시를 보냈다. 그 시에 감명을 받은 이학규는 「기경기사(己庚紀事, 기사년·경오년(1810년)의 기사)」를 1810년에 완성했다고 한다. 이학규는 다산과 가까이 지냈던후배로 뛰어난 문사였는데 신유옥사에 연루되어 24년간의 유배 생활을 했던 불우한 사람이었다. 다산의 시는 그렇게 당대의 후배 문인들에게 큰 영향을 미쳤다는 이야기다.

「유아」라는 시는 부모가 아들과 딸을 버려 고아가 된 두 오누이 신세를 통해 흉년의 참담함을 형상화했다. 아비와 어미가 먹을 것이 없어 자식을 버렸으니 흉년은 너무도 비인간적이었다. 이 무렵(1810년)에 흉년의 여파로 굶어 죽어 간 백성들의 시체가 산야에 즐비했는데, 이런 참담한 모습을 보고 가슴이 아파 견디지 못하던 다산은 「파리에게 조문함(弔蠅文)」이라는 기이한 산문을 지어 죽어 간 영혼들을 위로해 주었다. 굶어 죽어 간 시체에 파리 떼가 몰려들자 백성들의 억울한 혼이 파리로 둔갑했다고 여기면서 파리에게 조사를 바쳤다. 그런 해학적인 글에 시대를 아파하고 세속에 분개하는 다산의 문학 정신이 가득히 새겨져 있다.

해 지고 날 저물면	日暮天黑
새들도 떼 지어 날아 깃들이는데	栖鳥群蜚
정처 없이 떠도는 두 아이	二兒伶俜
넘나들 수 있는 문도 없다네	無門可闚
불쌍한 이 백성들이	哀此下民
부모마저 잃었구나	喪其天彝
부부 사이도 아끼지 못하고	伉儷不愛
어미도 자식 사랑 못 한다네	慈母不慈

「유아」

천재(天災)로 인한 가뭄, 흉년을 인력으로 감당하기야 쉽지 않지만, 다산의 시에는 천재에 인재(人災)까지 겹쳤음을 빼놓지 않았다. 승냥이나 이리처럼 백성의 재산을 착취하는 관리들의 탐학은 흉년을 더 고달프게 만든다고 풍자했다. 1810년에 저작된 『전간기사』에서는 「용산 아전(龍山吏)」, 「해남 아전(海南吏)」, 「파지 아전(波池吏)」 등 세 편의 시로 악독한 아전들을 고발했다. 황현은 『매천야록』에서 조선의 3대 폐단이 충청도 양반, 평안도 기생, 전라도 아전이라고 언급한 바 있는데 정말로 전라도의 아전들은 너무나 지독했다. 극심한 흉년으로 나라 전체가 기아로 허덕이던 시절에 간악한 아전들이 얼마나 날뛰었나를 이 '삼리가(三吏歌)'는 여실히 보여 주고 있다. 다산은 『목민심서』「이전(吏典)」의 '속리(束吏)' 조항에 "아전들은 백성을 밭으로 삼고, 백성들은 흙을 밭으로 삼는다.(吏以民爲田 民以土爲田)"라는 명언을 남기기도 했다. 아전들은 백성들을 밭으로 여겨 착취하며 살아가고, 백성들은 땅을 일궈 입에 풀칠해 산다는 것이다. 비참한 이야기다. '삼리가'는 그런 뜻이 담긴 시였다.

초당에서의 삶은 그런대로 불편이 없었다. 제자들이 찾아와 학단(學團)을 이루고 학문에 힘썼으며 생활도 학생들이 해결해 주었다. 다산의 학문 연구는 끊임없이 이어졌다. 고경이나 실학 연구에 바빠서 짓지 않았던 탓인지, 전해지지 않은 것인지 알 수 없지만 1810년 이후의 문집에는 시가 거의 없다. 그러나 경학에 관한 저서들은 속속 마무리되어 1809년에는 『예전상복상(禮箋喪服商)』·『시경강의(詩經講義)』·『시경강의보유(詩經講義補遺)』 등의 저서들이 이룩되었고, 1813~1814년에는 사서에 관한 책들이 완성되었다.

다산이라는 산에 있는 다산초당으로 거처를 옮긴 정약용은 이름보다는 '다산'이라는 호(號)로 더 많이 불리게 되었다. 일반적으로 호는 사는 곳의 지명을 빌려서 사용하는 경우가 많다. 본디 다산의 호로는 '사암(俟菴)'이 있었지만 그것보다는 '다산'이 크게 알려져 200년이 지난 오늘에는 다산으로 대표되기에 이르렀다.

초당으로 옮긴 뒤부터 다산은 안정과 여유를 되찾아, 참으로 차분한 마음으로 고향에 두고 온 두 아들에게 간곡하고 간절한 아버지의 정이 담긴 가계(家誡, 아버지가 자식들에게 교훈적인 내용으로 보내는 편지 형식의 글)를 쓰기 시작했다. 1808년과 1810년 두 해에 두 아들에게 보낸 가계 9통이 문집에 완전하게 전해지고 있다. "가계와 가서(家書, 집으로 보낸 편지)는 모두 성현들이 남긴 이론이어서 범속(凡俗)한 데에 떨어지지 않았으니, 한 집안의 자손들을 바로잡을 수 있을 뿐만 아니라 온 세상의 자제들이 모두 이 글 내용으로 수신(修身)·제가(齊家)할 수 있는 자료여서 연보에 수록했다."(『사암선생연보』 발문)라는 다산 후손의 말대로 범상한 글이 아님은 오래전부터 알려진 사실이다. 유배지에서 아들들에게 보낸 편지인 가서도 대단한 수준이지만 특히 가계는 마음먹고 교훈으로 내린 글이어서 그 깊고 넓은 삶의 대도가 생생하게 적혀 있다. 그 내용을 보면 친구를 사귈 때 가릴 일, 벼슬살이를 하는 자세, 임금의 잘못도 알려지게 해야 한다는 조언, 자신의 저서를 후세에 전해지게 하라는 당부, 자신의 시의 수준을 가늠하는 기준, 시를 쓰는 방도, 친척끼리 화목하게 지내는 도리, 재물을 오래도록 보관하는 방법 등 인생의 옳고 바른 길이 무엇인가를 밝혀 주는 이야기로 가득 차 있다.

재물은 자손에게 전해 준다 해도 끝내 탕진되고 만다. 다만 가난한 친척이나 가난한 친구들에게 나누어 준다면 영원히 없어지지 않을 것이다. …… 왜 그런가 하면 형태가 있는 것은 없어지기 쉽지만, 형태가 없는 것은 없어지기 어렵기 때문이다. 스스로 자신의 재물을 사용함은 형태를 사용하는 것이고, 재물을 남에게 나누어 주는 것은 정신적으로 사용하는 것이다. 물질로써 물질적인 향락을 누린다면 닳아 없어질 수밖에 없고, 형태 없는 것으로 정신적인 향락을 누린다면 변하거나 없어질 이유가 없다. 무릇 재화를 비밀리에 숨겨 두는 방법으로는 남에게 시혜(施惠)하는 방법보다 더 좋은 것이 없다. 시혜해 버리면 도적에게 빼앗길 걱정이 없고 불에 타 버릴 걱정이 없고 소나 말로 운반하는 수고도 없다. 그리하여 자기가 죽은 후 꽃다운 이름을 천 년 뒤까지 남길 수도 있다.

「두 아들에게 일러 주는 가계(示二子家誡)」

삶의 대도를 터득한 아버지만이 교훈으로 줄 수 있는 이야기다.

사대부의 마음가짐이란 마땅히 광풍제월(光風霽月)과 같이 털끝만큼도 가린 곳이 없어야 한다. 무릇 하늘이나 사람에게 부끄러운 짓을 아예 저지르지 않는다면 자연히 마음이 넓어지고 몸이 안정되어 호연지기(浩然之氣)가 저절로 우러나올 것이다. 만약 포목 몇

자 동전 몇 닢 정도의 사소한 것에 잠깐이라도 양심을 저버린 일이 있다면 이것이 기상(氣象)을 쭈그러들게 하여 정신적으로 위축을 받게 되니, 너희는 정말로 주의하여라.

「다시금 두 아들에게 일러 주는 가계(又示二子家誡)」

양심에 부끄러움이 없을 때, 사나이의 기상은 펴지고 호연지기가 우러나온다 함은 지당한 말이다.

소견이 좁은 사람은, 오늘 당장 마음대로 되지 않는 일이 있으면 의욕을 잃고 눈물을 질질 짜다가도 다음 날 일이 뜻대로 되면 벙글거리고 낯빛을 편다. 근심하고 유쾌해하며 슬퍼하고 즐거워하며 느끼고 성내며 사랑하고 미워하는 모든 정이 아침저녁으로 변하는데, 달관한 사람의 입장에서 본다면 비웃지 않을 수 없다. …… 요컨대 아침에 햇볕을 환하게 받는 위치는 저녁때 그늘이 빨리 오고, 일찍 피는 꽃은 빨리 시드는 법이어서 바람이 거세게 불면 한순간도 멈추지 않는다는 것을 알아야 한다. 세상을 살아가는 사람은 한때의 재해를 당했다 하여 청운(靑雲)의 뜻을 꺾어서는 안 된다. 사나이는 가슴속에 항상 가을 매가 하늘로 치솟아 오르는 듯한 기상을 품고서 천지를 조그마하게 보고, 우주도 가볍게 손으로 요리할 수 있다는 생각을 지녀야 옳다.

「학유에게 노자 삼아 준 가계(贐學游家誡)」

성현의 경전(經傳)에나 나오는 높은 수준의 잠언 같은 말들이다.

이런 격언들이 어떻게 한 가정의 자제들에게만 필요한 경계의 글이겠는가. 후손의 말대로 세상의 모든 사람들이 마음속 깊이 새겨들어야 할 글임에 분명하다.

○○ 외동딸 시집보내며 「매조도」를 그리다

다산이 쉰한 살이 된 1812년, 다산의 집안에 경사가 났다. 외동딸이 시집을 가게 되었다. 신랑은 다산의 친구 윤서유의 아들이자 다산초당에 와서 글도 배웠던 윤창모였다. 초당에서 멀지 않은 강진군 도암면 항촌이라는 마을에 살던 윤씨 집안은 대대로 다산 집안과 교유가 있던 세교(世交)의 사이였다. 다산의 아버지가 가까이 지냈던 윤광택의 손자였으니 혼연을 맺을 만한 사이였다. 뒷날 윤창모는 학업에 열중하여 진사과에 급제해 가문을 빛내기도 했다. 결혼한 뒤인 1813년에 윤씨 일가들은 다산의 고향 마을 마재의 강 건너편 마을인 귀어촌으로 이사 와서 살기도 했다. 다산은 「매조도」를 그리고 화제(畵題)를 써서 시집가는 딸에게 주었는데, 그 작품이 고려대학교 박물관에 소장되어 지금까지 전해지고 있다. 그림·글씨·시 모두 격조가 뛰어나 미술 사학자 유홍준이 반드시 국보로 지정되어야 한다고 주장할 정도의 높은 수준의 예술 작품이다.

사뿐사뿐 새가 날아와 　　　　　　　　　　翩翩飛鳥
우리 뜨락 매화나무 가지에 앉아 쉬네 　　　息我庭梅

매화꽃 향내 짙게 풍기자	有烈其芳
꽃향기 그리워 날아왔네	惠然其來
이제부터 여기에 머물러 지내며	爰止爰棲
가정 이루고 즐겁게 살아라	樂爾家室
꽃도 이제 활짝 피었으니	華之旣榮
열매도 주렁주렁 맺으리	有蕡其實

　화제에 이어 설명도 간단하게 잘 기록하였다. "순조 13년(1813년) 7월 14일에 열수 옹(洌水翁)이 다산 동암에서 쓰다. 내가 강진에서 귀양살이 몇 년이 지났을 때 부인 홍씨가 낡은 치마 여섯 폭을 보내왔는데, 세월이 오래되어 붉은 빛깔이 변했기에 가위로 잘라서 첩(帖)을 만들어 두 아들에게 남겨 주고, 나머지로 이 작은 족자를 만들어 딸아이에게 물려준다." 사연이 재미있다. 아들에게 남겨 준 것에 관해서는 「제하피첩(題霞帔帖)」이라는 짤막한 글이 다산의 문집에 실려 있다.

　내가 강진에서 귀양살이할 때 몸져누워 있던 아내가 헌 치마 다섯 폭을 인편에 보내 주었다. 아마 그녀가 시집올 때에 입고 왔던 분홍색 치마였나 본데 붉은 색깔도 거의 바랬고 노란색도 역시 없어져 가는 것이었다. 단정하고 곱게 장정된 책으로 만들고자 가위로 재단하여 조그마한 첩을 만들고, 손이 가는 대로 경계해 주는 말을 지어서 두 아들에게 넘겨 주련다. 아마도 뒷날 이 글을 보고 감회가 일어날 것이고 아버지, 어머니의 좋은 은택(恩澤)을 생각한다면, 반드시 그리워하는 감정이 뭉클하게 일어나리라. '노을처럼 붉은 치마로 만든 첩(霞帔帖)'이라고 붙인 이름은 '붉은 치마(紅裙)'라고 하면 '기생'이라는 뜻이 있어 은근하게 돌려서 지은 것이다.

순조 10년(1810년) 초가을 다산의 동암에서 쓰다.

앞에서 이야기했던 「매조도」는 1813년에 그렸고 이 하피첩은 1810년에 만들었다. 「매조도」는 지금까지 고려대 박물관에 보존되어 있으나, 하피첩은 그동안 행방을 알 수 없었다. 2006년 3월 28일자 《중앙일보》에 세 장의 하피첩이 발견되었다는 보도가 나왔다. 실로 200년이 다 되어서 다산의 친필 가계인 유배지에서의 편지가 첩으로 발견된 것이다. 내용은 전서로 가계의 내용을 줄여서 쓴 글씨였다. 『유배지에서 보낸 편지』에 번역된 글의 일부다. 다만 문집에는 실려 있지 않았는데 「하피첩」이라는 제목의 시 한 수가 첩 안에 들어 있다.

하피첩 사연에는 두 가지의 의문점이 있다. 딸에게 그려 준 족자에는 헌 치마 여섯 폭이라 했는데 「제하피첩」에는 다섯 폭이라 한 것과 아들들에게 네 폭의 가계를 써 주었다 했는데 세 폭만 발견되었으니 나머지는 소재를 알 수 없다는 것이다. 자료가 더 나와야 밝혀질 일이다. 시를 보자.

몸져누운 아내가 해진 치마를 보내왔네	病妻寄敝裙
천 리의 먼 곳에서 본마음을 담았구려	千里托心素
오랜 세월에 붉은빛 이미 바랬으니	歲久紅己褪
늘그막에 서러운 생각만 일어나네	悵然念衰暮

재단하여 작은 서첩을 만들어서는	裁成小書帖
아들 경계해 주는 글귀나 써 보았네	聊寫戒子句
바라노니 어버이 마음 제대로 헤아려서	庶幾念二親
평생토록 가슴속에 새겨 두어라	終身鐫肺腑

그림·글씨·시 모두 품격 높은 작품이어서 아들딸을 사랑하는 아버지의 정성도 느껴지지만 높은 예술적 가치도 함께 느끼게 된다. 아내 홍씨가 다산에게 다홍치마를 인편에 보내 준 이유는 무엇일까. 다산의 설명이 없으니 알 길이 없으나 우리의 입장으로 나름의 추측을 해 볼 수 있다. 다산은 40세, 아내 홍씨는 41세의 나이로 생이별했던 부부는 10년이라는 긴긴 세월을 독수공방으로 지냈다. 아내로서는 어쩌면 남편이 자기를 잊고 딴생각이라도 하는 것 아닌가 하는 걱정도 되고 해서 무엇인가 자극을 주어 자신을 생생하게 기억하도록 남편에게 시집올 때 입었던 다홍치마를 장롱 속에서 꺼내 인편에 보냈을 것이다. 절대로 잊지 말라는 강한 요구이기도 하지만, 은근하게 사랑의 정을 표시하려는 뜻이기도 했으리라. 이런 아내의 의중을 읽었기에 남편은 두 사람의 사랑의 열매인 아들과 딸에게 경계의 글과 함께 아름다운 그림을 그려서 주었을 것이다. 옛사람들의 은근하고 아름다운 애정의 표시는 곱고 그윽하기만 하다.

다산의 나이 50세이던 1811년에는 평안도 정주 지방에서 지역 차별 철폐 등을 내걸고 홍경래가 민중들을 동원하여 봉기하였다. 다산은 귀양지에서 이런 소식을 듣고서 민란(民亂)이라 규정하고 그들을 토벌해야 한다고 전라도민에게 고하는 「창의통문(倡義通文)」을 작성했다. 왕조 정권 아래의 백성 입장이던 다산은 그 일에 대해 대처하지 않았어도 크게 탓할 일이 아니었는데, 왕조 정권을 지지하는 입장임을 나타내려는 뜻에서 그런 글을 지었지 않았을까 생각하지만, 민중 사관으로 보면 다산 개인의 한계이자 시대적 한계를 드러냈다고 여길 수 있다. 그는 좋은 집안의 출신인 기득권자였고 상당한 지위의 관료를 지냈다는 점 때문에 그러한 한계에서 벗어나기는 어려웠을 것이다. 다산은 1812년 『민보의(民堡議)』라는 책을 지어 향토 방위의 대책을 마련하기도 했다.

○○ 혜장의 입적

1811년 이해에 다산은 또 큰 슬픔에 잠겨야 했다. 그렇게 가깝게 지내고 그렇게 자주 만나 학문을 논하고 시를 짓던 아암 혜장이 입적하고 말았다. 겨우 나이 마흔에 그는 귀양 살며 외롭게 지내던 다산을 더 위로해 주지 못하고 먼저 세상을 떠나 버렸다. 이미 언급했던 대로 다산은 혜장의 제자들의 요구에 응해 「아암장공탑명」이라는 명문을 지어 그를 애닯게 여기는 비통한 내용을 적고, 그의 뛰어난 학문과 시문학에 대한 업적을 찬양하기도 했다. 혜장의 일생을 애조 어린 문체로 서술하고는 결론인 명문(銘文)에서 삶을 종합적으로 평가했다.

빛나는 우담발화   燁燁優鉢

아침에 피었다가 저녁에 시들고	朝華夕蔫
펄펄 나는 금시조가	翩翩金翅
잠깐 앉았다가 날아갔네	載止載騫
슬프다, 이 아름답고 깨끗함이	哀玆都潔
지은 글 있어도 전할 사람 없네	有書無傳
나와 더불어 함께 가서는	與爾偕征
손으로 도(道)의 문을 열었네	手啓玄鍵
조용한 밤에 낚시 거두니	靜夜收釣
맑은 달이 배에 가득했네	明月滿船
지난봄에 아암이 입 다무니	殘春緘口
산속 동네 너무 쓸쓸해	山林寂然
이름이야 나이 든 아이(兒菴)였는데	是名壽童
하늘은 그 나이에는 인색하였네	天嗇其年
이름이야 스님, 행실이야 유자(儒者)	墨名儒行
선비들이 어여뻐 여긴 바라네	君子攸憐

'우담발화(優曇鉢花)'는 3000년 만에 꽃이 한 번 핀다는 뜻으로 세상에 드문 일의 비유인데, 그렇게 드문 인물이 빨리 가 버렸음을 상징하였다. 특히 마지막 구절에서 혜장이 만년에 『논어』, 『맹자』에 깊이 빠져 불교에 회의를 느낀 듯 술을 너무 많이 마셨다면서 유불(儒佛)의 높은 경지에 오른 그를 찬양한 점이 흥미롭다.

1810년 49세의 다산은 『시경강의보(詩經講義補)』라는 저서를 이룩하였다. 그해 봄의 일이었다. 아주 젊던 성균관 시절부터 정조의 명에 따라 『시경』 연구에 힘을 기울였는데 그 시절에 완전치 못하던 부분을 수정·가필하여 12권으로 편집하였다. 또한 『관례작의(冠禮酌儀)』· 『가례작의(嘉禮酌儀)』 등의 저서가 이룩되었으니, 모두 사례(四禮)에 대한 연구서들이었다. 그해 9월에는 아들 학연이 바라를 두드리며 아버지의 억울함을 호소하여 임금이 용서해 주라는 은총을 내렸는데 다산의 반대파 홍명주(洪命周, 1770년~?), 이기경 등의 방해로 석방되지 못하고 말았다. 1811년에는 『아방강역고(我邦疆域考)』가 봄에 이룩되었고 겨울에는 「예전상기별(禮典喪期別)」이라는 예서를 저술했다. 쉬지 않고 저술은 계속되었다.

1812년 51세의 다산은 『춘추고징(春秋考徵)』이라는 경서 연구서를 완료하였다. 오경의 하나인 『춘추』에 대한 연구서다.

1813년 52세의 다산은 다산초당에서 사서(四書, 『논어』·『맹자』·『중용』·『대학』)에 대한 본격적인 연구를 시작했다. 『논어』와 『맹자』야 공자와 맹자의 유교 철학이 담긴 유학의 핵심 교과서이고, 『중용』과 『대학』은 본디 『예기』의 한 부분이었는데 송나라 주자에 의하여 『중용장구(中庸章句)』·『대학장구(大學章句)』로 독립되어 사서라는 교과서의 중심으로 자리 잡은 책이다. 주자는 『논어집주(論語集註)』, 『맹자집주(孟子集註)』와 함께 사서에 새롭게 주석을 달아 이른바, '신유학(新儒學)'이라는 새로운 유학 체계를 세워 성리학적 세계관으로 집대성했다는 평가를 받았다. 조선은 건국 초기부터 주자의 사서를 교과서로 삼아 성리학을 국가의 통치 이념이자 사상의 중심 이론으로 우대하였다.

공자의 중심 사상은 『논어』에 있고, 『논어』의 중심 사상은 인(仁)이다. 주자는 인이란 "사랑의 이치, 마음의 덕(愛之理, 心之德)"이라 해석하여 인이 이치(理)임을 설명하고 정자(程子)의 성즉리(性卽理)라는 학설과 합해서 인(仁)·의(義)·예(禮)·지(智)가 모두 '마음속에 있는 이치(仁心之理)'라고 주장했다. 다산은 "효제(孝弟)란 인(仁)이다."라는 대전제를 내걸고 행위의 개념인 '효제'는 분할해서 이르는 말이고 인이란 총괄해서 일컫는 말이라고 했다. 즉 인이 '이치'가 아니라 행위인 효제라고 주장하며, 글자의 모양대로 사람(人)이 둘(二)인 것이 인(仁)이니 곧 두 사람(부자(父子)·부부(夫婦)·형제(兄弟)·붕우(朋友)·군신(君臣)) 사이에서 상대방에게 최선을 다하여 섬겨 줌이 인이라고 말했다. 성리학의 이론을 효제라는 행위 개념으로 바꾼 다산의 『논어고금주(論語古今註)』 40권은 성리학적 사유 체계를 근본적으로 바꾼 경학 연구서였다. 상지(上智)와 하우(下愚)는 불이(不移)라는 『논어』 원문에 대해서도 인간의 기질(氣質)이나 성품은 "정해져 있다.(一定)"라고 해석하는 주자의 결정론과는 다르게 좋은 성품을 끝까지 지키느냐 악한 일에 안주(安住)해 버리느냐의 차이라고 해석하여 발전의 가능성을 열어 두었다.

『사암선생연보』에 의하면 『논어고금주』에서는 157칙(則)의 새로운 이론으로 주자의 견해와 다른 이론을 제기했다고 한다. 1813년 한 해는 『논어』 연구에 집중했던 해로서 그해 겨울에야 저서가 완성되었다. 제자 이강회와 윤종수(尹鍾洙)가 함께 도와주어서 책이 완성되었다니 『논어』에 기울인 정력이 어느 정도인가를 알게 해 준다.

다산 53세의 1814년 초여름 4월에 처음으로 죄인 명부에서 이름이 지워지는 대계(臺啓)의 정지가 있었다고 한다. 그러나 의금부에서 석방 명령서를 보내려던 때에 강준흠(姜浚欽, 1768년~?)이라는 반대파가 상소로 가로막아 석방될 기회를 또 놓치고 말았다.

이해 여름에 『맹자』에 대한 연구서인 『맹자요의(孟子要義)』 9권이 완성되었다. 「자찬묘지명」의 『맹자요의』 해설 부분에서 다산은 자신의 이론과 주자학 이론의 차이를 상세히 설명하고 있다.

기(氣)란 의(義)와 도(道)에 짝하는 것으로 의와 도가 없다면 기는 시들어 버린다. 이 점은 송의 여자약(呂子約)이나 율곡 이이가 가르쳐 준 뜻이다. 성(性)이란 기호(嗜好)다. 형구(形軀)의 기호도 있고, 영지(靈知)의 기호도 있는데, 똑같이 성이다. 「소고(召誥)」에는 '절성(節性, 기호를 조절할 수 있다는 뜻)'이라 했고, 「왕제(王制)」에는 '절민성(節民性, 백성들의 기호를 조절한다.)'이라 했다. 맹자도 '동심인성(動心忍性, 마음을 움직여 성질을 참는다.)'이라고 했고, "이목구체(耳目口體)가 좋아하는 것이 성이다."라고 했는데, 이런 것은 모두 형구(形軀)의 기호이다. '천명(天命)의 성', '천도(天道)와 함께하는 성', '성선(性善)', '진성(盡性)'의 성은 영지(靈知)의 기호이다. 본연지성(本然之性)이란 말은 본래 불서(佛書)에서 나온 것으로 우리 유교의 천명이나 성과는 서로 빙탄(氷炭)이 되어 함께 말할 수 없는 것이다. "만물이 모두 나의 마음속에 구비되어 있다." 함은 힘써서 서(恕)를 행하고 인(仁)을 구하라는 훈계이다. 사람의 자식 됨과 사람의 아버지 됨, 사람의 형제 됨, 부부 됨과 빈주(賓主) 됨의 도리라든가, 경례(經禮) 300가지와 곡례(曲禮) 3000가지의 모든 원리가 모두 나의 마음속에 구비되어 있으니 자기 몸을 반성하여 참다워진다면 극기복례(克己復禮)가 되고 천하가 귀인(歸仁)한다는 것이지 만물일체(萬物一體)니, 만법귀일(萬法歸一)의 의미가 아니다. 맹자는 성을 논하면서 이목구체까지 언급하여 이(理)만 논하고 기(氣)는 논하지 않는 폐단이 없었다.

간단히 요약하면 다산은 율곡 이이의 주장에 찬동하면서 이만 논하고 기를 논하지 않는 성리학자들의 견해에 반대했다. 성은 이라던 주자의 견해와는 완전히 달리, 성이란 기호, 즉 무엇을 좋아하는 경향(傾向)이라는 뜻으로 해석하며 고경(古經)을 증거로 제시했다. 맹자스스로 이목구체인 형구의 기호를 말했다는 사실과 『서경』「소고」및 『예기』「왕제」를 근거로 들어 무언가를 좋아하는 경향을 인간의 능력으로 조절하여 변화시킬 수 있다고 설명했다. 불교의 이론인 '본연지성', '만법귀일' 같은 논리는 성론에서 언급할 가치도 없다고 단호히 배격하여 성리학의 문제점을 정면으로 반박했다.

그해 가을에 『대학공의(大學公議)』가 3권으로 이루어졌다. 매우 현실적인 논리로 정치 철학서인 『대학』을 친근하게 풀어서 해석했다. 『대학』의 원론과 논리로 백성에게 이로움을 주지 않는 정치는 백성들이 반기를 들고 일어나 망할 수밖에 없다고 경고하며 백성을 위한 정치를 주문한 책이었다.

일반 백성의 욕심은 부(富)와 귀(貴)다. 군자가 조정에 있을 때에는 귀를 바라서이고, 소인(小人)이 야(野)에 있을 때에는 부를 바라서이다. 따라서 인재 등용하는 일이 공정치 못하고 어진 이를 어진 이로 모시지 않고 친한 사람을 친하게 여기지 않으면 군자는 떠나가고, 재산 모으는 일이 절제가 없게 되며 즐거움을 즐거움으로 해 주지 않고 이익을 이익으로 해 주지 않으면 소인은 반기를 들어 나라가 망해 버리기 때문에 『대학』의 마지막 편에서는 이 두 가지를 신신당부하였다.

『대학』에 이어 『중용』의 연구서도 저술했다. 『중용자잠(中庸自箴)』이라는 3권의 책이다. 주자는 『중용』의 용(庸)이란 평상(平常)이라 해석했는데 다산은 그에 반대하여 '용'이란 항상 오래도록 지속하여 중단하지 않는 덕(德)을 말한다고 하였다. 즉 용을 항구(恒久)의 의미라고 해석하고 근거를 고경에서 찾아 수많은 증거를 제시하였다. "도는 잠시도 떠날 수 없다."도 용의 뜻이고, "나라에 도가 있어도 변치 않고 나라에 도가 없어도 변치 않는다."도 용의 뜻이라고 설명했다. 결국 '변치 않는 덕'이 용이라고 했다. 『중용강의보(中庸講義補)』라는 책도 저술했는데, 이는 성균관 생도로 있을 때 정조 대왕의 명을 받고 올린 『중용강의』라는 책을 보완해서 지은 책이다. 이발기발(理發氣發)설에서 퇴계 이황의 이론보다는 율곡 이이의 주장에 동의했던 이유로 정조의 주장과 일치하여 크게 칭찬을 받았다는 이야기는 앞에서 이미 언급한 바가 있다.

다산학의 학문 영역이 넓고 컸음은 이미 알려진 일이다. 이제 유네스코에서 기념할 인물로 선정하였다는 사실만으로도 다산이 세계적인 학자의 반열에 오른 것은 분명한 일이다. 다산이 공맹의 유교철학을 두루 섭렵하고 정주(程朱)의 성리 철학을 깊이 연구했던 것도 다 아는 일이지만, 그는 북학파들이나 중국을 자주 왕래하던 사신(使臣)들을 통해 들어온 청나라 고증학파들의 학문도 모두 섭렵했다. 고염무(顧炎武)·전겸익(錢謙益)·염약거(閻若璩) 등의 새로운 경학 이론도 모두 열람했던 것으로 확인된다.

중국의 새로운 학문을 접했던 것이야 그 당시의 학문 풍토에서 너무나 당연한 일이었지만, 조선에서는 매우 얕잡아 보거나 하대하기 마련이던 일본의 학문 경향을 면밀히 파악하고 일본 학자들의 저서까지 대체로 읽었던 일은 그의 안목이 얼마나 넓고 컸었던가를 짐작하게 한다. 아래의 아들에게 보낸 편지를 보자.

일본에서는 요즈음 명유가 배출되고 있는데, 물부쌍백(勿部雙栢, 오규 소라이(荻生徂徠))이 바로 그런 사람으로 호를 조래(徂徠)라 하고 해동부자(海東夫子)라 일컬으며 제자들을 많이 거느리고 있다. 지난번 수신사가 오는 편에 소본염(篠本廉)이라는 학자의 글 세 편을 얻어 왔는데, 글이 모두 정예(精銳)하였다. 대개 일본이라는 나라는 원래 백제에서 책을 얻어다 보았는데, 처음에는 매우 몽매하였다. 그 후 중국의 절강 지방과 직접 교역을 트면서 좋은 책을 모조

리 구입해 갔다. 책도 책이려니와 과거를 통해 관리를 뽑는 그런 잘
못된 제도가 없어 제대로 학문을 할 수 있었기 때문에 지금에 와
서는 그 학문이 우리나라를 능가하게 되었으니 부끄럽기 짝이 없
는 일이다.

「시이아」

다산이 그때 일본의 유명한 학자들 저서를 열람했다는 사실은
다음 인용문에서도 확인할 수 있다. "이른바 고학선생(古學先生) 이등
유정(伊藤維楨) 씨가 지은 글과 적 선생(荻先生, 오규 소라이)·태재순(太宰純)
등이 논한 경의(經義)를 읽어 보니 모두 찬란한 문채(文彩)가 있었다."
(「일본론(日本論)」) 고루한 조선의 학자들은 왜(倭)라고 낮추어 부르며 일
본을 무시하고 일본 학자들의 경설(經說)에는 관심도 두지 않을 때에,
다산은 일본 학자들의 경의를 읽고 '정예하더라', '우리나라를 능가하
더라', '문채가 찬란하더라'라는 찬사를 보내고 있었으니, 그의 학문
의 영역과 범위가 얼마나 넓고 컸었던가는 알아보기 어렵지 않다. 물
론 다산은 일본이나 중국의 학자들에 대하여 칭찬만 하지는 않았다.
특히 일본 학자 태재순에 대하여는 혹독한 비판을 했다.(跋太宰純論語
古訓外傳) 청나라 고염무의 『일지록(日知錄)』이라는 책에 대해서도 두
아들에게 보낸 편지(「기이아」)에서 매섭게 비판한 바 있다. 우물 안 개
구리처럼 바깥 세상에 눈을 감고 이와 기만 따지던 조선의 속된 선
비들과는 달리, 다산은 그때 벌써 다른 나라의 학자들에게까지 관심
을 기울인 세계화 마인드의 학자였다. 경학 연구서에서 일본 학자들
의 학설을 직접 인용하면서 시시비비를 가린 점으로 보아도 그의 학

자적 양식을 알아볼 수 있다. 그런 크고 넓은 안목이 있었기에 그의 연구는 생명력이 긴 학문으로 대접받을 수 있었다고 여겨진다.

○○ 끊임없이 이어진 굵직한 저술 활동

『논어』·『맹자』·『대학』·『중용』의 사서 연구서가 완료되자 바로 이어서 많은 책들이 저술된다. 1815년 54세의 다산은 유배살이 15년을 맞아 비중이 큰 책들을 완성했다. 그해 봄에 『심경밀험(心經密驗)』과 함께 『소학지언(小學枝言)』이라는 책이 저작되었다. 이 책에 대해 책머리에 쓴 자신의 견해를 들어 보자.

내가 곤궁하게 살면서 일이 없자 육경사서를 연구한 지 여러 해가 되었다. 하나라도 얻은 것이 있으면 뽑아서 간직해 두었다. 이에 그 독실하게 행할 방도를 추구해 보니, 오직 『소학』과 『심경』이 모든 경전 가운데서 꽃을 피운 것이었다. 배우는 사람이 이 두 책에 마음을 기울이고 힘써 실천하여 『소학』으로써 그 밖을 다스리고 『심경』으로써 그 안을 다스린다면 아마도 현자(賢者)가 되는 길이 열릴 것이다. 내 일생을 돌아보면 불우하여 늘그막의 이룬 정도가 이와 같지 못한 것 같다. 『소학지언』은 옛날 주(注)를 보충한 것이고, 『심경밀험』은 나 자신에게 시험해 봐서 스스로 경계한 것이다. 지금부터 죽을 때까지 마음 다스리는 방법에 힘을 쏟아 경전 연구를 『심경』으로 끝맺으려 한다. 아! 실천되겠는가, 말겠는가. 모두 2권이다.

「심경밀험서」

생애의 실천 목표가 『소학』과 『심경』이라 했는데, 『소학』은 어떤 책인가. 『소학』의 편집자인 주자가 말했다. "물 뿌리고 쓸며 응하고 대답하며 나가고 물러나는 예절의 책이다." 일상의 가정생활과 사회 생활에서 일하고 행하는 행실에 대한 규범이라는 뜻이다. 또 율곡 이이는 말했다. "소학은 어버이를 섬기고 형님을 공경하며, 임금에 충성하고 어른들에게 공손하며, 스승을 높이 받들고 벗들과 친하게 지내는 데 대한 규범이다."(『격몽요결』) 다산은 그런 생활 속의 실천 규범을 착실하고 정성스럽게 실행하려 했던 것이다. 한편 『심경』은 어떤 책인가. 다산의 연구 결과를 보자.

마음속에는 세 가지 이치가 있다. 그중 성(性)에 대하여 말하면, 선함을 좋아하고 악함을 부끄러워하나니, 이른바 맹자의 성선(性善)이다. 저울대처럼 움직일 수 있는 점으로 말하면, 선할 수도 있고 악할 수도 있다는 것이어서 양웅(揚雄)의 선과 악이 섞여 있다는 학설은 여기서 유래했다. 그 행사(行事)에 대하여 말하면 선하게 되기는 어렵고 악하게 되기는 쉽다는 것이어서 순자(荀子)의 이른바 성악설이 여기서 유래했다. 순자와 양웅은 본래 성을 잘못 알았으므로 차이가 난 것이지, 마음속에 본래 이 세 가지 이치가 없는 것은 아니다. 하늘이 이미 사람에게 선하게 될 수도 있고 악하게 될 수도 있는 권한을 부여했으며 또 아래로는 선하기는 어렵고 악하기는 쉬운 도구를 부여하였고, 위로는 선을 좋아하고 악을 부끄러워하는 본성을 부여했다. 이런 본성이 없었다면 옛날부터 우리 중에서 조그마한 선이라도 행할 수 있는 사람은 하나도 없었을 것이다. 그렇기 때문에 "본성에 따르라.", "덕성을 높여라.", "성인은 본성을 보배로 여기니 감히 떨어뜨려 잃지 말라."(모두 경전에 나오는 말)라고 했다.

『심경밀험』

성선설, 성악 혼재설, 성악설의 유래를 설명하여 인간의 성품은 선하다는 성선설에 손을 들어주고, 선할 수도 악할 수도 있는 자주지권(自主之權), 즉 자율의지가 인간에게 있다는 매우 탁월한 인간론을 주장하였다. 다산 경학의 핵심은 이 '자율권'을 발견하여 새로운 세계를 열게 한 위대한 대목에 있다.

다산이 55세였던 1816년에 다산의 학문적 업적으로는 특기할 만한 저술이 이룩된다. 바로 『악서고존(樂書孤存)』이라는 12권의 책이다. 진(秦)나라 때의 분서갱유(焚書坑儒)로 모든 경서가 없어졌다가 다시 찾아낸 것이 오경(五經)이고 찾아내지 못한 것이 『악기(樂記)』하나였다. 다산은 이 없어진 음악의 경전인 『악기』가 다시 연구되지 않고는 온전한 정치와 문화가 이룩될 수 없다는 신념으로 여러 경전에 흩어져 약간이나마 전해지던 악(樂)에 관한 이론을 모아 주석을 달아 음악의 경전을 편집해 냈다. 대단한 위업이다.

다산은 젊어서 벼슬하던 시절에 두 편의 「악론(樂論)」으로 음악에 관한 독창적인 견해를 발표한 적이 있다. 「악론」 1편에서는 다음과 같이 『악기』의 재생 필요성을 논했다. "성인의 도는 음악이 아니면 시행되지 못하고 제왕의 정치도 음악이 아니면 성공하지 못하며, 천지만물의 정(情)도 음악이 아니면 조화되지 않는다. 음악의 덕(德)이 넓고 깊은 것이었으나 삼대(三代, 하(夏)·은(殷)·주(周)) 이후에는 유독 음악만 완전히 없어졌으니, 또한 슬프지 아니한가." 이어 『악론』 2편에서는 음악의 중요성을 분명하게 밝혔다. "음악이 일어나지 않으면 교화(敎化)도 시행할 수 없고 풍속도 끝내 변화시킬 수 없어서 천지의 화기(和氣)를 끝내 이르게 할 수 없다." 이를 바탕으로 하며 마침내 유배지에서 다산의 독창적인 저서 『악서고존』은 탄생했다. 그러나 고악(古樂)의 이론은 너무 어렵고 까다로워 오늘날 현대인들이야 제대로 복원할 능력도 없고 그럴 수 있는 지식도 없으니, 그 의미를 온전히 살려 내기는 어려운 일임이 분명하다.

그해 5월에 집으로 보낸 편지 「답연아(答淵兒)」는 인간 행위의 네가지 큰 가치 기준을 설명해 준 명쾌하고 논리적인 글로서 『사암선생연보』에도 그대로 옮겨 놓았던 편지의 하나이다. 시비(是非)의 기준과 이해(利害)의 두 가지 기준에서 다시 네 개의 큰 등급이 나온다는 이야기였다. 옳은 일을 하고 이익을 보는 최상의 등급, 옳은 일을 하고 손해를 보는 등급, 바르지 못한 일을 하고 이익을 보는 등급, 바르지 못한 일을 하고 손해를 보는 최악의 등급으로 구별하여 자신의 해배를 위해 아들이 하는 일은 바르지 못하면서 손해를 보는 최악의 등급이니, 권력자들에게 아부해서 해배시키려는 일은 절대로 해서는 안 된다는 눈물겨운 주장을 아들에게 가르쳐 주었다. 대단한 일이었다. 죄지은 일 없이 억울하기 짝이 없는 유배살이를 하면서 하루라도 빨리 해배되기를 간절히 바라면서도, 바르지 못한 일을 하고 이익을 보기보다는 옳은 일하고 차라리 손해 보는 길을 택하겠다는 그의 선비 정신은 참으로 매서웠다.

이해 6월에는 흑산도에서 귀양 살던 중형 정약전이 세상을 떠났다. 1801년 11월 22일 나주 북쪽 밤남정에서 마지막 손을 잡고 헤어진 이래, 끝내 형제는 재회하지 못하고 형은 불귀의 객이 되고 말았다. 이 슬픔은 우리가 앞에서 함께했던 바 있다. 59세라는 아까운 나이에 유배살이가 풀리지 못한 상태로 세상을 떴으니, 얼마나 가슴이 아팠으랴. 다산은 제자 이강회에게 보낸 편지에 이렇게 썼다. "돌아가신 형님은 덕행과 기국(器局)이 넓고 학문과 식견이 깊고 밝아 나를 감히 견줄 수 없지만, 부지런하고 냉철한 점은 나보다 못했다. 그래서 저술이 많지 않다. 그러나 지금 세상에 이와 같은 분은 다시없을 것이니, 이는 나의 사사로운 말이 아니다." 또한 집으로 보낸 편지에서도 "어지신 형님(賢仲氏)"이라고 표현하여 극도의 존경심을 보였다.

○○ 일표이서(一表二書) 3대 저서가 완성되다

1817년 56세의 다산은 가을에 『상의절요(喪儀節要)』라는 상례 연구서를 저술했다. 이렇게 끊임없이 이어 간 상례 연구는 마침내 『상례사전』이라는 대저(大著) 50권으로 완성되었다. 이해의 큰 저서는 『방례초본(邦禮草本)』인데 뒤에 『경세유표』라는 이름으로 바꾸었다. 다음 해까지 저작을 계속했으나 끝내지 못하고 다른 책의 저술을 시작했다고 말했다. 「자찬묘지명」의 자신의 기록을 보자.

　　『경세유표』는 어떤 내용인가. 관제(官制)·군현제(郡縣制)·전제(田制)·부역(賦役)·공시(貢市)·창저(倉儲)·군제(軍制)·과제(科制)·해세(海稅)·상세(商稅)·마정(馬政)·선법(船法) 등 나라를 경영하는 제반 제도에 대해서 현재의 실행 가능 여부에 구애받지 않고 경(經)을 세우고 기(紀)를 나열하여 '우리의 오래된 나라를 새롭게 개혁해 보려는 생각(新我之舊邦)'에서 저술한 책이다.

　　국가 경영에 관한 법과 제도에는 개혁이 가능한 부분도 있지만, 당장은 개혁하지 못할 분야도 있기에 "실행 가능 여부에 구애받지 않고"라 말했다.

　　다산은 『경세유표』 서문에도 간절한 자신의 개혁론에 대한 충심 어린 설명을 해 놓았다. 머리털 하나인들 썩지 않은 분야가 없다고 전제하고, 그런 썩은 나라를 지금 당장 개혁하지 않는다면 나라는 반드시 망하고 말 것이라는 엄중한 경고를 내리기도 했다. 자신이야 유배 사는 중죄인으로 나라에 개혁안을 올릴 자격도 없으니, 혹시 자신이 죽은 뒤라도 옛날 신하가 죽은 뒤에 올리는 국가 정책 건의서라고 생각하라는 뜻에서 '유표(遺表)', 즉 유언으로 올리는 건의서라는 이름을 붙였다고 했다. 이름에서조차 슬프고 안타까운 마음이 간절하다. 반계 유형원의 『반계수록』 26권과 쌍벽을 이루는 대표적인 경세서(經世書)였다. 48권으로 된 방대한 책이다. 『경세유표』에서 꼭 언급해야 할 국가 통치술의 하나는 고적제(考績制)의 강화와 철저

494

한 실행을 강조한 점이다. 고위 공직자들에 대한 정확한 고과 평가만이 통치의 질적 향상과 나라의 발전을 가져온다고 다산은 누누이 강조했다. 요즘 말로 공직자들의 근무 평정제의 올바른 확립과 시행 등을 요구한 것인데, 이 점은 바로 현대의 공직 사회에서도 가장 절실한 일 중의 하나임을 인정하지 않을 수 없다. 잘하는 공직자는 승진시키고 포상하며, 잘 못하는 공직자는 징계받거나 퇴출당하는 고적제의 의미는 아무리 강조해도 다 말할 수 없는 매우 중요한 통치술의 하나임이 분명하다. 이와 같이 『경세유표』의 효용 가치는 세월이 지날수록 더 값이 높아감을 알게 된다.

1818년 57세의 봄에 다산은 마침내 『목민심서』 48권을 완성했다. 서문에서 저작 경위와 책의 내용에 대해 자세히 설명했으나, 자신의 「자찬묘지명」에서 요약한 내용을 보자.

『목민심서』는 어떤 책인가. 현재의 법을 토대로 해서 우리 백성을 돌봐 주자는 책이다.(因今之法 以牧吾民也) 율기(律己)·봉공(奉公)·애민(愛民)을 세 기(紀, 본론)로 삼고, 이(吏), 호(戶), 예(禮), 병(兵), 형(刑), 공(工)의 여섯을 전(典)으로 만들어 진황(賑荒) 1편으로 끝맺었으며, 하나의 편마다 6조를 포함하게 했다. 고금의 이론을 찾아내고 간위(奸僞)를 열어젖혀 목민관들에게 주어 백성 한 사람이라도 그 혜택을 입을 수 있게 했으면 하는 것이 내 뜻이었다.

다산은 자신이 살아가던 조선이라는 나라가 "썩은 지가 이미 오래되었다."(「중형 정약전에게 올린 편지(上仲氏)」)라고 진단했고, 경서 연구서의 여러 곳에서 "부란(腐爛, 썩어 문드러짐)한 세상"이라고 표현했다. 그래서 『경세유표』를 저술하여 부패의 소지가 상존하는 법제에 대한 개혁을 통해 부패 청산을 시도하려 했지만, 권력의 대열은 말할 것도 없이 인류의 대열에도 끼지 못하는 자신의 개혁안이 채택될 리 만무하다고 믿어 현행법의 테두리 안에서라도 부패를 줄이고 백성들이 숨을 쉬고 살 방도를 연구해 내지 않을 수 없었다. 이런 이유 때문에 『경세유표』를 미완으로 남기고 바로 『목민심서』를 저술했다. 그 당시의 목민관이던 각 고을의 수령은 제후와 같은 권한을 지녔다. 입법·사법·행정의 삼권을 쥔 통치자였으니 이들이 율기·봉공·애민 정신을 철저히 준수한다면 나라도 조금 좋아지고 백성들도 안도의 숨을 쉴 수 있으리라는 기대를 지녔던 것이다.

때문에 『목민심서』의 요체는 첫째가 율기였다. 「율기」편의 '청심(淸心)' 조항이야말로 국가와 백성을 살려 내는 핵심이었다. 공직자, 특히 목민관들이 공정하고 청렴한 마음을 지니고 실제 행정에서 실천한다면 소기의 목적이 달성되리라는 것이 바로 다산의 바람이었다. 그가 28세에 문과에 급제하여 벼슬살이를 시작하는 순간에 자신의 각오를 피력한 "공렴원효성(公廉願效誠)", "공렴과 청렴으로 정성 바치기 원하노라"라는 다섯 글자의 시 한 구절에 『목민심서』의 본질이 담겨 있다고 볼 수 있다. 공정하고 청렴한 목민관, 이것이 바로 『목민심서』의 원론이요 본체였다. 두 번째는 「이전(吏典)」편의 '속리(束吏)'이다. 관(官)인 목민관보다 오히려 이(吏)인 아전들에 대한 단속 없이는 지방행정의 난맥상을 해결할 수가 없다고 했다. 다산은 목민관의 공렴을 강조하면서 목민관이 공렴을 실천해야 "자신의 몸이 바르면 명령을 내리지 않아도 행해지지만 자신의 몸이 바르지 못하면 아무리 명령을 내려도 따르는 사람이 없다.(其身正 不令而行 其身不正 雖令不從)"라는 공자 말씀대로 공무가 바르게 집행된다고 여겼다. 그래서 아전들을 단속할 최고의 방법은 스스로 바르게 사는 것이고, 청렴해야만 아전을 단속할 수 있다고 했던 것이다. 청렴이라는 자기 내부의 인격 수양과 속리라는 외부의 실제 행정, 이 두 조항의 표리 관계가 제대로 되면 『목민심서』의 정신은 구현된다는 것이 다산의 뜻이었다. 하리(下吏)라고 칭해지던 아전들, 조선이라는 나라는 바로 그들의 나라였다. 모든 관청의 실무 집행자는 아전들이었다. 목민관이 욕심쟁이면 탐관(貪官)이고, 아전이 썩으면 오리(汚吏)인데, 이들 '탐관오리'들이 날뛰던 세상이 조선 후기였다. 청렴한 목민관들이 썩은 아전들을 제대로 바로잡아 공정한 행정을 펴야만 나라도 새로워지고 백성들도 마음 편하게 살아가는 세상이 온다고 주장한 책이 『목민심서』였다.

그해 여름에 다산은 못다 마친 『국조전례고(國朝典禮考)』를 이루고 『흠흠신서』를 시작하여 끝맺지 못한 채로 18년의 긴긴 유배살이가 끝났다. 마침내 해배 명령이 내려왔으니 8월의 일이다. 다산을 출발하여 9월 14일 비로소 고향에 돌아와 가족들과 재회의 기쁨을 나누었다. 그리고 못다 쓴 저서들의 완성에 쉴 틈이 없었다.

○○ 역경 속에서 이루어 낸 업적

1808년 늦봄인 3월부터 1818년 여름 8월까지 11년간의 다산초당 생활은 신산한 유배살이의 고통이 따랐던 세월이었지만, 다산초당이 다산학의 산실이자 보금자리가 되었던 것처럼 그 시절이 저술 활동의 황금기였음을 부인할 수 없다. 다산은 아름다운 경치에 멋진 정원을 꾸며 신선이 부럽지 않게 안온한 생활을 했다. 한없이 자라는 자생 차를 손질하여 고급의 차로 제다(製茶)하여 즐겨 마시던 다인 다산, 오죽 차를 많이 끓였으면, 초당 마당의 큰 너럭바위를 차 끓이는 부엌(茶竈)이라 이름 지었겠는가. 차에 일가견이 있던 혜장 스님이나 초의 스님이 초당에 찾아와 함께 차를 마시며 시를 짓던 풍류도 격이 높기만 했다. 무엇보다도 기쁘고 즐거우며 가치 있던 일은 찾아오는 제자들을 가르치고 그들과 학술 논쟁을 벌여 저서를 쓰는 데 도움을 받을 수 있던 일이었다.

봄이 오기 전부터 피어나는 아름다운 동백꽃이 초당 주변에 무성하게 자라고 피어났으며, 귤동 마을은 말 그대로 유자가 집집마다 익어가는 마을이어서 가을이면 더욱 아름다웠다. 이런 마을의 뒷산이 다산이고, 그처럼 그윽한 산골에 다산초당이 있었다. 직계 선조만으로 8대 옥당이던 명문가의 후예로 아버지는 진주 목사를 지낸 관료이자 자신은 문과에 급제하여 한림원·옥당·규장각을 출입하며 귀한 벼슬을 역임한 신분이었으니 그래도 교양 있는 집안의 자제들이 찾아와야 가르치는 맛이 더 컸을 것이다. 읍내의 아전 출신 자제들을 가르쳐 황상·이청 등의 뛰어난 제자가 나왔지만 다산초당에서의 18제자들은 다산의 마음을 더 흐뭇하게 해 주었을 것이다. 사족(士族)이던 자신의 신분과 같은 출신의 자제들이 찾아와 배웠기 때문이다. 특히 1812년 외동딸을 초당에서 멀지 않은 항촌 마을 윤씨 집안으로 시집보낸 뒤부터는 윤씨 집안의 도움을 많이 받아 삶의 불편이 많이 해소되었다. 이 무렵 다산의 일상생활의 한 토막을 그의 글을 통해 알아보자.

내가 다산에 우거한 지 4년이 되는데 언제나 꽃이 피면 산보를 나간다. 산의 오른쪽 고개를 하나 넘고 시내를 건너가 석문(石門)에서 바람을 쐬며 용혈(龍穴)에서 쉬고 청라곡(靑蘿谷)에서 물을 마시고 농산에 있는 농막에서 잠을 잔 뒤에 말을 달려 다산으로 돌아오는 것이 늘 하던 일이다. 개보(皆甫, 딸의 시아버지인 윤서유)와 그의 사촌 아우 군보(群甫, 윤시유)가 술과 물고기를 가지고 와서 때로는 석문에서 기다리고, 때로는 용혈에서 기다리거나, 때론 청라곡에서 기다렸다. 이미 취하도록 마시고 배불리 먹은 뒤에는 그들과 함께 농산에 있는 농막에서 낮잠을 자던 것도 늘 하던 일이었다.

「조석루기(朝夕樓記)」

유족한 사돈네 집의 정자인 '조석루'라는 누각에 지은 기(記)에 나오는 이야기인데, 이만하면 유배 살던 죄인의 신분으로는 괜찮은 대우를 받으면서 살았던 생활이었다. 석문·용혈·청라곡 등은 초당에서 멀지 않은, 좋은 경치가 있던 곳의 지명이었다. 편지의 한 조각으로 있던 소속 불명의 글 가운데 "아침 일찍 일어나 참선을 마친 뒤에 시원한 누각에 올라 앉아 향취 좋은 차 한 잔을 마시고 위응물(韋應物)의 시 한 행을 낭랑히 읊조린다."라는 구절에서 보이듯, 이와 같은 안온한 생활이 이어지면서 경학에 대한 심도 깊은 연구들이 속속 진행될 수 있었다.

경학에 침잠할 마음의 안정을 얻었지만, 그러나 다산의 눈에 보이고 귀에 들리는 현실은 그를 낙천적이게만 해 주지는 않았다. 당시의 시대적 질곡들은 역시 그에게 지식인의 고민을 안겨 주었고, 그러한 고민이 승화되어 그의 저술은 깊이를 더해 가며 새로운 이론을 창출해 냈다. 생활의 즐거움이야 순간일 뿐, 세상을 구제하려는 그의 학자적 양심과 의욕은 식지 않았다. 견비통이 발병하여 손을 제대로 쓰지 못하는 질병을 앓았고, 중풍병에도 걸려 많은 고통을 당하면서도 끝내 쉬지 않고 저작 활동을 계속하였다. 근래에 발견되어 세상에 전해지는 제자 황상과 주고받은 편지에는 역병에 걸려 신음하고, 설사로 고생하고, 눈병으로 고생하는 간난신고의 이야기들이 수없이 나타나 있다.(정민, 『삶을 바꾼 만남』) 그런 온갖 고통 속에서도 저술 의욕의 열정은 멈추지 않았다.

다산은 다산초당에서 고향의 아들에게 보낸 편지에서 이렇게 말했다. "무릇 저서하는 방법은 경전에 대한 저서를 제일 우선으로 해야 하고, 그다음은 세상을 경륜하고 백성에게 혜택을 베풀어 주는 학문이며, 국방·기술·농정·의학 분야도 소홀히 할 문제가 아니다."(『두 아들에게 일러 주는 가계』)라고 했다. 즉 제일 우선해야 할 학문은 경학이고, 둘째가 경세학이라고 했다. 그래서 다산은 육경사서는 본(本)이요 일표이서는 말(末)이라고 「자찬묘지명」에서 말했다. 경학은 본론이고 경세학은 각론이라는 뜻인데, 양자를 병행해서 공부해야 하지만 경학을 우선적으로 연구하여 인간의 바탕을 다져서 정리해 놓고, 각론인 실용 학문에 마음을 기울여 실행에 옮겨야 한다고 했다.

다산초당에서 이룩된 학문 중에서 특별한 분야 하나를 골라 이야기한다면 『경세유표』에서 편 기술 개발에 대한 강력한 주장이다. '이용감(利用監)'이라는 새로운 정부 기구를 설치하여 기술 도입과 기술 개발을 관장토록 조치해야 한다는 주장이나 '산학서(算學署)'라는 기구를 개편하여 국민에게 수학 보급을 강화해야 한다는 주장에 이르면, 그의 선구적인 생각에 감탄을 발하지 않을 수 없다. "온갖 공업 기술의 정교함은 그 근본이 수학에 있다.(百工之巧 皆本之於數理)"라는 『경세유표』「산학서」의 내용은 참으로 훌륭한 탁견이다. 수학이 온갖 기술의 근본임은 오늘날에야 더 설명이 필요 없는 이야기이나, 그렇게 인문학에만 열을 올리던 그 시절에 수학 교육에 관심을 기울였음은 대단한 일이었다.

다산초당에 찾아와 글을 배우며 함께 학문을 토론했던 제자들에 대한 이야기도 빼놓을 수 없다. 어느 날 갑자기 해배 명령이 내려오자, 다산은 제자들과 의논하여 다신계(茶信契)라는 결사를 만들었다. 그 결사에 참여한 제자들이 바로 다산초당의 18제자였다. 결사의 약속이 열거되어 있고 참여자의 명단이 자세히 기록되어 있는 글이 「다신계절목(茶信契節目)」이다. 지금도 전해져 그때의 일을 소상하게 알게 해 준다.

18제자의 이름은 다음과 같다. 이유회(李維會, 1784~1830년)·이강회(李綱會, 1789년~?) 형제, 이기록(李基祿, 1780년~?), 정학연·정학유 형제, 정수칠(丁修七, 1768년~?), 윤종문(尹鍾文, 1787년~?), 윤종영(尹鍾英, 1792년~?), 윤종기(尹鍾箕, 1786~1841년)·윤종벽(尹鍾璧, 1788~1873년)·윤종삼(尹鍾參, 1789~1878년)·윤종진(尹鍾軫, 1803~1879년)의 4형제, 윤종심(尹鍾

心, 1793~1853년)·윤종두(尹鍾斗, 1798~1852년) 형제, 윤자동(尹慈東, 1791년~?) ·윤아동(尹我東) 형제, 이택규(李宅逵, 1796년~?), 이덕운(李德芸, 1794년~?) 등이 그들이었다. 정학연 형제는 다산의 아들이고, 윤종기 등 4형제 는 초당 주인 윤단의 큰아들 윤규노의 아들이고 윤종심 형제는 윤규 노의 아우 윤규하의 아들이었다. 윤종문과 윤종영은 다산의 외가 외 사촌들의 아들이었다. 다산의 경학 연구에 가장 큰 도움을 준 제자 는 자신의 아들 형제 이외에 이강회와 윤종심이었다. 윤종심은 족보 에는 윤종수(尹鍾洙)로 되어 있으며 어릴 때의 이름은 동(峒)으로, 일 찍부터 학문이 높아 다산의 학문 연구에 많은 도움을 주었다. 읍내 제자로는 황상이나 이청이 유명한데, 특히 이청은 경학 연구나 기타 저서 저작에 많은 도움을 주었고, 황상은 다산의 만년까지 고향으로 찾아와 교유를 계속했으며 다산과 그들의 편지에서 다산의 초당 생 활의 자세한 내용을 알 수 있다.

18제자 이외에는 다산의 사위 윤창모도 초당에서 글을 배워 뒤 에 진사로서 이름이 높았으며 윤창모의 아들 방산 윤정기는 다산의 외손자로 외할아버지의 슬하에서 학문을 익혀 많은 저술을 남긴 학 자였다. 다산풍의 학문 경향을 따라 실학자로서의 저술이 많았다. 오 늘날 학계에서는 이들 다산 제자 집단을 '다산학단(茶山學團)'이라 명 명하고 그들에 대한 자료를 계속 발굴하고 있어서 다산학단에 대한 연구가 점점 진척되어 가는 실정이다.

「다신계절목」의 끝에는 '읍성제생좌목(邑城諸生座目)'을 추가하여 강진 읍내 동문 밖 주막집에서 배운 제자 여섯 명의 명단을 기록했 다. 손병조, 황상, 황경(黃褧), 황지초(黃之楚), 이청, 김재정(金載靖) 등이 그들이다. 이들 중 특히 황상과 이청은 위에서 언급했듯 다산의 큰 제자로 인연을 오래 유지했던 사이였다.

그다음에 빼놓을 수 없는 제자들로는 '전등계(傳燈契)'에 들어 있던 승려들이 있다. 다음은 「다신계절목」에 나오는 언급이다. "수룡(袖龍)과 철경(掣鯨) 등은 승려로서 인연을 맺은 사람들이다. 이들과 맺은 전등계에도 전답이 있다." 다산은 다산초당으로 거처를 옮기기 전부터 혜장과 어울리면서 고성사나 백련사를 자주 찾았고, 초당으로 옮긴 뒤부터는 대둔사(대흥사)의 초의 등과 인연을 맺어 많은 승려들과 접촉이 잦았다. 혜장의 제자인 수룡색성(袖龍賾性)과 기어자홍(騎魚慈弘)은 다산의 제자였음이 분명하고, 초의는 직접 글을 배운 제자였다. 그러나 전등계에 대한 기록이 제대로 전해지지 않아 그 전모는 알 길이 없다. 앞으로 더 자료가 나온다면 그에 대한 연구도 진척되리라 믿는다.

갑자기 해배 명령이 내려 꼭 마쳐야 할 저서 하나가 완성되지 못했다. 『흠흠신서』라는 책인데 고향으로 돌아온 이듬해인 1819년에 30권으로 완성했다. 이 책을 끝내면서 자신이 일컬었던 대로 '일표이서'라는 경세학의 대저서들이 완료되었다. 고향으로 돌아온 다산은 안온하고 조용하던 다산초당의 생활을 잊을 수 없었다. 지은 해를 알 수 없는 초당에서의 시 한 편이 다산의 외손자 윤정기의 문집인 『방산유고(舫山遺稿)』에 실려 있다. 먼 훗날 고향을 찾은 윤정기는 외조부가 귀양 살던 다산초당을 방문한 적이 있었다. 초당은 폐허로 변하여 옛일을 회고하면서 시를 한 수 읊었다. 그러면서 외조부 다산공이 초당에 계실 때 지은 시라고 소개하였다.

소나무 숲 아래 누워 있는 하얀 바위	松壇白石床
바로 내가 거문고 타던 곳이라네	是我彈琴處
산사람 거문고 타다 걸어 두고 가 버리니	山客掛琴歸
바람 불자 거문고 줄 절로 우노라	風來絃自語

제목도 없고, 다산의 시문집에도 실려 있지 않은 시다. 초당에서 보낸 10년 세월에 이만하면 신선의 경지에 올랐다고 여겨진다. 세상을 등지고 은자(隱者)로서 살았던 생활이지만, 다산은 우국충정을 가슴에 안고 한없이 서러운 마음을 이겨 내면서 나라의 개혁을 위한 온갖 이론을 마련했다. 백성과 나라를 살려 낼 경국제세(經國濟世)의 뛰어난 학문적 업적을 이룩했다. 고경을 연구하여 수기(修己)의 바탕이 될 240권에 이르는 경학 저서를 완성하고, 경세학을 연구하여 일표이서 등의 저서를 편찬함으로써 나라와 백성들에게 혜택을 줄 학문적 업적을 이룩했다. 수천 편의 시를 지어 심성을 도야해 하늘과 땅의 화기(和氣)를 잃지 않게 하고, 핍박받는 민중들의 실상을 폭로하여 사실주의 문학의 전형에 가까운 문학적 업적도 이룩하였다. 중형 정약전이 평가했던 대로 벼슬이나 살고 고관대작이나 지냈다면 도저히 불가능했을 대업을 유배살이라는 역경 속에서, 위기를 오히려 기회로 반전시킨 자신의 의지로써 이루어 낸 것이었다.

5부

학문과 인생을 정리하다

13 당대 학자들과의 학문 토론으로
   집필을 마무리하다

18년의 유배살이에서 마침내 풀려난 다산은 1818년 9월 14일 고향의 여유당으로 돌아왔다. 여느 사람 같으면 한가한 세월을 보내며 편히 쉬면서 18년 유배 생활의 노고나 풀었겠지만, 고향에 돌아온 쉰일곱의 중늙은이 다산은 마무리하지 못한 저서들을 완성하면서 유배지에서보다 더 열심히 학문 연구에 몰두했다. 겸하여 가득 안고 돌아온 저서들에 대해 객관적 평가를 받아 수정 가필하여 완성본으로 만들기 위해 당대의 학자들과 만나거나 서신을 교환하면서 불철주야 집필에 전념했다. 어떤 환경의 변화에도 꺾이지 않던 그의 학문에 대한 의욕은 역시 줄어들 줄 몰랐다.

　귀향한 뒤 최초로 인연을 맺은 학자는 소론계의 강화 학파 학자였던 석천(石泉) 신작(申綽, 1760~1828년)이었다. 남인계의 다산과는 당론이 다른 소론이었던 신작은 본디 강화도 출신으로, 아버지 신대우(申大羽)는 호조 참판에 오른 큰 학자였으며 형인 신진(申縉)이나 아우 신현(申絢)은 학문도 높았지만, 아우는 벼슬이 참판·부제학에 이른 고관이어서 명문가로 이름이 있던 집안이었다. 신작은 중년에 다산의 고향과 같은 광주(廣州)의 사촌(沙村)으로 이사 와 살았기 때문에 다산과 사귈 수 있었다. 소내와는 20리 정도의 가까운 거리였다. 신작의 생질인 박경유(朴景儒, 박종림(朴鍾林)) 형제가 같은 동네로 이사 와 거주하고 있었기 때문에 서로 만날 기회가 있었다. 신작은 다산보다 두 살 위이지만 친구나 이웃처럼 가까이 지냈으니 두 노학자들은 학문 토론으로 세월을 보내기에 좋았다. 그는 젊은 시절부터 『시차고(詩次故)』 등 경학 연구서를 저작하여 나라에서도 인정을 받던 경학자로 명망이 높던 인물이었다. 54세에 문과에 급제한 신작은 뒤에 승지·참의 등의 벼슬이 내렸으나 나아가지 않았다.

　다산이 신작과 그의 아우 실재(實齋) 신현과 어울리면서 그들 사이에서는 본격적인 학문 논쟁이 벌어졌다. 특히 『주례(周禮)』의 육향제(六鄕制)에 대해 거듭 편지를 주고받으면서 치열한 논쟁을 벌였다. 신작은 육향(六鄕)이 왕성(王城) 밖에 있다는 정현(鄭玄)의 주장에 찬성하는 입장이었지만, 다산은 육향이 왕성 안에 있다는 주장을 폈다. 그들은 견해의 일치는 보지 못했지만, 서로의 학문적 깊이에 탄복하면서 깊은 신뢰를 쌓아 갔다. 가까운 거리에 살았던 이유로 다산은 신작의 집을 종종 방문했고, 신작도 생질의 집에 오는 경우 다산의 집을 방문하여 두터운 우정을 보였다. 다산이 해배된 지 겨우 1년 뒤의 일이지만, 신작은 다산이 유배지에서 이룩한 학문적 업적에 크게 놀라면서 아주 높은 평가를 내렸다. 당대에 다산 학문의 진면목을 인정한 학자가 최초로 나온 셈이다. 석천 신작의 평을 들어 보자.

> 일전에 소내의 정 승지(정약용)가 마침 지나는 길에 저의 집에 들렀습니다. 자기 스스로 말하기를 유배살이 18년 동안 다른 일은 하지 않고, 오로지 경전 연구만 했다고 했습니다. 그의 설명을 들어 보니 저의 학문에도 계발된 바가 많았습니다. 그는 장구(章句)나 따지고 문맥이나 지키는 사람이 아니었습니다. 재주가 뛰어나고 문장 또한 체제를 얻었으며, 경전 주석에 대단히 박식하면서도 정밀하여, 제가 알고 지내는 학자 가운데 그보다 더 나은 사람은 없을듯 합니다. 어제 그가 예서(禮書, 『상례사전』) 일곱 권을 보여 주고 의견을 물어 왔습니다. 견해가 탁월할 뿐만 아니라 문장도 명쾌하며 조리가 정연하고 엄밀하니 참으로 드문 사람입니다.(1819년 8월 22일)

신작이 다산을 최초로 만나 보고 자신의 큰형인 신진에게 보낸 편지 내용의 일부분이다. 남을 의식하여 사실과 다르게 미사여구를 동원할 이유도 없고, 공개될 글이 아니라 사적으로 형제 사이에서 했던 말이니 진정성과 사실성만으로 이루어진 글일 텐데, 당대의 큰 학자가 다른 학자에게 그런 정도로 칭찬을 하는 경우는 많지 않을 것이다. '박식하고 정밀하다'거나, '견해가 탁월할 뿐만 아니라 문장도 명쾌하며 조리가 정연·엄밀하다'는 칭찬은 아무에게나 해 주는 찬사가 아니다. 인고의 세월을 보내며 피와 땀으로 이룩한 학문적 업적에 그러한 찬사가 있었으니, 다산의 삶에 위로가 될 만한 내용이다. 당론도 다르고 자주 접촉했던 옛 친구도 아닌 서먹한 사이에서 그런 정도의 평가가 나왔으니 대단한 일이다. 다산의 예서 『상례사전』에 대한 평가도 있다.

정 영감의 예설을 한번 읽어 보니 근거가 정확하고 조리가 밝으며 문장도 위(魏)·진(晉) 시대의 예설과 주소(住疏)에서 우러나온 것이어서 볼만한 점이 많았습니다. 근래 예에 대해 논하는 사람들 가운데 이에 비견할 만한 사람이 없습니다. 그러나 선배들을 경솔히 비판하고 스스로 자기 견해를 내세우는 병통이 있습니다. 이와 같은 예설이 세 상자나 된다고 들었습니다. 이 책 이외에 남쪽에 있을 때 저술한 경학에 관한 학술 서적이 무려 100여 권이라고 합니다.(1819년 9월 8일)

호한(浩瀚)한 다산의 경학 연구 업적에 깜짝 놀랐다는 내용이다. 형님에게 자신의 감탄스러운 심정을 편지로 전했다. 그러나 업적은 업적대로 높이 평가하고 인정하면서도 옛날 선배 학자들을 비판한 점에 대해서는 마땅하게 여기지 않는다는 것도 밝혔다. 뒤에서 다시 언급할 기회가 있겠지만, 다산과 학문 논쟁을 폈던 연천 홍석주, 추사 김정희 등도 옛날의 주(注)를 인정하지 않는 면에서는 모두 비판적이었다. 학자가 새로운 학설을 주장하고 새로운 이론을 펴지 않고 옛날 선배들의 이론만 그대로 따른다면 어떤 발전이 있겠는가. 이 점은 현대인의 관점에서 다시 생각해 볼 일이다. 신작의 마지막 편지는 다산 학문에 대해 참으로 높은 평가를 내리고 있다.

> 정 영감이 지은 『상서평(尙書平, 매씨상서평(梅氏尙書平))』은 대개 고문(古文)이 위서(僞書)임을 들어 조목조목 분별해 내고 비판함이 혹리(酷吏, 가혹한 관리)보다 심합니다. 그러나 논거가 또한 폭넓고 정확하니 없어서는 안 될 책입니다.(1819년 9월 18일)

신작과 다산은 노년기에 만난 친구로서 학설에 대해서는 견해의 차이가 있었으나 인간적으로 매우 두터운 신뢰가 있었다. 다산의 시집인 『천진소요집(天眞消搖集)』에 자세히 수록되어 있듯이 신작의 집안과 다산의 집안은 양근(楊根)에 살던 현계(玄溪) 여동식(呂東植, 1774~1829년)의 집안과 함께 천진암을 유람하며 가족들 간의 우의까지 돈독해졌으니 대단히 뜻깊은 유람이었다. 여동식은 문과에 급제하여 승지와 대사간을 지낸 관료이자 문사로서 다산과는 만년에 아주 가깝게 지내던 사이였다.

○○ 탁월하고 기이한 일이 일어났도다

해배 이후 신작을 만난 다음에 두 번째로 접촉한 학자는 대산

(臺山) 김매순(金邁淳, 1776~1840년)이었다. 김매순은 안동 김씨 벌열 집안 출신으로 일찍 문과에 급제하여 벼슬했던 학자였다. 정조 대왕의 생존 시에 규장각에서 함께 벼슬했던 다산의 후배였다. 다산이 규장각을 떠나 다른 벼슬을 지내고, 또 18년의 유배살이를 하느라 그들의 재회는 30여 년 만에야 이루어졌다. 노론계에 속하던 김매순은 남인이던 다산과는 당파가 달랐으나 살던 곳이 다산의 고향 마을과 가까운 곳이어서 쉽게 만날 기회가 있었다. 김매순은 벼슬이 예조 참판에 이르렀고 학문과 문장으로 당대 최고 수준에 있던 학자였다. 고려와 조선에 걸쳐 10대 문장가로 뽑힌 '여한십대가(麗韓十大家)'의 한 사람이 김매순이었으니 그의 명망이 어느 정도인가는 쉽게 짐작할 수 있다.

정약용과 김매순은 1821년 11월 27일에 만났으니 다산 60세, 대산 46세 때의 일이었다. 이 두 사람은 서로 만나 밤을 새우며 학문을 토론하고 세상만사를 이야기하면서 30여 년 전 궁궐에서 함께 벼슬했던 추억을 되살려 아주 가까운 사이가 되었다. 1821년 12월 10일 자 김매순이 다산에게 보낸 편지에서 이틀 밤의 고담준론이 오갔던 내력을 알 수 있다. "이틀 밤을 묵는 동안에 양양(洋洋)하게 귀에 가득 찬 것이 지극한 이론과 오묘한 뜻이 아닌 것이 없었습니다." '지극한 이론', '오묘한 뜻'이라는 표현이 김매순이 다산의 깊은 학문에 감복하고 있음을 보여 준다.

다산은 김매순에게 유배살이 동안 저술했던 『상례사전』과 『매씨상서평』 9권을 주면서 책에 대한 비평을 요구했다. 마침내 『매씨상서평』에 대한 평가를 1822년 1월 29일 김매순이 보내왔다.

『매씨상서평』을 두세 번 반복해서 읽었습니다. 열흘 동안 침잠하였는데, 마치 사탕수수를 씹는 듯 점점 가경(佳境)에 들어가고, 순주(醇酒)를 마시는 듯 취한 줄도 모른 채 꼭 잡고 애지중지하여 손에서 떼고 싶지 않았습니다. 대저(大著) 속의 논의는 한결같이 모두 명확하고 진실합니다. 게다가 필력의 거침없는 기세는 그 누구도 상대하지 못할 것입니다. 9권의 수만 마디는 모두 위의(威儀)가 엄연하여 어느 것 하나 가려낼 것이 없습니다.

책을 읽어 가던 감동과 재미를 말하고는 책의 높은 수준과 경지에 감탄한 뒤 이어서 '총평(總評)'이라는 찬사를 바쳤다.

미묘한 부분을 밝히고 숨겨진 것을 통찰함은 비위(飛衛)가 이(蝨)를 보고도 적중시킨 것과 같고, 얽힌 대목을 정리하고 견고하게 굳어 있는 것을 찢어 냈음은 포정(庖丁)이 쇠고기를 재단함과 같도다. 독한 수단으로 간흉을 처단했음은 상앙(商鞅)이 위수(渭水)에서 죄수를 처치함과 같으며, 신념을 바쳐 바른 주장을 수호하던 자세는 변화(卞和)가 형산(荊山)의 벽옥(璧玉)을 안고 울부짖는 것과 같도다. 한편으로는 공자의 벽창에서 나온 『고문상서』를 칭탁한 위고문(僞古文)을 물리친 원훈(元勳)이요, 또 한편으로는 주자에 대한 모멸을 막아 낸 용맹스러운 신하였도다. 유림의 대업이 이보다 더 클 수는 없도다. 적막한 천 년 뒤의 온갖 잡초가 우거져 있는 오랑캐 나라에서 이렇게 탁월하고 기이한 일이 일어날 줄을 어찌 생각이라도 했겠는가.

대단한 찬사다. 고사가 많이 인용되어 설명이 없다면 이해하기 어려운 대목이 많다. 비위는 중국 고대의 유명한 사수(射手)로, 아주 작은 이(蝨)를 적중시키듯 은밀한 내용까지 밝혀냈음을 비유한 말이다. 포정은 백정(白丁)과 같은 뜻이지만 여기서는 옛날 중국의 유명한 요리사를 가리킨다. 소를 잡아 살은 살대로 뼈는 뼈대로 제대로 추리는 일에 뛰어났다는 뜻이니, 얽혀 있는 논리에 가닥을 제대로 잡았다는 의미이다. 상앙의 위수 다스림이란 악독한 죄인은 용서 없이 가혹하게 처벌하던 상앙처럼, 다산이 『상서』(『서경』)을 위조한 죄를 지은 편집자 매색(梅賾)을 혹독하게 꾸짖었다는 비유다. 변화는 초(楚)나라 사람으로 옥을 돌이라 하는 임금들에게 양쪽 발뒤꿈치를 깎이면서까지 끝내 형산에서 울면서 간(諫)하여 옥으로 인정하도록 했던 사람이니, 진실을 밝히기 위해 자기의 고통을 참는다는 비유다.

이를 바탕으로 김매순의 글을 제대로 이해해 보면, 다산 학문에 대한 평가는 더 바랄 나위 없는 수준에 이르렀다. 다산 자신도 이런 찬사를 편지로 받고는 무척 기뻐하면서 곧바로 답장을 보냈다. 정월 그믐날 받은 편지에 대한 2월 4일자의 답장이다. "박복한 목숨 죽지 않고 살아서 돌아왔습니다. 이제 죽을 날도 머지않은 때에 이러한 편지를 받고 보니 처음으로 더 살아 보고 싶은 생각이 듭니다."(「답김덕수(答金德叟)」)라는 감격적인 답을 했다. 학문에 생을 걸었던 유배 생활에서 얻은 학문 결과에 그러한 찬사를 받고 보니 이제야 더 살아가고픈 마음이 생긴다니 얼마나 흡족했으면 그런 말을 할 수 있었겠는가. 다산은 뒷날 자신의 자서전으로 지은 「자찬묘지명」의 보유 부분에 김매순의 '총평' 부분을 옮겨 실었다. 후세의 역사적 자료가 되는

데 부족함이 없다고 믿어서 자신의 작업의 의의를 밝혀 주는 증거로 삼으려는 의도였을 것이다.

다산과 대산은 많은 편지를 주고받으면서 여러 고경에 대한 토론을 계속하였다. 용어나 문장에서 적합하지 못한 표현 등을 바로잡아 달라는 다산의 요구를 받은 대산은 자신의 소견대로 거리낌 없이 상당히 많은 부분을 지적해 주었으며, 다산은 옳고 바른 지적에 대하여는 흔쾌히 받아들였고 견해가 일치하지 않은 부분은 그대로 넘어가기로 했다. 대산 김매순 또한 수준 높은 학자이자 문장가여서 날카롭게 지적하여 상당 부분 다산이 수정하고 가필할 기회를 주었으니 얼마나 훌륭한 학문적 교류였나를 알 수 있다.

예를 들면 '이어지는 다리'라는 뜻의 '홍교(虹橋)'는 주자가 사용했던 단어로 고아(古雅)하지 않은 것은 아니나, 주자의 사용처와 다산의 사용처는 다르니 같은 뜻의 다른 단어 '진량(津梁)'으로 바꿔야 더 아순(雅淳)하겠다는 대산의 의견을 다산은 흔쾌히 받아들였다. 또한 '사람이 죽은 지 오래'라는 뜻을 "그 뼈가 이미 썩었다."라고 표현했는데 "묘목(墓木)이 이미 아름드리로 자랐다."라고 표현해야 더 전아(典雅)하지 않겠느냐는 대산의 의견을 다산은 역시 그대로 받아들였다. 그러면서 다산은 자신의 저서에 잘못된 표현이 많음을 시인하고 왜 그렇게 되었는가를 설명하여 대산에게 편지로 답하였다.

『매씨상서평』은 유배지로 내려간 첫 해에 지은 것입니다. 그때에는 젊은 습기(習氣)가 미처 제거되지 않았고 평소에 쌓인 울분도 가라앉지 못하여 우연히 부딪혀 결박되는 것이 있으면 반드시 한바탕 욕을 퍼부어야 겨우 조금이나마 후련했으니 도(道)를 배우는 사람의 잘못이 아닐 수 없었습니다. 가르쳐 주심은 모두가 병통의 생리에 적중한 것이니 모두 지우고 고치는 데 지체하지 않겠습니다.

「답김덕수 우서(又書)」

다산이 대산 김매순을 통해 만난 김매순과 가까운 친구이자 명성 높던 학자 정산(鼎山) 김기서(金基叙)와의 학문 논쟁도 의미가 크다. 대산으로부터 다산의 저서를 얻어 읽어 본 김기서는 다산 학문에 매우 높은 평가를 내렸다.

김매순의 평이 이미 다 갖추어졌으니 군더더기 말을 덧붙일 것이 없습니다. 대체로 동진(東晉) 이후로 이만한 업적이 없습니다. 「대우모(大禹謨)」 격묘(格苗)의 틀린 것을 바로잡고, 「탕고(湯誥)」 참덕(慙德)이 사실이 아닌 것을 밝힌 것은 천고의 혜안(慧眼)입니다. 그 공로가 우(禹)에 다음가며 탕(湯)보다 더 빛납니다. 어찌 주자의 문전(門前)에서 침입자를 막아 낸 정도에 그치겠습니까? …… 옥사에서 판결하는 문체를 사용하고 있습니다.(평(平)이 평결의 뜻이므로 그럴 수밖에 없다고 지적함) 그런 이유로 혹 일부는 자신의 재예(才藝)에 말려들고, 또 일부는 글 장난에 가깝기도 하는 등, 왕왕 비판의 대상인 모기령(毛奇齡)의 문체가 의도하는 바를 도리어 모방하는 부분도 있어 이것이 큰 흠이 되고 있습니다. 다산께서 매색이든 모기령이든 마음 안에서 쓸어 내고, 오직 경문(經文)의 바름과 이치의 명확함만을 지향하며, 근실하고도 무게 있는 문체가 되도록 힘쓰는 한편, 별도로

『고문상서변(古文尚書辨)』한 책을 완성하였으면 좋겠습니다.

　김기서가 비평한 내용을 김매순이 적어서 1822년 2월 1일자 편지에 보내 준 글이었다. 주자의 문전에서 침입자를 막아 냈다 함은 주자학을 모멸했던 모기령을 공격한 공이 크다는 김매순의 주장보다 더 높게 다산의 공을 칭찬한 것이다. 이론과 주장에는 전적으로 동의하면서 문체나 어투에 약간의 문제가 있음을 지적한 내용이다. 학자들끼리의 아름답고 진정한 비평이었다.

　대산 김매순은 뒤에 보낸 편지에서 다산 학문의 전모를 비교적 정확하게 평가했다. "지금 보내 주신 편지를 읽어 보니 지론(持論)이 공평하고 다루는 방법이 정밀하며 글자마다 공평하여 나의 생각과 깊이 합치되고 있습니다. 그리고 수십 년 동안 연구와 사색에 침잠하여 저술로 드러낸 것이 또 말한 바에 부응하니 찬탄과 감복의 마음을 실로 어떻게 표현해야 할지 모르겠습니다."(「우서(又書)」)라고 결론을 맺어, 입으로 말하는 학설과 저서의 내용이 일치하는 다산의 학문적 깊이에 찬탄과 감복을 나타냈다.

　1821년 11월, 60세인 다산과 김매순과의 학문 논쟁은 다산이 66세가 된 1827년 1월까지 계속되었던 것으로 보인다. 다산이 김매순에게 보낸 날짜가 있는 편지 중 1827년의 기록이 있기 때문이다. 당대의 석학들이 옳은 지적은 인정하고, 잘못에 대한 지적도 너그럽게 받아들여 견해의 일치를 보았던 점에서 매우 값진 토론이었다고 판단된다.

　연천(淵泉) 홍석주(洪奭周, 1774~1842년)는 노론계 출신의 학자 문장가로 당시 대산 김매순과 나란히 명망을 얻었던 대신(大臣)이었다. 문과에 급제하여 벼슬하던 시절에는 다산과 함께 근무하여 서로 잘 알던 사이였지만, 벼슬을 그만두고 오랜 유배살이로 서울을 떠나 있던 이유로 서로 학문을 토론하기까지는 30여 년의 세월이 흐르고 말았다. 홍석주는 대대로 정승·판서 등의 고관대작을 지낸 집안 출신으로 본인도 판서를 지내고 좌의정이라는 정승의 지위까지 올랐다. 김매순과 친구이면서 함께 여한십대가의 한 사람으로 꼽혔으니, 학문과 문장으로 당대에 큰 명성을 얻었던 인물이다.

　이 두 사람이 직접 만나거나 자리를 함께했다는 기록은 찾기 어려우나, 벼슬살이 시절에 아는 사이였던 두 사람을 연결시켜 준 홍석주의 막내아우 해거재(海居齋) 홍현주(洪顯周, 1793~1865년) 때문에 두 사람의 학문 토론은 가능해졌다. 홍현주는 정조의 외동딸 숙선 옹주(淑善翁主)에게 장가들어 영명위(永明尉)에 봉해진 부마(駙馬, 임금의 사위)였다. 다산이 유배살이를 마치고 돌아온 지 한참 뒤에 다산의 여유당을 방문하면서 두 사람은 아주 가깝게 지내는 사이가 되었다. 홍현주가 홍석주 집에 소장하던(홍석주는 당대 최고 수준의 장서가로 유명했다.) 중국 염약거(閻若璩)의 저서 『상서고문소증(尚書古文疏證)』이라는 책을 다산에게 보여 주었던 것이 다산과 연천의 학문 토론의 계기가 되었다. 뒤에는 홍석주의 저서인 『상서보전(尚書補傳)』을 다산이 빌려 보고 많은 편지가 오고가면서 왕성하게 토론이 전개되었다.

다산은 유배지에서 중요한 자료들을 보지 못하고 『매씨상서평』
이라는 책을 저술했는데, 홍현주가 가져다준 염약거와 홍석주의 저
서를 보면서 변변치 못한 자료로 저술한 자신의 책이 매우 부족한
책임을 알게 되었다.

다산은 애초에 『상서』라는 책이 매색이라는 사람에 의하여 위조
된 책이라 여겨 그것을 바로잡는다는 목적으로 『매씨상서평』이라는
책을 저술했는데, 홍석주는 위조된 책임은 인정하지만 내용만으로도
충분한 가치가 있으니 위작인 부분을 모두 바꾸고 고쳐야 한다는 주
장에는 찬성하지 않는 입장이었다. 1827년 11월 29일자로 다산이 홍
현주에게 보낸 편지로부터 홍석주 형제들과의 토론은 시작되었다. 이
무렵이 염약거의 저서와 홍석주의 저서가 다산에게 전해진 때였다.
홍석주와 홍현주 사이에는 홍길주(洪吉周, 1786~1841년)가 있다. 이들 3형
제는 다산과의 학문 토론에 동참하고 있었던 것으로 보인다. 홍길주
도 당대의 문장가이자 학자로 이름이 높았다. 다산의 1827년 편지에
"교관(敎官) 노형(老兄)"이라는 말이 있는데, 이때 홍길주의 벼슬이 교
관이었던 것을 참고해 보면 그 또한 다산과 교유하고 있었음을 알 수
있다. 뒤에 평강 현감(平康縣監)을 지내는 홍길주는 다산과 자주 어울
렸고 매우 가깝게 지냈다.

홍석주는 다산의 『매씨상서평』을 읽어 보고 조목조목 첨(籤)을
달아 장문의 독후감을 적어서 다산에게 보냈다. 김매순이 평했던 것
과 큰 차이 없이 용어나 말씨가 온당하지 못한 점을 많이 지적하였
고, 주장이 바르지 못한 부분까지 상세히 비판한 내용이었다. 세 번
이나 읽으며 매우 꼼꼼한 비평을 했다. 내용이 너무 많아 열거하기는

어려우나 아주 날카롭게 지적했기에, 다산도 대부분 옳은 지적으로 받아들이면서 좋은 비평을 해 줘 감사하다는 답서를 보내기도 했다. 그러나 홍석주도 다산의 저서에 대한 총평에서는 높은 수준의 저서임을 칭찬해 마지않았다. 그는 '총론(總論)'이라는 결론에 이렇게 썼다.

투철한 견해, 해박한 고증, 종횡으로 달리는 문장은 즐비하게 늘어놓은 무기고의 창과 방패이며, 적확한 진월인(秦越人)의 침과 같아 모기령과 같은 반역적인 유자(儒者)의 자리를 빼앗고 혀를 가두어 버렸습니다. 대단합니다. 옛적에 일찍이 없었던 일입니다.(『매씨상서평』에 대한 홍석주 판서의 첨) …… (그러나) 마음가짐은 평정(平靜)하지 않으면 안 되고, 입론(立論)은 확실히 하되 말을 할 때는 완곡하게 하지 않으면 안 됩니다.

역시 크게 칭찬하였고, 유배 초기 안온한 마음에서 저술하지 못한 점과 용어가 과격하거나 너무 거친 점에 대해서는 마땅하게 여기지 않는다는 평가를 하였다. 다산도 그런 점을 수긍하면서 대폭적으로 수정 가필하겠다고 답변하였다. 학자들 사이의 좋은 토론이었음을 알게 해 준다. 1827년 12월 8일에 다산은 홍석주에게 보낸 장문의 답서에서 "잘못된 것을 고치거나 삭제하고 나니 마음이 편안해짐을 스스로 깨달았다."라면서 깨우쳐 준 점에 감사의 뜻을 전하기도 했다.

다산은 또 홍석주의 『상서보전』과 염약거의 『고문상서소증』을 읽은 독후감도 홍석주에게 보냈다. 특히 『상서보전』에 대해서는 다산도 조목조목 읽어서 문제가 있는 점은 낱낱이 지적해 주는 정성을 보였다. 고경에 대한 심오한 이론들이어서, 현대의 우리로서는 이해하기 어려운 점이 많아 안타까울 뿐이다.

○○ 문산 이재의와 우정 어린 학문 논쟁

다산이 유배 살던 강진에서의 학문 논쟁에 대해서 살펴보자. 다산이 강진 읍내의 생활을 마치고 다산초당으로 옮겨 한창 저술 활동에 전념하던 시절에 학자 한 사람이 다산을 찾아왔다. 1814년 3월 4일, 봄이 한창 무르익어 온 세상이 신록으로 싸여 있을 때였다. 찾아온 사람은 문산(文山, 별호는 약암(約菴)) 이재의(李載毅, 1772~1839년)라는 학자였다. 53세의 다산과 43세의 문산과의 만남은 여기서 시작되었다. 이재의는 증조할아버지가 형조 판서에 오른 노론계의 혁혁한 집안 출신이었다. 서울에도 집이 있었으나 본디 살던 곳은 경기도 죽산(竹山)이어서 다산의 고향과는 가까운 곳에서 살던 처지였다. 가세가 넉넉하여 어려서부터 학문에 힘을 기울여 젊은 시절에 진사과에 급제하고, 벼슬에는 더 나가지 않았으나 큰 스승, 명망 높은 학자들과 벗을 삼아 이름이 높던 학자였다.

이재의의 아들 이종영(李種英)은 일찍이 무과에 급제하여 승승장구로 벼슬이 올라 이재의가 다산을 찾아가던 때에는 다산이 있던 강진의 이웃 고을인 영암(靈巖)의 군수로 근무하고 있었다. 그래서 이재의는 아들의 고을살이에 따라와 기거하던 때에, 가까운 곳에 다산이 귀양살이하고 있음을 듣고 그를 찾아가게 되었다. 오래지 않아 이재의는 고향으로 돌아왔지만, 다산초당으로 다산을 찾아가 시를 짓고 학문을 논했던 계기로 두 사람은 편지를 통해 긴긴 학문 논쟁을 시작하였다.

이재의 자신이 편찬한 자신의 연보(「자찬연보(自撰年譜)」)에 의하면 43세 봄 다산초당으로 다산을 방문한 이래, 그해 9월에 또 다산초당으로 다산을 방문하였고, 그다음 해인 1815년 44세 봄에 다산을 방문했다. 다산이 다산초당에 있는 동안 이재의는 세 차례 방문한 셈이다. 이 무렵 수많은 편지를 통해 유학의 심성론에 대한 광범위한 토론을 전개했다. 논쟁에서 일치하는 결론은 도출하지 못하고 각자의 주장을 팽팽하게 맞세우는 것으로 끝났으나, 그 두 사람의 해박한 성리학 이론이나 학문적 수준에는 찬탄을 아낄 수 없는 부분이 많다. 성(性)은 기호(嗜好)라며 인·의·예·지(仁義禮智)는 마음속에 있는 이치가 아니라 행사(行事)를 한 뒤에야 얻어지는 이름이라고 주장하며 주자학에 반대하는 다산의 입장과, 주자학에 찬성하는 이재의의 주장은 합해질 수 없었다. 정말로 많은 편지를 통해 다산은 자신의 심성론을 논리 정연한 이론으로 철저하게 발전시켜 내는 결과를 얻었고, 이재의는 자신이 평소 연구했던 주자학 이론을 유감없이 표현했다. 당론도 다른 그들이 그렇게 우호적으로 학문 토론을 전개하였고, 다산이 해배된 뒤에는 같은 경기도의 죽산과 광주(廣州)에 거주했던 이유로 더 자주 어울리면서 깊고 넓게 우정을 이어 갔다. 10년의 연령 차이를 초월한 뜨거운 우정이었다.

이재의가 1838년 다산의 부인 홍씨의 죽음에 만시(輓詩)를 지었던 것으로 보면 1814년에서 1838년까지, 즉 다산이 세상을 떠난 뒤까지 집안 사이의 교유가 이뤄졌음을 알게 된다. 20년이 훨씬 넘는 기간이었다. 이재의의 연보에 의하면 그는 다산의 해배 뒤인 1823년 봄부터 여유당으로 다산을 찾기 시작했다. "방향을 돌려 두릉(소내)으로 가서 정다산과 함께 경서와 예서를 4~5일 읽다가 집으로 돌아오다." (52세조)라는 기록에 의하면 다산이 유배지에서 저술한 경학 관계 저술을 대부분 읽었던 것으로 보인다. 특별한 이야기는 없지만 다산의 이론에 큰 반대 없이 대체로 동의했던 입장임을 알 수 있다. 53세의 가을에 또 두릉에 갔다는 기록이 있고, 54세의 봄에 마현으로 다산을 찾았으며, 그때 마현 가까이 살던 미음(渼陰)의 김매순도 방문했다. 56세의 봄과 59세의 여름에도 또 두릉에 갔다. 61세에는 여름에 두 차례나 열상(마현)으로 다산을 찾았다. 그해 가을에도 두릉에 들렀으니, 다산 생전에 여유당으로 아홉 차례나 다산을 찾았으며, 다산 사후인 1839년에도 지나가다 다산 아들들을 찾았으니 도합 열 번이나 두릉을 찾았던 것으로 나타난다.

만날 때마다 시를 짓고 학문을 논하면서 술도 마셨다. 처음 다산초당에서 만날 때에도 많은 시를 지어, 이재의가 남긴 『이산창화집(二山唱和集)』(다산·문산 두 사람이 읊은 시집)은 그들의 우정이 얼마나 깊었나를 보여 주고 있다. 당론도 다르고 학문적 견해까지 다르면서도 그렇게 자주 만나고 그렇게 많은 편지를 주고받았으니, 두 사람의 인품이 참으로 훌륭했음을 알 수 있다. 다산 생애에 그처럼 깊은 우정의 친구는 없을 정도였으니, 대단한 인연이요 사귐이었다.

추사 김정희는 다산의 둘째 아들인 정학유와 동갑내기로 정학유의 형인 정학연 등과도 함께 어울려 시를 짓고 학문을 토론했던 학자이자 예술가였다. 명문 경주 김씨 집안의 후예로 아버지 김노경(金魯敬)은 평안 감사, 이조 판서 등의 고관대작에 오른 대감이었다. 추사도 문과에 급제하여 병조 참판에 이른 고관이었지만 제주도, 북청 등 변방에서 10년이 넘는 귀양살이를 했던 일이 있다. 다산과 추사가 언제 어떻게 만나 학문을 토론하는 사귐을 가졌는지는 알 수 없으나, 특히 다산이 세상을 떠난 뒤 다산의 두 아들과 아주 가까운 사이로 지냈고 추사가 직접 다산 아들들이 사는 여유당에 찾아가 시를 짓고 학문을 논했던 기록은 자세하게 나타나 있다.

다산이 세상을 떠난 뒤의 평가에서 다시 거론하겠지만, 다산의 문집인 『여유당전서』에는 다산이 추사에게 보낸 편지 한 통이 실려 있고, 추사의 문집인 『완당전집』에는 추사가 다산에게 보낸 편지 한 통이 실려 있다. 주고받은 날짜의 기록이 없어 어느 때쯤인가는 알 수 없으나 다산이 유배에서 풀려난 뒤의 일임은 짐작할 수 있다.

다산이 추사에게 보낸 편지는 추사가 조수(潮水)의 들고 남을 물어 와 그에 답한 내용으로 되어 있다. 추사는 기본적으로 후한(後漢)의 거유(巨儒)이던 정현이 경전에 대해 낸 주를 가장 믿을 수 있는 주석으로 인정했다. 다산은 많은 곳에서 정현의 주에도 문제가 있음을 지적하며 정현에 대한 다른 의견을 제시했는데, 추사는 이에 대한 반대의 뜻을 다산에게 보낸 것이다. "정현의 주가 의심나는 곳이 매우 많지만 이는 스승에게 배운 학설이요, 집안에서 내려오는 주석이니, 비록 지금 사람의 견문에 합당하지 않은 점이 있을지라도 의심을 갖는 것은 불가한 것입니다."(「여정다산약용(與丁茶山若鏞)」)라고 말하여 정현의 주까지 의심한다면 어떤 주석을 믿을 수 있느냐면서, 그렇게 해서는 안 된다는 주장을 폈다. 또 다산은 이미 언급했듯 석천 신작과 학문 논쟁을 하면서 육향제가 왕성의 안에 있다고 말하며, 왕성의 밖에 있다는 정현의 주장을 따른 신작의 견해에 반대한 바 있다. 추사는 그 문제를 거론하며 이렇게 말했다. "육향이 왕성 안에 있다는 것도 어떤 분명한 증거가 있사옵니까? 어리석은 저의 소견으로는 다만 정현의 학설을 준수할 따름입니다." 다산의 견해에 반대의 입장을 분명히 한 것이다.

추사는 다산의 경전 주석 태도가 마땅하지 못함을 지적하기도 하였다. 자신의 새로운 학설만 옳고 옛날 고주(古註)는 그르다고 여기는 태도는 경전 해석의 방법으로서 옳지 못하다는 견해를 밝혔다. 이 점은 신작, 홍석주, 김정희 등 당시의 큰 학자들이 공통으로 다산의 경전 연구 태도에 대해 표시했던 불만이다. 사실상 오늘날 우리의 수준으로야 이 문제에 결론을 내릴 방법이 없다. 그러니 누가 옳고 그른지야 판단하지 못하더라도, 옛날의 경전 주석에 잘못된 점이 있다면 과감히 달리 해석하여 창의적인 새 이론을 제시함이야 당연히 학문하는 옳은 자세라고 여겨진다. 정현의 주석을 주자가 대체로 따랐고 조선 후기의 내노라하던 유학자들은 대체로 주자학을 존신(尊信)했기 때문에, 그들이 주자학에도 비판의 붓을 들이댄 다산의 연구 업적에 흔쾌히 찬성하지 않았던 것에는 그런 저간의 사정이 있었음도 생각해 보아야 할 일이다.

이제 하나 정리해야 할 문제가 있다. 신작, 김매순, 홍석주, 김기서, 이재의, 김정희 등 다산과 학문적 토론이나 논쟁을 벌인 학자들은 어떤 면으로든 당대 최고의 학자들이었다. 더구나 당파도 전혀 다른 그들과 남인인 다산이 인간적인 불신이나 갈등 없이 깊은 우정을 나누면서 서로 간에 기탄없이 논쟁을 계속할 수 있었다는 점은 그들 학자들의 마음의 자세와 국량이 얼마나 넓었는가를 짐작하기에 충분하다. 다산은 이들에게 비판과 지적을 받아 많은 것을 수정하고 가필하여 경학 관계 232권의 방대한 저서를 완성할 수 있었다. 다산의 경전 연구 태도를 비판했던 학자들은 대체로 옛날의 주석은 따르면서 자신의 견해를 새롭게 추가하는 입장이었지만, 다산은 명확하게 잘못된 주석이나 자신의 견해와 다른 해석에 대해서 반박하고 비판하며 잘못된 점을 시정하는 입장을 취했다. 이런 입장의 차이로 다산의 경전 해석에 불만을 표시한 것은 사실이지만, 다산 경학의 넓고 깊은 학문 수준이나 창의적인 해석에 대하여는 모두가 감탄하고 큰 찬성의 뜻을 표했던 것 또한 사실이다. 더구나 다산을 음해하고 모략 중상하는 반대파들이 그때도 상존하고 있었기에, 다산은 자기의 저서를 가지고 있는 학자들에게 다른 사람에게 보여 주는 일은 삼가 줄 것을 신신당부했다. 주자학에 대한 비판을 트집 잡아 반대파들이 어떤 사단이라도 일으키지 않을까 하는 우려 때문이었을 것이다. 그렇지만 그들 학자 모두는 다산의 부탁을 제대로 지켜 주어 아무런 일이 없었으니 그들의 의리도 칭찬할 만했다.

○○ 고향에 돌아와 집안일을 정리하다

　고향에 돌아온 다산, 유배지에서 못다 마친 저서들을 마무리하고, 이미 완료한 저서들에 대해 학자들의 비평을 받아 내는 일에 마음을 기울였다. 그러면서 오래도록 비워 두고 잊고 지낸 집안의 여러 일에도 마음을 기울였다. 유배지에서 돌아오자마자 다산은 가장 먼저 세상을 떠난 지 3년째인 둘째 며느리 심씨(沈氏)의 일대기인 「효부심씨 묘지명(孝婦沈氏墓誌銘)」을 지었다. 다산 친구의 딸인 효부 심씨는 다산이 귀양 가기 1년 전인 1800년, 한 살 위인 둘째 아들 학유에게 14세로 시집왔다. 자신은 1년도 함께 살지 못했지만 고부 사이에 매우 잘 지냈다는 아내의 이야기를 듣고, 시어머니에게 온갖 효성을 바친 아름다운 그의 삶을 찬양하며 그 짧은 삶에 슬픔을 표하는 비문을 지었다. 겨우 30세에 자녀도 없이 떠난 그를 다산은 몹시 애석하게 여겨 손수 비문을 지어 그의 영혼을 위로하는 인정을 보여 주었다.

　집안일의 두 번째로는 서모 김씨의 묘지명을 지었다. 9세에 어머니 해남 윤씨를 여의고 큰형수의 돌봄 아래 있다가 12세에 서모 김씨가 집안에 들어와 15세에 결혼할 때까지 자신을 정성껏 돌봐 준 은혜를 잊지 못해 서모의 일대기를 쓴 것이다. 20세에 아버지의 측실로 들어와 60세에 세상을 떠날 때까지 정씨 집안의 가정 살림을 이끌었던 서모의 공을 기리는 내용이다. 서모의 공으로 어린 시절을 보낸 것에 대한 감사의 마음을 토로했다. 서모는 1813년 세상을 떠났으니 그로부터 5년 뒤에 유배지에서 돌아온 다산은 묘지명을 짓고, 묘를 개장(改葬)하며 그의 은혜를 갚았다.

집안일의 세 번째로 해배된 다음 해인 1819년 봄에는 큰형님 정약현을 모시고 남한강을 따라 배를 타고 충주의 하담에 모셔진 부모님 산소에 성묘를 갔다. 1801년 초봄 경상도 장기현으로 귀양 갈 때 충주를 지나다 부모님 묘소에 올라 한바탕 눈물을 뿌린 이후 19년 만에 부모님 묘소에 올라 만감이 서린 절을 올렸다. 그때 한강을 따라가는 배 안에서 보고 느낀 풍광을 읊은 강행시(江行詩) 75수가 문집에 실려 있으니 세상에 아름다운 서경시의 일품이다. 진사과에 합격하고, 문과에 합격하고, 귀양 가면서, 귀양에 풀려 고향에 돌아온 뒤, 일이 있을 때마다 부모의 묘소를 찾아 성묘하는 다산의 효심은 언제나 따뜻하고 훈훈했다.

1820년에는 외동딸의 시아버지이자 자신의 친구였던 옹산(翁山) 윤서유가 세상을 떠나자 그의 묘지명을 지어 유배 기간 동안 자신을 돌봐 준 윤서유 집안의 공과 은혜에 감사하고 그의 훌륭한 인품과 학식에 대해서 자세한 일대기를 지었다. 윤서유는 문과에 급제하여 정언 벼슬에 올랐으나 아까운 나이에 세상을 뜨고 말았다. 사돈 사이의 우정에 대한 이야기가 아름답게 묘사된 글이다.

1821년 3월에 다산은 집안의 일로 춘천에 갔던 일이 있다. 큰형님의 아들 학순(學淳)이 춘천으로 장가가는데, 형님과 함께 결혼식에 참석한 일이다. 60대의 아우가 70대의 형을 따라 북한강의 물을 따라 소양강에서 25수의 강행시(江行詩)를 지었는데, 그 시도 정말 아름답다. 지난해에 형님과 함께 부모님 선산에 성묘 가던 길에 지은 75수와 이번의 25수를 합해 도합 100수의 강행시를 지었노라고 다산 자신이 설명한 기록이 있다. 귀양 살던 몸이 풀린 이유 때문인지, 마음까지 여유롭던 다산의 그 시절 시는 시대의 아픔이나 세상의 고뇌를 잊은 듯 정말로 아름답고 넉넉한 산하(山河)의 풍광을 노래한 작품이 많았다.

부모님 묘소에 성묘를 함께 가고, 조카의 결혼식에 함께 춘천까지 여행하며 모처럼 형제의 우애를 한껏 즐기던 무렵, 오래지 않아 1821년 가을인 9월에 정약현이 세상을 떠났다. 짧은 기쁨 뒤에 또 슬픔이 오고 말았다. 아우 셋이 함께 감옥에 갇혀 약종은 죽고 약전·약용은 귀양 가며 집안이 온통 풍비박산 났을 때에도, 전혀 죄에 대한 혐의를 받지 않고 꿋꿋하게 집안을 지키고 이끈 큰형님. 오랜 생이별로 우애의 정을 나누지 못하다가 다시 만난 지 겨우 3년째에 두 형제는 영원한 이별을 맞아야 했다. 다산은 큰형님의 장례를 치르고 조카들을 돌보며 가문의 어른 노릇을 톡톡히 했다. 가신 형님의 묘지명을 지어 집안을 보존하고 가문의 전통을 이어 준 형님의 공덕을 찬양하고, 그분의 효심과 우애의 깊은 마음을 잘 서술한 일대기를 지었다. 진사과에 급제하여 선비로서의 품위를 지켰고, 난리 속에 가문을 지킨 큰 공이 있음을 다산은 사실대로 기술했다. 그는 시를 잘 지어 시집을 남겼다고도 했다.

○○ 선배·동료와 자신의 일대기를 짓다

다산은 귀양지에서 돌아와 당대의 학자들과 학문 논쟁을 벌이고 자신의 저술에 대한 학자들의 평가를 받으려고 서신을 보내고 직접 만남도 가졌다. 그들은 대체로 다산과 당파가 다른 노론계나 소론계였는데, 젊은 시절이나 벼슬하던 시절에는 대부분 남인계인 성호 이익의 학파들과 접촉이 많았다. 신유년(1801년)의 혹독한 난리 통에 다산과 가까운 선배나 동료들은 대부분 화란에 걸려들어 죽거나 귀양살이를 떠나는 비참한 운명에 처하고 말았다. "1799년에 번암 채제공이 별세하고 그 이듬해 여름에 정조 대왕이 승하하셨고, 또 그 다음 해 봄에 화란이 일어나 나는 경상도 장기로 귀양 갔다. 무릇 나와 교분이 있는 사람들로 뜻밖의 횡액에 걸리지 않은 사람이 없을 정도로 풀을 베듯, 새를 잡듯 잡아 가두어 조사하고 처단하자고 의논했다."(「남고윤참의묘지명」)라는 다산의 표현대로 다산의 선배나 동료로서 가깝게 지낸 사람들은 온전히 남아 있지 못했다. 다산이 고향에 돌아와 보니 그분들의 일생이 너무나 쓸쓸하고 비참했다. 더구나 후손들마저 제대로 살아가지 못해, 그 뛰어난 사람들의 일생이 세상에서 묻히고 말 위험에 놓여 있었다. 그래서 다산은 선배와 동료 들의 일대기를 정리하는 작업에 착수했다.

맨 먼저 지은 글이 남고(南皐) 윤지범의 묘지명이다. 윤지범은 해남 윤씨 고산 윤선도의 후손으로 공재 윤두서의 증손자였으니 다산과는 외육촌에 10세 연상의 형이었다. 조선 후기 실세(失勢)의 남인들이 얼마나 서럽고 힘들게 살아갔나를 가장 극명하게 보여 주는 자료의 하나가 바로 이 윤지범의 묘지명이다. 남인의 거목으로 우암 송시열계와 정면으로 맞섰던 고산 윤선도의 후손이라는 이유로, 문과에 합격하여 그만한 인품과 그만한 능력을 지니고도 겨우 병조 참의라는 직함을 받았다. 일생 동안 가난에 허덕이며 온갖 지방을 전전하면서 살아간 그의 일생은 너무나 서러운 삶이었다. 다산의 인척으로 한때 죽란시사의 사백으로 추대받아 높은 수준의 시를 지었던 그는, 다산과 평생 가깝게 지낸 동지이자 시우(詩友)였다. 장문의 윤지범 일대기에는 역시 뛰어난 다산의 글솜씨가 잘 나타나 있다. 이 글은 다산 60세인 1821년에 지었다.

1822년은 다산이 61세로 마침내 회갑을 맞은 해였다. 다산은 자신의 일생을 정리할 때라고 여기고 「자찬묘지명」 광중본과 집중본, 두 글을 지어 자신의 생애를 풀어서 기록했다. 다산의 연보인 『사암선생연보』의 기록을 보자.

이해는 다산의 회갑년이다. 육경사서의 학문도 두루 연구하여 마쳤고, 경제 실용에 대한 저서도 마쳤으니, 천하의 능사(能事)가 끝났다. 천인성명(天人性命)의 근원에 통달하고 생사(生死)·추탈(推脫)의 근본을 체험하여 다시는 마음에 걸리는 것이 없었다.

회갑년에 이르러 하고자 했던 큰 대목의 일은 대부분 끝났다고 말했다. 그래서 다산은 자신의 일생을 정리하는 글을 지었다는 것이다. 광중본은 요약한 자서전으로 묘 안에 넣을 글이고, 집중본은 상세한 자서전으로 문집에 실어 길이 세상에 전해지기를 바라서 지은 글이었다.

「자찬묘지명」 집중본에는 노후에 편안한 삶을 살아갈 마음을 먹었다고 적었다. "무인년(1818년) 9월 보름날 집에 돌아왔다. 기묘년(1819년) 봄에 배를 타고 남한강을 거슬러 올라가 충주의 선산에서 성묘했다.

가을에 용문산(양평)을 유람하고, 경진년(1820년) 봄에는 배를 타고 소양강을 거슬러 올라가 춘천 청평산을 유람했다. 그해 가을에 다시 용문산을 유람하는 등 산과 시냇가를 소요하면서 일생을 마칠까 했다."

거슬러 올라가 유배살이 18년을 회고하면서 학문 연구에 몰두하여 저술한 저서의 전체를 상세히 열거하였다. "『모시강의(毛詩講義)』12권, 『강의보(講義補)』3권을 저술하고, 『매씨상서평』9권, 『상서고훈(尙書古訓)』6권, 『상서지원록(尙書知遠錄)』7권(73세 때 『고훈』과 『지원록』 등 8권을 더해 총 21권이 되었다.), 『상례사전』50권, 『상례외편(喪禮外編)』12권, 『사례가식(四禮家式)』9권, 『악서고존』12권, 『주역심전』24권, 『역학서언(易學緖言)』12권, 『춘추고징』12권, 『논어고금주』40권, 『맹자요의』9권, 『중용자잠』3권, 『중용강의보』6권, 『대학공의』3권, 『희정당대학강록(熙正堂大學講錄)』1권, 『소학보전(小學補箋)』1권, 『심경밀험』1권을 저술했으니 경집(經集)이 모두 232권이다."

저술 목록에 이어 경학 연구를 통해 새로운 학설을 세웠음을 간략히 기술하고, 경전 연구의 결과에 대하여 조목조목 설명하면서 주자학과는 반대의 입장으로 정리한 자신의 경학 이론을 집약하기도 했다. 주자학이자 성리학인 관념론의 입장을 냉철하게 비판했음을 분명히 밝혔다.

마음의 허령(虛靈)함은 하늘에서 받은 것이지만, 본연(本然)이라거나 순선(純善)이라고 해서는 안 된다. 마음의 기능을 생각함에 있어서 "반하여 미발 이전의 기상을 살핀다."라고 해서는 마음 닦는 일이 되지 못한다. 선할 수도 악할 수도 있는 것은 재(才)이며, 선하기는 어렵고 악하기는 쉬운 것은 세(勢)이다. 선을 즐겨 하고 악을 부끄러워하는 것은 성(性)이다. 때문에 성은 선하다는 것이다. 어질 인(仁)이라는 글자는 두 사람을 뜻한다. 효로 아버지를 섬기면 인이다. 벗과 믿음으로 사귀면 인이다. 인을 동방 물(物)을 낳는 이치니 (東方生物之理), 천지의 지공(至公)한 마음(天地至公之心)이니 하는 해석은 인의 설명이 되지 않는다. …… 그래서 두려워하고 경계하며 삼가며 자기 가슴을 비추고 있는 듯 상제(上帝)를 섬기는 것은 인이 될 수 있는 것이지만, 헛되이 태극(太極)만을 높이고, 이(理)를 천(天)이라 하면 인이 될 수 없고 하늘을 섬기는 데로 돌아가 버리고 만다. …… 성(性)이 기호(嗜好)임을 알아냈고, 인(仁)이 효제(孝弟)임을 알아냈으며, 서(恕)가 인술(仁術)임도 알아냈다. 하늘에서 상제(上帝)가 내려다본다는 것도 알아서, 정성스럽고 공경하게 부지런히 힘쓰며 살아갈 수 있게 되었다.

경전 연구 이외의 다른 저술에 대해서도 낱낱이 밝혔다. "시집으로 18권인데 깎아서 6권이 되게 하고, 잡문(雜文)으로 전편 36권, 후편 24권이 있다. 또 잡찬(雜纂)의 책은 종류가 각각 다른데 『경세유표』 48권은 미완성이고, 『목민심서』 48권, 『흠흠신서』 30권, 『아방비어고』 30권도 미완성이며, 『아방강역고』 10권, 『전례고(典禮考)』 2권, 『대동수경』 2권, 『소학주관』 3권, 『아언각비』 3권, 『마과회통』 12권, 『의령(醫零)』 1권을 합하여 문집으로 도합 260권이 된다."라고 했다. 그러고는 모든 저서의 내용에 대하여 그 개요(槪要)를 모두 열거하여 자기 이전의 학자들과 다른 논리나 자신의 창의적인 학설에 대하여 소상한 설명을 늘어놓았다. 그야말로 빈틈없는 자서전이자, 자신의 학문 업적에 대한 요약이었다.

유배지에서 마치지 못하고 고향에 돌아온 다음 해에 완성한『흠흠신서』30권에 대한 내용 해설을 보자. "사람의 목숨을 다루는 옥사에서 수사와 재판을 맡은 사람이 더러 알지 못하는 부분이 있기에, 경사(經史)로써 근본을 삼고, 비의(批議)로써 보강하고, 공안(公案)으로써 증거가 되게 하였으며, 모든 것을 상정(商訂)하여 옥사의 담당자에게 주어서 '백성들이 억울함이 없기를 바라는 것(冀其無寃枉)'이 나의 뜻이다."라고 해서 생명을 다루는 옥사에서 억울한 백성이 없이 공평한 사건 처리가 이루어지기를 바라서 지은 책이라고 설명하였다. 살인 사건의 재판과 수사에 관해 참으로 전문적이고 뛰어난 책이 『흠흠신서』이다. 특히 높은 법의학(法醫學)적 식견으로 진실 규명에 큰 역할을 한다는 매우 선진적인 관점이 반영된 책이다. 이 책 하나로서도 다산의 법률학 수준이 어느 정도인가를 쉽게 증명해 주고 있다. 그래서 이 책은 고을을 다스리는 목민관들이『목민심서』와 함께 필독서로 여겨 반드시 부임지에 가지고 갔다는 기록이『매천야록』에 있다. 요컨대 살인 사건을 처리하는 재판에서 공렴으로 해야만 올바르게 된다는 책이 바로『흠흠신서』였다.

다산은 세상 떠나기 14년 전에 기술한「자찬묘지명」집중본에서 자신의 일생을 총정리하여 묘지(墓誌)의 명(銘)으로 남겼다.

네가 네 선행(善行) 기록하되 　　　　　　爾紀爾善

여러 장이 되는구나 　　　　　　至於累牘

너의 감추어진 나쁜 일 기록한다면	紀爾隱慝
책에 다 적을 수 없으리	將無罄竹
네가 말하길,	爾曰予知
"나는 사서육경을 안다." 했으나	書四經六
그 행할 것을 생각해 보면	考厥攸行
어찌 부끄럽지 않으랴	能不愧忸
너야 널리널리 명예 날리려 하지만	爾則延譽
찬양이야 할 게 없지 않은가	而罔贊揚
몸소 행하여 증명시켜야	盍以身證
드러나고 빛나게 된다오	以顯以章
네 분운(紛紜)함을 거둬들이고	斂爾紛紜
네 창광(猖狂)함을 거둬들여서	戢爾猖狂
힘써 밝게 하늘을 섬긴다면	俛焉昭事
마침내 경사(慶事)가 있으리라	乃終有慶

다산은 육경사서를 골똘히 연구하여 행동하고 실천하는 데 학
문하는 목적이 있다고 여기고, 실제로 행동과 실천으로 보여 준 학자
였다. 그는 자신의 연구 결과를 몸소 행동으로 증명시키듯이 분운함
과 창광스러움을 모두 거둬들이고, 희망대로 '내종유경(乃終有慶)', 즉
마침내 경사가 있어 조선 최고의 사상가와 학자의 지위에 오르게 되
었다.

자신의 묘지명을 완성한 뒤, 다산은 계속해서 동료나 선배, 큰
형, 중형 등의 일대기도 정리했다. 외가 육촌 아우로 동갑이면서 생일

이 늦은 소고(小皐) 윤지눌(尹持訥, 1762~1815년)의 묘지명을 지었다. 살아 있는 동안, 특히 귀양살이를 떠나기 이전에 가장 많이 어울렸던 죽란 시사의 시우이자 외가의 인척이던 이유로 그의 일생을 소상하게 기록했다. 문과에 급제하여 펄펄 나는 듯한 재주가 있었으나, 해남 윤씨 고산 윤선도의 후손인 남인이었고 신유옥사 이후에는 정약용과 가까운 사이라는 이유 때문에 벼슬이 풀리지 않아 이곳저곳으로 떠돌다 55세의 짧은 일생을 마친 그를 애처롭게 묘사한 글이다. 윤지범의 묘지명과 함께, 다산 자신이 그들과 자주 어울렸기 때문에 다산의 이야기도 많이 기록되어 있어 자료로서도 가치가 있는 글이다.

윤지눌에 이어서 절친했던 친구 금리(錦里) 이유수(李儒修, 1758~1822년)의 묘지명을 짓는다. 죽란시사 시우로 평생 동안 친구의 의리를 배반하지 않은 대표적인 다산의 친구였다. 문과에 급제하여 대단한 명성을 날린 문사였으나 신유옥사 이후 몰락한 다산의 친구로서 크게 활동하지 못하고 65세로 생을 마쳤다. 윤지눌에 이어서 녹암 권철신, 정헌 이가환, 복암 이기양, 매장(梅丈) 오충석(吳忠錫) 등의 묘지명을 저술했다. 당대의 석학이던 권철신과 이가환은 다산의 스승 격인 선배로 신유옥사에서 두 사람 모두 옥사했는데, 그들의 처참한 죽음과 처절한 일생을 눈물겹게 기술한 뛰어난 전기 문학이 바로 그 글이었다. 다산은 말했다. 권철신과 이가환은 절대로 천주교 신자가 아니었고, 죽을 이유가 없었는데 반대파들의 모함과 음모 때문에 억울하기 짝이 없는 죽음을 맞았다고 누누이 설명했다.

1816년 59세로 귀양지 흑산도에서 억울하게 죽어 간 둘째 형 정약전의 묘지명도 눈물 어린 문체로 기술했다. 정약전과 자신이 동포 형제로, 형제지기로 살아온 아프고 쓰린 삶을 참으로 유려한 필치로 서술한 사형(思兄)의 글이자 애도문이었다.

묘지명의 주인공들은 정말로 가까운 다산의 선배나 동료였다. 그들의 일생에는 다산 자신의 일생도 함께 들어 있다. 공부하고 벼슬하던 시절, 그들과 너무나 자주 어울리고 함께 일했기 때문에 그들의 자료는 다산의 일생을 알아보는 데 중요한 증빙 자료가 되기에 충분하다. 그런 의미에서 그들의 묘지명은 다산의 삶을 밝히는 중요한 구실을 해 준다.(위에 열거한 묘지명은 『다산산문선』(창비, 2013)에 모두 번역되어 있다.)

○○ 은혜롭던 선연(善緣)과 궂은 악연(惡緣)

다산의 일생을 자세히 살펴보면 다산은 여러 사람들에게서 많은 은혜를 입고 살았다. 좋은 아버지 어머니를 만나 어린 시절에는 유복하게 자랐고, 아버지의 독실한 학문을 친히 배워 학문의 높은 수준에 이르는 기초를 쌓았다. 둘째 형의 학문이 높아 동포 형제끼리 지기지우(知己之友)이자 형제지기로서 많은 학문적 도움도 받았다. 넉넉하고 유족한 풍산 홍씨 집안으로 장가들어 장인어른이 다산의 고향 마을과 가까운 양근(揚根, 지금의 양평) 문암(門巖, 지금의 문호리)에 상당한 농토를 장만해 준 덕에 일생동안 빈곤을 피할 수 있었다. 22세에 진사과에 급제하여 성균관에 들어가 공부하던 때부터 정조 대왕의 신임을 얻었고, 28세 문과에 급제한 뒤부터는 임금이 가장 인정하는 신하가 되어 정조의 정책을 세우고 집행하는 일을 돕는 큰 기

등 역할을 했다. 정조의 은혜가 그처럼 깊었다.

그런 은혜에 반대되는 악연도 참으로 많았다. 젊은 시절 같은 남인으로 가까이 지내며 절친했던 친구 이기경은 천주교 문제로 입장을 달리하면서 다산의 일생을 구렁텅이로 몰아넣은 대표적인 악연의 인물이었다. 신유옥사가 일어나 감옥에 갇히고 국청에서 국문을 받아 다산은 죄가 없음을 인정받아 모든 재판관들이 석방하기로 결정했으나 한 사람, 서용보 재판관의 반대로 먼먼 변두리로 귀양을 가야 했다. 이 역시 대단한 악연이었다. 다산이 암행어사 시절에 서용보의 비행을 지적했던 것이 그 이유였을 것이다. 유배살이 3년째인 1803년 겨울에 정순 대비가 다산을 유배에서 풀어 주라고 명령했으나 정승 서용보가 가로막아 풀려나지 못하고 말아 두 사람의 악연이 계속되었다. 유배지에서 돌아온 1819년 겨울에 나라에서 정약용을 다시 등용하여 백성들에게 혜택을 주게 하자고 의논이 끝났으나 또 서용보가 가로막아 벼슬길이 막혔다. 1823년에는 62세의 다산에게 9월 28일자로 승지 벼슬에 낙점되었다는 소식이 왔으나 또 누군가가 가로막아 취소되었다. 아마도 서용보의 반대였을 것이다.

이기경과 함께 다산과의 악연이 있던 사람은 목만중이었는데 그의 손자 목태석(睦台錫, 1783년~?)은 다산이 귀양지에서 돌아온 그해, 지독한 내용으로 상소하여 다산을 헐뜯었다. 그 목씨 집안과는 대를 이은 악연이었다.(「자찬묘지명」 보유)

다산 66세이던 1827년 순조의 아들 익종이 대리청정하던 때 인재를 발탁하려고 다산의 등용이 논의되자, 윤극배(尹克培, 1777년~?)라는 벼슬아치가 다산을 지독하게 무고하는 상소를 올렸다. 다산의 재

등용을 막는 반대파들의 공작은 그렇게 끊임없이 이어졌다. 그런 악연이 어디에 또 있겠는가. 다산 69세이던 1830년에도 윤극배가 사서(邪書) 한 권을 만들어서 가지고 다니면서 다산을 무고하여 파멸시킬 계획을 꾸몄으나 순조의 장인이자 한때 다산과 함께 벼슬했던 김조순의 반대로 일이 성사되지 못했다니, 그와의 악연도 대단했다.(『사암선생연보』) 그런 악연 속에서도 다산의 의술(醫術)은 크게 인정받아 69세의 5월 익종의 환후가 심해지자 궁중의 부름을 받고 병 치료차 다산이 궁중에 들어갔으나 너무 늦어 치료의 효과를 보지 못했고, 73세이던 1834년 11월에 순조의 환후가 심하여 또 궁중에 불려갔지만 시술을 해 보지도 못하고 임금이 훙거하고 말았다. 좋은 인연과 악연은 그렇게 반복되었다.

14 여전히 생생한 다산의 학문과 사상

악연과 선연이 반복되면서 다산의 75년 일생이 마지막으로 달려 가고 있었다. 69세와 73세 때 조선이라는 나라에서 대표적인 의원으로 추천받아 임금의 환후를 돌보는 명망도 얻었지만, 그의 저술 활동은 끝나지 않고 꾸준히 이어지고 있었다. 대표적인 노년기의 저술은 『상서』 연구의 보완과 개작이었다. 『사암선생연보』에 따르면, 1834년 73세의 다산은 봄에 『상서고훈(尙書古訓)』과 『상서지원록(尙書知遠錄)』을 개수(改修)하여 두 책을 하나로 합하여 21권으로 완성했다고 한다.

『상서고훈』·『고훈수략(古訓蒐略)』·『지원록』, 이 세 권의 책은 모두 귀양살이 하면서 편찬한 책이어서, 참고할 책이 적어 빠진 것이 매우 많았다. 또 고기 한 점의 맛을 볼 때마다 스스로 기뻐하여 변론한 말의 어투가 사납고 오만하여 공손치 못한 것이 많았다. 24년이 지난 지금 쳐다볼 때마다 두렵고 걱정스러워 스스로 마음 아프고, 언행에 소박함이 없는 것이 부끄럽게 여겨진다. 내가 지은 육경 사서의 학설도 그렇지 않은 것이 없지만 더욱 심한 것이 『상서』에 대한 학설이다. …… 『상서고훈』과 『지원록』 두 권을 합쳤지만 이름은 그대로 『상서고훈』이라고 했다. …… 금년 나이가 73세인지라 정력이 쇠진하여 스스로 분발할 수도 없고, 죽을 날도 얼마 남지 않았으니 능히 잘 마칠 수 있을지 자신하지 못하겠다.

위의 내용으로 보거나 그해 가을에 『매씨서평(梅氏書平)』을 개정했다는 사실을 합해서 판단하면, 다산은 당대의 여러 학자들로부터 『상서』 연구에 대한 평가를 받아 지적된 부분을 고치고 보완하여 흠이 없는 저서로 만드느라 고령의 나이에도 학문 연구를 멈추지 않았다. 그의 성실성과 열정을 알아볼 수 있다. 유배지에서 1810년에 완성했던 저서들을 24년이 지나 노령에 수정하고 가필한 정성은 높이 평가할 일이었다. 9권이던 『매씨서평』도 개정하면서 1권을 더해서 모두 10권이 되게 하였다.

우리가 이미 앞에서 살펴보았던 대로 『상서』 연구에 대해서는 김매순, 홍석주 등의 높은 찬사가 있었다. 9권으로 된 『매씨서평』이 완성되던 1810년에 다산은 흑산도에서 귀양 살던 중형 약전에게 책을 보내 의견을 묻고 또 그 책의 서문을 부탁했다. 『사암선생연보』에는 정약전의 서문이 장문으로 실려 있다. 그중 일부를 들면 다음과 같다.

옛글을 교묘히 바꾸고 가짜로 새 경전을 만들어 천하 사람들을 미혹한 것으로는 매색의 『고문상서(古文尙書)』만 한 것이 없다. 아! 백 편의 『상서』는 제왕의 떳떳한 법도인지라, 그것을 완전히 갖추어지게 하는 것은 만세의 복이다. …… 정약용 같은 신하가 있어 『상서평』 9권을 지었으니, 이른바 맹자·순자가 공자의 사업을 윤색한 것과 같다. 그 지식에 깊은 조예가 있는 것은 모두 정조 대왕의 훈도를 받은 덕택이었다. 귀양살이 이래로 이미 흩어져 버린 냇물을 아깝게 여겨 우리 유학의 물결을 돌려놓는 일을 자신의 임무로 여겼다. 경전에 침참하고 의리에 입각하여 『주역』이나 『예기』의 주(註)를 차례로 완성했다.

『상서평』이라는 책은 2000년 이래 『상서』의 진면목이다. …… 종합한 이치가 공평하여 모두 극치에 이르렀으며, 거짓되고 간사한 것이 쫓겨나고 참되고 바른 것이 드러나게 되었다. …… 그 학문이 고금에 뛰어났다고 말해도 잘못이 아닐 것이다.

이렇듯 정약전은 아우 약용의 학문 연구 수준이 대단했음을 사심 없이 칭찬했다. 형제지기이던 두 사람 사이에 아우라는 이유로 턱없이 칭찬만 한 것이 아니라 다산의 학문에 깊은 이해가 있던 정약전의 안목으로 평했으니 가치가 있다고 보여진다. 대산 김매순의 『매씨상서평』 논평과 큰 차이가 없는 평가였다.

○○ 경서 연구를 마감하고 강산을 유람하다

73세의 가을, 『매씨서평』을 개정하는 일을 끝으로 다산은 경서 연구에 대한 학문 활동은 마감한 것으로 보인다. 학문을 연구하고 학자들과 학문 교류를 계속하면서도 끊임없이 시를 짓고, 강산을 유람하면서 친구·후배들과 어울려 노년을 아름답고 즐겁게 보냈다. 해배 이후 다산은 젊은 시절 못지않게 참으로 많은 시 작품을 남겼다. 다산의 시문집(詩文集)에 수록된 시는 대략 2500수 정도인데, 그중 해배 후에 저술된 시작품이 무려 1100여 수에 이르는 것으로 보면 노년기에 얼마나 많은 시를 지었는가를 금방 알게 된다.

다산이 젊은 시절부터 함께 벼슬하며 지냈던 송옹(淞翁) 윤영희(尹永僖, 1761~1828년)는 신유옥사 때 정약용 형제들의 생사를 확인하려고 애를 썼던 막역한 친구였다. 귀양살이 때도 편지를 주고받으며 학문을 토론했다. 해배 뒤에는 송파(松坡)에 살던 윤영희와 살던 곳도 가까워 자주 어울리면서 많은 시를 지었다. 『송파수작(松坡酬酌)』이라 이름을 붙인 시집에는 주로 윤영희와 주고받은 시가 대부분이었다. 문과에 급제하여 교리 벼슬까지 역임한 윤영희와 다산은 서로의 집을 오고 가면서, 때로는 천진암을 함께 유람하면서 참으로 많은 시를 지었다.

1828년 다산 67세 때 추사 김정희의 아우 김상희(金相喜)가 다산집을 방문하여 함께 뱃놀이를 하면서 시를 지었다는 기록이 있는데, 이 무렵부터 추사 형제들과 교유가 이뤄졌다고 짐작하게 된다. 해배 초기에 다산은 석천 신작 형제들과 어울리면서 많은 시를 지었으며, 1829년 무렵부터 신작의 생질이던 진재(眞齋) 박종림(朴鍾林)과 광산(匡山) 박종유(朴鍾儒) 형제와도 많은 시를 짓는다. 양근에 살아 집이 가깝던 현계(玄溪) 여동식(呂東植, 1774~1829년)과 그의 형 여동근(呂東根) 형제도 다산과 가까이 지내며 많은 시를 남겼고, 함께 고향 근처의 강산을 유람하며 즐거운 노년을 보냈다. 여동식은 문과 급제 후 대사간, 승지 등의 벼슬을 하여 다산과 알았고, 그의 형 여동근도 여러 곳의 고을살이를 했던 문사 중의 한 사람이었다.

『천진소요집(天眞消搖集)』이라는 시집에는 신작, 여동식, 정약용 등 세 집안 가족들이 함께 천진암에서 유람하며 지은 많은 시가 있다. 또 『귀전시초(歸田詩草)』라는 이름으로 묶인 시는 대체로 해배 직후의 시들인데, 1819~1821년 무렵에 큰형님을 모시고 충주 하담 선영에 성묘 가면서 읊은 강행시나 춘천으로 장가가던 조카를 따라가면서 소양강 일대에서 지은 강행시가 수록되어 그 시절 풍광을 구경하면서 즐겼던 다산의 마음을 읽을 수 있게 해 준다.

1830년 69세의 노인 다산이 거처하던 여유당은 찾아오는 손님들로 조용할 날이 없었다. 이 무렵 서울의 귀공자 홍현주를 비롯하여 당대의 문사 이만용 등이 다산에게 학문을 묻고, 같이 그 지역 강산을 유람하면서 시를 짓기 위해 찾아왔다. 해거재 홍현주는 앞서 언급했듯 정조 대왕의 사위였다. 이만용은 호가 동번, 자는 여성(汝成)이며 유명한 시인 박옹(泊翁) 이명오(李明五)의 아들로 시문으로 큰 명성이 있던 사람이었다. 38~39세의 젊은 문사들과 어울리면서 다산은 한껏 젊은 기분으로 돌아가 많은 시를 지었다. 당시 홍현주의 형, 홍길주도 다산을 찾았고, 문산 이재의도 자주 다산을 방문했다. 홍현주, 이만용과는 자주 만나기도 했지만 참으로 많은 시를 주고받았다. 이 시절의 다산 시 중에서 대표적인 작품은 「노인일쾌사 6수(老人一快事六首)」라는 시였다. 71세 때의 시로 자신의 모습과 심정 및 일상의 이야기를 격식에 구애받지 않고 읊었다. 벗겨진 이마, 이가 많이 빠진 모습, 시력을 잃은 눈, 안 들리는 귀의 서러움을 노래하고 하수들에게 바둑을 이기는 재미도 읊었다. 6수 중에서 다섯 번째 시 한 수를 보자.

늙은이의 한 가지 통쾌한 일은	老人一快事
붓 가는 대로 아무 말이나 쓰는 것일세	縱筆寫狂詞
어떤 운자(韻字)에도 얽매이지 않고	競病不必拘
퇴고(推敲)를 더디 해도 상관이 없네	推敲不必遲
흥취 일어나면 바로 생각 굴리고	興到卽運意
생각이 떠오르면 그대로 적는다네	意到卽寫之
나는 조선 사람인지라	我是朝鮮人
즐거이 조선 시를 짓는다네	甘作朝鮮詩
그대는 마땅히 그대 법을 써야 하니	卿當用卿法
오활하다 비난할 사람 그 누구리오	迂哉議者誰
……	
배와 감귤 맛이 각기 다르나니	梨橘各殊味
오직 자신이 즐기고 기뻐하면 될 일이네	嗜好唯其宜

남이야 법에 따라 시를 짓건 말건, 우리 조선 사람들이야 구애

받을 이유 없이 우리네 식의 시를 짓겠노라는 다산의 '조선 시 선언'
이 바로 이 시에서 연유되었다. 창자 끊어지는 고통이나 애타는 마음
에서 벗어나 쉽고 편한 심정으로 시를 짓는다는 노인을 빙자해, 우리
민족의 주체성을 살리자는 다산의 근본 정신을 담은 시였다.

그러나 나이가 많아지면서 몸이 제대로 따라 주지 않아 마음이
아플 때도 많았다. 1831년 69세의 다산에게 홍현주 일행이 찾아와
수종사로 유람 가자는 요구에 몸이 불편해 함께 갈 수 없었던 서러
움을 읊었던 시를 보면, 정신력이야 어느 누가 당해 낼 수 없이 강했
지만 신체적 불편은 그도 어찌할 수 없었으니 세월의 무상함이나 탓
해야 할 일이었다.

명성을 듣고 찾아오는 문사들이 많아 다산의 노년은 외롭거나
쓸쓸하지 않았다. 짤막한 편지에서 썼듯 아무도 찾아 주는 사람이
없어 고독감을 이기지 못하던 해배 직후와는 정반대였다.

내 집 문 앞을 지나면서도 들르지 않는 것은 이미 준례가 되
었으니 원망할 수는 없습니다. 그러나 인간이 세상에서 겪는 괴로
움 중에서 남은 기뻐하는데 나만 슬퍼하는 것보다 더 심한 것은 없
고, 세상에서 겪는 한스러움 가운데 나는 그를 생각하는데 그는
나를 까맣게 잊고 있는 것보다 더 심한 것은 없습니다.
「답여우렴동식(答呂友濂東植)」

뒷날에야 그렇게 가깝게 지내며 자주 어울려 시를 짓고 함께 강
산을 유람했던 현계 여동식 승지에게 보낸 편지의 한 구절이다. 이렇

게 외롭던 다산의 노년은 정말로 즐겁고 아름다운 생활이 이어졌다. 그러나 세월을 어쩔 수 없는 것, 75세의 1836년, 음력 2월 22일은 결혼한 지 60주년이 되는 날이었으나 그는 회혼(回婚)의 잔치를 벌이지도 못하고 그날 진시(辰時, 아침 8~9시)에 영원히 눈을 감고 말았다.

○○ 다산의 영면

74년의 풍상(風霜)의 세월은 끝이 났다. 75세의 연초부터 온갖 병환이 도져 신음하던 다산은 2월 19일에 이르러 정신이 맑아지고 기운을 조금 얻었다. 죽음이 가까워 옴을 예견이라도 했던 것처럼, 사흘 뒤에 다가올 회혼의 날을 기념하는 시 한 편을 지어 자신의 일생을 정리하였다.

육십 년 풍상의 세월 눈 깜짝할 사이 흘러가	六十風輪轉眼翻
복사꽃 활짝 핀 봄 결혼하던 그해 같네	穠桃春色似新婚
살아 이별 죽어 이별이 늙음 재촉했으나	生離死別催人老
슬픔 짧고 기쁨 길었으니 임금님 은혜 감사해라	戚短歡長感主恩
오늘 밤 「목란사(木蘭詞)」는 소리 더욱 다정하고	此夜蘭詞聲更好
그 옛날 붉은 치마에 유묵 흔적 남아 있네	舊時霞帔墨猶痕
쪼개졌다 다시 합한 것 그게 바로 우리 운명	剖而復合眞吾象
한 쌍의 표주박 남겨 자손들에게 주노라	留取雙瓢付子孫

「회근시(回졸詩)」

「목란사」란 옛날 악부(樂府)의 하나인 서사시이다. 다정한 부부 사이에 글 잘하는 남편이 아내에게 읽어 주던, 남장(男裝)하고 출정(出征)한 여인네의 무용담 가운데 하나다. 인생을 정리하는 순간, 다산은 그들 부부가 얼마나 화목하고 다정한 사이인가를 과시라도 하려는 듯 그날 밤 「목란사」 읽는 목소리가 더욱 다정했다고 서술했다. 그러면서 아내가 남편을 그리워하며 유배살이 10년째에 시집을 때 입고 왔던 농지기 다홍치마를 유배지의 남편에게 보내 주었던 따뜻한 정까지 되살려 냈다. "그 옛날 붉은 치마에 유묵 흔적 남아 있네"라는 구절은 자세한 설명이 필요하다. 「제하피첩」이라는 다산의 짤막한 글이 바로 그에 대한 설명이니, 앞서 시집가는 외동딸 이야기에서 이미 거론했다.

결혼 60주년 기념 시답게, 결혼하던 때의 합환주 술잔이던 표주박을 기억하여, 그 두 쪽을 자식들에게 넘겨 주면서 집안의 전통을 이어가게 하였다. 18년의 생이별 끝에 쪼개졌다 다시 합해진 그들의 인생, 얼마나 오래 기다리며 보낸 세월이던가. 800여 리가 넘는 고향 소내와 땅끝의 강진 다산초당 사이의 먼 거리는 바로 그들의 오랜 쪼개짐의 거리가 아니던가. 60년이 흘렀어도 자연은 변하지 않아, 그해 봄에는 복사꽃이 만발하여 그들의 결혼기념일을 축하해 주었다. 그들 노부부가 「목란사」를 다정히 읊었다면 부부애는 돈독했음이 분명하다. 성공적인 인생이자 해피 엔딩의 삶이었다. 그래서 다산은 자신의 생애를 두고 "슬픔은 짧고 기쁨은 길었노라"라고 총평을 내릴 수 있었다. 누가 보더라도 고달픈 세월은 길었고 기쁜 삶이야 짧았겠지만, 그는 스스로 생의 전체를 긍정적으로 보았으니, 창의적인 학자로서의 삶에 높은 비중을 두었기 때문이었을 것이다.

다산의 회혼례를 맞이하여 홍길주가 바친 축하의 글은 당대에 다산과 사귄 학자로서 그의 평생을 평한 귀한 글 중의 하나다. 풍산 홍씨 명문가 출신들인 홍석주·홍길주·홍현주 3형제는 대단한 학자 문인들이었는데 특히 홍길주는 박학한 문장가로 명망이 컸다. 홍길주는 형과 아우의 견해를 합했고, 또 노년의 다산과 함께 학문을 논하고 시를 지으며 그의 학문과 인품, 운명에 대해서까지 부족함 없이 넉넉하게 알고 있던 처지였기 때문에, 아래 글은 비교적 올바른 평가로 받아들일 수 있다.

다산 정 대부는 박식함이 우주를 꿰뚫고, 널리 깨달음이 미세한 부분에까지 투철했다. 쌓아 둔 것이 드넓고 다루는 것이 많아서 무엇이든 훤히 알지 못하는 것이 없었다. 그러나 세상은 그를 버린 지 몇십 년, 강가에서 여유롭게 노닐고 있었지만 벼슬을 내리는 임명장은 한 차례도 오지 않았다. 그래서 서로 간에 탄식하면서 이런 말을 했다. "그분의 운명이 궁하기 짝이 없네." 나는 이렇게 말했다. "그렇지 않다오. 그런 문제로 시대를 탓함이야 괜찮으나 그분의 운명이야 애초에 궁한 적이 없었네. 하늘이 인간에게 복을 줄 때, 하나쯤이야 언제나 주겠지만 두루 갖춘 복에는 대체로 인색하다네. 다산은 지금 일흔다섯의 나이에 건강하고 무병하네. 부인은 일흔여섯인데 역시 건강하고 무병하네. 이런 복을 부귀영화와 맞바꾸겠는가? 궁하게 살면서도 늙도록 저술을 멈추지 않아 위로는 도서(圖書)와 상수(象數)의 오묘함으로부터 구경(九經, 사서오경)과 백가(百家, 제자

백가), 문자(文字)와 명물(名物)의 풀이, 병법(兵法)과 농사, 정치 제도, 백성을 다스리고 수사와 재판을 처리하는 제도에까지 미쳤다네. 전문 분야별로 색을 쌓아 놓더라도 사기 그와 서의 낮먹을 성노라네. 제대로 시행만 한다면 모두 시대에 도움이 되고 인간에게 혜택을 끼칠 수 있을 것이니 이를 부귀영화와 바꿀 수 있겠는가? 두 아들에 손자가 넷인데, 글과 예법에 힘썼고 문장에도 뛰어났으니, 뒤를 이을 후손들이 더욱 우수하고 장래가 끝이 없으리라. 이 점을 또 어떻게 부귀영화와 바꾸겠는가! 이런 세 가지(장수·학문·자손)를 지니고도 부귀영화까지 보탠 사람은 옛날의 세상에도 없었는데, 요즘 같은 말세에 가능하겠는가? 다산의 장수(長壽)는 끝이 없을 것이니 저술도 지금보다 몇 배나 많을 것이고 자손들조차 어질고 글을 잘하니 세대가 오래 이어짐도 몇 배나 될 것이네. 저들이 말하는 부귀영화란 이것으로 본다면 마치 한순간과 같지 않겠는가?" 금년 병신년(1836년)은 다산이 부인과 결혼한 지 60년이 되는 해다. 부인 홍씨는 우리 집안 일가다. 앞으로 그 회혼례 잔칫날에 당해 축수와 축복을 드리면서 이런 말을 앞세우리라.

「정다산승지회근수서(丁茶山承旨回졸壽序)」

(정민, 『삶을 바꾼 만남』에서 재인용)

다산 부부가 75세, 76세의 노인으로 무병하게 해로하는 행복, 우주를 꿰뚫고 훤히 알지 못하는 것이 없을 정도의 박식한 학문, 두 아들 네 손자의 글 잘하고 예법에 밝은 행실. 비록 다산이 부귀영화는 못 누렸으나, 이런 세 가지의 복을 어찌 그런 것과 맞바꿀 수 있겠느냐는 반문에서 홍길주의 다산에 대한 찬사는 극찬에 가까움을 알게 된다. 회혼례가 있을 당일 세상을 뜨리라는 것은 상상도 못했는데, 하필이면 다산은 그날 세상을 떠나 그 찬사를 읽을 수 없었다. 그리하여 이 글은 다산과 이별하는 송별사가 되었으나, 다산에 대한 평가는 이 한 편으로도 전모를 알 수 있다. 해배 뒤 학자들과의 논쟁에서 학문 수준에 대한 평가야 많았지만 다산 생애의 행불행에 대한 살아생전의 평가로는 유일할 정도의 귀중한 자료다. 홍길주의 예언은 적중하였으니, 오늘날 다산이 부귀영화를 누리지 못한 궁한 운명이었다고 누가 말하랴. 민족 최고의 학자·사상가·시인으로 굳게 자리매김되었으니 무슨 말이 더 필요하겠는가. 세계적인 학자의 반열에 올라 유네스코에서 기념해 주는 인물에 선정되었다면 홍길주의 찬사도 과하다고는 말할 수 없으리라.

○○ 실학의 집대성, 다산학

공자는 유교를 창시하여 수수(洙水)·사수(泗水)라는 물가에서 후학들에게 학문을 가르쳤다. 그런 이유로 공자의 학문을 수사지학(洙泗之學) 또는 수사학(洙泗學)이라고 호칭한다. 한나라의 경학자들에 의해서 수사학의 의미와 이론이 많이 밝혀졌으나, 당나라 때는 인도에서 들어온 불교로 인하여 유교가 제대로 발전하지 못했다. 마침내 송나라에 이르러 정자·주자 등에 의하여 유학이 성리학으로 발전하여 주자학으로 집대성되기에 이르렀다. 우리 조선에는 고려 말엽에 주자학이 들어와 불교 국가이던 고려에서 유학이 발전하기 시작했다. 조선 왕조의 개국으로 성리학이 통치 이념이자 지배 논리로 자리 잡아 몇백 년 동안 왕좌를 유지하였다. 퇴계 이황, 율곡 이이 등은 대표적인 주자학자들이었으며, 그 후계자들도 모두 주자학을 중심 학문으로 삼았다.

그러나 임진왜란을 겪고 병자호란까지 거치면서 국가의 문물제도가 무너지고 국가 재정까지 파탄 나자, 백성들은 도탄에 빠지고 탐관오리들이 판을 치며 망국의 그림자가 드리우기 시작했다. '이러다가는 정말로 나라가 망하겠구나.'라고 생각하는 일군의 학자들이 나와 주자학의 큰 테두리는 벗어나지 못하면서도, 조금씩 그와 다른 사유 체계의 실마리를 찾아내면서 새로운 학풍으로의 전환을 시도하기 시작했다. 그래서 위당 정인보는 「다산 선생의 생애와 업적」(『담원국학산고』(문교사, 1955))이라는 글에서 "조선 근고의 학술사를 종계(綜系)하여 보면 반계(유형원)가 일조(祖)요, 성호(이익)가 이조요, 다산이 삼조인데, 그 가운데에도 정밀하고 넓으며 밝고 절실함은 마땅히 다산에게로 더 미룰 것이다."라고 말하여 이 세 학자들이 망해 가던 나라를 구해 내기 위한 새로운 사유 체계인 실학을 연구해 냈고, 그 집대성은 다산에게서 이룩되었다는 주장을 폈다. 말할 것 없이 성호와 다산 사이에서 더 크게 활동했던 담헌 홍대용, 연암 박지원, 초정 박제가 등 이른바 북학파(北學派) 학자들도 주자학 일변도의 학문이나 사유 체계로는 기우는 나라를 건지기 어렵다고 믿고, 북학 사상을 제창하면서 중국으로부터의 과학 기술 도입과 그 발전에 힘을 기울여야 한다고 주장했다. 이들 또한 훌륭한 실학자들이었다. 다산은 성호의 학문을 이어받고 북학파들의 학문과 사상을 이어받아 종합하여 집대성의 학문 체계를 이룩했으니, 다름 아닌 '다산학(茶山學)'이라 부르는 학문이다.(『다산 정약용의 정치 경제 사상 연구』(한국연구도서관, 1959)라는 책에서 홍이섭이 처음 사용한 용어)

다산은 『반계수록』, 『성호사설』, 『열하일기』, 『북학의』 등 선배 학자들의 책에서 새로운 사유의 틀을 찾아내고, 사서육경에 대해 골똘히 연구하여, 법고창신(法古創新)의 정신으로 국가를 경영하고 세상을 건질 이론이 담긴 500여 권이 넘는 실학 관계의 저술을 이룩했다. 18년이라는 궁한 유배 생활에서 얻어 낸 수확이었다. 유배 생활 이전의 젊은 시절이나 벼슬하던 시절에도 다산은 경전에 대한 심도 깊은 연구를 했고, 특히 벼슬살이 동안에는 수많은 논문이나 대책을 저술하여 국가의 개혁과 인간의 사유 체계 전환에 온갖 노력을 기울였더랬다. 그러나 개혁의 주체를 국왕으로 여겼던 인식의 오류로 국왕의 서거와 함께 자신까지 폐족이 되는 불행을 맞아 당대에 이상을 실현할 꿈은 접고, 유표(遺表, 유언으로 남기는 정책 건의서)나 심서(心書, 마음으로나마 백성을 돌보고자 쓴 책)라는 책의 제목에서 보이듯 후세에 활용되기를 바라는 뜻으로 그 많은 저술을 남겼다.

"경학 연구를 통해 자신의 인격을 수양하는 자료로 삼고, 일표이서를 자료로 하여 천하 국가를 다스릴 수 있게 한다."(「자찬묘지명」집중본)라고 다산 자신이 말했던 대로, 그는 수기(修己)와 치인(治人)이라는 두 축을 바탕으로 삼아 학문 체계를 세우고는 수기가 본(本)이고 치인이 말(末)이라 하여 본말이 함께 연구되고 실천되어야만 전덕(全德)이 이루어져서 국가를 경륜하고 세상을 구제할 수 있는 능력을 지니게 된다고 말했다.

○○ 경학 연구: 사유 체계의 전환

오늘날 성인이 되고 싶어도 될 수 없는 까닭은 세 가지가 있다. 하나는 천(天)을 이(理)로 인식함이요, 둘은 인(仁)을 물(物)을 낳게 하는 이치로 인식함이요, 셋은 용(庸, 중용(中庸)의 용)을 평상(平常)으로 인식함이다. 만약 홀로 삼가 하늘을 섬기고, 힘써서 서(恕)를 행하여 인(仁)을 구하며, 항구(恒久)할 수 있어 쉬지 않는다면 그것이 성인인 것이다.

『심경밀험』

행위와 실천의 개념이 뚜렷하지 못한 주자학의 성리론을 근본적으로 비판한 내용이다. 주자는 천(天)을 이(理)로, 인을 생물의 이치(生物之理), '사랑의 이치(愛之理)', '마음의 덕(心之德)'이라 해석하고 용(庸)도 평상(平常)이라 해석하여 관념의 세계로 유학을 체계화했다. 다산은 주자와는 달리, 인을 이로 보지 않고 사람과 사람 사이에서 마땅히 행해야 할 도리를 다하는 행위 개념으로 새롭게 해석했다. 주자학의 성즉리(性卽理) 개념을 근본적으로 부정하고 성은 기호라는 성기호설(性嗜好說)을 제창하여 사유 체계 전체를 전환시키기에 이르렀다. 서(恕)라는 덕목으로 억지로 힘써서라도 인을 구하며, 항구적으로 지속하면 성인의 지위에 오른다는 가능성의 철학으로 중세 사회의 결정론적 사유를 바꾸었다. 힘써 행하고 노력을 지속하면 성인이 된다는 가능성, 여기서 새로운 사회를 여는 안목이 열리게 되었다.

다산은 그러한 새로운 성론(性論)으로 한유(韓愈) 이래의 성삼품설(性三品說)이라는 중세 봉건적 결정론을 혹독하게 비판했다. 성(性)에는 상품(上品)·중품(中品)·하품(下品)이 있다는 한유의 학설은 중세기에 상당히 설득력 있는 이론이었다. 상품의 귀족, 중품의 보통 사람, 하품의 하류 인간, 즉 천민이라는 계급 사회의 구조로 설계된 보수적, 봉건적인 학설에 다산은 정면으로 반대의 주장을 폈다. 이와 같은 다산의 성론에 찬성을 표했던 위당 정인보는 다산의 경학을 '민중적 경학'(『담원국학산고』)이라는 명예로운 호칭으로 일컬은 바 있다. 다산은 상품도, 하품도 없는 보통의 인간이 세상의 주체임을 설파하며 공자가 확실하게 선언했던 '유교무류(有敎無類, 『논어』「위령공」)'의 논리를 증거로 제시하여, 인간은 교육을 받느냐 받지 않느냐, 아니면 어떤 교육을 어떻게 받느냐 여하에 따라 능력에 차이가 있을 수는 있지만 삼품의 차이는 절대로 없다고 확고하게 주장하였다. 『논어고금주』권2에서는 인류는 본래부터 '천연동류(天然同類)'라고 강력히 주장하면서 불평등한 사회 구조를 타파하고 평등한 인간 세상을 이루자는 만민 평등 사상을 명확히 주장했다. 중세의 완고한 신분 제도를 철폐하는 철학적 논리를 전개한 것이다.

또한 나라를 경륜하고 세상을 구제할 논리를 찾아내는 밑바탕으로 인간으로 구성된 세상은 올바른 인간들이 주도해야만 제대로 발전해 갈 수 있다고 여겨 올바른 인간이 되기 위한 인간론까지 깊숙이 탐구했다. 기존 수양론의 핵심은 경전 연구서에 자주 등장하는

'치심선성(治心繕性)'으로, 마음을 제대로 다스리고 타고난 착한 성품에 흠결이 없도록 잘 기워 주어 흠이 없도록 해야 한다는 주장이었다. 그러나 다산은 성품이 착하다는 것만 믿고 '마음만 굳게 지니고 성품만 길러 주면(存心養性)' 만사가 해결된다는 생각은 세상을 변화시킬 수 없고 역사를 발전되게 할 수 없다고 주장했다. 이전의 성리학적 논리로부터 한 단계 높은 실행·실천의 바탕을 마련한 실사구시적인 다산 철학을 이룩한 셈이다. 그 핵심이 다산의 짤막한 논문 「원덕(原德)」이라는 글에 그대로 드러나 있다.

> 명(命)과 도(道) 때문에 성(性)이라는 명칭이 있게 되었고, 자기와 남이 있기 때문에 행(行)이라는 이름이 있다. 성과 행 때문에 덕(德)이라는 명칭이 있다. 그러므로 성만 가지고는 덕이 될 수 없다.(因命與道 有性之名, 因己與人 有行之名, 因性與行 有德之名, 故徒性不能爲德.)

바로 이 한마디 속에 다산 사상의 전모가 들어 있다. 여기서 과거를 뛰어넘어 새로운 세계가 열리고 있었다. '존심양성'만 하면 모든 것이 해결된다는 주자학의 성리학적 사고에서 벗어나, 아무리 훌륭한 성품이나 덕성을 갖추었다 해도 그것만으로는 어떤 결과가 나올 수 없고, 착한 성품을 행동으로 옮겨야만 덕이 될 수 있다고 실천을 강조하였다. 이로써 '성(性)+행(行)=덕(德)'이라는 새로운 사유 체계가 다산을 통해 다산학이자 다산의 실학 사상의 본질로 자리 잡게 되었다. 같은 맥락에서 그는 아들에게 보낸 편지에서도 이렇게 가르쳤다.

인의예지도 행동과 일로 실천한 뒤에야 비로소 본뜻을 찾을 수 있으며, 측은(惻隱)이나 수오(羞惡)의 마음도 안에서부터 나오는 것이다. 이(理)를 말하는 사람(주자학자들)은 인의예지를 각각 낱개로 떼어 놓고 이것들이 마음속에 감춰져 있다고 하는데, 틀린 말이다. 마음속에 있는 것은 측은이나 수오의 근본일 뿐이니, 이것을 인의예지라고 말해서는 안 된다.

「시이아」

주자학에 대한 근본적인 거부를 선언한 내용이다. 그래서 다산은 『대학』의 '명덕(明德)'에 대해서도 온갖 이치(衆理)를 갖춘 것이 아니라 인간이 행위로 실현 가능한 효제자(孝弟慈)라는 그동안의 소수 의견에 적극 손을 들어주었다. 이상이 본(本)에 해당하는 다산학이다.

○○ 치인지학(治人之學)인 경세학

경학은 수기(修己)의 학문, 실용학인 경세학은 치인(治人)의 학문이라고 다산 자신이 명확히 구별했다. 그러나 정인보의 주장처럼, 그 두 분야가 별개로 존재할 수는 없다. 정인보는 "선생의 학문은 경학이면서 정법(政法)이다."라고 말했는데, 다산의 경학 연구는 경세학 연구와 마찬가지로 백성과 나라의 실제 이익에 도움을 주려는 목적이었기에, 경학이 곧 경세학이고, 경세학이 곧 경학인 본말이 구비된 학문이라는 뜻이었다.

경세학, 즉 실용의 학문은 그 밑바탕에 부란한 나라와 세상이 있었다. 썩거나 부패하지 않은 세상이면 개혁이 왜 필요하겠는가. 법과 제도가 올바르고 제대로 시행되는 나라라면 왜 개혁이 필요하겠는가. 다산이 종합적인 연구 결과로 내놓은 경세 철학은 기본적으로 두 개의 축으로 이루어져 있다. 즉 『경세유표』의 저작 목적인 "우리의 오래된 나라를 새롭게 개혁하자.(新我之舊邦)"라는 주장, 그리고 『목민심서』의 저작 목적인 "현행법의 테두리 안에서라도 우리 백성들을 제대로 살아가게 해 주자.(因今之法而牧吾民也)"라는 주장이다. 『경세유표』를 비롯하여 다산 저술의 핵심적인 이론이 담긴 논(論) · 설(說) · 의(議) · 대책(對策) · 원(原) · 변(辨) 등 많은 논설들은 모두가 법과 제도, 관행의 잘못된 것을 고치고 바꿔야 한다는 논리였다.

다른 하나의 방향은 『목민심서』를 비롯하여 많은 산문에 나오는 이론인데, 개인이나 공직자들이 공렴(公廉)한 마음을 실천에 옮기면 나라도 안정되고 국민들도 숨을 쉴 수 있게 된다는 주장이다. 『흠흠신서』라는 살인 사건의 수사와 재판에 관한 저서는 "이 세상에서 억울한 사람이 없기를 바란다.(冀其無怨殃)"라고 그 목적을 밝혔으니, 공평하고 청렴한 관리가 제대로 수사하고 재판하면 억울함이 풀린다는 근본 취지로 편찬된 책이다.

본질적으로는 국가의 법제를 개혁하여 새로운 나라로 뜯어고치는 일이 우선이지만, 차선책으로 개혁하기란 쉽지 않기 때문에 응급처방으로 현행의 법과 제도 아래서라도 공렴한 공직자가 솔선수범하여 행정을 집행한다면 그래도 망해 가는 나라를 두고 보는 것보다는 훨씬 훌륭한 일이라고 생각하여 마련한 책이 바로 『목민심서』였다.

또한 『목민심서』에는 국가의 법 체계를 개혁해야 한다는 주장은 없었지만, 관행이나 관례를 고치고 바꿔야 한다는 개혁 논리가 많은 부면에서 기술되어 있다. 공직자들이 사유 체계의 변화를 통해 백성을 주인으로 여겨 백성을 위해서 자신들이 존재한다고 생각하게 해 주었음은 대단한 변혁의 논리였다.

　대표적인 경세의 논문들에 대해 요약해서 설명하면, 논은 65편이 문집에 실려 있다. 대책은 10편, 의 10편, 설 19편, 원 7편 등 헤아리기 어려울 정도의 많은 논문이 있다. 65편에 이르는 논의 대표적인 것은 「전론(田論)」 7편, 「오학론(五學論)」 5편, 「기예론(技藝論)」 3편이다. 「전론」은 1798년 다산 37세 때의 작품으로, 인류 역사상 유래를 찾을 수 없는 독창적인 토지 개혁론인 '여전제(閭田制)'를 주장했다. 유배지에서 1817~1818년에 저술한 『경세유표』의 전제(田制)와는 다르다. 『경세유표』에서는 '정전제(井田制)'를 주장하여 여전제의 논리는 많이 약화되었다. 「전론」에서는 토지의 불균등한 점유로 인해 빈부의 격차가 심한 불공정한 사회를 개혁하기 위해 경자유전(耕者有田), 토지 공유, 공동 경작, 공동 수확, 노동량에 따른 수확물의 분배, 손부익빈(損富益貧) 등에 대하여 논하였다. 여전제는 25~30가구를 여(閭)로 하여 여민(閭民)의 공동 노동을 통해 생산과 수확을 함께 하며, 여민이 선출한 여장(閭長)의 지도에 따라 소득과 분배가 공평하게 이뤄지기를 기대한 매우 이상적인 전제였다. 부자의 재산을 덜어다가 가난한 사람에게 보태야 한다는 '손부익빈'의 주장도 의미가 컸다. 다만 실현성이 적다는 평가가 있다. 특히 1960년대까지는 북한에서 「전론」에 대한 관심이 매우 높아 다산의 사상을 공산 사상에 가깝다고 치켜세우기까지 했다. 물론 지금은 북한에서도 평가가 예전과는 다르다고 한다.

「오학론」은 백성에게 실익을 주는 실용 학문이 아닌 성리학, 훈고학, 문장학, 과거학, 술수학(術數學) 등을 통박하여 다산 당대 행세학의 퇴출을 역설했던 논문이다. 또 「기예론」 3편은 중국에서 기술 문명을 받아들여 농업·방직·의료·군사 부분에서 기술 혁신을 일으켜야 한다는 매우 선진적인 주장이었다.

「탕론」이라는 글은 천자(임금)도 상향식 간접 선거 제도로 뽑고, 뽑힌 사람이 올바르거나 정당하지 않으면 언제라도 퇴출시키고 다시 선출할 수 있게 해야 한다고 주장해서 민의(民意)를 중시한 정치 이념이 담긴 글이다. 혁명 의식의 고취가 그 속에 담겨 있음도 알 수 있다. "상이하(上而下)" "하이상(下而上)"이라는 용어를 사용하여 상이하가 아닌 하이상의 정치, 곧 상향식 민주 정치를 희구했던 점은 의심할 여지 없이 인류 역사상 위대한 선진 사상이었다. 「속유론(俗儒論)」은 속유의 반대인 진유(眞儒) 대망론으로, 이기(理氣) 논쟁에 열을 올리는 속된 선비들을 비판한 논문이다. 「감사론(監司論)」은 권한이 적거나 관할 지역이 좁은 군수·현감들이야 작은 도둑이지만 권한이 크고 관할 지역이 광활한 감사나 관찰사는 큰 도둑이라고 비꼬아 지위 높은 탐관오리들의 탐학상을 폭로한 글이다.

대책은 젊은 시절 정조 대왕의 하명에 따라 국가의 정책으로 올린 것인데, 「지리책」·「농책」·「인재책」 등 중요한 내용이 많은 분야다. 장문의 「지리책」은 국토 지리에 관한 해박한 지식을 동원하여 우리 국토의 실상을 정확히 알아야 함을 강조했다. 특히 중국의 지리에 대해서는 제법 알면서 우리나라의 지리에 까막눈인 속유들을 비판하고, 조선의 국토 변천을 제대로 알 수 있는 대형 지도를 편찬할 것을 건의하고 있다. 「인재책」은 지역·신분·가문을 따지지 말고 능력 있는 인재는 조건 없이 등용하라는 건의서였다.

의 10편에도 중요한 내용이 많다. 「도량형의(度量衡議)」에서는 길이·무게를 재는 도량형의 통일과 정확성의 유지를 건의하였고, 「통색의(通塞議)」는 국민과의 올바른 소통을 위해 지역·신분·문벌 등 인재 등용을 가로막는 장애 요소를 제거하여 공평하고 정직한 인재 등용을 추진하라는 건의서였다.

설은 주로 과학 기술의 실상을 소개하고, 과학과 기술의 발전과 선진화를 설명한 글이다. 「의설(醫說)」은 의술의 발전을 위해서 약제의 기본부터 제대로 배워야 한다며 기초 의학의 연구를 권장하였으며, 「종두설(種痘說)」은 종두의 예방법에 대한 연구 보고서였다.

이렇듯 다방면에 걸친 다산의 개혁 논의와 연구업적의 보고서는 애국·애민의 투철한 의식으로 국가 경영에 필수적인 모든 업무에 자신의 해박한 지식을 동원하여 나라다운 나라, 백성들이 살 만한 세상을 만들기 위한 방안을 주장한 내용이 대부분이었다. 이런 글들은 자신이 말했듯 대체로 재조 시절(在朝時節), 즉 벼슬하던 때에 집필되었다. 유배지에서는 경학과 경세학의 대저(大著)를 저술하느라 잔다란 논문은 많이 쓰지 않았던 것으로 보인다.

원으로는 「원목(原牧)」·「원정(原政)」·「원덕(原德)」·「원무(原舞)」·「원원(原怨)」 등이 있다. 「원목」은 국가 권력의 소종래를 밝히며, 일반 백성들의 추대로 통치자는 탄생하고 통치자는 백성들을 위해서 일할 때만 그 존재 의의가 있으므로 백성의 뜻을 배반하는 통치자는 존재할 수 없다고 말하여 위민사상(爲民思想)과 민주적 사고를 나타낸 내용이다. 다산의 정치적 견해에 매우 선진적인 측면이 있다는 것을 알게 해 주는 획기적인 논문의 하나이다. "백성들의 여망에 따라 통치자에게 올린 법을 시행하면 백성들이 편하게 살지만, 통치자의 욕심에 따라 제정한 법을 집행한다면 이는 통치자만 높이고 백성은 비하하는 법이 된다."라는 부분은 백성을 위하는 정치를 해야만 한다는 다산의 정치 이념을 단적으로 표현한다. 전제 군주 정치의 문제점을 지적하면서 거기서 한 걸음 더 나아가는 탁월한 정치 이론을 피력했지만, 그런 정치 이념이 채택되는 세상이 아니었다는 역사적 한계 때문에, 다산의 사상이나 철학은 당대에는 전혀 빛을 볼 수가 없었다. 세상을 떠난 지 100년 뒤에야 겨우 그의 사상이나 의식이 선진적이며 민족적이고 과학적이라는 평가가 나왔으며, 200년이 흐른 지금에 와서야 다산은 선구적이고 미래 지향적이며 새로운 사회를 열고자 했던 선진 사상가라는 평가가 나오기에 이르렀다. 대체로 이상이 다산학의 말(末)인 경세학의 내용이다.

○○ 문학 사상: 다산의 시관

다산이 살아가던 시대는 중국 중심의 사고에 젖어 있는 지식인들이 많았다. 중화사상을 높이며 만주족이 집권한 청나라보다는 명나라를 숭배하는 숭명(崇明) 사상이 대세를 이루던 때였다. 그야말로 사대주의에서 크게 벗어나지 못한 주류 세력이 압도적으로 많았던 때였음을 부인할 수 없다. 그러던 때, 다산은 우리 민족을 중심에 두는 주체적 사고를 강조했고 시를 지을 때에도 그대로 반영했다.

우리나라 사람들은 시를 지으면서, 역사적 사실을 인용한답시고 걸핏하면 중국의 일이나 인용하고 있으니, 이것 또한 볼품없는 짓이다. 아무쪼록 『삼국사기』, 『고려사』, 『국조보감』, 『여지승람』, 『징비록』, 『연려실기술』 및 우리나라의 다른 글 속에서 그 사실을 뽑아내고 그 지방을 고찰하여 시에 인용한 뒤라야 후세에 전할 수 있는 좋은 시가 나올 것이며, 세상에 명성을 떨칠 수 있을 것이다.

「기연아」

다산은 시를 지을 때는 우리 민족의 사상과 정서를 담아야 한다고 주장했다. 이는 그가 유배지 장기나 강진에서 지은 「기성잡시」, 「장기농가」, 「탐진촌요」, 「탐진농가」, 「탐진어가」 등 일련의 시에서 그대로 실천한 이론이었다. 다산은 아들에게 시 짓기를 가르치면서 참된 시가 나오려면 어떤 공부를 해야 하는가도 가르쳐 주었다.

반드시 처음에는 경학 공부로 밑바탕을 다진 뒤에, 옛날의 역사책을 섭렵하여 옛 정치의 득실과 잘 다스려졌던 이유와 어지러웠던 이유 등의 근원을 캐 보아야 한다. 또 모름지기 실용의 학문, 즉 실학에 마음을 두고 옛사람들이 나라를 다스리고 세상을 구했던 글들을 즐겨 읽어야 한다. 마음에 항상 만백성에게 혜택을 주어야겠다는 생각과 만물을 자라게 해야겠다는 뜻을 가진 뒤라야만 참다운 독서 군자라 할 수 있다. 그러한 사람이 된 뒤라야 더러 안개 낀 아침, 달 뜨는 저녁, 짙은 녹음, 가랑비 내리는 날을 보고 마음에 자극이 와서 한가롭게 생각이 떠올라 그냥 운율이 나오고 저절로 시가 될 때 천지자연의 음향이 제 소리를 내는 것이다.

「기이아」

천지자연의 음향이 저절로 우러나 제 소리를 낼 수 있는 참다운 시를 쓰려면 어떻게 해야 하는가를 가르쳐 주었다.

『시경』에 있는 모든 시는 충신·효자·열녀, 그리고 진실한 벗들의 간절하고 진실한 마음의 발로다. 임금을 사랑하고 나라를 근심하는 내용이 아니면 그런 시는 시가 아니며, 시대를 아파하고 세속을 분개하는 내용이 아니면 시가 될 수 없으며, 아름다운 것을 아름답다 하고 미운 것을 밉다 하며 선을 권장하고 악을 징계하는 뜻이 담겨 있지 않은 시는 시라고 할 수 없는 것이다.

「기연아」

정치·경제·사회에 적극적인 관심을 지니고 나라를 근심하며 권선징악의 뜻을 품은 시를 써야 한다니, 문학의 공리성만 강조한 측면도 있다. 그러나 이 부분은 폐족인 아들들이 세상일에 관심을 버리고 사적인 문제에만 마음을 기울일까 봐, 참여 정신과 국가 사회에 대한 문제의식을 지닌 시를 쓰라고 권장했던 점을 고려한다면 이해가 되는 부분이기도 하다. 실제로 사회 참여의 뜻이 없는 시만 짓는 것도 역시 문제가 있음을 이해해야 한다.

무릇 시의 근본은 부자(父子)·군신(君臣)·부부(夫婦)의 떳떳한 도리를 밝히는 데 있으며, 더러는 즐거운 뜻을 펴기도 하고, 더러는 그 원망하고 사모하는 마음을 펴는 데 있다. 그다음으로 세상을 걱정하고 백성들을 긍휼히 여겨 항상 힘없는 사람을 구원해 주고 재산 없는 사람을 구제해 주고자 마음이 흔들리고 가슴 아파서 차마 그냥 두지 못하는 그런 간절한 뜻을 가져야 바야흐로 시가 되는 것이다. 자기 자신의 이해에만 연연하면 그런 시는 시라고 할 수 없을 것이다.

「시이아」

인륜(人倫)의 도리를 밝히는 시, 사회적 약자나 소외 계층의 서러운 사연을 읊어서 그들의 처지가 개선 되도록 돕는 시가 옳은 시라는 주장에 찬성하지 않을 사람은 없을 것이다. 이상에서 인용한 다산의 시관은 2500수가 넘는 그의 시를 관통하고 있는 이념이다. 빼앗기는 농민들, 지극히 천하여 하소연할 길조차 없는 무지렁이 백성들에게 바친 그의 시혼은 대체로 그의 뚜렷한 시관에서 나온 결과였다.

사람에게 문장은 풀이나 나무로 보면 아름다운 꽃과 같다. 나무를 심는 사람은 나무를 심을 때 그 뿌리를 북돋아 주어 나무의 줄기가 안정되게만 해 줄 뿐이다. 그렇게 하고 나면 나무에 진액이 오르고 가지와 잎사귀가 돋아나면 그때에야 꽃도 피어난다. 정성스러운 뜻과 바른 마음으로 그 뿌리를 북돋아 주고, 독실하게 행하고 몸을 잘 닦듯이 줄기를 안정되게 해 주어야 한다. 경전과 예를 궁리하고 연구하여 진액이 오르도록 하고, 넓게 배우고 들으며 예능에 노닐어 가지나 잎이 돋아나게 해야 한다. 이렇게 해서 그 깨달은 것을 유추하여 쌓아 두고 그 쌓아 둔 것을 펼쳐 내면 글이 이루어진다. 그것을 보는 사람들이 문장이 되었다고 인정한다.

「위양덕인변지의증언(爲陽德人邊知意贈言)」

이런 문장론도 가볍게 여길 글이 아니다. 정말로 쉬운 글이지만, 참다운 문장이 나오려면 어떻게 해야 하는가를 의미 깊게 설명해 준다. 좋은 시를 쓰고 좋은 문장을 지어 본 경험자의 통찰력이 아니고는 말하기 어려운 내용이다. 그의 문장론은 그대로 그의 시 작품과 문장에 스며 있는 높은 수준의 문학 이론이었다.

그렇다면 이상과 같은 다산의 시관이나 문장론은 어디에서 나왔을까. 역시 고경(古經)에 근거를 둔 법고창신(法古創新)의 논리였다. 다산은 성균관에서 공부하던 20대 초, 정조의 명에 따라 『시경』에 대한 독실한 연구를 계속했다. 연구 결과 얻어진 결론이 "시란 간림(諫林)이다."였다. 요순시대로 거슬러 올라가면 시는 노래였기 때문에, 소경들인 가수들에게 시를 노래로 부르게 하여 "임금들이 착한 내용은 들어서 감발시키게 하고, 악한 내용은 들어서 잘못을 뉘우치게 하였다. 그리하여 시를 통해 상을 주고 죄를 줌은 『춘추』라는 역사책의 평가보다 더 무서운 역할을 하여 임금들이 두려워했다."(「자찬묘지명」) 시를 통해 임금이나 통치자들의 잘못을 간언(諫言)하기 때문에 시란 '간림'이라는 결론을 내렸던 것이다. 정치·경제·사회의 잘못된 점을 사실적으로, 그림처럼 묘사하여 그 실상을 임금의 귀에 들어가도록 부르는 노래의 가사가 바로 시라는 고경의 뜻에서 다산의 문학 사상과 시론이 이룩되었다고 하겠다.

○○ 과학 사상과 기술 개발

이미 거론했던 대로, 다산은 「기예론」을 통해서 인간이 다른 동물과 다른 점은 지려(智慮)와 교사(巧思)의 유무에 있다고 했다. 인간만이 지려와 교사를 활용하여 도구를 만들고 기술을 개발할 능력이 있다는 인식에서 다산의 과학 사상은 기본을 터득할 수 있었다. 또한 다산은 자연 과학적 지식이 풍부하여 그런 풍부한 지식의 뒷받침으로 천문학, 지리학, 역학(力學), 수학, 광학(光學), 의학 등 광범위한 분야의 자연 과학 및 기술 과학에 깊은 관심을 가졌다. 다산은 자신의 지식을 우리나라 국부의 증진과 생산 발전에 이용하기 위해 다방면의 연구를 진행했다. 동시에 연구 결과를 실제로 현장에 도입하면서 일정한 성과도 이룩했다. 그 대표적인 예가 우리가 잘 아는 기중기와 종두술이었다. 기중기는 도르래와 지렛대 등의 원리를 이용하여 수원 화성 축조에 크게 이바지했으며, 종두술은 두질(痘疾) 예방이라는 획기적인 의술 발전의 문을 열었다.

『여유당전서』「의약집」의 「근시론(近視論)」에 의하면 다산은 원시

(遠視)와 근시(近視)의 이유가 양(陽)이나 음(陰)의 과부족에 있다는 종래의 속설(俗說)을 부인하며 그 이유가 눈동자의 렌즈가 평탄한가 볼록한가에 따라 광학적 초점이 망막보다 멀리 또는 가까이에 놓이기 때문이라고 논증하고, 근시 환자들의 경우는 볼록 나온 정도가 비정상적이라고 할 정도로 과학적인 지식을 지녔다. 심지어는 광학적 법칙에 입각하여 볼록 렌즈가 태양 광선을 초점에 집중시켜 물건을 태우는 원리, 흰 것보다는 검은 물건이 타기 쉬운 이유, 신기루 현상이 나타나는 이유, 또 암실 앞에 렌즈를 끼워 놓고 현대적 사진기의 효과를 얻는 방법 등을 물리학적으로 훌륭하게 설명할 정도였다.(「애체출화도설(靉靆出火圖說)」·「칠실관화설(漆室觀火說)」)

다산의 과학적 사고는 합리성(合理性)이 결여된 어떤 것도 신뢰하지 않았다. 그래서 그는 「오학론」이라는 논문에서 '술수학'의 비과학성을 철저히 배격하였다. 「맥론(脈論)」, 「상론(相論)」, 「풍수론(風水論)」 등에서도 맥을 통해 질병을 치료하는 문제, 관상으로 사람의 앞날을 예견하는 문제, 풍수지리설을 통해 정한 묏자리·집터 등에 의해 운명이 결정된다는 허황된 논리는 미신(迷信)으로 여겨 모두 배격하였다. 19세기 초엽으로서는 탁월한 자연 과학 사상이었음을 알게 된다.

○○ 진시 초각(初刻)에 운명하다

학문적 대업을 이룩한 다산, 500여 권이 넘는 저서를 남기고 1836년 음력 2월 22일 아침 8시쯤 75세의 나이로 눈을 감았다. 조선의 위대한 학자가 세상을 떠나고 말았다. 그날은 15세의 나이로 16세의 홍씨 부인과 결혼식을 올린 지 60주년이 되는 회혼의 날이어서 가족·친척·제자들까지 많은 사람들이 지켜보는 가운데 그는 조용하게, 파란만장했던 일생을 마쳤다.

이런 위인(偉人)을 떠나보내면서·천지자연이라고 무심할 수가 있으랴. 다산 사후에 기록된 『사암선생연보』는 그때의 일을 그런대로 기록해 놓았다. "이날 진시(辰時)에 큰 바람이 땅을 쓸며 불었고, 햇빛이 엷어져 어둑어둑했으며, 토우(土雨, 흙비)의 기운이 누렇게 끼었다. 문인 이강회가 서울에 있었는데, 큰 집이 무너져 누르는 꿈을 꾸었다. 아! 이상한 일이다." 천지자연은 위인의 죽음에 뭔가 징조를 보이고 이상한 현상을 나타내고 말았다고 한다. 커다란 집채가 무너지는 아쉬움으로 가까운 제자의 꿈에 현몽했던 것도 다 평상적인 일이 아니었다. 회혼을 맞는 기쁨에서 상(喪)을 당한 슬픔에 잠긴 가족들은 이제 예에 따라 유감없는 장례를 치러야 했다.

현손 정규영은 24세 때 할아버지 정대림(丁大林, 1807~1895년)이 향년 89세로 세상을 떠났기에 선조들이나 가정의 일을 자세히 알 수 있었다. 정대림은 다산의 큰아들 정학연의 장자이니 바로 다산의 장손자였다. 아버지나 할아버지 모두 글 잘하는 집에서 자란 정대림은 그 역시 글 잘하는 선비로 진사과에 합격하여 낮은 벼슬이지만 초직은 현릉 참봉, 뒤에 연천 현감을 지낸 인물이다. 다산이 세상을 떠난 1836년에 30세였던 대림은 할아버지 다산의 일생을 대부분 듣고 보았으므로 자신이 알고 있던 다산에 대해 손자 정규영에게 소상히 가르쳐 주었다. 그렇다면 정규영이 다산 사후 86년째인 1921년에 완성한 『사암선생연보』는 확실하게 믿을 수 있는 기록으로 여겨도 좋겠다.

이 『연보』에는 다산의 어떤 기록에도 없는 몇 가지 중요한 내용이 있다. 다산은 회갑을 맞은 1822년, 자신의 사후 상제(喪祭)에 대한 유서(遺書)인 「유명(遺命)」이라는 글을 지어 아들들에게 주었다고 한다. 시체를 다루는 법부터 입관(入棺) 절차, 장례 절차, 묘소, 묘비 등 모든 것을 자신이 가르쳐 준 그대로 따르라고 명령했다. 그렇게 하지 않으면 절대로 효자가 아니라면서 강요하기까지 했다. 「유명」 이외에 살아 있는 사람이 지킬 일은 자신의 저서 『상의절요』라는 책이 있으니 그 책의 내용에 따르라고 했다. 정규영은 「유명」의 전문을 그대로 밝혔다. 인간에게 있어 부모의 유언은 절대적이다. 세상에 어떤 자식이 부모의 유언을 따르지 않을 수 있겠는가. 이 점을 보면, 다산이 죽으면서 신부에 의해 종부성사를 받았고, 예전에 천주교에서 떠난 것을 후회했던 철저한 천주교 신자였다고 말하는 일부 천주교 쪽의 주장이 얼마나 허무맹랑한가를 알 수 있다.

다산 생존 시에는 교회법에 따라 제사를 지내는 경우 절대로 신자라고 할 수 없었다. 그런데 다산은 유언을 남겨 『상례』와 「유명」, 『제례고정(祭禮考定)』 등에 의해서 유교적 장제례(葬祭禮)를 지키도록 했으니, 천주교 신자로서 가당키나 한 일이겠는가. 여기서 중대한 논란의 하나가 매듭지어지고 있음을 알게 된다. 두 아들 학연과 학유는 아버지의 유언의 명령대로 장례를 치렀다. 다산은 벼슬이 통정대부였으니 대부의 예에 따라 사망 3개월째인 4월 1일, 살던 집의 뒷산인 유산(酉山)의 자(子)의 방향, 즉 남쪽을 향해, 자신이 점지해 두었던 곳에 장사 지내졌다.

또 하나의 중요한 내용이 있다. 저서를 한지에 베끼는 일이 얼마나 어려운 일인데, 다산초당에서 참고 자료도 부족한 채로 다산이 그 많은 저서들을 어떻게 제대로 필사할 수 있었을까 하는 의문점은 모두에게 궁금한 일이다. 『사암선생연보』의 발문으로 쓴 글에서 정규영은 그 점을 쉽게 알려 주고 있다.

> 다산은 20년 동안 유폐되어 다산(茶山)에 있으면서, 열심히 연구와 편찬에 전념하여, 여름 더위에도 멈추지 않고, 겨울밤에는 닭 우는 소리를 들었다. 그 제자들 가운데서, 경서와 사서(史書)를 부지런히 살피는 사람이 두어 명이요, 입으로 부르는 것을 받아 적어 붓 달리기를 나는 듯하는 사람이 서너 명이요, 항상 번갈아 가며 원고를 바꾸어 정서(正書)하는 사람이 서너 명이요, 옆에서 도와 먹으로 줄 친 종이에 잘못 불러 준 것을 고치고 종이를 눌러 편편하게 하며 책을 장정하는 사람이 서너 명이었다. 무릇 책을 한 권 저술할 때에는 먼저 저술할 책의 자료를 수집하여 둘씩 둘씩 비교하고 서로 참고하며 정밀하게 따졌다.

요즘 말로 저술할 때의 조교가 몇 명이었나를 정확히 밝히고 있다. 할아버지에게 들었던 손자의 이야기를 그 손자의 손자가 기록한 것이니 믿어도 될 이야기다. 13~14명의 조교가 손발처럼 도와주었기에 그 방대한 저서의 편찬이 가능했다는 이야기다.

정규영은 자신의 고조할아버지 다산 선생에 대하여 집안에서 듣고 보았던 대로의 사실을 종합하여 총평을 내렸다. 다산의 직계 후손으로서 선조 다산에 대해 내린 평가로는 유일한 내용이다. 회갑 때 다산이 「자찬묘지명」을 기술한 이후 75세 때까지 15년간의 삶에 대한 기록이 없어 그 부분은 자세하지 못하다고 고백하고는 이어 이렇게 썼다.

아! 공(다산)은 처음에 거룩한 임금을 만나 정조 대왕을 가까이 모시면서 경전을 토의하고 학문을 강론하며 먼저 그 바탕을 세우고, 중년에 상고(上古)의 성인들을 경적(經籍)에서 사숙(私淑)하여 아무리 심오한 것도 연찬하지 않은 것이 없고, 아무리 높은 것도 우러르지 않은 것이 없다. 만년에는 대월(對越, 침묵·묵상)의 공부와 착한 일과 잘못한 일을 숫자로 세어 가며 착한 일의 숫자가 많아지게 하는 행실의 공부에 엄한 태도를 지녔다. …… 이미 경지에 도달했다고 해서 대단한 체하지도 않았고, 이미 노년에 이르렀다고 해서 조금도 해이하지 않았으니, 아! 지극한 덕행(德行)과 성대(盛大)한 학문이 아닌가!

다산의 후손다운 평가이다. 다산의 전모를, 노경의 위대한 삶의 모습을 넉넉하게 묘사했다. '지행(至行)'과 '성학(盛學)', 즉 '지극한 덕행과 훌륭한 학문'이라는 뜻의 한자 네 글자로 집안에서 내려오는 모든 논의를 모아 총평을 내렸으니, 이만하면 다산의 진면목을 그런대로 밝혔다고 여겨진다.

○○ 다산의 사람됨과 학문에 대한 평가

1836년 음력 2월 22일(양력 4월 7일) 세상을 떠난 다산, 그해 4월 1일 집 뒤의 동산에 장사 지내졌다. 살아생전에, 특히 귀양살이에서 해배된 뒤 그는 당대의 많은 학자들과 만나거나 편지를 통해 자신의 학문에 대한 평가를 받고, 또 토론을 계속하였다. 생전에 다산은 사람됨과 학문에 대해 대강 평가를 받은 셈이다. 직계 후손들의 평가까지도 정리하였으니, 이제 본격적으로 그의 사람됨에 대하여, 학문에 대하여 후학들의 평가를 정리할 단계에 이르렀다. 살아 있는 동안 다산을 평가한 대표적인 학자로 석천 신작, 연천 홍석주, 대산 김매순, 항해 홍길주, 문산 이재의, 정산 김기서 등이 있었다면, 사후에 다산을 평한 대표적인 학자로는 항해 홍길주, 추사 김정희, 동번 이만용, 노사(蘆沙) 기정진(奇正鎭, 1798~1879년), 해사(海史) 홍한주(洪翰周, 1798~1868년), 매천 황현 등이 있다.

1910년 조선은 망했다. 망국 이후 다산을 연구하여 사람됨과 학문에 대해 평가했던 사람은 매우 많다. 1920년대 초 다산 연구자로는 일본인 아사미 린다로(淺見倫太郎)와 위암(韋庵) 장지연(張志淵, 1864~1921년)이 대표적이다. 윤용균(尹瑢均)은 1930~1931년에 다산의 전제에 대한 첫 번째 연구 논문인 「다산의 정전고(井田考)」를 썼다. 1930년대 중반 『여유당전서』의 간행을 전후하여 많은 연구자들이 나왔는데, 정인보, 최익한(崔益翰, 1897년~?), 현상윤(玄相允, 1893년~?) 등이 대표적이다. 1945년 해방 이후 최초로 다산 연구로 단행본을 간행한 학자는 최익한인데 북한에서 1955년 저서를 간행했고, 그다음은 홍이섭(洪以燮, 1914~1974년)과 이을호(李乙浩, 1910~1998년)였다. 홍이섭은 1959년, 이을호는 1966년에 저서가 나왔다.

항해 홍길주는 홍석주의 아우이고 홍현주의 형이다. 이미 말했던 대로 홍석주와 다산은 벼슬살이 시절부터 사귄 사이였고, 해배 뒤 학문 논쟁을 벌였다. 홍길주와 홍현주는 다산을 직접 만나 시를 짓고 학문을 논한 사이다. 다산보다 24세 연하의 홍길주는 추사와 다산의 둘째 아들 정학유와 동갑으로, 대선배 다산의 학문에 높은 평가를 내렸고 다산이라는 인간에 대해서도 잘 알던 처지였다. 이미 기술한 것처럼 회혼을 맞은 다산에게 축하의 글을 보내 장수를 누리던 다산 부부의 해로, 넓고 깊은 학문적 업적, 아들·손자들의 글 재주와 예의 바른 행실, 세 가지를 큰 복으로 칭찬했다. 그가 다산의 부음을 듣고 말한 "열수(다산)께서 돌아가셨네. 수만 권의 서고(書庫, 책 창고)가 무너졌도다!(洌水死 數萬卷書庫 頹矣)"라는 짤막한 표현은 바로 다산이라는 인간을 한마디로 평가한 내용이었다. 이 말은 홍한주의 『지수염필(智水拈筆)』, 「정열수약용(丁洌水若鏞)」이라는 조항에 나온다. 홍한주는 홍씨 3형제와 육촌 사이이던 아우로, 직접 다산과 대면한 적은 없지만 육촌 형님들에게서 들은 이야기와 자신이 접했던 다산의 저서를 근거로 하여 다산을 평가한 내용을 적어 놓기도 했다.

대체로 열수는 재주와 학문이 일반인과는 비교할 수 없이 뛰어나, 경전·사서(史書)·제자백가 이외에, 천문·지리·의약·잡방(雜方)의 책까지 넓고 정밀하게 꿰뚫어 알지 못한 것이 없었다. 13경(經)에 대하여 모두 새로운 학설을 세워 저술한 책이 집안에 가득하였다. 『흠흠신서』나 『목민심서』와 같은 책은 모두 수사와 재판을 하고 백성을 다스리는 사람에게 매우 유용한 문자이다. 추사 김정희에 견주어도 재주가 높고 실학에 대한 업적이 뛰어날 뿐만 아니라, 우리나라 근세의 일인자일 뿐 아니라, 중국의 학자들과 비교해도 기효람(紀曉嵐)·완운대(阮芸臺)의 아래에 세우면 불만일 것이다.

대단한 평가다. 학자·문인이 많기로 유명한 연천 집안의 종합된 의견으로 여길 수 있는데 꾸밈없이 사실대로 평가했다. 다산과 더불어 최고의 학자로 꼽히던 추사를 능가한다는 것도 대단한데, 청의 대표적 학자이던 기효람·완운대의 아래에 세우면 불만일 것이라는 평가는 당시 동아시아에서 최고의 학자임을 말한 것으로 보인다.

다산과 쌍벽을 이루던 추사 김정희도 다산에 대한 평가를 했다. 다산이 세상을 떠난 뒤, 둘째 아들 정학유와 동갑이던 추사는 정학연·학유 형제와 매우 가까운 사이로 지내며 자주 만나 시를 짓고 학문을 논했다. 『완당전집』의 시집에도 추사가 직접 여유당을 찾아가 학연 형제들과 시를 짓고 배를 타며 놀았던 기록이 있다. 그 무렵이었을 것이다. 정학연은 친구 추사를 자신의 집으로 초치하여 아버지 다산이 남긴 저서들을 모두 보여 주면서 교정해 줄 것을 부탁했다. 분량이 너무나 많으니, 버릴 것은 버리고 남길 것은 남겨 달라는 부탁과 함께 잘못이 있다면 바로잡아 달라는 요구를 했던 모양이다.

하루 이틀 함께 자고 묵으며 추사는 다산의 저서를 대강 일독했을 것이다. 그런 뒤, "그대 아버님의 백세(百世) 대업(大業)은 참으로 위대합니다. 담긴 저작물에 대해서는 저도 실제로 잘 모르겠습니다. 그런데 어떻게 버리고 남기는 일을 할 수 있겠습니까? 전체 원고를 그대로 남겨 두었다가 뒷날의 양웅(揚雄) 같은 학자를 기다리지 않으려는지요."라 말했다고 전한다. 추사 같은 높은 재주와 학문, 뛰어난 식별력으로도 다산의 글은 그대로 남겨 뒷날의 학자를 기다려야 한다는 결론을 내렸다면 다산의 학문을 높게 평가했음에 분명하다. 한나라의 양웅은 『태현경(太玄經)』이라는 세상에서 난해한 책을 저술하고는 의미가 뭐냐고 묻자 뒷날 양웅 같은 학자가 나오면 그에게 물어보라고 했다는 고사가 있다. 그래서 알 수 없는 글은 양웅을 기다려 알아보라는 속담 같은 말이 전해지고 있었다. 추사의 안목으로도 손댈 수 없었으니, 다산의 학문 경지는 알 만했다. 매천 황현의 『매천야록』에 나오는 이야기다.

추사와 동갑이며 시인으로 큰 명성이 있던 동번 이만용은 홍현주 등과 어울리면서 만년의 다산을 자주 찾아뵈며 시를 짓고 도(道)를 들었던 제자 같은 처지였다. 다산이 운명하기 며칠 전에도 방문했을 정도로 가깝던 사이였는데, 다산의 부음을 듣고 12수의 만시와 제문 1편을 지어 다산의 일생을 평가하고 찬양한 유일한 사람이었다. 다산과 그 많은 사람들이 교유했지만 현재까지 발견된 만시와 제문은 오직 이만용의 작품만 알려져 있다. 그의 문집 『동번집(東樊集)』에 있다. 이만용의 연작시 12수는 만년의 다산을 스승처럼 모시고 다산 학문을 넘겨다보았던 자신의 지식으로 다산의 일생을 차례대로 기술하여 학문적 업적을 찬양한 내용이 주를 이룬다.

천상 세계 백발 노인 정씨 신선　　　　　　瑤都皓髮姓丁仙

인간 세계 내려온 지 칠십 년	一下人間七十年
귀양살이 햇수 마치고 봄 이월 돌아갈 제	謫限滿歸春二月
옛 창 앞엔 복숭아꽃 활짝 피었네	碧桃花發故窓前

정조 대왕 때의 일 어떻게 다 말하랴	正宗時事說如何
한림에서 시작된 벼슬살이 노파의 일장춘몽	翰苑功名一夢娑
옛날 임금이 내린 비단 관복 이미 먼지 끼었고	宮錦舊袍塵已浣
조각배에 어부들과 섞여 늙어 버렸네	扁舟終老混漁簑

모든 경서의 참뜻과 제자백가의 향기로움	九經眞色百家香
먼 시골의 초목에까지 두루 입혀 꽃다워졌네	遍被東江草樹芳
화려한 문장 치밀한 자학(字學) 양웅의 집인 듯	奇字烟雲楊子宅
『시경』의 주석 정현처럼 높은 경지였네	古箋風雅鄭公鄕

『목민심서』 한 질에는 백성 사랑 보였고	一部心書見牧民
공수·황패 어진 정치 곡산에는 봄바람	龔黃惠化永豐春
조그마한 송덕비 아직도 남았다니	去思一片碑猶在
천추에 눈물 뿌릴 사람 숫자로 헤아리랴	何限千秋墮淚人

남쪽 변두리에 이십 년 귀양 사느라	卄載南荒泣玦餘
갈 때야 검은 머리 올 때는 백발이었네	去時靑鬢白紛如
궁해도 학문 좋아해 올바르게 천명 알아서	窮猶好學眞知命
선유(先儒)들 마치지 못한 책 모두 저술하였네	撰盡先儒未了書

칠순 부부 해로하여 자손이 가득하니 　　七旬偕老列兒孫
남이야 명문 집안 수와 복 갖췄다 하나 　　人謂名家壽福存
회혼례에 쓰려던 술 영위에 올리니 　　　卺釀持爲靈几奠
생사의 이별이 신혼 날에 있었네 　　　　死生離別在新婚

우리네 후생이야 글줄이나 더듬어 볼 뿐 　後生摸索只文章
인품과 풍류야 어찌 감히 따라가랴 　　　神采風流詎可方
황량한 촌락의 연기 자욱한 마을 　　　　恰似荒煙墟落裏
화려하게 우뚝 서 있는 옛날 영광전이었네 　歸然丹臒古靈光

오두막 집엔 먼 백 년 뒤를 생각하여 　　柴門迥有百年心
회나무 삼나무 손수 심어 손때 짙은데 　　老檜蒼杉手澤深
나무들이야 주인 떠난 줄 알지 못하고 　　樹木不知人已去
빈 뜰에 예전 그늘을 그대로 드리웠네 　　空庭不改舊時陰

　　　　　　　　　　　　　　「만정다산선생」

　　당나라의 이백(李白)을 '적선(謫仙)', 즉 귀양 온 신선이라 불렀기
에 다산을 이백에 비겨 귀양살이 연한 채우고 하늘로 갔다면서 죽음
을 슬퍼했고, 한림학사 벼슬에 정조의 큰 신임 얻었지만 관복이야 먼
지 끼어 일장춘몽이었던 대신 온갖 경서, 제자백가 모두 연구하여 후
학들에게 학문을 가르쳤으며 한나라 양웅이나 정현처럼 당대의 스
승이 되었다고 찬사를 바쳤다. 『목민심서』의 내용대로 영풍(永豊, 곡산
의 옛 이름)을 제대로 다스려 송덕비를 세웠는데, 옛날 사또가 그리워

비 앞에서 눈물을 흘리는 백성들이 많다 하여 그의 치적을 높이 평가했다. 20년 귀양살이에도 불평불만 모두 없애고 오로지 천명을 제대로 알아 본격적으로 학문 연구에 몰두하여 옛날 학자들이 못다 이룬 학문을 새로 일구어 냈다고 했다. 글을 읽고 책을 쓰던 틈틈이 집 안 곳곳에 많은 나무를 손수 심어 후손들의 백 년 뒤를 생각했는데, 주인은 이미 가 버렸으나 손때 묻은 나무들은 그것도 모르고 예전처럼 아무도 없는 뜨락에 그늘만 드리우고 있다니, 이렇게 멋지고도 슬픈 시가 어디에 있겠는가. 이만용은 대단한 시인이다. 여덟 수만 읽어 보았다. 함께 술을 마시고 시를 짓고 글을 읽었던 스승을 애도하는 만시로도 좋지만 그의 업적도 그런대로 묘사하여 좋은 시를 남겨 주었다.

이만용은 또한 「제정승지문(祭丁承旨文)」이라는 제목의 제문에서 다산의 서거에 대한 한없는 슬픔을 표현했다. "사람 중에서는 용이나 범 같은 분이었고, 도(道)에 있어서는 기린이나 거북 같은 분이었네. 제자백가로서도 가장 뛰어났고 사서육경에는 스승이었네."라고 인품과 학문을 찬양하고, "공이 사면되어 해배 뒤에는 온갖 공격에도 손상을 입은 것이 없고, 닦은 거울처럼 투명하여 의혹을 숨긴 것이 없어, 사론(邪論, 천주교인이라는 누명)은 저절로 말끔히 사라지게 되고, 원수들은 끝내 다시 쇠퇴해졌네."라고 말하며 천주교인이라는 오해를 불식시켜 주었다. 그러나 시대를 잘못 만나 능력과 학식을 세상에 펼치지 못한 불행을 탄식하고, "우리 유도(儒道)가 멀어지며, 세운(世運)은 침체되고, 선인(善人)이 떠나매 강산이 비어 버렸네. 통곡하며 방황하노니, 이는 평소에 아껴 주셨던 사정(私情) 때문이리오. 오호, 애재로다!"라고 비통한 슬픔을 여과 없이 토로했다. 다산을 스승으로 모시며 존경했기 때문에 자신을 '소자(小子)'라고 표현했으니 원로 스승에게 바치는 애도사와 같은 내용이었다. 친히 모셨던 제자가 쓴 글로는 현재까지 유일하게 남아 있는 글이어서 가치가 높다.

노사 기정진은 조선 후기 호남 최고의 성리학자이자 조선 성리학 6대가(六大家) 중의 한 사람이다. 전라도 장성(長城)에서 활동하여 호남은 물론 영남의 많은 학자들이 제자로 들어와 영호남에 거대한 노사학단(蘆沙學団)을 이룬 당대의 큰 학자였다. 산림(山林)으로 천거되어 호조 참판이라는 고관에 이르고 뒤에 문간(文簡)이라는 시호까지 내려 큰 명성을 얻었다. 기정진은 1798년생으로 다산보다 36세나 어려 다산을 직접 만난 적은 없다. 그러나 강진에서 유배 살던 다산의 저서는 필사되어 호남에는 더러 전파된 지역이 있었다. 철종 말년 전국에서 민란이 일어나자 나라에서 민란 방지 및 삼정 문란의 해결을 위해 상소를 올리라는 명령이 내려졌다. 그때가 1862년으로 철종 말엽이었다. 기정진은 삼정 문란과 민란 수습을 위한 상소로 올린 「임술의책(壬戌擬策)」(『노사집』)이라는 글에서, 자기는 옛날 임금의 신하였던 정약용의 『목민심서』를 읽어 보았는데 삼정 문란의 해결책이 모두 그 책 속에 들어 있다고 말하고, 임금은 하루 빨리 그 책을 구하여 읽어 보고 조정에서 그대로 시행하도록 조치하라고 건의했다. "백성들을 괴롭히고 병들게 하는 이유와 나라를 좀먹게 하는 실제 내용이 그 책 안에 있다."라고 하였다. 물론 상소문은 임금에게 전달되지 못했지만, 기정진 같은 대학자가 『목민심서』의 가치를 그처럼 정확하게 이해했던 점은 매우 큰 의미가 있는 일이었다. 다산에 대한 이해가 그만큼 넓게 퍼졌을 것은 당연했기 때문이다.

　매천 황현은 나라가 망함에 이르러 순국한 애국지사이자 당대의 대표적인 시인이었다. 그는 역사가로서 『매천야록』이라는 귀중한 역사책을 저술하여 조선 왕조 말기의 역사를 알게 해 준 큰 공이 있다. 그 책에서 황현은 다산에 대해 다산 자신의 「자찬묘지명」이나 『사암선생연보』 등에도 없는 중요한 내용을 기록하여 좋은 자료로 남겨 주었다.

　"유배지에서 일이 없자 고금의 일을 연구하며 특히 민생(民生)과 국계(國計)에 유의하여 탐구해서 책을 저술했는데, 근원까지 파헤치고 지엽까지 다 살펴서 요컨대 '유용지학(有用之學)'을 이루었다. 그 책 모두는 후세에 본받을 만한 것이었다."라고 말하고, 일표이서가 바로 그런 책이라고 했다. 그러면서 "우리 조선이라는 나라에서는 다산 이전에나 이후에도 없을 학문이라고 일컬을 만하다."라고 그의 학문적 업적을 높이 평가했다. 또한 앞에서 신유옥사의 재판 과정을 다루며 이미 언급했던 부분이지만 너무 좋은 자료여서 다시 말한다. 황현은 다산이 천주교 문제로 감옥에 갇혀 형 정약종에 대한 심문을 받으면서 참으로 말하기 어려운 처지에 아주 지혜롭게 잘 대응했던 점을 높이 칭찬했다. "임금을 속일 수 있겠습니까?" "임금은 속일 수 없습니다." "형을 증언할 수 있겠습니까?" "형은 증언할 수 없습니다."라는 다산의 답변에 대해 "세상에서는 공적인 의리와 사적인 인륜 양면의 도리를 다했다."라고 평가했다고 기록하였다.

　황현은 다산의 인품과 넓은 도량에 대해서도 중요한 자료를 제공했다. "조선의 사대부들은 당파가 나눠진 뒤로는 비록 통재(通才)·

대유(大儒)라 일컬어지더라도 대부분 문호(門戶)에 얽매이고 집착하여 의논이나 학설이 편파적이기 마련이었다. 그러나 다산은 마음을 평탄하고 넓게 쓰는 데 중점을 두어 오직 옳은 것을 좇아 배우기에 힘쓸 뿐, 선배들에 대해서 전혀 주관적 감정을 드러내지 않았다. 이런 이유로 남인들에게 경시당했다." 정말로 황현의 기록은 큰 가치가 있다. 젊은 시절 퇴계 이황과 율곡 이이의 학설에 대하여 정조 대왕이 물었을 때, 모든 남인들은 퇴계의 학설이 옳다고 주장하고, 모든 노론들은 율곡의 학설이 옳다고 주장했으나 다산은 남인이면서도 율곡의 학설이 옳다고 답변했던 점을 상기하면 황현의 주장이 얼마나 정확한가를 이해할 수 있다. 해배 뒤 고향에 돌아와 자신의 학문에 대한 평가를 받으려고 많은 학자들과 교유할 때에도, 대체로 노론이나 소론 쪽 학자들과의 교유가 더 많았던 것을 보면 남인들에게서 경시당했다는 주장도 사실에 가까운 말이라고 여겨진다.

『매천야록』에는 다산의 저서가 수용된 정황에 대한 기록도 있다. "다산이 저술한 책들은 하나도 간행된 것이 없고 개별적으로 서로 베껴 써서 책에 따라 각기 흘러 다니고 있다. 『흠흠신서』·『목민심서』의 경우 더욱 지방 행정과 형사 소송에 절실한 내용이기 때문에 비록 당론이 다른 가문의 사람이라도 보배로 간직하지 않은 사람이 없었다." 당론의 여하를 떠나 목민관들의 필독서로 자리 잡았던 '흠목(欽牧)' 두 책의 효용성을 설명해 주었다. 망국 이전에 쓰인 다산에 대한 언급으로는 황현에 이르러 가장 정확하고 바르게 다산의 업적이나 인품에 대한 기록을 남겼던 것으로 보인다.

또 『매천야록』은 갑신정변 직후인 1885~1886년(고종 22~23년) 무렵 국가 개혁에 대한 국민적 요구가 강해질 때에, 고종이 다산 후손들에게 연락해 다산의 저술인 『여유당집(與猶堂集)』을 바치라는 하명을 했다고 기록했다. 명에 따라 후손들이 『여유당집』 한 질을 필서하여 궁궐로 보냈는데, 고종이 살펴보고는 다산 같은 신하가 동시대에 살고 있지 못함을 매우 안타깝게 여겼다는 내용을 전하고 있다. 이때부터 다산의 나라 건질 계책들이 국가적으로 관심을 받기에 이르렀음을 알게 해 준다. 위의 사실에서 역적 죄인이던 다산의 죄적(罪籍)은 의미가 없게 되었으며, 또한 1910년 나라가 망하기 직전 순종 황제는 다산을 규장각 제학(정2품)으로 증직하고 문도(文度)라는 시호를 내려 조선 왕조가 버렸다는 다산을 조선 왕조에서 복권해 주는 은전을 베풀기에 이르렀다.

일본인 아사미 린다로는 1922년 다산의 『경세유표』를 연구하여 『조선법제사고(朝鮮法制史稿)』라는 저서를 썼다. 이 저서로 그는 동경 제국 대학교 법학부 교수 회의에서 법학 박사 학위를 수여받았다. 아마 다산의 학문을 외국인이 연구한 것으로는 최초의 저서로 여겨진다. 그는 "조선의 법제를 생각함에 있어 정약용의 책이 가장 완전한 것이라 하겠다."라면서 『경세유표』가 법제에 대한 연구서라고 평가했다. "육전(六典) 폐해의 비판 및 개혁으로 『주례(周禮)』로 돌아가기를 주장한 것은 복고적인 정신이라 하겠으나, 당시의 현상을 서술한 것으로는 조선인의 저작 가운데 보다 나은 것은 없다."라고 주장했다. 그러면서 "국가의 쇠망에 당하여 왕왕 한두 명의 비상한 선비가 나온다."라면서 다산이 바로 그런 사람이라고 했다. 조선 왕조의 부패상과 세상의 타락을 가혹하게 비판했던 이유로 "정약용의 탄생은 조선이라는 나라로서는 행운이었지만, 왕국(王朝)으로서는 불행한 일이었다.”라고 평가하기도 했다. 의미심장한 평가가 아닐 수 없다.

1921년에 세상을 떠난 위암 장지연은 큰 언론인이자 저술가였다. 1905년 을사늑약이 강제로 체결되자 《황성신문》에 「시일야방성대곡(是日也放聲大哭)」이라는 명사설을 실어 모든 국민들이 울음을 쏟게 했던 언론인이었다. 1900년 37세 때 장지연은 현채(玄采) 등과 광문사(廣文社)라는 출판사를 창설하여 맨 먼저 다산의 『목민심서』와 『흠흠신서』를 간행했다. 다산의 저서가 최초로 간행되었으니 장지연의 노력의 결실이었다. 1903년 장지연은 다산의 『아방강역고』를 증보(增補)하여 『대한강역고』(大韓疆域考)를 출간하였다. 20세기 초에 다산의 저서가 간행되어 세상에 나왔음은 대단한 일이었다. 장지연은 『대한강역고』의 서문에서 다산의 지리학에 큰 찬사를 올렸다. “『아방강역고』라는 한 권의 책은 고증한 자료가 정밀하고 넓었으며, 수집한 자료도 자세하고 제대로 갖춰졌다. 국내외의 역사를 참고하고 모든 학자들의 학설을 두루 절충하였다. 때문에 과거에서 현재까지 수천 년 동안 의심스럽거나 뒤섞여 있던 혼란스러움이 다산 선생에 이르러 사실대로 크게 분별되었으니 참으로 지리지(地理志)의 집성(集成)이요, 빠트렸던 조선의 역사를 보완해 낸 책이다.”라고 평가하였다. 그러면서 다산 사후에 찾아낸 황초령비, 정계비(定界碑) 등을 참고로 자신이 더 보완해서 책으로 간행한다고 하였다. 그만하면 다산의 지리학에 대한 평가를 제대로 해 준 셈이었다.

장지연의 다산학에 대한 평가는 거기서 끝나지 않았다. 1910년 나라가 망하자 장지연은 많은 저술을 남기는데, 그 대표적인 저서가

『조선유교연원(朝鮮儒教淵源)』이라는 3권의 책이다. 이 책에서 장지연은 다산의 유학사적 업적을 제대로 평가했다. 인조 때의 반계 유형원을 유학자로서 경제학(經濟學)을 겸한 학자로 분류하여 유학의 새로운 학파라고 하고, 유형원 이후 유학과 경제학을 겸한 학자가 바로 정약용이라고 말했다. 다산의 일생을 비교적 자세하게 기술했으며, 그의 학문에 대해서 상세하게 논했다. "다산은 박식하여 고금(古今)을 통했는데 본뜻은 백성과 나라를 건지는 데 있었다. 대체로 모든 명물(名物)·도수(度數)·백가(百家)의 기예(技藝)에 정통하지 않은 것이 없었다. 문장과 경학에도 세상의 일반 사람보다 뛰어났으니 참으로 세상에 없는 재주요 옛날 이래로 보기 드문 대학자였다. 그러나 세상을 잘못 만나 불운하게 곤액을 당하여 십수 년이나 유배살이를 했다. 저술한 책이 참으로 많은데 『여유당집』, 『강역고』, 『목민심서』, 『흠흠신서』, 『아언각비』, 『물명고(物名攷)』, 『의학요감(醫學要鑑)』 등 수백 권이 있다. 모두 나라를 경영하고 백성을 구제하는 방책이며 지언요도(至言要道, 지극한 말과 중요한 도리)가 담겨 있는 책이다."라고 표현했다. 요즘 흔히 '실학파'로 알려진 유형원, 정약용 등을 유학자에 경제학을 겸한 학자로 분류한 것은 매우 선구적인 견해였다.

1936년은 다산 서세 100주년이 되는 해였다. 1934년부터 100주년 기념을 위해 다산의 모든 저서를 간행해야 한다는 논의가 전개되면서 다산학 연구의 새로운 계기를 맞게 되었다. 《조선일보》의 안재홍(安在鴻)·《동아일보》의 정인보 두 학자에 의해 문집 간행의 발의가 나오면서 두 신문은 다산의 학문과 인간에 대해 대대적으로 홍보하기 시작했다. 때로는 사설(社說)로, 때로는 기사로 많은 글이 실렸다.

이를 기회로 해서 마침내 1938년 신조선사라는 출판사에서 76책의 거대한 『여유당전서』가 출간되었다. 민족적 과업의 하나가 이룩된 셈이었다. 정말로 많은 학자들이 신문과 잡지에 다산학을 소개하는 글을 계속 발표하였다. 특히 위당 정인보가 쓴 일련의 글과 논문은 방대한 다산의 저서를 간략하게 정리하여 소개했을 뿐만 아니라 다산학의 개요를 제대로 설명하는 큰 업적을 남겨 뒷날 다산 연구의 길잡이가 되었다. 전서가 간행된 직후인 1939년 1월에 탈고한 정인보의 「여유당전서총서(與猶堂全書總叙)」라는 글은 순한문으로 된 장문의 글인데, 다산학의 학술사적인 위상과 가치를 충분히 설명하고, 실학의 학풍으로 당대의 학문을 변천시켜 "나라를 통째로 개혁해야 한다.(新我之舊邦)"라는 목표로 학문이 완성되었노라고 설명했다. 전서 간행 무렵에 정인보가 발표한 글들은 대부분 1955년에 출간한 『담원국학산고』라는 책의 「다산 선생의 생애와 업적」이라는 글에 모두 게재되어 있는데, 다산학의 대체적인 내용을 요약하여 제대로 평가한 고전적인 글이 되었다. 1934년 9월 《동아일보》에 몇 차례 연재했던 글인데 다산을 조선 유일의 정법가(政法家), 즉 정치·경제·법학자라고 평하고 그의 수많은 경학 연구서의 내용을 '민중적 경학'이라고 명명하여, 다산의 학문은 경학이자 정법이고, 정법이자 경학이라고 했다. 다산의 학문은 백성과 나라에 실익을 제공할 학문으로 실구(實究)·실해(實解)한 공부였다고 했다. 그러면서 다산학의 학술사적 의의도 밝혔다. "선생 한 사람에 대한 고구(考究) ── 곧 조선 역사의 연구요, 조선 근세 사상의 연구요, 조선 심혼(心魂)의 밝아짐과 어두워짐, 전 조선 성쇠(盛衰) 존멸(存滅)에 대한 연구다."라고 결론을 맺었다. 다산의 저서를 통해 조선이라는 온 나라의 역사, 사상, 심혼, 그리고 성쇠 존망에 대한 연구가 가능하다는 뜻이었다. 『여유당전서』의 출간에 교정(校正)을 맡아 다산의 모든 저서를 통독했던 정인보야말로 다산의 학문 수준이 어느 정도이고 그의 학술사적 의의가 어떤 것인가를 제대로 알았던 대단한 학자였다. 정인보가 그 무렵 당대의 최고 한학자였음은 모두가 인정하는 일이다.

6·25 이전에 다산의 학문을 조명한 학자로는 현상윤이 있다. 1948년 출간한 『조선유학사(朝鮮儒學史)』에서 현상윤은 '경제학파(經濟學派)'라는 장(章)을 두어 경제학파는 실학파라고도 부른다면서 유형원, 이익, 안정복, 신경준, 정약용 등의 학문과 사상을 소개하였다. "다산의 지식은 고금을 통하고 마음은 백성과 나라에 두어, 모든 문물 제도와 백가 기예에 정통하지 않은 것이 없고, 문장과 경학이 일반인의 등급에서 높게 뛰어나니, 참으로 세상에 없는 큰 재주요 옛날 이래로 드물게 보는 석유(碩儒)였다."라고 평했다. "일표이서 이외에 지리서·의학서 등도 모두 긴절한 저술인데, 어느 것이나 심원(深遠)한 연찬(研鑽)과 해박한 고증을 보이지 않은 것이 없고, 또 어느 것이나 우국애민(憂國愛民)의 고충과 경제의 안목에서 탁월한 일가견을 가지고 말하지 않은 것이 없다."라고 설명했다. 그러면서 부패한 나라의 개혁 없이는 반드시 나라가 망할 것이라는 엄중한 경고를 내린 점도 높이 평가하여 개혁가인 다산의 면모를 비교적 정확하게 설명하였다.

6·25 이후 1955년 북한에서 최익한에 의해서 『실학파와 정다산』이라는 단행본이 최초로 간행되었다. 사실 이 책은 본디 1939년 『여유당전서』 간행 무렵 《동아일보》에 35회에 걸쳐 연재했던 최익한의 「여유당전서를 독(讀)함」이라는 글을 보완해서 새로 출간한 책이다. 다산 서세 100주년 무렵, 국내에서 논의된 모든 학설과 글들을 종합하여 본격적으로 다산학에 대해 쓴 연구서가 바로 최익한의 책이었다. 2011년 10월 이 책은 같은 이름으로 국내에서 다시 간행되었다.

최익한은 젊은 시절 큰 스승 면우 곽종석(郭鍾錫, 1846~1919년) 아래에서 전통적인 유학을 공부하여 한문에 능숙한 학자였다. 또 일본어로 번역된 서양의 사회 과학 서적을 광범위하게 탐독하여 서양 학문에도 많은 지식을 지녔다. 그런 결과 다산에 대한 연구도 매우 광범위한 영역에 이르렀다.

최익한은 먼저 실학의 개념과 내용을 간략하게 풀이했다. 우선 실학이 될 수 있는 조건으로 "사상과 학설이 그 시대의 역사 발전과 인민의 이익에 기여하는가"를 들었다. 그래서 "조선에서 실학의 개념은 단순히 실행이나 실증학이라기보다는 민생과 사회에 실리와 실용성이 있는 학문, 즉 경세학을 주로 의미한다."라고 규정하였다. 실학자들은 일반 유학자들과 달리 송유(宋儒)의 성리학과 경전 해설을 비판하며 그의 우상적 권위를 부인하고, 자기들의 의문과 창견을 제시한다는 점, 천문학·수학 등 서양 근세 과학을 섭취하고 정치, 경제와 민생의 실지 문제를 연구하여 현행 제도의 개선을 주장한다는 점, 자기 조국의 역사·지리·언어·풍속·문화 등을 고찰 및 기술하기에 노력하였다는 점을 들면서 그 대표적 학자가 다산이라고 했다.

다산 연구에 관계되는 서학 문제에 대해도 최익한은 매우 정확한 판단으로 명쾌한 결론을 내렸다. 서학에 대하여 최익한은 서학 학파(學派)와 서학 교파(敎派)를 명백히 구분하여 그들 사이의 정치적 견해가 달랐음을 지적하였다. 서학 교파들은 자기 조국을 서양화하려 했던 반면에, 서학 학파는 서학을 동양화하려고 했다는 것이다. 최익한에 따르면 이가환, 정약용 등은 서학 학파로 그들의 정치적 논조는 항상 자주적인 견지를 고수하고 사대주의 혹은 의외주의(依外主義)를 타매했다. 반면에 정약종, 황사영 등은 서학 교파로서 서향주의(西向主義)와 의외주의로 빠져 조국이나 조상까지 부인하고 천주만을 최상으로 여기게 되었다. 그래서 자주적 애국 사상을 견지한 다산의 사상은 뒷날의 개화 운동과 계몽 사상에 우수한 영향을 주었다고 했다. 최익한은 다산이 "항상 신학(新學)·신정(新政)을 실시하여 부패한 사회와 빈약한 조국을 이상(理想)의 나라로 개조하려는 염원이 간절했다. 그의 '일표이서'는 그런 뜻이 담긴 일부의 표현이다."라고 말하여 다산의 애국주의적 입장을 잘 파악하였다.

또한 최익한은 다산의 정치 사상이 균민주의, 문벌·계급·지방 차별제의 타파, 민권주의 사상 등을 주창한 혁명적 민주 사상이라고 해석했다. 다산의 경제 사상은 중농주의로서 당시 가장 큰 농민 문제였던 환곡의 폐지, 지세의 지주 부담, 공전균세(公田均稅)를 제시하였고, 나아가 농민 문제의 최종적 해결 방안으로 여전제를 구상하여 토지 국유에 의한 민주주의적 토지 분배를 지향했다고 하였다. 다산에 대한 종합적인 평가로는 우리 민족의 문화적, 사상적 역사를 이해하기 위해서는 그의 사상이나 학설을 과학적으로 연구하는 것이 중요한 학문적 사업이라고 했다. 다산은 고난의 생활과 여러 방면에 걸친 학설을 통해 그 사회의 물질적, 정신적 모순과 인민의 동향 및 역사 발전의 방향을 풍부하게 반영했다는 높은 평가를 내렸다.

그러면서 최익한은『경세유표』라는 다산의 법제 개혁의 대표적 저서에는 공개된 책과 비합법적 저서가 따로 있다고 하며 비본『경세유표』가 농민 혁명 지도자들에게 전달되어 그들의 혁명 사상의 기초가 되었다는 주장을 폈다. 그러나 이 비본『경세유표』는 현재 전해지지 않아서 확인할 수 없다. 물적 증거가 없는데도 이러한 주장을 하는 것은 실학파, 특히 다산 사상의 혁명성을 강조하기 위한 것이 아닌가라는 비판을 받았다. 한편 최익한은 다산의 한계도 분명히 지적하였다. 다산의 사상은 시대를 선도하는 사상임에도 객관적으로는 사회의 낙후성과 역사적 제약성 때문에 그리고 주관적으로는 사상적 미숙성과 계급적 제한성 때문에 다가올 부르주아 사회를 사상화하지 못한 것이 한계라는 것이었다.

실학사상 및 다산의 사상을 최초로 유물론적 입장에서 체계적으로 정리한 이유로 북한에서 최익한의 연구 결과는 바로 공식적인 견해로 인정되어『조선통사』등에 수용되기까지 했다고 한다. 그러나 1969년 이후 북한에서 실학에 대한 새로운 연구가 나오면서 최익한의 주장은 전반적으로 비판을 받기에 이르렀다고 한다. 2011년 한국에서 간행한『실학파와 정다산』의 편찬자 송찬섭의 해설에서 그런 내용을 찾을 수 있다. 송찬섭에 의하면, 1971년 간행된 북한의『력사

사전』에서는 실학사상이 본질적으로 중소 토지 소유자 계층에 속하는 진보적 양반들이 낡고 반동적인 양반들을 반대하는 사상이라고 보고, 따라서 실학자들은 계급적·시대적 제한성 때문에 낡은 유교 사상에서 벗어날 수 없었다는 평가를 내렸다는 것이다. 그러나 다산의 실학사상을 그렇게 한정하는 것 또한 타당하다고 보기 어렵다. 시대적 한계 속에서도 농민 및 수탈당하던 사회적 약자들에 대해 다산이 가졌던 뜨거운 관심과 애정을 양반들의 봉건 체제 유지에만 한정하는 것은 받아들이기 어렵다. 다산이 열렬한 개혁론자이고 애국적 사상가임을 인정하고 있으면서 봉건 체제 유지를 위한 사상가로 규정한 것은 혁명성만 강조하고 높이 평가하는 북한 체제 안의 주장임이 분명하다.

송찬섭에 의하면, 위와 같은 주장은 1974년 북한에서 출간한 실학에 대한 개설서 격인 『실학파의 철학 사상과 사회 정치적 견해』라는 책에서 종합적으로 정리되어 실학사상에 대한 한계성을 밝히는 근거로 쓰였다고 한다. 일면 타당한 부분도 있지만, 새로운 나라와 새로운 사회를 꿈꾸었으며, 혁명적인 사상가는 아닐지라도 개혁적인 사상가임이 분명한 다산에 대한 평가는 더 검토되어야 하리라 믿는다. 북한의 과도한 '주체사상' 옹호 때문에 선진적인 실학사상에 대해 다소 낮은 평가를 내리지 않았는가 하는 생각도 든다. 특히 최익한의 저서에서 다산학의 긍정적인 부분을 유감없이 평가한 내용들은 그의 학문적 업적으로 높이 평가해야 한다는 생각이다. 『실학파와 정다산』은 유물론적 입장이라는 점과, 불확실한 증거 자료로 비본 『경세유표』가 농민 혁명의 이념서 역할을 했다는 주장에 관해 비판을 받는 것 이외에는 매우 훌륭한 노작임을 인정해야 한다.

1959년에 홍이섭에 의해서 저술된 『다산 정약용의 정치 경제 사상』은 한국에서 나온 최초의 다산 연구 단행본이다. 다산의 정치·경제 사상에 대해 착실하게 연구한 저서로, 부패한 나라를 개혁하고 빈한한 농민들의 안정된 삶을 마련하기 위한 다산의 열성에 많은 찬사를 바쳤다. 1966년 이을호에 의해서 출간된 『다산 경학 사상 연구』는 경학 분야 최초의 단행본으로 다산 학문의 핵심이 "수사학적(洙泗學的) 수기치인(修己治人)의 학문"이라는 가설을 바탕으로 해서 다산의 경학을 설명한 책이다. 이 분야에서 선구적 역할을 했다는 점에서 평가받을 수 있는 저서다.

○○ 다산 탄생 200주년 기념 논문집

1762년에 태어난 다산 정약용은 1962년에 탄생 200주년을 맞았다. 한국에서는 이렇다 할 관심도 기울이지 않고 그냥 그해가 지나고 말았는데 북한에서는 매우 큰 학문적 업적이 나왔다. 탄생 200주년을 기념하는 기념 논문집을 간행한 것이다. 『다산 정약용 탄생 200주년 기념 논문집』(조선민주주의인민공화국 과학원 철학연구소)이라는 제목의 책이다. 사회주의 국가인 북한의 연구 논문이기 때문에 유물론적 견해에 입각하여 다산 사상을 해석하려는 뜻이 강해 다소 견강부회의 논리가 많은 것은 사실이지만, 8개 분야로 나누어 매우 착실하고 정밀하게 연구한 결과임은 인정할 만하다. 다산의 저술에서 사상과 철학을 추출하였기에 사실적이고 자료 위주의 논문이 많은 다산 연구에 없어서는 안 될 귀중한 연구서다. 1969년 실학파와 그들이 주장한 모든 견해를 주체적 입장에서 바르게 평가하라는 김일성의 교시가 나오기 이전의 연구서이기 때문에, 그 뒤에 이 연구 논문집에 대한 평가나 비판이 어떻게 되었는가를 알 수 없음이 아쉽다. 물론 1974년 간행된 『실학파의 철학 사상과 사회 정치적 견해』에서 어떤 평가가 나왔는지 뒤에 확인할 일이다.

「다산 정약용의 생애와 활동」이라는 논문은 역사학자 김석형의 논문이다. "우리나라 역사에서 가장 걸출한 인물의 생애에서 볼 수 있는 중요한 계기들이 당시의 역사와 관련되지 않을 수 없다."라고 전제하고, "위대한 천재였던 다산도 우리 역사의 슬기로운 전통과 가중해진 봉건적 억압, 착취를 반대하여 싸우던 당시의 우리 인민이 낳은 역사적 인물이었다."라고 글을 시작했다. 김석형은 당시 학자들에게 큰 관심이 집중되던 서학과 서교를 분명하게 구별하여 다산은 서교에서 벗어나 서학에 큰 영향을 받아 깊이 연구하였다고 설명했다. 특히 다산은 서교를 엄격하게 배격했다고 말했다. 다산은 성호 학파에 속하고, 성호 학파보다 더 적극적이며 자주적이고 선진적인 북학파와도 일정하게 접촉하여 북학주의에도 적극 찬성했다고 말했다. 그러면서 다산이 살던 시기에는 "아직 자본주의적 요소의 발전을 찾아볼 수 없었다."라고 전제하고, 때문에 다산의 사상이나 철학에는 많은 한계와 제한성이 있다고 했다. 그럼에도 "다산은 이 모든 계급적 및 역사적 제한을 뚫고 앞서 나가려고 악전고투하였으며, 그렇게 함으로써 당시에 착취받던 농민의 이익을 대변하면서 위대한 인물만이 도달할 수 있는 가장 높은 사상과 지식의 봉우리에 올라 설 수 있었다.”라고 결론을 내렸다.

다산은 자신의 자서전 「자찬묘지명」에서 모든 저작물을 열거하여 도합 499권이라 하였고, 후손들이 기록한 「열수전서총목록(洌水全書總目錄)」에는 542권이라 했으니, 환갑 이후 세상을 떠날 때까지 계속하여 저술 작업을 놓지 않았다고 김석형은 주장했다. 그리고 1938년 간행한 『여유당전서』에는 총 153권으로 되어 있으니, 그 사이에 다산 저서의 많은 일실이 있었으리라는 추측을 하기도 했다. 그러나 지금으로 보면 그렇게 많은 일실이 있었다고는 여겨지지 않는다.

김석형은 분명한 몇 가지 사실을 확인하였다. 다산은 자신의 주장대로 1791년 신해년의 진산 사건 이후로 분명하게 천주교와는 단절했다는 것이다. 그것은 결코 천주교에 대한 거듭되는 탄압만이 아니라, 그의 영특한 자질과 실학 본래의 사명, 그 특성이 그로 하여금 천주교를 신봉하여 종교적이고 관념적인 조류에 오랫동안 머물러 있게 하지 않았다고 하였다. 다산은 주문모 신부의 입국이나 「황사영백서」 사건과는 애초에 무관하였고, 친형 정약종과도 거리가 멀어져 천주교로 감옥에 가고 처벌받을 이유가 없었지만, 반대파들의 음모와 중상, 당파 싸움이라는 고약한 현상 때문에 그런 고초를 당했다고 하였다. “그러나 유배 생활 18년은 다산 개인의 사상 발전에 있어서는 헛되지 않았다. 왕정의 악당들과 부패 타락한 관리들을 증오하며 인민들을 동정하던 그의 양식(良識)과 양심(良心)은 ‘불행’한 처지에서 고귀한 결실을 보게 되었다. …… 다산이 봉건 제도 자체에 대한 의혹과 농민 해방에 대한 비교적 철저한 이념에 도달하게 된 것도 그가 인민들 속에서 고초를 겪으면서 현실을 체험한 데 있다."라고 말하여 다산 개인의 불행이 우리 민족에게는 불행이 아니라는 견해를 밝혔다. 또한 다산의 논문인 「원목」·「탕론」·「전론」 등에는 민주주의적 사상도 풍부하게 전개되어 있다고 말하고, "다산은 당시 토지 문제, 농민 문제에서 조성되었던 심각한 모순을 깊이 연구하고 선행 실학과 학자들의 견해를 멀리 발전시킨 천재적이며 혁명적인 탁견의 학자였다."라고까지 높은 평가를 내렸다.

정진석은 「다산 정약용의 철학 사상」이라는 논문에서 다산의 실학사상의 네 가지 특징을 들었다. 첫째, 다산은 주자의 성리학을 비판하여 새로운 경학 논리를 세웠다는 점이다. 둘째, 자연 과학에 관한 선대 학자들의 유산을 이어받아 외국으로부터 자연 과학 사상을 도입하여 기술 개혁을 이루고자 했다는 점이다. 셋째, 조국의 현실을 분석 비판하고 정치·경제·과학·문화·군사 등의 대대적인 개혁을 추구한 점이다. 넷째, 사대주의를 배격하고 자아 발견을 통해 문화와 역사의 주체성을 확립하려는 의지가 강했다는 점이다. 이 네 가지는 실학자들의 일반적인 견해이기도 하지만, 다산에게서 유독 강했음을 발견한 점은 의미가 있다고 여겨진다.

김광진의 「다산 정약용의 사회 경제 사상」에서는 '민중력'을 발견한 다산의 학문에 큰 찬사를 보내고 있다. "온 세상에서 가장 천하고 호소할 데도 없는 사람은 백성들이다. 그러나 온 세상에서 높고 무겁기가 산과 같은 사람 또한 백성들이다. …… 그러므로 상부의 권력이 존엄하기야 하지만, 백성들을 떠받들고 투쟁하게 되면 굴복시키지 못할 것이 없다."(『목민심서』 「봉공」 '문보(文報)')라는 부분을 인용하고,

김광진은 다음과 같이 해설했다. "정다산은 바로 인민 대중의 무궁무진한 힘을 확신하고 있었으며, 근로 대중이야말로 사회 발전의 중요한 역량이라는 것을 이해하고 있었다. 그러므로 그의 사상은 인민의 입장에 서 있었으며 인민들의 절박한 생활상 문제 해명에 복종되고 있었다."

김광진은 다산의 만민개로사상(萬民皆勞思想)을 높이 평가하고, 사회 경제 사상의 한 대목을 설명하였다. "인민을 야수적으로 착취할 줄만 알고, 놀고먹는 것을 자기들의 특권처럼 생각하고 있는 당시의 통치배들에 대하여 그는 나라의 경제적 발전의 길을 가로막고 있는 가장 큰 장애물로 단정하고 있었다. 그리하여 그는 한편으로는 선비라는 양반 계급의 죄악과 무위도식(無爲徒食)을 통렬하게 폭로 비판하는 동시에, 다른 한편으로는 그들에게서 토지에 대한 봉건적 지배권을 박탈함으로써 그들의 특권의 경제적 토대를 완전히 깨트려 버리고 그들도 생산 노동에 참가하지 않으면 먹지 못하게 하는 혁신적인 최고의 토지 강령을 여전법에서 관철할 수 있다고 주장하였다."라고 설명하여 다산이 「전론」에서 주장한 여전제의 효용성을 상당히 긍정적으로 평가하였다.

물리학 학사 리용태는 「다산 정약용의 자연 과학 사상」이라는 논문에서 다산의 이용후생(利用厚生)의 이론과 「기예론」에 나타난 기술 개발 이론을 매우 높은 과학 사상으로 여기며, 천문·기상·지리·물리·화학적 및 생물학적(농학·의학 포함) 현상 등의 각양각이한 자연 현상에 대하여 항상 관심을 지니고, 그러한 현상들이 일어나고 변화 발전하는 원인을 과학적으로 규명하려고 노력했던 학자라고 말했다.

그러면서 사주(四柱)·택일(擇日)·태을(太乙)·둔갑(遁甲) 등의 온갖 잡술들의 허망성을 논증한 학자라고도 했다. 미신·비과학적 논리에 절대로 반대한 다산의 입장이 훌륭하였음을 설명해 주었다. 다산의 모든 저작을 검토하여 과학 사상에 대해 종합적으로 해설했던 의미가 큰 논문이다.

신구현은 「다산 정약용의 창작과 문학적 견해」라는 논문을 통해 다산은 "선진적 사상가일 뿐만 아니라 위대한 문학가"였다면서 "우리나라 사회 발전에 가장 심각한 시기인 19세기의 역사적 현실을 진실하게 반영함으로써 우리나라 사실주의 문학의 전통을 풍부히 하였다."라는 평가를 내렸다. 이어 "다산의 창작은 강력한 애국적 정열과 통치배들에 대한 불타는 증오의 사상 감정으로 관통되고 있으며, 압박받고 착취당하는 인민 대중을 사랑하고 동정하며 그들의 자유와 행복을 염원하고 그들의 고상한 품성을 찬미하는 인도주의 정신으로 충만되어 있다."라고 했다. 다산이 장기와 강진에서 그 지방 토속어인 보릿고개, 대감, 아가, 첨지, 하납, 반상, 돈모, 밥모, 높새바람, 마파람 등 인민 구두어들을 그대로 도입함으로써 한시(漢詩)에서 민족적 향기를 그윽하게 했다는 높은 평가를 했다.

신구현은 다산 문학에 대해 색다른 주장을 하나 제기했다. 다산 사상의 정론(正論) 격인 「전론」·「탕론」·「서얼론」·「환자론」·「인재책」·「감사론」 등의 학술 이론을 다산이 시로 형상화해 냈다는 것이었다. 「파지 아전」·「용산 아전」·「해남 아전」 등의 시나, 「하일대주」·「애절양」 등 다산의 대표적인 사회 비판 시를 예로 들어 그는 산문으로는 설명하여 고발하고, 시로는 사상을 형상화했다고 주장했다. 그래서 정약용의 예술성은 작가가 예술적 화폭을 통하여 자기 시대의 요구와 인민의 지향을 전면적으로 심각하게 반영하고 있는 데서, 즉 그 창작의 고상한 예술성은 인민성에서 찾아야 한다고 말했다. 다산의 시 작품 중에서 「애절양」·「엽호행(獵虎行)」·「승발송행(僧抜松行)」 등 세 편의 시는 다산의 시에서는 물론 우리나라 고대·중세 시가들 중에서 가장 우수한 작품이라고 칭송했다. 신구현은 "시성(詩聖) 정약용의 고상한 사상 — 예술성은 바로 그의 선진적 문학관과 실천 투쟁에 의하여 달성되었다."라는 결론을 내리고, 마침내 다산에게 '시성(詩聖)'이라는 호칭을 붙여 주었다.

역사학자 박시형은 「다산 정약용의 역사관」이라는 논문으로 다산의 역사의식, 역사관에 대한 의미 깊은 내용을 소개했다. 박시형은 다산의 논문, 「원목」과 「탕론」을 분석해 그의 선진적 역사관에 대하여 높은 평가를 내렸다. 두 편에서 국가 발생에 관해 주장한 학설은 역사 발전의 사실과는 부합하지 않으나 유럽에서 소위 사회 계약설이 부르주아 혁명의 초기에 주요한 역할을 수행한 선진적 학설이었다는 것을 상기한다면, 다산의 상기 학설이 극도의 부패에 도달한 봉건 사회에 대항하는 반기로서 얼마나 큰 의의를 가지고 있었는가를 용이하게 짐작할 수 있다고 했다. 다산은 고대의 『주례』의 정치 체제에 관심을 보였으며, 『경세유표』에서 『주례』의 이상을 무척 선호했는데, 박시형은 이 점에 대해서도 "다산이 주(周)나라에서 이상 사회의 환상을 보았지만, 백공기예(百工技藝)와 부국강병을 통하여 가려고 했던 길은 결코 복고주의도 아니요, 개량주의도 아니었다. 그것은 진보적인 것이며, 거대한 의의를 가진 것이었다."라고 다산의 본래 의도에 찬사를 보냈다.

박시형은 또 하나의 의미 깊은 주장을 남겼다. 실학자들의 높은 업적을 고찰하면서 반드시 알아야 할 사항 하나를 언급했으니, 다산이 모든 학문 분야, 특히 역사 및 역사 지리 연구 분야에서 남긴 거대한 업적들을 일본 제국주의 '사환군'들이 도용한 사실에 대한 문제였다. 다산을 비롯한 우리나라 실학자들의 빛나는 연구 업적을 일언반구의 겸사도 없이 슬그머니 절도하여 마치 저희들이 새로 발명이나 한 것처럼 거들거린 사실들이 적지 않다고 했다. 고조선, 삼한, 사군, 삼국, 고려, 이조의 전 역사를 통하여 그런 것들이 허다하다고 했다. 이것은 매우 중요한 지적이다. 이제라도 이에 대한 분석 작업이 필요하고, 실학자들의 높은 학문적 업적에 대한 연구가 더 진행되어야 한다는 생각을 하게 된다. "우리의 실학 집대성자 정다산은 위대한 선진적 사상가이며, 또한 탁월한 역사학자였다."라는 그의 결론은 정확한 주장이었다.

1962년 '다산 탄생 200주년 기념 논총'의 많은 논문이 모두 우수한 수준이지만 특히 언어학자 정학모의 「다산 정약용과 조선어 연구」라는 글은 대단한 논문이다. 아직 국내에서 언어학에 대해 이만한 수준의 연구 논문이 나왔는가는 확인하지 못했으나, 이를 능가할 논문이 나오기는 쉽지 않다는 생각이다. 정학모는 언어학사상 다산 언어학의 위치를 다음과 같이 설명했다. "다산은 종래의 낡은 연구 방법의 틀을 깨고 주체적 입장에서 생동한 언어 현실에 반영된 어음 변화들을 예리하게 관찰하고, 어휘에 관한 법칙들을 연구하였다. 한자 어휘들의 특성, 한문과 조선어 사이에 빚어지는 제반 모순들, 관청어, 성구(成句), 외래어 들에 관한 문제들을 처음으로 과학적으로 연구하기 시작하였다. 그리하여 다산은 근세 조선어학의 새 터전을 다졌으며, 그의 업적은 주시경을 비롯한 계몽기의 애국적 언어학자들에 의하여 계승되었다.”

더욱 흥미로운 대목은, 조선에서는 우리나라의 국문을 홀시하여 '언문', '언찰', '언서'라 부르면서 민족 허무주의와 사대주의에 파묻혀 있던 때에, 다산은 '국문(國文)'이라고 일컬으며 소중히 여기고 연구하였다고 지적한 곳이다. 『목민심서』 「예전」 '교민(敎民)' 조항에서 "국문으로 해서(楷書)하다."라거나 "『오륜행실도』를 이미 '국문'으로 번역했다."라고 한 부분을 인용하여 그 용례를 증명하였다. 다산의 언어학에 대한 독특한 입장이 드러난 대목이다. 정학모는 다산의 전 저작인 『여유당전서』를 통독하고, 언어학에 관한 모든 부분을 찾아내 의미 깊게 해설하고 설명하여 다산의 언어학이 얼마나 높은 수준인가를 정확하게 연구해 냈다.

정학모의 논문의 결론은 한 줄도 빼놓을 수 없는 중요한 내용이다. 다산의 언어학은 근대 조선어학 건설의 터전을 이루었다고 전제하고, "다산은 과거에 어느 누구도 상상하지 못하던 문제들을 해결하였는 바 'ㅎ'과 'ㄱ', 'ㄴ'과 'ㄹ', 'ㄷ'과 'ㄹ', 'ㅁ'과 'ㅂ'과 같은 어음의 변화 법칙, 모음 충돌의 기피, 음의 축약, 장단음, 구개음화 문제를 연구하였고, 접속사, 동음이의어, 단어의 다의성, 의미적 쌍생어, 의미의 확대와 축소, 계층과 애칭 및 은어, 단위사 등에 관한 어휘론적 문제들을 연구하였다."라고 말하여, 그의 언어학 영역이 얼마나 넓고 깊었는가를 말해 주었다.

또한 정학모는 다산이 해배 뒤인 1820년에 완성했던 속담 성구집인 『이담속찬』의 의의에 대해서 크게 부각하였다. "다산은 속담을 해당 시대의 인민들의 사상의 반영이며, 그 시대의 사회적 모순을 풍자한 것으로 이해하였다. …… 『이담속찬』은 조선 봉건 시대가 낳은 가장 우수한 속담집으로서 그 속담이 비록 한문으로 번역되어 있다 해도, 당시 조선어 성구로서의 속담을 연구할 수 있는 귀중한 문헌이다."라고 말했다. 결론으로는 "선진적 실학자 정다산의 모든 과학적 성과와 아울러 그 언어학적 견해와 그 자료들은 조선어학을 높은 단계로 끌어올렸으며, 민족 문화의 보물고를 풍부하게 하였다."라고 글을 맺었다. 다산의 조선어학 연구 성과를 먼 뒷날까지 전해 준 귀중한 논문의 하나였다.

『다산 탄생 200주년 기념 논문집』 여덟 번째의 논문은 교육학자 박형성의 「다산 정약용의 교육 사상」이다. 조선 시대의 교육 사상은 그 기본이 인간 발전에 대한 숙명론적 견해를 이론적 기초로 삼았는데, 다산은 이러한 견해가 부당함을 논증하고 인간 발전에서 교육과 교양의 거대한 역할을 강조함으로써 새로운 교육 사상을 이룩하였음을 높이 평가했다. 당시에 보편적으로 인정하던 상품·중품·하품의 성삼품설을 결단코 반대하고, 그런 설이야말로 천고의 큰 장애물이 되니 분별하지 않을 수 없다는 다산의 생각이 매우 진보적인 교육 사상이라고 했다. 인격의 발전이 선천적 기질에 의하여 운명적으로 규정된다고 설명하면서 봉건적인 우민(愚民) 정책을 정당화하며 계급적 대립을 합리화하려던 통치배들의 이론에 다산은 정면으로 맞서, 교육·교양의 여하에 따라 능력의 차이는 있을 수 있으나 인간의 본래 품성은 등급이 하나일 뿐이라고 주장했음은 앞에서도 거론했다. 박형성은 교육 사상에 관한 다산의 언급 중에서도 인간의 발전은 어디까지나 선천적인 자질 또는 성질이 아니라, 후천적인 습관과 그에 의해 획득되는 성격에 의해 이루어진다고 해서 인격 발전에서 환경과 교양의 중요성을 역설했던 것이 특히 선진적이라고 보았다. 박형성의 결론은 이렇다. "다산 정약용은 우리나라 봉건 말기의 진보적인 탁월한 교육 사상가이며, 민주주의적 교육학자로서 활동한 선구자의 한 사람이었다."

이상으로 1962년, 아직 국내에서는 그런 학문 분야에 그런 정도 수준의 논문이 나오지 않았을 때, 북한에서 여덟 개 전문 분야의 학자들이 높은 수준의 논문을 발표하여 다산학에 대한 새로운 지평을 열었던 것을 중요하게 여겨, 그 논문에 대한 개설을 살펴보았다. 국내에서는 1970년대 초반에서 후반에 와서야 다산에 대한 본격적인 연구서들이 나타났다는 것을 염두에 둔다면, 그로부터 10년 전의 연구 업적들에 대해 상세한 검토가 필요하다는 것을 말하고 싶다. 「철학 사상」, 「사회 경제 사상」, 「자연 과학 사상」, 「창작과 문학적 견해」, 「조선어 연구」 등은 당시의 학계 형편으로 매우 뛰어난 논문들이었음을 인정하지 않을 수 없다. 이미 『실학파와 정다산』이라는 저서의 해설자인 송찬섭의 주장을 언급하면서 거론한 문제지만, 1969년 북한에서 주체사상의 등장으로 다산학에 대한 입장이 많이 바뀌고, 또 다산학의 연구에 대한 열의가 식으면서, 1962년 이후에 그런 논문집을 능가하는 연구 업적이 많이 나오지 않은 것은 매우 유감스러운 일이다. 다산학에 대한 새로운 관심과 붐이 다시 한번 일어나기를 기

대해 본다. '유물 사관'을 전제로 했던 부분만 고려하지 않고, 다산의 학문적 업적을 꼼꼼히 천착한 북한의 8개 분야 연구 논문이 다산학 연구에 매우 큰 참고 자료가 된다는 것은 의심의 여지가 없다.

○○ 최근의 다산학 연구 경향

1959년 홍이섭의 『다산 정약용의 정치 경제 사상 연구』라는 저서 이후 10년째인 1969년, 『목민심서』에 대한 이우성(李佑成)의 해제가 『한국의 명저』라는 책에 수록되었다. 이때를 기점으로 다산에 대한 전문적인 연구 업적이 발표되기 시작했다. 바로 1970년 이우성은 「실학연구서설」이라는 논문을 《문화비평》에 게재했고, 같은 해에 간행된 『여유당전서』 영인본의 해제를 저술하여 출간되었다. 이우성의 일련의 연구 업적은 단행본은 아니었으나 논문으로는 큰 반향을 일으켰다. 1975년 초가을에는 그의 주도 아래 『목민심서』의 강독과 번역 작업이 진행되면서 '다산연구회'라는 학자들의 모임이 구성되었다. 처음 8명의 학자로 시작된 연구회는 16명으로 불어나 『역주 목민심서』를 출간하기 시작했는데, 제1권이 1978년 4월에 간행되고 제6권은 1985년 11월에 간행되어 10년에 걸친 연구 작업 끝에 『역주 목민심서』가 전 6권으로 완간의 빛을 보게 되었다. 다산연구회에 속했던 강만길(姜萬吉)·김태영(金泰永)·송재소(宋載邵)·안병직(安秉直)·이동환(李東歡)·이지형(李箎衡)·임형택(林熒澤)·정윤형(鄭允炯)·정창열(鄭昌烈) 등은 계속해서 연구 논문을 발표하거나 단행본과 전문 연구서를 출간하면서 다산학의 연구를 이끌어 오는 역할을 하였다.

다산연구회의 다산학 번역 작업의 후속으로 이우성이 강장(講長)을 맡아 '실시학사경학연구회(實是學舍經學硏究會)'가 구성되어 다산의 경학에 대한 연구와 번역이 진행되었다. 1995년에 『정체전중변(正體傳重辨)』, 1996년에 『다산과 문산의 인성 논쟁』, 2000년에 『다산과 대산·연천의 경학 논쟁』, 『다산과 석천의 경학 논쟁』이 간행되고, 2002년 『다산의 경학 세계』가 간행되어 전 5권이 완간되면서 난해한 다산의 경학 논쟁과 경학 세계가 한글로 번역된 것은 다산학 연구에 큰 이정표를 세웠다고 말할 수 있다. 이 책 『다산 정약용 평전』을 저술하는 데도 그 번역서에서 많은 도움을 받았다. 더 중요한 사실은 실시학사경학연구회에 소속된 소장학자들이 다산학 연구에 많은 업적을 이룩하여 논문·연구 저서 등을 간행하여 다산학 연구의 확대에 큰 공을 세웠다는 점이다. 특히 소속 회원으로 김문식·정일균·박종천·임부연 등은 연구 업적이 많은 것으로 알려져 있다.

연구회를 통한 집단 연구 이외에도, 1970년대 이후 정말로 많은 다산학 연구자들이 계속 이어져 나와 다산학 연구의 지평은 한없이 넓혀졌다. 금장태·김상홍·김언종·조성을·한형조·방인·정민·백민정 등 셀 수 없이 많은 학자들이 현재에도 활동하고 있다. 연구 집단에 소속되지 않으면서 다산학에 대한 독창적인 연구 결과를 저서로 출간한 학자로는 김용섭(金容燮)을 꼽을 수 있다. 1972년에 발표한 그의 논문 「18~19세기 농업 실정과 새로운 농업 경영론」(《대동문화연구》)으로부터 시작하여 1975년 『한국 근대 농업사 연구』(일조각)로 통합된 연구 업적은 70년대에 이룩된 다산학 연구의 큰 성과의 하나였다.

1985년 11월에 완역 『목민심서』가 다산연구회에 의하여 6권으로 완간되자, 그 연구 업적의 결과로 2010년 마침내 미국 캘리포니아 대학 출판부에서 최병현의 노고로 영문 번역판이 나오기에 이르렀다. 분량이 너무 많아 완역은 아니지만 중요 부분은 대체로 포함되어 영어로 번역되었으니, 세계화의 대열에 들어섰다고 보아도 좋겠다. 그런 결과, 2012년에는 유네스코에서 탄생 250주년을 맞는 다산 정약용을 2012년 유네스코가 기념할 인물 네 명 중의 한 사람으로 선정했다. 다산이 세계적인 학자·사상가의 반열에 오르게 되었음을 알리는 일이었다. 생후 250주년에야 "마침내 경사(慶事)가 있으리라."라는 「자찬묘지명」(집중본) 명(銘)의 마지막 구절대로, 다산은 자신의 예견이 적중되어 전 세계에서 인정해 주는 학자라는 경사를 맞기에 이르렀다.

　　다산연구회의 『역주 목민심서』 6권의 표지 뒷면에 실린 다산의 학문적 업적을 요약한 글은 다산학의 학술사적 위치가 어디인가를 설명해 주고 있어 아래에 인용해 본다.

　　한 사람의 학자가 자신이 살고 있는 사회의 역사적 모순을 절실히 파악하고 그 개혁안을 내놓기는 쉬운 일이 아니다. 정약용의 대표작 『목민심서』가 단순한 관리심득서(官吏心得書)가 아님은 말할 것 없지만, 그 속에는 조선조 후기 사회의 농촌 현실을 배경으로 하여 새로운 관료, 새로운 인간, 새로운 역사를 만들려는 의지가 담겨 있다. 역사적 전환기에 우러난 양심적인 지식인의 의지는 어느 시대에나 빛을 낳게 마련이다.

다산의 아버지 정재원의 자는 기백(器伯), 호는 하석(荷石)이다. 해남 윤씨 고산 윤선도의 후손이자 공재 윤두서의 손녀였던 윤씨 부인에게 장가들었다. 다산이 태어나던 1762년 봄에 33세의 나이로 진사과에 급제하여 영조 대왕을 사은하며 진사 시험 답안지에 대하여 묻고 답할 때, 우수한 답변으로 영조가 "내가 그대를 국사(國士)로 대할 테니, 그대는 국사로서 나라에 보답하라."라고 크게 칭찬할 정도의 큰 선비였다. 정재원은 유독 채제공과 가까운 사이였는데, 당대의 명재상 채제공이 10세 연하의 후배인 정재원을 크게 인정하였으며 뒤에는 정재원의 서녀(庶女)와 채제공의 서자(庶子) 채홍근(蔡弘根)이 결혼하여 사돈간의 가까운 사이가 되었다.

정재원은 저서가 전해지지 않아 그의 학문과 사상에 대하여 알아보기는 어렵지만, 다산이 아버지에 대해 남긴 기록인 「선인유사」와 채제공의 저술인 「통훈대부진주목사정공묘갈명」에 그의 인물과 업적에 대해서는 충분히 알 수 있는 자료가 있다. 경서(經書)와 사서(史書)에 밝은 선비로서 다산의 10대 수학기에 가장 독실하게 학문을 익히게 했던 아버지이자 큰 스승이었다. 다산은 소년 시절 큰 스승 밑에서 공부한 적 없이 오직 아버지 슬하에서 공부하여 나중에 대학자가 될 수 있었던 기초를 닦았으니, 아버지의 학문 수준이 어떤 정도인가를 금방 알 수 있다.

채제공은 정재원이 고도(古道)를 추구하는 사람이지 세속적인 일반 사람들과 어울리는 사람이 아니라고 평했다. 8대 옥당집의 후예로, 조선이라는 나라에서는 드문 집안이고 세상에서도 영화롭고 귀하게 여기는 가문이라고 했다. 특히 5개 고을의 목민관으로 재직하여 밝고 정직한 인품과 능력으로 이치(吏治)에 뛰어나서 가는 곳마다 높은 치덕(治德)을 이룩했다고 칭찬했다. 다산 자신도 「선인유사」에서 아버지의 이치에 큰 영향을 받아 『목민심서』를 저작하였다고 했다. 다산은 당시 자신의 아버지와 가깝게 지냈던 분들의 말을 종합하여 아버지는 정승의 직책도 충분히 감당할 인품과 학식·능력을 지녔다는 평가를 받았으나, 일찍이 과거 시험에 응하는 것을 꺼려, 그럴 기회를 가지라고 권하는 동료들의 요구를 거절하고 하급 벼슬에 그치고 말았다는 아쉬움을 표하기도 했다. 다산의 아버지가 다산에게 많은 가르침을 주었던 것만은 확실하다.

가족 중에서 아버지 다음으로 다산에게 큰 영향을 미친 사람은 둘째 형인 정약전이다. 대단한 학자이자 사상가였으나 불우하게도 흑산도 귀양살이에서 풀리지 못하고 59세에 세상을 떠났으니, 형제지기를 잃은 다산의 아픔은 매우 컸다. 장형인 정약현은 진사 급제자로 가문을 지키고 전통을 계승한 큰 공이 있다고 했다. 정약현·정약전 두 사람에 대해서는 다산이 직접 지은 일대기(정약현의 묘지명인 「선백씨진사공묘지명(先伯氏進士公墓誌銘)」과 정약전의 묘지명인 「선중씨묘지명」)가 있어 다산과의 관계와 그들의 인품을 소상히 알아볼 수 있다. 셋째 형인 정약종은 1801년 신유옥사에 참수형으로 이별하였으니, 신유옥사 부분에서 자세히 언급했다. 자형 이승훈은 조선에서 최초로 천주교 세례를 받은 신자로 신유옥사에 화를 당했다. 천주교 박해에서 벗어나지 못했지만, 진사과에 급제하여 평택 현감까지 역임했으니 그의 학문이 매우 높은 수준에 올랐음을 알기에 충분하다.

직계 가족으로 다산에게는 두 아들과 딸 하나가 있었다. 정학연·정학유 두 아들은 19세·16세에 아버지가 귀양살이를 떠나 함께 학문을 논할 처지는 못 되었으나, 두 사람 모두 그때 이미 결혼을 하였고 공부도 어느 정도 이뤄진 상태였다. 귀양지에서 다산은 수많은 편지를 주고받으면서 서신을 통한 아들들의 교육에 혼신의 노력을 기울여 마침내 두 아들은 학식이 높은 당대의 문사로 성장하였다. 더구나 두 아들은 강진 유배지에 가서 직접 아버지 슬하에서 공부도 했고 아버지의 저술 작업을 보좌하면서 높은 수준의 학식을 얻게 되었다. 정학유는 농가의 월령을 구성지게 노래한 「농가월령가」의 저자로 알려져 이름을 얻었으나, 정학연은 오히려 세간에는 덜 알려졌다. 정학연(1783~1859년)은 77세, 정학유(1786~1855년)는 70세에 세상을 떠나기까지 노후에 더 많은 학자·문사들과 접촉하여 당시의 시단(詩壇)에서 큰 이름을 얻었다.

1852년, 마침내 다산의 집안에는 큰 경사가 났다. 그해 6월 70세의 노인 정학연에게 나라에서 벼슬을 내렸다. 폐족, 곧 망한 집안에서 다시 청족으로 복귀되기를 그렇게도 바랐던 다산의 희망대로 다산 집안이 청족이 된 것이다. 큰아들 정학연에게 선공감 감역(監役)이라는 종9품의 하급 벼슬이 제수되었다. 직급이야 낮지만 감역이라는 벼슬은 학자나 선비에게 초직으로 내리는 깨끗하고 귀한 벼슬이다. 정학연은 바야흐로 '징사(徵士, 임금의 부름을 받은 선비)'가 되었다. 조선 시대에 선비들이 몸을 닦고 학문을 익히는 이유의 하나는 징사가 되는 일에 있었는데, 이 얼마나 경사스럽던 일인가. 1852년 8월 4일에 황상에게 기쁜 소식을 알리는 정학연의 편지가 도착했다. "나는 나라의 은혜를 입어 6월에 감역에 제수되었소. 음직으로 벼슬을 받아 집안이 마치 고목에 봄이 들어온 것만 같구려. 안방에서도 감축하고 원근에서 모두 축하해 주니 옛날을 구슬퍼하는 감회를 더욱 누르기가 어렵네."라고까지 말했다.(정민, 『삶을 바꾼 만남』) 그 뒤에도 정학연은 집에서 멀지 않은 분원(分院, 광주시 퇴촌면 소재 사용원의 분원)의 주부(主簿)도 역임했다.(지금도 광주시 퇴촌면 분원의 초등학교 교정에는 '주부정학연선정비'가 세워져 있다.)

폐족에서 청족으로 돌아온 다산 집안은 급제가 이어졌다. 정학연의 아들, 다산의 장손(長孫)인 정대림은 진사과에 급제하여 선릉 참봉을 지내고 89세의 장수를 누리며 가통을 계승하였다. 그리고 그의 아들(계자) 정문섭(丁文燮)은 문과에 급제하여 증조할아버지 다산이 역임했던 승지 벼슬에 올라 집안의 명예를 회복하였다. 정문섭의 아들 정규영은 다산의 현손으로 『사암선생연보』를 완성하여 다산의 일생을 편년체로 세상에 전해 주는 큰 공을 세웠다.

그렇다면 정학연·정학유 형제와 어울리면서 시를 짓고 학문을 논했던 당대 문사들이 그들에 대해 내린 평을 들어 보자. 다산 만년에 여유당을 자주 방문했던 해거재 홍현주는 1829년 노인 다산을 찾아간 이야기를 남겼다. "정 씨(다산)가 사시던 산집을 방문했는데, 저술한 책 수백 권이 집 안에 저장되어 있었다. 두 아들이 있는데, 큰아들은 학연, 자는 유산(酉山, 호인데 착각한 듯)이고, 둘째는 학유인데 호는 운포(耘逋)였다. 두 사람 모두 박학(博學)한 선비인 데다 시에도 뛰어났다."(『해거재시초(海居齋詩鈔)』 권2) 박학·공시(工詩), 이 정도면 그들이 어떤 수준의 선비인가는 바로 짐작할 수 있다. 뒷날 홍현주는 그 두 아들과 참으로 많은 시를 지었고, 능내 일대의 풍광을 구경하는 유람도 많이 했다.

다산이 해배 직후 가장 먼저 학문 논쟁을 벌인 석천 신작도 큰 아들 학연의 훌륭한 사람됨을 평했다. "일전에 아드님이 찾아왔는데, 효성스럽고 의로운 성품은 오래전부터 들어 왔던 바, 마주하여 속내를 알아보니 더욱 사랑스럽고 소중하게 여겨집니다. 귀댁의 자제들은 응당 범상치 않을 것입니다."(1819년 9월 석천이 다산에게 답한 편지,『석천유집(石泉遺集)』후집 권6) 이미 살펴보았던 항해 홍길주의「다산회근축하수서」에서 홍길주는 다산의 가족에 대한 이야기를 했다. "아들 둘과 손자 넷을 두었는데, 모두 글과 예법에 힘쓰고 문장으로 우뚝하며, 뒤를 이어 나올 사람들이 더욱 우수하고 장래가 끝이 없을 것이다. …… 자손은 어질고 글을 잘하니 능히 그 세대가 길이 이어짐이 또 몇 배가 될 것이다."라고 말하여 자손들이 어질고 글 잘함을 높이 평가하였다.

동번 이만용도 홍현주처럼 다산의 노년에 자주 찾아뵙고 시와 글을 논했던 당대의 시인이었다. 다산의 부음을 듣고 지은 만시에, "칠순 부부가 해로하고 자손이 가득하니, 남들은 명문 집안 수(壽)와 복(福)도 갖췄다고 말한다네."라고 말하여 자손들이 훌륭함을 칭찬했다. 훨씬 뒷날의 이야기지만 70세로 1855년 정학유가 세상을 떠나자 부음을 들은 추사 김정희는 강진의 다산 제자 황상에게 편지를 보내 다음과 같이 정학유의 부음 소식을 전했다. "운포(정학유)가 중병으로 설 전부터 위독하다더니, 마침내 이달(2월) 초하룻날 이 세상 사람이 아니고 말았네. 이처럼 막된 세상에 이런 사람을 어디에서 다시 보겠는가."(『완당전집(阮堂全集)』 88장 「여황생서(與黃生書)」) 추사 김정희처럼 높은 안목으로 까다롭게 글이나 인물을 평하는 사람으로서 이 세상에서 다시 볼 수 없는 사람이라고 평했다면 정학유의 사람됨은 이미 제대로 평가를 받았다고 할 수 있다. 그러면서 추사는 "유산(酉山, 정학연) 노인은 정(情)이나 처지가 다른 사람과는 특별히 다른데, 슬프기만 하네."라고 말하여 그는 죽은 아우와 특별히 형제지기로 지냈던 사이였으니 보통 슬프지 않을 거라면서 아우를 잃은 형의 심경을 헤아리는 아량까지 보이고 있다.

추사 김정희의 문집인 『완당전집』의 끝 부분에 실린 시집의 말미에는 「두강에서 유산·운포를 위해서 지음(斗江爲酉山耘逋作 二首)」이라는 시가 있다. 연대의 기록은 없으나 추사의 노년기에 쓰인 것으로 보이는데, 추사가 직접 유산·운포 집을 찾아가 함께 두릉의 강에서 시 짓고 놀면서 지은 시였으니, 그들의 우정이 어느 정도였나도 알수 있다. 정학연·정학유 두 형제는 다산의 인품과 학문을 이어받아 시 잘 짓고 글 잘하는 선비로 살았음은 모두가 인정했던 일이다. 정민의 『삶을 바꾼 만남』이라는 책에는 당대의 영의정으로 노론 대가집 출신인 이재 권돈인(權敦仁, 1783~1859년)이 광주의 퇴촌에 낙향하여 지낼 때 소를 타고 유산 집을 찾아갔다는 기록이 있다. 권돈인은 추사와 막역한 친구로 시문이나 예술에도 뛰어났던 사람인데, 당색도 다른 유산 형제를 찾아다녔다면 그 사실 하나로도 그 형제가 당시 어떤 대접을 받았던 선비인가를 알 수 있다. 『유배지에서 보낸 편지』를 읽은 독자들은 가끔 그런 아버지의 편지를 받은 두 아들은 어느 정도에 이른 학자였느냐고 묻는 경우가 있는데, 그 답변으로 이상의 글은 상당한 대답이 될 것이다.

정학연·정학유 형제에 대해서는 안타까운 일이 많다. 다산의 저술은 대체로 전해지고 있는데 이 두 형제의 학문에 관한 저술이나 시문이 몇몇 자료를 제외하고는 전해지지 않고 있는 점이다. 정학연의 저술로 『종축회강(種畜會綱)』이나 『시명물고(詩名物考)』 등이 전해지고 있으며 정학유의 「농가월령가」도 전해진다. 근년에 발굴된 자료에서 정학연·학유의 많은 시문이 발견되고 있으며, 정학연의 시집도 『삼창관집』이란 이름으로 일본에서 발견되었다. 정학연의 많은 편지나 시는 곳곳에 산재해 있어 그의 시문의 수준은 판단하기 어렵지 않다. 전해지는 시문만으로도 그의 뛰어난 글솜씨는 알아보기 쉽다. 정학유의 시문도 근래에 많이 찾아냈는데 우수한 시 작품이 많다. 특히 정학연은 아버지의 의술을 배워 의술에 큰 명성을 얻었음은 세상에 널리 알려졌다. 그러나 다산은 학연이 의원 노릇 하는 것에 결사 반대했다. 직업 선택에 차별 의식을 나타낸 다산의 한계라면 한계였다.

다산의 혈육의 한 사람인 다산의 외손자 방산 윤정기(尹廷琦, 1814~1879년)는 많은 저서가 전해지는데 다산에게 글을 배워 학문적 업적을 가장 많이 전한 사람이 바로 그였다. 윤정기는 시문에도 뛰어났으나 국토·지리 등 실학 관계 저술이 많으므로 외할아버지의 학풍을 제대로 이은 외후손임이 분명하다. 간행된 『방산유고』나 『동환록(東寰錄)』 등의 지리책은 연구 가치가 높은 책이다. 그의 「일본지도」도 주목받는 학문 업적의 하나다. 방산은 외조 다산의 서세 뒤에는 주로 큰외숙 유산 정학유의 문하에서 학문을 익혀 큰 학자가 되었다고 전해진다.

우리는 앞에서 여러 차례 다산과 그의 중형 정약전은 동급의 학문 수준, 개혁 의지, 비슷한 인품을 가진 세상에 없는 형제지기로 서로의 유배 생활을 위로하며 많은 학문 토론을 했음을 언급했다. 가풍을 이어받은 학연·학유 형제는 같은 이유로 세상에 없는 형제지기였다. 추사의 말대로 그들은 '정지(情地)'가 달랐으며 특별한 형제 관계였음이 그때 어울리던 동료들 사이에 이미 소문이 나 있었다. 학유의 죽음을 슬퍼하던 학연의 속마음을 보자. 아우의 죽음을 슬퍼하면서 학연이 다산의 제자이자 자신들과는 형제처럼 지내던 황상에게 보낸 편지가 있다.

내 아우 운포가 죽었소. 내가 무슨 마음, 어떤 손, 어느 겨를에 그대의 편지를 받고, 그대의 편지를 보며, 그대 편지에 답장을 하겠소. 하지만 한 형제와 같으니 억지로 붓을 잡고 이 편지를 쓰오. 12월 10일 증세가 위중하더니 1월 10일부터는 시시각각으로 변고를 기다리다가 2월 1일 인시(寅時, 새벽 4시)에 세상을 떴소. 오호! 하늘이여! 이 몸이 죄가 깊고 재앙이 쌓여 차마 이 같은 일을 당하는구려. 장차 누구를 원망하고 탓하리오. 55년간 도산(刀山) 검수(劍樹)를 지나고 갖은 위험과 어려움에 처해서도 그와 더불어 함께 건너왔소. 비록 다른 사람과 인연을 맺은 경우에도 그가 죽으면 마음이 찢어질 듯 아픈데, 하물며 한배에서 태어난 아우로 70년간 서로 의지해 온 사람이겠소.

아우를 잃은 형의 마음을 이렇게 애절한 글로 표현하였으니 역시 학연의 글 솜씨는 대단했다. 1801년 아버지가 귀양을 떠난 때부터 학유가 세상을 떠난 1855년까지 55년간, 그들 형제는 아버지 없이 가정을 이끌고 어머니를 모시면서 자녀를 교육시키느라 온갖 위험과 고생을 무릅쓰고 살았다는 이야기에 그들의 아픔이 서려 있다. 이 편지 한 장으로도 그들은 참으로 형제지기였고, 아버지가 그렇게 강조했던 효제의 뜻을 이어받아 아름다운 형제애를 발휘하면서 살았다는 것을 알 수 있다. 다산은 자신의 형제가 형제지기였고 아들 형제가 또 형제지기였으니, 그만하면 후손을 제대로 둔 가정이었다. 또 그렇게도 아들들에게 독서를 강조했던 것도 결실을 거두었으니, 아들들은 아버지의 뜻을 저버리지 않고 열심히 공부하여 훌륭한 선비이자 문사로 우뚝 설 수 있었다. 여기서도 다산의 뜻은 대체로 이루어진 셈이다.

다산이 그립다

    다산 정약용의 생애를 살펴보고 그의 사상과 철학을 고찰해 보니 다산이 그립다. 그만한 대학자가 조선이라는 나라에서 태어나 그렇게 큰 학문적 업적을 이룩해 놓은 것이 뒷 세상에 태어난 우리들로서는 참으로 자랑스럽고 높은 긍지를 느끼는 일이다.

    위당 정인보는 조선의 역사를 알려면 다산을 알아야 한다고 했다. 조선이라는 나라의 성장과 쇠퇴, 존재와 망함을 알아보려면 다산의 학문을 통해야 한다는 뜻이다. 그의 학문은 바로 조선학의 보고라는 의미다. 조선의 온갖 사상과 학문이 다산학 속에 녹아 있다는 것이다. 그의 삶과 사상을 통찰해 보면서, 과거사를 이해하고 현대의 사상을 인식하여 새로운 역사와 문화를 창조하기 위해서는 역시 다산학에 대한 천착이 중요하다는 생각을 하게 되었다. 특히 중세에서 근세로, 근세에서 현대로 넘어오는 다리마다 다산학이 걸려 있다. 다산학을 현대의 학문 그 자체로 받아들일 수는 없지만, 우리나라 학문의 역사성을 이해하려면 어쩔 수 없이 다산학을 거치지 않을 수 없을 것이다.

2012년 유네스코에서는 기념해야 할 인물의 한 사람으로 다산 정약용을 선정했다. 다산은 이제 한국의 학자·사상가가 아니라 세계 적 반열에 오른 인물이다. 다산이 자신의 호를 '사암(俟菴)'이라고 부른 본 뜻이 이제야 실현되기에 이르렀다. 먼 뒷날에 알아주고 이해해 줄 때가 올 것이니, '기다리면서' 살아가겠노라고 그는 확실하게 선언했었다.『경세유표』도 '유표(遺表)' 즉, 유언으로 남기는 정책 건의서 이니 먼 뒷날에라도 그렇게 실현되기를 희망하고 기대한다는 뜻으로 지은 이름이었다.『목민심서』라는 이름의 '심서(心書)' 역시 당장 실행 하고 시행하지 못하더라도 마음속으로라도 실행하고 싶어서 지었던 이름이었다.『흠흠신서』도 억울함을 호소하는 사람들이 가득한 세상 에서, 수사와 재판에서 억울한 죄인, 분통 터지는 약자들이 없기를 바라서 지은 책이었다.

다산이 수백 권의 경학 연구서를 저술한 것도, 그렇게 경(經)을 해석한 내용이 금방 실행하고 실천되기를 바라는 뜻보다는 먼 훗날 이라도 그런 해석을 통해 정직한 세상, 썩지 않고 깨끗하며, 바르고 정당한 세상이 오기만을 바라고 희망해서 했던 일이었다. 그러나 이 제 다산학은 실행과 실천의 절실한 이론으로 각광받으면서 기다렸던 보람이 나타나기에 이르렀다. 얼마나 위대한 예측이었고 바른 판단이 었는가. 아무리 늦게라도 진리는 통하고 만다는 통상적인 원리는 우 리를 속이지 못하고 말았다.

작은 산이 큰 산을 가렸으니

멀고 가까움의 지세가 같지 않아서라네

7세 때의 다산이 지은 5언시를 보고 그의 아버지 정재원은 정확히 예측했다. 시의 의미를 살펴보니, 약용은 "분수(分數)와 소장(消長)에 능통하리라."라는 아버지의 기대대로 그는 자신이 처한 입장, 즉 분수에 밝았고, 역사의 변동성과 사회의 운동성인 소장의 원리에도 밝았다. 역법이나 산수에 뛰어나 지렛대·도르레의 원리를 꿰뚫어 기중기·거중기 등의 과학 기술의 발명에도 탁월하였다. 그래서 한강에 배다리도 놓고 화성도 쌓을 수 있었다.

다산은 16세에 성호 이익의 유저(遺著)를 읽고 성호 같은 학자가 되기 마음먹었는데, 그는 그대로 실천하여 성호에 뒤지지 않는 대학자가 되었다. 21세에 「술지(述志)」라는 시를 통해 세속의 학문에 안주하지 않고 "힘껏 공맹(孔孟)의 학문으로 돌아와 두 번 다시 시속에 맞음 묻지 않겠네(戮力返洙泗 不復問時宜)"라고 읊었던 대로, 그는 주자학의 틀에서 벗어나 공맹 본원의 유학을 복원하여 거기서 새로운 창조의 기반을 구축하겠다고 마음먹었는데, 실제로 사서육경을 재해석해서 '다산 경학'을 이룩해 실학사상이자 다산학을 창조해 냈다. 법고창신(法古刱新)의 좋은 본보기를 세웠다.

문과에 급제한 28세, 그는 문과에 합격한 감회를 읊으면서 비록 둔하고 졸렬한 사람이지만 '공렴(公廉)'으로 정성을 다 바치는 공직 생활을 하겠노라는 의지를 굳게 다졌다. 그런 의지대로, 그는 관직 생활 10년 동안 한 치의 약속을 어긴 적이 없었다. 암행어사 시절, 초계문신이나 한림학사 시절, 승정원 동부승지 시절, 금정도 찰방 시절, 병조 참의 시절, 곡산 도호부사 시절, 형조 참의 시절, 그는 정말로 '공렴'의 뜻 그대로 공무에 임하여 큰 업적을 이룩하기에 이르렀다. 36세에 동부승지에 임명되자 그는 3000여 자에 이르는 장문의 상소 「변방사동부승지소」라는 글을 임금에게 올려 한때는 천주교에 빠졌으나, 제사를 지내지 않아야 한다는 교회법 이후로 나라에서 엄하게 금지한다는 이유 때문에 완전히 "마음을 끊었다.(遂絶意)"라고 했다. 이 사실에 비추어 보면 30세인 1791년 신해옥사 이후 천주교는 믿지 않았다는 주장 또한 역사적 사실임이 분명하다. 다산 자신의 이야기 이외에 신자였다는 어떤 증거 자료도 없는 것이 정확한 사실이다.

40세인 1801년 다산은 귀양살이를 시작했다. 귀양지에 도착하자마자, "이제야 겨를을 얻었다.(今得暇矣)"라고 말하고, "그때에야 흔연스럽게 스스로 기뻐하였다.(遂欣然自慶)"라고 말하며 그동안 당쟁에 시달리고 반대파의 모함과 시기에 정신을 차리지 못해 젊은 시절의 염원이던 학문에 매진하지 못했는데, 귀양지에 와서 모처럼, 충분한 시간을 얻었으니 기쁜 마음으로 본격적인 학문 연구에 생을 바치겠다고 결의를 표했다. 액운을 기쁨으로 바꾸는 위대한 인간성을 발휘하고 유배 기간 동안 그대로 실행하여 500여 권이 넘는 대저를 완성함으로써 위대한 학자로 자리하게 되었다.

1818년, 57세에 귀양에서 풀려 18년 만에 고향으로 돌아왔다. 61세인 1822년 회갑을 맞은 다산은 「자찬묘지명」 2본(광중본·집중본)을 저술하여 스스로 일생을 기술하였다. 숨김과 거짓 없이 자신의 일생을 서술하고, 또 자신의 저서에 대한 요약의 글을 남겨, 누구라도 그의 일생과 학문적 업적을 알 수 있는 자서전을 남겼다. 전혀 유감없는 자료였다.

자서전을 완료한 뒤, 다산은 자신의 선배 학자로 신유년 피해자들인 권철신·이가환·이기양 등과, 동료 윤지범·윤지눌·이유수·윤서유 등의 일생을 서술한 묘지명을 저어 그들의 업적을 기록했다. 평소 그들과 매우 가깝게 어울리면서 함께 학문을 연구하고 공직을 수행했기 때문에 그들의 삶과 역사 속에서 자신을 조명하는 전기 문학의 백미를 완성했다. 특히 자신의 큰형수, 서모, 장형, 중형 등 가족들의 일대기 속에서 다산 자신의 삶까지 함께 서술하여 자서전에 없는 다산을 이해할 수 있는 많은 자료를 정리해 놓기도 했다.

그런 가족사를 정리한 뒤에는 당대의 석학들인 석천 신작, 대산 김매순, 정산 김기서, 연천 홍석주 등과 학문 토론을 하면서 자신의 학문 업적에 대한 객관적인 평가를 받는 일에 마음을 기울였다. 특히 『매씨상서평』 9권을 읽은 대산 김매순의 총평이 담긴 편지가 1822년 1월 29일 도착하여, "유림(儒林)의 대업(大業)이 이보다 더 클 수가 없도다.(儒林大業 莫之與京)"라는 극찬을 받았다. 유학자로서는 가장 큰일을 해냈다고 하였으니, 그 이상의 찬사가 있을 수 있겠는가. 유배살이라는 천신만고의 고난 속에서 불철주야 쉬지 않고 죽을 힘을 다해 이룩한 240여 권의 경서 연구로 그런 찬사를 받은 다산은 그동안의 온갖 고생에 보상이라도 받은 듯, 무척 기뻐하며 바로 며칠 뒤인 1822년 2월 4일자로 김매순에게 보낸 편지에 "비로소 세상을 살아가고픈 생각이 든다.(始有生世之意)"라고 자신의 속내를 말하기에 이르렀다. 당대의 석학에게서 저술에 대한 높은 평가를 받자, 큰 보람으로 여겨져 훨훨 털고 일어나 살아가고 싶은 충동이 컸음을 고백하였다. 그때에야 삶의 보람을 느껴 자신의 삶, 그 고난의 역경이 승리의 길이었음을 자인하기에 이르렀다는 의미였다.

그래서 다산은 1836년 2월 22일 75세로 세상을 뜨기 3일 전인 2월 19일 마지막 절필(絶筆)로 지은 「회근시」에서, 자신의 75세의 긴 인생을 회고하고 "슬픔은 짧고 기쁨은 길었다(戚短歡長)"라는 결론을 맺을 수 있었다. 그처럼 고단했던 가시밭길 인생임에도 슬프던 때보다는 기쁜 때가 더 길었다니 성공한 삶이었다고 자평하였다. 세월이 가면 갈수록 더 큰 위인, 현자(賢者)로 대접받는 다산의 인생으로 보면 그 자신의 판단도 옳았다고 말할 수 있다.

○○ 다산의 평전을 마치면서 한 가지 부언할 말이 있다

1971년 가을, 전남대학교 대학원 법학과 2학년이던 나는 한국 법제사를 전공 분야로 연구하여, 「다산 정약용의 법사상」이라는 논문이 전문 교수들로 구성된 논문 심사 위원회(위원장 이을호 교수)에서 석사학위 논문으로 통과되었다. 학위 논문이 통과되자, 나는 그 논문 몇 부를 인쇄했다. 그중의 한 부를 들고 친구 몇 사람과 함께, 강진의 다산초당을 찾아갈 기회를 얻었다. 11월의 어느 주말이었다. 광주에서 점심을 먹고 출발했는데 저녁이 되어서야 초당의 아랫마을 귤동 마을에 도착하여 다산에 대한 이야기를 물어볼 노인이 계신 집을 찾아갔다. 마을의 중앙에 있던 초가집이었는데 바로 윤재찬(尹在讚) 옹의 댁이었다. 불쑥 인사를 올리고 찾아간 이유를 말씀드렸더니 매우 기뻐하시며 즐거운 마음으로 우리를 대해 주시고, 저녁밥까지 차려 주셔서 맛있게 식사를 마쳤다.

식사를 마치고 내가 썼던 논문 한 부를 윤 옹께 바치고, 본격적인 다산에 대한 이야기가 진행되었다. 70세 전후의 노인이던 윤 옹은 기력이 왕성하여 전혀 지칠 줄 모르고 밤을 꼬박 새우며 본인이 알고 있던 다산에 대한 내용을 모두 말씀해 주셨다.(윤 옹은 90대 중반에 타계하였다.) 나는 그때 『여유당전서』만을 읽으며 다산에 대한 논문을 썼지만, 그분은 책에 없는, 선대로부터 내려오는 모든 이야기를 해 주셨다. 다산 저서를 읽으며 품었던 많은 의문점들을 상당히 밝혀내는데 큰 도움을 받았던 밤이었다.

윤 옹은 어떤 분인가. 당시 귤동 마을에서는 최고의 한학자인데다, 다산에 대해서는 가장 많은 지식을 지닌 분이었고 다산에 대한 사모와 숭모의 마음이 철철 넘쳐흐르던 분이었다. 더구나 그분은 다산의 '다신계' 18제자 중에서도 학문이 높았던 윤종심의 현손이었다. 윤 옹의 고조할아버지 윤종심은 윤종수(尹鐘洙)라고도 불렸고 동(峒)이라고도 불렸다. 다산이 아끼고 사랑하던 제자로 여러 저술에 도움을 준 학자여서 여러 곳에 이름이 실려 있고, 또 「증언(贈言)」편에 「위윤종심증언(爲尹鐘心贈言)」이라는 유명한 글이 실려 있기도 하다.(『유배지에서 보낸 편지』) 그분은 자가 공목(公牧)이고, 호는 감천(紺泉)으로 초당 주인이던 윤단의 둘째 아들 윤규하의 큰아들이었다. 이런 이유로 고조할아버지의 손자가 바로 윤재찬 선생의 할아버지였으니, 할

아버지로부터 다산에 대한 많은 이야기를 들었고, 자신이 한문에 뛰어나 직접 집안에 전해 오는 글이나 다산의 문집을 읽어서 많은 것을 거의 정확하게 알고 있었다. 논문을 쓰기 전에 그분에게 배우지 못했던 것이 아쉽기 짝이 없었다.

더구나 그분은 나와 많은 이야기를 하면서 다산을 대체로 바르게 알고 있다는 이유로 나에 대한 절대적인 신뢰를 보이면서 온갖 이야기를 다 해 주셨다. 밤을 꼬박 새우고, 그 이튿날인 일요일 오전 내내 이야기를 계속했으며, 다산초당에 올라가 안내해 주시면서 또 초당에 얽힌 많은 이야기를 해 주셨다. 저녁 무렵 그곳을 떠날 때까지 참으로 많은 이야기를 해 주셨다. 그 이야기 중의 하나가 바로 다산초당에 계실 때 다산 선생이 낳으셨다는 딸 '홍임'에 관한 이야기였다. 이런저런 이야기 끝에 다산 선생이 그곳에 계실 때 딸 하나를 두었다는 이야기를 해 주셨다. 그분이 알고 계시는 이야기는 이렇다.

그 당시 당신은 가지고 있지 않은 편지로, 예전에 다산 선생이 해배한 뒤 마재에서 자신의 고조부에게 보낸 편지에 제자들인 "자네들이 홍임 모녀를 잘 보살펴 주게나."라는 구절이 있는 것을 당신이 직접 읽었는데, 어떻게 된 사연인지 지금은 그 편지가 집에서 없어지고 말았다고 했다. 그래서 그분은 다산 선생의 소생 딸이 있었음을 알았고 행여라도 강진군 일대에 다산 선생의 외손이라는 누가 생존해 있지 않을까 군내 일대를 수소문해 보았지만, 다산 선생의 핏줄은 끝내 찾을 수 없었노라고 말했다.

그러면서 덧붙인 이야기는, 어린이 때 보살펴 달라고 부탁했는데 중간에 병이라도 얻어 제대로 성장을 하지 못했을 것으로 여기고는 다시 그 문제에 대해서 확인해 보려고도 하지 않았다고 했다. '홍임 모녀'에 대해서는 그것이 전부였다. 어떤 여자와의 관계에서 태어난 아이인지, 그 아이는 그 후 어떻게 되었는지에 대하여 아는 사람은 자신의 고조할아버지나 그때 다산초당에서 글을 배운 제자들 이외에는 아무도 없다는 것이 그분의 말씀이었다. 그런 이야기를 들었던 나도, 혹 그에 대한 단서가 풀릴까 수소문했지만 그 이상 더 알아낼 아무런 방법이 없이 지내 온 것이 지금까지의 일이다.

그런데 뒤에 들으니 다산연구회에서 연구하였던 이우성·임형택 교수 등도 다산초당을 방문했을 때 윤 옹에게서 그런 이야기를 들은 적이 있다고 하였다. 그러나 그분들도 그 이상의 아무런 정보를 얻지 못하였다. 그런 이유로 이 이야기가 세상에 전해지면서 온갖 추측이 추측을 낳고, 소문이 꼬리에 꼬리를 물면서 많은 이야기로 재생산되기에 이르렀다. 더구나 소설가들이 픽션으로 다산에 대한 작품을 쓰면서 상상의 날개를 달고 별별 이야기들을 양산해 냈다. 심지어는 강진에 처음 귀양 가서 묵었던 주막집 노파의 딸이 홍임을 낳았다고도 하고, 「남당사」라는 근래에 밝혀진 문학 작품이 다산의 작품이라면서 홍임 모녀에 대한 이야기라고도 하는 등, 근거도 없고 사실일 이유도 없는 이야기들이 계속 퍼지고 있는데, 제발 그런 사실에 근거하지 않는 픽션으로 다산 선생에 대해 희화하는 작업은 그만두었으면 좋겠다.

조선 시대에 첩을 두는 제도는 아무런 시비가 되지 않는 너무나 일반적인 일이었다. 퇴계 이황 선생, 율곡 이이 선생 같은 성리학자들도 모두 첩이 있었고, 첩에서 낳은 자녀도 있었다. 퇴계·율곡을 다루면서 그들의 첩이나 첩의 소생 자녀가 문제 되는 것을 듣거나 본 적이 없다. 다산이 어떤 사연으로 딸을 두었는지 알 수 없으나, 유배지에서 낳은 딸 하나가 있었는데 그 이상은 알려진 내용이 전혀 없다. 어른으로 성장했는지의 여부도 알 수 없다. 그것 이외에 다른 무슨 이야기가 필요한가. 때문에 처음으로 그 문제에 대한 전말을 기록으로 남기는 것이다. 한 인간의 프라이버시에 대해서 왈가왈부할 이유가 없다. 호사가들의 입이 조금 무거워지기를 바랄 뿐이다. 다산의 중형 정약전은 흑산도 귀양살이에서 두 아들을 얻어 그 후손이 대를 이어 오고 있지만, 그런 것을 문제 삼아 왈가왈부할 이유는 없는 것이다.

이제 불필요한 이야기는 접어 두고 총체적인 결론을 얻어 본다.

다산은 「원덕」이라는 글에서 타고난 착한 성품을 행동으로 옮기면 덕이 된다고 했다. 곧 성(性)＋행(行)＝덕(德)으로, 위대한 철학의 탄생이었다. 행동이 없는 어떤 것도 무효라던 다산, 우리는 그렇게도 실천적이었던 다산이기에 그분을 그리워한다. 글이나 말로 나타낸 생각을 실천으로 옮겼던 다산, 그런 위대한 행동가·개혁가·사상가를 제대로 알고 이해하여 그가 행하고 실천했던 대로 우리도 행하고 실천하기를 동시대인들과 함께 염원해서 이 책을 쓰게 되었다.

다산은 유배지에서 사서 육경에 대한 연구를 대체로 마친 뒤, 『심경밀험』이라는 저술 작업에 임하면서 "연구한 내용대로 독실하게 실천할 방법을 구하다 보니 『소학』과 『심경』이라는 두 책이 대안으로 떠올랐다."라고 말하고는 "소학으로 외부 행실을 다스리고, 심경으로 마음속 내부를 다스리면 현자가 되는 길이 있으리라."(『심경밀험』 서문)라고 했다. 다산의 일생과 그의 사상과 철학을 살펴본 이제, 우리는 하나의 결론을 내릴 수 있게 되었다.

　『소학』으로 올바른 행실을 실천하고, 『심경』으로 심성(心性)을 제대로 다스려, 현자의 수준에 이른 사람이 다산이었다고.

____ 1762년(영조 38년, 1세)

6월 16일 광주군 초부면 마현리(지금의 경기도 남양주시 조안면 능내리)에서 4남
1녀 중 4남으로 출생하다.

____ 1763년(영조 39년, 2세)

완두창(豌豆瘡)을 앓다.

____ 1765년(영조 41년, 4세)

천자문을 배우기 시작하다.

____ 1767년(영조 43년, 6세)

아버지 정재원이 연천 현감으로 부임하자 그곳에 따라가 아버지에게 교
육을 받다.

___ 1768년(영조 44년, 7세)

「산」이라는 제목의 5언시를 처음 짓다. 천연두를 앓아 그 흔적으로 오른쪽 눈썹이 세 갈래로 나누어지기 스스로 호를 삼미자(三眉子)라 칭하고, 10세 이전의 저작을 모은 시집을 『삼미자집』이라 부르다.

___ 1770년(영조 46년, 9세)

11월 9일 어머니 해남 윤씨가 세상을 뜨다. 큰형 정약현의 부인인 이씨에게 보살핌을 받다가 이후 다산 나이 12세 때 들어온 서모 김씨에게 의지하다.

___ 1771년(영조 47년, 10세)

연천 현감의 임기를 마치고 돌아온 아버지에게 본격적으로 가르침을 받아 경서(經書)와 사서(史書)를 수학하다.

___ 1774년(영조 50년, 13세)

두시(杜詩)를 본떠 지은 시로 아버지의 친구들에게 칭찬을 받다.

___ 1776년(영조 52년, 15세)

관례를 치르고 풍산 홍씨 홍화보의 딸과 결혼하여 서울 생활을 시작하다.

___ 1777년(정조 1년, 16세)

성호 이익의 유고를 보고 사숙하다.
현감으로 부임하는 아버지를 따라 임소인 전라도 화순으로 내려가다.

___ 1778년(정조 2년, 17세)

둘째 형 정약전과 함께 동림사에서 글을 읽고 「동림사독서기」를 쓰다.

_____ 1779년(정조 3년, 18세)

아버지의 명으로 공령문(功令文)을 공부하여 성균관에서 시행하는 승보시(陞補試)에 선발되다.

_____ 1780년(정조 4년, 19세)

아버지가 예천 군수로 부임하자 따라 내려가 아버지를 봉양하면서 반학정에서 공부하며 시를 짓다.

겨울에 암행어사의 탄핵으로 아버지가 벼슬을 그만두고 마현으로 돌아오다.

_____ 1781년(정조 5년, 20세)

서울에서 과시(科詩)를 익히다.

7월에 딸을 낳았으나 5일 만에 죽다.

_____ 1782년(정조 6년, 21세)

서울 창동에 집을 마련하다.

_____ 1783년(정조 7년, 22세)

성균관에 들어가다. 2월에 순조의 세자 책봉을 경축하기 위한 증광감시(增廣監試)에서 둘째 형 약전과 함께 경의(經義) 초시(初試)에 합격하고, 4월에 회시(會試)에서 생원으로 합격하다. 사은 잔치에서 정조를 처음 알현하다.

9월 12일에 큰아들 학연이 태어나다.

_____ 1784년(정조 8년, 23세)

향사례(鄕射禮)를 행하고 『중용강의』 80여 항목을 바치다. 율곡의 기발설(氣發說)을 위주로 한 논의에 정조가 감탄하다.

이벽을 따라 배를 타고 두미협을 내려가면서 서교(西敎)에 관한 얘기를 듣고 책 한 권을 보았다.

6월, 반제(泮製)에 뽑히다.

9월, 정시(庭試)의 초시에 합격하다.

_____ 1785년(정조 9년, 24세)

2월과 4월에 반제에 뽑혀 상으로 종이와 붓을 하사받다.

10월, 정시의 초시에 합격하다.

11월, 감제(柑製)의 초시에 합격하다.

제주도에서 귤을 공물로 바쳐 와서 선비들에게 시험을 보였는데, 다산이 초시에 수석으로 합격하다.

12월, 임금이 춘당대에 친히 나와 식당에서 음식을 들고 식당명(食堂名)을 짓도록 했는데, 다산이 수석을 차지하여 『대전통편』 한 질을 하사받다.

_____ 1786년(정조 10년, 25세)

2월, 별시(別試) 초시에 합격하다.

7월 29일에 둘째 아들 학유(學游)가 태어나다.

8월, 도기(到記)의 초시에 합격하다.

_____ 1787년(정조 11년, 26세)

1월과 3월, 반제에 수석으로 뽑혀 『국조보감』 한 질과 백면지 100장을 하사받다.

8월 반제에 뽑히고 성균관 시험에 합격하다. 『병학통』을 교지와 함께 하사받다.

_____ 1788년(정조 12년, 27세)

1월, 반제에 합격하여 임금을 배알하니 임금이 책문(策文)이 몇 수인가를 물었다.

3월, 반제에 수석 합격하여 임금을 배알하니 임금이 초시와 회시의 회수를 물었다.

___ 1789년(정조 13년, 28세)

1월, 반제에 합격하고 전시(殿試)에 나아가 수석으로 급제하다.

3월, 탐화랑(探花郎)의 예로써 7품관에 부쳐져 희릉 직장에 제수되고, 초계문신에 임명되다. 초계문신으로서 『대학』을 강의하여 이를 『희정당대학강의』로 정리하다.

5월에 부사정(副司正)으로 옮기고, 6월에 가주서(假注書)에 제수되다.

겨울에 주교(舟橋)를 설치하는 공사가 있었는데, 다산이 그 규제(規制)를 만들어 공(功)을 이루다.

12월에 셋째 아들 구장(懼牂)이 태어나다.

___ 1790년(정조 14년, 29세)

2월, 한림학사로 추천받아 한림 회권에 뽑히고, 한림 소시에서 단일 후보로 선정되어 예문관의 검열에 임명되다.

3월 8일에 임무를 맡지 않고 입시를 거부하여 해미현으로 귀양 가다.

13일에 귀양지에 이르렀는데 19일에 용서받아 풀려났다.

5월, 예문관 검열로 다시 들어가고 이틀 뒤 용양위(龍驤衛)의 부사과(副司果)로 승직되다.

7월, 사간원 정언(正言)에 제수되다.

9월, 사헌부 지평(持平)에 제수되어 무과 감대(武科監臺)에 나아가다.

___ 1791년(정조 15년, 30세)

5월, 사간원 정언에 제수되다.

10월, 사헌부 지평에 제수되다.

겨울에 『시경강의』 800조를 지어 올려 임금으로부터 칭찬받다.
겨울에 호남에서 진산 사건이 일어나다.

___ 1792년(정조 16년, 31세)

3월, 홍문관록과 도당회권에 뽑히고, 홍문관 수찬에 제수되다. 임금이 남인 가운데서 사간원·사헌부의 관직을 이을 사람을 채제공과 상의하니, 다산이 28명의 명단을 작성하여 올렸는데 그중 8명이 먼저 두 부서에 배치되다.

4월 9일, 진주 목사를 지내던 아버지가 임소에서 세상을 떠나다.

5월, 충주에 반장(返葬)하고, 마현으로 돌아와 곡한 뒤, 광주(廣州)에 여막을 짓고 거처하다.

겨울에 수원성의 규제와 「기중가도설」을 지어 올려서 4만 냥을 절약케 하다.

___ 1794년(정조 18년, 33세)

6월, 삼년상을 마치다.

7월, 성균관 직강에 제수되다.

8월, 비변랑(備邊郞)에 임명하는 계(啓)가 내리다.

10월, 홍문관 교리에 제수되었다가 28일 수찬에 제수되다. 경기 암행어사의 명령을 받고 보름간 네 개 고을을 시찰하다.

12월, 경모궁에 존호를 추존해 올릴 때 도감의 도청이 되다.

___ 1795년(정조 19년, 34세)

1월, 사간원 사간에 제수되다. 품계가 통정대부에 오르고 동부승지에 제수되다.

2월, 병조 참의에 제수되어, 임금이 수원으로 행차할 때 시위(侍衛)로서 따르다.

3월, 의궤청(儀軌廳) 찬집문신(纂輯文臣)으로 계하(啓下)되고, 규영부(奎瀛府) 교서승(校書承)으로 부임할 것을 명받다. 다시 우부승지에 제수되다.

4월, 규영부 교서직에서 정직되다.

7월, 주문모 입국 사건으로 금정 찰방으로 좌천되다. 온양 석암사(봉곡사) 에서 성호 이익을 연구하는 강학회를 열어 「서암강학기」에 정리하다.

12월, 용양위 부사직으로 옮겨지다.

_____ 1796년(정조 20년, 35세)

10월, 규영부 교서가 되다.

12월, 병조 참지에 제수되고, 다시 우부승지에 제수되다. 이튿날 좌부승 지에 올랐다가 부호군(副護軍)으로 옮겨지다.

_____ 1797년(정조 21년, 36세)

3월, 이서구·김조순과 함께 두시(杜詩)를 교정하다. 교서관에서 『춘추좌 씨전』을 교정하다.

6월, 좌부승지를 사퇴하는 「변방사동부승지소」를 올리다.

윤6월, 곡산 부사에 제수되다.

겨울에 『마과회통(麻科會通)』 12권을 완성하다.

_____ 1798년(정조 22년, 37세)

겨울에 곡산의 좁쌀, 콩을 돈으로 바꾸어 올리라는 영(令)을 철회하여 주도록 요청하여 허락을 받다. 척을 바로잡고, 종횡표를 만들어 호적과 군적을 정리하다.

_____ 1799년(정조 23년, 38세)

2월, 황주 영위사(黃州迎慰使)로 임명하는 교지를 받다.

4월, 내직으로 옮겨져 병조 참지에 제수되다. 상경 도중인 5월 4일에 동부승지를 제수받고 부호군에 옮겨졌으며 입성한 5월 5일에 형조 참의에 제수되다. 「초도둔우계」를 올리다.

6월, 권철신·정약전 등과 관련하여 무고를 받자 「사형조참의소」를 올려 7월에 체직을 허락받고 벼슬길에서 멀어지다.

12월, 넷째 아들 농장이 태어나다.

_____ 1800년(정조 24년, 39세)

6월 28일, 정조가 승하하다.

고향 소내로 돌아가 은거하며 형제들과 모여 경전을 강(講)하다. 집에 '여유당'이라는 당호를 내걸고 「여유당기」를 쓰다. 『문헌비고간오』를 저술하다.

_____ 1801년(순조 1년, 40세)

2월, 사간원의 계(啓)로 인하여 하옥되다. 19일 만에 출옥되어 장기(長鬐)로 유배되다. 둘째 형 약전은 신지도로 유배되고 셋째 형 약종은 처형당하다.

3월, 장기에 도착하여 『이아술』 6권과 『기해방례변』을 지었는데, 겨울 옥사 때 분실되다.

여름에 성호가 모은 100여 구의 속담에 운을 맞춰 지은 『백언시』를 저술하다.

10월, 「황사영백서」 사건으로 약전과 함께 다시 투옥되다.

11월, 다산은 강진현으로, 형 약전은 흑산도로 유배되다.

_____ 1802년(순조 2년, 41세)

큰아들 학연이 와서 근친하다.

겨울에 넷째 아들 농장이 요절했다는 소식을 듣다.

아버지 친구 윤광택이 찾아와 도움을 주다.

____ 1803년(순조 3년, 42세)

봄에 예서 『단궁잠오』 6권를 완성하다.

여름에 「조전고(弔奠考)」를 저술하다.

겨울에 『예전상의광』 17권을 완성하다.

____ 1804년(순조 4년, 43세)

봄에 『아학편훈의』를 완성하다.

____ 1805년(순조 5년, 44세)

여름에 『정체전중변』(일명 『기해방례변』) 3권을 완성하다.

겨울에 보은산방에서 지내며 혜장과 함께 『주역』 연구에 몰두하다.

____ 1807년(순조 7년, 46세)

5월, 장손 대림이 태어나다.

7월, 형의 아들 학초(學樵)의 부음을 받고 묘갈명을 쓰다.

『상례사전』 50권을 완성하다.

겨울에 『예전상구정』 6권을 완성하다.

____ 1808년(순조 8년, 47세)

봄에 다산(茶山)으로 옮겨 거처하다. 둘째 아들 학유가 방문하다.

제자들과 토론하면서 『주역』에 대하여 묻고 답한 내용을 정리하여 『다산문답』을 완성하다.

여름에 아들들에게 가계(家誡)를 쓰다.

겨울에 『제례고정』이라는 예서를 완성하고 『주역심전』 24권을 탈고하다.

____ 1809년(순조 9년, 48세)

봄에 『예전상복상』, 『상례외편』 12권이 완성되다.

가을에 『시경강의』를 산록(刪錄)하다. 내용은 『모시강의(毛詩講義)』 12권을 첫머리에 놓고, 따로 『시경강의보유』 3권을 지었다.

___ 1810년(순조 10년, 49세)
봄에 『시경강의보』 12권, 『관례작의』, 『가례작의』를 완성하다.
봄, 여름, 가을에 세 차례 가계(家誡)를 쓰다.
9월, 큰아들 학연이 바라를 두드려 억울함을 상소한 덕에 특별히 은총이 있었으나, 홍명주의 상소와 이기경의 대계(臺啓)로 인하여 석방되지 못하다.
겨울에 『소학주관(小學珠串)』을 저술하다.

___ 1811년(순조 11년, 50세)
봄에 『아방강역고』를 완성하다.
겨울에 「예전상기별(禮箋喪期別)」을 쓰다.

___ 1812년(순조 12년, 51세)
봄에 『민보의』를 완성하다.
겨울에 『춘추고징(春秋考徵)』 12권을 완성하다. 「아암탑문(兒菴塔文)」을 짓다.

___ 1813년(순조 13년, 52세)
겨울에 『논어고금주(論語古今注)』 40권을 완성하다.

___ 1814년(순조 14년, 53세)
4월, 장령(掌令) 조장한(趙章漢)이 사헌부에 나아가 특별히 대계(臺啓)를 정지시켜, 죄인 명부에서 이름이 삭제되다. 그때 의금부에서 관문(關文)을 발송하여 석방시키려 했으나 강준흠의 상소로 가로막히다.
여름에 『맹자요의』 9권을 완성하다.

가을에 『대학공의』 3권, 『중용자잠』 3권, 『중용강의보』를 완성하다.

겨울에 『대동수경(大東水經)』 2권을 완성하다.

___ 1815년(순조 15년, 54세)

봄에 『심경밀험』과 『소학지언』을 완성하다.

___ 1816년(순조 16년, 55세)

봄에 『악서고존』 12권을 완성하다.

6월, 둘째 형 손암 정약전의 부음을 듣다.

___ 1817년(순조 17년, 56세)

가을에 『상의절요』를 완성하다. 『방례초본』의 저술을 시작했는데 끝내
지는 못했고 뒤에 『경세유표』로 개명했다.

___ 1818년(순조 18년, 57세)

봄에 『목민심서』 48권을 완성하다.

여름에 『국조전례고(國朝典禮考)』 2권을 완성하다.

8월, 이태순(李泰淳)의 상소로 해배 명령이 내려와 9월 14일 비로소 고향
으로 돌아오다.

___ 1819년(순조 19년, 58세)

여름에 『흠흠신서』 30권을 완성하다. 이 책의 처음 이름은 '명청록(明
淸錄)'이었는데 후에 『서경』 「우서(虞書)」의 "흠재흠재(欽哉欽哉)", 즉 형벌을
신중히 하라는 뜻을 따라 이름을 고쳤다.

겨울에 『아언각비(雅言覺非)』 3권을 완성하다.

____ 1820년(순조 20년, 59세)

겨울에 옹산 윤서유의 묘지명(「옹산윤공묘지명」)을 짓다.

____ 1821년(순조 21년, 60세)

봄에 「사대고례산보(事大考例刪補)」를 저술하다.

겨울에 남고 윤참의의 묘지명(「남고윤참의묘지명」)을 쓰다.

____ 1822년(순조 22년, 61세)

회갑을 맞아 「자찬묘지명」을 짓다. 녹암 권철신, 금대 이가환, 손암 정약
전 등의 묘지명을 짓다.

소고 윤지눌의 묘지명을 쓰다.

금리 이유수의 묘지명을 쓰다.

____ 1823년(순조 23년, 62세)

9월, 승지 후보로 낙점되었으나 얼마 후 취소되다.

____ 1827년(순조 27년, 66세)

10월, 윤극배(尹克培)가 「동뢰구언(冬雷求言)」으로 상소하여 다산을 무고하
였으나 실현되지 못하다.

____ 1830년(순조 30년, 69세)

5월, 약원(藥院)에서 탕제(湯劑)의 일로 아뢰어 부호군(副護軍)에 단부(單付)
되다. 익종이 위독하여 약원에서 청하려 약을 달여 올리기로 했으나 채
올리기 전에 승하하다.

____ 1834년(순조 34년, 73세)

봄에 『상서고훈』과 『지원록』을 개수하고 합하여 모두 21권으로 만들다.

가을에 9권이던 『매씨서평』을 개정하여 10권으로 완성하다. 순조의 환후가 급해 명을 받들고 출발했으나 홍화문(弘化門)에서 초상이 있음을 듣고 이튿날 고향으로 돌아오다.

___ 1836년(헌종 2년, 75세)
2월 22일 진시(辰時), 다산의 회혼일(回婚日)로 친족과 제자들이 모두 모인 가운데 고향 마재마을에서 생을 마치다. 장례 절차는 모두 「유명」 및 『상의절요』를 따랐다. 4월 1일에 유명대로 여유당 뒤편 광주(廣州) 초부방(草阜坊) 마현리(馬峴里) 자좌(子坐, 남쪽)의 언덕에 장사지냈다.

___ 1910년(융희 4년)
7월 18일, 성헌대부(正憲大夫) 규장각 제학을 추증(追贈)하고 문도공(文度公)의 시호를 내리다.

다산 정약용 영정
월전 장우성이 그린 다산 표준 영정.(1974) 한국은행 소장.

여유당

현재 경기도 남양주시 조안면 능내리에 있는 다산의 생가이다. 다산이 태어난 마재 마을은 다산의 5대조이던 정시윤이 터를 잡아 살기 시작한 곳이다. 춘천 쪽에서 흘러오는 북한강과 충주쪽에서 흘러오는 남한강이 합쳐져 아름다운 풍광을 이루는 곳으로서 풍수지리설에서도 빼놓지 않고 거론하는 명당 마을이다.

다산의 묘소

75세의 1836년, 결혼한 지 60주년이 되는 날 아침에 영원히 눈을 감았다. 현재 묘소는 여유당 뒤편에 자리하고 있으며 부인 풍산 홍씨가 함께 잠들어 있다.

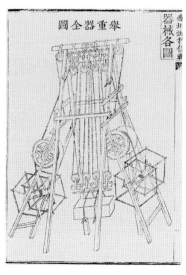

「기중도설(起重圖說)」의 거중기 도면

다산은 어려서부터 과학적 사고가 뛰어나고 수리학에 밝았다. 아버지가 돌아가신 후 고향 마재에서 집상하던 다산은 정조의 명을 받아 「기중도설」을 지어 바쳤다. 다산이 고안한 공법을 바탕으로 화성 축조의 공기를 크게 단축하여 비용을 대폭 절감했으며 이로써 정조의 지위도 한층 공고해졌다.

강진의 다산초당과 근처 암벽에 새겨진 다산의 필적

다산은 1801년 신유옥사로 화를 입어 장기를 거쳐 강진에서 유배 생활을 시작했다. 1808년에는 다산초당으로 거처를 옮겨 수많은 제자들을 길러 내고 방대한 저서를 이룩해 냈다. 초당에는 동암과 서암을 지어 동암에서는 다산이 지내고, 서암에서는 제자들이 기숙했는데 모두 당시의 집은 모두 허물어지고 바위에 새겨진 '정석(丁石)'이라는 글자만이 흔적으로 남아 있다. 현재 남아 있는 집은 모두 현대에 복원된 것이다.

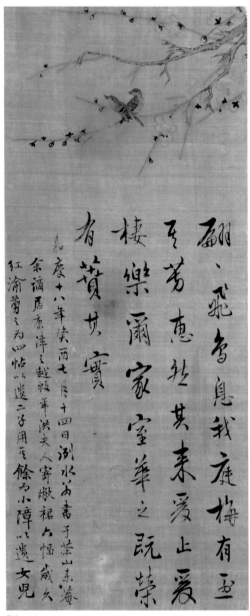

「매조도」

다산이 쉰한 살이던 1812년, 다산의 외동딸이 혼인하는 경사가 있었다. 신랑은 다산의 친구 윤서유의 아들이자 다산초당에 와서 글도 배웠던 윤창모였다. 다산은 「매조도」를 그리고 화제 (畵題)를 써서 시집가는 딸에게 주었는데, 그림·글씨·시 모두 격조가 뛰어난 수준 높은 예술 작품이다. 고려대학교 박물관 소장.

주요 인물

강명길(康命吉, 1737~1801년)

본관은 순천(順天). 초명은 명휘(命徽), 자는 군석(君錫). 정조가 왕세손으로 있을 때부터 총애를 받아 의약에 대한 자문에 응하였으며, 1794년(정조 18)에는 내의원 수의(內醫院首醫)가 되었다. 1799년에 왕명으로『제중신편(濟衆新編)』8권을 편찬하였는데, 이는 조선 후기의 대표적인 방서(方書)의 하나로 일반 의가에서 널리 사용되었다. 삭녕 군수 당시 암행어사 다산에게 탐학상을 고발당했다. 1801년 정조의 병을 잘못 치료하였다 하여 죽음을 당했다.

강이오(姜履五, 1765년~?)

본관은 진주(晉州). 자는 백휘(伯徽). 강침(姜忱)의 종자. 다산이 금정 찰방으로 있을 때 성호 이익의 유저 간행을 위해 연 강학회 참석자 가운데 한 명이다.

권철신(權哲身, 1736~1801년)

본관은 안동(安東). 자는 기명(旣明), 호는 녹암(鹿庵). 아버지는 권암(權巖)이며, 동생은 권일신(權日身)이다. 당대의 석학으로 다산의 스승 격인 선배였다. 동생 권일신이 천주교에 입교했는데, 신유옥사 때 연루되어 옥사했다. 후에 다산이 「녹암권철신묘지명」을 지었다.

김이재(金履載, 1767~1847년)

본관은 안동(安東). 자는 공후(公厚), 호는 강우(江右). 당시 시파로 역량 있는 중신이었으나 시파와 벽파간의 싸움으로 벼슬길이 평탄하지 못했다. 1800년 이조 판서 이만수(李晩秀)의 사직 상소가 마땅치 않다는 소를 올려 고금도에 유배되었는데, 그 당시 강진으로 귀양 온 다산에게 도움을 주었다. 1805년에 풀려나 이조 참판 등을 역임했다.

목만중(睦萬中, 1727~1810년)

본관은 사천(泗川). 자는 유선(幼選), 호는 여와(餘窩). 신유옥사 때, 대사간으로서 영의정 심환지와 함께 남인 시파 계열의 천주교도들에 대한 박해와 탄압을 주도했다.

서용보(徐龍輔, 1757~1824년)

본관은 달성(達城). 자는 여중(汝中), 호는 심재(心齋). 경기 관찰사로 있을 때 암행어사였던 다산에게 고발당한 계기로 평생 다산 일파와 대적하며 다산의 앞길을 막았다. 1819년(순조 19년) 영의정의 자리까지 올랐으며, 정조와 정순 왕후의 신임이 두터워 항상 측근에서 정사를 보좌했다.

신작(申綽, 1760~1828년)

본관은 평산(平山). 자는 재중(在中), 호는 석천(石泉). 1809년 증광시에 장원으로 급제했으나 곧이어 아버지의 상을 당해 삼년상을 마치고는 평생 벼슬길에 나서지 않기로 작정했다. 노년에 유배를 마치고 돌아온 다산과 가까이 지냈으며, 다산은 그의 지극한 효도에 감동하여 시를 지어 보내기도 했다. 양명학을 공부하였고 실학으로 이를 절충했으며 경학에도 밝아 다산과 많은 학문 토론을 벌였다.

심환지(沈煥之, 1730~1802년)

본관은 청송(靑松). 자는 휘원(輝元), 호는 만포(晩圃). 이른바 노론 벽파의 영수였다. 1800년(순조 즉위년) 순조가 어려 정순 왕후가 수렴청정하게 되자 영의정에 올라 정권을 장악하게 된다. 신유옥사를 일으켜 수많은 이의 목숨을 앗았으며, 사후 그 죄를 비판받아 관작이 삭탈되었다.

여동식(呂東植, 1774~1829년)

본관은 함양(咸陽). 자는 우렴(友濂), 호는 현계(玄溪). 형 여동근(呂東根)과 함께 다산 말년에 가까이 지냈다. 1795년(정조 19년) 정시 문과에 급제하여 대사간, 이조 참의 등을 역임하였고 1829년에 사은 부사(謝恩副使)로 청나라에 파견되었다가 돌아오는 길에 객사하였다.

윤서유(尹書有, 1764~1821년)

본관은 해남(海南). 자는 개보(皆甫), 호는 옹산(翁山). 다산의 강진 유배 시절 도움을 주었던 강진의 부호 윤광택(尹光宅)의 아들로 다산과 막역한 사이였으며 장남 윤창모(尹昌模)를 다산의 외동딸에게 장가보내 사돈지간이 되었다. 1756년 문과에 급제한 후 사헌부 감찰, 예조 정랑 등을 거쳐 사간원 정언에 이르렀다.

윤영희(尹永僖, 1761~1828년)

본관은 파평(坡平). 자는 외심(猥心), 호는 송옹(淞翁). 1786년(정조 10년)에 별시 문과에 급제하여 정언, 부교리 등을 역임했다. 다산과 평생 동안 가까운 친구였다.

윤정기(尹廷琦, 1814~1879년)

본관은 해남(海南). 자는 경림(景林). 호는 방산(舫山). 아버지는 윤창모, 어머니는 다산의 딸 나주 정씨로, 다산의 외손자이다. 어려서는 조부 윤서유에게서 학문을 익히고 커서는 외조부 다산에게 배웠다. 벼슬에 나가지 않고 오직 학문에만 정진했으며 다산의 학문적 영향을 받아 당대에 문명을 날렸다.

윤지눌(尹持訥, 1762~1815년)

본관은 해남(海南). 자는 무구(无咎), 호는 소고(小皐). 윤선도의 6세손으로 다산과 동갑인 외육촌 아우이다. 1790년(정조 14년) 문과에 급제하여 정언 등을 역임했다. 죽란시사의 일원으로 다산과 가장 많이 어울렸던 사람 중 하나이며 다산이 묘지명을 지었다.

윤지범(尹持範, 1752~1821년)

본관은 해남(海南). 자는 이서(彝敍), 호는 남고(南皐). 윤선도의 6세손으로 다산의 외육촌 형이다. 1777년(정조 1년) 증광시에 급제하여 지평, 병조 참의 등을 역임했다. 죽란시사의 사백(詞伯)으로 추대되었으며 다산이 묘지명을 지었다.

윤창모(尹昌模, 1795~1856)

본관은 해남(海南). 영희(榮喜)라고도 불린다. 다산의 친구 윤서유의 장남이다. 강진 유배 시절 다산초당 제자의 한 사람이었으며 1812년 다산의 외동딸과 혼인했다.

의순(意恂, 1786~1866년)

인동(仁同) 장씨(張氏). 자는 중부(中孚), 호는 초의(草衣), 당호는 일지암(一枝庵). 대흥사 제13대 종사이며 다도(茶道)의 정립자이다. 대흥사 승려인 혜장과 교유하던 다산과 연이 닿아 다산에게서 유서(儒書)를 받고 시부(詩賦)를 익히기도 하였다. 홍현주(洪顯周), 김정희(金正喜) 등과도 교유했으며 『동다송(東茶頌)』을 지었다.

이가환(李家煥, 1742~1801년)

본관은 여주(驪州). 자는 정조(廷藻), 호는 금대(錦帶)·정헌(貞軒). 성호 이익의 종손이며 이승훈의 외숙이다. 1777년(정조 1년) 증광 문과에 급제하여 대사성, 형조 판서 등을 역임했으며 천문학과 수학에 정통했다. 신유옥사 때 이승훈, 권철신 등과 함께 옥사했다.

이강회(李綱會, 1798년~?)

자는 굉보(紘甫). 다산의 18제자 가운데 한 사람이다. 다산이 『논어고금주』를 저술할 때 도왔으며, 자신의 글과 스승인 정약전·정약용 형제의 글을 묶은 문집의 초고본인 『유암총서(柳菴叢書)』와 『운곡잡저(雲谷雜櫧)』를 지었다.

이기경(李基慶, 1756~1819년)

본관은 전주(全州). 자는 휴길(休吉), 호는 척암(瘠菴). 1778년(정조 2년) 식년 문과에 급제하여 지평, 정랑, 이조 좌랑 등을 지냈다. 젊은 시절 같은 남인으로서 다산과 가까이 지냈으나 천주교 문제로 입장을 달리하면서 사이가 멀어져 평생 다산과 대립했다.

이벽(李蘗, 1754~1786년)

본관은 경주(慶州). 자는 덕조(德祚), 호는 광암(曠菴), 세례명은 세례 요한이다. 다산의 큰형 정약현의 처남으로 이승훈에게서 영세를 받아 신자가 되었으며, 다산에게 『천주실의』를 보여 주기도 했다. 을사 추조 사건으로 아버지에게 심한 질책을 받아 배교의 글을 썼는데 곧 병사했다.

이삼환(李森煥, 1729~1813년)

본관은 여주(驪州). 자는 자목(子木), 호는 목재(木齋)·소미(小眉)이다. 성호 이익의 종손이자 이가환의 육촌 형이다. 성호의 학문 가운데 예학을 이어받아 이름이 났으며 이익이 별세하자 고향으로 돌아와 벼슬에 뜻을 두지 않고 후배를 양성하면서 경학 연구에만 전념하였다.

이승훈(李承薰, 1756~1801년)

본관은 평창(平昌). 자는 자술(子述), 호는 만천(蔓川), 세례명은 베드로이다. 아버지는 이동욱(李東郁), 어머니는 이가환의 누이이며, 정재원의 딸을 아내로 맞아 다산의 자형이 되었다. 한국천주교회 창설자의 한 사람으로 한국인 최초의 영세자이다. 신유옥사 때 이가환, 정약종 등과 함께 체포되어 처형당했다.

이유수(李儒修, 1758~1822년)

본관은 함평(咸平). 자는 주신(周臣), 호는 금리(錦里). 1783년(정조 7년)에 증광시에 급제하여 영해 부사를 지냈다. 죽란시사의 일원으로 다산이 묘지명을 지었다.

이재의(李載毅, 1772~1839년)

본관은 전주(全州). 자는 여홍(汝弘), 호는 문산(文山). 1801년(순조 1년) 성균관 생원시에 합격했으며 경서를 깊이 연구했고 특히 『주역』을 깊이 이해했다. 다산의 강진 유배 시절 다산초당을 방문했는데 이 무렵 계속해서 다산과 편지를 주고받으며 유학의 심성론에 대해 광범위하게 토론을 벌였다.

이청(李晴, 1792년~?)

자는 학래(鶴來). 강진 유배 시절 다산초당으로 들어가기 전 다산에게 집을 제공하여 머물게 한 제자이다. 다산의 경학 연구와 저술 활동에 도움을 주었는데, 다산이 『시경강의보유』를 저술할 당시 풍비(風痺)로 고생하여 다산의 구술을 대신 받아 적기도 했다.

정규영(丁奎英, 1872~1927년)

본관은 나주(羅州). 자는 광오(光五), 호는 사암(俟菴). 다산의 장손자인 정대림(丁大林)의 손자이자 정문섭(丁文燮)의 아들이다. 조부 정대림에게 상세히 전해들은 내용과 다산의 제자 이청이 정리한 것 등 여러 자료를 바탕으로 1921년 『사암선생연보』를 완성했다.

정대림(丁大林, 1807~1895년)

본관은 나주(羅州). 자는 사형(士衡). 다산의 장자 정학연의 아들이다. 1855년(철종 6년) 식년시에 합격하여 진사가 되었고 헌릉 참봉, 연천 현감을 역임했다.

정문섭(丁文燮, 1855~1908년)

본관은 나주(羅州). 자는 성여(聖汝). 다산의 손자 정대림의 계자이다. 1888

년(고종 25년) 대과에 급제하여 홍문관 교리로 통정대부에 오르고 승정원 부승지를 지냈다.

정범조(丁範祖, 1723~1801년)

본관은 나주(羅州). 자는 법세(法世), 호는 해좌(海左). 정시한(丁時翰)의 현손이다. 1763년(영조 39년) 증광 문과에 급제해 정조 말년까지 조정에 머물며 이조 참판, 형조 판서, 예문관·홍문관 제학 등을 지냈다. 시율과 문장에 뛰어나 사림의 모범으로 명성을 얻어 영조와 정조의 총애를 받았다.

정시윤(丁時潤, 1646~1713년)

본관은 압해(押海). 자는 자우(子雨), 호는 두호(斗湖). 다산의 5대조이다. 1669년(현종 10년) 사마시에 합격하여 진사가 된 뒤 음보로 현감을 지내고, 1690년(숙종 16) 식년 문과에 을과로 급제하여 그해 사헌부 지평에 올랐다. 그 뒤 정언(正言)·부수찬(副修撰)·헌납(獻納)·수찬(修撰) 등 삼사의 청직(淸職)만을 두루 거쳤다. 1694년 홍문관 부교리로 있을 때 갑술옥사가 발생하자 남인으로 지목되어 삭직되었다. 1698년 세자시강원필선으로 복직한 뒤 일시 파직된 일이 있었으나 재기용되어 관직이 병조 참의에까지 이르렀다.

정시한(丁時翰, 1625~1707년)

본관은 나주(羅州). 자는 군익(君翊), 호는 우담(愚潭). 다산의 5대조인 정시윤의 육촌 형으로 정시윤의 학문적 스승이기도 했다. 평생 벼슬길을 멀리하였고 학문에 힘쓰며 후진 양성에 전념하여 문하에서는 이식(李栻), 황수일(黃壽一), 이만부(李萬敷), 권두경(權斗經) 등 많은 학자들이 배출되었다.

정약전(丁若銓, 1758~1816년)

본관은 나주(羅州). 자는 천전(天全), 호는 손암(巽庵)·연경재(研經齋)·매심(每心). 다산의 둘째 형이다. 1790년(정조 14년) 증광 문과에 급제하여 전적, 병조 좌랑 등을 역임했다. 이벽, 이승훈 등과 교유하며 천주교를 접했다가 손을 끊었으나 신유옥사 때 연루되어 흑산도로 유배되었고, 풀려나지 못한 채 유배 생활 16년 만에 세상을 떠났다. 저서로 『현산어보(玆山魚譜)』가 있다.

정약종(丁若鍾, 1760~1801년)

본관은 나주(羅州). 세례명 아우구스티노. 다산의 셋째 형이다. 천주교 신자가 되어 이승훈과 함께 주문모 신부를 맞아들였고, 한국 최초의 천주교 명도회장이 되어 천주교 전도에 힘썼다. 신유옥사 때 서소문 밖에서 참수되었다.

정약현(丁若鉉, 1751~1821년)

본관은 나주(羅州). 자는 태현(台玄). 다산의 맏형으로, 이벽의 누이와 결혼하여 매부지간이 되었으며, 딸 마리아 명련(命連)은 황사영과 결혼했다. 1795년(정조 19년) 진사시에 합격했다.

정재원(丁載遠, 1730~1792년)

본관은 나주(羅州). 자는 기백(器伯). 다산의 아버지이다. 1762년(영조 38년) 생원·진사시에 모두 합격하였고 1767년에 음사(蔭仕)로 형조 좌랑이 되었다가 곧이어 연천 현감에 부임하였다. 이후 화순 현감, 예천 군수, 한성부 서윤, 울산 부사 등을 지냈으며, 진주 목사로 로 있던 중 임지에서 63세의 나이로 세상을 떠났다.

정학연(丁學淵, 1783~1859년)

본관은 나주(羅州). 아명은 학가(學稼)·무장(武牂), 자는 치수(穉修), 호는 유산(酉山). 다산의 맏아들이다. 시문에 능했으며 의술이 뛰어났다. 다산이 해배된 뒤 벼슬에 나아가 선공감(繕工監) 가감역(假監役)을 지냈다.

정학유(丁學游, 1786~1855년)

본관은 나주(羅州). 아명은 학포(學圃)·문장(文牂), 자는 치구(穉求), 호는 운포(耘逋). 다산의 둘째 아들이다. 「농가월령가(農家月令歌)」를 지었고, 『시경』에 나오는 생물명을 정리한 『시명다식(詩名多識)』을 남겼다.

정학초(丁學樵, 1791~1807년)

본관은 나주(羅州). 자는 어옹(漁翁). 정약전의 아들로, 윤심진(尹尋鎭)의 딸과 결혼했다. 17세에 요절하여 다산이 묘지명을 지어 주었다.

채제공(蔡濟恭, 1720~1799년)

본관은 평강(平康). 자는 백규(伯規), 호는 번암(樊巖)·번옹(樊翁). 1743년(영조 19년) 문과에 급제한 뒤 여러 관직을 거쳐 영의정에 이르렀다. 사도 세자를 옹호한 남인 시파로서 정조의 두터운 신임을 받았으며 다산 일파를 보호해 주었다. 그의 사후 다산은 제문과 만시를 지어 애도를 표했다.

채홍원(蔡弘遠, 1762년~?)

본관은 평강(平康). 자는 이숙(邇叔). 채제공의 양자이다. 1792년(정조 16년) 식년 문과에 급제하여 이조 참의, 승정원 승지 등을 지냈는데 1801년(순조 1년) 정순왕후의 시파 탄압으로 파직되어 귀양 갔다가 1805년 해배되었으나 이후 행적은 알 수 없다. 다산과 절친한 사이로 함께 죽란시사를 만들어 교유했다.

한치응(韓致應, 1760~1824년)

본관은 청주(淸州). 자는 혜보(徯甫), 호는 부산(釜山). 1784년(정조 8년) 정시 문과에 장원 급제한 뒤 바로 초계문신으로 발탁되었고, 형조·병조 판서, 판의금부사 겸 한성 판윤 등을 지낸 뒤 함경도 관찰사로 재직 중 세상을 떠났다. 다산과 함께 죽란시사를 만든 일원이다.

혜장(惠藏, 1772~1811년)

성은 김씨(金氏). 자는 무진(無盡), 호는 연파(蓮坡)·아암(兒庵). 어려서 출가하여 해남 대둔사(大芚寺)에서 구족계를 받았다. 불경은 물론 세속의 학문까지 통달하여 승도들 사이에 명성이 높았다. 강진으로 유배 온 다산과 깊이 교유했으며, 입적 후 다산이 탑명을 지었다.

홍낙안(洪樂安, 1752~?)

본관은 풍산(豊山). 자는 인백(仁伯), 호는 노암(魯庵). 뒤에 이름을 희운(羲運)으로 바꾸었다. 천주교를 적대시하여 정미 반회 사건과 신해 진산 사건을 일으켰으며,「황사영백서」사건 당시 "천 사람을 죽여도 정약용을 죽이지 않으면 아무도 죽이지 않은 것과 같다."라며 젊은 시절 친구였던 다산을 맹렬히 공격했다.

홍석주(洪奭周, 1774~1842년)

본관은 풍산(豊山). 자는 성백(成伯), 호는 연천(淵泉). 1795년(정조 19년) 전강(殿講)에서 수석하고 그해 춘당대문과에 급제해 사옹원 직장을 제수받았으며 병조 참판, 이조 판서, 좌의정 등을 역임했다. 성리학에 밝고 천문과 산수(算數)에 정통하였으며, 문장이 뛰어나 당시 대가의 한 사람으로 꼽힌다. 다산과 가까이 지내던 막내아우 홍현주로 연결되어 다산의『매씨상서평』을 읽고 심도 있는 토론을 벌였다.

홍의호(洪義浩, 1758~1826년)

본관은 풍산(豊山). 자는 양중(養仲), 호는 담녕(澹寧). 1784년(정조 8년) 정시 문과에 급제하여 동부승지, 호조·예조·공조의 참판 등을 역임했다. 다산의 장인인 홍화보의 사촌 홍수보(洪秀輔)의 아들로, 다산이 혼인하여 처음 서울 생활을 시작했을 때 가까이 지냈으나 후에 공서파에 가담하여 멀어졌다.

홍인호(洪仁浩, 1753~1799년)

본관은 풍산(豊山). 자는 원백(元伯). 1777년(정조 1년) 증광문과에 급제하여 홍문관 교리, 승지, 대사헌 등을 지냈다. 다산의 장인인 홍화보의 사촌 홍수보의 아들로, 아우 홍의호와 함께 다산의 첫 서울 생활 시절 가까이 지냈으나 후일 다산을 심하게 비방했다.

홍현주(洪顯周, 1793~1865년)

본관은 풍산(豊山). 자는 세숙(世叔), 호는 해거재(海居齋)·약헌(約軒). 홍석주의 막내아우이다. 정조의 둘째 딸 숙선 옹주(淑善翁主)와 혼인하여 영명위(永明尉)에 봉해졌다. 노년의 다산과 친밀히 교유했다.

홍화보(洪和輔, 1726~1791년)

본관은 풍산(豊山). 자는 경협(景協). 다산의 장인이다. 1771년(영조 47년) 훈련초관으로 국자시에 1등을 했으며 장연부사, 승지, 함경북도 병마절도사, 황해도 병마절도사 등을 역임했다.

황사영(黃嗣永, 1775~1801년)

본관은 창원(昌原). 자는 덕소(德召), 세례명은 알렉산데르. 다산의 맏형인 정약현의 딸 명련과 혼인하였다. 1790년(정조 14년) 16세의 나이로 사마시에 합격하여 진사가 되었으나 처숙인 정약종에게서 교리를 배워 천주교에 입교하였다. 신유사옥 때 타격을 입은 조선 천주교의 재건을 위해 북경 주교에게 보내는 백서를 썼다가 빌각되어 서소문 밖에서 참형되었다.

황상(黃裳, 1788~1870년)

호는 치원(巵園). 다산의 강진 유배 시절 다산에게서 수학한 제자이다. 다산의 고향으로 찾아와 만년까지 교유했으며 다산의 아들들과는 형제처럼 가까이 지냈다. 다산의 가장 뛰어난 제자로 인정받았으며, 추사 김정희에게도 극찬을 받았으나 스스로 '다진(茶塵, 다산의 티끌)'이라 일컬으며 겸손했다.

자

박석무

전남 무안에서 태어나 전남대학교 법과대학 및 동 대학원을 졸업했다. 1971년 「다산 정약용의 법사상」이라는 논문으로 석사 학위를 취득하면서 다산 연구에 집중했으나, 1973년 유신 반대 유인물인 전남대《함성》지 사건에 연루돼 1년 동안 복역하면서 감방 안에서 본격적으로 다산 저술에 대한 연구를 수행했다. 이때의 결실로『유배지에서 보낸 편지』(1979)가 출간되었다. 민주화 운동에 투신해 네 차례 옥고를 치렀으며, 1988년 13대 국회에 진출한 후 14대 국회의원 시절에는 국회다산사상연구회를 조직, 간사를 맡아 정치 활동 중에도 다산 연구를 이어 나갔다. 한국고전번역원 원장, 한국학술진흥재단 이사장, 단국대학교 이사장 등을 역임했으며, 현재 실학박물관 석좌교수, 성균관대학교 석좌초빙교수이자 다산연구소의 이사장으로 재직하고 있다. 저서로『다산기행』,『다산 정약용 유배지에서 만나다』,『풀어쓰는 다산이야기』(전 2권),『다산 정약용 일일수행』(전 2권) 등이 있으며, 옮긴 책으로『유배지에서 보낸 편지』,『역주 흠흠신서』(공역),『애절양』,『다산 산문선』,『나의 어머니, 조선의 어머니』및『다산 논설 선집』(공편역),『다산 문학 선집』(공편역) 등이 있다. 그 외에 「다산 정약용의 법률관」 등 많은 다산 관련 논문이 있다.

다산 정약용 평전

1판 1쇄 펴냄 2014년 4월 18일
1판 10쇄 펴냄 2022년 3월 30일

지은이 박석무
발행인 박근섭 · 박상준
펴낸곳 (주)민음사

출판등록 1966. 5. 19. 제16-490호
주소 서울특별시 강남구 도산대로1길 62(신사동)
    강남출판문화센터 5층 (우편번호 06027)
대표전화 02-515-2000 | 팩시밀리 02-515-2007
홈페이지 www.minumsa.com

ⓒ 박석무, 2014. Printed in Seoul, Korea
ISBN 978-89-374-8908-2 03990